MF 5086675

10657

E. DENTU, LIBRAIRE-ÉDITEUR

Galerie d'Orléans, 13 et 17, Palais-Royal

EN VENTE PROCHAINEMENT

L'ITALIE DES ITALIENS

PAR

Mme LOUISE COLET

2 forts volumes grand in-18 jésus. — Prix : 7 fr.

Le livre que nous annonçons sera désormais le compagnon de route indispensable de tout voyageur qui visitera l'Italie, l'Italie nouvelle unie en une seule nation.

De tout temps cette terre du soleil et de l'art attira de nombreux visiteurs. Élue par la nature et le génie, elle était l'attraction des heureux du monde et des artistes. Pas d'amoureux, pas de nouveaux mariés qui n'aient rêvé d'y passer leur lune de miel ; pas de peintres, de statuaires, de musiciens ou de poëtes qui n'y aient cherché l'inspiration ; pas de penseurs qui, épris de sa beauté éternelle et de la grandeur de ses souvenirs, n'aient gémi sur sa déchéance transitoire et fait des vœux pour que la liberté complétât l'attrait et l'admiration que l'Italie inspire.

Ce jour est arrivé, la grande mère latine a brisé ses entraves, les sèves antiques, celles du Moyen Age et de la Renaissance ont longtemps fermenté dans son sein blessé et sanglant ; puis mêlées, confondues, elles ont amené l'éclosion présente, étonnement et enthousiasme du monde. Affranchie par l'héroïsme et la foi unanime de ses enfants, l'Italie n'est pas seulement un spectacle pour les autres nations, elle est devenue leur enseignement. Libre et puissante, elle base sa force sur la justice ; les réseaux de ses petits États sont rompus, dispersés, anéantis ; plus de barrières, plus de douanes vexatoires, plus de frontières arbitraires, plus d'antagonisme de contrées et de rivalité de villes. L'effort de tous les courages vers un but commun; les battements de tous les cœurs pour une espérance unique désormais réalisée.

Encore un point noir à Rome; encore un membre torturé à Venise; mais quand le corps se meut sain et robuste, quand la tête rayonne, tôt ou tard une plaie importune se ferme, une blessure saignante se cicatrise.

Telle est l'Italie dont madame Louise Colet a vu s'accomplir la résurrection. Durant deux ans elle a suivi de ville en ville, attentive et enthousiaste, le mouvement progressif de ce fier réveil. Elle a vu circuler la vie dans ce peuple voué à la mort civile par l'aveugle dédain des autres peuples. Ces fils généreux qui ont ranimé leur mère féconde et superbe, roi, soldats, politiques, écrivains, madame Louise Colet les a surpris à l'œuvre, peints dans l'action, connus, écoutés, interrogés. La participation du peuple, le concours des femmes, les faits obscurs et romanesques à côté des faits éclatants qu'enregistre l'histoire, marient, sous sa plume, le charme des anecdotes à la sévérité des annales politiques.

L'art et la nature, double magnificence qui durant des siècles attesta la vigueur persistante de l'Italie, ne pouvaient être oubliés dans ce livre. La description des paysages et l'étude des chefs-d'œuvre y occupent une grande place et forment pour ainsi dire le fond lumineux sur lequel se dressent et agissent les figures contemporaines. Pas un monument rare, pas un marbre antique, pas un tableau de maître, pas un rivage, un lac, une île, un horizon qui n'ait été décrit avec amour et présenté au lecteur dans sa splendeur ou sa grâce.

Nous en dirons autant des souvenirs historiques; sans pédantisme, sans vaines recherches de savoir, ils s'alternent tout naturellement aux scènes vivantes. Les guerriers de l'antique Rome, les grands Florentins de la Renaissance se lèvent soudain de la tombe et se mêlent, comme leurs inspirateurs, aux héros et aux politiques du jour. Il suffira de parcourir quelques fragments de la table analytique que nous donnons ici, pour se convaincre que l'*Italie des Italiens* est désormais le seul livre complet, instructif, amusant de tout voyageur en Italie, comme il deviendra la distraction émouvante des lecteurs sédentaires.

L'état des esprits en France au commencement de 1859. — Un mot d'Alexandre Manzoni sur la France. — Paroles de Jules Favre. — L'armée française passe les Alpes. — Réveil de la France. — Paix de Villafranca. — Le Roucas blanc. — M. et Madame Talabot. — Saint-Laurent du Var. — Arrivée à Nice. — La frontière. — Importance d'un mot de M. de Talleyrand sur Nice. — Arrivée à Gênes. — Situation de l'Italie au moment où j'y arrive. — Souvenir de Balzac. — Le comte Ricciardi. — Le professeur Botto du *Corriere mercantile*. — Sérénade patriotique au capitaine Verdura. — Un soldat français lisant les drames de Victor Hugo dans la villa Doria. — Les poètes

Mercantini, Desta, Pennachi. — M. Sterbini. — La marquise Balbi. — Pegli, M. Frédéric Filippi. — Turin, M. et madame Mancini. — L'illustre martyr Poerio, sa bonté, son esprit. — M. Pierre Leopardi. — M. Machi-Mauro. — Le prince de Latour-d'Auvergne, ambassadeur de France à Turin. — Notre entrevue. — Garibaldi à l'hôtel Feder. — Le Campo Santo de Turin. — Tombeau de Silvio Pellico. — Mot de M. Mancini sur l'historien Cantù. — Magenta. — Milan. — Le maréchal Vaillant à la villa Bonaparte. — L'historien Cantù, son entrevue au camp avec l'empereur Napoléon III. — L'avocat Francia. — Le Code autrichien. — Buste de Byron, légué à la bibliothèque Ambrosienne par un cordonnier milanais. — Visite à Alexandre Manzoni. — Ce qu'il me dit sur l'empereur Napoléon III. — Sur les Doctrinaires. — Sur le pouvoir temporel du pape et sur Lamartine. — M. Broglio, directeur de la *Lombardia*. — Détails sur Manzoni. — Pavie. — La comtesse Maffei, son salon. — Elle me rappelle madame Récamier. — Le peintre Pagliano et Garibaldi. — Le parc de Milan. — Montagnes de la Valteline. — Bergame. — Brescia. — Drezzano. — Frontière autrichienne. — Le lac de Garde. — Peschiera. — Excursion à travers Vérone. — Le colonel Lamasa. — Montebello. — Vicence. — Venise. — Douane. — Tout Venise. — Ses monuments. — Air de la maison de Savoie sifflé par un jeune maçon. — Anecdote sur madame Malibran. — Alexandre Dumas attendu à Venise. — Léopold Robert. — Drame du palais Pisani. — La princesse Clary à Venise. — Soldats hongrois fusillés sur le champ de Mars. — Souvenir de lord Byron et d'Alfred de Musset. — Avis du Comité patriotique. — M. Armand Baschet, le baron Mullazani. — L'île des Arméniens. — Dévastation du Lido. — Les ouvriers de l'arsenal. — Les îles. — Profanation du palais Foscari. — Litz touchant de l'orgue pour une femme aimée. — Grande découverte par un jour de neige. — Padoue. — Une dame mystérieuse qui aime des Autrichiens. — M. Lebreton. — Ce que me dit une pauvre femme en prière, de son curé. — L'église de Sainte-Justine de Padoue, transformée en grenier à avoine. — Deux jeunes Vénitiens patriotes. — Madame de Montecuculli. — Encore Venise. — Souvenir d'Emilio Bandolo. — Rencontre de deux belles filles de Venise et d'un soldat autrichien. La Messe de Noël à Saint-Marc. — Le patriarche courtisan, monseigneur Ramazotti. — Frère Jacques. — Signataire d'Alfred de Musset. — La brochure *le Pape et le Congrès à Venise*. — Le marquis et la marquise Guiccioli. — M. de Metz. — Torcello, île cadavre. — Le peintre Schiavone et la Vénus voilée. — Le prince Louis Capranica. — M. Polidori. — M. Clavel. — Les femmes de Venise se faisant *blondir*. — Recette. — La belle comtesse Pisani. — Palais Morosini, la dernière descendante du doge. — Le comte Morosini. — Convoi du baron Galvagna. — Le duc de Bordeaux à Venise. — Mon entrevue avec ce prince. — Une parole des gondoliers de Venise. — Départ. — Fête à Brescia. — Le major Panario. — Milan. — M. Diday. — Le commandant d'artillerie Protche. — Le lac de Côme. — La fiancée de Garibaldi. — L'improvisatrice Giannina Milli. — Encore Manzoni. — Ce qu'il me dit sur Louis XVI, Chateaubriand, Villemain, Lamennais. — Alexandre Dumas à Milan. — Ses entrevues avec Garibaldi. — Page douloureuse de la vie du héros. — Le journal la *Persévérance*. — Mes vers à Manzoni. — Beauté de mademoiselle Wise. — Les bals masqués. — Le Corps diplomatique à l'Hôtel de la ville. — Le ténor Giugliani. — Arrivée du roi à Milan. — Portrait du roi. — Bal chez la duchesse Visconti. — Premier bal de la cour. — Je suis présentée à M. de Cavour. — Causeries avec M. de Cavour. — Le baron Perrone de San Martino. — Le comte Oldofredi. — M. Tourte. — Le comte de Cavour me présente la comtesse Della Rocca. — Sa beauté. — La duchesse de Gênes. — L'abbé Batti, prêtre patriote. — Giorgini et Massimo d'Azeglio, gendres de Manzoni. — Fêtes d'annexion. — Les prêtres refusent de faire sonner les cloches. — L'archevêque prend la fuite. — Un chapelain de Garibaldi. — M. Torelli. — Projet de journal. — Un libraire français. — La princesse fantôme jugée par Gioberti. — Je pars pour Turin.

Dans le second volume l'intérêt va croissant; on en jugera par ces extraits de la Table analytique.

Turin en fête. — Séance du parlement du 2 avril 1860. — Les députés. — Les sénateurs. — Tous les hommes illustres de l'Italie. — La comtesse Bathyani. — Le roi parrain de mon livre *l'Italie des Italiens*. — Nouvelle entrevue avec le comte de Cavour. — Ce qu'il me dit de Rome, de Venise, du parti orléaniste et de la reconnaissance que l'Italie doit à l'Empereur. — Le baron de Talleyrand, ambassadeur de France à Turin. — Le comte Raspoui. — Séance de la Chambre des députés. — Débats sur la cession de Nice. — Garibaldi et M. de Cavour. — Départ pour Florence. — Les Apennins. — Rencontre d'un Morosini et de ses deux sœurs. — Villa de Protalino. — Montaigne dînant avec Bianca Capello. —

Florence en fête, illuminations. — Le général Della Bocca. — La princesse Marie Bonaparte Valentini. — Le prince et la princesse Antoine Bonaparte. — Le marquis Pepoli. — Le comte Alberti. — Le chevalier Berardi. — Le comte Faina. — Le comte Manciforte. — Le professeur Ragnotti. — MM. Mortera et Zanini. — Les députés Achille Menotti, Cornero et Crema. — Bal au palais Pitti. — Galeries éclairées aux flambeaux. — Le poète Dall'Ongaro. — Le poète Montanelli. — Le marquis Dragonetti. — Vieusseux. — Le ministre Farini. — Ce qu'il me dit de Bologne. — Le général d'Ayala. — Le général Tuppati. — Le grand Lazare de Pise. — Le major comte de Robilant. — Le comte Guardabassi. — Le marquis Gualterio. — Monuments de Florence. — Le général Ulloa. — Expédition de Garibaldi. — Le colonel Giorgini. — Le marquis Gino Capponi. — Notre entrevue. — La villa Demidoff. — San Donato. — Départ pour la campagne. — Séjour à la Viano chez la princesse Marie Bonaparte Valentini. — Pérouse encore sous le joug papal. — La marquise Florenzi-Waddington, ses ouvrages philosophiques loués par Gioberti. — Sa villa au bord du Tibre. — Retour à Florence. — Sienne. — Pise. — Mon entrevue avec le baron Ricasoli. — Ravenne. — La comtesse Rasponi, princesse Murat. — Lettres inédites de madame Récamier à la reine Caroline (femme de Murat). — Lord Byron — Le palais Gamba. — Bologne. — M. Protche. — La comtesse Tattini et sa sœur, petites-filles de Murat. — Le général Cialdini. — Le député Minghetti. — M. Bignismi. — La comtesse Rossi. — Martinetti. — Souvenirs de Napoléon Ier — Modène. — Parme. — Le comte et la comtesse Gamba. — Ferrare. — Gênes. — Départ des Garibaldiens. — Je vais à Turin, nouvelle entrevue avec le comte de Cavour. — Adieu à Milan et à Venise. — Visite à Manzoni. — Le lac de Côme et le lac Majeur. — Départ pour Naples sur le navire de l'État la *Constitution*. — Le capitaine Wright. — L'île d'Elbe. — Le général Danesy. — Le capitaine Émile Savio. — Naples. — Garibaldi. — L'amiral Persano. — Mon entrevue avec le héros. — Le marquis et la marquise Villamarina. — Miracle de saint Janvier une heure plus tôt que de coutume. — Caserte. — Capone. — Environs de Naples. — Fêtes. — La société napolitaine. — Liborio Romano. — La princesse de Morra. — M. Mauro et sa fille. — Entrée triomphale de Victor-Emmanuel et de Garibaldi. — Départ pour Palerme à la suite du roi. — Trois archevêques, clergé en tête, reçoivent le roi au rivage. — Le prince et la princesse Torremuzza. — Fêtes à Palerme. — L'avocat Scoppa. — Une sœur de Massimo Ruggiero. — Monreale. — Retour à Naples. — Sorrente. — Excursion dans le golfe de Salerne. — M. Pottero — Pæstum, Amalfi. — Départ pour Rome. — Civita-Vecchia. — Rome. — La garnison française. — Aspect de Rome. — Visites de tous les monuments. — Anecdotes. — Le duc de Gramont, ambassadeur de France à Rome. — Ses réceptions au palais Coloma. — Monseigneur de Latour-d'Auvergne. — Rencontre à la villa Pamfili de monseigneur Sacconi. — Ce qu'il me dit de Garibaldi. Ce héros appelé *nostro Giuseppe* par le peuple romain. — Parole d'un garibaldien montant la Scala Santa. — Dîner à l'Académie de France. — Trois colonels français anti-Italiens. — Effet du discours du prince Napoléon à Rome. — La police romaine, les espions pullulent dans la ville éternelle. — Je suis signalé par l'*Armonia* de Turin. — Consulat de *Sardaigne*. — Le comte Teccio et le marquis Doria. — Le roi Victor-Emmanuel, propriétaire à Frascati. — Mot d'une mendiante sur les prêtres et les cardinaux. — Soirée chez un patriote romain. — Un prêtre libéral. — Je dis aux femmes d'aller communier de sa main dans les catacombes. — Conversation politique dans la chapelle Sixtine. — L'ex-famille royale de Naples à Rome. — La reine mère. — François II, sa femme. — Leurs visites au Pape. — Le Pape. — Il est frappé d'une attaque foudroyante le mardi de Pâques, dans la chapelle Sixtine. — Négoce des billets de communion. — Les péchés véniels enlevés au moyen d'une baguette. — Ce que dit Montaigne d'un cardinal remplissant cette fonction. — Impossible de visiter le trésor de Saint-Pierre. Où donc est-il ? — Don Marino duc de Torlonia. — Excursion à Bracciano. — Walter Scott. — Les ruines d'Ostie. — Le commandeur Visconti. — Mariage *in extremis* du jeune Publicola di Santa Croce, en présence du cardinal Amat. — Six carabiniers du Pape gardent la porte. — Vaudevilles français joués par nos soldats au profit des pauvres. — Recette employée aux illuminations papales. — Victor-Emmanuel transformé en Hydre dans un transparent. — La reine Christine à Rome. — Comment un prieur se venge d'elle. — Exil du docteur Pantaleoni. — Mon entrevue au Vatican avec le cardinal Antonelli. — Accueil caressant. — Longue conversation sur les affaires de l'Italie. — Sa haine contre le gouvernement français. — Billet du cardinal Antonelli. — Malaria morale à Rome. — Je pars. — Halte à Livourne et à Gênes. — Souffle vivifiant de l'Italie libre. — Arrivée en France.

E. DENTU, LIBRAIRE-ÉDITEUR
Galerie d'Orléans, 13 et 17, Palais-Royal

EN VENTE
—

L'ITALIE DES ITALIENS

PAR

Mme LOUISE COLET

volumes grand in-18 jésus. — Prix : 3 fr.

Le livre que nous annonçons sera désormais le compagnon de route indispensable de tout voyageur qui visitera l'Italie, l'Italie nouvelle unie en une seule nation.

De tout temps cette terre du soleil et de l'art attira de nombreux visiteurs. Élue par la nature et le génie, elle était l'attraction des heureux du monde et des artistes. Pas d'amoureux, pas de nouveaux mariés qui n'aient rêvé d'y passer leur lune de miel; pas de peintres, de statuaires, de musiciens ou de poëtes qui n'y aient cherché d'inspiration; pas de penseurs qui, épris de sa beauté éternelle et de la grandeur de ses souvenirs, n'aient gémi sur sa déchéance transitoire et fait des vœux pour que la liberté complétât l'attrait et l'admiration que l'Italie inspire.

Ce jour est arrivé, la grande mère latine a brisé ses entraves, les sèves antiques, celles du moyen âge et de la Renaissance ont longtemps fermenté dans son sein blessé et sanglant; puis, mêlées, confondues, elles ont amené l'éclosion présente, étonnement et enthousiasme du monde. Affranchie par l'héroïsme et la foi unanime de ses enfants, l'Italie n'est plus seulement un spectacle pour les autres nations, elle est devenue leur enseignement. Libre et puissante, elle base sa force sur la justice: les réseaux de ses petits États sont rompus, dispersés, anéantis; plus de barrières, plus de douanes vexatoires, plus de frontières arbitraires, plus d'antagonisme de contrées et de rivalité de villes. L'effort de tous les courages vers un but commun; les battements de tous les cœurs pour une espérance unique désormais réalisée.

Encore un point noir à Rome, encore un membre torturé à Venise; mais quand le corps se meut sain et robuste, quand la tête rayonne, tôt ou tard une plaie importune se ferme, une blessure saignante se cicatrise.

Telle est l'Italie dont madame Louise Colet a vu s'accomplir la résurrection. Durant deux ans elle a suivi de ville en ville, attentive et enthousiaste, le mouvement progressif de ce fier réveil. Elle a vu circuler la vie dans ce peuple voué à la mort civile par l'aveugle dédain des autres peuples. Ces fils généreux qui ont ranimé leur mère féconde et superbe, roi, soldats, politiques, écrivains, madame Louise Colet les a surpris à l'œuvre, peints dans l'action, connus, écoutés, interrogés. La participation du peuple, le concours des femmes, les faits obscurs et romanesques à côté des faits éclatants qu'enregistre l'histoire, marient, sous sa plume, le charme des anecdotes à la sévérité des annales politiques.

L'art et la nature, double magnificence qui durant des siècles attesta la vigueur persistante de l'Italie, ne pouvaient être oubliés dans ce livre. La description des paysages et l'étude des chefs-d'œuvre y occupent une grande place et forment pour ainsi dire le fond lumineux sur lequel se dressent et agissent les figures contemporaines. Pas un monument rare, pas un marbre antique, pas un tableau de maître, pas un rivage, un lac, une île, un horizon qui n'ait été décrit avec amour et présenté au lecteur dans sa splendeur ou sa grâce.

Nous en dirons autant des souvenirs historiques; sans pédantisme, sans vaines recherches de savoir, ils s'alternent tout naturellement aux scènes vivantes. Les guerriers de l'antique Rome, les grands Florentins de la Renaissance se lèvent soudain de la tombe et se mêlent, comme leurs inspirateurs, aux héros et aux politiques du jour. Il suffira de parcourir quelques fragments de la table analytique que nous donnons ici, pour se convaincre que l'*Italie des Italiens* est désormais le seul livre complet, instructif, amusant de tout voyageur en Italie, comme il deviendra la distraction émouvante des lecteurs sédentaires.

L'état des esprits en France au commencement de 1859. — Un mot d'Alexandre Manzoni sur la France. — Paroles de Jules Favre. — L'armée française passe les Alpes. — Réveil de la France. — Paix de Villafranca. — Le Roucas blanc. — M. et madame Talabot. — Saint-Laurent du Var. — Arrivée à Nice. — La frontière. — Importance d'un mot de M. de Talleyrand sur Nice. — Arrivée à Gênes. — Situation de l'Italie au moment où j'y arrive. — Souvenir de Balzac. — Le comte Ricciardi. — Le professeur Botto du *Corriere mercantile*. — Sérénade patriotique au capitaine Verdura. — Un soldat français lisant les drames de Victor Hugo dans la villa Doria. — Les poètes Mercantini, Desta, Peonachi. — M. Sterbini. — La marquise Balbi. — Pegli. — M. Frédéric Filipi. — Turin, M. et madame Mancini. — L'illustre martyr Poerio, sa bonté, son esprit. — M. Pierre Leopardi. — M. Machi-Mauro. — Le prince de la Tour d'Auvergne, ambassadeur de France à Turin. — Notre entrevue. — Garibaldi à l'hôtel Feder. — Le Campo-Santo de Turin. — Tombeau de Silvio Pellico. — Mot de M. Mancini sur l'historien Cantù. — Magenta. — Milan. — Le maréchal Vaillant à la villa Bonaparte. — L'historien Cantù, son entrevue au camp avec l'empereur Napoléon III. — L'avocat Francia. — Le Code autrichien. — Buste de Byron, légué à la bibliothèque Ambroisienne par un cordonnier milanais. — Visite à Alexandre Manzoni. — Ce qu'il me dit sur l'empereur Napoléon III. — Sur les Doctrinaires. — Sur le pouvoir temporel du pape et sur Lamartine. — M. Broglio, directeur de la *Lombardia*. — Détail sur Manzoni. — Pavie. — La comtesse Maffei, son salon. — Elle me rappelle madame Récamier. — Le peintre Paglismo et Garibaldi. — Je pars de Milan. — Montagne de la Valteline. — Bergame. — Brescia. — Desenzano. — Frontière autrichienne. — Le lac de Garde. — Peschiera. — Excursion à travers Vérone. — Le colonel Lamesa. — Montebello. — Vicence. — Venise. — Douane. — Tout Venise. — Ses monuments. — Air de la maison de Savoie sifflé par un jeune maçon. — Anecdote sur madame Malibran. — Alexandre Dumas attendu à Venise. — Léopold Robert. — Drame du palais Pisani. — La princesse Clary à Venise. — Soldats hongrois fusillés sur le champ de Mars. — Souvenir de lord Byron et d'Alfred de Musset. — Avis du Comité patriotique. — M. Armand Baschet et le baron Mullazani. — L'île des Arméniens. — Dévastation du Lido. — Les ouvriers de l'arsenal. — Les îles. — Profanation du palais Foscari. — Lits touchant de l'orgue pour une femme aimée. — Grande découverte par un jour de neige. — Padoue. — Une dame mystérieuse qui aime les Autrichiens. — M. Lebretton. — Ce que me dit une pauvre femme en prière de son curé. — L'église de Sainte-Justine de Padoue, transformée en grenier à avoine. — Deux jeunes Vénitiens patriotes. — Madame de Montecucculi. — Encore Venise. — Souvenir d'Emilie Dandolo. — Rencontre de deux belles filles de Venise et d'un soldat autrichien. — La Messe de Noël à Saint-Marc. — Le patriarche cosettien, monseigneur Ramazzotti. — Frère Jacques. — Signature d'Alfred de Musset. — La brochure *le Pape et le Congrès à Venise*. — Le marquis et la marquise Guiccioli. — M. de Metz. — Torcello, île cadavre. — Le peintre Chiavone et la Vénus voilée. — Le prince Louis Capornica. — M. Polidori. — M. Clavel. — Les femmes de Venise se faisant Mondir. — Recette. — La belle comtesse Pisani. — Palais Morosini, la dernière descendante du doge. — Le comte Morosini. — Convoi du baron Galvagna. — Le duc de Bordeaux à Venise. — Mon entrevue avec ce prince. — Une parole des gondoliers de Venise. — Départ. — Fête à Brescia. — Le major Pasaria. — Milan. — M. Didny. — Le commandant d'artillerie Protiche. — Le lac de Côme. — La fiancée de Garibaldi. — L'improvisatrice Giannina Milli. — Encore Manzoni. — Ce qu'il me dit sur Louis XVI, Chateaubriand, Villemain, Lamennais. — Alexandre Dumas à Milan. — Ses entrevues avec Garibaldi. — Page douloureuse de la vie du héros. — Le journal la *Persévérance*. — Mes vers à Manzoni. — Beauté de mademoiselle Wins. — Les bals masqués. — Le Corps diplomatique à l'hôtel de la Ville. — Le ténor Giuglini. — Arrivée du roi à Milan. — Portrait du roi. — Bal chez la duchesse Visconti. — Premier bal de la cour. — Je suis présentée à M. de Cavour. — Causerie avec M. de Cavour. — Le baron Perrone de San Martino. — Le comte Oldofredi. — M. Tearte. — Le comte de Cavour me présente la comtesse Della Rocca. — Sa beauté. — La duchesse de Gênes. — L'abbé Ratti, prêtre patriote. — Giuglini et Massimo d'Azeglio, gendres de Manzoni. — Fêtes de l'annexion. — Les prêtres refusent de faire sonner les cloches. — L'archevêque prend la fuite. — Un chapelain de Garibaldi. — M. Torelli. — Projet de journal. — Un libraire français. — La princesse fantôme jugée par Gioberti. — Je pars pour Turin.

Dans le second volume l'intérêt va croissant; on en jugera par ces extraits de la Table analytique.

Turin en fête. — Séance du parlement du 2 avril 1860. — Les députés. — Les sénateurs. — Tous les hommes illustres de l'Italie. — La comtesse Bathyani. — Le roi parrain de mon livre l'*Italie des Italiens*. — Nouvelle entrevue avec le comte de Cavour. — Ce qu'il me dit de Rome, de Venise, du parti orléaniste et de la reconnaissance que l'Italie doit à l'Empereur. — Le baron de Talleyrand, ambassadeur de France à Turin. — Le comte Rasponi. — Séance de la Chambre des députés. — Débats sur la session de Nice. — Garibaldi et M. de Cavour. — Départ pour Florence. — Les Apennins. — Rencontre d'un Morosini et de ses deux sœurs. — Villa de Pratolino. — Montaigne dînant avec Bianca Capello. — Florence en fête, illuminations. — Le général Della Rocca. — La princesse Marie Bonaparte Valentini. — Le prince et la princesse Antoine Bonaparte. — Le marquis Pepoli. — Le comte Alberti. — Le chevalier Berardi. — Le comte Faïna. — Le comte Manciforte. — Le professeur Ragnotti. — MM. Mortera et Zanini. — Les députés Achille Menotti, Cornero et Créma. — Bal au palais Pitti. — Galeries éclairées aux flambeaux. — Le poète Dell'Ongaro. — Le poète Montanelli. — Le marquis Drogonetti. — Vimusseux. — Le ministre Parini. — Ce qu'il me dit de Bologne. — Le général d'Ayala. — Le général Tuppuli. — Le grand ministre de Pise. — Le major comte de Robilant. — Le comte Guardabassi. —

Le marquis Gualterio. — Monuments de Florence. — Le général Ulloa. — Expédition de Garibaldi. — Le colonel Giorgini. — Le marquis Gino Capponi. — Notre entrevue. — La villa Demidoff. — San Donato. — Départ pour la campagne. — Séjour à la Vigne chez la princesse Marie Bonaparte Valentini. — Pérouse encore sous le joug papal. — La marquise Florenzi-Waddington, ses ouvrages philosophiques loués par Gioberti. — Sa villa au bord du Tibre. — Retour à Florence. — Sienne. — Pise. — Mon entrevue avec le baron Ricasoli. — Ravenne. — La comtesse Rasponi, princesse Murat. — Lettres inédites de madame Récamier à la reine Caroline (femme de Murat). — Lord Byron. — Le palais Gamba. — Bologne. — M. Protche. — La comtesse Tattini et sa sœur, petites-filles de Murat. — Le général Cialdini. — Le député Minghetti. — M. Bigniami. — La comtesse Rossi-Martinetti. — Souvenirs de Napoléon Iᵉʳ. — Modène. — Parme. — Le comte et la comtesse Gamba. — Ferrare. — Gênes. — Départ des Garibaldiens. — Je vais à Turin, nouvelle entrevue avec le comte de Cavour. — Adieu à Milan et à Venise. — Visite à Manzoni. — Le lac de Côme et le lac Majeur. — Garibaldi à Reggio.

Sous ce titre :

LE LIBÉRATEUR

(*Italie du Midi.* — Naples. — Palerme — Rome)

ce troisième volume faisant suite à l'*Italie des Italiens*, sera mis en vente prochainement. Voici un résumé des matières qu'il contiendra :

Départ pour Naples sur le navire de l'État la *Constitution*. — Le commandant Wright. — L'île d'Elbe. — Le général Bonecy. — Le capitaine Émile Savio. — Garibaldi à Naples. — L'amiral Persano. — Mon entrevue avec le héros. — Le marquis et la marquise Villamarina. — Miracle de saint Janvier une heure plus tôt que de coutume. — Caserte. — Capoue. — Environs de Naples. — Fêtes. — La société napolitaine. — Liborio Romano. — La princesse de Mern. — M. Mauro et sa fille. — Entrée triomphale de Victor-Emmanuel et de Garibaldi. — Départ pour Palerme à la suite du roi. — Trois archevêques, clergé en tête, reçoivent le roi au rivage. — Le prince et la princesse Torremuzza. — Fêtes à Palerme. — L'avocat Scoppa. — Une sœur de Massimo Raggiero. — Monreale. — Retour à Naples. — Sorrente. — Excursion dans le golfe de Salerne. — M. Bottero. — Pæstum, Amalfi. — Départ pour Rome. — Civita-Vecchia. — Rome. — La garnison française. — Aspect de Rome. — Visites de tous les monuments. — Anecdotes. — Le duc de Gramont, ambassadeur de France à Rome. — Ses réceptions au palais Colonna. — Monseigneur de la Tour d'Auvergne. — Rencontre à la villa Pamfili de monseigneur Secconi. — Ce qu'il me dit de Garibaldi. — Ce héros appelé *nostro Giuseppe* par le peuple romain. — Parole d'un Garibaldien montant la Scala Santa. — Dîner à l'Académie de France. — Trois colonels français anti-italiens. — Effet du discours du prince Napoléon à Rome. — La police romaine, les espions pullulent dans la ville éternelle. — Je suis signalé par l'*Armonia* de Turin. — Consulat de *Sardaigne*. — Le comte Teccio et le marquis Doria. — Le roi Victor-Emmanuel, propriétaire à Frascati. — Mot d'une mendiante sur les prêtres et les cardinaux. — Soirée chez un patriote romain. — Un prêtre libéral. — Je dis aux femmes d'aller communier de sa main dans les catacombes. — Conversation politique dans la chapelle Sixtine. — L'ex-famille royale de Naples à Rome. — La reine mère. — François II, sa femme. — Leurs visites au Pape. — Le Pape. — Il est frappé d'une attaque foudroyante le mardi de Pâques, dans la chapelle Sixtine. — Négoce des billets de communion. — Les péchés véniels enlevés au moyen d'une baguette. — Ce que dit Montaigne d'un cardinal remplissant cette fonction. — Impossible de visiter le trésor de Saint-Pierre. Où donc est-il ? — Don Marino, duc de Torlonia. — Excursion à Brasciano. — Walter Scott. — Les ruines d'Ostie. — Le commandeur Visconti. — Mariage *in extremis* du jeune Publicola Santa Croce, en présence du cardinal Amat. — Six carabiniers du Pape gardent la porte. — Vaudevilles français joués par nos soldats au profit des pauvres. — Recette employée aux illuminations papales. — Victor-Emmanuel transformé en Hydre dans un transparent. — La reine Christine à Rome. — Comment un prieur se venge d'elle. — Exil du docteur Pantaleoni. — Mon entrevue au Vatican avec le cardinal Antonelli. — Accueil caressant. — Longue conversation sur les affaires de l'Italie. — Sa haine contre le gouvernement français. — Billet du cardinal Antonelli. — Mal'aria morale à Rome. — Je pars. — Halte à Livourne et à Gênes. — Souffle vivifiant de l'Italie libre. — Arrivée en France.

L'ITALIE
DES ITALIENS

PREMIÈRE PARTIE

ITALIE DU NORD

PARIS. — IMP. SIMON RAÇON ET COMP., RUE D'ERFURTH, 1.

L'ITALIE
DES
ITALIENS

PAR

Mme LOUISE COLET

Di una terra son tutti : un linguaggio
Parlan tutti : fratelli gli dice
Lo straniero : il comune lignaggio
A ognun d'essi dal volto traspar.
Questa terra fu a tutti nudrice,
. . . .
Che natura dall' altre ha divisa
E ricinta coll' Alpe e col mar.
           Manzoni, *Carmagn.*, atto II.

PREMIÈRE PARTIE

ITALIE DU NORD

PARIS
E. DENTU, ÉDITEUR
LIBRAIRE DE LA SOCIÉTÉ DES GENS DE LETTRES
PALAIS-ROYAL, 15 ET 17, GALERIE D'ORLÉANS

1862

Tous droits réservés

L'ITALIE
DES ITALIENS

I

Les trois premiers mois de l'année 1859 se passèrent, l'on s'en souvient, dans une grande attente. On sentait bien toujours en France cette espèce de torpeur politique qui, depuis le coup d'État, pesait sur les esprits; les signes du mouvement et de l'activité morale qui sont la vie des nations, ne se trahissaient point encore à l'intérieur; mais tous ceux qui aimaient l'Italie voyaient poindre avec joie sur cette terre de la lumière et du beau les lueurs d'un de ces grands orages bienfaisants qui assainissent les âmes et sont aux sociétés engourdies ce que sont les pluies fécondes à un sol desséché et stérile. Ceux à qui les jouissances de la fortune suffisent, ceux qui aiment la quiétude molle et pesante du foyer et du clocher, ceux qui s'épâtent dans une existence somnolente jusqu'au sommeil de la mort, qui pour nous est un réveil, une marche collective ascendante, tandis qu'il n'est pour eux qu'un repos éternel, égoïste et froid; ceux-là, effrayés et irrités qu'on les troublât dans la béatitude de la matière, crièrent à la Révolution! à la Révolution, qui, comprimée au-dedans, viendrait du dehors, d'autant plus forte et d'autant plus redoutable qu'elle revêtirait les attributs de la justice de tout un peuple revendiquant sa nationalité et son indépendance.

On n'a pas oublié ce qui se produisit alors dans ce que j'appellerai la partie inerte de la France, qui pèse, et s'en flatte, de toute sa force d'inaction sur l'âme du pays.

Dirigée par la main occulte et endormeuse du clergé *organisant* (si ce mot peut s'appliquer à ce qui proteste contre le mouvement des êtres inspiré par Dieu même), organisant, dis-je, une résistance torpide dans les Conseils généraux des départements, cette partie opaque de la nation décréta le danger de la guerre d'Italie, supplia le pouvoir de se river à elle qui, en définitive, représentait le nombre, les intérêts visibles de la France, et de rester spectateur indifférent des événements qui allaient s'accomplir.

On doit rendre justice au pouvoir, et ce sera sa page la plus glorieuse dans l'histoire : par instinct ou par conviction, il se dégagea des bandelettes mortuaires dont les assoupis et les satisfaits prétendaient l'envelopper ; il se souvint du cœur et du cerveau de la France, l'esprit généreux de Paris l'emporta sur l'inertie intéressée des départements, et ce fut là un des signes éclatants de la vraie moralité et de la grandeur de la centralisation où la tête pensante et clairvoyante du pays triomphera toujours en dernier ressort du corps aveugle qui résiste. Ce qui se passe en ce moment dans les États-Unis d'Amérique prouve surabondamment ce qu'il y a de vicieux dans le pacte transitoire d'une Confédération et la supériorité qu'a sur elle un État impérieusement dirigé par un grand centre. Vers ce centre affluent l'intelligence, l'honneur, l'idéal qui se dégagent de toutes les parties du corps social ; c'est ce qui compose l'âme forte de la patrie, âme que les intérêts matériels peuvent obscurcir un moment, mais qu'on ne saurait ni faire plier, ni avilir.

Le grand Alexandre Manzoni me disait un jour : « En France, votre puissante unité et votre énergique centralisation vous ont permis de faire en politique, depuis soixante ans, toutes les folies imaginables ; n'importe, la France sort toujours triomphante de ce qui aurait perdu sans retour une nation morcelée, et, malgré les plus imprudents coups de tête, elle se retrouve toujours sur ses pieds. »

Donc, dans la décision de la guerre d'Italie, malgré l'opposition des Conseils généraux et celle des divers corps de l'État qui, depuis le *Deux Décembre*, semblent avoir pris pour tâche d'immobiliser le pouvoir au lieu de le pousser en avant, la tête de la France l'emporta ; le pouvoir comprit que là était la force vitale sur laquelle il devait s'appuyer. Jusqu'au dernier moment les intérêts protestérent; il y eut autour même du pouvoir une panique qui menaçait d'enchaîner son action et de faire rentrer dans le fourreau l'épée généreuse à moitié tirée. C'était comme un effroi de la gloire, une résistance à la justice dont l'âme du pays s'étonna. Il avait été défendu aux journaux de prêcher l'insurrection à l'Italie frémissante et même d'encourager au début ses héroïques efforts; il n'y eut pas jusqu'à la voix des poëtes, traités d'ordinaire de rêveurs, et à qui, partant, un peu plus de liberté est permise, qui ne dût jusqu'à l'heure décisive rester muette et comprimée. Je me souviens, à ce propos, qu'ayant écrit au commencement de mars (1859) un Dithyrambe sur la grande émotion du moment, j'eus occasion de le communiquer au ministre de l'intérieur, qui me dit : « Ceci est un appel au soulèvement de l'Italie, dont je ne permettrai pas la publication dans les journaux français [1]. »

[1] Je donne ici ces vers pour ceux qui aiment encore la poésie :

L'ITALIE

Sous un ciel alourdi quand le Vésuve fume,
Quand grondent dans ses flancs des bruits avant-coureurs,
La terre où va jaillir le volcan qui s'allume,
Tressaille aux alentours de soudaines terreurs.

La campagne bondit, et la lave ruisselle,
Du cratère béant le feu vomit la mort,
La cendre ensevelit cette plage si belle,
C'est un chaos.... un jour, pourtant, la vie en sort.

Nouvelle et radieuse elle en sort embellie,
Superbe de jeunesse et de fécondité ;
Ainsi tu sortiras, magnanime Italie,
 Des laves de la liberté !

Ne les étouffe plus ces laves vengeresses,
Dont les flots sont rougis du sang de tes enfants,
Elles engloutiront, afin que tu renaisses,
 Tous tes despotes triomphants !

 Le voilà ! le voilà qui monte
 Le feu du volcan souterrain !
 Tout un peuple sort de la honte
 Au bruit du glorieux airain.

 Ce n'est pas le canon d'alarmes :
 Des Alpes au détroit lointain,
 C'est le Piémont qui crie : Aux armes !
 Aux armes le Napolitain !

Ces vers furent publiés, vers le milieu du mois de mars, dans les journaux de Nice; je les lus, à cette époque, à notre grand orateur, M. Jules Favre, qui me dit : « Votre prophétie s'accomplira ; l'Italie

>Aux armes l'enfant de Venise
>Qu'enflamme l'esprit de Manin!
>Florence, Parme, Ancône, Pise,
>Brisez un despotisme nain!
>
>Aux armes l'opprimé de Rome!
>Aux armes le fils de Milan!
>Levez-vous et, comme un seul homme,
>N'ayez qu'un but et qu'un élan.
>
>Emmanuel à l'avant-garde
>Vous appelle et vous tend la main
>Marchez! la France vous regarde
>Et combattra pour vous demain.
>
>Réveille, peuple magnanime,
>La voix des antiques échos,
>En toi l'on a vu la victime,
>Montre désormais le héros!
>
>Fais qu'à l'éclair de ton épée
>Les grands guerriers des anciens temps,
>César, Germanicus, Pompée,
>Reconnaissent leurs combattants.
>
>Que la poussière de tes pères
>Te pénètre de leurs vertus,
>Et songe, si tu désespères,
>A l'exemple de Spartacus!
>
>Courage donc! change en décombres
>Citadelles, forts et remparts :
>Ne vois-tu pas planer ces ombres
>Qui précèdent tes étendards?
>
>Elles se lèvent éclatantes
>Après le supplice d'un jour;
>De leurs poitrines palpitantes
>Sort leur cri d'immortel amour :
>
>« Italie!... »
>   O spectres sublimes,
>Vous accourez sous les drapeaux
>Pour attester l'horreur des crimes
>De vos implacables bourreaux.
>
>Qui donc les comptera, ces ombres innombrables?
>Ils marchent les premiers, les martyrs lamentables,
>Que l'enfer du Spielberg a torturés vingt ans.
>O Confalonieri, te voilà fier et grave!

sera. Malgré les dénégations des journaux et des actes diplomatiques, la guerre d'Italie est résolue dans la pensée de l'Empereur; ses souvenirs de jeunesse, ses premières luttes, son amour dévoué

> Et toi, doux Pellico, génie humble et suave,
> Invoquant Dieu, tu dis les forfaits de ce temps.
>
> Puis viennent, le front haut et la face sereine,
> Les grands suppliciés des gibets de Modène!
> Leur groupe radieux du cercueil est sorti;
> A leur tête debout et la démarche altière,
> Portant encore au cou la corde meurtrière,
>   S'avance Menotti!
>
> Héroïques vaincus dont on brisa le sabre,
> Appelant au combat les fils de la Calabre,
> Voici les Bandiera, qu'Homère aurait chantés!
> Jumeaux de gloire, hélas! la mitraille les frappe,
> Mais au prince bourreau leur âme fière échappe,
>   Et les voilà ressuscités!
>
> Comme pour l'ennoblir et lui donner une âme,
> Dans toute cause sainte on rencontre une femme;
> Voyez ce spectre armé, cœur tendre, front hardi;
> Il faut une héroïne à cette grande guerre,
> Et l'épouse fidèle accourt comme naguère
>   Aux côtés de Garibaldi!
>
> Tous les soldats vivants font cortège à ces ombres,
> Ce jour de délivrance efface leurs jours sombres.
> Désormais la torture est pour leurs meurtriers;
> L'apothéose enfin succède à leur martyre,
> Un poëte les guide aux accords de la lyre:
> C'est Byron! son génie éclate en chants guerriers!
>
> Longtemps il espéra pouvoir briser ta chaîne,
> Italie! et pensif dans les murs de Ravenne,
> Il souffrait des douleurs dont il te vit souffrir.
> Comme un fils il t'aima d'une mâle tendresse,
> Il ne te dit adieu que pour ta sœur la Grèce,
>   Qui si jeune le vit mourir.
>
>   Mais il revient au cri de guerre
>   De tous tes enfants valeureux!
>   Sa voix fait honte à l'Angleterre
>   Qui ne se lève pas pour eux!
>
>   Sa voix tonne et montre la route
>   A tes bataillons courageux.
>   L'armée ennemie en déroute
>   Repasse tes sommets neigeux!
>
>   Sa voix est celle d'un prophète
>   Qui prédit tes nouveaux destins,

pour cette terre si belle, qu'on ne saurait oublier, parlent en lui; l'âme de son frère l'inspire, et même, du crime affreux d'Orsini, s'est dégagé un souffle caché qui pousse l'Empereur en avant. »

  Et qui recouronne ta tête
  Des antiques rayons éteints.

  Tu te relèves forte et grande
  Dans ton imposante unité,
  Et le roi fier qui te commande
  Est l'appui de ta liberté.

D'un bout à l'autre alors de cette terre aimée,
Toute une nation heureuse et transformée
Porte sur le pavois Victor-Emmanuel :
Et superbe au sortir des luttes héroïques,
L'Italie apparaît ainsi qu'aux temps antiques
  Un vaste empire élu du ciel !

C'est encor ce foyer des lumières sereines,
Ame de l'Orient, qu'elle reçut d'Athènes,
Génie, amour, beauté, revivent sur ces bords;
Les splendeurs dont le monde allait perdre l'essence,
Rayonnent au réveil de cette renaissance,
  Et l'art leur rend un corps !

  C'est la musique et la peinture,
  La poésie et la sculpture,
  Proclamant l'idéal vainqueur :
  Et relevant leur tête altière,
  Sur le culte de la matière,
  Qui des peuples rongeait le cœur !

  Germe du beau, flamme féconde,
  C'est le tressaillement du monde;
  C'est l'amour sortant de la mort,
  Et raillant les faux hyménées
  Où les jeunesses profanées
  Vendent leur âme sans remord.

  C'est le hardi patriotisme
  Faisant honte au lâche égoïsme,
  Qui tremble sur ses sacs d'argent ;
  C'est l'enthousiasme qui vibre
  Et qui répand un souffle libre
  Dans l'air qui va se dégageant !

  Debout donc, fille de l'aurore,
  Au monde qui se décolore,
  Rends sa vigueur et son orgueil ;
  Chasse, ô lumineuse Italie !
  Cette opaque mélancolie
  Qui pèse sur la terre en deuil !

Ces paroles avaient été prononcées dans les derniers jours de mars et un mois plus tard (le 29 avril) les premiers bataillons de l'armée française se mettaient en marche pour franchir les Alpes. Le 10 mai, l'Empereur partait lui-même en tête de nos formidables colonnes qui se déroulèrent bientôt jusqu'aux plaines du Tessin. Ce qui se passa ce jour-là dans l'âme de la France, qui donc a pu l'oublier? Qui oserait nier l'élan spontané et le ravissement qui éclatèrent tout à coup dans Paris? Qui n'entend encore l'écho des vivat du peuple, quand passa son chef inspiré? Ce jour-là, la tête de la France fut radieuse, et sa voix dit au pouvoir : « C'est bien, tu m'as comprise et relevée! » Dans la foule, c'était la joie de la gloire et aussi l'instinctive appréciation de la justice d'une cause sainte que nos armes allaient soutenir. Dans les penseurs et les poëtes, dans ceux qui ne flattent jamais, mais qui ont l'impartialité des principes, ce fut l'assentiment sincère d'une décision intrépide qui répandait tout à coup sur la France un souffle libre et lumineux.

Quelle fête héroïque! quel tressaillement d'orgueil dans les cœurs qui se réveillèrent ce jour-là à la vie politique et guerrière Tous les sentiments enthousiastes, comprimés depuis la révolution de Février, rayonnaient, visibles sur tous les fronts. Ce fut une magnifique espérance; et, après deux ans révolus, à l'heure où j'écris ces lignes, qui donc voudrait renoncer à ce qu'elle a produit?

Je ne raconterai pas ici nos victoires, le souvenir récent en est resté radieux dans tous les esprits; les canons des Invalides sont encore chauds des vibrations qui répondaient en ces jours d'émotions patriotiques au retentissement lointain des canons de Magenta et de Solferino; chaque pas dans la gloire qui conquérait l'indépendance d'un peuple frère semblait au peuple de Paris un pas vers la liberté. On se parlait par groupes de la France qui triomphait et de l'Italie qui allait revivre; les affaires publiques n'étaient plus retranchées derrière le pouvoir; elles étaient redevenues l'occupation de tous. De là, une sorte d'animation vivifiante et salutaire dont s'alarmèrent, nous osons le dire, les conseillers timides du pouvoir. On a cherché et l'on cherche encore les motifs secrets qui déterminèrent si brusquement la paix de Villafranca. Un de ces motifs, celui qu'à distance on fit peser le plus sur l'esprit de l'Empereur, fut, de la part des grands corps de l'État, la crainte injurieuse et puérile des battements du cœur de la France. Ce cœur avait tressailli noblement, sans écarts, sans licence; hâtons-nous de le ramener au sommeil, se dirent les endormeurs effrayés.

On ne peut nier que le canon qui gronda tout à coup la paix, le 11 juillet, laissa la foule interdite et pensive. « Quoi! si tôt fini! murmurait-elle, si tôt éclipsé le magnifique spectacle d'une protection héroïque et d'une confraternité victorieuse! »

On se rappelle aussi que malgré les magnificences fabuleuses, les arcs de triomphe, les faisceaux d'armes, les tentures, les couronnes de fleurs, les fanfares, les drapeaux flottant au vent sur tous les monuments et à toutes les fenêtres; que malgré l'affluence empressée des provinces, malgré la foule énorme des curieux remplissant les rues, les boulevards, et couvrant les toitures, malgré l'effet inouï du cirque immense de la place Vendôme, où, à l'imitation du Colisée de Rome, des milliers de spectateurs étaient assis pour contempler le défilé de notre armée victorieuse, durant toute la journée du 14 août, par un ciel éclatant, rappelant aux soldats le ciel bleu qui brillait sur leurs dernières batailles; on se rappelle, dis-je, que l'admiration tranquille, la sympathie contenue et le contentement mesuré qui saluèrent ce jour-là le pouvoir, n'avaient rien de comparable avec l'enthousiasme, la vibration frénétique et les cris joyeux et unanimes qui l'acclamèrent au jour du départ. La foule ne se rendait pas bien compte du malaise qu'elle éprouvait, mais elle sentait, en voyant passer nos troupes, que la délivrance de l'Italie n'avait pas été complète et que nos victoires de la veille n'étaient pas une revanche absolue des humiliations que nous avait imposées l'Autriche en 1815. Ceux dont l'impression était plus raisonnée furent tristes de voir trop vite l'âme de la France rejetée dans l'inaction, de sentir Venise, sur laquelle pleurait toujours l'ombre de Manin, rester l'esclave de l'ennemi que nous avions vaincu, et d'entendre l'Italie déçue retomber dans le doute de sa destinée. N'était-elle donc pas digne de former une nation libre et forte? Ne s'était-elle pas rachetée par assez de catastrophes et assez de martyrs? Allait-elle s'édifier enfin, ou devait-elle se dissoudre encore au souffle de l'étranger?

J'aimais depuis mon enfance l'Italie comme une poétique patrie dont la langue m'avait bercée, dont la mer bleue et le ciel étincelant avaient été le ravissement de mes premiers regards; je ne voulus pas croire à cette éclipse nouvelle qui, disait-on, allait s'étendre sur elle le jour où le dernier soldat français aurait repassé les Alpes. Je me disais : « Ils sauront souffrir et mourir; ils feront un faisceau de leur volonté, de leur intelligence, de leurs corps; ils seront désormais la gloire du monde et non sa risée. »

J'exprimai hautement cette conviction et cette espérance, dans un dîner, à Fleury, chez une femme[1] aimable et intelligente qui m'avait réunie à quelques généraux et officiers français revenus la veille d'Italie. Ils parlèrent du peuple que nous avions secouru avec un dédain et une légèreté d'observation qui m'effarouchèrent; ils s'étonnaient qu'une nation morcelée depuis tant de siècles n'eût pas une grande armée disciplinée; ils raillaient des hommes enchaînés depuis si longtemps par tous les despotismes de ne pas montrer notre élan et nos turbulences; ils calomniaient jusqu'à leur courage renaissant, puis se plaignaient de leur ingratitude.

« Si vous avez parlé devant eux de la sorte, m'écriai-je, comment voulez-vous qu'ils vous remercient? Ne sentez-vous pas que le mépris de celui qui oblige corrompt et attriste le bienfait? »

Une jeune et belle Sicilienne, nouvellement mariée à l'un des officiers français à qui j'avais répondu ces paroles, me serra la main avec effusion :

« Mes frères sauront mourir pour leur pays, » me dit-elle; et, en effet, je trouvai plus tard dans l'armée de Garibaldi le frère aîné de cette ravissante personne.

Aller juger par moi-même de la résurrection de l'Italie, de cette Italie qui protesta toujours contre la mort par la perpétuité de son génie et de sa beauté; par ses artistes, ses *maestri*, ses poëtes, ses savants, ses inventeurs; par l'imagination populaire, l'habileté de ses ouvriers, la voix ineffable de ses chanteurs, par toutes les gammes de l'intelligence et enfin par cette supériorité de type humain qui frappe les cœurs et les sens de la même surprise admirative que produit, dans le musée du Vatican, l'apparition des sublimes statues de l'antiquité; parcourir les villes historiques, les paysages, les ruines que je n'avais vus jusque-là qu'en rêve, ce fut, après la campagne d'Italie, le désir le plus impérieux de mon esprit. Pour pouvoir accomplir ce dessein, je subis la glèbe d'un travail, sans trêve durant plusieurs mois; j'écrivis fiévreusement un

---

[1] Madame Ernestine Panckoucke, morte il y a quelques mois.

livre, et, le lendemain du jour où il fut publié, je partis pour la terre du soleil et de la liberté.

II

C'était le 15 octobre 1859; les brumes de l'automne commençaient à envelopper Paris; la teinte grise de l'atmosphère semblait s'étendre sur les âmes; la ville affairée avait repris son immobilité morale et politique; pas une pulsation, pas un cri où se trahit le cœur de la France; les hommes de Bourse et les industriels avaient reconquis leur importance un instant éclipsée, et leur sérénité un moment troublée. Que sentir et qu'observer sous cet écrasement de la matière, où s'aplatit l'esprit depuis tant d'années? En marche! en marche, poëte! et souviens-toi toujours que le pain du corps est insuffisant pour te nourrir, qu'un abri pour ta tête n'éloigne pas les insomnies de l'idéal et que les vêtements de soie qui pourraient te vêtir ne sont pas la beauté. Va donc, pauvre et incertain du jour qui suit; mais, va! les pèlerins de l'imagination ont, de nos jours, plus de persévérance et d'ardeur que les pèlerins religieux d'autrefois; le dénûment ne les effraye point.

Je quittai Paris le cœur léger et joyeux; la chaleur, la lumière et l'enthousiasme étaient en avant; j'y courais à toute vapeur et je laissai derrière moi le froid de l'hiver qui approchait et la monotonie du rouage d'un monde connu; mon regard, heureux et rajeuni, butinait sur la route les tableaux fuyants qui me plaisaient et les fragments de paysages qui réveillaient tout à coup des souvenirs : à Melun, je devinai à travers les arbres le château de Fouquet, ce même château où a souffert, pleuré et aimé la tragique duchesse de Praslin; je songeais aux lettres si émouvantes qu'écrivait là cette pauvre assassinée; lettres où l'amour déborde, où le cœur brûle comme dans une page de sainte Thérèse; lettres que les salons de Paris ont raillées en condamnant l'auteur, la grande et noble victime, par ce mot qui caractérise si bien l'esprit du temps : « Elle était ennuyeuse!.... » S'amuser! voilà le mot d'ordre que jettent aux femmes, esclaves de la misère et de la vanité, ces puérils viveurs et ces roués efflanqués. S'amuser! cette prétention systématique à un divertissement imposé d'avance, conduit à coup sûr à la contorsion de la joie, à l'essoufflement de l'esprit.

Une bouffée d'air vivifiant chassa de mon cœur ce dernier écho parisien; les grands arbres d'un bois centenaire ombragent la locomotive qui vole; c'est la forêt de Fontainebleau que nous traversons. Je pense à Alfred de Musset qui, jeune et aimant, a parcouru ces avenues sombres; comme elles sont vivaces et vertes malgré l'automne! La vieillesse des arbres raille notre vie d'un moment. Que de générations ils voient passer, ces vieux témoins de la terre!

A Montereau, au pied de ce tertre vert et dans cette étroite et fraîche vallée où le fleuve serpente, une bataille désastreuse se ranime tout à coup; la terre verdoie sur les os des morts, mais ils sont là ces os de héros; creusez un peu le sol, vous les trouverez encore mêlés aux cailloux du sable de la Seine..

Au-dessus d'un rideau de peupliers, bruissant sur le fond d'un nuage qui s'éclaircit, svelte, dentelée, aérienne, voici la belle cathédrale de Sens! Aux siècles où l'on croyait, on faisait de ces chefs-d'œuvre ailés comme la prière; esquisses, fleurs de pierre qui s'épanouissaient dans le ciel comme la foi.

Plutôt que de courir les libraires et les journaux de Paris ne serait-il pas bien doux d'être paysanne, de faner l'herbe de ce pré ou de garder les vaches sous ce beau groupe d'arbres? Joigny, riant au pied d'une colline verte, m'envoie en passant cette idée.

On pense à toute vapeur dans cette course véloce de Paris à Lyon et, comme on franchit d'un bond montagnes et vallées, la pensée franchit le temps d'un coup d'aile et fait rebondir les années enfouies dans l'oubli. C'était il y a vingt-cinq ans; la diligence après avoir gravi, essoufflée, une montée célèbre, la *montée de Tonnerre*, s'arrêta là, devant cette auberge fermée dont les cheminées fumaient; elles fumaient de tous les fourneaux de la vaste cuisine embrasée; le cuisinier affairé, son bonnet de coton sur l'oreille, son tablier blanc retroussé, son grand couteau reluisant pendu à la hanche, gourmandait ses marmitons. L'hôtelier, souriant sur sa porte, faisait accueil aux voyageurs affamés. — La table était dressée dans la salle à manger décorée de gravures naïves, toutes les amours célèbres passées à l'état de légendes étaient là. Qui donc s'en souciait, qui donnait une pensée à ces belles héroïnes si grotesquement reproduites: chacun prenait place et dévorait en hâte l'invariable dîner du *Lion d'or* : côtelettes, fricandeaux, dindons rôtis, crème au caramel. Bientôt le fouet du postillon claquait sous les fenêtres de la salle, précipitant, comme il faisait de ses chevaux, l'appétit des voyageurs : « Allons, en route, messieurs et mesdames, s'écriait d'une voix affable le conducteur ; c'est notre dernière journée, nous touchons à Paris ! » Je me souviens qu'à ce mot magique *Paris !* Paris, l'inconnu superbe, le mirage éblouissant de tout provincial qui rêve, je m'élançai une des premières pour remonter en voiture ; une vieille, accroupie, filait au rouet, dans un corridor attenant à la salle à manger. Sans le vouloir je la touchai et la heurtai presque en passant : « Oh ! oh ! ma petite dame, me dit-elle, en relevant sa tête blanchie, vous êtes bien pressée de partir pour ce Paris d'où l'on ne revient pas. — Que dites-vous donc là, » répliquai-je, en m'arrêtant tout à coup, frappée par ces singulières paroles. Elle fixa sur moi ses yeux éteints où je vis quelques larmes : « Elle s'en alla aussi, reprit-elle, un jour de grand froid comme celui-ci, elle monta là, en diligence, ma pauvre fille ! elle se rendait en condition à Paris ; elle n'est jamais revenue, elle est morte de misère et d'amour, m'a-t-on dit, voilà vingt ans, et chaque jour, quand la voiture part, je crois la voir grimper joyeuse, auprès du conducteur, comme si s'était hier. » — Je tendis la main à la pauvre vieille pour qui le départ quotidien de cette diligence était, chaque jour, à la même heure, un renouvellement de douleur. C'était la régularité implacable d'une machine insoucieuse de ce qu'elle écrase et fait souffrir. La vieille, sans me regarder au visage, arracha brusquement le gant qui couvrait ma main et en examina un moment les lignes : « Vous en reviendrez, vous, me dit-elle, mais avec quelque chose de mort, quelque chose... laissez-moi donc voir, » ajouta-t-elle, voulant reprendre ma main que j'avais retirée à la voix du conducteur qui m'appelait par mon nom. Au moment où la voiture m'emporta, je vis la vieille penchée à une fenêtre qui me saluait de sa main ridée et me criait encore d'une voix funèbre : « Vous en reviendrez, mais avec quelque chose de mort !... »

Lorsque la locomotive passa rapide devant l'auberge de Tonnerre, qui se dressait à gauche un peu plus loin, je reconnus la fenêtre où s'était penchée la vieille, et, à vingt-cinq ans de distance, l'écho de ses paroles siffla comme une balle qui aurait fendu l'air ; le soleil s'était voilé. Nous traversions un paysage morne, coupé de vignobles et de prairies ; j'étais seule dans le wagon, regardant machinalement la campagne monotone. L'excès de la rêverie finit par engourdir la pensée; elle retombe sur le cœur de tout le poids des tristesses qu'elle a soulevées.

Une grande ville apparut à l'horizon, c'était Dijon avec ses souvenirs et ses monuments du moyen âge.

Dégageons-nous de nous-mêmes, me dis-je, et pour valoir quelque chose, selon la belle expression de mon ami Babinet, « participons à l'âme universelle ! » — Vivons de la vie historique des peuples évanouis, des découvertes de la science, des beautés de l'art, des enchantements de la nature; vivons des sentiments collectifs qui remuent les multitudes, de l'enthousiasme, du patriotisme, des élans irréfléchis du dévouement, de ce grand foyer fécond et éternel où se trempent les êtres. Qu'importent à l'immensité sereine du Tout, les joies et les souffrances personnelles?

A Dijon je trouvai, au débarcadère, une de mes meilleures amies, madame Blum [1] et sa charmante fille; leurs bons sourires et leurs regards aimants fêtèrent ma bienvenue. Nous visitâmes ensemble le vieux palais des ducs de Bourgogne; les belles tombes aux bas-reliefs d'ivoire des trois ducs qui furent l'incessante inquiétude de Louis XI, sont là réunies, vides de leur poussière humaine, à laquelle l'art a survécu; les moines encapuchonnés des sculptures semblaient prier encore sur ces âmes altières, pour qui les morts sanglantes furent un jeu ; à côté des tombeaux sont les portraits vivants: trois gravures superbes de Philippe le Bon, de Charles le Téméraire et de Philippe le Hardi : grands traits, yeux éclatants, nez saillant et arqué, tête coiffée d'un bonnet à la Louis XI, qui donne à ces portraits une ressemblance assez frappante avec ceux de ce roi. Il y a toujours, entre les figures historiques d'un siècle une certaine analogie due à la similitude du costume et, plus encore, aux passions identiques qui donnent à la physionomie la même empreinte.

J'admirai, dans cette salle des tombeaux et des portraits, trois splendides diptyques en vermeil, dont les figurines sont d'une ciselure délicate et expressive que Sansovino aurait signée. Le plus beau des trois diptyques représente l'ensevelissement du Christ; les têtes coloriées des saintes femmes sont empreintes d'extase et de douleur.

[1] Qui, sous le nom de Tullie Moneuse, a publié un touchant roman.

Le lendemain je parcourus le grand parc, qui est aujourd'hui la promenade publique de Dijon ; ces platanes séculaires ont vu passer le grand Condé. Je visitai ensuite l'ancien couvent des Chartreux, transformé en hospice des aliénés ; les fous tranquilles erraient sous les allées ombreuses ou traversaient en chantant les parterres de fleurs. C'est là qu'est le puits de Moïse, travail merveilleux du quinzième siècle. Les figures des prophètes de grandeur naturelle sont sculptées sur une sorte de chapiteau colossal, qui forme le couronnement de la citerne immense ; des anges couverts de tuniques et dont les ailes déployées se touchent et se joignent par le bout, décrivent la corniche de ce chapiteau.

Ce même jour, à deux heures, je quittai Dijon attendrie et heureuse des adieux affectueux qui m'accompagnaient. La locomotive rugit et m'emporta ; je vis un moment des mouchoirs s'agiter, j'entendis encore des voix émues me crier : « Revenez vite ! » puis je me retrouvai seule, lancée à travers la campagne de la Bourgogne. En approchant de Mâcon, les beaux pâturages où paissaient les vaches, me rappelèrent la Hollande : bientôt Lyon m'apparut aux lueurs du crépuscule. Je rasai la silhouette de la Croix-Rousse, et je crus voir dans la brume la figure souriante de ma grand'mère me regarder en passant. Je ranimai cette jolie vieille (mère de mon père) qui, à l'ombre d'un jardin toujours en fleurs, avait une petite maison dans ce grand faubourg de Lyon. Je me souvenais de ses caresses et des douces flatteries qu'elle prodiguait à mon imagination naissante. Elle avait la passion des romans ; elle en lisait chaque jour un nouveau ; tous les romans de l'Empire et de la Restauration y passèrent. Assise dans un grand fauteuil sous sa tonnelle, s'accoudant sur la margelle d'un puits tapissé de clématites, elle lisait sans lunettes, et ses yeux vifs pétillaient de tout l'éclat de la jeunesse. Souvent elle me prêtait le volume qu'elle avait achevé de lire et, assise à ses pieds sur un tabouret, je dévorais ces pages émouvantes dont nous causions ensuite ensemble. Elle disait à ma mère qui s'opposait parfois à ces lectures : « Laissez-donc ces belles fictions entrer dans son esprit : elles le détourneront des réalités mauvaises. »

Lyon me parut transformé, ce n'était plus mon vieux Lyon boueux et noir ; une vaste rue, la rue Impériale, traverse aujourd'hui toute la ville, le gaz qui l'éclaire combat les ténèbres du ciel obscurci ; il pleut et fait froid. Le lendemain matin, je quitte Lyon encore endormi dans son linceul de brouillard ; je traverse Vienne, la ville noire ; puis Montélimart, que la Drôme entoure d'une ceinture d'argent. Une pluie fine continue à tomber, le paysage devient grandiose : je distingue le cours du Rhône, à la vapeur blanche qui flotte au-dessus de l'eau ; le fleuve coule au pied des grandes roches bleuâtres ; enfin le soleil éclate et anime toute la campagne, coupée de plaines vertes et de montagnes lumineuses. Voici les vergers de mûriers et d'amandiers qui se déroulent, les collines pittoresques qui cachent dans leurs plis les villages et les châteaux. Déjà les charrues sont traînées par des mulets remplaçant les bœufs, les moutons paissent dans les prairies au lieu des vaches. J'aperçois les premiers oliviers, mon cœur s'émeut. Je traverse le Comtat qui touche à la Provence où je suis née, je salue Avignon, dominé par le château des Papes et par la cathédrale, dont le clocher vient d'être couronné le matin d'une vierge dorée ; on célèbre ce même jour la fête de l'Immaculée Conception. Je pense à l'Italie qui, à cette heure, se détourne de ses madones pour fêter une vierge virile et guerrière : la Liberté !

Voici Tarascon et Beaucaire avec leurs bois de saules et leurs châteaux forts dominant le Rhône ; tous mes souvenirs de jeunesse me remontent au cœur et je murmure involontairement des vers qui en retracent un des plus saisissants[1] :

LE LEGS.

I

Un grand pont jeté sur le Rhône,
Au pied d'un gothique donjon,
Unit Beaucaire à Tarascon ;
Nous le traversions chaque automne.

J'avais quinze ans, le cœur joyeux.
Nous allions des champs à la ville :
Les frais atours, le bal futile
Tourbillonnaient devant mes yeux.

Sur le pont je passais distraite,
Suivant quelque songe d'amour
Ou quelque songe de poëte.
C'est là que m'apparut un jour

Debout près de la première arche,
Un jeune homme triste et pensif ;
Incertaine était sa démarche,
Son front pâle, son regard vif :

La locomotive rase en courant les jardins fleuris. Jusqu'à Arles le chemin de fer est bordé de pins et de platanes, on dirait l'avenue d'une villa italienne ; les insectes bourdonnent dans des arbustes en fleur massés au pied des arbres. C'est une véritable journée d'été. Arles m'apparaît avec ses tours sarrasines, Arles, c'est déjà l'Italie, ses femmes sont aussi belles que les plus belles Romaines ; d'un type plus délicat et plus fin, elles descendent des Grecs ; les monuments antiques d'Arles ont la perfection de ceux d'Athènes. En entrant dans la ville, j'aperçois devant une maison une jolie Arlésienne de seize ans qui brode assise sur un banc de pierre, je m'arrête émue comme à une apparition ; je crois voir ma fille, les cheveux cachés sous la coiffe à bandelettes, quoi d'étonnant? Ma grand'mère était d'Arles, on l'avait surnommée la Rose de beauté.

C'est un de mes parents, petit-neveu de cette belle grand'mère, M. Honoré Clair, archéologue renommé, qui me donne l'hospitalité. Quelle maison élégante et tranquille ; elle unit le confort parisien

Les cheveux de sa tête grêle
Se hérissaient sous le mistral ;
Flottant autour de son corps frêle
Son pauvre habit l'habillait mal ;

Il était laid ; j'étais moqueuse ;
Il me regardait tendrement :
A chaque œillade langoureuse
Redoublait mon fol enjouement.

Au front une rouge couture
Lui descendait le long du nez.
Et dans sa piteuse tournure
Il boitait les genoux tournés.

Et je riais avec malice
Au souvenir du malheureux,
Quand le soir ma grosse nourrice
Me disait : « C'est votre amoureux. »

Durant sept ans, toujours plus pâle,
Plus éperdu, plus amaigri,
Sur le pont, malgré la rafale,
Il vint m'attendre et m'a souri.

Son âme, à mon âme asservie,
Comme un esclave m'escortait.
Qu'était-il? quelle fut sa vie?
Je l'ignore, que m'importait?

et la propreté hollandaise. Nous nous asseyons dans la vaste bibliothèque, nous causons des parents morts qui se sont assis là où nous sommes, puis des poëtes et des philosophes, cette famille éternelle de notre esprit.

Après une heure de repos je sors avec mon cousin pour visiter les ruines du moyen âge et les monuments de l'antiquité qui sont la parure mélancolique de la vieille cité. Les Aliscamps (le champ des tombeaux) m'attirent d'abord; les sarcophages brisés, couverts de ronces et de plantes grimpantes, sillonnent toute une plaine : ce vaste Campo-Santo s'étendait autrefois jusqu'au Rhône; le fleuve lui apportait les morts lointains qui avaient désiré y être ensevelis [1]; Dante en a parlé dans son Enfer :

> Si come ad Arli ov' il Rodano stagna
> Fanno i sepolcri tutto il loco varo.

La belle chapelle Saint-Honorat s'élève au milieu des tombes; elle se détache sur le bleu du ciel, toute resplendissante en ce moment

> On disait que, d'humeur sauvage,
> Cachant au monde ses douleurs,
> Dans un enclos près du rivage
> Il s'était fait l'amant des fleurs.
>
> Roses, tubéreuses, jonquilles,
> Étaient, pour son cœur attristé,
> Autant de fraîches jeunes filles
> Dont il aspirait la beauté.

II

> Un jour, seule et dans la tristesse,
> J'appris la mort du délaissé,
> Et le legs que, dans sa tendresse,
> L'infortuné m'avait laissé :
>
> C'étaient deux orangers de Gêne,
> Dignes de la serre d'un roi,
> Que, durant ses longs jours de peine,
> Il avait cultivés pour moi,
>
> Afin que, sur ma tête aimée,
> Qu'en secret il voulut bénir,
> En tombant, leur pluie embaumée
> Me rappelât son souvenir.

[1] M. Roman, artiste arlésien, a publié un magnifique album de vues pho-

de la lumière dorée du soleil qui décline ; comme nous errons à travers les pierres tumulaires lisant les inscriptions, regardant les blasons et les sculptures, nous voyons venir à nous un beau jeune homme au visage inspiré et souriant : c'est le poëte aimé de la Provence que Paris vient d'acclamer récemment, Frédéric Mistral, l'auteur d'une épopée champêtre où la grâce s'allie à la force et qui renferme des strophes que Théocrite et Virgile auraient signées. Le jeune poëte a su mon arrivée à Arles : le matin il est parti de son village sur un mulet, chevauchant à travers champs pour venir à moi.

Des Aliscamps nous allâmes aux arènes : le soleil couchant jetait des reflets pourpres sur la grande tour sarrasine qui domine le cirque romain. Nous nous étions assis à l'ombre de cette tour, à la place même où s'asseyaient les empereurs et les consuls ; autour de nous les gradins déserts décrivaient leur immense ellipse ; sur nos têtes le ciel bleu, où se montrait déjà une pâle étoile, s'étendait comme un vélarium ; l'arène était pleine de silence et de solitude ; c'était d'un calme imposant : « C'est ici, dis-je au savant archéologue et au poëte chaleureux, que je veux vous lire une des pages les plus belles et les plus inouïes de la poésie française ; un de ces chants dont notre langue n'avait pas l'idée ; que Goethe eût avoué avec orgueil et dont la France aurait salué l'apparition comme un miracle de l'art, comme une corde nouvelle et inattendue ajoutée à notre lyre, si notre époque n'avait pas perdu le sentiment, on devrait dire le *flair* de toute originalité et de toute grandeur.

— Mais qu'est-ce donc ? s'écria le jeune poëte impatient d'enthousiasme.

— C'est, répondis-je, le *Satyre* dans la *Légende des Siècles*.

— Un chant de Victor Hugo ? reprit Frédéric Mistral.

— Oui, le livre n'a été publié que depuis quelques jours, je l'ai reçu des mains de l'auteur et, avant même que cette merveilleuse épopée ne parût, je l'avais entendue des lèvres divines du poëte qui l'avait conçue. Je veux à mon tour vous lire ici, dans ce cirque romain, cadre digne d'elle, cette poésie immense qui part des entrailles de la terre, monte à l'Olympe et dépasse les nuées ; elle a les rugissements des lions qui bondissaient autrefois dans cette arène, et la force des gladiateurs qui y ont combattu ; elle a la grâce et la blan-

---

tographiques de tous les monuments de l'antiquité et du moyen âge du Midi de la France. Cet album, qui fut offert à l'Empereur lorsqu'il visita Arles, contient les monuments dont je parle.

cheur des vestales dont la loge était là à côté de celle où nous sommes assis; elle a la pourpre des empereurs, la révolte des esclaves, mais elle a aussi des aspirations sereines, des coups d'aile vers l'avenir et un souffle d'humanité qui furent ignorés du monde antique.

— Nous écoutons, » me dirent mes deux interlocuteurs attentifs. J'ouvris le livre que j'avais apporté à dessein et m'étant levée pour donner plus de force à ma voix, je leur lus d'un bout à l'autre ces vers splendides et étranges qui sont sans précédents dans la littérature française.

Frédéric Mistral, ravi, haletant, cédait à l'étreinte de l'admiration; mon cousin, familier avec la poésie de Virgile et d'Horace, d'abord un peu dérouté par cette muse ardente, résista un instant à sa puissance; mais, insensiblement, il fut atteint par ses jets de flamme et transporté par ses grands battements d'ailes que la figure surhumaine d'une muse des fresques de Pompéi m'a plus tard rappelée [1].

A mesure que je lisais, remués et conquis par ces vers démesurés qui sonnaient dans l'étendue de l'arène et la remplissaient, leurs mains applaudirent et leurs lèvres s'écrièrent : C'est sublime!

Le poëte se montrait à eux planant, incommensurable sous le souffle de l'inspiration, à l'image de ce satyre, symbole du travail et du génie de l'homme, et qu'il nous peint ainsi quand il se transfigure :

> La sueur ruisselait sur le front du satyre,
> Comme l'eau des filets que des mers on retire.
> Ses cheveux s'agitaient comme au vent libyen;
> Phœbus lui dit : « Veux-tu la lyre? — Je veux bien, »
> Dit le faune, et tranquille il prit la grande lyre.
>
> Alors il se dressa debout dans le délire
> Des rêves, des frissons, des aurores, des cieux,
> Avec deux profondeurs splendides dans les yeux.
> « Il est beau! » s'écria Vénus épouvantée;
> Et Vulcain s'approchant d'Hercule dit : « Antée!... »

A l'exemple des dieux de l'Olympe qui écoutaient le satyre; tandis que les vers d'Hugo jaillissaient de mes lèvres montant et remplissant l'espace, un frisson de ravissement courait en nous, et quand la lecture fut terminée nous restâmes comme écrasés sous tant de

[1] Je décrirai cette fresque qui est au musée de Naples.

grandeur. Les astres s'étaient levés; ils brillaient au-dessus de nous et semblaient écouter aussi. Je n'oublierai jamais cette scène, elle fut comme le prélude de celles dont la sublimité devait me frapper en Italie.

Je quittai Arles le lendemain, et tandis que le wagon rapide m'emportait, je pensais au temps où il fallait une longue journée pour franchir cette distance qu'on parcourt aujourd'hui en deux heures. On a tracé un chemin direct comme un trait, rasé les lacs, percé les grands rocs, et la vapeur aidant, la route a pris des ailes; ces grands travaux modernes font penser à ceux des Romains; le tunnel titanique creusé par M. Paulin Talabot et qui aboutit tout à coup au splendide panorama de Marseille et de la mer, n'a rien à envier aux thermes de Caracalla, aux longues lignes d'aqueducs et au Colisée de Rome. Seulement c'est d'une grandeur cachée qu'on sent, qu'on apprécie par la pensée plus que par le regard; car elle ne se révèle point par la beauté de la forme. On vient de suivre, charmé, les bords de l'étang salé de Berre, fils gracieux de la mer, détaché on ne sait comment du lit maternel; on s'est engouffré en courant dans la caverne noire si profonde et si étendue que la lumière résiste longtemps à l'œil qui l'appelle; mais enfin elle apparaît soudaine comme une porte rayonnante qui s'ouvre au bout d'un corridor sombre; on court, on court; on touche à ce jour lointain et l'on a devant soi la ville, le port, l'étendue des vagues semées d'îles et sillonnées de navires. C'est un tableau inouï et qu'il ne faut pas craindre d'admirer parce qu'il est en France et tout voisin de nous.

A peine la locomotive se fut-elle arrêtée au débarcadère de Marseille, que je reconnus à travers le vitrage une vieille paysanne qui me souriait. Elle portait sur sa tête profondément ridée, mais belle encore d'expression, la coiffe blanche et bordée de dentelle des Marseillaises; c'était ma vieille nourrice qui était accourue là pour me recevoir à mon arrivée; elle me sauta au cou et m'étreignit dans ses bras comme si j'avais été sa fille : « Le lait vaut le sang, m'a dit souvent cette excellente femme; ainsi tu es bien à moi. » En Provence comme dans l'Italie, comme dans l'antique Grèce et encore de nos jours en Orient, la nourrice fait partie intégrale de la famille. La vue de la mienne ranima pour moi les scènes de l'enfance, lorsqu'elle m'apportait souriante ou pleurante au cercle de famille; nous parlâmes avec une émotion que je ne veux pas profaner en la décrivant, de ces souvenirs, voilés par tant de jours sombres qui suivirent ; elle les faisait réapparaître bénis et heureux, en évoquant la figure de ma mère qui est restée le culte de sa vie ; elle me la montrait jeune et belle dans ses blancs vêtements flottants, venant chaque nuit épier mon sommeil et s'assurer que la nourrice ne dormait point quand l'enfant pleurait.

Ce fut, durant les quelques jours que je passai à Marseille, une sorte d'étonnement de la part de mes amis que la vue de cette bonne vieille rustique et joyeuse qui me suivait comme une ombre dans mes visites et dans mes promenades. Nous parcourûmes ensemble l'ancien et le nouveau port, causant avec le batelier en patois provençal et nous rappelant les chansons de cette langue euphonique, avec lesquelles elle m'avait bercée. C'était déjà l'italien que nous parlions ; l'italien dans ses primitifs bégayements.

Le premier jour après avoir visité le vieux port nous fîmes arrêter la barque qui nous portait pour regarder le château impérial[1] alors en construction et qui s'élève à gauche sur un rocher aride ; pas un arbre ne saurait pousser là : les vitres éclatent au soleil et les miasmes du port montent alentour en vapeur fétide, c'est la même nudité aride et sèche de la résidence impériale de Biarritz que j'ai décrite dans mon Voyage des Pyrénées. Sans la mer qui l'entoure et qui vient mourir en blanche écume contre le récif qui lui sert de base, ce château serait plus triste qu'une prison. Nous allâmes chercher un peu d'ombre au cours Bonaparte ; nous fîmes le pèlerinage de Notre-Dame de la Garde dont la chapelle est encombrée d'ex-voto. Puis le lendemain je voulus voir le Prado, cette partie de Marseille que j'ai toujours préférée parce qu'isolée de la ville elle est couverte de villas, de gais jardins, et a pour perspective un côté clair et libre qui mène à la pleine mer ; mais ce qui me déplait dans les belles maisons de campagne parallèles qui bordent la large avenue du Prado, c'est l'absence de tout horizon : à peine quelques-unes, bâties sur un coteau à droite, dominent-elles un lambeau de mer et un peu d'espace.

De l'escarpement seul qui termine cette colline en approchant du rivage, on peut découvrir les îles, l'étendue des vagues et une admirable vallée. Il y a quelques années cet escarpement sauvage

---

[1] Ce château est maintenant terminé et m'a produit la même impression que la première fois que je l'ai vu.

n'était qu'un rocher nu appelé le *Roucas-blanc;* M. Paulin Talabot, avec le double coup d'œil d'artiste et d'ingénieur qui perça avec tant de rectitude le tunnel à perspective dont j'ai parlé, comprit quel merveilleux château on pourrait construire sur ce piédestal naturel. Ce roc était aride au sommet, mais sa base et une partie de son versant de gauche étaient revêtues d'un bois de pins et de quelques grands oliviers croissant çà et là ; il s'agissait de tracer une route carrossable qui conduisit au sommet; de la border d'arbres, de faire des terrassements, de les couvrir de gazon et de fleurs ; de trouver enfin des sources pour alimenter cette végétation factice. Tout cela fut fait comme par magie et, tandis que cette belle route en spirale s'exécutait, les murs du palais féerique auquel elle devait conduire croissaient peu à peu dans les airs. Quand je passai à Marseille au mois d'octobre 1859, cette construction élégante et vraiment royale venait d'être terminée ; on eût dit que la volonté d'une Médicis y avait présidé ; c'était comme une résidence souveraine du commencement du règne de Louis XIII. Je suivais la route sinueuse qui conduit à ce palais dont le style rappelle la place Royale et le pavillon de Henri IV à Saint-Germain. Les terrasses et les tourelles se détachent en blanc et rouge sur le bleu vif du ciel et, à mesure que je montais, la mer et l'horizon splendide se déroulaient autour de moi ! Je m'imprégnais d'espace, d'air tiède et de senteurs embaumées; la brise de la mer soufflait salubre ; les bordures de thym et de serpolet exhalaient leurs aromes, les oiseaux chantaient dans les groupes de tamarins et d'amandiers ; les papillons diaprés rasaient les fleurs qui couvraient les méandres de terre courant à travers le roc; les grillons se faisaient entendre sur le sable du chemin qui bruissait sous mes pieds. J'étais descendue de voiture pour mieux voir et pour aspirer toutes les effluves de ce jour chaud d'automne aussi beau qu'un jour d'Italie ; tout à coup j'aperçus debout dans un massif de roses une belle personne dont la tête expressive était couverte d'un de ces chapeaux Paméla que le goût français à empruntés en les embellissant à la mode anglaise; cette belle personne était madame Paulin Talabot, la femme aimée pour qui ce rêve de pierres, de verdure, de parfums et de perspective incomparable s'était réalisé. Elle me sourit avec aménité, la connaissance se fit en quelques paroles sympathiques échangées et nous continuâmes à gravir ensemble la route facile qui mène à la cour et aux terrasses du palais. Je ne comptais faire qu'une courte visite dont le but était de remercier M. Talabot qui, comme directeur des chemins de fer du Midi de la France et de la Lombardie, avait bien voulu faciliter mon voyage de poëte en Italie. On me retint à dîner : la salle à manger était une serre orientale pleine de volières gazouillantes et de fleurs exotiques; à travers les parois formées par des glaces se groupaient comme dans des cadres tous les points de vue des alentours. Après dîner on me retint encore pour me montrer les appartements, les jardins, l'orangerie, toutes les merveilles de ce nid royal; et comme la soirée n'y suffisait pas on m'enchaîna durant trois jours par tous les charmes de la bonté et de l'esprit à une hospitalité qui fut le prélude de celle qui m'attendait en Italie; tantôt je parcourais les appartements du maître et de la maîtresse de la maison, aussi somptueux que ceux des souverains; tantôt je m'asseyais dans la bibliothèque où un choix exquis de livres a été réuni; puis c'était un boudoir bleu et or, le boudoir rond de la tourelle qui domine la mer, que nous choisissions pour la causerie. Mais ce qui m'attirait surtout c'était la terrasse circulaire à grille de fer ouvragé, décrivant une ceinture aérienne autour du corps élancé du château. Du côté du midi cette terrasse domine toute l'étendue de la vallée de l'Huveaune : au premier plan rient sous les arbres les blanches *bastides* marseillaises; plus loin la grande ligne du château Borelli, autrefois célèbre; puis les villages de Mazargue et de Sainte-Marguerite avec leurs jolis clochers pointant dans l'air.

Au midi et à l'est, la vallée est encaissée par une chaîne de montagnes qui s'avance dans la mer et se relie à l'île de Maïre par le petit cap Croisette. Cette petite île est un lieu d'asile pour les chèvres malades ; on les conduit là et on les abandonne à la nature. Parfois elles guérissent et deviennent sauvages; la maladie les a conduites à la liberté ; en sera-t-il pour nous de même de la mort ? Fera-t-elle tomber toutes les chaînes dont la vie nous accable ?

La file des montagnes se continue du côté de la terre par plusieurs collines, dont l'une est appelée la Tête du Puget; elle simule un profil humain sculpté par la nature et qui, selon la tradition, aurait été retouché par le grand statuaire; puis viennent les collines de la Gineste, puis celles de la Sainte-Marguerite se ralliant à celles d'Aubagne; puis enfin celles de Sainte-Baume apparaissent dans le lointain horizon. A l'ouest, la mer se déploie avec ses trois îlots de Pomègue, de Ratonneau et du Château-d'If; quelques voiles la sillonnent. Quand vient le soir, ses vagues se colorent de teintes roses; bientôt cet éclat se fond en un gris pâle qui se projette sur toute l'étendue de la mer; déjà quelques étoiles s'y mirent, on dirait des rayons qui jaillissent de l'abîme; l'atmosphère est calme: sur la campagne flotte une vapeur nacrée; l'odeur pénétrante des citronniers monte de l'orangerie à la terrasse; on voudrait mourir là; il semble que par cette soirée bienfaisante l'âme s'exhalerait sans effort.

Cette halte enchantée passa rapide comme tout passe; une heure avant de quitter la poétique villa du *Roucas-Blanc*, j'adressai à madame Talabot les strophes suivantes :

L'Arioste, dans ses féeries
De palais, et de vieux châteaux
Entourés de bois, de prairies,
De frais vallons, de verts coteaux,

L'Arioste, le grand poëte
Et l'architecte merveilleux,
Aurait senti son cœur en fête
Devant la beauté de ces lieux.

Les demeures de ses Alcines
N'avaient pas pour ravir les yeux,
Au pied des ombreuses collines,
La mer lumineuse aux flots bleus.

Elles n'avaient pas la vallée
Où l'Huveaune court en riant,
Ni les forêts échevelées
Des pins altiers de l'Orient.

Elles n'avaient pas ces terrasses,
Ces tourelles, ces gais balcons,
Svelte architecture où les grâces
Semblent s'enlacer en festons.

Leur hospitalité peu sûre
Cachait un piége au voyageur,
Et n'apaisait pas la blessure
Que tout être errant porte au cœur.

Ce qui leur manquait c'était l'âme,
C'était vous, esprit et bonté,
Vous qui, de ce palais, Madame,
Faites un palais enchanté.

III

Mes hôtes ne voulurent pas me laisser partir seule : ils eurent l'aimable pensée de m'accompagner jusqu'à Toulon. Quelques-uns de leurs amis marseillais se joignirent à eux, et on me fit ainsi un nouveau jour de fête de la journée destinée aux adieux. Nous quittâmes Marseille, le mardi matin 25 octobre, emportés dans un de ces salons-wagons qui font croire à la magie. On est là réunis autour d'une table élégante chargée de fleurs, de fruits, de bonbons, des livres nouveaux et des journaux du matin ; l'on s'étend ou on s'accoude sur les canapés et les fauteuils, tandis qu'à travers les glaces du boudoir roulant, les châteaux, les montagnes et la mer onduleuse passent comme un mirage sous vos yeux. Que la route est belle, de Marseille à Toulon ! La petite ville de la Ciotat est d'un effet inouï sur le rivage, où deux rocs bizarres se dressent dans l'air. L'un a la forme d'un grand bec d'aigle ; l'autre, d'une immense robe de capucin. Nous sommes ravis par la triple splendeur des grandes roches dorées, de la mer limpide et du ciel bleu ; nous arrivons à Toulon sans fatigue et disposés à visiter la ville. Un grand cirque de magnifiques montagnes l'entoure, embrassant la mer et la terre ; la ville est fort laide, fort sale, et ne mérite pas d'être décrite ; mais la rade est une des plus belles du monde. Au fond, sur la rive lointaine, en face du port, s'élève, au pied d'une colline boisée que la mer reflète, le vaste hôpital de marine de Saint-Mandrier. Nous nous embarquons dans un grand canot couvert de tapis rouges et conduit par vingt-quatre matelots de l'État ; les deux rangs de rames serrées volent sous la vibration de leurs mains vigoureuses : on dirait les longues plumes des deux ailes d'un immense oiseau aquatique.

Le mouvement de ce grand port de mer m'enchante. A droite, ce sont les vaisseaux de guerre qu'on arme ; les bassins, les chantiers se déroulant jusqu'au bagne et à l'arsenal ; à gauche, d'autres vaisseaux sont à l'ancre, puis quelques bateaux à vapeur et, drame flottant, un grand navire-bagne, où des forçats sont entassés.

Malgré les transportations récentes faites dans nos colonies, plu de quatre mille galériens sont encore à Toulon. Les premiers que j'aperçois montent une barque qu'ils dirigent vers Saint-Mandrier ils ne sont pas accouplés deux à deux, ils marchent seuls avec une chaine au pied d'un côté, on leur laisse une demi-liberté; ce sont les heureux et les moins coupables parmi les forçats. Ils portent le bonnet rouge phrygien, ce bonnet antique de la liberté qu'on semble avoir voulu déshonorer en en coiffant le crime. Je regarde avec un serrement de cœur ces êtres dégradés, dont le visage exprime l'insouciance de la nécessité et de l'habitude; ils vont et viennent sur le rivage de Saint-Mandrier où nous débarquons; nous les retrouvons dans les cours et dans les beaux jardins de l'hospice, et jusque dans la chapelle monumentale en forme de croix grecque.

Les salles du vaste hôpital de marine sont encombrées par nos soldats blessés revenus récemment d'Italie; quelques amputés se reposent à l'ombre des arbres; ils regardent vaguement la mer, le port et Toulon qui se déploient en face d'eux. J'en interroge plusieurs sur l'impression qu'ils ont gardée du peuple qu'ils sont allés délivrer au prix de leur sang : ici, comme la faconde et l'outrecuidance militaire ne sont point en jeu, je trouve un jugement plus équitable sur les Italiens que dans les généraux avec qui j'ai dîné avant de quitter Paris. Nos soldats ont fraternisé avec les Piémontais et les Lombards, couché sous leurs toits, reçu leurs soins, mangé leur pain; ils se louent de la douceur des Italiens, de leur hospitalité familière et facile. C'est un bon peuple qui ne se vante de rien, répètent-ils à l'unisson; il est affable et dévoué sans bruit ni trompette, et les voilà qui citent avec émotion des traits intimes et cachés, où se révèle la reconnaissance de ce peuple que leurs chefs traitaient d'ingrat.

Nous nous promenons durant une heure dans le parc de Saint-Mandrier, en compagnie des blessés avec qui nous causons, et des forçats silencieux qui nous saluent en passant. A notre retour, la mer est très-grosse au large; la rade est houleuse; nos vingt-quatre rameurs redoublent d'agilité pour nous la faire franchir plus vite; plusieurs d'entre nous ont déjà la pâleur du mal de mer; enfin nous touchons terre, et, pour raffermir nos jambes, nous allons le long du port, jusqu'à l'hôtel de ville, voir les fameuses cariatides du Puget. C'est du Michel-Ange médiocre; et Michel-Ange lui-même, qu'est-il auprès des anciens? Déjà je pressens l'abime qui sépare les ouvrages incomplets et grimaçants de l'art moderne, des chefs-d'œuvre radieux de l'antiquité.

Un excellent dîner nous attend; nous faisons une orgie de poissons et de coquillages; nous parlons gaiement de nous retrouver tous, à mon retour, réunis dans un dîner semblable à la *Réserve*[1]. Hélas! un de nous, le plus joyeux et le plus jeune peut-être, aurait manqué à l'appel; il mourut tout à coup, trois mois après ce dîner si cordial et si insouciant qui se termina sans tristes présages.

A huit heures, nous allâmes, riant et causant, au chemin de fer : M. et madame Talabot s'en retournaient le soir à Marseille, et moi-même je devais le surlendemain partir de Toulon pour Nice. M. Talabot me recommanda à M. Tassy, ingénieur des chemins de fer de Toulon, qui à son tour me donna des lettres pour les ingénieurs des chemins de fer lombards-vénitiens à Milan; ainsi, en voyage, les connaissances et les amitiés improvisées forment autant d'anneaux qui se joignent et dont se compose une sorte de chaîne magnétique qui nous protége et nous appuie.

Le lendemain j'étais un peu triste de la séparation de la veille lorsque ma solitude d'auberge fut tout à coup égayée par l'apparition d'un beau vieillard, M. de Vallavieille, ancien ami de ma famille qui m'avait vu naître. Il venait d'apprendre mon arrivée à Toulon et s'était empressé d'accourir. Bientôt survinrent sa fille et son gendre (M. Duperron, ingénieur de marine), nous allâmes ensemble visiter l'arsenal et le bagne : là les forçats sont enchaînés deux à deux, leur immoralité et leur endurcissement s'accroissent de cet accouplement même; ils se poussent l'un l'autre dans les profondeurs du mal. Cette dégradation de la chaîne commune rive l'âme au châtiment qui frappe le corps, la loi devrait être prévoyante, attentive au remords, soucieuse du repentir.

Les condamnés à vie portent un bonnet vert qui les distingue des autres; cette catégorie de galériens est presque toujours, nous dit un gardien, la moins pervertie et la moins infâme; elle ne se compose que d'assassins poussés à l'homicide par la passion : parmi eux sont beaucoup de Corses qui ont commis la *vendetta*.

Je remarquai un jeune forçat de dix-sept ans frais et joufflu, qui riait avec une naïveté bestiale. Ici encore je reproche à la loi de ne pas établir des catégories d'âges et de crimes entre tous ces mal-

---

[1] Restaurant à l'entrée du port de Marseille.

heureux; l'ignorance, le vice et l'assassinat sont confondus et s'entr'aident l'un l'autre à se corrompre de plus en plus. Au bazar où se vendent les ouvrages des forçats, nous trouvâmes un ancien maître d'école condamné à quarante ans de fers. C'était un homme blême et doucereux qui nous fit des citations latines et nous tint un petit discours humanitaire et sentimental sur l'infamie indélébile dont la société frappe les forçats, même à l'expiration de leur peine. M. de Vallavieille s'éloigna avec dégoût de cet homme en murmurant. L'infamie est dans l'action même plus que dans le châtiment. Il y a bien assez des frères ignorantins qui commettent chaque jour de ces turpitudes.

Je ne me sentis pas le courage de prolonger notre visite au bagne; à quoi bon cette revue sinistre de tous les abaissements qui dégradent l'homme? Savoir que tous ces crimes existent suffit à la tristesse de notre orgueil de race et au découragement de nos aspirations idéales; ceux qui tentent de planer dans la lumière peuvent-ils oublier dans leur sérénité les frères éperdus qui sombrent dans la fange?

A l'arsenal, autre tristesse; ces pyramides colossales de boulets, ces amas de canons, ces montagnes d'armes meurtrières, c'est la guerre en perspective, c'est la tuerie humaine éternelle que la gloire transfigure et éclaire, mais dont la nécessité mystérieuse nous terrifie.

La journée s'acheva dans des impressions plus douces : assise dans le salon de madame Duperron, qui domine le port, j'examinai longtemps toutes les patientes merveilles de l'art chinois que son mari avait recueillies durant un long séjour à Canton et à Pékin. Oh! les jolies bourses, les fins bijoux, les senteurs rares! les mignonnes tasses lilliputiennes! Comme tout cela fait rêver des pagodes au bord du fleuve Jaune et à l'ombre des bambous!

M. de Vallavieille voulut m'accompagner de Toulon à Draguignan, comme M. et madame Talabot m'avaient accompagnée de Marseille à Toulon; le lendemain 27 octobre, dès l'aube et une heure avant le moment du départ, le bon et actif vieillard s'était juché dans le coupé de la diligence qui nous était réservé; il en bourrait les poches de gros bouquets d'œillets et de cassies, de bonbons, de fruits et de vin doux, car j'étais restée pour lui, moi qui pourrais être grand'mère, l'enfant bien-aimé qu'il avait tenu tout petit sur ses genoux. Bientôt j'entendis sa voix devant la porte de l'hôtel; il gourmandait ma paresse; j'entr'ouvris ma fenêtre, me mis à rire de son impatience, et, malgré ses appels réitérés, je ne descendis que lorsque le postillon fit claquer son fouet.

Nous voilà lancés sur une belle route à travers la campagne; c'est toujours la Provence, mais déjà on pressent l'Italie: les vergers de figuiers s'accumulent; les oliviers énormes, majestueux, aux rameaux qui plient sous leurs fruits verts et noirs, font rêver de la Grèce. On dirait un bois sacré de Minerve pacifique; puis tout à coup se dressent de hautes montagnes, ramification des Alpes, couvertes de forêts de châtaigniers; c'est d'un aspect tourmenté et sombre qui contraste avec la végétation tranquille de tantôt.

Nous traversons la jolie ville de Solliès; elle évoque pour moi un attrayant roman de jeune fille : « C'est donc là qu'est né, qu'a vécu et qu'a vieilli mon amoureux, dis-je à M. de Vallavieille qui me répliqua en riant: — Serait-ce le gros greffier à face joufflue qui m'a demandé avec insistance, il y a deux ans, de lui prêter un de vos ouvrages? — Lui-même, repris-je, il a dû devenir ce que vous dites là, car lorsqu'il avait vingt ans il était petit, son visage était rond et gai; j'avais, moi, une douzaine d'années, j'étais grande et forte comme une créole; votre gros greffier était alors un pimpant étudiant portant toujours quelque fleur à sa boutonnière; une badine à bec de corbin à la main, un lorgnon à l'œil, et sur ses cheveux frisés une casquette bouffante à la Bolivar en cachemire blanc, dont le long gland battait sur ses épaules; telle était à cette époque la mise fashionable d'un élève de l'École de droit.

« La Provence tient de l'Italie, on y fête les saints d'une façon profane, la dévotion se mêle aux divertissements; la galanterie à la prière; vous devez avoir vu à Aix la fête de la Saint-Jean?

— Parbleu! j'en ai été un des héros durant plus de trois ans, à l'époque où je faisais mon stage, j'ai lancé des bordées de serpenteaux [1] aux balcons et aux fenêtres des belles Aixoises.

— Mon greffier en herbe, repris-je, se livrait avec frénésie aux mêmes prouesses; j'étais le point de mire de tous ses feux volants.
— « Il brûle sa poudre aux moineaux, disait ma nourrice en riant, « notre fille n'est pas pour lui; » ma mère s'impatientait de cette obstination bruyante qui nous signalait à la curiosité publique. Elle avait pris en grippe mon adorateur, d'autant plus que chaque fête

---

[1] Sorte de pétards qui éclatent en l'air en formant une spirale.

de l'année lui fournissait un prétexte à déclaration. Le jour de la Fête-Dieu, c'étaient les fleurs destinées à être jetées au Saint-Sacrement, qui venaient retomber en ondée embaumée sur le balcon couvert d'une draperie rouge où je me tenais accoudée; ma mère avait beau repousser du pied les roses, les œillets et les tubéreuses qui arrivaient jusqu'à nous en formant une ellipse dans l'air, une nouvelle pluie de fleurs venait choir sur nos têtes, lancées des fenêtres voisines. — Le jour des Rameaux, c'étaient des palmes fleuries, dont mon prie-Dieu à l'église se trouvait ombragé. — A Pâques, c'étaient des nids et des corbeilles d'œufs roses et blancs, pondus tout à coup dans ma chambre par quelque follet invisible et qui faisaient éclore des oiseaux symboliques portant au bec des devises galantes. — A Noël, l'arbuste, chargé de fruits confits cristallisés, se dressait par enchantement dans ma cheminée. Je me souviens que ma mère renvoya une femme de chambre romanesque soupçonnée d'être d'intelligence avec l'étudiant. Pour moi, je me sentais très-fière d'inspirer ce culte ingénieux; il grandissait mon enfance; il me donnait une importance au-dessus de mon âge parmi mes petites amies qui toutes m'enviaient mon amoureux. Je le leur montrais à l'église, toujours debout sous l'arceau gothique de la chapelle où je priais, portant mes couleurs en cravates d'un bleu de ciel tendre qui, par parenthèse, étaient d'un goût atroce; je le leur montrais à la promenade, sous la longue allée ombreuse et séculaire du *Vieux-Cours*, passant et tourbillonnant comme un ramier effaré autour de la chaise où j'étais assise. — Lorsqu'un grand deuil, la mort de mon père, nous fit quitter la ville pour la solitude d'un vieux château, ce joli roman s'éclipsa. Comme j'en rêvais parfois en grandissant, ma mère me dit un jour: « Ton amoureux est un petit greffier de Solliès, bourg aux environs de Toulon, voudrais-tu devenir madame la greffière? » Je ris aux éclats et me mis à réciter la tirade de Dorine: mais tantôt, quand nous avons traversé les prairies, les arbres et la claire rivière qui forment une ceinture à Solliès, cette idylle de mon enfance a palpité dans mon cœur et j'ai pensé, pourquoi pas? Là peut-être la vie eût été heureuse et paisible, enfermée dans un amour vrai.

— Oui, si le berger n'eût pas un peu gâté la bergerie, répliqua M. de Vallavieille, mais si vous saviez ce qu'il m'a dit après avoir lu un de vos livres!...

— Je m'attends à quelque coup de rabot ou de sabot, repris-je gaiement; dites toujours, le journalisme parisien m'a trempée aux Styx des plus sottes critiques.

— Œuvre d'orgueil! œuvre de Satan! s'est-il écrié en me rendant votre ouvrage devant le curé de Solliès; qu'aurais-je fait de cette femme impie dans ma maison bénie? a-t-il ajouté.

— J'y serais bientôt morte d'ennui, repartis-je, et mieux vaut encore les grandes mers tempétueuses et tourmentées que ces eaux stagnantes et circonscrites d'où la bêtise s'exhale. »

Tandis que nous causions de la sorte, la diligence courait bondissante, à travers la campagne plantureuse. Aux Arcs-sur-Argens, joli village que baigne le petit fleuve d'Argens, transparent et sinueux, je sentis une émotion profonde et vraie, quand la diligence rasa le cimetière si calme, entouré de peupliers verts qui bruissaient au vent du soir; on eût dit la voix douce des morts qui nous saluaient en passant; parmi eux, je revoyais vivante encore une de mes cousines qui m'a fait croire à la résignation céleste. Nulle autant qu'elle ne m'a consolée durant mes heures de tristesse et de lutte; morte à trente ans, sans plainte et sans regret, elle fut ensevelie là dans sa sainteté. Les teintes blanches du crépuscule couvraient le cimetière, au moment où mon regard y plongea rapide et attendri; c'était comme un reflet de la sérénité de ma chère morte. Je contins toute réflexion funèbre, ne voulant pas attrister le bon vieillard qui m'accompagnait; près de la tombe, il en détourne gaiement le regard; il cherche encore les horizons vivants et les rêves de la jeunesse.

Une heure après, nous arrivions à Draguignan chez la plus jeune fille de M. de Vallavieille, récemment mariée à M. Segond, un notaire intelligent et actif. La maison était en joie pour nous recevoir. O les douces oasis des intérieurs de province! comme on s'y repose avec envie et regret, après les courses écrasantes dans des déserts brûlants! Je pris là un bain de bien-être et d'amitié; on me choya comme une parente aimée; on attira vers moi des sympathies que je n'ai pas oubliées. Je reçus avec émotion la visite de M. de Musset, conseiller de préfecture à Draguignan et cousin du mort illustre dont la France était en deuil; il me parla de l'enfance du grand poète, des heures de jeux et d'études qu'ils avaient mêlées. Son visage avait une vague ressemblance avec la tête fine et pensive qui m'avait si souvent souri.

Le bibliothécaire de la ville me montra avec empressement ses manuscrits et ses éditions rares, ainsi que le petit musée attenant à la bibliothèque. Je me souviens d'une Vénus qui est là grotesquement couverte d'une tunique en serge bleue. La pudeur des dames du pays a exigé ce vêtement dont la beauté d'Aphrodite s'indigne. Quels jolis vers Alfred de Musset aurait faits à ce sujet!

M. de Vallavieille ne pouvait m'accompagner jusqu'à Nice, mais dans la sollicitude de sa vieille amitié, qui pensait à tout, il me chercha des compagnons de route. Le préfet du Var, son neveu et un médecin de leur connaissance allaient justement à Cannes; nous louâmes tous les quatre une sorte de calèche qui devait laisser ces messieurs à leur destination, puis me conduire coucher à Nice. Nous partîmes le dimanche matin, 30 octobre. Ce furent encore des adieux. Encore le serrement de cœur et la tristesse qui nous saisissent toujours à cette pensée : Nous retrouverons-nous!...

La matinée était pluvieuse et froide. Nous suivîmes d'abord un chemin montagneux, entrecoupé de bois et de ravins; bientôt les gorges devinrent plus profondes, les fourrés plus sombres; insensiblement le paysage prit un aspect presque sinistre; les versants creux des collines formaient comme des cavernes où de vieux chênes éperdus s'enchevêtraient. Le vent qui sifflait avec force faisait sortir des gémissements de leur ombre; on eût dit des voix humaines qui se plaignaient. Le préfet m'apprit que nous approchions de l'*auberge des Adrets*; un lieu illustré par le mélodrame; la scène était digne des histoires sanglantes qu'elle rappelle. L'auberge, aux murs noirs, décrépits et moussus, s'adosse à une sorte de grotte dont les broussailles retombent sur la toiture. Un vieillard au visage bilieux et sec, l'hôtelier sans doute, debout devant la porte, aiguisait une faucille sur la margelle d'un puits profond. Quel décor et quel personnage pour le théâtre de la Gaîté!

Au delà, la nature s'égaye; les champs de blé et d'oliviers reparaissent; la brise qui souffle de la Méditerranée nous envoie déjà des bouffées d'air plus chaud. Nous voici à Fréjus, l'ancienne colonie romaine; son cirque et ses aqueducs, quoique d'une architecture grossière, intéressent comme tous les vestiges de l'antiquité; nous descendons de voiture pour en faire le tour. J'aperçois de loin la cathédrale et l'évêché de la ville, dont la vue ranime aussitôt pour moi la figure d'un vieil et vénérable évêque de Fréjus, qui fut l'ami de ma mère. Elle l'avait sauvé de l'échafaud durant la Terreur et l'avait gardé plusieurs mois dans une cachette de son hôtel connue d'elle seule. Elle lui portait elle-même sa nourriture, le servait, le consolait et essayait de le distraire en lui faisant la lecture. Plus tard, l'évêque de Fréjus devint archevêque d'Aix. Je me souviens de l'accueil tendre et empressé qu'il nous faisait, lorsque ma mère allait le voir dans son beau palais épiscopal; il me donnait des chapelets et des images bénies; il nous retenait à dîner et bourrait mes poches de friandises. Un jour qu'il combattait avec douceur les convictions philosophiques de ma mère, il lui dit avec un sourire angélique : « Je ne suis pas bien certain que vous soyez chrétienne; mais ce dont je suis convaincu, c'est que vous êtes une sainte. » Oh! qu'il faudrait aujourd'hui un peu de cet esprit-là à nos princes de l'Église!

Ce souvenir m'en rappela un autre : une vieille supérieure des Carmélites, ainsi que plusieurs de ses religieuses, avaient aussi été sauvées de l'échafaud par ma mère. Je revois le vieux couvent dans une petite ruelle d'Aix, voisine de l'église de Saint-Sauveur. Je pourrais dessiner encore la tête austère et correcte de la vieille supérieure, madame de Saint-Julien; elle était d'une des plus anciennes familles de la noblesse provençale; elle avait la dignité des abbesses de Port-Royal, et son esprit brillait à travers sa retenue. Toutes les fois que ma mère lui faisait visite, elle rassemblait la communauté et disait : « Voilà notre bienfaitrice. » A chaque enfant que ma mère mettait au monde, madame de Saint-Julien ordonnait des prières dans le couvent ; c'étaient ses religieuses qui cousaient la layette, et elles firent aussi les trousseaux de mes deux sœurs aînées, quand elles se marièrent. Quelles joies folles me causaient les doux Jésus de cire, à la tête blonde et frisée, les jolis reliquaires en clinquant et les crèches en carton colorié que me donnait la bonne abbesse! Ma mère lui disait : « Vous gâtez trop mes enfants. » Elle répondait : « Je les aime en vous, et il me semble aussi qu'ils sont mes enfants devant Dieu. »

Si je croyais au paradis catholique, j'y verrais ma mère entre ces deux figures d'évêque et de religieuse, bénie et glorifiée pour son héroïque bonté.

Tandis que je rêve ainsi de ces purs souvenirs d'enfance, la voiture roule toujours. Nous voici dans la région suave et tiède des pins, des oliviers, des figuiers, des orangers, des palmiers et des aloès; une série de cottages anglais s'étend au bord de la route; sur une hauteur domine le château de lord Brougham. Nous approchons de Cannes et déjà nous distinguons, verdoyants sur la mer bleue, les groupes des îles d'Hyères, de Lérins et de Sainte-Marguerite.

A Cannes, je me sépare de mes compagnons de route et me dispose à poursuivre mon voyage, lorsque le conducteur me déclare que la calèche ne peut aller plus loin et qu'il va se mettre à la recherche d'un voiturin qui me conduira jusqu'à Nice. Je m'irrite de ce manque de parole à nos conventions, et ce n'est qu'après trois heures d'impatience et de pourparlers que je monte enfin dans une petite carriole cahotante et dure. A côté de moi s'assied un vieux négociant de l'île de Sardaigne qui, de Draguignan à Cannes, occupait une place auprès du conducteur. A l'aide du patois provençal et de ce que je sais d'italien, je parviens à me faire entendre de cet homme et à le comprendre ; il me parle avec enthousiasme de Garibaldi qu'il a vu plusieurs fois à Caprera ; il me dit : « Il n'en est pas à sa dernière campagne ; le lion sortira bientôt de son antre et étonnera le monde. »

En sortant de Cannes, je remarque à gauche une petite colonne qui indique le point de débarquement de Napoléon aux Cent-Jours. Bientôt, toujours à gauche, j'aperçois, dans un pli de la montagne, Grasse, la ville des fleurs, d'où la France et l'Europe tirent les extraits de parfums les plus exquis ; puis, à droite, Antibes qui déploie ses fortifications sur la Méditerranée. Insensiblement la nuit tombe, mais claire et étoilée et nous permettant de distinguer encore la campagne et le rivage où les vagues agitées jettent leur blanche écume. Nous voyons tout à coup au loin, devant nous à l'horizon, une grande lueur zébrée de clartés plus vives et d'où s'élèvent par intervalles des jets de flamme : c'est Nice qui fête, par des feux d'artifice et des illuminations, la reine de Hollande, arrivée ce our-là pour faire visite à l'impératrice douairière de Russie.

Une forte brise s'était levée à la chute du jour ; elle augmentait de moment en moment et finit par se changer en une rafale glacée qui nous déroba le rayonnement de l'horizon et nous força à nous envelopper dans nos manteaux. Il était près de minuit, quand nous arrivâmes à Saint-Laurent du Var, village frontière de la France. Les douaniers commençaient à dormir ; le commissaire de police nous dit qu'il nous faudrait coucher là et que nous ne pourrions passer le pont, qui servait de limites aux deux États, avant le lendemain matin. Je parlementai avec le commissaire et je lui remis ma carte. C'était un Français, bel esprit, qui avait lu de mes vers dans les journaux; il s'écria, en se drapant dans sa robe de chambre : « Les muses passent partout; elles ont des ailes. »

Mon compagnon de route, qui ne comprenait pas, me félicita d'avoir obtenu le passage. Je m'appuyai sur son bras pour traverser le pont qui oscillait sous nos pieds comme sous un tremblement de terre. Le vent tourbillonnait avec violence, tordait les grands saules des deux rives et poussait derrière nous des lamentations funèbres. Moins heureuse de mon voyage, j'aurais cru entendre dans ces plaintes des voix douloureuses et chères qui me rappelaient; mais dans mon ravissement d'être enfin sur la terre italienne, de rompre avec Paris, avec la littérature, le journalisme et l'énervante nécessité d'un labeur quotidien et forcé, ces gémissements de la nature ne me semblèrent point un présage funeste; au contraire, en s'exhalant derrière moi, ils me paraissaient le dernier écho d'une destinée tourmentée qui finissait.

Lorsque nous eûmes atteint le milieu du pont, nous trouvâmes une barrière en bois et deux poteaux parallèles qui marquaient la frontière des deux États. Quelques soldats italiens dormaient là dans une baraque qui leur servait de corps de garde. Deux étaient de faction et se promenaient de long en large de l'autre côté de la barrière. Je leur demandai d'ouvrir, ils me répondirent qu'on ne donnait passage la nuit qu'aux voitures publiques. Notre petite carriole, qui nous avait rejoints, n'avait pas l'aspect d'une diligence. Je montrai aux deux sentinelles le laisser-passer du commissaire de police français; ils résistèrent encore. Je leur fis quelques compliments sur l'Italie et ils finirent par céder. J'éprouvai une grande joie, une vraie joie d'enfant, quand la barrière retomba derrière nous. Je foulais enfin la terre italienne, qui avait été si longtemps la terre promise de mes rêves, la terre de la poésie, de l'art et, aujourd'hui, de la liberté.

Au bout du pont eut lieu la visite de la douane, puis nous remontâmes en voiture et nous franchîmes d'un trait la plaine qui nous séparait de Nice.

Comme par enchantement, la température s'était adoucie dans cette plaine qui nous souriait avec aménité. Elle est bornée, au nord, par de hautes montagnes qui l'abritent, et vient mourir, au midi dans les flots bleus de la mer. Le vent ne soufflait plus que par bouffées tièdes, et le rayonnement qui flottait au-dessus de

Nice avait reparu, mais moins intense et comme éparpillé; bientôt nous atteignîmes les faubourgs, puis la ville, gardant encore çà et là les restes de l'illumination de la fête du soir.

IV

Je me logeai, à Nice, à l'excellent hôtel de *France*, et j'y aurais dormi d'un bon somme, dans mon lit blanc et rose, d'une propreté anglaise, sans l'affreux supplice des moustiques. Depuis que j'habitais Paris, j'avais désappris leurs piqûres, ou plutôt je ne les avais jamais bien senties autrefois; car je m'étais aguerrie, enfant, contre leur venin, comme une Arlésienne de la Camargue. Mais voilà que ces irritantes bêtes me traitaient en étrangère et m'assaillaient de leur petit bourdonnement sans trêve, moins saisissable qu'un souffle d'air; ils plongeaient dans ma chair leurs dards invisibles, empoisonnés comme des poignards indiens. Quelle torture incessante et déliée ces tourmenteurs infimes et obstinés me firent subir! Sitôt que j'entendais leur frêle bruissement, je me soulevais et lançais mes bras à l'aventure pour les écraser, mais que peut la lourdeur des mains contre l'agilité des ailes? Les insectes méchants et railleurs m'échappaient en sifflant et allaient se cacher triomphants dans les plis du ciel de lit, d'où ils semblaient me défier par leur aigu murmure. Cette nuit enfiévrée et celles qui suivirent me rappelèrent ces nuits poignantes de la jeunesse, lorsque quelque passion trahie nous dévore. On veut en vain repousser la pensée qui désespère, elle s'acharne à nous, monte du cœur au cerveau, le ronge, le transperce en tous sens, l'enflamme sous sa morsure corrosive et nous livre éperdus à ces longues insomnies où la démence est bien près de la douleur.

Le lendemain de cette première nuit passée à Nice, je me levai, le front et les bras en sang; j'étais à moitié défigurée; mais comme durant le jour mes ennemis évanouis m'accordaient une suspension d'armes, j'en profitai pour aller visiter la ville.

Riante, calme, embaumée, elle se déroule à gauche, du côté de la plaine du Var, en longues lignes de maisons blanches et de fraîches villas qui bordent la mer à partir de l'embouchure du

Paillon, torrent fougueux durant l'hiver, mais dont le lit est presque toujours à sec en été. Ce quartier neuf de Nice s'appelle la promenade des Anglais. C'est là qu'habitaient l'impératrice de Russie et la reine de Hollande. Le drapeau russe et le drapeau hollandais, agités par une brise chaude, flottaient sur les toits des villas où logeaient les deux souveraines. Quel contraste pour elles, entre les glaces et les brumes de leur patrie et cet air qui les faisait revivre!

C'était le 1er novembre; pas une feuille ne manquait aux arbres, pas une fleur aux parterres embaumés; les bouquetières vendaient dans les rues de gros bouquets de jasmin d'Espagne, de roses mousseuses, de cassies et de tubéreuses, qu'on pouvait acheter pour quelques centimes. La mer était bleue et tranquille comme un lac, et les belles montagnes, ramifications des Alpes qui, au nord, abritent Nice, ruisselaient de reflets dorés. Cette nature bienfaisante me ranima; je m'oubliai longtemps sur la plage, regardant machinalement le roulis des vagues qui montaient jusqu'à mes pieds; je crois même que je m'endormis au soleil, un peu effrayée d'abord du frôlement des mouches, des demoiselles et des papillons qui me faisaient craindre la venue des moustiques; mais les insectes malfaisants sont comme les hommes qui vivent du crime: ils attaquent surtout la nuit.

En revenant de cette première promenade je passai à la légation de France, située près du jardin public d'où la vue s'étend sur la mer et sur l'autre partie de Nice jusqu'au vieux château qui domine si majestueusement la ville. Je laissai à M. Léon Pillet, notre consul, une lettre de recommandation que j'avais pour lui, puis je m'assis sur un banc à l'ombre des arbustes fleuris: le jardin était plein de cris joyeux d'enfants et de fanfares belliqueuses, jouées par la musique d'un régiment italien. Je constatai dans les soldats et dans les hommes du peuple qui passaient, la beauté du type italien et l'aménité de ce peuple toujours doux et poli; on dirait que, si longtemps malheureux, il sollicite de tous la protection et la bienveillance; déjà ce n'était plus la race française, grêle, pétulante, audacieuse, enjouée, mais, osons le dire, un peu trop sûre d'ellemême, poussant l'esprit jusqu'à l'insolence et la conviction de sa force jusqu'au dédain des autres nations. Je restai là rêvant et humant l'air salubre jusqu'au moment où le crépuscule fit jaillir tout à coup des tourbillons de moustiques; je me mis à courir pour leur échapper, mais, hélas! je devais les retrouver dans ma chambre.

Le jour suivant j'eus la visite de M. Léon Pillet qui me parla avec enchantement de la grâce et de l'intelligence cultivée de la reine de Hollande; de la quiétude inaltérable de l'impératrice douairière de Russie qui depuis longtemps se mourait; le terme inexorable approchait, mais la sérénité de la malade répandait autour d'elle l'illusion et éclairait, pour ainsi dire, l'heure sombre à laquelle on ne pouvait pas croire.

Les journaux de la ville annoncèrent ce jour-là de la manière la plus gracieuse mon passage à Nice, et un des rédacteurs de la *Gazette de Nice* eut l'obligeance de se mettre à mes ordres pour me montrer la villa Arson, propriété du directeur de la gazette. Nous montâmes en voiture sur la belle place Masséna et nous nous trouvâmes bientôt à travers la campagne toute couverte de grands oliviers, de figuiers, de cyprès et de pins; çà et là, devant les maisonnettes et les villas, les carrés fleuris des parterres jetaient dans l'air des aromes si vifs et si pénétrants que toute l'atmosphère en était embaumée; cette émanation des parfums à travers champs est une des voluptés des pays chauds. Dans le nord les fleurs sentent l'herbe; aux baumes, comme aux vins, il faut un soleil qui brûle et concentre.

Nous suivions une route montueuse, appelée chemin de Saint-Barthélemy, où les chevaux n'avançaient qu'au pas. Les rameaux gigantesques des oliviers s'enlaçaient sur nos têtes; c'était une ombre bleuâtre très-douce au regard et à travers laquelle la lumière filtrait par petits jets; on eût dit des pointes de diamant serties dans des turquoises. — Après une heure de marche nous mîmes pied à terre et franchîmes une étroite avenue assez inculte, où les grandes herbes et les arbustes poussaient échevelés; nous étions arrivés à la villa Arson. La maison décrit un carré long sans caractère; les terrasses ornées de bustes en plâtre et les parterres avec des kiosques en coquillages, sont d'un assez mauvais goût; mais ce qui est beau, ce qui a rendu cette villa célèbre, c'est la vue qu'on découvre de ses jardins. Au-dessous, sur le premier plan, voici le couvent et l'église de Saint-Barthélemy; puis la villa de Cessoles avec ses ombrages et ses eaux jaillissantes; d'autres villas moins somptueuses disséminées dans les bois, dans les fleurs, dans les vergers d'oliviers, et dont de grandes lignes de cyprès noirs, formant muraille, séparent les propriétés; toute l'étendue de la campagne de Nice avec ses accidents de terrain, ses collines, ses torrents, ses gorges ombreuses. Au second plan, la ville; au troisième, la mer se confondant à l'extrême horizon avec le ciel limpide; les vaisseaux qui partent ou qui reviennent au port se détachent avec leurs agrès déliés entre ce double azur; l'intensité de la lumière se projette sur tous les détails de l'immense panorama; les formes des rochers et des arbres, les mouvements du sol, les lignes de plantations variées, la transparence des sources se dessinent et éclatent dans la sérénité du jour : même quand vient la nuit rien de vague, rien de brumeux n'altère la beauté de cette étendue merveilleuse; c'est superbe et calme, comme une de ces statues sans tache de l'antiquité. C'est la tranquillité éblouissante de la campagne du Midi, une des attractions irrésistibles qui firent se ruer sur l'Italie les peuplades sauvages du Nord. On raconte que M. de Talleyrand passant un jour à Nice après les Cent-Jours, fut engagé à une fête dans la villa Arson. Ravi du tableau merveilleux que la nature déroulait tout à coup devant lui, il s'écria : « Si j'avais su que ce pays fût si beau, ce n'est pas le roi de Sardaigne qui l'aurait. » Ce mot du roué diplomate a fait des petits; rien ne se perd en diplomatie et peut-être l'annexion récente de Nice et de la Savoie à la France a-t-elle sa filiation dans ces paroles prononcées en riant.

En quittant la villa Arson nous allâmes visiter les ruines romaines de Cimier. Nous tournâmes le couvent de Saint-Barthélemy et gravimes jusqu'au village de ce nom, toujours abrités par les oliviers centenaires qui projetaient sur la route leurs grandes ombres. Des moines de différents ordres marchaient au bord du chemin, descendant des divers couvents qu'ils occupent sur ces hauteurs. Quelques-uns causaient et riaient avec les jeunes et belles paysannes qui travaillaient aux champs; les curés des campagnes s'entretenaient familièrement avec les matrones qui filaient sur leur porte. Il y avait dans l'allure de tous ces prêtres le laisser-aller du clergé italien qui longtemps maître des consciences et d'une grande partie du sol, jugeait superflues la réserve et la contrainte que s'impose le clergé français; il est vrai que celui-ci prend sa revanche et épanche en trames souterraines les passions qui n'éclatent pas au dehors.

Nous fîmes arrêter la voiture sous une belle arcade romaine, débris de l'arène antique de Cimier. Cimier, au temps de Jules César, était peuplée de trente mille habitants. Cette ville fut prise et brûlée au sixième siècle par Alboin roi des Lombards. Si on fouillait la colline où Cimier était située, et que ses débris ont exhaussée, on y trouverait peut-être des bas-reliefs enfouis et des statues ensevelies.

La terre réduit en poussière le squelette de l'homme et elle s'assimile aussi les œuvres d'art par lesquelles il espérait survivre à son néant.

Au-dessus du sol il ne reste de l'antique Cimier que quelques gradins et quelques fragments de l'arène qui contenait dix mille spectateurs. Le blé pousse où les animaux féroces rugissaient, et les branches des oliviers retombent sur les courbes brisées des arceaux et les complètent par leur ombre.

Aujourd'hui, le cirque antique s'appelle *Cuve des Fées*. Les gens du pays le croient hanté par des esprits et ne le traversent pas la nuit sans terreur. Pourquoi railler ces croyances superstitieuses? elles renferment, à notre avis, la mélancolie de l'histoire; tant de générations se sont succédées sur la terre que le peuple qui ignore leurs annales, mais sait vaguement leur passage dans le monde, en voit les ombres et les spectres partout. Il faut bien que quelque chose revive de ce qui a été; pour le petit nombre ce sont les faits écrits qui surnagent; pour ceux que l'ignorance couvre de ses ténèbres, ce sont les êtres disparus de siècle en siècle de la terre, qui reviennent sous une forme imaginaire la parcourir durant la nuit.

A quelque distance de l'arène se trouve la ruine d'un temple d'Apollon; il n'en reste que la maçonnerie de forme quadrangulaire sans fragments de sculptures ni de colonnes; les briques rouges du monument ont été badigeonnées de chaux; le tabernacle divin du dieu de la lumière et de la poésie est une étable qui abrite, durant la nuit, les troupeaux de moutons et de chèvres. Les fleurs, cette parure éternelle de la campagne de Nice, croissent çà et là dans ces ruines. — A quelque distance du temple on a découvert récemment un débris d'aqueduc. Tout ce qui reste de Cimier est entouré de solitude, de silence et d'ombre. On voudrait là une petite maison pour travailler, rêver et aimer.

Nous descendîmes la route abrupte rapidement; le soleil allait se coucher sur la mer quand nous rentrâmes à Nice. Je voulus profiter de cette heure si propice à la beauté des horizons pour monter jusqu'à l'esplanade du vieux château. Le chemin en spirale qui y conduit est bordé par des allées de palmiers, de pins-parasols, de chênes verts, de vernis du Japon et de lauriers-roses; les crevasses des murs des fortifications sont remplies par des cactus, des tithymales et des agaves qui y forment des fourrés impénétrables. A mi-côte, sur le versant occidental, on trouve deux cimetières : celui des chrétiens et celui des juifs; les herbes et les ronces recouvrent à moitié les pierres tumulaires.

Sur le versant de l'est sont les ruines de Sainte-Marie de l'Assomption, ancienne cathédrale de Nice, qui renfermait le tombeau de Béatrix de Portugal, mère du duc Emmanuel-Philibert. Du vieux donjon bâti sur le sommet du roc par les princes d'Aragon et d'Anjou, et successivement agrandi par les ducs de Savoie, il ne reste plus qu'une tour ; à cette hauteur la vue qu'on découvre est une des plus belles du monde; les maisons sombres de la vieille ville se groupent au pied du château ; les maisons neuves et blanches se déploient le long de la mer en lignes droites qui bordent la promenade des Anglais. Dans toute l'étendue de la campagne de Nice sont épars des villas, des châteaux et des villages; au midi la mer bleue s'étend à l'infini. Par les claires matinées, on distingue souvent le rivage de la Corse. Le golfe tranquille est borné à notre droite par la pointe de terre où s'élève Antibes; à notre gauche, par la petite presqu'île de Saint-Jean. En tournant la tête vers le nord, le tableau se complète, on dirait un cirque éternel bâti par des Titans : les montagnes décrivent un triple rang de marches colossales que dominent les Alpes Maritimes, dont la cime couverte de neige se perd dans le ciel bleu. Contemplés aux dernières lueurs du jour, ces rocs superposés, servant de fond au golfe et au paysage étaient d'un effet indescriptible. Je regardai longtemps ce tableau avec une fixité avide ; j'en pris l'empreinte dans mon souvenir et je me plais à la retrouver et à lui sourire par les jours sombres des étés pluvieux de Paris.

En descendant la rampe ombreuse et fleurie de l'ancien donjon qui, vu de la mer, donne à Nice un grand caractère, je m'arrêtai du côté du levant et, appuyée contre un parapet, je considérai le port de Nice du haut du roc qui l'abrite ; ce port étroit est resserré et clos dans une petite anse où les tempêtes ne sauraient pénétrer. La nuit était venue limpide et lumineuse, comme elle l'est presque toujours dans ces régions sereines; les maisons qui entourent le port commençaient à s'éclairer; quelques vaisseaux marchands avaient des fanaux suspendus à leurs vergues ; quelques barques étaient pavoisées de guirlandes, de lanternes chinoises, on fêtait je ne sais quel saint ; un bateau à vapeur dont la cheminée fumait venait d'arriver ou était prêt à partir. Des soldats et des matelots italiens chantaient des hymnes patriotiques; d'autres, des chansons d'amour, attablés devant les cabarets d'où sortait une âcre odeur de charcuterie et de soupe au fromage. Il y avait un va-et-vient d'acheteurs dans les petites boutiques du port; sur le parapet s'étalaient les établis d'oranges et de dattes entourés par les enfants et les femmes ; quelques jeunes *contadines* soupaient avec les soldats et les matelots; j'en remarquai deux plus grandes, plus brunes et aux cheveux plus artistement nattés ; je reconnus qu'elles étaient Génoises au *pezzoto* ou *mezzaro*[1] qui flottait sur leur tête. L'une d'elles se tenait accoudée sur la table et ne mangeait pas; son profil éclairé par une lanterne me parut d'une régularité grecque ; je ne sais pourquoi cette belle figure pensive éveilla mon intérêt; je voulus m'avancer pour la mieux voir et aussi pour observer de plus près les scènes du port. Nous continuâmes à descendre la route en spirale qui nous avait conduits au donjon ; nous traversâmes quelques rues tortueuses et bientôt nous nous trouvâmes devant le cabaret où la jolie Génoise était assise; il y avait là deux matelots qui semblaient se disputer son amour ; l'un, jeune, svelte, avait ce corps élancé que les sculpteurs de l'antiquité donnaient à leurs dieux ; il portait sur sa belle tête bouclée le bonnet phrygien des pêcheurs de Sorrente, son œil noir et velouté jetait des flammes, son nez grec se dilatait, tandis qu'il parlait à la jeune fille ; sa bouche rose et charnue rappelait celle de l'Antinoüs. Il était impossible de voir cet homme sans le considérer avec plaisir; il inspirait l'admiration qu'inspire un de ces beaux marbres retrouvés dans les fouilles de Rome. L'autre matelot était court et trapu, sa tête carrée commençait à grisonner, son visage était marqué par la petite vérole, ses yeux vifs et ronds n'avaient qu'une expression bestiale, il remplissait de macaroni l'assiette de la jeune fille qui ne mangeait pas; il l'embrassa et elle le laissa faire ; le jeune matelot, pourpre de colère, dit à la jolie Génoise : « Il paraît que le vieux est le préféré ? » Elle lui répondit d'une façon singulière : « Que veux-tu, toi, on pourrait t'aimer et je ne veux plus aimer. » Sa compagne ajouta en se penchant vers le jeune homme : « Elle a fait un vœu à la Madone, laisse-la tranquille et occupe-toi de moi. » Mais il continuait à regarder l'autre et à lui parler: « Il faut me dire ton vœu, lui dit-il, ou je donne au vieux un coup de couteau. — Ah ! fit-elle tranquille, sans changer de visage

---

[1] Sorte de voile que portent les femmes de Gênes.

et avec cette espèce de naïveté animale qui frappe en Italie, dans toutes les classes, lorsqu'on parle d'amour, j'avais un amoureux, il était chasseur des Alpes de Garibaldi, il est mort voilà trois mois, je l'ai bien pleuré, mais ça ne donne pas du pain de pleurer. Mon pauvre Antonio me pardonnera ; je ne fais l'amour qu'avec ceux qui me déplaisent. Ainsi je ne trahis pas mon vœu ; car j'ai juré à la Madone de n'aimer que mon cher mort. » Le vieux matelot se serra près d'elle et enlaça son bras frêle dans son bras vigoureux. « Tu vas donc venir avec moi, lui dit-il. — Oui, puisqu'il le faut, » reprit-elle machinalement. Elle tira du corsage de sa robe une petite image de la Madone suspendue à son cou, la baisa, et se leva de table. Bientôt je la vis disparaître dans une ruelle sombre avec le gros matelot ; on eût dit Silène enlevant une nymphe. L'autre, le beau, le jeune, ne fit pas un mouvement pour les suivre : « Puisqu'elle a fait un vœu à la Madone il n'y a pas à disputer, » dit-il, et il se mit à manger et à rire avec la seconde Génoise qui était restée près de lui. Cette scène me causa une grande tristesse, je m'éloignai en pensant : la mer est là ; la mort vaudrait mieux que cette dégradation stupide. Mais le suicide si fréquent à Paris parmi le peuple, est presque inconnu des classes pauvres d'Italie ; elles se résignent, prient la Madone, et laissent faire à la destinée.

Le lendemain matin je visitai le quartier des juifs. Dans la catholique Italie chaque ville a son *ghetto*, et malgré l'esprit de tolérance et la liberté qui se répand partout, les Israélites restent parqués à part. Ils semblent eux-mêmes se plaire dans cet isolement qui facilite l'exercice de leurs us et coutumes, le mystère dont s'entoure leur rite, les ruses de leur petit commerce et cette saleté héréditaire plus flagrante en Italie qu'ailleurs ; je remarquai quelques belles juives peignant l'une l'autre leurs longs cheveux sur le seuil des petites boutiques des rues tortueuses du *ghetto*, rues si étroites qu'on en pourrait franchir les toitures parallèles d'une enjambée. Il y avait là des tas de loques infectes que de vieux juifs vendaient à la criée, en jurant par Jéhova qu'ils sacrifiaient tout bénéfice à l'amour du prochain ; sur d'autres devantures, c'étaient des pièces d'étoffes orientales aux couleurs voyantes. Puis des fritures en plein air ; des matrones, au chef branlant et dont les cheveux gris et mal joints flottaient au vent, se tenaient penchées autour des poêles où l'huile bouillonnait ; une écumoire à la main, elles retournaient avec gravité les beignets de caroubes, la courge coupée en losanges blonds et les petits poissons décrivant un dernier frétillement. De ces ruelles sombres s'exhalaient les odeurs mêlées de haillons, d'eau croupie, d'huile rance et de crasse séculaire. En sortant de cette atmosphère empestée, j'aspirai avec volupté l'air pur des bords du Paillon; j'achetai à une bouquetière qui se tenait sur un pont un gros bouquet aux parfums exquis; j'y appuyai mon visage avec délices, puis je l'agitai en tous sens pour chasser les mouches qui m'assaillaient, tandis qu'une voiture découverte m'emportait au château de Saint-André.

La route qui y conduit remonte le cours du torrent du Paillon. A peu de distance de Nice ma voiture croisa celle de l'impératrice de Russie qui revenait à la ville ; je la vis bien et jamais je n'oublierai ce fin et pâle visage à la peau parcheminée. C'était déjà la teinte livide de la mort, on eût dit qu'elle en sentait le froid par anticipation, car, malgré la tiédeur de l'atmosphère, elle était comme ensevelie dans des fourrures de martre.

Le chemin que je suivais était des plus pittoresques; le Paillon, encaissé dans de hautes montagnes, courait dans les méandres du sable de son lit trop large en ce moment pour l'exiguïté de ses eaux taries; les arbres frissonnaient sur ses bords, les vastes bâtiments de l'abbaye de Saint-Pons s'étageaient à gauche sur les rochers. Ce couvent célèbre dans les fastes de Nice est seulement habité aujourd'hui par une trentaine de frères oblats. Quelques-uns descendaient à pied de leur couvent, d'autres sur des chevaux ou des mulets; avec leurs soutanes courtes et leurs chapeaux tricornes, ils rappelaient le Basile du *Mariage de Figaro*.

Au fond de la route, un peu à droite, j'avais en perspective le château de Saint-André à l'entrée de la vallée de Tourette ; ses pignons, ses tours et le clocher de sa chapelle le font apparaître comme une décoration du moyen âge qui s'élève tout à coup pour charmer les yeux. Lorsque je fus près du château, je mis pied à terre, voulant mieux voir la grotte ou plutôt la grande arche naturelle dans laquelle les eaux du Paillon s'engouffrent. Des mousses vertes tapissent cette voûte profonde et de chaque pointe du roc pend une liane; je marchais sur le sable fin et sur les cailloux au bord du torrent dont l'écume blanche mouillait le bas de ma robe. Je m'avançai de la sorte aussi loin que je pus sous l'arceau de la grotte, puis je passai d'une rive à l'autre sur une planche vacillante. Après avoir franchi, à droite, un sentier creusé dans la montagne, je me trouvai dans une longue avenue de cyprès qui conduisait au château désert et fermé. Le marquis de Saint-André, propriétaire actuel, était général de l'armée italienne; dans cette sombre avenue qui aurait ressemblé à une voie funéraire sans le bourdonnement des insectes, l'éclat du jour, le bleu du ciel et le doux bruissement du torrent, était assise une fraîche paysanne au visage heureux et groupant autour d'elle trois beaux enfants, tous trois portant pour unique vêtement une chemise blanche très-courte, qui laissait leurs pieds nus, leurs bras et leur poitrine à découvert; le plus petit était suspendu au sein de la mère qui l'allaitait avec des airs de Madone de Raphaël; l'autre qui marchait à peine, tenait comme un jouet la jambe du nourrisson et la baisait en riant; le troisième, l'aîné, debout devant les genoux de la mère, suspendait en l'air sa chemise pleine de fleurettes et de mûres sauvages. Quand je passai devant elle, la belle contadine me salua avec un bon sourire, et le plus grand des enfants m'offrit ses fleurs et ses fruits. Voyant que je refusais il se déchargea de son fardeau sur le tablier de sa mère et me proposa de me servir de guide; la mère lui dit : « Marche avec la signora et fais-lui voir le château. » L'enfant se mit à courir devant moi dans les hautes herbes de l'avenue, insoucieux de sa misère et de sa nudité. Il me montra les bosquets et le jardin et voulut me faire ouvrir le château. Je préférai m'arrêter sur la terrasse qui domine le torrent et d'où je dominais la route, encaissée dans les rochers, que j'avais suivie en venant; le soleil couchant y roulait en ce moment des flots de pourpre et de lumière; c'était d'un effet inouï qui me ravissait; l'enfant me tirait par ma jupe en me disant : « Madame, il y a une belle salle dans le château. » Je lui répondis : « Va la voir pour moi. — Il faut payer, me dit-il, et je n'ai pas de sous. » Je compris cette façon détournée de me demander la *buona mano* et je lui donnai aussitôt quelques pièces de monnaie; ses yeux pétillèrent de joie; il courut rejoindre sa mère sans plus se soucier de me guider; je restai là, seule et charmée, jusqu'à la nuit, enviant une chambre dans ce vieux château où l'on pourrait vivre et travailler en paix.

Marche! marche! tel est le mot d'ordre que se répète chaque jour à lui-même le voyageur. Le lendemain, jeudi 3 novembre, je visitai le port de Villefranche plus grand et encore mieux abrité que celui de Nice; la route qui y conduit serpente sur le mont Boron; elle est ombragée d'oliviers énormes aux branches échevelées. De cette hauteur, vue à travers les branches, Nice dominée par son vieux donjon et se déroulant au bord de la mer, est d'un aspect merveilleux. Aux descentes le chemin était si rapide et si roide, que je dus souvent mettre pied à terre. Je rencontrai, sous ces grands ombrages pâles, des officiers italiens se promenant avec de belles Niçoises; quelques familles déjeunaient sur l'herbe; bientôt d'anciennes fortifications coupèrent l'ombre des oliviers, et Villefranche m'apparut souriant à ses bords tranquilles : la darse, le bagne, le lazaret et les casernes s'élèvent sur le rivage du demi-cercle que forme le port. Un seul bâtiment était à l'ancre dans ces eaux limpides, c'était une corvette russe qui avait amené à Nice la reine de Hollande. Elle était là, maîtresse et souveraine du golfe désert. Je me rappelai qu'un an plus tôt le bruit avait couru que le roi de Piémont avait cédé Villefranche à l'empereur de Russie. La politique européenne s'alarma de cette prétendue cession et tous les journaux en retentirent. C'était une fiction qui détourna les esprits de la réalité qui allait s'accomplir; aujourd'hui Villefranche est à la France comme Nice. L'empereur Napoléon, plus hardi que le czar, a mis la main dessus et travaille à faire de Villefranche un port militaire vraiment important.

J'avoue que le môle et l'arsenal maritime de Villefranche attirèrent moins mes regards que les belles et hautes montagnes qui, à droite, dominent le golfe, et sur lesquelles la route de la Corniche décrit son zigzag verdoyant. Je devais parcourir cette route le jour suivant et j'en devinai déjà les beautés romantiques.

Avant de quitter Nice, je voulus revoir le lendemain la plaine du Var et les rives du fleuve-frontière que je n'avais aperçues que la nuit. Je traversai toute la partie neuve de Nice, la promenade des Anglais, les belles lignes de maisons blanches entourées de ceintures de fleurs. La voiture franchit rapidement la route plane. Au nord, se dressent les montagnes qui encaissent le Var, et d'où le fleuve semble sortir et s'épanche en torrents fougueux durant l'hiver; au midi, ce sont des champs de luzerne, des salines et la mer; en approchant du Var, en ce moment presque à sec, je revois ces grands saules dont les branches souples et chevelues retombent sur le sable humide. Au temps des débordements du fleuve, ces saules sont recouverts par les eaux qui envahissent une partie de la plaine et y déposent leur limon. C'est à travers ces rives marécageuses que les malfaiteurs et les contrebandiers passaient d'une frontière à l'autre.

Du côté du nord est le joli bois du Var, dans lequel les aunes, les peupliers, les saules et les grands lierres s'enlacent et s'enchevêtrent; des plantes grimpantes y forment des fourrés et des festons; des ruisseaux y courent sur une herbe fine où poussent, sauvages, les plus belles fleurs de nos jardins. Les rêveurs et les poëtes préfèrent cette promenade à toutes celles de Nice.

Je traverse le grand pont en bois, j'arrive au village de Saint-Laurent. du Var; me voilà rentrée en France; je revois le lettré commissaire de police, qui m'a facilité le passage de la frontière il y a quelques jours. Je le remercie et lui dis adieu. Je suis saluée en passant par quelques officiers français qui fument et bâillent devant un petit café, déplorant l'ennui de cette garnison de village. J'ai hâte de repasser le pont, il me semble que la France va me ressaisir et me river encore au travail et à la lutte. L'Italie, qui m'appelle, c'est l'oubli des tracasseries vulgaires; c'est l'atmosphère vivifiante pour l'esprit; c'est l'enthousiasme, c'est l'art, c'est l'inconnu romanesque qui nous attire toujours.

V

Je quittai Nice, le samedi 5 novembre, par une belle matinée printanière et sereine; on se fût cru au mois de mai. J'occupais une place de coupé dans la diligence qui va de Nice à Gênes, par la route de la Corniche: le paysage s'ouvrait devant moi et se déployait sous mes regards; c'était sur les grands rocs alpestres une alternative de montées et de descentes de l'effet le plus saisissant. Aux montées, les chevaux allaient au pas, essoufflés, haletants; le conducteur descendait de son siége pour les gourmander ou les caresser suivant son humeur; leur parlant, passant la main sur leurs croupes ruisselantes de sueur, leur criant: courage! et établissant entre homme et bêtes le dialogue familier qui m'a souvent frappée en Italie. Les animaux semblaient comprendre; ils regardaient leur interlocuteur, tendaient leurs jarrets, ouvraient à la brise de la mer leurs naseaux fumants, et aussitôt que la *salita* [1] formidable faisait place, au sommet du mont, à la descente rapide du versant opposé ils s'élançaient à toute bride sur la pente presque perpendiculaire qu'ils franchissaient avec des bonds effrénés en agitant leurs grelots. C'était effrayant et enivrant à la fois; on buvait l'air, on embrassait la nature, on croyait avoir des ailes, comme le Prospéro de Shakspeare, dans le *Songe d'une nuit d'été*, quand il s'écrie : « Devant moi je bois l'air où mon aile se tend. » On passait à travers les oliviers, les pins, les cyprès, les torrents et sous les voûtes des montagnes, dans des gorges ombreuses, exubérantes de hautes herbes, de plantes grimpantes qui se collaient au rocher ou qui flottaient au vent; tout horizon disparaissait dans ces couloirs sombres; la mer voisine s'était évanouie; du ciel éclatant et bleu on ne voyait plus qu'une échancrure! Mais tout à coup l'aspect changeait : la route retombait dans des vallées charmantes, les vagues claires baignaient les mousses étendues comme un tapis au pied des grands arbres; à travers leur feuillage, le double azur du ciel et de la Méditerranée se déroulait à l'infini. Les chevaux, avides d'espace, paraissaient vouloir se précipiter vers cet horizon sans bornes; ils rasaient la mer dont l'écume blanche montait jusqu'aux roues de la diligence; la terreur disparaissait sous le prestige, l'eau semblait vouloir nous porter.

Voici Turbie dans son nid d'orangers, de palmiers et de fleurs groupés en terrasses. Plus loin, à droite, comme une décoration soudaine et merveilleuse de théâtre, ayant pour base un rocher à pic, Monaco se dresse blanche et riante sur la mer bleue, telle qu'une ville d'opale. On aperçoit son palais, sa maison de jeux, ses bains, sa cathédrale où Charles-Quint a prié, enserrés dans une ceinture de flots mouvants d'oliviers, de citronniers, de grands caroubiers et d'aloès gigantesques. On voit errer sous ces ombrages ineffables les chevaliers d'industrie cambrant leur taille en plein soleil, et les pauvres femmes vendues étalant les oripeaux de la honte. Ce beau lieu, que la nature a élu pour être l'Eldorado des poëtes et des amoureux, est devenu le lieu d'asile de la fraude impunie et de la débauche parée. Le vice s'ébat sous les orangers, comme une courtisane qui se marie se coiffe effrontément de la couronne des vierges.

[1] Montée.

Dans l'antiquité, Hercule avait un temple sur le rocher même où s'élève aujourd'hui Monaco. On voudrait voir ce dieu se redresser et écraser de sa massue les lèpres des sociétés modernes.

Tandis que Monaco disparaît derrière nous, je pense à son avant-dernier souverain, le vieux prince Florestan, que j'ai connu il y a quelques années ; il avait, dit-on, été acteur dans sa jeunesse. Sa passion la plus saillante était un naïf amour pour la tragédie classique ; il préférait les tragédies de Voltaire à celles de Corneille et de Racine. Voltaire était son dieu poétique. Il savait *Alzire* et *Zaïre* par cœur ; il prétendait lutter de diction avec le Tragique Lafon, qu'il plaçait bien au-dessus de Talma. Je le vois encore, arrivant chaque dimanche à mes petites réunions littéraires, simple, cordial et bon, mais intraitable à l'endroit des alexandrins philosophiques et blafards de l'étincelant auteur de *Candide*. Il redressait sa haute taille et déclamait avec pompe, devant un auditoire romantique et semi-railleur, les longues tirades qu'il idolâtrait. Je l'avais connu chez madame Desbordes-Valmore, la muse touchante de l'amour, dont j'ai pleuré la mort comme celle d'une sœur bien-aimée [1].

Voici Roquebrune, puis Menton, village et ville qui faisaient autrefois partie de la principauté de Monaco, mais qui s'en détachèrent avec joie pour se donner à la Sardaigne. Au moment où nous la traversons, Menton est toute pavoisée des couleurs italiennes ; sa garde nationale défile sur la grande place, chaque fantassin brillamment équipé porte un bouquet à la boutonnière et regarde galamment les jolies miss, coiffées de chapeaux ronds à longues plumes, qui s'accoudent aux fenêtres vertes des blanches maisons. Menton est comme

---

[1] A présent qu'elle n'est plus et que l'éclipse de ce qu'elle a chanté est arrivée pour moi, qu'il me soit permis de publier ici les belles strophes inédites qu'elle m'adressa un jour :

> Pour vous, que vous soyez la charité qui pleure,
> Ou la muse qui chante afin d'arrêter l'heure ;
> Ou la femme rêveuse au bord de son miroir,
> Vous êtes toujours bonne et toujours belle à voir.
>
> La beauté, n'est-ce pas, c'est le bonheur, Madame ?
> Aussi, vous en avez plein les yeux et plein l'âme ;
> Et sous vos cheveux blonds si j'ai surpris des pleurs,
> C'est qu'il faut n'est-ce pas, quelque rosée aux fleurs ?
>
> Le soleil, sans la pluie, incendierait les roses ;
> Laissez donc faire à Dieu qui fait bien toutes choses,
> Priez, regardez-vous, et chantez à la fois,
> Car c'est pour nous aussi que Dieu fit votre voix.

Nice une pépinière d'Anglais. A Nice s'établissent les plus mondains; à Menton viennent les rêveurs et les amoureux. Nous traversons au galop la ville tranquille; à deux heures nous arrivons à San-Remo; nous voici tout à fait en Italie; on ne parle plus que le patois de Gênes. Les femmes cousent, habillent leurs enfants, lavent leur linge et se peignent sur leurs portes. On vit en plein air, pour ainsi dire aux yeux de tous, avec une sorte de laisser-aller cynique. Des prêtres d'une saleté repoussante se mêlent aux bourgeois devant les cabarets. Nous faisons une halte à l'auberge de San-Remo, où l'on nous sert un dîner à l'italienne : soupe au fromage, charcuterie, poulet étique, gibier calciné plutôt que rôti, tarte à la frangipane, fruits verts, café trouble; le tout assaisonné de cordialité et de bonté familière. On se préoccupe de la fatigue de la route, du but du voyage, de la famille et surtout des enfants qu'on a laissés loin de soi; on vous offre en partant les fruits qui restent du dessert et quelques fleurs cueillies dans le petit jardin de l'auberge.

San-Remo est entouré d'une végétation asiatique et dominé par le bois de palmiers de l'ermitage de Saint-Romulus. C'est ce bois qui fournit à Rome les palmes du jour des Rameaux.

Nous remontons en voiture et l'enchantement de la route recommence. Toutes les villes de la Corniche qui se dressent jusqu'à Gênes, au bord de la mer, ont un aspect de décoration qui trompe à distance sur la grandeur et la beauté de leurs monuments. Les rues en arcades, les maisons à façades peintes, les églises avec leurs dômes et leurs campaniles, tout cela se groupe sur le bleu de l'éther, a pour base des rocs géants, que la mer baigne, et, dans ce double cadre de limpidité et de lumière, fait songer aux cités fantastiques de l'Orient.

La nuit claire d'une sérénité bleue et avec ses lueurs d'étoiles, ajoute à l'effet inouï de ces villes de la Corniche; une blancheur laiteuse et azurée se répand sur le plâtre des monuments et le change en marbre; les perspectives plus vagues s'agrandissent, les arceaux se prolongent jusqu'à l'horizon, les tours montent jusqu'au ciel; les arbres des jardins et des promenades se détachent en sombre entre le scintillement des constellations sur leurs branches et celui des flots à leurs pieds; les grandes barques de pêcheurs, immobiles sur le rivage, prennent des proportions de trirèmes antiques, on dirait quelque flotte romaine oubliée là depuis des siècles.

Je traversais ravie ces villes endormies, si belles dans leur sommeil; la mythologie les eût comparées à des nymphes au corps d'ivoire, bercées dans les bras du vieil Océan.

Je regardais curieusement toutes ces maisons closes, où parfois apparaissait une tête d'homme ou de femme aux cheveux ébouriffés, qui, lorsque la diligence s'arrêtait, demandait au conducteur quelque voyageur attendu. A ces haltes des relais, je voyais luire quelque lampe mourante à la fenêtre d'une *locanda*[1] ou d'un petit café malpropre; un enfant au tablier troué en sortait pour nous offrir du café fumant dans des tasses ébréchées; les hommes achetaient des cigares; les femmes demandaient des verres d'eau, qu'on allait puiser dans la fontaine voisine: le conducteur causait avec les garçons d'écurie de la poste aux chevaux, leur donnait les nouvelles politiques ou commençait à leur conter quelque histoire d'amour survenue dans le pays voisin; déjà la lenteur italienne ou plutôt la flânerie, ce que nous appellerions prendre ses aises et donner quelque chose à l'imagination, se faisait sentir. Si quelqu'un protestait contre le temps perdu et s'écriait: «Partons vite! — *Subito!*» répondait le conducteur, et aussitôt il lançait ses chevaux fraîchement attelés, avec une prestesse et une furia qui faisait bondir la diligence à travers bois, rocs, flots, et menaçait de la briser en éclats. Les cris d'effroi des femmes et des enfants se mêlaient au tintement aigu des grelots, au claquement du fouet; les chiens de garde des fermes aboyaient sur notre passage; quelques grands oiseaux effarés sortaient des voûtes des montagnes et planaient, comme ébahis, sur cette bête roulante d'une espèce nouvelle qui volait aussi vite qu'eux.

Lorsque l'aube parut, la mer qui se déroulait immense à notre droite, fut d'abord une immense nappe de lait; peu à peu la lumière se fit, et toutes les teintes de l'aurore brillèrent en zone sur les flots. Il y en eut une d'un rose si vif, si étincelant (rose de rubis brûlé) que mes yeux fatigués par l'insomnie ne pouvaient en supporter l'éclat.

Alors les villes et les villages que nous traversions commencèrent à se peupler. C'était un dimanche, les campaniles carillonnaient la messe matinale; les femmes venaient de la campagne, descendaient des rochers ou accouraient du rivage pour se rendre à l'église. Leurs yeux brillaient sous le *pezzolo* de mousseline

---

[1] Auberge de second ordre.

blanche : les plus vieilles ou les plus rustiques portaient ce voile national en percale imprimée à grands ramages de couleur. Elles le croisaient sur leur poitrine avec leur main brune qui tenait un chapelet. Les hommes marchaient à côté ; quelques-uns en culotte courte de velours, veste ronde (presque toujours jetée sur l'épaule), ceinture et bonnet de laine rouge ; les yeux noirs et les nez aquilins commençaient à bien caractériser le type italien ; je disais en riant : « A la bonne heure, plus un seul de ces vilains nez camards, mal venus et dont un sculpteur ne sait que faire ; plus de ces yeux gris du nord à la couleur indécise et blafarde comme les teintes du ciel de Londres et de Paris. »

Le rivage que nous parcourions nageait entre les flots lumineux et le ciel éblouissant ; enfin Gênes apparut dans cet horizon de clarté : j'aperçus d'abord son long aqueduc, ses casernes, ses vieux remparts, et par échancrures les eaux de son port et les vergues des vaisseaux à l'ancre. Dans les faubourgs c'était un va-et-vient de soldats français avec leur bonne humeur imperturbable, agaçant les femmes qui vendaient des fruits et jetant des lazzis aux hommes encrassés du port. Même le dimanche, le Génois et le Napolitain du peuple se soucient peu d'une blouse et d'une chemise propres ; leurs vêtements finissent par devenir une sorte de carapace de laquelle ils ne sortent plus ; ils craindraient d'y laisser leur peau en s'en dépouillant.

Je descendis à l'hôtel *Feder*, qui était autrefois le palais de l'Amirauté ; dans la cour en marbre, qui forme vestibule, est une fontaine de rocailles et d'eau jaillissante ; l'escalier est large et monumental ; plusieurs salons et plusieurs boudoirs ont encore des plafonds à moulures d'or et à peintures mythologiques. La propriétaire de la maison, madame Feder, une femme intelligente, vive, éclairée, et qui dirige sa maison comme une Médicis pourrait faire d'un duché, me montra l'appartement que Balzac avait occupé à plusieurs époques de sa vie. « Il admirait beaucoup les peintures de son salon, me dit-elle, et m'avait promis de les décrire dans un de ses romans. Après son mariage, un an avant sa mort, il revint ici. Malgré sa belle santé apparente, je le trouvai bien changé. Il me dit un jour que le travail l'avait miné, qu'il mourrait tout à coup ; il ajouta qu'il aurait encore pourtant beaucoup à écrire. Quand il quitta Gênes, il me donna un de ses ouvrages que j'ai gardé et que je transmettrai à mes enfants. » Ainsi je retrouvai la trace de notre immortel romancier à Gênes; je devais plus tard la retrouver à Venise.

La petite chambre que j'occupais à l'hôtel *Feder* dominait la grande terrasse monumentale qui s'étend le long du port. Je m'accoudai un moment à la fenêtre pour contempler l'aspect de la rade : je tournais le dos à l'amphithéâtre des maisons, des palais, des églises, des villas et des montagnes qui, lorsqu'on arrive du côté de la mer, s'étagent merveilleusement, ayant pour base les flots et pour couronnement le ciel. Mais la vue du port et de la mer qui s'étendaient devant moi avait aussi sa beauté. Par delà la terrasse de marbre blanc, les vaisseaux de guerre, les vaisseaux marchands et les bateaux à vapeur dressaient leurs mâts, leurs vergues, leurs cordages, leurs cheminées, et faisaient flotter au vent les pavillons de différentes nations; les barques à rames allaient et venaient à travers les lignes des navires. A ma gauche, le port était clos par le vieux môle, sur lequel sont braqués des canons; du même côté se groupaient les vieilles maisons de Gênes, et, suivant l'usage italien si déplaisant, le linge et les loques mal lavées s'étalaient à toutes les fenêtres. Sur le second plan se dessinaient quelques palais, puis c'étaient les belles montagnes que j'apercevais en partie.

En face de moi, le môle neuf allait presque rejoindre le vieux môle, ne laissant entre eux qu'une entrée pour les navires; à la pointe du cap San-Begnino, où s'élève le grand phare qui, le soir, s'éclaire et apparaît entre la mer et le ciel comme un astre suspendu; non loin du môle neuf, se dressaient le lazaret et les casernes. Mais j'étais surtout ravie par la vue du rivage qui, à ma droite, déployait dans toute son étendue son merveilleux aspect; en suivant de ce côté la ligne blanche décrite par la terrasse, je trouvais le palais de l'Amirauté et la villa Doria avec ses jardins, ses terrasses, ses fontaines, sa porte s'ouvrant sur la mer; derrière cette villa historique que je visiterai plus tard, les chapelles et les maisons montaient en gradins entrecoupés par des jardins; le tunnel du chemin de fer s'allongeait comme un grand aqueduc; puis, sur les sommets des montagnes, c'étaient les grands forts qui dominent et défendent la rade. La villa Doria me fit penser au fameux André Doria pour qui cette résidence somptueuse fut construite; je mesurais sa gloire qu'il faut circonscrire et borner au temps où il a vécu; car, pesée de nos jours, elle serait douteuse et disputée. L'Italie lui reproche justement d'avoir, par rancune envers la France, attiré sur son pays l'influence et, plus tard, la domination autrichienne.

Combien les temps étaient changés! maintenant une idée généreuse et forte unit et inspire l'Italie; la haine de l'étranger est dans tous les cœurs, les rivalités entre ses étroites républiques et ses petits duchés ont cessé; on ne se préoccupe que de la patrie commune; chacun s'oublie pour le bien de tous. Le grand principe de l'honneur, le noble enthousiasme du dévouement ont remplacé les intérêts et les vanités de clochers; c'est ce qui fera le triomphe de cette révolution qui étonne le monde par sa grandeur, son désintéressement, sa moralité. Aussitôt que les hommes sont conduits par ces fiers mobiles qui doivent être la base de la conscience intime comme de la conscience publique, Dieu veille sur eux. *Fais ce que dois, advienne que pourra*, disait le vieux proverbe chevaleresque. Cette devise est celle qu'a adoptée la révolution italienne, sans tenir compte des obstacles, et ce qui advient tôt ou tard, mais à coup sûr, pour les individus comme pour les nations qu'un tel axiome inspire, c'est le triomphe du droit. Qu'importent les martyres, les sacrifices et les souffrances, si on atteint le but glorieux?

Au moment où j'arrivai en Italie, cette croyance, que j'appellerai la foi de l'idéal opposée à l'intérêt privé et récalcitrant qui proteste, cette foi était dans l'âme de tous. Malgré la paix récente de Villafranca, la suspension des justes espérances, l'incertitude des événements qui pouvaient suivre, l'Italie croyait en elle; en face de l'anxiété des circonstances, elle avait la conviction de l'idée, l'énergie de la persévérance. L'annexion s'accomplirait-elle? L'Autriche armée ne tenterait-elle pas un dernier effort pour ressaisir sa proie? Tous les éléments divers de la nationalité italienne allaient-ils s'amalgamer et se fondre? Le monde regardait attentif, mais dans le doute; l'Italie, elle, ne doutait pas; elle était prête à la lutte douloureuse, ardue, suprême! beau spectacle qui devait se dérouler devant moi! J'allais voir à l'œuvre chaque grande ville, chaque citoyen illustre et dévoué, et me convaincre si l'Italie pouvait être ou ne pas être. Quelle étude pour le poëte! quel magnifique enseignement, surpris sur le vif, de tout ce qui le passionne dans l'histoire et captive son admiration à travers les siècles! Ces pensées éveillèrent en moi comme une immense joie intellectuelle. Accoudée à cette fenêtre d'auberge, je voyais déjà se jouer sous mes yeux ce drame vivifiant et sublime dans lequel tout un peuple était acteur. J'oubliais les fatigues de la route; spectateur passionné, la satisfaction de mon âme et l'intérêt des scènes que j'allais voir s'accomplir me portaient.

Ainsi je rêvais durant la première heure de mon arrivée à Gênes, en face de cette grande ville italienne, un des rayonnements, une des forces du centre commun.

La puissance de mon émotion fut un moment trahie par un écrasant malaise. Je voulus sortir, visiter la ville, voir quelques patriotes de mes amis; l'abattement du corps contraignit l'esprit à surseoir à ses enthousiasmes. Je me baignai, me couchai, et je demandai au sommeil la force de vivre et de sentir encore. Vers le soir, la pauvre machine humaine était retendue, l'âme avait retrouvé son ressort. Je montai en voiture et me fis conduire à travers les plus beaux quartiers de la ville. C'était un dimanche; la nécessité du travail ne dérobait pas l'expression des instincts et des sentiments de la foule : les cafés de la place Charles-Félix et de la rue Neuve étaient encombrés de soldats et d'officiers français et italiens, qui fraternisaient; les voix des Français, un peu tranchantes et impérieuses, s'élevaient par-dessus toutes les autres; les Italiens les écoutaient avec leurs yeux perçants et interrogatifs, et leur attitude sérieuse; parfois ils combattaient des arguments légers et superficiels d'un geste passionné et convaincu; mais toujours avec modération et une sorte de déférence. On était au lendemain de *Solferino*; les Italiens n'avaient pas encore fait à eux seuls leurs preuves glorieuses et décisives. Les gardes nationaux bien équipés se mêlaient aux groupes des deux armées; des bandes de chanteurs allaient et venaient entonnant, avec une justesse et un éclat saisissants, des marches guerrières; des bouquetières accortes et rieuses, les cheveux nattés en corbeilles, passaient et repassaient, vous imposant, pour quelques centimes, les plus belles fleurs du monde. Les gamins génois, déguenillés et sales comme les gens du port, criaient les journaux et les dépêches télégraphiques; je traversai les rues *Balbi*, *Nuovissima* et *Nuova*, et je fus frappé de la beauté de tous ces palais de marbre; les cours, les vestibules et les escaliers que j'apercevais en passant ont surtout un très-grand caractère monumental; des lions géants en marbre blanc, accroupis au bas des marches, semblent encore les gardiens superbes de ces demeures princières. Les terrasses suspendues, couvertes d'arbustes et d'orangers en fleur, répandent la grâce de la nature sur ce qu'a de sévère cette architecture grandiose. La terrasse d'un des plus beaux palais de la rue Nuova, devenu aujourd'hui le *Café de la Concordia*, est d'une élégance et d'une fraîcheur qui rappellent les bosquets de Versailles. Un jet d'eau s'élance au milieu, et sa gerbe vaporeuse va se confondre avec les plus hautes pousses des arbres. Autour de la vasque, un orchestre militaire se fait entendre tous les soirs. Six cents promeneurs, assis sous les ombrages ou dans les magnifiques salons, prennent des sorbets délectables et des glaces exquises, qui sont une des sensualités italiennes; je m'arrêtai à *la Concordia* pour savourer un de ces *pezzi duri* incomparables. J'écoutai, charmée, une fanfare patriotique entrecoupée par le *subito* mille fois répété des garçons de café. Ce *subito* est un des mots les plus impatientants qu'on entende en Italie, par le contraste qu'il forme avec la lenteur des domestiques d'auberges et de cafés, et de tous les gens de service en général. Le mot rapide et vif est lancé en l'air comme une promesse active, mais on en comprend bien vite l'hyperbole par l'attente prolongée de l'objet demandé. Les premiers jours, cela exaspère le voyageur accoutumé à la vélocité parisienne; puis on s'habitue à ces lenteurs; on en goûte même le charme; on pense, on rêve à l'aise; on regarde et l'on observe ce qui passe inaperçu au contact d'une civilisation trop hâtive; l'action de la pensée remplace celle du corps, on devine les voluptés de la vie orientale. Tandis que ma glace se faisait attendre, je considérais toute cette foule endimanchée, heureuse et tranquille; le mouvement des gestes et l'éclat des voix sont rares en Italie; on ne songe pas à se faire entendre ni admirer par ses alentours. Chaque groupe se préoccupe exclusivement des connaissances ou des amis qui le composent; la fièvre et la rivalité des toilettes parisiennes n'a pas encore gagné la terre du laisser-aller. Les femmes se contentent d'être belles et gracieuses, sans s'inquiéter du plus ou moins de *cachet* (style des journaux de mode) de leur chapeau de l'année précédente et de leur robe défraîchie; elles aiment mieux caresser *il bambino* assis sur leurs genoux, ou regarder avec amour le *carissimo* qui a pris leur cœur. Tout était quiétude, repos et rayonnement sur cette belle terrasse où tant de monde se pressait. On n'entendait que la musique qui montait sous les branches scintillantes d'étoiles, le murmure de la gerbe d'eau et quelques cris d'enfants.

VI

J'interrompis mon *far niente* sur la terrasse du café de la *Concordia* pour me rendre chez le comte Joseph Ricciardi, un de ces vrais patriotes de la noblesse italienne, qui ont subi l'exil, la condamnation à mort et la confiscation de tous leurs biens pour assurer l'indépendance de leur pays. Je l'avais connu à Paris durant les premières années de son long exil, puis il avait successivement habité la Touraine, la Suisse, et ne s'était décidé à vivre à Gênes qu'après la glorieuse campagne d'Italie, qui lui faisait pressentir l'unité italienne et la délivrance de Naples où il était né[1]. La veille de mon départ de Paris, j'avais appris qu'il résidait à Gênes par sa sœur, madame Irène Capecelatro, une des femmes poètes de l'Italie. Ses vers ont la grâce exquise, l'accent imprévu, les cris de l'âme, tout ce qui touche et pénètre. C'est une muse de la famille de madame Desbordes-Valmore. Quand l'Italie assise dans sa gloire et sa liberté aura conquis le loisir de songer à l'art et à la poésie, elle pourra montrer avec orgueil au monde la pléiade de ses femmes inspirées : l'enthousiasme et le patriotisme de Vittoria Colonna ont passé en elles à travers les siècles ; je parlerai dans ce livre de celles que j'ai eu le bonheur de connaître à Turin, à Milan, à Naples et à Rome.

Le talent est un don de race dans la famille Ricciardi ; le comte Joseph est lui-même poëte, publiciste, historien ; il est, avant tout, un cœur généreux, un esprit fier et indépendant, toujours prêt au sacrifice. Je le retrouvai vif, alerte, enthousiaste, comme je l'avais vu à Paris dix ans plus tôt. Le temps avait passé sur lui sans blanchir sa tête expressive ; sa fille seule, que j'avais connue enfant, me forçait à compter les années évanouies ; elle était devenue une belle personne à la taille élancée, au profil sculptural, aux yeux si grands

[1] Le comte Joseph Ricciardi est le fils du comte Ricciardi qui fut ministre du roi Murat.

et si radieux, que l'éclat et la beauté en restent ineffaçables dans le souvenir. L'esprit et la cordialité du père, la grâce et la bonté de la fille me firent des jours que je passai à Gênes une halte heureuse.

Le premier soir je trouvai chez le comte Ricciardi quelques littérateurs et quelques poëtes ; il se promit d'en réunir un plus grand nombre pour fêter mon arrivée. Nous parlâmes de nos souvenirs de France et des espérances de l'Italie ; comment délivrer Venise ? comment arracher Rome aux griffes tenaces et enchevêtrées de la papauté ? Un spirituel journaliste qui était là, M. Botto, professeur au collège royal de Gênes et rédacteur littéraire du *Corriere mercantile*, comparait ces griffes, qui compriment l'Italie, aux pattes crochues du homard ; elles s'allongent, enserrent les populations et les immobilisent ; le corps veut en vain se mouvoir, les pattes le gouvernent, l'arrêtent et l'empêchent de marcher en avant.

« On coupera ces pattes, répliquait le comte Ricciardi, et le corps sans vie de l'Église romaine tombera pourri dans sa carapace pourpre. Mais Naples, ma chère Naples, endormie par le bercement enchanteur de sa mer, par les parfums de ses rives, par l'atmosphère attiédie de son Vésuve, quand donc s'éveillera-t-elle à la vie politique et s'échappera-t-elle des mains des Bourbons sanguinaires ? — Cela sera, m'écriai-je, le jour et l'heure en sont déjà marqués, et vous verrez, cher comte, que nous nous reverrons à Naples. — Dieu vous entende, reprit l'exilé découragé de l'attente de la patrie, la villa Ricciardi, si riante à Pausilippe, est veuve de moi depuis ma jeunesse, et j'ai si peu d'espoir de la revoir que j'ai loué cette maison à Gênes pour cinq ans.

— Bah ! lui dis-je, vous la sous-louerez. »

Le comte Ricciardi habitait à Gênes un des palais neufs du quartier Serra, auquel un riche banquier a donné son nom. Ces larges rues neuves, alignées et monumentales, sont dans le voisinage de la promenade de l'*Acqua-Sola*. J'avais récemment décrit cette promenade dans un de mes romans[1], je voulus la voir ce soir-là à la lueur de la lune qui rendait la nuit claire, malgré la tempête répandue dans l'air et soulevant au loin les flots écumeux ; je priai M. Botto de m'y conduire avant de me ramener à l'hôtel. Nous mon-

[1] *Lui*, publié par la Librairie Nouvelle, et dont la quatrième édition va paraître.

tâmes l'escalier en spirale à couvert qui est une des entrées de l'*Acqua-Sola*, et nous nous trouvâmes sur la vaste plate-forme encadrée par des villas ombragées d'arbres et d'arbustes, et ayant au centre un bassin aux fontaines jaillissantes dans des massifs de fleurs. De l'un des angles de la plate-forme on aperçoit la mer, mais seulement par une échancrure. L'étendue des vagues ne se déroule point comme je l'avais cru ; j'ai surfait cette promenade dans la description de mon roman ; l'imagination dépasse presque toujours la réalité. Le golfe de Naples, la campagne de Rome, la vue de Venise en arrivant du côté du Lido, ont seuls été au-dessus de mes rêves de poëte. D'une autre partie de la plate-forme de l'*Acqua-Sola*, on découvre des échappées de montagnes ; d'une autre encore, les vastes rues neuves éclairées par un double cordon de gaz qui décrit dans la nuit comme des traînées de lumière.

Le lendemain j'allai visiter avec mademoiselle Ricciardi l'église de l'Annunziata, une des plus célèbres de Gênes ; la façade est dégradée et n'a jamais été achevée ; la nef et la coupole dorée sont d'un superbe effet ; des cariatides également dorées se relient aux ornementations et soutiennent la croix sous la voûte du chœur, les autels des chapelles latérales sont obstrués de fleurs en papier et en clinquant qui cachent les sculptures ; de petits tableaux modernes, ou seulement de grandes images enluminées représentant des cœurs saignants, ou quelque tête de saint se dressent au milieu de chaque autel et coupent disgracieusement quelque belle peinture religieuse qui décore le fond de la chapelle ; on dirait les momeries niaises du bigotisme, superposées sur la grandeur de la foi. La plus belle toile de cette église est une Cène de Procaccini, placée au-dessus du portail ; on la voit mal à cause du jour qui se projette à la fois d'en haut par les fenêtres et d'en bas par la porte. Les prêtres n'ont nul souci des chefs-d'œuvre que renferment les églises ; ils les laissent s'encrasser et s'écailler avec une incurie qui fait souhaiter qu'on les transporte dans un musée pour les sauver de la ruine.

En sortant de l'Annunziata je parcours quelques quartiers de Gênes, je traverse la rue des Marchands, étroite et dallée, où sont les confiseurs et les marchands de filigranes et de coraux. Suspendue dans cette rue, au-dessus d'une boutique, la belle Madone sous verre de Piala était la propriété inaliénable de l'ancienne confrérie des marchands.

Je m'aventurai ensuite sous les arcades noires et basses qui longent le port, galerie infecte, appelée la *Sibérie;* là, sont des boutiques puantes de friperies, de vieux fers, de fruits secs et frais, de charcuteries, de cuirs, de fritures, mêlant leurs odeurs nauséabondes de chaque jour à l'odeur séculaire du suintement des murs: l'air ne circule pas sous ces voûtes trapues, l'eau et la brosse n'ont jamais passé sur ces murs. Quel contraste avec la propreté des échoppes hollandaises !

Le soir je dîne chez le comte Ricciardi, nous allons ensemble passer la soirée chez M. Verdura, riche négociant de Gênes, nouvellement réélu capitaine de la garde nationale. Pour célébrer cette réélection d'un patriote, toute la musique de la garde nationale doit lui donner une sérénade. Or, en Italie, la musique attire toujours la foule. La musique est pour tous la voix des sentiments et des enthousiasmes ; elle les fait vibrer de cœur en cœur et les communique comme par un courant électrique. Toutes les maisons de la rue Charles-Félix (où demeure M. Verdura), se sont éclairées dès qu'a tombé la nuit ; à toutes les fenêtres se meuvent les têtes pressées et attentives; le long de la rue se dressent des pupitres portant chacun une bougie allumée ; debout s'alignent devant ces pupitres les musiciens en uniforme; le peuple remplit les places et les rues circonvoisines, il veut sa part de la sérénade. Les invités du capitaine Verdura arrivent en foule dans ses salons ; sa femme et sa fille vous reçoivent avec cette urbanité douce et simple qui chasse toute contrainte. Je regarde avec curiosité cet intérieur italien, propre et charmant ; les corbeilles en filigrane d'argent, les terres cuites, les objets d'art s'étalent sur les consoles et les cheminées; des gravures de maîtres décorent les murs. Je remarque parmi elles un beau portrait d'Orsini. M. Verdura l'a connu et hébergé autrefois ; il déplore son crime, mais il n'a pu se détacher de cette tête pensive (tête coupée désormais), qui semble nous sourire d'une façon sinistre au milieu de cette fête.

Bientôt les premiers accords d'une symphonie nous attirent tous aux fenêtres; les musiciens de la garde nationale exécutent successivement, avec une précision rare, les plus belles marches guerrières et les chants patriotiques de l'Italie; on *bisse* chaque morceau, on trépigne d'admiration, on bat des mains aux balcons et dans la rue. A chaque intervalle d'un air à l'autre, les plateaux d'argent chargés de rafraîchissements, passent dans les salons, descendent l'escalier et circulent dans la rue ; ce sont des coupes mousseuses de vin de champagne, des verres de punch, des sorbets, des glaces, des pyramides de fruits confits et toutes sortes de pâtisseries friandes. Les instruments redoublent d'énergie, la musique monte au ciel étoilé en fanfares plus joyeuses et plus animées ; de rue en rue, se répercutent des échos mélodieux ; ils interrompent le sommeil de Gênes, silencieuse et charmée, qui semble suspendre son âme à cette harmonie flottante dans la beauté de la nuit. Dans les salons, nous causons politique ; on me présente des députés, des poëtes et des artistes. La fête se prolonge jusqu'à une heure du matin ; puis toutes les lumières s'éteignent, les fenêtres se ferment ; les vieilles rues de Gênes redeviennent désertes et muettes. Rentrée à l'hôtel, je m'appuie à ma fenêtre et contemple le vaste bassin circulaire du port endormi ; le ciel où passe la lune avec son cortége d'étoiles, est comme un vélarium brodé d'or suspendu sur les mâts des navires.

Le lendemain matin, je sors pour faire une promenade avec M. Francia, qu'on m'a présenté la veille ; il est fils d'un docte et savant avocat de Milan, qui est devenu plus tard un de mes amis les meilleurs ; nous prenons une barque et nous nous faisons conduire au vieux môle. Une sentinelle italienne me permet d'y monter, et, debout près d'un canon, je considère Gênes qui se déploie en gradins devant moi, élevant ses palais et ses villas jusqu'aux sommets des montagnes. Le premier degré de l'immense hémicycle est la mer, puis les barques et les vaisseaux au repos, puis la longue terrasse de marbre, puis les grands hôtels enluminés qui bordent le port, puis les monuments, les jardins, les jets d'eau, les arbres, les collines, et enfin le ciel pour couronnement ; le soleil scintille et poudroie sur ce cirque merveilleux, c'est un amalgame enchanté d'azur, de blancheur et de verdure, où des flots de lumière se jouent : les yeux en sont éblouis.

Dans l'après-midi, je visite avec le comte Ricciardi la cathédrale de Saint-Laurent. Sa façade est en marbre blanc et noir, disposé en assises alternatives. Les groupes de colonnes du portail sont soutenus par deux lions formidables accroupis ; ils agitent leur crinière, leurs yeux vous regardent ; on dirait qu'ils vont rugir et s'élancer. L'intérieur de l'église est un mélange de grandeur et de mauvais goût ; dans la sacristie, on nous montre le fameux vase d'émeraude qui, d'après la tradition, fut donné à Salomon par la reine de Saba, et dans lequel Jésus-Christ mangea l'agneau pascal avec ses disciples.

Nous allons au palais ducal. Le large escalier est couvert d'ordures et dégradé; la salle des doges est restaurée avec un faux goût qui révolte. Les statues de plâtre, qui ont remplacé celles de marbre, sont à jeter par les fenêtres, par ces fenêtres où s'étalent de petits pots de basilic et où pendent des haillons qui sèchent au soleil; la saleté profane les souvenirs glorieux qu'on évoque en marchant dans la vaste salle déserte.

Nous entrons dans l'église de Saint-Ambroise, voisine du palais des doges; elle fut longtemps la propriété des jésuites, chassés de Gênes en 1848. Elle leur avait été donnée par un Pallavicini qui entra dans leur ordre. Dans cette église se trouvent les sépultures de la famille Pallavicini, une superbe *Ascension* de Guido Reni et un *Saint Ignace* de Rubens. Le saint, expressif, inspiré, vivant, guérit une possédée et ressuscite des enfants. Ce tableau est un des meilleurs du grand maître flamand. A Saint-Ambroise plus que dans tout autre église de Gênes, les fleurs de papier, les images coloriées, les petits reliquaires et une myriade de cœurs en argent encombrent les autels et nuisent à l'effet des belles toiles qui les surmontent; tout cela est le culte de l'idolâtrie.

Le lendemain, je sortis seule pour aller au palais municipal (autrefois palais Doria Tursi), rue Neuve. C'est là que quelques reliques de l'histoire, enlevées au palais des doges, ont été transportées. Le péristyle de ce palais est superbe, ainsi que l'escalier, mais gâté par la malpropreté et par les loques toujours pendantes aux fenêtres des cours et aux galeries des portiques. A Gênes, comme dans beaucoup de villes d'Italie, on lave son linge sale chez soi, en famille, comme dit le proverbe, que l'on prend à la lettre et non au figuré, et l'on régale l'œil des passants de ces étendards de la misère humaine.

Dans la grande salle où le conseil municipal s'assemble, je trouve un magnifique *Crucifiement* de Van Dyck. Quelle expression navrante a ce Christ! C'est bien la mort d'un Dieu qui porte la charge du monde; les deux saintes qui s'affaissent à ses pieds sont comme écrasées par la douleur; je remarque encore un beau diptyque d'Albert Durer, représentant une Vierge candide et souriante entre deux évangélistes qui la regardent avec respect. Malheureusement ces deux rares tableaux reposent sur un affreux papier peint jaune et rouge, qui sert de tenture à cette salle monumentale. O décrépitude du goût! où sont les étoffes somptueuses et les tapisseries d'art que Gênes fabriquait autrefois? Je m'arrête un moment devant la table antique de bronze, sur laquelle est gravée une sentence rendue l'an 655 de Rome par deux jurisconsultes. On m'apporte sur cette table même trois lettres autographes de Christophe Colomb. Je les touche et les lis avec émotion. Ce sont là les reliques des vrais saints. Pauvre et cher grand homme, comme toujours, pour toi la gloire et le respect ne sont venus qu'après la mort!

En sortant du *Municipio* je monte en voiture et me fais conduire au *Campo-Santo*; je passe sous deux vieilles portes blasonnées des anciens remparts de Gênes, je remonte le cours du *Bisagno*, fleuve torrentiel, qui se jette dans la mer près du port, et bientôt au milieu de belles et vertes collines j'aperçois le vaste et monumental quadrilatère à hautes arcades qui forme le *Campo-Santo* de Gênes. On y entre par une large porte à fronton sculpté. Le jour tombe; les fossoyeurs et les maçons ont fini leur travail mortuaire : la solitude des galeries et du champ des morts qu'elles enserrent est absolue. Je m'enfonce seule sous les immenses et profondes arcades où les tombes sont rangées, superposées l'une sur l'autre, comme les lits dans les navires; quelle multitude de cadavres et de squelettes! quelle affluence dans la mort! J'avance dans les galeries qui se déroulent à perte de vue devant moi, et que le soleil couchant empourpre; des monuments les décorent sous le percement des arceaux. Je m'arrête pour lire quelques inscriptions ou regarder quelques médaillons de femmes au profil pensif et doux sculptés sur les sépultures : qui donc furent-elles? je vais sans terreur en compagnie de toutes ces ombres inconnues qui me font cortége; je monte et je descends les larges marches de marbre blanc conduisant dans ces dédales de la mort. Au sommet d'un roc, au-dessus du *Campo-Santo*, est une chapelle dont la cloche sonne en ce moment. Je m'appuie contre un pilier et regarde le campanile qui jette sa voix dans l'air comme pour dire bonsoir aux trépassés. Les oiseaux voligent dans le ciel bleu, se posent sur les arbres des montagnes voisines ou sur les bords du grand aqueduc qui porte les eaux à Gênes, en s'élançant sur les cimes vertes qui abritent au nord le *Campo-Santo*. La campagne et les collines d'alentour sont fleuries, l'atmosphère est douce, la sérénité du soir pénétrante; il serait bon de mourir là et d'y être ensevelie.

Je descends dans le grand enclos qu'enserrent les galeries et où sont les sépultures des pauvres : chaque fosse est marquée par une petite croix de bois noir et par une touffe de fleurs. Quelque chose s'agite et sanglote sur un coin de terre fraîchement remué. C'est une mère qui la veille a perdu son enfant : elle l'appelle des noms les plus tendres : je m'éloigne poursuivie par cette figure en larmes, la seule, avec celle du gardien, que j'aie vue dans le *Campo-Santo de Gênes*.

Le lendemain je recommence la visite des palais, c'est d'abord le palais Pallavicini dont la propreté anglaise me charme ; les salons superbes ont un riche ameublement moderne, tous les bustes de la famille par Bartolini y sont réunis. J'admire la grâce du jardin et de la terrasse étagés sur un roc comme une décoration de théâtre. Je vais ensuite au palais Sera où je remarque un magnifique salon à colonnes dorées ; il s'ouvre sur une belle terrasse au midi, recueillie et close, et dont les marbres blancs éclatent au soleil ; on croit voir là vers le soir une femme poudrée vêtue de rose et agitant dans ses doigts un éventail Pompadour.

Au palais *Brignole-Sale* je parcours la galerie de peinture : je suis surtout attirée par les portraits de famille peints par Van Dyck. Voici la belle Jéronime avec son enfant ; puis la marquise Paola, cette attrayante et gentille Paola dont, selon la tradition, Van Dyck devint amoureux en peignant son portrait. Pauvres et grands artistes, que d'angoisses secrètes ! que d'émotions sans bonheur, que de passions refoulées vous éteignent avant l'âge ! Elle est là debout, indifférente et coquette avec sa robe et son manteau de velours noir traînant brodé d'or ; le corsage à pointe dessine sa taille ; il monte jusqu'au cou d'un blanc mat et qu'une fraise à la Médicis entoure. Les bras sont couverts de manches collantes, les mains fines et mignonnes s'en échappent ; les cheveux châtains sont roulés sur les tempes en petites boucles régulières ; sur le front repose une couronne en pierreries d'où jaillit un haut plumet noir. Sur le bras d'un fauteuil recouvert de pourpre est juché un perroquet rouge et noir, c'est le compagnon et le familier de la belle personne ; on dirait le sphinx de sa destinée. En face du portrait de la marquise Paola est celui de son mari ; c'est un superbe cavalier élégamment campé sur un cheval blanc qui se cabre ; la tête brune, fière, expressive, vraie tête d'Italien, reste ineffaçable dans le souvenir. C'est là un des plus beaux portraits de Van Dyck que je connaisse. Qu'aurait pu l'amour secret et craintif de l'artiste contre l'amour triomphant et dominateur que devait inspirer un tel homme?

Du palais Brignole-Sale je vais au palais ou plutôt à la villa Doria, situé au bord de la mer à droite du port. L'intendance de l'armée française logeait à cette époque dans la splendide villa ordinairement déserte. Je franchis le vestibule d'une rare magnificence, je monte l'escalier aux larges marches de marbre blanc et à la voûte décorée de stucs et d'arabesques, beau travail de Perino del Vaga, élève de Raphaël; j'entre dans la fameuse salle où l'on voit encore le trône sur lequel se sont assis Charles-Quint, André Doria et Napoléon. C'est dans cette même chambre que Napoléon vainqueur a couché; elle renferme un très-beau buste de lui, jeune, au visage pensif et résolu. Une vaste cheminée de la Renaissance en marbre blanc sculpté attire aussi les regards. Je m'assieds un moment sur le trône où les trois souverains se sont assis, c'est le siége unique qui soit dans la salle; je regarde attentivement le beau plafond, représentant la guerre des Géants; c'est aussi l'œuvre du peintre Perino del Vaga. Les autres appartements sont entièrement démeublés. Le propriétaire actuel de cette demeure historique, dont il devrait être si fier, habite Rome où il oublie la grande patrie italienne. Je descends dans les jardins les plus poétiques et les plus romanesques qu'on puisse imaginer : aux galeries de marbre blanc s'enlacent les orangers, les roses, les jasmins d'Espagne, les cassies; le jardinier m'offre un énorme bouquet de ces fleurs aux senteurs exquises. Au milieu du parterre est un bassin surmonté d'une fontaine jaillissante, avec un Neptune en marbre blanc et d'autres figures; les galeries de marbre se couronnent d'une terrasse qui s'étend au bord de la mer; de cette terrasse on descend à un bassin souterrain qui communiquait avec la mer par une porte de fer. C'est par là que sortait André Doria pour s'embarquer sur sa galère. La porte ne s'ouvre plus; les vagues et les siècles l'ont tachée de rouille et la vase des flots en obstrue la base. Dans les jardins on voit encore le tombeau du chien Radan qui avait été donné par Charles-Quint à André Doria. Sous les arcades d'une des galeries embaumées par les orangers en fleur je rencontre un soldat français lisant un volume du théâtre de Victor Hugo. Il vient de terminer le *Roi s'amuse* et commence *Ruy-Blas*; il est tellement absorbé par sa lecture qu'il ne m'entend pas marcher derrière lui, tandis que je me penche pour voir dans son livre. Je songe à la puissance réelle des poëtes, à cette force dilatée et immesurable, qui impose au monde leurs sentiments et leurs doctrines.

Je m'éloigne de cette partie du palais qui déroule sur la mer sa façade la plus riante; l'autre façade s'élève sur la route où passe aujourd'hui le chemin de fer; une belle porte à fronton sculpté et à grand marteau à figurines de bronze, donne accès de ce côté au palais Doria, qu'un petit pont suspendu relie à une villa assise sur le coteau voisin; là se groupent une église au clocher élancé, des fontaines, des oliviers, des orangers; dépendances autrefois du palais Doria qui posait ainsi, comme un géant, un pied sur le mont et un autre sur la mer. Tout cela ravit les yeux et évoque les annales de Gênes.

Le soir de ce jour, 10 novembre, je dine chez le comte Ricciardi qui a bien voulu convier pour moi quelques artistes et quelques littérateurs. Cette petite réunion intime commence par des airs napolitains que la belle voix de M. d'Ambrosio nous fait entendre et qui doivent me ravir plus tard dans le golfe de Naples et celui de Salerne. Un vrai poëte, M. Louis Mercantini, nous dit ses belles strophes sur les mères vénitiennes au camp de San Martino, et son chant des prisonniers lombards-vénitiens, qui retentit encore dans mon souvenir:

> Nous sommes de Venise, nous sommes de Milan,
> Nous sommes prisonniers de Marignan.
>
> Quand le Habsbourg [1] nous donna le fusil,
> Il n'examina pas notre main, ni notre œil;
> Il nous couvrit de jaune et de noir la poitrine,
> Mais il ne vit point le cœur qui battait dessous.
>
> Nous sommes de Venise, nous sommes de Milan,
> Nous sommes prisonniers de Marignan.
>
> La main ne mit pas la balle dans le fusil,
> L'œil visa toujours trop haut;
> Au premier coup de feu,
> Il n'y vait plus ni jaune ni noir!...
>
> Nous sommes de Venise, nous sommes de Milan,
> Nous sommes prisonniers de Marignan.
>
> Ces braves qu'on nous disait être l'ennemi étaient des nôtres,
> Et nous avons jeté devant eux nos armes à terre,
> Nous avons crié: Vivent nos frères! vive l'Italie!
> Nous sommes délivrés!

[1] L'empereur d'Autriche.

Nous sommes de Venise, nous sommes de Milan,
Nous sommes prisonniers de Marignan.

Maintenant, arrachez-nous d'odieux uniformes,
Nous voulons nous servir de nos armes ;
A la tête de nos bataillons,
Nous voulons mourir pour la patrie.

Nous sommes de Venise, nous sommes de Milan,
Nous sommes prisonniers de Marignan.

M. Desta nous fait entendre un fragment de tragédie pleine d'allusions saisissantes aux douleurs de l'Italie; M. Sterbini, ancien représentant du peuple et ministre de la république de Rome, nous dit sa belle ode du *Proscrit*; M. Pennachi, un dithyrambe vengeur sur les récents massacres de Pérouse; M. Botto, le jeune journaliste dont j'ai parlé, un hymne de guerre dont le refrain crie à tous les Italiens: *Fusil au bras, liberté au cœur!* M. Ricciardi, une satire sur le Veuillot piémontais, rédacteur en chef de l'*Armonia* de Turin.

Je fais à cette soirée la connaissance de la marquise Balbi, cœur excellent et généreux. Son palais et celui de son père ont toujours été des lieux d'asile pour les proscrits et les condamnés à mort politiques! La soirée s'achève en causerie patriotique et en anecdotes touchantes sur les temps de persécutions. La marquise Balbi me ramène à l'hôtel dans sa voiture; je m'endors bercée par les beaux vers que j'ai entendus.

Le jour suivant je vais visiter la villa *Carlo di Negro* qu'habita le père de la marquise Balbi. Cette villa est située sur la plate-forme de l'*Acqua-Sola*; d'un côté elle domine la ville, de l'autre le jardin à décoration théâtrale du palais Pallavicini. Le propriétaire de la villa *di Negro* est mort ; la ronce et les herbes obstruent les parterres plantés par lui ; les marbres brisés jonchent la salle à manger en plein air ; vaste rotonde décorée des bustes de poëtes antiques et modernes, et où chaque semaine le père de la marquise Balbi réunissait à dîner ses amis. J'aime le désordre et le deuil de cette belle villa ; ils semblent pleurer sur l'hôte intelligent et aimé qui n'est plus. Je me rends ensuite à la place de l'*Acqua-Verde* où est situé un petit palais suspendu, à façade peinte, transformé aujourd'hui en hôtellerie. Au milieu de la place est un piédestal vide, qui attend toujours la statue de Christophe Colomb. Cette place aboutit à la rue Balbi, où s'élève le palais du roi, ancien palais *Durazzo*. En entrant sous le péristyle on se trouve en face d'un jardin décoratif du plus bel effet; les vergues des vaisseaux se mêlent aux branches des arbres; on approche, et de la terrasse de marbre blanc on domine la mer : on a, à droite, la villa Doria et ses jardins, et, plus loin, le grand phare qui ferme le port de Gênes et éclaire la route de Pegli. Je parcours les appartements du palais Royal, je m'arrête dans la chambre où a couché récemment l'impératrice de Russie, et dans la chambre nuptiale de la princesse Clotilde; un buste charmant de la jeune et blanche mariée est là, il sourit aux visiteurs qui lui répondent par des vœux de bonheur. Je m'arrête encore dans la rue Balbi à quelques autres palais qu'il serait trop long de décrire, d'ailleurs toutes ces demeures somptueuses se ressemblent. Je renvoie ceux qui aiment les détails au Guide de Gênes. C'est l'ensemble de la ville que je veux embrasser et emporter dans ma mémoire. Pour y réussir, je fais ce jour-là l'ascension de l'église de Carignan, point culminant de la cité; du haut de sa coupole la ville apparaît tout entière à mes pieds. Je suis le cours du *Bisagno* qui se jette dans la mer, à gauche du port. La *Poluvera*, autre petit fleuve, a son embouchure à droite; la montagne *di Porto fino* se prolonge à gauche jusqu'à la mer; les Alpes et les Apennins relient leurs ramifications vers Nice, et selon l'expression de Pétrarque, l'Italie est bien... *il bel paese*

Che Appennin parte e'l mar circonda e l'Alpe.

Sur le versant de son demi-cercle de montagnes, ayant en face l'étendue de la mer, Gênes s'étale comme une cité féerique. Vue de cette hauteur ses quartiers sales et ses rues étroites se confondent; on n'est frappé que par les belles lignes architecturales des monuments et des palais. La coupole et les clochetons de l'église de Carignan sont en marbre blanc et en brique rouge; j'en fais plusieurs fois le tour pour mieux fixer dans mon souvenir l'empreinte immense du panorama qui se déroule sous mes pieds.

Je dine encore ce jour-là chez le comte Ricciardi, en compagnie de son ami Frédéric Filippi, jeune Italien de la politique militante, dont j'aurai occasion de reparler; il nous engage à aller voir Pegli où il a acheté une maisonnette rouge, sur les bords de la mer. Cette promenade est résolue pour le lendemain. Ce soir-là on joue, au théâtre Doria, l'*Oreste* d'Alfieri. L'acteur Rossi remplit le rôle d'Oreste. Je suis très-empressée d'aller juger à la scène de l'effet de cette tragédie dont le quatrième acte m'a toujours beaucoup émue. Assise dans l'excellente loge de M. Ricciardi, je regarde d'abord cette belle salle de spectacle italienne, la première que j'aie vue : vaste, aérée, où l'on est à l'aise comme chez soi. Le public recueilli, sérieux, n'a à l'avance aucun parti pris contre les acteurs ou les pièces qu'il est appelé à juger; la claque est absente et ne fait point tache au milieu du parterre, où, comme en Angleterre, les femmes se placent auprès des hommes. La toile se lève, j'écoute attentive ces beaux vers concis et fermes que j'entends plus facilement que la langue parlée, c'est de la sculpture grecque et romaine. Dans les drames d'Alfieri, que j'appellerai volontiers stoïques à force de sobriété dans l'action et de laconisme dans le langage, l'attendrissement vous saisit, pour ainsi dire, à votre insu, il s'impose à grands traits par quelques figures, personnifiant avec simplicité des sentiments éternels. Dans l'*Oreste*, c'est Electre qui s'empare d'abord de notre âme. Son deuil filial, son angoisse incessante pour un frère qu'elle retrouve, mais que l'assassin triomphant de leur père convoite et menace, soutiennent l'action jusqu'au quatrième acte. Alors l'action éclate effrayante et sublime; elle vous associe à tous les combats et à tous les déchirements des passions humaines; c'est comme une mêlée éperdue d'instincts et de douleurs contraires. Egisthe devine sa proie et veut l'étouffer. Clytemnestre est mère et amante à la fois; ses entrailles crient et ses sens résistent; elle ne livrera pas son fils mais elle n'abandonnera pas à la fureur d'Oreste, Egisthe, son bel Egisthe complice de crime et d'amour. Oreste, lui, ne suit que sa vengeance, l'ombre sanglante de son père le pousse; justicier inexorable et imprudent, il voudrait frapper sur l'heure les assassins d'Agamemnon! il les défie sous la pourpre, dans leur palais, au milieu de leurs gardes; qu'importe qu'il soit seul, il est l'envoyé des Euménides! qu'importe qu'il soit fils, la mère n'existe plus, elle a abdiqué dans son amour adultère. La vraie mère, c'est Electre qui tremble pour ce possédé du devoir et de la vengeance, qui le pousse et le retient tour à tour; le drame grandit comme une tempête dont les éléments ne sauraient plus être contenus.

Ce quatrième acte de l'*Oreste* d'Alfieri est une des plus belles choses que j'aie vues au théâtre; en l'écoutant je songeais aux querelles puériles d'écoles, aux injustices et aux aveuglements réciproques des deux camps qui parquent le sublime dans un moule prescrit arbitrairement. Le sublime fond sur nous comme un oiseau divin; il s'abat d'en haut, il nous emporte sur ses ailes qui frémissent et qui planent; nous nous abandonnons à son impérieuse ascension, insoucieux de la forme et de la couleur de ses plumes; ainsi fit la foule ce soir-là. Il y avait dans cette salle beaucoup de femmes très-ignorantes de l'histoire d'Agamemnon, se souciant peu des noms et de la qualité des personnages; mais cette mère coupable, ce fils vengeur, cette sœur chaste et désolée, ce perturbateur hardi introduit par l'amour dans la famille, en chassant la paix, la pudeur et y soufflant le crime par le crime, cela était de tous les temps, accessible à tous les esprits, émouvant et terrible à faire couler toutes les larmes et à fixer l'intérêt collectif comme devant une action véritable et vivante, dans laquelle on devient acteur soi-même.

Cette commotion qui terrasse et fait bien sentir que parfois le poëte a sur nous la puissance d'un Dieu, fut glacée par le cinquième acte d'*Oreste*. Cet acte est froid et déclamatoire, la toile devrait tomber sur les émotions culminantes du quatrième acte; elles suffisent à faire pressentir la vengeance du dénoûment.

La promenade du lendemain à Pegli fut délicieuse. Il faisait une journée froide, mais sereine d'automne, si différente des jours brumeux de novembre à Paris. Nous manquâmes le chemin de fer de Pegli et nous prîmes une voiture qui me fit reparcourir la dernière partie de cette belle route de la Corniche que j'avais suivie pour venir à Gênes. Je pus regarder plus à loisir les blanches villas (appartenant aux mêmes familles patriciennes qui ont des palais à Gênes), souriantes dans une ceinture d'ombre, posées en gradins sur les vastes collines et continuant dans la campagne l'amphithéâtre du port.

Une des plus simples parmi ces villas attira mon attention; elle avait été habitée tout un hiver par la duchesse d'Orléans, qui sentant la mort venir, lui avait demandé un sursis sous le ciel vivifiant de Gênes. Je donnai une pensée émue à cette âme délicate et poétique, qui a passé si vite sur la terre, y goûtant le beau, y pratiquant le bien. Nous arrivons à Pegli; la plage est couverte de grandes barques, autour desquelles folâtre l'écume blanche des vagues. Nous montons à droite le versant du coteau qui conduit à la villa Pallavicini : cette villa, toute moderne et déjà décrite par tous les voyageurs, est un des orgueils ou plutôt une des vanités de Gênes. Le vestibule du palais et ses terrasses, dominant la mer, sont en marbre blanc de Carrare; sous de beaux ombrages arrosés de cours d'eau, qui en ravivent sans cesse la fraîcheur, au milieu de haies, de labyrinthes, de bosquets fleuris et d'allées sombres, s'abritent et apparaissent tout à coup des fantaisies de galeries et de temples grecs; des pagodes chinoises, des kiosques, des forts du moyen âge, des dolmens druidiques, des pyramides d'Égypte, etc., etc., tout cela est d'un goût contestable, mais la beauté du parc, la splendeur de la vue, lorsque, sous l'arcade d'un pont gothique, Gênes, son port, son grand phare et toute l'étendue de la Méditerranée se montrent tout à coup devant vous, font oublier la mièvrerie de quelques détails par la beauté grandiose de l'ensemble. Au sommet de la montagne sur laquelle le parc se déploie, on trouve une grotte et un lac artificiels, pour lesquels aussi je demande grâce. Dans un jardin anglais, brumeux, sans horizon, ces imitations de la nature sont ridicules et puériles; mais là, avec le double espace incommensurable de la mer et du ciel bleu, on aime à trouver la grâce et l'aménité de ces bords fleuris et l'invitation de ces abris. On leur doit de contempler sans se lasser un des plus beaux lieux du monde. Je fus surtout ravie dans ce parc merveilleux, qui se dresse vers le ciel en pyramide ombreuse, par un grand bois de pins d'Italie, dont les arêtes d'un vert sombre se découpent menues sur le fond du ciel; une des plus grandes beautés des contrées méridionales est produite par ces effets de la lumière qui détache sur les hauteurs, avec une netteté sculpturale, les contours des rocs, la silhouette des arbres, les toitures des habitations, et cela jusqu'aux derniers plans de l'horizon le plus lointain. Je m'assis au soleil, sous ces pins harmonieux, devant le porche d'un beau chalet suisse, où des sièges bourrés de paille épaisse et douce avaient été disposés; j'étais d'une lassitude extrême; la montée rapide à travers bois, par un temps très-pur, mais très-vif, m'avait rendu un de ces accès de toux inapaisables, qui depuis trois ans déchiraient ma poitrine. La chaleur du soleil qui frappait en plein sur nos têtes, concentrée par le bois et par le grand roc auquel le chalet était adossé, me fit sentir tout à coup un bienêtre inespéré. Je demeurai là plus d'une heure à boire l'air tiède, à respirer la bienfaisante senteur des pins murmurants, à me ranimer le corps au contact de la nature, à m'enchanter l'âme dans sa contemplation.

Quand il fallut partir, je dis : « Je ne veux pas, on est si bien ici. »

Comme un enfant malade qui se refuse à changer de place, redoutant la douleur du mouvement, j'ajoutai en souriant :

« Si le prince Pallavicini me donnait une chambre dans ce chalet, j'y passerais l'hiver à lire, à rêver, à végéter comme ces arbres et ces arbustes, dont les aromes me vivifient. »

M. Frédéric Filippi me montra du geste sur la plage inondée de soleil sa maisonnette à façade badigeonnée de rouge, qui s'appuyait contre la colline verte.

« Elle est à vous, me dit-il, prenez-la pour l'hiver, j'irai habiter Gênes avec mon père, nous viendrons vous voir avec vos amis; qu'iriez-vous faire en ce moment à Turin et à Milan? Vous y trouverez la neige et un froid plus vif qu'à Paris. Venez voir comme vous serez bien là, au midi, sous le souffle salubre de la mer. Allons.

— Allons, » lui répondis-je. Et ce rêve ébauché m'aida à descendre la montagne.

Nous traversâmes les rues du village de Pegli; les femmes cousaient ou allaitaient leurs enfants, assises sur des bancs, devant les portes. Quelques-unes étaient très-belles; les hommes dormaient ou fumaient, étendus sur les bords de leurs barques, le dos appuyé sur des filets. Bientôt nous nous trouvâmes sur les galets; les vagues frangées d'écume nous baisaient les pieds; les plus grosses venaient mouiller le seuil des jolies villas bâties sur la plage; parmi elles, je reconnus la maisonnette de M. Filippi : nous entrâmes. Le jeune maître cria : « Ohé, Maddalena! » Aussitôt une jeune fille accourut d'un jardinet intérieur, où elle lavait du linge au bord d'une citerne; ce fut une apparition : elle portait pour tout vêtement une chemise de grosse toile écrue serrée autour du cou et une jupe en coutil rayé noir et rouge qui lui descendait jusqu'à la cheville. On voyait le bas de ses jambes et de ses pieds nus, roses et poudreux; ses mains étaient brunes, mais fort belles, ainsi que ses bras découverts jusqu'aux coudes. De sa poitrine cambrée sous les plis rudes de la chemise, s'élançait le cou rond et droit comme une tige de lotus, où éclosait, telle qu'une fleur, la tête la plus ravissante que j'aie jamais vue; la bouche était sérieuse, mais d'une fraîcheur de fruit pourpre; la peau brune, veloutée, ferme, faisait encore mieux ressortir l'éclat éblouissant de ses petites dents, lorsqu'elle riait. Son nez charmant avait la dilatation et la mobilité de celui d'une antilope; quant à ses yeux noirs, ils auraient peut-être paru trop grands et trop pleins de flammes, sans les longs cils qui les ombrageaient, comme une terre étincelante des tropiques incendierait le voyageur, si les branches recourbées des arbres n'y projetaient un peu de fraîcheur et de mystère.

Sur son front bas et grec, sa chevelure immense, d'un châtain clair, se séparait, relevée et tordue, en deux parts qui allaient se confondre sur la nuque en une torsade splendide. Crépus, rétifs, ondulés, ces cheveux, naissants et accrus chaque jour comme les jeunes pousses au pied des arbres, avaient des teintes d'or et des tons fauves; auréole naturelle où la lumière se jouait. Accourue à la voix de son maître, elle s'était arrêtée devant lui, sous une petite tonnelle d'où pendaient de grosses grappes de raisin noir mêlées aux feuilles jaunes et rouges des vignes d'automne. Le soleil tombait d'aplomb, à travers les pampres, sur la tête de la jeune fille; ainsi éclairée, c'était quelque chose d'inouï que sa beauté; j'en eus un saisissement d'artiste, et je la montrai au comte Ricciardi, en m'écriant : « Qu'elle est belle ! »

Elle paraissait surprise et comme effarouchée de notre présence.

« As-tu préparé la collation? lui dit son maître.

— Oui, répondit-elle en soulevant ses yeux à rayonnement d'astres; mais j'avais cru que vous viendriez seul. »

Je ne sais quelle pensée ce regard fit jaillir en moi, mais je répliquai aussitôt en riant :

« Ton maître vient de se marier et il amène sa femme ici. » Et du geste je montrai mademoiselle Ricciardi.

Deux visages rougirent à la fois : celui de la jeune patricienne surprise par ma plaisanterie qui la fit rire aux éclats, et celui de la pauvre fille émue d'une sorte de colère étouffée. Elle marcha silencieuse devant nous, ouvrit les portes de l'appartement désert, plaça sur une table des fruits, des gâteaux et une bouteille de vin de Marsala préparés sur une étagère, puis elle disparut sans qu'il fût possible à son maître, qui la rappelait, de la faire revenir. Je l'aperçus par une fenêtre dans le jardin, elle continuait à laver le linge sur la margelle du puits. Debout, sérieuse, la tête haute, les cheveux au vent et sur lesquels le soleil, qui se couchait, jetait comme un voile de pourpre; on eût dit la Nausicaa d'Homère.

Je plaisantai beaucoup M. Filippi sur la fuite de cette belle créature.

« Vous filez ici, lui dis-je, une idylle que je ne veux pas interrompre, en acceptant votre hospitalité ; je craindrais d'ailleurs, malgré mon âge, la vengeance de cette ravissante furie.

— Y pensez-vous, s'écria M. Filippi, en qui l'homme civilisé protesta : avec ses pieds poudreux, ses mains noires !...

— Ne la dépréciez pas, répliquai-je ; elle est superbe de la tête aux pieds. Les Graziella sont encore possibles à Gênes comme à Naples, et c'est à la louange de l'Italie. Hélas ! dans la banlieue de Paris toute Graziella est une courtisane en perspective. »

VII

Je quittai Gênes le dimanche matin (16 novembre 1859). Le comte Ricciardi m'avait donné des lettres pour trois de ses amis, Napolitains comme lui, condamnés à mort par le roi Ferdinand II et laissés dans l'exil par son fils qui s'obstinait à suivre les errements paternels. Ces trois amis du comte Ricciardi étaient : l'illustre Poerio, le grand martyr de la cruauté du roi *Bomba*, dont le long supplice au bagne de Nisida a ému le monde entier ; le célèbre avocat Mancini, une des gloires du barreau de Turin, ami de Garibaldi et de M. de Cavour, et servant parfois d'intermédiaire entre eux, intelligence pratique et prompte, travailleur infatigable, déployant déjà au barreau, comme à la Chambre, cette décision et cette activité qu'il devait montrer plus tard durant son ministère à Naples ; Pierre Leopardi, esprit fin et étendu, lié, durant son long exil, avec tous les hommes politiques et libéraux de France et d'Angleterre, écrivant leur langue comme la sienne, auteur des *Narrations historiques*, pages éloquentes qui rendent l'auteur digne de porter ce beau nom de Leopardi par sa parenté d'intelligence, sinon de sang, avec le grand poète de l'Italie.

M. Frédéric Filippi me remit aussi une lettre pour son ami Machi Mauro (aujourd'hui député), un jeune publiciste philosophe d'un vrai talent, cœur chaud et enthousiaste, que nous retrouverons à Gênes, durant les armements de Garibaldi, remplaçant Bertani et expédiant au conquérant de la Sicile des armes et des munitions.

Munie de ces lettres, je ne devais pas visiter Turin en étrangère; cependant je ne quittai pas Gênes sans tristesse. C'est là le côté sombre des voyages : chaque halte nouvelle amène des liaisons charmantes qu'il faut rompre aussitôt. La matinée était froide, mais le soleil brillait sans nuage dans le ciel d'un bleu de lapis, formant le fond décoratif des belles collines vertes que l'on traverse d'abord en partant de Gênes pour Turin. Lorsque nous fûmes à Alexandrie, j'aperçus des soldats français le long des remparts et devant les forts, je me souvins des récents triomphes de notre armée et je saluai ces compatriotes glorieux. Un de mes compagnons de route avait été employé au service des ambulances, durant la guerre ; il nous peignit de la façon la plus émouvante les scènes de mort auxquelles il avait assisté, l'entassement des blessés dans les wagons qui les emportaient aux hôpitaux de Gênes. « Je les vois encore, nous disait-il, pâles et sanglants, couchés ou assis là devant la gare, attendant le moment du départ. Ce qui m'a le plus frappé, ce que je n'aurais jamais imaginé, ajouta avec attendrissement l'Italien qui nous parlait, c'est la gaieté et la vaillantise de tous ces Français devant la mort. Je me souviens surtout d'un jeune sergent : il était là courbé comme un cerceau sur un peu de paille, à la porte du café de la station ; on l'avait cru moins dangereusement blessé qu'il ne l'était, mais sa blessure s'était rouverte dans le transport de l'ambulance à la gare ; je l'avais vu pâlir et chanceler et m'étais approché de lui, je lui tendis une gourde et l'invitai à boire quelques gorgées pour se ranimer. « Mon bon ami, murmura-t-il, tout en rejetant la liqueur de ses lèvres blêmes, je crois bien que c'est le coup de l'étrier que tu m'offres ; mais il faut partir sans sourciller, comme un brave ; cela me fait de la peine, tout de même, pour celle que j'aime et qui m'attend pour nous marier plus tard ; j'étais promis. Veux-tu faire une bonne action? mais vrai, tu la feras ; pas de mauvais tour, au moins ; un manque de parole à un mort, ça porte malheur !

« Je lui répondis : « Soyez tranquille, je ferai religieusement ce que vous m'ordonnerez, mais vous ne mourrez pas ; ce n'est qu'un peu de faiblesse que vous éprouvez. » Je voulus l'étendre sur un coussin de wagon que j'avais fait apporter, et étancher son sang qui coulait à flots. « Ne me trouble pas, balbutia-t-il, c'est bien inutile, parbleu ! laisse donc mes mains libres. » Et avec une agitation convulsive, il tira une bague de son doigt, prit sa montre dans son gousset, ouvrit péniblement son sac, en tira un petit portefeuille et un peu d'argent, puis roulant le tout dans son mouchoir, il poursuivit : « Maintenant, souviens-toi bien : elle s'appelle Léontine Paturot; elle habite un faubourg de Blois; tu lui enverras ce que je te remets-là, tu lui écriras de penser à moi et de m'aimer toujours. » Mais tout à coup il éclata de rire et il ajouta : « Non, non, tu ne lui diras pas cela, c'est bête, égoïste et méchant; la pauvre fille se croirait forcée de rester veuve et de mourir de chagrin; tu lui diras, c'est bien entendu, ça vaut mieux; tu lui diras de se consoler, de s'amuser et de prendre un autre amoureux. Vive la joie! vive Léontine! vive la France! » Il poussa ces trois cris d'une voix tellement sonore, que je crus un moment qu'il se ranimait; puis il entonna une chanson à boire; mais subitement sa voix faiblit et ne fut plus qu'un balbutiement sans suite. Il me serra la main, essaya de rire encore, et ce rire resta sur sa face, lorsqu'il tomba mort. »

Tandis que l'employé italien des ambulances parlait, le convoi était reparti et nous emportait à toute vitesse vers Turin : je rêvais à ce petit roman ébauché, je me préoccupais de la destinée de l'amoureuse du soldat, et j'oubliais presque de regarder la route.

En approchant de Turin, je vis à droite, sur une hauteur qui domine un village, un grand château flanqué de tourelles et dont le parc et les jardins sont du côté opposé au village : c'était *Monte-Calieri*, résidence d'été du roi Victor-Emmanuel. Ses enfants sont élevés dans ce château et y respirent un air salubre.

Je fus ravie du premier aspect de la situation de Turin. La ville m'apparut détachée sur le fond des Alpes, dont les plateaux lumineux se couronnaient de cimes blanches sur lesquelles le soleil couchant projetaient de beaux reflets roses. Le froid était très-vif; je traversai transie les larges rues alignées et les grandes places monumentales. Sur l'une d'elles, comme le gardien belliqueux de la cité, s'élève la belle statue équestre de Philibert-Emmanuel, chef-d'œuvre de Marochetti. Je descendis à l'hôtel *Feder*, succursale confortable des deux hôtels de Nice et de Gênes qui m'avaient déjà hébergée. Je fis faire un grand feu dans ma chambre (hélas! le soleil ne suffisait plus à me réchauffer) et j'endormis jusqu'au lendemain ma curiosité.

A mon réveil j'envoyai les lettres dont j'ai parlé, mais je voulus porter moi-même celle que le comte Ricciardi avait adressée à l'avocat Mancini; je désirais connaître sa femme, une belle personne, muse inspirée dont j'avais déjà lu des vers politiques d'une grande facture. Elle eut ma première visite à Turin; je traversai la vaste rue *Dora Grossa* qui coupe la ville en deux, j'arrivai sur une place plantée d'arbres, je montai l'escalier d'une maison à balcons, riante, aérée; je fus introduite dans un beau salon à tentures vertes avec un de ces gais plafonds à l'italienne, peint à fresque, où des figures allégoriques se jouaient sur un fond d'azur. Quelques tableaux de maîtres décoraient les parois. Il y avait là une harpe, un piano, une table couverte d'albums, tout ce qui révèle la femme artiste; je remarquai, dans les deux angles du salon opposés aux fenêtres, deux bustes de marbre blanc: je devinai le mari et la femme, M. et madame Mancini. Le visage d'homme était expressif, l'air ouvert, l'œil interrogateur. C'était une de ces physionomies qu'on n'oublie point. Le profil du buste de la jeune femme était d'une pureté grecque; tandis que je je considérais, charmée, le modèle vivant survint et effaça aussitôt la beauté du marbre. Je vis une jeune mère à la démarche indolente et souple d'une créole; elle entra dans le salon suivie de six beaux enfants dont elle semblait être la sœur aînée. Ses soyeux cheveux blonds et ses yeux noirs, toute sa suave morbidezza me firent penser à la beauté de la comtesse d'Albani qu'Alfieri a si bien dépeinte dans ses Mémoires. Née à Naples comme M. Mancini, à qui elle fut mariée à quinze ans, cette muse blonde est un type bien rare parmi toutes ces brunes dont le teint semble s'être bronzé au feu du Vésuve; ses yeux seuls ont pris la flamme du volcan.

Quoiqu'elle n'ait jamais quitté l'Italie, madame Mancini parle très-correctement le français, et nous pûmes causer rapidement et nous exprimer à première vue notre sympathie réciproque. Son mari était dans son cabinet, entouré de clients; son étude, assaillie par les plaideurs dès le point du jour, me fit penser à celle de notre grand orateur Jules Favre qui m'avait éloquemment et généreusement défendue dans un procès célèbre [1]. M. Mancini a rencontré quelquefois dans ses belles plaidoiries et dans ses discours à la Chambre, les traits profonds et la verve incisive du premier avocat du barreau français. Il se déroba un moment à ses dossiers et à ses audiences pour venir me donner la main : « A ce soir, me dit-il

---

[1] Celui qui me fut intenté à propos de la publication des lettres de Benjamin Constant, que madame Récamier m'avait léguées.

avec cordialité, nous irons vous chercher pour le théâtre et nous causerons de l'Italie et de la France. » Je quittai madame Mancini en lui disant : « Au revoir. »

Comme je rentrais à l'hôtel j'eus la visite de M. Leopardi. La vivacité de son esprit mordant, tout empreint de souvenirs parisiens, m'enchanta Il avait connu tous les hommes célèbres que je connaissais; il avait rencontré Alfred de Musset chez la princesse ***, au temps où sa beauté maigre avait l'ambition de tourner toutes les têtes; il avait vu dans un des cabinets réservés de la princesse une sorte de bière en cristal où elle avait fait ensevelir un beau Milanais mort à force de l'aimer : « Elle montrait la châsse et le cadavre à ses adorateurs pour les encourager, ajouta Leopardi.

— Pour les décourager voulez-vous dire, » repliquai-je.

Comme transition naturelle à cette anecdote, Leopardi me proposa d'aller visiter le Musée Égyptien, un des plus complets et des plus curieux qui soient en Europe. Nous trouvâmes là une collection effrayante de momies, hommes, femmes, vieillards, enfants, qui ne dormaient pas dans des châsses de cristal, ainsi que l'amoureux de la princesse, et dont nous pouvions toucher les muscles roidis et la peau desséchée. Quelques momies de femmes avaient de beaux cheveux blonds dorés, nattés, serrés, en longues tresses qui faisaient plusieurs fois le tour de leur crâne. Cette chevelure jeune et vivante pour ainsi dire, sur des traits flétris, déformés et couverts d'une peau noire terreuse, était d'un effet sinistre. Mieux vaut le néant complet que cet effort impuissant de la matière contre le temps qui détruit la beauté.

« Les Grecs seuls, dis je à Leopardi, ont traité les morts d'une façon idéale; les pincées de cendres des grands hommes enfermées dans des urnes, ne laissaient survivre d'eux que leur âme; c'est dans la mémoire des générations qu'ils ont laissé leurs traces ; c'est par l'admiration des peuples qu'ils ont voulu s'éterniser et non par le spectacle navrant des restes de leurs cadavres. »

Tout en traversant les vastes salles du Musée Égyptien dont le froid pénétrant d'un temps brumeux doublait la tristesse, nous causâmes de la situation présente de l'Italie : j'exprimai à Leopardi toute mon admiration pour la calme et ferme tenue politique qu'avaient eue ses compatriotes depuis la paix de Villafranca:

« Vous n'avez pas commis une faute, lui dis-je; voyez la Toscane, la Romagne et l'Émilie, avec quel ordre et quel ensemble elles se disposent à voter l'annexion ; je prévois pour vous de grandes destinées, que vous devrez à votre sagesse et à votre esprit pratique ; quand vous serez définitivement organisés par l'unité, vous aurez la solidité politique des vieux Romains de Tite-Live ; vous ne laisserez pas choir, comme nous, vos institutions aux souffles des intérêts et des vanités privés ; vous tiendrez haut et ferme le drapeau constitutionnel, vous saurez respecter les lois que vous aurez fondées, et ne ferez pas vaciller la patrie en brisant sans cesse le pouvoir qui la dirige.

— Qu'importent ces soubresauts de la France que vous déplorez, répliqua Leopardi, qu'importe le souffle qui l'agite sans l'ébranler et la déraciner, ce souffle toujours généreux, c'est la vie pour elle et c'est aussi la vie pour les autres nations, à qui elle enseigne le mouvement, l'action, la lutte ; si nous sommes jamais un peuple, nous le devrons à la France ; qu'elle nous retire son bras et nous tombons demain dans le néant.

— Oh ! vous êtes trop humble pour votre pays, lui dis-je, et trop aveugle sur nos grands défauts.

— J'aime la France et l'admire quand même, reprit Leopardi ; puis il ajouta en souriant : Je l'aime de toutes mes craintes pour mon pays, amour égoïste alimenté par le dévouement héroïque que la France nous a montré ; je veux qu'elle nous aime et nous soutienne encore, qu'elle ne se lasse pas d'appuyer notre formation naissante comme on l'a vu se lasser trop souvent et trop vite d'appuyer ses propres gouvernements improvisés.

— Vos dernières paroles, repris-je, rentrent dans le sens de ma critique sur ce qu'a de hâtif et d'immodéré l'esprit politique de la France. »

Tout en devisant de la sorte, nous étions sortis du musée ; nous traversâmes la place Carignan où est situé le palais de la Chambre des députés. Je donnai un regard ému à la belle statue de Gioberti dont la tête pensive semblait écouter nos paroles. Nous passâmes ensuite sur la place *del Castello* où s'élève le château Madame, le seul monument de Turin, qui, avec ses tourelles, son fossé et son pont-levis, ait vraiment un caractère. A côté est le palais royal, construction moderne sur laquelle se détache la coupole de l'église du Saint-Suaire ; cette coupole recouvre la chapelle du palais ; nous descendîmes la longue rue du Pô, bordée d'arcades comme la rue de Rivoli ; elle commence à la place Madame et se déroule jusqu'aux rives du fleuve. Leopardi me quitta près de mon hôtel, mais au lieu d'y rentrer, je poursuivis ma promenade sous les arcades ou plutôt au milieu de la large rue, d'où je pouvais embrasser la perspective des belles collines couvertes d'habitations, de bois, de jardins, de terrasses qui bordent le Pô. Je m'arrêtai sur le pont en pierre, et là, appuyée sur le parapet, je regardai couler le fleuve dont le lit était en ce moment plus large que les eaux : au bout du pont est une église en forme de temple grec ; puis le couvent des capucins avec ses jardins et ses avenues ombreuses ; puis, un peu à ma droite, la *Villa de la reine* dont les massifs d'arbres sont revêtus de toutes les teintes variées de l'automne ; enfin, dominant le tableau, à gauche, sur la plus haute cime du mont de la Superga, est l'église qui sert de sépulture aux rois de Piémont. — Morts, ils veillent encore sur leur peuple comme ils y ont veillé de leur vivant.

Le froid me gagne, il descend des rochers, il s'exhale du fleuve, et me saisit si fort que je remonte la rue du Pô en courant presque sous les arcades pour me réchauffer. J'apprends en rentrant que j'ai manqué la visite de Machi Mauro, il a su que j'irais le soir au théâtre ; il m'y retrouvera, a-t-il dit en laissant sa carte.

Vers huit heures, M. et madame Mancini arrivent pour me conduire au théâtre français. On joue *Risette*, un vaudeville nouveau de M. About. J'avoue que je regrette quelque comédie de Goldoni, ou quelque drame d'Alfieri. Nous remplissons le temps du spectacle par la causerie ; plusieurs députés viennent dans la loge de M. Mancini ; il me les présente. Vers le milieu de la soirée, survient M. Machi ; sa franche physionomie m'est tout d'abord sympathique ; il est svelte, petit, chauve avant l'âge, ses yeux sont petillants d'intelligence, ses dents sont éclatantes comme ses yeux ; il parle avec M. Mancini de la question politique du moment. Il est de ceux que toute halte dans le patriotisme irrite ; la session est close, le roi est à la campagne, les ministres eux-mêmes sont en *villeggiature*, et ne viennent guère à Turin que les jours de conseil. « L'esprit public s'engourdit, ajoute-t-il ; si on ne le tient pas en haleine, tout est perdu.

— Et vous croyez qu'on dort parce qu'on se tait, répliqua M. Mancini, attendez le vote de l'annexion, et vous verrez que la prudence n'est pas l'engourdissement. Précipiter l'action, ce n'est point en assurer le triomphe.

— Vous avez des axiomes d'avocat, répliqua en riant M. Machi, moi j'ai l'aspiration prompte, décisive d'un spéculateur philosophe, je vois en avant et je veux marcher.

— Dites courir, reprit Mancini ; patience, patience ! en ce moment, l'Italie n'est immobile qu'en apparence, *e pur si muove*, comme disait de la terre notre immortel Galilée.

— Vous me promettez donc de grands et glorieux événements si je reste quelque temps parmi vous, repartis-je ; vous savez combien j'aime votre pays, j'y suis venue dans l'espoir d'assister à sa réformation.

— Vous ne serez pas déçue, répliqua l'avocat Mancini.

— Et ce spectacle vaudra mieux que celui où nous vous avons conduite ce soir, » me dit en riant madame Mancini. En ce moment, la toile tombait sur je ne sais quel vaudeville à gros sel du Palais-Royal. « Si vous aimez la musique, nous vous donnerons demain *Norma* pour compensation, » ajouta l'aimable femme.

Nous sortîmes du théâtre ; au froid très-vif du jour avaient succédé la pluie et le verglas. « Sommes-nous à Londres ? dis-je aux Mancini, tandis que leur voiture bien close me ramenait à l'hôtel. — Hélas ! répliqua l'avocat, nous sommes sur le versant des Alpes, dans la tête froide et méditative de l'Italie, qui calcule et prépare ses destinées ; ses pieds brûlants sont le Vésuve et l'Etna ; il s'agit de faire mouvoir ces pieds et de les faire marcher à l'unisson de la tête, on y arrivera : voyez, déjà le corps s'anime, la Toscane et les provinces du centre ont suivi l'impulsion de la tête. »

Nous nous séparâmes sur cette belle idée. « Vous aurez demain la visite du baron Poerio, » me cria Mancini, comme je descendais de voiture.

Le lendemain, Leopardi survint au moment où j'allais me rendre à l'ambassade de France pour remettre au prince de la Tour d'Auvergne une charmante lettre de recommandation, que m'avait donnée pour lui M. Feuillet de Conches, chef du protocole au ministère des affaires étrangères, éloquent auteur d'une *Vie de Léopold Robert*, collectionneur érudit et infatigable des autographes les plus rares. Leopardi m'offrit son bras jusqu'au palais de l'ambassade et voulut bien me guider à travers les rues de Turin. Le froid était devenu tellement vif, que le mouvement de la marche était préférable à celui d'une voiture.

Au plaisir que j'éprouvai de trouver des portiers et des domestiques français à l'ambassade, je compris combien tout ce qui rappelle la patrie nous tient au cœur en pays étranger. Au moment où j'arrivai, le prince de la Tour d'Auvergne conférait avec l'ambassadeur de Naples à Turin; il me fit prier d'attendre. Déjà le royaume des Deux-Siciles était en fermentation, et tournait ses espérances vers l'Italie du nord; l'entretien des deux ambassadeurs fut assez long, et me laissa le temps d'examiner les riches salons de l'ambassade; les belles tapisseries des Gobelins, les meubles de Boule et quelques bons tableaux s'harmoniaient avec l'ornementation des riches plafonds à fresques dont les figures me souriaient. L'ambassadeur de Naples traversa le salon où j'étais assise: il était entièrement vêtu de noir; il portait encore le deuil du roi Ferdinand II. Je fus introduite aussitôt dans le cabinet du prince de la Tour d'Auvergne; il me reçut avec une grâce affable et une cordialité dont j'ai gardé le souvenir.

« Je vous ai vue hier soir au théâtre, me dit-il en riant, en compagnie d'Italiens exaltés.

— De bons Italiens, veut dire Votre Excellence, qui désirent la grandeur de leur pays.

— L'Italie marche d'un pas rapide vers l'unité, reprit l'ambassadeur, je ne sais pas ce qu'il adviendra de la douce Toscane, mais, quant à l'annexion de la Romagne, je crois que nous serions dans l'impossibilité de l'empêcher, les Romagnols sont entêtés, braves, vindicatifs, ils veulent à tout prix un gouvernement libéral; je les connais et les ai étudiés, je suis bien convaincu qu'ils ne rentreront jamais sous la domination papale. Si l'Italie s'organise, ajouta-t-il, les Romagnols seront un jour les meilleurs soldats de son armée. »

Nous parlâmes durant une demi-heure de l'Italie et des récents triomphes de notre armée; puis je pris congé de l'ambassadeur de France, qui me dit :

« Au revoir. Je tenterai de vous rencontrer chez vous avant que vous quittiez Turin. »

En rentrant, je trouvai à l'hôtel la carte de Poerio; je fus désolée d'avoir manqué sa visite. Il est des êtres dont la vue nous ennoblit comme un enseignement vivant du sacrifice et de l'héroïsme.

Ce même jour, j'appris que Garibaldi, qui venait de donner sa démission de général, avait couché la veille à l'hôtel *Feder* où j'étais logée; il n'avait reçu que quelques amis, mais parmi eux étaient des patriotes italiens que je connaissais. J'aurais pu le voir, lui parler, serrer un an plus tôt cette main héroïque ! Je me sentis saisie d'une grande tristesse d'avoir manqué, dans la même journée, la présence de deux êtres sacrés pour moi. Ce sont là de nos douleurs, à nous poëtes, qui vivons d'émotions et de sentiments : retrouverai-je sur mes pas Poerio et Garibaldi ! Pourrai-je échanger avec eux le plus noble et le plus fort des sentiments humains, la sympathie, qui, d'un bout du monde à l'autre, attire et lie les êtres par la communauté des doctrines et des croyances? L'amour nous torture et nous brise ; l'amitié nous trahit ; la parenté n'est trop souvent qu'un lien conventionnel : mais ce qui ne s'altère point, ce qui nous survit à nous-mêmes, ce qui nous fait des disciples et des amis dans la mort, c'est l'idée !

Le soir, M. et madame Mancini vinrent me chercher pour aller au théâtre Carignan : on donnait *Norma*; la représentation devait être brillante; je m'étais parée pour faire fête à mes nouveaux amis. Madame Mancini était belle comme une madone de Carlo Dolce dans sa toilette bleue, avec sa chevelure blonde nattée.

Toute aux regrets dont je viens de parler, je lui dis en la voyant entrer : « N'allons pas au théâtre, voulez-vous? allons plutôt à la recherche de Poerio et de Garibaldi. »

M. Mancini se mit à rire : « Garibaldi est parti pour son île, quant à Poerio, je vous promets que vous ne quitterez pas Turin sans le voir.

— Bien sûr?

— Bien sûr; mais puisque c'est une attraction si forte, poursuivit-il gaiement, je ne vous l'amènerai que le plus tard possible afin de vous garder plus longtemps près de nous. »

Cette représentation de *Norma* fut fort belle; ce qui me ravissait surtout, c'était l'ensemble des chœurs où les voix pures, fraîches et expressives, s'amalgamaient et se fondaient en une seule voix; chaque choriste tenait à honneur de chanter le mieux possible pour contribuer à l'effet général. Puis, en Italie, la musique est une passion naturelle; tout chanteur tressaille et jouit de la mélodie qui sort de sa bouche. De là, le crescendo superbe des masses chorales, le refrain répété va s'agrandissant; avant d'enflammer les spectateurs, il enflamme ceux qui le font retentir. Le corps de ballet offre le même phénomène; ces femmes qui dansent avec tant d'entrain, dont les pieds bondissent avec ivresse, dont la tête se balance, radieuse et pâmée, dansent pour elles-mêmes; c'est un ipl sir, une volupté, qu'elles se donnent d'abord et qu'elles font partager presque à leur insu au public. De là le naturel; la passion est une vérité dans l'art qu'il n'est pas puéril de constater.

Au moment où la prêtresse druidique chantait avec son amant son duo le plus pathétique, tandis que je rêvais de Velléda et d'Eudore et que cette mélodie évoquait pour moi un soir lointain où Rubini et Grisi ravirent jusqu'au transport, jusqu'à la frénésie, le public parisien, la porte de la loge s'ouvrit sans bruit et un homme entra ; il se tint debout dans un angle, refusant d'un geste silencieux la place que lui indiquait de la main M. Mancini. Je me retournai pour le regarder; il était de taille moyenne, sa tête expressive et bienveillante avait une empreinte de noblesse native qui frappait tout d'abord; le feu de ses yeux était tempéré par la douceur de son regard, son front large et pâle semblait porter une couronne idéale. Quoique le déclin commençât pour lui, sa physionomie charmante était d'une jeunesse persistante, sa mise anglaise des plus élégantes. Sans me soucier du chant qui continuait, je me levai et m'inclinai comme devant ce qu'on respecte : « C'est lui ! » dis-je à Mancini, puis prenant dans mes mains ces belles mains délicates que les fers avaient meurtries durant douze ans, je m'écriai « : Vous êtes Poerio !

— Je suis venu pour vous voir, me dit-il avec un bon sourire, Ricciardi m'écrit combien vous aimez l'Italie. Vous avez chanté la mort des pauvres frères Bandiera, vous n'êtes pas une étrangère pour moi.

— Et pour moi, lui dis-je, vous étiez un symbole glorieux; j'ai pleuré sur vos longues tortures; j'ai tressailli de votre délivrance, j'ai applaudi à l'ovation que l'Angleterre entière vous a faite. »

La belle musique de Bellini retentissait derrière nous, mais je ne l'entendais plus que lointaine et vague comme un accompagnement à nos paroles et à mon émotion, cadre aérien de cette noble figure de martyr; je le regardais avec vénération; je croyais voir un être d'une sphère supérieure; c'était donc bien lui, c'était bien le ministre confiant et intègre du roi *Bomba*, ce fier et chevaleresque Poerio qui crut à la parole d'un prince infâme : « Charles « Poerio, malgré la plus manifeste innocence, fut condamné à « vingt-quatre ans de fers, vêtu en forçat, enchaîné avec les autres « prétendus coupables et traîné à la geôle sous les yeux même de « la famille royale, qui les regardait des fenêtres du palais. Il

« fut ensuite conduit au bagne de Nisida, puis à celui de *Monte-*
« *fusco* et enfin à celui de *Montesarchio*, disposé exprès pour lui ;
« il résista avec toute la vigueur de sa grande âme à toute espèce
« de tortures physiques et morales[1]. »

Ce supplice dura douze ans, les belles années de la jeunesse, de la force virile, du patriotisme actif ; puis l'horrible prison fut commuée en la peine de la transportation. On sait comment le navire qui portait Poerio et ses compagnons de douleur aborda sur les côtes d'Irlande et comment, une fois sur le sol de la libre Angleterre, les jours de martyr de Charles Poerio se transformèrent en jours de triomphateur.

Tandis que sa douloureuse histoire me revenait à l'esprit, il me parlait de la France, de nos soldats héroïques qui venaient de délivrer la Lombardie. « J'ai vu Milan dans ce jour si beau, mais Venise, ajouta-t-il, Venise qui a la tombe de mon frère, est encore aux Autrichiens. Si vous allez à Venise, vous irez, n'est-ce pas, voir cette tombe, c'est celle d'un poëte et d'un brave volontaire de l'indépendance de l'Italie ; il s'est battu près de Manin dont il était l'ami.

— Il fut digne de votre sang, lui dis-je ; il faut remonter à l'héroïque antiquité pour trouver ainsi des familles entières faisant le sacrifice de leur vie à la patrie. »

Nous sortîmes du théâtre ; la neige tombait et transformait les monuments en monuments d'albâtre. Poerio fut pris d'une toux effrayante, je toussai aussi avec violence ; le mal que j'avais cru guéri m'avait reprise, depuis quelques jours, sous le souffle glacé des Alpes. Ce que je souffrais me faisait mieux sentir ce que souffrait Poerio. « Je suis habitué à ces crises, me dit-il avec sa voix de mansuétude ordinaire, l'humidité des cachots napolitains me les a données. Le beau soleil de Naples me guérira, quand Naples sera libre ; c'est là qu'il faudrait nous revoir. — Qui sait, lui dis-je, Dieu vous doit cette représaille, je crois à une inexorable justice et à la conséquence logique de l'enchaînement des faits dans l'histoire ; vous vous asseoirez près d'un roi honnête homme dans ce même palais d'où un roi bourreau vous envoya au bagne !... »

Nous nous séparâmes en nous disant à demain. A mon réveil je trouvai Turin couvert d'un linceul de neige, j'étais comme para-

---

[1] *Narrations historiques*, par Pierre Leopardi, p. 425.

lysée par le froid, je fis un grand effort pour me lever et sortir. Je visitai d'abord le palais Madame, je montai transie le bel escalier monumental aux arches élancées; je traversai la salle du Sénat et parcourus les salles du musée où sont quelques tableaux rares : le plus précieux est la madone della Tenda de Raphaël ; je fus charmée par quelques grandes toiles de l'Albane. Un portrait de rabbin, peint par Rembrandt, m'arrêta et me fascina. C'est le type juif vivant et superbe ; les yeux profonds et perçants vous interrogent; leur flamme fait penser aux prophètes de la Bible.

Du palais Madame j'allai à la Galerie d'artillerie, située dans une aile du palais royal, attenant aux ministères. Je touchai l'armure d'Emmanuel-Philibert, fidèlement reproduite par Marochetti dans sa statue équestre de la place Saint-Charles ; je remarquai un beau bouclier par Benvenuto Cellini ; mes mains se glacèrent au contact de ces vieux fers qui ont vu tant de batailles brûlantes. En Italie, les musées et les monuments publics ne sont jamais chauffés; les peintres qui font en hiver des copies de tableaux sont forcés de se couvrir de fourrures et de cache-nez.

Je visitai ensuite le palais royal, monument moderne sans caractère, avec deux ailes en retour; celle de gauche se relie au musée d'artillerie, celle de droite à l'église du Saint-Suaire, dont la coupole forme une espèce de chapelle à part qui communique avec la salle des gardes du roi. Je visitai d'abord l'appartement du duc de Gênes, mort récemment d'une maladie de poitrine, et de sa femme, une blonde princesse de Saxe, frêle et élancée. Le duc était fort beau; sa tête, noble et pensive, vous poursuit d'un regard qu'on ne peut oublier. Je considérai le portrait qui fait revivre ce jeune prince dans une grande toile; il est représenté à cheval, ayant derrière lui deux de ses aides de camp que le custode m'engagea à remarquer : l'un au visage distingué, l'autre plus fort et plus court, à la physionomie insignifiante. C'est ce dernier qu'épousa secrètement, après son veuvage, la duchesse de Gênes; elle se retira dans une villa sur les bords du lac Majeur, en attendant sa rentrée en grâce à la cour. Les palais ont aussi leurs romans, mais le voile qui les couvre ne se soulève jamais qu'à demi. Je rêve à celui de la svelte princesse saxonne, en parcourant ces chambres désertes encore toutes remplies de l'image du mari mort. Voici ses deux beaux enfants qui lui souriaient dans ses heures de souffrance; ils sourient toujours dans leur cadre d'or; la peinture a fixé l'insouciance heureuse de l'enfance. Voici la chambre nuptiale tendue et meublée comme au premier jour; le crucifix regarde les époux entre les rideaux de soie tombant du baldaquin; le coussin du prie-Dieu est encore empreint de la marque des genoux. Sur les tables et les étagères sont toujours les objets aimés par le duc et la duchesse : petits portraits de famille, vues des pays qu'on a parcourus ou qu'on voudrait visiter, curiosités des contrées lointaines, ouvrages de broderie inachevés que l'indolente duchesse faisait en rêvant; puis c'est une belle galerie de fleurs exotiques, éclairée par des vitraux; étroit jardin où le duc mourant se promenait; à côté est la chapelle où il priait et cherchait en Dieu le courage de se séparer si jeune de tout ce qu'il aimait; puis voici le boudoir de la jeune princesse allemande avec tous les portraits de la famille qu'elle avait quittée un jour pour partir seule, fiancée royale, à qui l'époux était inconnu! cœur et main unis sans soucis de l'accord mystérieux des êtres. Se sont-ils aimés? A quoi pensait-elle, et que regrettait-elle dans ce cabinet où elle se plaisait à s'enfermer des jours entiers avec ses poëtes? Les voici tous sur une étagère d'ébène : Gœthe, Schiller, Klopstock, Gessner; puis la série des chroniqueurs et des romanciers germains; elle leur demandait sans doute la force et l'idéal; elle essayait de planer sur leurs ailes et de n'aimer qu'en eux. Je crois la voir encore, affaissée sous ses habits de veuve, pâle, lisant quelque élégie de Gœthe, tressaillant aux pas qui retentissaient dans la galerie et s'efforçant de repousser par la fiction la forme vivante. Quelle femme oserait la condamner pour avoir aimé?... Je m'éloigne de ce sanctuaire où elle a souffert et lutté, en murmurant ces vers :

> Châteaux, palais, demeures souveraines,
> Prison riante où se traînent leurs jours,
> Terrasses, fleurs, bosquets, claires fontaines,
> Parcs et jardins aux sinueux détours,
> Vous seuls savez les tristesses des reines,
> Dont la jeunesse a passé sans amours.

Je traverse l'appartement du roi Charles-Albert; je songe à cette figure royale si tourmentée; à sa fin si triste et si grande; aux fières aspirations de sa jeunesse étouffées par tous les réseaux du despotisme; à son héroïsme à Novare, à sa mort de martyr sur la terre étrangère. Sa mère habita longtemps cet appartement désert;

il est somptueux : là sont réunis les souvenirs de plusieurs siècles de la maison de Savoie ; meubles merveilleux de la Renaissance et du temps de Louis XV ; collection de miniatures exquises où princes et princesses revivent par lignées ; grands portraits équestres peints par Van Dyck de tous ces ducs guerriers, aïeux du roi d'Italie ; race altière dont le grand peintre flamand a fait passer l'âme sur les traits. A côté de ces toiles immortelles et qui immortalisent leurs modèles, combien paraissent gauches et vulgaires les portraits modernes peints par Horace Vernet ; les souverains devraient combler d'or et d'honneur un peintre de génie ; il est pour eux le complément de l'histoire ; un artiste médiocre les fait grimacer dans la postérité.

Victor-Emmanuel n'habite, dans ce palais de ses pères, qu'un petit appartement fort simple au second étage ; il ne se montre que les jours de réception dans les grands appartements dont la salle des gardes communique, ainsi que je l'ai dit, avec la coupole qui forme la chapelle du palais. Cette coupole est d'une construction étrange, mais d'un grand effet ; elle se compose de plusieurs voûtes percées à jour, recouvertes de marbre noir et de cuivre doré, et superposées les unes aux autres, de manière à ce qu'elles laissent voir, au sommet central du dôme, une couronne en forme d'étoile qui semble suspendue en l'air, quoique elle repose sur ses rayons ; ces voûtes hardies sont soutenues par de superbes colonnes en marbre noir.

Sur un pavé en marbre bleuâtre, parsemé d'étoiles d'or, s'élève l'autel à double face surmonté d'une châsse en cristal renfermant le saint suaire : un pareil suaire se trouve à Rome dans une chapelle de Saint-Pierre ; un autre à Besançon, un quatrième à Cadouin, en Périgord ; un cinquième à Aix-la-Chapelle ; c'est une relique à trop d'exemplaires. L'Église se plaît aux contrefaçons ; n'importe, ce suaire du Christ impose au milieu de ces tombes de rois, car Charles-Albert a transformé en chapelle royale mortuaire cette magnifique coupole. Là sont les monuments de quatre princes de la maison de Savoie : Amédée VIII, Emmanuel-Philibert, Thomas et Charles-Emmanuel II. Près d'eux a été déposé le cœur de la reine Adélaïde, femme de Victor-Emmanuel, aujourd'hui roi d'Italie. Sur ce cœur, qui ne bat plus, est assise la blanche effigie de cette jeune reine, morte en mettant au monde un cinquième enfant ; elle est frêle, gracieuse, souriante ; elle fait penser à la princesse

Clotilde, que la France a adoptée; je regarde longtemps cette belle statue d'un marbre éclatant. La mort a parfois des mansuétudes; qui peut dire ce qu'eût été la vie de cette princesse[1] de sang autrichien, et par devoir Italienne? N'aurait-elle pas ressenti les douloureux combats de la Sabine du vieux Corneille, en suivant les entrées triomphales de son époux, élu et vainqueur, à Milan, à Florence, à Naples et à Palerme? Qui sait si elle n'eût pas amolli sa résolution et fait plier sa conscience?

Tandis que je visitais le palais, la neige tombait sans bruit au dehors et refroidissait de plus en plus l'atmosphère; sa couche blanche et épaisse se durcissait en verglas. Je fus prise en sortant d'un si horrible accès de toux que je résolus de quitter Turin le lendemain, et de chercher à Milan et à Venise le soleil bienfaisant de l'Italie; recherche illusoire, mirage décevant qui m'échappa durant tout ce long hiver rigoureux. Je ne voulais pas quitter Turin sans visiter le *Campo-Santo*. Je m'y rendis du palais, malgré ma souffrance qui redoublait, dans une voiture cahotant à travers la glace. Situé dans une vallée voisine du Pô, le cimetière de Turin est imposant; un double rang d'arcades le divise en deux parts. Des lignes de vieux cyprès taillés en pyramides, qui se détachaient noirs et funèbres sur la neige, formaient une décoration saisissante; au fond, les montagnes s'échelonnaient grisâtres, le sommet de la Superga élevait dans les nuages la sépulture des rois de Sardaigne; sur la coupole de l'église où ils sont ensevelis, tombait en ce moment un pâle rayon de soleil. On eût dit la croix de Savoie sortant des ténèbres et marchant à la conquête de l'Italie.

Je m'avançai frissonnante; quelques fossoyeurs creusaient de longs trous qu'ils recouvraient ensuite d'une tente pour empêcher la neige de les combler. Je regardais ces couches vides attendant les morts de la journée, qui devaient les remplir le lendemain. Le froid redoublait d'intensité, les fossoyeurs soufflaient dans leurs mains à chaque coup de bêche, et se disaient entre eux: « La terre est bien dure aujourd'hui! » Parfois ils soulevaient, comme des cailloux insensibles, des ossements brisés, déjà confondus à la terre. J'allais machinalement, sans émotion trop vive, à moitié engourdie par le froid, cet avant-coureur de la mort; je me fis conduire à la tombe de Silvio Pellico, ce doux martyr de la liberté italienne, qui

---

[1] Fille de l'archiduc Reynier.

pardonna la torture et bénit les mains qui l'avaient frappé. Sur ce cercueil muet je me revoyais jeune fille, éprise de mon premier amour en lisant les *mie Prigioni*. Ma mère, qui me surprenait rêvant et pleurant, me disait : « Qu'as-tu, chère enfant, quel songe romanesque poursuis-tu donc encore ? » Je lui répondais : « J'aime, j'aime pour la vie un martyr, et je n'aurai pas d'autre mari que lui. » Elle me souriait tendrement, et me demandait, sans me combattre : « Voyons, quel est-il, dis-moi son nom, et nous verrons si ce que tu rêves est possible? — Oui, c'est possible, il est libre aujourd'hui, il est pauvre, malheureux, et c'est lui que je veux consoler en l'aimant, » et je prononçai, en rougissant, le nom de Maroncelli, compagnon de souffrance de Pellico. « Vois, ma mère, si celui que j'aime n'est pas un héros ! » Je relisais alors à haute voix la page de Pellico où il nous montre Maroncelli au Spielberg, subissant sans sourciller l'amputation de sa jambe, que l'air d'un cachot fétide avait gangrenée, et respirant une rose pendant ce supplice; cette rose empreinte d'un parfum de douleur, j'en rêvai durant deux ans, et je la retrouvai dans toutes les roses qui fleurissaient dans le jardin du château que j'habitais avec ma mère. Il fallut pour déraciner mon amour tenace, écrire à Paris et demander comment vivait Maroncelli. On répondit qu'il était marié avec une figurante allemande du théâtre Italien. « Lui, épouser une Tudesque, » m'écriai-je, et dès ce jour mon rêve s'évanouit. Sur la neige qui recouvrait en ce moment la tombe de Silvio Pellico, je revoyais refleurir cette rose où j'avais respiré l'amour ! « Oh ! la belle et chaste passion, pensais-je, que n'est-elle encore dans mon cœur troublé ! »

Les nuées s'amoncelaient sur le cercle des Alpes, et précipitaient la nuit sur ce jour d'hiver. Je quittai lentement le cimetière ; je m'y sentais bien sans trop comprendre pourquoi.

En rentrant à l'hôtel je trouvai la carte de l'ambassadeur de France et celle de Poerio, tous deux étaient venus pour me voir pendant mes excursions. J'allai dire adieu à M. et madame Mancini, qui voulurent me retenir, en redoublant de cordialité. « Demain, me disaient-il, vous dîneriez chez nous avec Poerio ; accordez-nous encore un jour, et ne partez pas ainsi quand on commence à vous aimer. » Mais ma toux était si violente qu'ils comprirent que le froid me tuerait. « Du moins, promettez-nous de revenir au printemps, me dit l'aimable femme. — Oui, pour l'ouverture du Parlement, ajouta le mari, aussi bien Turin est sans intérêt, en ce moment; la politique chôme, allez voir Milan et Venise, et n'oubliez pas que nous vous attendons.

— Je reviendrai, leur dis-je, avec les événements qui s'amoncèlent avant d'éclater; le souffle de l'Italie libre me ramènera. »

Le soir ils m'apportèrent des lettres pour leurs amis et leurs connaissances de Milan, pour la comtesse Maffei, la baronne Sforni, l'historien Cantù et pour quelques journalistes. Au nom de Cantù, je dis à Mancini : « Il est donc des vôtres à présent ?

— C'est la force et la grandeur de l'Italie nouvelle, me répliqua-t-il, de grouper à elle tous les dissidents; Cantù est un écrivain éminent, un esprit universel; pourquoi le repousser du faisceau qui nous réunit tous? Bien entendu que ce n'est pas le pays qui lui fera des concessions, mais lui qui en fera à la patrie.

— J'aime cette concorde dans la vie publique, repartis-je; elle finit par rallier les plus récalcitrants. »

VIII

Je partis de Turin le lendemain, 19 novembre, à midi; un manteau de frimas couvrait la ville; j'avais, à gauche, les Alpes, dont la blancheur se colorait çà et là de teintes empourprées, quand une lueur de soleil perçait les nuages; à ma droite, s'élevaient derrière le Pô les collines de Turin couronnées par la Superga. Bientôt nous passâmes le Tessin; j'eus là une émotion toute française. Je voyais notre grande armée se dérouler lentement dans cette vallée qu'enserre la double chaîne des monts, et que nous traversions à toute vapeur. Nous voici à Novare, où tressaillent des souvenirs héroïques; puis à Magenta, où les corps de nos soldats gonflent la terre en monticules pressés; il me semble qu'ils y palpitent encore et nous appellent au passage. Des petits paysans en guenilles viennent nous offrir à la portière des plumes d'un rouge sans tache, des poignées de sabres, des plaques de schakos, des balles et des boutons d'habits reluisants qu'ils nous certifiaient être des débris pou dreux et sanglants des bataillons français. Quelques Anglais et quelques Russes, qui sont dans le convoi, achètent, sans sourciller, *questa vera roba francese*[1].

Les plaines de la Lombardie se déroulent devant nous; Milan s'y perd et n'offre de loin aux regards que quelques lignes indécises surmontées des aiguilles du Dôme. Il faut toucher à Milan, pour le voir. C'est une ville peuplée de noms illustres et de souvenirs historiques, mais sans caractère architectural; elle rappelle beaucoup d'autres villes qu'on a pu traverser; elle ne se détache point, dans la pensée du voyageur, distincte et unique comme presque toutes les autres villes d'Italie qui, par leur situation ou leurs monuments, forment un ensemble à part, un groupe ineffaçable qui se présente toujours à la mémoire. Sans doute, on se souvient du Dôme de Milan, de sa citadelle et de sa promenade du *Corso* avec son rempart lointain de hautes montagnes neigeuses; mais tout cela ne se présente pas à première vue et n'empreint pas cette grande cité d'un cachet original.

J'arrive à Milan, à la nuit; je traverse, sur un pont, un des trois grands canaux qui alimentent la ville; j'entre par la porte orientale, qui se compose de deux monuments à effet, d'ordre dorique, ornés de bas-reliefs et de statues de marbre; je traverse *il Corso francese* et descends au bel hôtel *de la Ville*, tenu par une famille suisse. Un des fils, jeune gentleman blond, à tournure de vignette anglaise, reçoit les voyageurs avec une bonne grâce exquise. A peine installée, je veux voir quelque chose de la ville inconnue.

En sortant, je trouve en face de l'hôtel la grande église moderne de Saint-Charles-Borromée; je fais le tour de son portique d'un faux goût, à colonnes de granit, d'ordre corinthien; je descends la rue del *Corso francese*; en marchant à droite, je passe devant l'homme de pierre huché contre la façade d'une maison; ce débris d'une statue antique de Cicéron équivaut, à Milan, à la statue de *Paschino* à Rome. A côté, est la librairie française de Dumolard. Je regarde l'étalage des livres nouveaux et, un moment, je me crois retournée à Paris. Le bazar éclairé au gaz, situé à côté de la librairie, et le brouillard froid qui couvre la ville contribuent à cette illusion, sans charme pour moi. Je m'aventure jusqu'au bout de la rue pour voir

---

[1] Ces objets véritablement français.

le Dôme, l'heure est propice à ce monument; la brume blanche qui flotte sur cette grande dentelle de marbre n'est pas assez intense pour m'en dérober les dessins patients et merveilleux; ils se détachent sur la nuit. Dans l'air opaque, montent les milliers d'aiguilles qui couronnent la voûte : on dirait des stalactites dont les pointes se seraient tout à coup tournées vers le ciel. Je fais le tour de l'église, laissant à droite le palais royal, et je distingue vaguement la myriade de saints dans leurs niches de marbre à jour, surmontées d'un clocheton. A cette heure, agrandi par ce voile de vapeur, le Dôme simule une cité aérienne de marbre blanc, toute peuplée d'habitants mystiques. Je rêve quelques instants devant cette apparition d'un fantastique indescriptible. Le froid me rappelle à la terre, je rentre au logis, et la toux qui me brise la poitrine toute la nuit me fait repentir de cette première excursion à travers Milan.

Le lendemain, la première personne que je vis à Milan fut le maréchal Vaillant. J'avais plusieurs lettres de recommandation pour des officiers de son état-major; je passai, pour demander leurs adresses, à la villa Bonaparte. Le maréchal, sachant que j'étais là, me reçut avec un aimable empressement. La villa qu'il occupait avait été habitée par Napoléon, premier consul; elle est située près de la promenade du Corso. Une de ses façades donne sur un vaste terrain défoncé, recouvert çà et là par la neige, et que l'on transforme en ce moment en jardin des plantes; l'autre façade a vue sur un jardin traversé par un bassin long qu'alimente le canal voisin; quelques vieux cygnes, qui se souviennent peut-être d'avoir vu le général Bonaparte, glissent mélancoliquement sur l'eau noirâtre assombrie par l'ombre des arbres centenaires, par les hautes herbes et les mousses qui croissent aux bords. Les grenouilles coassent dans ces flots endormis; elles sont, dit-on, la joie et la distraction du maréchal. Chaque fois qu'on demande à Milan des nouvelles du maréchal à un de ses officiers d'état-major, il vous répond invariablement : « Il élève des grenouilles. — Pour la friture[1]? répliqua, un jour, en riant, une femme du monde; car je ne vois pas de quelle éducation des grenouilles sont susceptibles et dans quel autre but elles peuvent être élevées; il ferait mieux de nous donner un bal, » ajouta la dame.

[1] On mange beaucoup de grenouilles frites à Turin et à Milan.

Un des plus grands griefs de la société milanaise contre le maréchal Vaillant, a été cette abstention de fêtes et de réceptions dans laquelle il s'est renfermé durant tout son séjour en Italie; en revanche, il donnait de fortes sommes aux pauvres de Milan et allégeait, pour eux, les misères de cet hiver sombre. Sa charité et sa bonté touchaient le peuple; son esprit et sa brusque franchise plaisaient aux gens du monde qui l'approchaient. Il me reçut de la façon la plus charmante et la plus enjouée, dans un beau salon du rez-de-chaussée où il travaillait avec plusieurs secrétaires. Il me demanda, comme je toussais, si j'étais venue mourir en Italie, par cette température glaciale.

« Je marche à la poursuite d'un peu de soleil, répliquai-je; s'il me fait défaut à Milan, je partirai pour Venise.

— A Venise, vous vous ferez arrêter, en parlant liberté et indépendance, comme c'est votre habitude, repartit le maréchal, gaiement, et je vous préviens que je ne vous réclamerai pas.

— Si les plombs de Venise existaient encore, lui dis-je, je souscrirais volontiers à quelques jours de cette prison chaude, et les souvenirs historiques aidant, je m'y trouverais bien; mais Venise a perdu même ses prisons mémorables. Une tyrannie froide et monotone pèse sur elle. Venise est trop malheureuse, cela ne peut durer.

— Elle doit savoir attendre, répondit le maréchal; j'attends bien, moi, la fin de mon commandement, ajouta-t-il en riant; si vous croyez que je m'amuse ici?

— Mais Venise, maréchal, avait une espérance brûlante; elle comptait sur une promesse souveraine.

— Chut! ne parlons pas politique, » fit-il, en me montrant du geste un buste superbe de Bonaparte, premier consul, placé dans un angle du salon, et qui nous regardait de son regard profond, tandis que nous causions.

Je pris congé du maréchal, en lui disant que je le reverrais à mon retour de Venise; il me reconduisit jusqu'à la voiture qui m'attendait dans la cour. La bise froide et pénétrante soufflait plus fort :

« Enfermez-vous bien, me dit-il, car si vous mourriez ici, je n'aurais pas mission pour prononcer votre oraison funèbre; je ne suis pas de l'Académie française, ajouta-t-il gracieusement.

— Au revoir, monsieur le maréchal, je reviendrai. »

En quittant la villa Bonaparte, je traversai la promenade du Corso dans toute sa longueur. Quoique ce fût un dimanche, la file des équipages était clair-semée ; le froid retenait au coin du feu les belles Milanaises. Résolue à partir bien vite pour Venise, je me hâtai de parcourir Milan et de porter les lettres que Mancini m'avait données pour ses amis. Je fus frappée de l'aspect claustral de tous ces beaux palais aux fenêtres grillées de lourds barreaux de fer et dont la porte d'entrée est défendue par une sorte de herse double. On ne pénètre dans la cour intérieure qu'en traversant la loge du portier. Dans cette ville, livrée durant tant de siècles aux tyrannies diverses, chaque habitant tenait à s'abriter dans une maison bien close; on eût dit qu'il trouvait une sorte de sécurité derrière les murs et les grilles. Je m'arrêtai *contrade dei Bigli*, au palais de la baronne Sforni, dont la belle cour en arcades est toute peinte à fresque. La baronne était sortie ; il y avait dans la loge du portier un soldat français, il vivait là en famille, travaillant toute la semaine avec le portier qui était tailleur ; je le trouvai berçant un des enfants, en chantant un air italien. Il se chargea de la carte et de la lettre que je laissai pour la baronne. Il me dit, comme j'allais partir : « Ça fait tout de même plaisir de voir des gens de son pays, quoique les gens d'ici soient les meilleurs du monde ; ils ont le cœur sur la main. » Il continuait à endormir l'enfant, sans se soucier de sa part de gloire dans la dernière bataille où il avait reçu la croix. Il n'y a que les soldats français pour vivre ainsi en cordialité et en bonne humeur parmi tous les peuples où les conduit la victoire; partout ils se rendent utiles et se font aimer; ils enseignent ce qu'ils savent, aux civilisés comme aux barbares, et ils en apprennent toujours quelque chose. Tels on les a vus en Afrique, en Crimée, en Italie, et tout récemment en Chine et en Cochinchine : cœur toujours ouvert, gaieté intarissable.

La comtesse Maffei demeure aussi dans un palais de cette même rue *dei Bigli*. Je dépose chez elle, en passant, ma carte et la lettre de l'avocat Mancini, puis je vais chez l'historien Cantù, qui habite dans un des vieux quartiers de Milan. Je trouve là, comme partout, une porte close en forme de herse ; je traverse une cour à colonnes et je sonne au rez-de-chaussée ; une servante m'ouvre. Aussitôt, à ma voix de femme et à mon mauvais italien, qui révèle une Française, apparait un petit vieillard à la physionomie vive et pétillante d'esprit; il m'introduit dans sa bibliothèque ; il s'exprime dans le plus pur français ; il me parle de Paris, où il a vécu, et de l'Italie où il a beaucoup d'ennemis, me dit-il. On doute de son patriotisme, et l'on a tort ; il est heureux et fier de ce réveil inespéré de sa patrie ; il fait des vœux pour que jamais l'étranger ne revienne à Milan. Huit jours avant la signature de la paix de Villafranca, il s'est rendu au camp, ajoute-t-il ; il a vu l'empereur Napoléon III sous sa tente ; il lui a parlé du premier empereur et l'Empereur actuel lui a dit avec spontanéité : « Vous pouvez assurer Milan que je ne signerai pas un second traité de *Campo-Formio*. » Ces paroles souveraines lui ont fait espérer la délivrance de Venise ; il s'en est réjoui et a baisé la main de l'Empereur, en lui exprimant sa gratitude. Dans tout ce que me dit l'historien Cantù, éclate l'amour de l'Italie ; il me parle d'Alexandre Manzoni avec vénération. Je lui demande avec empressement l'adresse de l'illustre poëte qui a été une des plus grandes admirations de ma jeunesse. Enfant, j'ai traduit le chœur d'Hermengarde de sa tragédie d'*Adelchi*. « Connaître ce génie si pur, cet homme saint, dont la gloire sereine et la vie sans tache sont un enseignement public, c'est là, dis-je à Cantù, une des émotions les plus douces que je me promets à Milan. » Je quitte l'historien, charmée de son esprit et de cette cordialité sympathique qui caractérise les Italiens. En eux, jamais de pose, jamais de prétention apparente. Le laisser-aller de l'imagination et du savoir. Dans les plus célèbres et les plus haut placés, j'ai remarqué ce naturel aimable qui met à l'aise.

En rentrant à l'hôtel, je trouve le capitaine Yung, qui m'attend : c'est un des officiers de l'état-major français pour qui j'ai laissé, le matin, une lettre au maréchal. Je l'ai connu autrefois chez un de mes bons amis, le docteur Vallérand de la Fosse, un de ces frères de l'amitié, meilleurs et plus chers que ceux que donne le hasard du sang. Le capitaine Yung veut me conduire le soir même au théâtre de la Scala, je résiste d'abord, tant ma fatigue est extrême, puis je finis par me laisser tenter.

La Scala est un des plus grands théâtres du monde, il fut bâti sur l'emplacement de l'église *Santa-Maria della Scala*, dont il a pris le nom. On y entre par un large vestibule, où se déploient deux escaliers parallèles, conduisant à cinq rangs de loges ; malgré sa grandeur et ses belles proportions, le premier aspect de la salle ne m'éblouit point ; chaque loge étant une propriété particulière, les décorations varient suivant le goût et le caprice du possesseur. Les unes sont tapissées de velours rouge, ornées de glaces à cadres dorés, drapées de rideaux de soie ; les autres n'ont qu'un vulgaire papier peint pour tenture, ce qui produit une choquante dissonance dans l'ensemble ; ces loges profondes forment autant de salons, où l'on cause, où l'on reçoit des visites, où l'on prend des glaces et où l'on soupe les soirs de bal masqué ; on est là comme chez soi. C'est attrayant et commode, mais le coup d'œil et l'effet ne vaut pas celui de la salle de l'Opéra de Paris. Les femmes y sont moins en évidence, on ne les voit qu'en buste, et la grâce de leur personne et de leur toilette y perd. Cependant, quand la salle est pleine et éclairée à *giorno*, elle paraît fort belle. Ce soir-là elle me sembla sombre ; le lustre est trop petit pour une circonférence aussi vaste ; la loge royale, où flottent des rideaux de velours rouge à crépines d'or, est en face de la scène ; elle est surmontée d'une énorme couronne ; la croix de Savoie plane au-dessus et remplace l'aigle d'Autriche. Dans presque toutes les loges sont des officiers français, qui causent gaiement avec les femmes de l'aristocratie milanaise ; j'aperçois le maréchal Vaillant, dans une belle loge d'avant-scène, tendue de rouge et de satin blanc ; les miroirs du fond reflètent les uniformes. Le maréchal me salue et son fin sourire semble me dire : « Vous n'êtes pas prête à mourir ! »

On donnait ce soir-là le ballet de *Cléopâtre*, qui depuis deux mois tenait en haleine l'admiration des Milanais et de la garnison française. La musique en était harmonieuse, les décorations splendides et le corps de ballet dansait avec ce brio et cet entrain dont j'ai parlé.

Les Italiens aiment beaucoup les danseuses, ils les contemplent comme de beaux bas-reliefs antiques, qui s'animeraient tout à coup ; ils s'en éprennent par ce sentiment passionné de la plastique, qu'ils ont plus que tout autre peuple ; la sensation gagne souvent le cœur et il n'est pas rare de voir un prince italien épouser une danseuse. La comtesse V..., mère d'un fils unique, officier jeune, brave, riche et intelligent, me disait un jour : « Je désire presque la guerre, pour l'arracher à l'oisiveté d'une garnison et à la tentation de devenir sérieusement amoureux de la Pocchini. » Les Français se contentent de payer et de dégrader les femmes de théâtre, les Italiens les aiment véritablement, trop peut-être ; qui oserait les condamner ? Quand l'amour, cette fleur rare, au parfum divin, est presque introuvable, la découvrir même dans les coulisses, a un certain charme. La façon dont elles sont aimées rend les actrices italiennes plus soucieuses de leur dignité que les actrices françaises, elles se gardent à une espérance. La déchéance des femmes est presque toujours produite par le mépris que l'homme fait de leurs sentiments.

Ce fut aussi avec le capitaine Yung que je visitai le lendemain l'église du Dôme. Un pâle soleil d'hiver éclairait la façade et détachait les détails merveilleux des pilastres, des aiguilles, des deux cent cinquante statues et des quarante-sept bas-reliefs en marbre blanc qui la décorent; les chiffres même de ces ornements attestent la grandeur de l'ensemble, et c'est pourquoi je les ai indiqués. En entrant dans la nef on est ébloui par son immensité qui frappe l'âme, pour ainsi dire, mais permet à l'œil de la mesurer d'un regard, tant les proportions en sont heureuses; les piliers gigantesques, mais sveltes et élancés à la vue, soutiennent la voûte puissante; les nefs latérales se marient harmonieusement à la grande nef et l'ombragent comme les branches pendantes d'une forêt. C'est en effet une forêt de marbre que cette cathédrale de Milan, forêt dont les cimes et les pousses légères et déliées percent la voûte et se dessinent comme fait le feuillage dans l'azur du ciel. Les grands vitraux du chœur répandent un jour voilé et recueilli qui porte à la prière. Au bas des deux gros piliers qui soutiennent la coupole sont deux chaires monumentales en bronze doré, couvertes de bas-reliefs; ces chaires sont soutenues par des cariatides colossales, à postures superbes. Nous nous arrêtons un instant devant la fameuse statue de l'*Écorché*, représentant saint Barthélemy, qui porte sa peau sur son bras. C'est d'une vérité repoussante comme un sujet de dissection. Sur le piédestal est cette inscription ambitieuse :

JE NE SUIS PAS L'ŒUVRE DE PRAXITÈLE,
MAIS DE MARCUS AGRATÈS.

Oh! pour cela non, pauvre saint hideux, ce n'est pas un Grec, amant de la beauté, qui t'a sculpté! Athènes n'aurait pas voulu de ces horreurs-là.

Nous faisons le tour du chœur où sont quelques belles tombes, puis nous descendons dans la chapelle souterraine, entourée d'une

grille, où repose le corps de saint Charles Borromée, revêtu de ses
habits pontificaux; la châsse en cristal de roche laisse voir le corps;
elle est ornée de figurines d'argent et de ciselures en vermeil; les
parois du caveau sont recouvertes de bas-reliefs d'argent; le jour
y tombe d'en haut par un soupirail grillé. Cette tombe est trop
somptueuse pour un saint. Elle fait songer aux sépultures des rois
de l'Asie. Je ne donne qu'un coup d'œil au trésor renfermé dans
l'une des deux sacristies. L'art n'a que faire de ces statues d'or et
d'argent massif d'une grande valeur pécuniaire, mais qu'on don-
nerait toutes pour une Vénus antique. Nous montons, à droite, l'escalier de quatre cent quatre-vingts marches, dont la saleté et la
puanteur révoltent, car malgré les interdictions d'ordures inscrites
en style très-cru sur les murs, et répétées de huit marches en
huit marches, comme un écho, cette tour du Dôme est un puits
fétide. Il faut en faire l'ascension en se bouchant le nez et en soulevant jusqu'aux genoux les robes flottantes. Enfin un peu d'air pur
nous arrive, l'ascension est terminée et l'on se trouve au pied de
la flèche centrale, couronnée d'une statue de la Vierge en bronze
doré. L'on a autour de soi un labyrinthe de terrasses, d'escaliers
et d'aiguilles dentelées; sur la pointe de chaque aiguille est juchée,
agenouillée ou debout, une figure d'ange ou de saint, abritée sous
des fleurs et des feuillages de marbre. C'est une nuée de bienheu-
reux, d'évangélistes et de martyrs. Adam et Ève sont parmi eux,
symbole de l'humanité protégée par Dieu. Nous errons dans le dédale des sculptures; puis nous considérons la plaine immense dé-
roulée à nos pieds. Milan étend d'abord la circonférence de ses
rues qui s'entre-croisent; les lignes de ses canaux sans accident de
terrain, sans grande saillie de monuments. Les allées d'arbres du
Corso serpentent comme un fleuve de verdure; on distingue çà et
là, quelques églises, les portes de la ville, les casernes et les fabriques des faubourgs. Ce qui frappe le plus dans ce coup d'œil à vol
d'oiseau, c'est la vaste place d'armes, entourée d'arbres et où s'é-
lèvent trois constructions bien distinctes; la vieille forteresse de
Milan aux murailles rousses et dorées; toute l'enceinte de défense
de la citadelle primitive a été successivement démolie, il ne reste
que le château intérieur, bâti en carré long, autrefois palais des
Sforce et des Visconti. Au nord-est, à droite du château, est l'amphithéâtre de l'arène, grand cirque moderne, destiné aux courses
de chevaux et aux naumachies. Des réservoirs d'eau remplissent à

volonté l'arène. Les gradins peuvent contenir trente mille spectateurs. Ce cirque fut construit durant la vice-royauté du prince Eugène. Aujourd'hui, il n'est ouvert aux spectacles qu'à de rares intervalles ; il sert ordinairement aux dépôts et aux manœuvres d'artillerie. Nous voyons d'en haut un régiment de cavalerie française, qui décrit des évolutions dans l'arène immense : on dirait des hommes et des chevaux lilliputiens. Derrière le château, et formant la porte de la grande route du Simplon, bordée de grandes allées d'arbres, s'élève l'*arc de triomphe de la Paix* ; il rappelle par sa grandeur, ses bas-reliefs, ses statues, l'arc antique de Constantin à Rome ; il fut élevé par François Iᵉʳ, empereur d'Autriche ; les figures allégoriques constatent les triomphes ou plutôt les traités de la Sainte-Alliance. La figure de la Paix est debout sur un char à six chevaux, qui sert de couronnement. Ces marbres commémoratifs et l'inscription en l'honneur d'une domination détestée, gâtent pour les Milanais et pour tous les voyageurs sympathiques à l'Italie, la beauté du monument.

« Après la bataille de Magenta, me dit le capitaine Yung, c'est par là que les Français sont entrés dans Milan ; en nous voyant venir, la garnison du château prit la fuite, nous abandonnant les armes, les canons, les poudres, les magasins d'équipement et plusieurs millions de florins. Chargé par mon général d'aller porter un ordre à la municipalité de Milan, j'arrivai un des premiers, à la tête de quelques camarades ; je fus témoin de l'expansion joyeuse et de l'ivresse bruyante de toute cette population, à qui nous apportions une délivrance inespérée : c'étaient des cris d'imprécation contre les soldats autrichiens qui se débandaient et traversaient la ville en courant ; c'étaient vers nous des bénédictions, des vivats, une pluie de fleurs lancées par les mains des femmes, qui agitaient des mouchoirs, entouraient nos chevaux et nous embrassaient en nous appelant leurs sauveurs. Oh ! la belle mêlée, l'heure sublime, récompense et couronnement de la victoire ! Quel contraste entre tous ces vivants qui nous bénissaient et le champ de bataille de la veille où nos frères morts gisaient sanglants et mutilés ! »

J'écoutais le capitaine Yung, tout en marchant à travers le labyrinthe des clochetons à jour, dont les saints et les saintes nous regardaient avec leurs calmes visages béats.

J'abaissai mes regards dans une autre direction et je vis à droite de la place du Dôme les lignes du palais royal moderne, avec sa gothique chapelle de Saint-Gothard, surmontée de son clocher en briques rouges, d'où s'élance un ange en cuivre qui sert de girouette; puis à côté, un peu en retour, le bâtiment sombre de l'archevêché. La brume nous dérobe une partie de l'étendue et l'horizon de la plaine où se groupe Milan. Cependant quelques rayons de soleil qui percent par intervalle les nuages, nous laissent entrevoir vaguement la grande chaîne des hautes Alpes et, plus près de nous, les terres cultivées, les vergers de mûriers, les parcs, les villas, disséminés dans la campagne, et les canaux d'irrigation qui baignent ces terres fertiles.

Comme nous nous disposons à descendre l'escalier glissant et puant de la tour, un chant patriotique italien monte vers nous; le capitaine Yung, qui me précède, me dit en riant : « Regardez, madame, voici des soldats autrichiens. »

Je baisse la tête dans la profondeur de la tour et je vois, en effet, quelques beaux jeunes gens aux yeux vifs, aux cheveux bruns, revêtus de l'uniforme jaune et noir, mais leur visage comme leur chant révèlent leur origine.

« *Siamo Italiani! Siamo liberi*[1]! s'écrièrent-ils, en passant près de nous. »

C'étaient des soldats lombards que, selon les capitulations, l'Autriche avait renvoyés dans leurs foyers; arrivés le matin à Milan, ils faisaient l'ascension du Dôme pour saluer la ville affranchie et étreindre, pour ainsi dire, d'un regard la patrie adorée. La joie éclatait sur leurs traits; je m'arrêtai un moment et levai les yeux pour les voir toucher de la main et se montrer tour à tour les saints de marbre préférés et bien connus. Ils avaient joué, enfants, parmi cette assemblée aérienne de figures mystiques; ils en avaient emporté le souvenir en exil, et à la première heure du retour, ils sentaient l'impérieux désir de les contempler. Le Dôme bien-aimé, c'était pour eux le pays tout entier; chaque ville d'Italie a son monument qui attache ses enfants et dont l'image les suit en exil : Pour les Milanais, c'est le Dôme; pour les Vénitiens, c'est la Piaetta, le palais des Doges, le Lion ailé, Saint-Marc, le Campanile, qui se groupent dans la mémoire comme un seul monument; pour es Génois, c'est la terrasse du port; pour les Florentins, la tour du Giotto; pour les Pisans, la tour penchée; pour les Romains, le

---

[1] Nous sommes Italiens! nous sommes libres!

Colisée; pour les Napolitains, ce n'est pas une construction humaine, c'est le Vésuve, colossal trépied que la nature a fait et dont la flamme les suit sur la terre étrangère.

La visite et l'ascension du Dôme suffisent à remplir une journée, je rentre à l'hôtel très-lasse et transie par le froid de plus en plus vif. Tandis que je me ramine au coin d'un grand feu, j'ai la visite de l'avocat Francia, ami de l'avocat Mancini, une des capacités (grâce à la législation autrichienne, on ne pourrait pas dire une des éloquences) du barreau de Milan. Sous ce gouvernement despotique, les plaidoyers des avocats étaient écrits et distribués aux juges qui les lisaient, s'édifiaient et prononçaient leur arrêt; la parole était interdite en matière correctionnelle comme en matière criminelle et politique; tout écho de la pensée au dehors, même d'une pensée de défense et de sauvegarde des individus, paraissait dangereux au gouvernement. Ceci donne un spécimen du despotisme autrichien; on peut mesurer la liberté d'un peuple au degré de liberté de parole qui lui est laissée. En Grèce, à Rome, dans l'antiquité, en Angleterre et aux États-Unis de nos jours, la liberté de parole est sans limite. C'est une source d'excès, de licences inouïes, de turbulences fiévreuses, mais c'est la vie, le mouvement; l'être humain s'affirmant dans le bien comme dans le mal. Les plus belles passions exagérées conduisent au crime. L'amour transformé en jalousie frénétique produit l'homicide; l'enthousiasme d'une idée peut aboutir à l'assassinat politique, voudrait-on pour cela supprimer l'amour et l'enthousiasme?

Malheur aux peuples muets et malheur aux gouvernements qui les réduisent au mutisme. Peuples et pouvoirs se décomposent à la fois dans la torpeur. La matière envahissante les gagne du cœur au cerveau; les arts, la littérature, l'héroïsme, le dévouement tombent de ces nations engourdies comme des fruits morts que l'arbre ne peut plus porter. Voyez comme se dissout la Turquie et comme se dissoudra l'Autriche!

L'avocat Francia est un beau vieillard, droit, robuste, actif, toujours au travail dès cinq heures du matin dans son cabinet de consultation; très-versé dans la littérature grecque et latine, et, je l'ai dit, légiste consommé; il a prêté ses conseils et ses lumières à la formation du nouveau code italien. Dès les premiers jours de notre connaissance, l'avocat Francia devint pour moi un ami, et son affection presque paternelle ne s'est jamais démentie. Ce soir-là nous parlâmes de Venise, puis de Vienne, où l'avocat Francia avait fait plusieurs voyages pour aller défendre, au centre même du gouvernement tyrannique, les intérêts de ses nobles clients de l'aristocratie milanaise, entre autres du duc Litta.

L'historien Cantù survint tandis que nous causions; les deux vieillards ne s'étaient pas vus depuis la libération de Milan; ils se regardèrent joyeux et surpris en s'écriant : *Quanti evenementi!* Comme les soldats lombards du matin, ils semblaient se dire : *Siamo liberi! siamo Italiani!* L'historien Cantù venait me proposer de visiter le lendemain la bibliothèque ambroisienne. J'acceptai avec empressement un guide aussi savant à travers ces trésors de l'érudition et de l'art.

Cette fameuse bibliothèque ambroisienne, qui contient cent mille volumes, sans compter les manuscrits et les palimpsestes, est aussi un musée. Les conservateurs de la bibliothèque ambroisienne sont encore des moines. Précédés d'un frère conservateur, nous traversons la salle d'étude où sont à peine quelques lecteurs. A l'heure qu'il est, la jeunesse italienne déserte le champ de la littérature et de l'art pour le champ de bataille. Nous nous arrêtons dans la salle des manuscrits. On nous ouvre la vitrine où sont les fameux cheveux de Lucrèce Borgia; je touche à cette boucle de cheveux blonds envoyée par elle au cardinal Bembo; je lis ses lettres où rien de sa nature violente et sensuelle ne se trahit : il est vrai qu'en répétant sans cesse au bien-aimé cardinal, dont la jeunesse fut si dissipée, qu'elle n'ose confier ses sentiments à ses lettres, elle laisse deviner quelle intimité les unissait; un confident qu'elle désigne est d'ailleurs chargé des messages plus secrets et plus explicites.

A côté des lettres de Lucrèce est un manuscrit de Virgile annoté par Pétrarque de son écriture régulière et serrée; il a écrit en marge de l'*Énéide* la mort de Laure. Je feuillette quelques autres manuscrits très-rares, mentionnés dans tous les livres de voyages et de guides.

Dans un cabinet voisin, sont des bustes en marbre de philosophes, d'historiens et de poètes. Je suis agréablement surprise de retrouver parmi eux le buste de lord Byron que j'avais tant admiré au palais de Sydenham, à Londres. C'est au sujet de ce buste qu'une femme que le grand poète a beaucoup aimée m'écrivait : « Cherchez à Sydenham le buste que Thorwaldsen a fait du plus « beau de tous les hommes; Thorwaldsen était un artiste de génie,

« et, quoique la beauté de lord Byron fût d'un ordre si élevé, que
« ni le pinceau, ni le ciseau, n'ait jamais pu la saisir, car, par
« l'expression de son grand génie et de sa belle âme, cette beauté
« devenait presque surnaturelle; toutefois, le sculpteur éminent
« l'a interprétée mieux que tout autre, et a pu faire passer dans
« son marbre quelque rayon de cette ravissante beauté. Quant à
« un autre buste fait par Bartolini, ne le regardez même pas; c'est
« une honte pour l'artiste, homme de talent, mais sans idéal. Vous
« savez ce que dit Shakespeare dans *Hamlet* :

> .... That was to this
> Hyperion — to a satyr. »

Éclairé par en haut dans ce beau cabinet de la bibliothèque ambroisienne, ce buste me frappe encore plus que la première fois que je le vis. Il a quelque chose d'inspiré et d'olympien qui rappelle l'Apollon du Belvédère. Le front de Child-Harold resplendit de la jeunesse immortelle d'un dieu. Ce marbre fait comprendre la beauté irrésistible de Byron. Singulière fortune; il appartenait, il y a quelques années, à un cordonnier de Milan qui chaussait le sculpteur Thorwaldsen; l'artiste n'ayant pu payer ses bottes, avait donné son œuvre au cordonnier. Avant de le léguer en mourant à la bibliothèque ambroisienne, le cordonnier envoya ce buste à l'exposition de Londres. Je m'arrache à regret à la contemplation de cette image rayonnante qui fait revivre Byron. Nous passons dans la grande salle où, sur la frise servant de couronnement aux rayons des livres, sont alignés les portraits de tous les grands hommes de l'Italie. Dans une salle à côté est la fresque magnifique de Luini représentant Jésus couronné d'épines. Les peintures de Luini sont celles qui m'ont le plus émue en Italie; elles ont la pureté et l'idéal de l'art antique. Plus vrai et tout aussi correct que Raphaël, ce grand peintre milanais n'occupe pas le rang qu'il mérite dans l'histoire de l'art; il est une des erreurs et des injustices de la postérité.

Je vais de salle en salle, trouvant partout des fresques, des toiles et des dessins merveilleux. Il faudrait plusieurs mois pour bien les voir et pour bien les décrire. Dans la galerie de tableaux est le fameux carton de l'école d'Athènes par Raphaël qu'il exécuta entièrement lui-même. C'est une des œuvres les plus puissantes et les plus parfaites du maître. Il s'y révèle dans toute la maturité de son génie. Ce carton est supérieur au tableau des chambres du Vatican auquel les élèves de Raphaël mirent la main. Dans un cabinet attenant, sont des Breughel d'un fini inouï, plus beaux que tous ceux que j'ai vus en Hollande. Frédéric Borromée avait un jour écrit à ce peintre : « Envoyez-moi tout ce que vous faites de bon. » Le crucifix et le bénitier en argent, décorés de miniatures de Breughel qui étaient à la tête du lit du cardinal, se trouvent aussi dans ce cabinet. Ce sont de ces raretés exquises qu'on envie et qu'on voudrait dérober pour les contempler à loisir dans quelque chambre bien close. Je m'arrête ravie dans la salle où sont les cartons de Léonard de Vinci, esquisses rapides du génie, parmi lesquelles se trouvent des caricatures pleines de verve. Ces cartons sont une mine inépuisable pour les artistes et même pour les poëtes, qui peuvent s'inspirer de ces têtes si nobles, de ces corps aux attitudes divines, de ces paysages esquissés d'un trait, coins choisis de la nature auxquels la pensée s'attache, de ces groupes d'architecture aussi beaux que les ruines dans la campagne de Rome.

Le froid est enfermé dans toutes ces vieilles salles en compagnie des chefs-d'œuvre ; il est si intense que, pour résister à son atteinte, je frappe des pieds et souffle dans mes doigts, comme les fossoyeur du Campo-Santo de Turin ; au dehors, l'atmosphère est moins âpres Nous allons visiter les belles ruines antiques des thermes d'Hercule. Ces seize colonnes d'ordre corinthien qui faisaient partie du péristyle des thermes, seraient d'un effet superbe dans la campagne ; mais, bornées par la rue et formant une sorte de façade à l'église Saint-Laurent, qui leur intercepte la lumière, et le fond du ciel, elles perdent de leur proportion grandiose et de leur élégance. Dans l'intérieur de l'église, on reconnaît encore plusieurs traces des thermes antiques. En quittant Saint-Laurent, nous passons les anciens remparts avec leurs vieilles portes qui fermaient autrefois la ville. Au pied de ces remparts serpente le canal qui vient du Tessin et du lac Majeur. Nous allons à Sainte-Marie delle Grazie ; c'est dans le réfectoire du couvent attenant à cette église que se trouve la célèbre fresque de Léonard de Vinci. Sur la porte du cloître, où s'ouvrent les cellules et les salles, transformées en caserne, nous rencontrons des soldats français qui fument au soleil ; d'autres étendent du linge dans le préau ; quelques-uns regardent curieusement les restes des fresques des murailles et cherchent à en ressaisir les figures écaillées. Nous passons à gauche, sous la colonnade du cloître, et nous entrons dans la longue salle du réfectoire où est la *Cène* de Léonard. Après avoir servi de magasin à fourrage et d'écurie, cette salle est aujourd'hui propre et close. Milan a fini par prendre souci de son chef-d'œuvre. Une belle Italienne est là ; elle ouvre la porte aux visiteurs, leur vend fort cher la photographie de la fresque, et donne aux Anglais en voyage les explications qu'ils demandent sur toutes choses. Je regarde, attentive, cette merveilleuse composition que le temps efface chaque jour. A quelques figures, la ruine ajoute des beautés et des effets de couleur inespérés ; celle de Judas, qui regarde Jésus-Christ, comme l'envie regarde la gloire, est plus sinistre sous la couche verdâtre que l'humidité lui a faite. Un jour, ce réfectoire fut inondé ; l'eau s'en alla par évaporation de l'enceinte fermée ; mais l'on peut penser le ravage qu'elle y fit. La tête de Jésus semble intacte ; elle rayonne encore au milieu des autres têtes assombries. En face de cette fresque en est une autre, ouvrage d'un élève de Léonard de Vinci : deux figures historiques, un duc et une duchesse de Milan, faisant partie de cette composition, ont été peintes par le maître. Nous entrons dans l'église attenante au cloître, et dont les murs extérieurs sont en briques rouges ; là sont encore deux belles fresques ; les chapelles latérales sont surchargées d'ornements.

Nous nous rendons ensuite à la vieille église de Saint-Ambroise, du quatrième siècle, aussi en briques rouges : c'est de cette église que saint Ambroise repoussa l'empereur Théodose. Elle a trois nefs et une admirable chaire en marbre, portée par huit arceaux, sorte de terrasse où le prédicateur peut se mouvoir, gesticuler et marcher à l'aise, aidant ainsi par la pantomime aux effets oratoires. Un grand bas-relief, représentant l'*agape*, décore cette chaire monumentale ; le maître-autel est orné d'un *paliotto*[1] en or, du neuvième siècle, merveilleusement ciselé. C'est à cet autel que saint Augustin fit son abjuration publique. Plusieurs rois de Milan ont été couronnés à Saint-Ambroise. Après cette dernière exploration, l'historien Cantù me quitte pour aller à l'Académie de Milan, dont il est un des habitués ; il me laisse dans la rue *dei Maroni* où habite Alexandre Manzoni, à qui j'ai fait la veille annoncer ma visite :

« Il sera peut-être à l'Académie ? dis-je à Cantù.

---

[1] Devant d'autel.

— Non, vous le trouverez chez lui, répliqua-t-il. A l'exemple de vos grands poëtes de l'Académie française, Manzoni ne se montre guère à nos séances que les jours d'élection. »

Je franchis la porte du poëte avec émotion; je traverse la cour, on me fait entrer dans une petite bibliothèque précédée d'une étroite antichambre qui s'ouvre sur le perron ; la maison est silencieuse et glacée, elle a des airs de cloître comme toutes les maisons de Milan. Les deux fenêtres de cette bibliothèque (cabinet de travail d'Alexandre Manzoni) donnent sur un petit jardin, dont les arbres et les arbustes sont dépouillés par l'hiver; les fleurs des plates-bandes ont disparu sous la neige qui est tombée les jours précédents, et qui scintille en ce moment sous un rayon de soleil perçant les nuages; quelques rosiers du Bengale dressent leur tête à travers les frimas ; leurs pâles fleurs s'y épanouissent comme un sourire. Entre les deux fenêtres se trouve une console sur laquelle est placé le buste en marbre du professeur Grossi, qui fut un des amis les plus chers de Manzoni; en regard, au-dessus d'un des rayons de la bibliothèque, qui couvrent toutes les parois, est une belle copie d'une tête de Christ de Léonard de Vinci, faite par la marquise d'Azzeglio, fille de Manzoni, et que la mort prit bien jeune à son père désolé. Le bureau où écrit le poëte est en face d'une étroite cheminée, ayant de chaque côté une petite porte. Alexandre Manzoni arrive par celle de droite presque aussitôt que je suis introduite; il me tend la main avec bonté, et je presse attendrie cette main vénérable. J'ai devant moi un beau vieillard [1] de taille haute et droite ; sa tête fière, aux traits réguliers, au front inspiré, que de soyeux cheveux blancs couronnent comme une auréole de pureté, a une ressemblance frappante avec la tête de Chateaubriand ; mais l'expression en est plus douce et plus affable. En lui, cette tête puissante sied à sa taille élevée, tandis que la tête de Chateaubriand était trop forte pour son petit corps. Le noble vieillard me fait asseoir au coin du feu, sur un fauteuil recouvert de crin noir, et s'assied lui-même en face de moi sur une chaise ; pour garantir ses yeux de la flamme qui pétille dans le foyer, il place devant lui un vieil écran en soie jaune, forme du premier Empire ; il m'offre un écran de taffetas vert posé sur la cheminée.

[1] Alexandre Manzoni avait à cette époque (novembre 1859), soixante-quinze ans.

Je lui fais hommage du petit volume de mes quatre poëmes couronnés par l'Académie française.

« Vous ne m'étiez pas inconnue, me dit-il, j'ai là un livre de vos poésies où se trouve la traduction de mon *Chœur d'Hermengarde.* » Et il se lève pour me montrer le volume. Il parle le plus pur français sans aucun accent, et ses lettres imprimées, à M. Fauriel, ont prouvé qu'il écrivait notre langue comme un maître du dix-septième siècle; il me dit son admiration pour cette belle langue française si claire et si précise.

« L'unité de votre langue que l'Alsacien, le Gascon et le Normand instruits écrivent tous de même, sans désaccord sur l'élégance et la propriété des termes, a fortifié, me dit-il, votre unité comme nation; ce qui me préoccupe sans cesse, c'est de savoir, le jour où l'unité de l'Italie sera faite, quel italien nous parlerons, et surtout nous écrirons. Moi, je suis pour le pur toscan, si harmonieux, si concis, et pourtant si plein d'images; j'ai récrit patiemment à Florence tous mes *Promessi sposi*[1] : on m'accuse de les avoir gâtés. Mais je crois que je suis dans le vrai, que c'est bien là le pur italien et notre véritable langue mère. L'enfant de ma fille avait une nourrice que je faisais parler, et j'écrivais, sous sa dictée, pour ainsi dire ces belles expressions et ces phrases toscanes, dont l'Italie du Nord a perdu la tradition. Les journaux de Milan, de Turin, de Gênes et de Bologne sont écrits dans un jargon barbare, qui me révolte l'esprit quand je les lis tout bas, et l'esprit et l'oreille quand je les entends lire.

— Toutes les beautés de la langue italienne se produiront après l'unité et la grandeur de votre patrie, lui dis-je, et cette formation d'une Italie nouvelle devient de jour en jour plus certaine.

— Grâce à la main de la France, reprend Manzoni, de la France qu'on ne peut habiter, ainsi que je le disais à Fauriel, sans éprouver pour elle quelque chose de l'amour de la patrie et qu'on ne peut quitter sans ressentir les impressions de l'exil; grâce aussi, poursuivit-il, à la générosité de votre Empereur que j'aime et à qui j'ai voué une reconnaissance sans bornes : il y a si peu d'hommes politiques généreux. Vous devez le bénir et l'aimer en France; qu'étiez-vous au-dehors avant qu'il prît le pouvoir; il a relevé votre drapeau et votre influence.

---

[1] Le beau roman des *Fiancés.*

— Mais, hélas! au dedans plus de liberté, lui dis-je, je vous avoue que l'absence d'une tribune indépendante et d'une presse libre m'affligent chaque jour.

— Il faut en accuser ceux qui ont précédé au pouvoir l'empereur et non lui-même; de quoi n'avez-vous pas abusé en France? vous avez donné le droit au monde entier de dire que vous n'étiez pas faits pour la liberté, car sitôt que vous la saisissez vous la profanez. Sans votre heureuse unité territoriale, sans l'héroïsme de votre armée, sous tous les régimes, vous auriez été vingt fois morcelés, et cela dans tous les siècles. Il vous faut une main ferme pour vous régir, tout esprit sérieux doit convenir de cette vérité historique. Lorsque cette main est modérée et généreuse, vous devez l'accepter comme une nécessité; il y va de la puissance et de la gloire de la France.

— Vous faites trop bon marché de la liberté pour nous, répliquai-je; quoi! tant de sang français aura coulé pour elle, tant d'écrivains, tant de philosophes auront médité et souffert pour la fonder, tant de martyrs seront morts en la proclamant pour en arriver au pouvoir absolu et au bon plaisir d'un seul!

— Je vous comparerai volontiers, reprit en souriant Manzoni, à ces riches prodigues qui répandent sans compter leur fortune autour d'eux et demeurent dans le dénûment. Il est certain que la France a répandu la liberté dans le monde, mais il est évident que jusqu'ici elle n'a pu l'asseoir chez elle.

— Son jour viendra, repartis-je; laissez cette espérance aux poëtes et aux penseurs; ne la partagez-vous pas vous-même?

— Je préfère pour la France, que j'aime, un pouvoir fort et régulier, comme celui qui vous gouverne, aux crimes, à la déraison et à l'hypocrisie libérale des pouvoirs qui l'ont précédé; qu'étiez-vous sous Louis-Philippe? Les prétendues doctrines de Thiers et de Guizot soulèvent ma conscience, ils peuvent être honnêtes comme hommes privés, qui oserait dire qu'ils l'ont été lorsqu'ils ont gouverné? De quels moyens se sont-ils servis, qu'étaient sous leurs ministères, ce que vous appelez votre tribune indépendante et votre presse libre! Ils achetaient les journaux à beaux deniers comptants, ils payaient les votes des députés par des places et des faveurs. Ce gouvernement constitutionnel que vous regrettez n'était qu'une fiction malsaine.

— Je ne nie pas les abus, repris-je, mais du moins la discussion était permise; quelques voix fières protestaient dans la Chambre et dans les journaux. Les cris du juste et de l'honnête frappaient la corruption ; c'était encore le mouvement et la vie[1].

— Il faut, reprit le sage Manzoni, juger un arbre à ses fruits. Quels fruits ont produits les hommes de ce régime bâtard? ils ont déraciné toutes les convictions parce qu'ils n'en avaient aucune. Voyez aujourd'hui comme leur esprit flotte à tous les vents. Quelle attitude ont-ils dans la question italienne? renier une seule des déductions logiques d'un principe n'est-ce pas avouer que ce principe n'existe pas. Pour les chefs orléanistes, le libéralisme n'a été qu'un drapeau de parade arboré par l'intérêt et la vanité. Je vous ai nommé Thiers et Guizot, j'aurais pu vous nommer d'autres de leurs condisciples politiques; je les ai connus révolutionnaires fougueux sous la Restauration ; alors, leur amour de la liberté ne se bornait pas à la France et à la durée d'un règne ou d'un pouvoir qu'ils espéraient diriger, ils voulaient, disaient-ils, l'indépendance pour le monde entier et plus particulièrement pour nous, Italiens, fils comme eux de la mère latine; leur ardeur allait jusqu'aux conspirations secrètes. Mais aujourd'hui que notre révolution s'accomplit avec sagesse et justice, ils se proclament nos ennemis, et vous voulez, poursuivit-il, que je préfère de tels hommes à l'Empereur ? lui du moins s'est souvenu d'avoir été le frère et l'associé des libéraux italiens; devenu tout-puissant il nous a tendu la main.

— Vous m'avez mal comprise, lui dis-je, ce ne sont pas les hommes du règne de Louis-Philippe que je regrette, mais la liberté, la liberté que j'ai crue triomphante à leur chute.

— Vos factions et vos divisions ont bien vite dissipé cette liberté que vous poursuivez comme un mirage, répliqua le poëte.

— C'est triste et fatal, repartis-je, mais parlons de vous et des justes espérances de l'Italie : est-il vrai, comme l'ont annoncé plusieurs journaux français, que l'Empereur soit venu vous faire visite à son passage à Milan ?

— C'est là un petit roman inventé par la presse parisienne, je n'avais aucun droit à ce grand honneur, ajouta-t-il avec cette humilité naïve du génie qui est une des qualités caractéristiques de ce noble et saint Manzoni. Je n'ai vu l'Empereur ici qu'au milieu des béné-

---

[1] Depuis cette conversation (novembre 1859) la situation politique s'est détendue, plus de liberté a été laissée à la discussion en France. Ces pages que je puis écrire et imprimer en font foi !

dictions et des acclamations de la foule; s'il m'avait appelé auprès de lui, j'aurais été heureux de le bénir comme le sauveur de mon pays. Je l'ai dit encore l'autre jour au maréchal Vaillant. Tenez, ajouta-t-il, voilà le portrait du maréchal, entouré de ses aides de camp, qu'il m'a donné lui-même, — et il me montra une photographie où le maréchal revivait avec sa physionomie expressive et fine.

— Le maréchal, lui dis-je, m'a empêchée en riant de lui parler de Venise; j'aurais voulu l'entraîner sur ce terrain.

— Venise, reprit Manzoni, est une des douleurs de ma vie; je vous ai dit ma respectueuse et profonde reconnaissance pour l'Empereur, et cependant la paix de Villafranca fut pour moi un coup terrible; je ne voulais pas y croire; mais j'espère encore dans le bras de la France, il ne se retirera pas de nous.

— Espérez surtout en vous-même, repartis-je, depuis cette paix inattendue qui aurait pu vous abattre, vous vous êtes montrés forts et unis; l'annexion des provinces du centre et de la Toscane va s'accomplir. Rome suivra malgré l'entêtement du pape et de ses conseillers.

— Je courbe humblement la tête devant le Saint-Père, et l'Eglise n'a pas de fils plus respectueux que moi, répliqua le grand poëte, dont la belle tête resplendit d'un reflet de sainteté. Mais pourquoi confondre les intérêts de la terre et ceux du ciel? Le peuple romain en demandant son émancipation est dans son droit; il est des heures pour les nations comme pour les gouvernements, où il ne faut pas s'occuper de ce qui convient, mais de ce qui est juste. »

A ces derniers mots, je serrai avec vénération la main du sage qui me parlait. Il ajouta avec bonté, me voyant prise d'un accès de toux inextinguible: « Vous souffrez et je vous fais parler. Voulez-vous que je vous envoie un médecin, il y en a de très-habiles à Milan?

— Voilà trois ans que cette toux dure; les nuits de travail et les courses à travers les pluies de Paris ont ruiné ma forte poitrine; j'espérais guérir en Italie, mais Milan est plus froid que Paris; d'ailleurs, quand la machine humaine est brisée, on remonte difficilement son rouage.

— Les écrivains ont en France une existence fiévreuse, dont je ne m'explique pas bien la nécessité, reprit le vertueux Manzoni. Ils ne savent pas vivre en repos, recueillis et satisfaits, poursuivit-il en souriant, de la médiocrité dorée d'Horace. Voyez Lamartine : il oublie la muse qui l'inspirait si bien dans les calmes et beaux loisirs de sa jeunesse ; il renie, lui aussi, notre Italie où il a fait ses meilleurs chants, il la veut morcelée ; il demande pour elle une confédération, oubliant que c'est sa division en petits Etats qui l'a perdue durant tant de siècles, en la livrant sans défense à la tyrannie et à l'étranger ; Lamartine dit tout cela dans je ne sais quels écrits passagers, hâtifs, sans profit pour sa gloire, si ce n'est pour sa fortune ; quelle satisfaction peut donc trouver un poëte à mener le train d'un prince, quand c'est aux dépens de sa tranquillité ? La recherche du luxe et de la richesse est incompatible avec le calme et la dignité des lettres. Vivre de peu est une des conditions de la santé morale et physique.

— Je vous assure, lui dis-je tristement, que je me suis toujours contentée de ce peu dont vous parlez, et que ce peu n'a jamais atteint pour moi la médiocrité d'Horace. Née dans un palais provençal, que les plus beaux de Gênes m'ont rappelé, j'ai habité sans chagrin et sans regret, à mon arrivée à Paris, le plus humble des logis du quatrième étage d'une maison sombre ; la poésie et ses espérances embellissaient tout ; mais enfin il fallait vivre ; il fallait gagner le pain de chaque jour, dans cette mêlée de littérateurs et de journalistes qui traitent tout nouveau venu en ennemi ; le métier des lettres (comme on en est arrivé à nommer cette glorieuse profession de l'écrivain et du poëte, qui, dans l'antiquité, était presque un sacerdoce), est aujourd'hui le plus misérable et le plus meurtrier des métiers. Pour quelques triomphateurs combien de victimes ! Le mal et la lutte ont commencé en 1830 et, depuis lors, n'ont fait que s'accroître ; le développement excessif du journalisme en est la principale cause. C'est dans un journal et non dans un livre que doit se produire, pour être lue, toute œuvre littéraire ; de là, la nécessité impérieuse pour un auteur d'être protégé et patroné par les directeurs des journaux, c'est-à-dire enrôlé sous leurs ordres ; de là aussi, l'abdication de la fierté de l'écrivain et la mutilation de sa pensée ; pour avoir sa petite place au soleil, j'entends la possibilité de vivre du gain de son travail, il faut subir toutes les exigences d'un directeur de journal, s'assouplir à son esprit, se courber aux fluctuations de ses doctrines, et même se tailler à la mesure de ses colonnes, se modeler enfin au goût de ses lecteurs, goût banal et dont le niveau s'abaisse de jour en jour. Qu'on m'amuse et qu'on m'étonne! voilà le cri de la foule distraite et affairée. Les journaux recrutant leurs nombreux abonnés dans cette foule illettrée, ils sont forcés de la divertir, sous peine de la voir déserter leurs bureaux. Les jeux violents que le peuple de Rome exigeait autrefois de ses maîtres, le peuple de Paris les exige aujourd'hui des romans-feuilletons. La littérature contemporaine n'a pas su élever le peuple jusqu'à elle, mais s'est abaissée jusqu'à lui; de là les côtés grossiers, les effets heurtés, l'absence de style, les passions sans vraisemblance, sans nuance, sans vérité de ces récits improvisés. Frapper, surprendre, épouvanter par des peintures excessives, est devenu la préoccupation sans trêve de ce bataillon essoufflé des écrivains au jour le jour; le plus inventif, n'importe la qualité de l'invention, se maintient à son poste et le dispute de par le succès (et quel succès, bon Dieu!) à qui tenterait de s'y glisser. En 1835, lorsque j'arrivai bien jeune à Paris, cette triste situation des lettres commençait, depuis lors elle n'a fait qu'empirer.

— Je me doutais un peu, interrompit Manzoni, de la triste condition de la littérature en France, aux ouvrages que vos journaux publient; mais parlez-moi de vos débuts, de vos efforts pour vous faire jour; je vous écoute avec intérêt.

— Je me jetai d'abord dans la mêlée avec toute l'ardeur et la foi de la première jeunesse; il y avait encore à cette époque des directeurs de journaux intelligents et polis, qui prenaient la peine de lire les manuscrits qu'on leur apportait, et ne s'en remettaient point du soin de les juger au dernier de leurs employés. M. Emile de Girardin m'accueillit avec bienveillance à la *Presse*, et y publia mon premier roman [1]; il y avait dans les grands journaux des rédacteurs lettrés et hommes de goût, qui ne traitaient pas la poésie de chose vaine et fastidieuse, et, parmi eux, je dois vous nommer, avec reconnaissance, M. Louis Alloury, du *Journal des Débats*; M. Edouard Monnais, du *Courrier Français*; M. Charles Merruau, du *Constitutionnel*; M. de Chambolle, du *Siècle*; M. Bonnaire, de la *Revue de Paris*; M. Amédée Pichot, de la *Revue Britannique*; mais à mesure que je redoublai d'efforts et de soins pour mieux faire, je m'aperçus que les éloges accordés à mes premiers vers étaient refusés à des œuvres moins imparfaites;

[1] *La Jeunesse de Mirabeau.*

l'indifférence et le silence des critiques frappaient ces œuvres de mort. A quoi bon, m'objectait-on, parler de livres que le public ne voulait pas lire; l'intérêt de la foule n'était plus à la poésie, il ne s'éveillait que pour la politique, l'industrie, les questions financières et quelques romans dramatiques et émouvants, qui encore devaient céder le pas aux causes célèbres et aux scandales publics; pour moi, comme pour bien d'autres, l'horizon se rétrécissait, au moment où j'avais droit peut-être à plus d'espace et à plus d'échos; déjà je comprenais que pour persister dans la carrière des lettres et pour y gagner sa vie, ce n'était plus un combat à livrer, mais une mine à creuser jour par jour, sans jamais voir devant soi la lumière apparaître, sans découvrir enfin le trésor enfoui. Le corps s'épuisait à ce travail, l'esprit s'y obscurcissait, le cœur y saignait, et je ne sais quoi de noir, de desséchant et de funèbre, imprégnait tout l'être, comme fait la poussière malsaine qui s'attache à la peau des mineurs.

« Les veillées de labeur, où rayonnaient quelques éclairs d'inspiration, étaient les heures douces. Mais quand le jour revenait, et qu'à travers le brouillard et la pluie de Paris il fallait porter aux journalistes, aux libraires ou aux directeurs de théâtres, le travail achevé, alors l'angoisse commençait. Que de courses infructueuses! que d'heures perdues! comme on manquait brutalement le rendez-vous qu'on vous avait fixé! Quelle place occupiez-vous dans ce monde parisien (où l'on mesure le talent à l'importance de la position et de la fortune), pour qu'on tînt compte de votre venue? Repassez un autre jour, peut-être rencontrerez-vous un de vos juges omnipotents!

« Le retour au logis était triste, découragé; mais il fallait bien recommencer le lendemain les démarches vaines de la veille. Si vous aviez été la fille ou la femme de quelque directeur de journal, une princesse italienne sur le déclin, une grande dame à bout d'aventures et écrivant ses romans, un homme politique en disponibilité, qui, ne pouvant plus faire de longs discours aux deux Chambres, fait des feuilletons et des chroniques galantes, on aurait eu quelque intérêt d'argent ou de vanité, d'association et de camaraderie, à vous produire ou à vous louer. Mais vous, sans crédit pour placer les actions d'un journal qui se fonde ou pour appuyer la subvention d'un journal qui prospère, sans un salon pour réunir les ambitions et les amours-propres, les mettre en lumière et les faire s'entr'aider, quel droit avez-vous à ce qu'on vous fasse place ?

« Cependant j'allais toujours, poussée par la nécessité; je marchais sans trêve comme le Juif errant de la légende ! L'heure finissait par arriver pour moi, où l'un des trois grands juges de la littérature parisienne se faisait visible. En hiver, époque où un manuscrit a quelque chance d'être accepté, le libraire vous reçoit dans son cabinet, debout devant son feu, les pouces dans son gousset ou jouant avec les chaînes de sa montre, trop pressé pour être assis ou pour vous dire de vous asseoir. La courte entrevue qu'on obtient de lui est vingt fois interrompue par des commis qui vont et viennent pour en recevoir des ordres.

« On lui demande avec émotion s'il a lu le manuscrit qu'on lui a laissé depuis un mois :

« — J'en ai trois cents à lire, réplique-t-il ; tenez, voyez plutôt : et il entr'ouvre un ou deux des cartons verts placés sur son bureau, pour vous convaincre. Je suis résolu à ne plus acheter que les *noms*, ajoute-t-il, les grands noms des gros bonnets de la politique ou de la littérature, des maîtres du feuilleton.

« — Mais si vous lisiez mon livre et le trouviez bon ? objecte l'auteur.

« — Ai-je le temps de lire !..... Qu'un grand journal vous publie; obtenez un succès d'éclat dans quelque feuille répandue, et comptez sur moi. »

« Un commis vient avertir le libraire qu'un ex-ministre est là et demande à lui parler.

« — Vous voyez bien, reprend-il, en vous reconduisant à la porte, et le plus souvent en ne vous reconduisant pas, vous voyez bien que je n'ai pas une minute; revenez, si vous paraissez en feuilleton; pour aujourd'hui, je ne puis faire faire antichambre à M... en voilà un qui se vend bien ! »

« L'auteur, éconduit et impatienté, réplique avec justice :

« — Quoi ! ces pastiches incolores, sans style, sans intérêt, se vendent ?

« — Le faubourg Saint-Germain n'aime que ça[1]. »

« On sort les joues empourprées par la colère et par le feu flambant du libraire. La pluie tombe fine et froide; elle pénètre jusqu'aux os, mais on n'y pense pas; il faut marcher encore. Dans

[1] Je suis heureuse d'excepter de cette critique, l'excellent, intelligent et courageux éditeur de ce livre.

ce métier de lutteur, le découragement équivaut au suicide.

« C'est l'heure où l'on est certain de rencontrer les directeurs des journaux à leurs bureaux, ou corrigeant les épreuves de leur premier-Paris. On arrive : celui dont le journal a peu d'abonnés, ou dont l'article est mal venu, se dédommage à coups d'importance : il referme brutalement la porte qu'un garçon de bureau a entr'ouverte, en disant votre nom ; il s'écrie avec colère : « Je n'y suis pas !...... » Les plus affables vous font prier d'attendre ; on attend dans une salle où le menu fretin des rédacteurs travaille ou flâne autour d'une table à tapis vert où sont les journaux français et étrangers. Ces messieurs, tous le cigare à la bouche, disent des quolibets et ne se lèvent même pas, quand vous entrez, pour vous offrir une chaise. On s'assied dans un angle ; on prend un journal pour avoir une contenance ; on a les pieds mouillés, la tête en feu et le dos glacé par une porte qui s'ouvre à chaque minute. Enfin le directeur vous reçoit ; il vous promet de faire examiner votre manuscrit ; mais, eussiez-vous fait un chef-d'œuvre, dit-il, vous ne pourrez passer avant longtemps ; le feuilleton a de la copie pour plus d'un an. On veut donner quelques détails sur l'ouvrage qu'on apporte ; on pense qu'on pourrait toucher et convaincre son juge et en obtenir une espérance. Un interrupteur survient et l'on sort n'emportant que le doute.

« Un directeur de théâtre est plus invisible encore : c'est comme un souverain de l'Asie trônant derrière les voiles des coulisses. Enfin on pénètre aux entours de ce grand nabab ; un huissier vous reçoit : « Monsieur est en comité ou à la répétition, vous dit-il ; attendez ou revenez dans huit jours. » On prend patience, on reste ; on se distrait en voyant passer les acteurs et les actrices qui fredonnent, s'interpellent gaiement ou échangent des railleries sur leur directeur. Les uns vous regardent curieusement ; les autres, avec bienveillance et intérêt, se souvenant des misères de ce monde artiste qu'ils ont endurées. Le cabinet du directeur finit par s'ouvrir ; il vous reçoit avec politesse ; il prend le cahier que vous lui tendez et lit le titre de la pièce et le nom des personnages.

« — Quoi ! une comédie en vers, s'écrie-t-il ; mais vous savez bien qu'on ne veut plus de vers ! Votre principal personnage est une femme, une femme de quarante ans.

« — Oui, un rôle fait en vue de mademoiselle ***.

« — Jamais elle ne le jouera ; elle m'a refusé le rôle de la comtesse, dans *le Mariage de Figaro*, et m'a demandé celui de Chérubin.

« — Mais si le rôle est piquant; si la femme est encore belle dans ce rôle?

« — Mademoiselle*** a quarante ans sonnés, reprend le directeur; jouer un rôle de cet âge! vous n'y pensez pas; ce serait donner au public son extrait de naissance. »

« On se hasarde à dire :

« — Mais cette objection n'est pas sérieuse!

« — Essayez de la vaincre, réplique le directeur; d'ailleurs, j'ai un comité; vous passerez par lui, c'est dans les règles; il décidera. Je m'en lave les mains. »

« Le directeur, à ces mots, donne un coup de sonnette, et vous fait ainsi comprendre qu'il est temps de sortir. On hésite à lui laisser son œuvre; on pressent l'enterrement de ce pauvre enfant de son esprit, conçu dans les veilles, enfanté douloureusement, caressé avec amour à son éclosion et qui va à jamais s'ensevelir dans la fosse commune d'un grand carton vert !

— Oui, ce doit être ainsi, répliqua Manzoni; on sent la vérité dans ce que vous dites; mais enfin tout n'a pas été déceptions et peines pour vous dans le métier des lettres? j'ai vu votre nom cité avec éloge dans plusieurs journaux et vous n'en êtes pas restée à vos premiers volumes.

— De temps en temps, repris-je, une éclaircie se fait dans le sombre tissu des jours qui se précipitent fiévreusement; quelques articles sont publiés, mais écourtés, mutilés et taillés à la mesure de la feuille qui les insère; quelques volumes à bon marché, donnant droit à quelques centimes par exemplaire, paraissent chez un libraire; une pièce de théâtre est reçue à correction; on la retouche, on gâte l'inspiration première, dans l'espérance de voir poindre enfin la terre promise de la représentation, et si l'on parvient à ce jour désiré, le caprice d'une actrice, qui part tout à coup pour une tournée en province, suspend votre œuvre au moment même où le public la goûtait[1]. Je vous fais grâce des blessures et de l'angoisse que la publicité fait subir, en France, à la femme qui écrit; de la légèreté et de l'injustice des critiques de grands journaux; des grossièretés et des calomnies déversées chaque matin

---

[1] Comme cela arriva pour ma comédie de *la Jeunesse de Gœthe* représentée au théâtre de la Renaissance.

par la petite presse, comme les rosées pestilentielles de certains pays marécageux. Depuis qu'ils ont peur de toucher au pouvoir, les folliculaires redoublent d'outrages et d'invectives infamantes contre les littérateurs et les artistes. Je disais un jour à un rédacteur du *Figaro*, qui me fit l'injure de me faire visite : « — Puisque vous prétendez que c'est le courage qui vous pousse au pamphlet, pourquoi donc n'en faites-vous pas un qui vous fasse envoyer quelques mois à Mazas. » Il me répondit en riant :

« — Oh ! la prison, c'est trop triste : on y perd son esprit. »

« Pour en finir avec cette anxieuse histoire d'une femme contrainte à chercher sa place dans cette cohue de la littérature française, lorsque, meurtrie par l'insulte, abattue par l'effort, malade de corps et d'âme, elle en arrive, l'année révolue, à faire l'addition du gain de son labeur, elle constate avec effroi, qu'à ce travail qui l'abaisse et la tue, elle a gagné deux ou trois mille francs. C'est trop peu pour elle et pour un enfant. Alors elle se décide à faire de la littérature anonyme. A Dieu ne plaise que j'entende parler d'articles de journaux, où l'on met sa conscience et son style au service de lâchetés occultes. Oh ! non ! mourir vaut mieux que descendre si bas. Mais il est une sorte de littérature de commerce et d'industrie honnête et bête, obscure et banale, à laquelle on se condamne sous le voile d'un pseudonyme, pour gagner quelques cents francs par mois ; on va de boutique en boutique, explorant les meubles et les bijoux : on passe de la dentelle au cachemire, des velours et des tissus de Lyon aux burnous indiens, du mouchoir à la collerette, des gants à la résille, des bonbons aux pots de rouge et de pommade. Les chefs de magasin ont succédé aux journalistes et aux libraires ; il faut leur plaire, les satisfaire, *tourner*, comme ils disent, un article qui *pousse* à la vente. Chaque semaine, on recommence l'exploration de leurs marchandises, puis on écrit, à heure fixe, des pages stupides, qu'on ne se souvient pas le lendemain d'avoir tracées.

— Pauvre femme, interrompit Manzoni, et que devient la poésie dans ce travail machinal ?

— Ah ! la chère poésie, grand maître, vous devez comprendre qu'elle ne s'épanche plus qu'en larmes. Il prit ma main avec bonté.

— Et cependant, dit-il, vous avez écrit des vers dans ces dernières années ?

— Oui, et de bien douloureux, dictés par l'angoisse des luttes mêmes dont je viens de vous parler; vous les trouverez dans mon poëme de *la Femme*[1] que j'aurai l'honneur de vous offrir. Après les crises de larmes, la poésie palpite et monte au cœur; elle cicatrise les douleurs en les chantant; puis nous viennent de bons sourires qui nous font revivre, des voix glorieuses qui nous crient : Courage! Aucune des grandes voix du siècle ne m'a manqué. Chateaubriand et Béranger m'ont dit les premiers : Vous êtes poëte; Lamartine n'a pas dédaigné mes chants de jeune fille; Balzac et Humboldt m'ont applaudie un soir; de Vigny, Alexandre Dumas, Antoni et Émile Deschamps, Alfred de Musset ont serré ma main comme celle d'une sœur; Victor Hugo, de la terre d'exil, me répète sans cesse : Persévérez! Leurs œuvres données par eux sont les exemples de ma solitude; leur approbation, la justice qui défend ma vie; cette justice plane et rayonne au-dessus des fanges qui m'éclaboussent. Fières consolations dont je bénis le sort et qui m'ont empêchée de mourir!

[1] Dans le second récit de ce poëme, je dépeins ainsi l'incessant holocauste que fait Paris de tous ceux qu'il attire :

. . . . Monstrueuse cité
Sous ta pourpre et ton or, quel hécatombe immense
Disparait dans la fange ou dans la pauvreté!
O glorieux Paris! errantes dans tes rues,
Comme une nuit sinistre en ton rayonnement,
On croit voir par milliers les ombres éperdues
De ces déshérités que tu vas décimant!
On comprend que l'orgueil de ton apothéose,
Sur des hontes sans nom asseoit tes marbres blancs;
L'on sait trop de combien de douleurs se compose
La lâche volupté dont tu repais tes flancs.
Combien il faut de pleurs et de sang de la foule
Pour qu'un élu du sort surnage sur ta houle?
Combien d'espoirs vaincus pour un espoir vainqueur,
Combien de cœurs brisés pour l'ivresse d'un cœur?
Chaque éclat, chaque joie et chaque renommée,
Ont pour sombre contraste une angoisse innomée;
Et les gémissements que la nuit peut saisir
Forment un chœur funèbre aux chants gais du plaisir.

Civilisation, déesse inexorable,
Tu ressembles, parmi ces épouvantements,
A l'idole géante aux yeux de diamants
Que l'Inde voit passer sur son char redoutable.
Sa splendeur éblouit! son regard éclatant
Semble promettre à tous la fin de leur souffrance;
Et chaque malheureux, aveugle d'espérance,
Sous les pieds de Vichnou va se précipitant!
Mais le char colossal hume, comme une proie,
Tous ces fronts inclinés qu'il nivelle et qu'il broie :
Des flammes et des faux, sortant de son essieu,
Saisissent les croyants qui se fiaient au dieu,
Et le Gange sacré voit rouler sur ses rives
Des crânes bondissants et des chairs convulsives.

Aujourd'hui même, seule et malade, loin de mon pays, n'ai-je pas trouvé en vous, vous grand et fier entre tous, une sympathie que la poésie m'a faite. Vous m'écoutez déjà comme un ami patient et doux que la plainte de la douleur ne fatigue pas. Oh! je ne nie point ces bienfaits que je dois à l'amour des lettres. Mon cœur y trouvera sa guérison. L'autre guérison, celle d'un mal qui s'obstine, de cette toux importune qui me déchire, je suis venue la chercher en Italie; je la poursuivrai à Venise, à Florence, à Naples, quand Naples sera libre.

— Vous allez sitôt quitter Milan? me dit-il.

— Oui, dans trois jours je pars pour Venise.

— Vous viendrez me voir au retour, ne l'oubliez pas.

— On n'a garde d'oublier une joie promise; les joies sont trop rares dans la vie pour qu'on y renonce volontairement, repartis-je; puis, me levant, je m'excusai d'avoir pris une heure à son travail. Ma première visite a été trop longue, ajoutai-je, elle va vous faire redouter la seconde.

— Qui, je l'espère, sera plus longue encore, répliqua-t-il affectueusement. »

Il s'était levé à son tour, et malgré mes instances pour l'empêcher de traverser sa cour glacée, il me reconduisit, tête nue, jusqu'à la voiture qui m'attendait dans la rue.

M. Broglio, directeur du journal la *Lombardia*, vint me voir le lendemain et me donna sur l'illustre poëte, qui l'aime comme un fils, quelques détails qui compléteront ces pages : « Alexandre Manzoni a eu trois fils et deux filles, me dit-il; ses deux filles ont été la joie de sa vie et ses deux gendres en sont le juste orgueil. Sa fille aînée, morte depuis plusieurs années, était la femme de Maxime d'Azeglio; elle était belle, elle était artiste comme son mari. Sa fille cadette a épousé le professeur Giorgini de l'université de Pise, dont les écrits sur le pouvoir temporel des papes et sur la liberté des Romagnes viennent de retentir dans tous les journaux. Quand vous connaîtrez davantage Manzoni, il vous parlera de la mère de ces cinq enfants, de cette Henriette adorée, compagne de sa vie, modèle de sainteté d'âme et d'intelligence suave, que la mort lui a prise aussi. — Après quelques années de veuvage, Manzoni s'est remarié. Sa seconde femme est infirme[1], et le poëte partage ses jours entre les soins qu'il lui donne et des travaux qui ne seront publiés qu'a-

[1] La seconde femme de l'illustre poëte est morte depuis que ces pages sont écrites.

près sa mort. Manzoni, ajouta-t-il, est une des âmes les plus pures et les plus grandes qui aient brillé sur la terre. Voici deux traits de sa vie qui vous le feront connaître tout entier.

« Durant la domination autrichienne tous les honneurs lui ont été offerts; il les a constamment repoussés; un jour, l'archiduc Reignier lui envoya le grand cordon de l'ordre de la Couronne de fer. Comment refuser cette faveur sans s'exposer à la persécution et compromettre la sûreté de sa famille? Manzoni écrivit à l'archiduc qu'il avait fait à Dieu le vœu de ne porter aucune croix, et que ce vœu il le tiendrait en les refusant toutes désormais. — Le prince ne vit qu'une preuve d'humilité dans ce noble subterfuge du patriotisme. — La domination autrichienne a cessé, Victor-Emmanuel voulant honorer le génie et la vertu de Manzoni, lui a fait offrir le grand cordon de la croix des Saints-Maurice-et-Lazare, mais le poëte s'est cru lié par la parole donnée à l'archiduc, et il a refusé cette décoration du roi élu, qu'il aurait été heureux et fier de porter comme un signe de la délivrance de sa patrie.

« Il vous a parlé, poursuivit M. Broglio, de la douleur qu'il a ressentie à la paix de Villafranca; il ne vous a pas tout dit : j'appris un des premiers à Milan cette paix douloureuse et inattendue; pressentant le coup qu'en ressentirait Manzoni, je courus chez lui pour l'y préparer.

— Eh bien, me dit-il gaiement en me voyant entrer, m'apportez-vous de bonnes nouvelles; les Piémontais ont-ils pris Peschiera, les Français marchent-ils sur Mantoue?

— Mais non, répondis-je, vous savez bien qu'il y a suspension d'armes. A mon air triste il comprit que je lui cachais quelque chose.

— Que se passe-t-il donc, reprit-il, aurions-nous été battus?

— Je dus lui dire la triste vérité; je le fis avec ménagement, mais à mesure que je parlais, le noble vieillard pâlissait, je le voyais défaillir et s'affaisser sur son fauteuil; je m'approchai pour le soutenir, il tomba complètement évanoui dans mes bras. J'étais frappé de terreur, je croyais que sa fin était venue; nous parvînmes à le rappeler à la vie; il me dit alors cette belle parole :

— Mieux valait la mort pour moi que la mort de cette grande espérance. »

IX

Malgré la souffrance que me causait le froid anticipé de cet hiver qui s'annonçait si rigoureux, et qui fut un des plus rudes dont l'Italie se souvienne, je ne voulus pas quitter Milan sans terminer la visite de ses monuments, sans voir Pavie et sa fameuse Chartreuse. La place de Pavie était commandée par M. Letellier Valazé, colonel d'état-major, petit-fils de ce grand girondin qui se donna la mort en souriant, et frère d'une de mes amies parisiennes, madame Roger Desgenettes, femme passionnée pour la poésie et la littérature, qui lit les vers avec la diction pure et parfois les inflexions profondes de Rachel. J'avais prévenu le colonel Valazé de ma visite, et, le vendredi 25 novembre (1859), malgré le temps pluvieux qui obscurcissait la campagne, je partis à midi accompagnée du capitaine Yung. Nous sortîmes par la porte *Ticinese*; la calèche qui nous emportait courait rapide à travers la plaine cultivée, mais monotone, qui entoure Milan.

Nous suivions les bords du grand canal *Naviglio*, bordé d'arbres et de hautes herbes, suppléant par la distraction de la causerie, les récits des batailles et les anecdotes du monde milanais que me faisait le capitaine Yung, aux incidents et au pittoresque absent de la campagne qui se déroulait plane et grise devant nous. Je croyais traverser un paysage anglais humide et brumeux. A mi-chemin de Milan à Pavie, nous vîmes apparaître *Binasco*, un vieux château rebadigeonné et rendu moderne; la pluie le couvrait en ce moment d'un voile noir qui seyait à sa légende. C'est là que la belle Béatrix de Tenda, femme de Philippe-Marie Visconti, fut mise à la torture et égorgée sur un soupçon d'adultère. Cette haute justice de l'homme sur la femme, ce droit de vie et de mort qui a diminué de nos jours, mais n'a pas cessé, soulève toujours mon indignation; nous restons de siècle en siècle la chose misérable de l'homme, son bon plaisir sanguinaire et impuni.

Vers trois heures nous traversâmes un petit village nommé *Torre del Mangano*. Nous franchîmes une longue avenue spacieuse, et nous nous trouvâmes au bord d'un courant d'eau sur lequel est jeté un pont; au bout du pont sont deux piliers reliés par une grille en fer. Nous étions arrivés à la Chartreuse de Pavie. Nous mettons pied à terre et passons sous un portail monumental, dont l'extérieur et la voûte sont décorés de fresques que le temps altère et détruit. Ce portail s'ouvre sur un vestibule où, entre autres fresques, sont deux magnifiques figures colossales de saint Sébastien et de saint Christophe par Bernardino Luini; nous ne donnons qu'un regard à ces peintures magistrales, dignes pourtant d'être décrites et reproduites par le burin, car, à peine entrés dans une vaste cour, nous sommes éblouis par la façade en marbre de la Chartreuse, qui se dresse vis-à-vis de nous, joyau d'architecture si riche d'ensemble et de détails, si inouï de hardiesse et de caprices, qu'on croit d'abord à une apparition fantastique; l'œil s'y attache obstinément et n'ose s'en détourner de peur de voir disparaître toutes ces fantaisies du style gothique mêlées aux lignes régulières et nobles de Bramante; fouillis de sculpture grandiose et de fines ciselures. Soixante-six statues de saints, soixante médaillons d'empereurs et de rois, une foule de bas-reliefs représentant des scènes de l'Écriture sainte, des arabesques, des candélabres en forme de colonnes sveltes, élégantes, et servant d'encadrement à quatre fenêtres arrondies en arcades; tout cela en marbre blanc et se détachant en relief net et pur sur le fond des mosaïques et des marbres de couleur. Quand le ciel est bleu, quand le soleil ruisselle sur cette façade splendide, elle rayonne comme un écrin énorme de pierreries dressé tout à coup dans l'air. Derrière la façade s'élève la coupole à triple étage de colonnettes à jour et surmontée d'un petit dôme que couronne une croix.

La grande porte par laquelle on entre dans l'église est soutenue par quatre hautes colonnes qui se détachent sur des bas-reliefs merveilleux. Avant de pénétrer dans la nef, nous faisons le tour de la vaste cour par laquelle nous sommes entrés; elle est en partie jonchée de décombres, de fumier et de fange, et les vieux bâtiments qui la bordent sont délabrés. A droite est un édifice appelé le *Palais-Ducal*, destiné autrefois à loger les étrangers qui venaient à la Chartreuse. A gauche, sont les communs, les écuries et les remises où l'on héberge les chevaux et les voitures des visiteurs.

La Chartreuse de Pavie fut élevée, au quatorzième siècle, dans l'ancien parc de Mirabello, par Jean-Galéas Visconti, seigneur de Pavie et comte de Vertu, en expiation du meurtre de son oncle Barnabo et de ses cousins. Le meurtrier tout-puissant posa lui-même en grande pompe la première pierre du monument sacré, le 8 septembre 1396. L'église et le monastère furent terminés en deux ans. Le duc Galéas y attacha une riche dotation, pensant racheter ainsi l'horreur de son crime. Je crois le revoir entouré de sa cour, accompagné de sa femme Catherine, nièce de ce Barnabo qu'il avait fait mourir, remplissant de son cortége la cour aujourd'hui déserte. Les hallebardiers font la haie, les gonfalons flottent au vent, les pages et les écuyers étalent leurs pourpoints déchiquetés et leurs toques à plumes; les duchesses et les châtelaines passent avec leurs robes collantes à fraise de dentelles. Le prieur, entouré de ses religieux au costume rigide, sort de l'église pour recevoir le duc leur bienfaiteur; les cloches carillonnent, les psaumes retentissent dans la nef, le chœur est éclairé par des milliers de cierges, tout est en fête pour célébrer la venue de l'assassin couronné qui oublie son forfait!

Un autre souvenir historique s'éveille en moi : c'est dans la plaine qui entoure la Chartreuse que fut livrée, en 1525, la fameuse bataille de Pavie, où François Ier fut fait prisonnier. Conduit à la Chartreuse, avec ses braves sanglants et vaincus, le roi de France entra dans l'église au moment où les chartreux chantaient ce verset du psaume : *Bonum mihi quia humiliasti me, ut discam justificationes tuas.* « C'est un bien pour moi, Seigneur, que vous m'ayez humilié, afin que je connaisse vos jugements. »

C'est de la Chartreuse de Pavie que le roi captif écrivit le soir même à sa mère : *Madame, tout est perdu fors l'honneur.* Noble cri que l'âme de la France a toujours pu jeter dans ses défaites. Nous entrons dans l'église : la nef, en forme de croix latine, est d'un gothique composite ; au haut de la croix s'élève la coupole svelte, élancée, d'un merveilleux effet. Toute la voûte de l'église scintille d'étoiles d'or qui se détachent sur un ciel d'un bleu vif ; sur la frise qui encadre la voûte sont les figures des patriarches, des prophètes et des saints, peints à fresque par le Bourguignon. L'église se divise en trois nefs : de chaque côté sont sept chapelles fermées par des grilles, et communiquant entre elles par des portes percées dans un mur en marbre blanc sculpté ; les autels sont formés par des mosaïques ou des bas-reliefs ; quelques-uns sont ornés de pierres précieuses ; les tableaux qui décorent les chapelles sont en général assez médiocres ; il faut en excepter celui de la sixième chapelle à droite, et celui de la onzième chapelle à gauche : le premier est du Guerchin, l'autre du Pérugin, représentant le Père éternel entouré d'anges. Une admirable grille ouvragée et couverte de figurines sépare la nef du transsept ; au fond du transsept (à droite) est la chapelle de Saint-Bruno, couverte d'une belle fresque du Bourguignon, qui représente la famille Visconti présentant à la Vierge un modèle de la Chartreuse. Du même côté, s'élève le mausolée du duc Galéas, fondateur de la Chartreuse. Ce monument en marbre blanc est d'un travail inouï : le sarcophage se dresse derrière de légers arceaux tout revêtus de sculptures ; la statue du duc est couchée sur le couvercle ; la tête appuyée sur un coussin, le corps enveloppé d'un manteau qui laisse les jambes à découvert ; à sa droite, repose son épée. Une Renommée est assise au pied du cercueil, un ange à la tête.

Au milieu d'un second compartiment couvert de bas-reliefs et s'élevant sur la frise des arceaux, est une belle statue de la Vierge, abritée par une demi-niche que dominent les armes des Visconti, soutenues par deux figures de femmes portant des palmes ; de chaque côté sont d'autres figures allégoriques formant le couronnement du mausolée.

Le corps du duc assassin ne repose pas dans ce monument somptueux qui ne lui fut élevé qu'un siècle et demi après sa mort ; le corps, provisoirement déposé par les chartreux dans leur humble cimetière ne fut pas retrouvé ; les pauvres moines ascétiques avaient oublié la place où leurs prédécesseurs ensevelirent Galéas. Sa poussière se confondit à celle des saints religieux ; elle ne méritait pas tant d'honneur.

De l'autre côté du mausolée, à gauche, on trouve les tombes de Louis le More et de Béatrix d'Este, sa femme ; les chapelles qui les abritent sont couvertes de belles fresques par Daniel Crespi. Quatre grands candélabres de bronze, d'un travail exquis, éclairent ces chapelles mortuaires.

Dans le chœur au jour voilé, le demi-cercle des stalles en bois de chêne sculpté et marqueterie produit un bel effet décoratif ; le maître-autel est tout recouvert de sculptures rehaussées de pierres précieuses ; au-dessus des stalles, de grandes fresques de Crespi représentent des saints et des moines d'une très-grande tournure.

11.

On dirait des figures animées ; elles sont plus vivantes que les chartreux immobiles agenouillés en ce moment dans le chœur, et chantant un psaume funéraire d'une beauté triste et saisissante. Je me penche à travers la grille pour les considérer ; pas un ne lève la tête ; leur prière et leur chant finis, ils défilent devant nous les mains croisées sur leur poitrine amaigrie. De gros chapelets à tête de mort battent sur leurs robes de bure. Leurs têtes penchées, osseuses et livides, expriment l'ennui plus que l'ascétisme. Autrefois, les chartreux étaient au nombre de deux cents ; aujourd'hui, ils ne sont plus que trente-deux. Ce couvent, supprimé par Joseph II, empereur d'Autriche, n'a été rendu aux chartreux qu'en 1845. Quelques religieux de la Chartreuse de Grenoble l'ont repeuplé ; quelques moines italiens s'y sont enfermés. Mais le vœu de claustration à vie n'est accompli par aucun d'eux. Au bout de quelques années, la nostalgie les gagne, et le vertige de la solitude les pousse au dehors. Le frère convers qui nous montre l'église est un Français ; j'insiste vainement auprès de lui pour qu'il me laisse pénétrer dans l'intérieur du couvent, dont l'entrée est absolument interdite aux femmes. Le capitaine Yung qui, dans une visite précédente, a visité le monastère, m'en donne une idée : « Dans la vieille sacristie, me dit-il, sont les médaillons des ducs et des duchesses de Milan ; on y voit aussi un très-beau tryptique d'ivoire et plusieurs bons tableaux. Dans la sacristie nouvelle, est une magnifique *Assomption* d'Andrea Solari ; le petit cloître intérieur dit de la Fontaine, est orné de fins bas-reliefs en stuc et de fresques de Crespi. »

En sortant de l'église, j'aperçois, à droite de la cour, une partie des arcades à colonnes du grand cloître, qui communique avec le petit cloître par un vestibule peint à fresques ; l'archivolte qui repose sur les colonnes du grand cloître est ornée de bustes, de statues de saints et d'une foule d'ornements et d'arabesques en terre cuite. Les cellules des chartreux s'ouvrent sous ce cloître ; elles sont séparées les unes des autres par un petit jardin.

La pluie tombe et commence à voiler le jour comme nous quittons la Chartreuse.

Nous franchissons rapidement la distance qui nous sépare de Pavie. C'est à la lueur du crépuscule que la ville aux cent tours du moyen âge nous apparaît ; aujourd'hui, il ne reste plus qu'un petit nombre de ces tours. Nous laissons, à droite, un beau boulevard planté d'arbres séculaires ; du même côté est le vieux château de

Galeas II Visconti, en briques rouges comme les tours des vieux remparts ; nous passons un pont sur le Tessin et nous entrons dans la ville triste et brumeuse ressemblant, par ce jour de novembre, à une ville saxonne.

Je profite des dernières lueurs du crépuscule pour voir la cathédrale de Pavie, qui renferme un prétendu tombeau de saint Augustin, du plus précieux travail. Un sacristain incline la flamme d'un cierge allumé sur les belles figurines et les bas-reliefs exquis recouvrant ce monument. Quelle perfection dans les détails ! quelle vérité d'expression dans toutes ces têtes de saints et d'anges ! quel naturel dans les attitudes !

En Italie, l'art au moyen âge s'est inspiré de l'art antique. Nous aurons occasion d'appuyer sur cette remarque et de la développer quand nous parlerons de Giotto. En sortant de la cathédrale, nous passons devant l'université, où quatorze cents étudiants font leurs études. Un grand nombre a déserté la science pour aller servir la patrie sur le champ de bataille. Le grand Volta, dont je dois voir plus tard la statue pensive sur une des places de Côme, fut professeur à l'université de Pavie.

Nous traversons quelques rues désertes bordées de vieux palais du même style que ceux de Milan. Notre voiture s'arrête devant un des plus grands ; il fait nuit sombre ; nous passons à travers une vaste cour en arcades ; nous montons un escalier monumental : deux domestiques nous éclairent, mais la lumière se perd dans l'immensité des salles somptueuses de l'appartement du premier étage qu'occupe le colonel Valazé. Enfin, nous entrons dans une pièce plus petite et bien close, où madame Letellier Valazé, un type exquis de l'élégance française, a su réunir tout le confort et toutes les recherches d'un salon de Paris ; un feu clair flambe dans la cheminée ; de belles fleurs naturelles parfument l'atmosphère ; des livres nouveaux et les journaux du jour sont épars sur une table en mosaïque. Madame Letellier Valazé m'exprime gracieusement sa joie de me revoir en pays étranger. Le colonel Valazé survient ; nous parlons de Paris, de Milan, des amis et des parents absents, avec cette vivacité des courtes entrevues, dont on essaye de doubler l'heure par la rapidité de la parole. Nous nous mettons à table ; un excellent dîner anime la causerie ; deux officiers amis de M. Yung sont au nombre des convives ; ils se rappellent les uns aux autres les dernières batailles. Le colonel Valazé rend justice à la valeur des soldats italiens, à leur intelligence, à leur patriotisme; son noble sang de girondin sympathise avec le glorieux réveil de ce peuple frère qui semble s'inspirer du courage et de l'abnégation des nobles patriotes de 89. Le colonel Valazé sert la France et l'Empereur avec un entier dévouement; mais, à l'exemple d'un grand nombre de nos officiers, il n'abdique pas toute liberté des pensées et de doctrines; il ne trouve pas de bon goût de railler et d'humilier la nation que nous avons délivrée en lui reprochant les vices des gouvernements mêmes qui l'ont abaissée depuis tant de siècles. Le colonel était à Peschiera au moment de la paix de Villafranca; notre armée, pleine d'ardeur de ses dernières victoires, ne demandait pas mieux que de marcher en avant; elle avait au cœur l'espérance héroïque et romanesque de délivrer Venise; la paix inattendue coupa sa gloire en deux tronçons; si nos bataillons avaient été consultés au moment de cette paix secrète, ils auraient demandé à leur chef de les conduire encore à de nouveaux dangers et à de nouveaux triomphes. Les jeunes officiers qui dînent avec nous sanctionnent ces paroles du geste et de la voix. Nous buvons à l'union de la France et de l'Italie; la causerie se prolonge jusque vers dix heures. La pluie tombe au dehors sifflante et glacée; il faut partir quand même. Les derniers jours que je dois passer à Milan sont comptés; je refuse l'aimable hospitalité qui m'est offerte pour la nuit; je prends à regret congé de mes hôtes. Nous nous promettons de nous revoir à Milan, aux fêtes du carnaval. « En attendant, me dit madame Valazé, je me distrais ici en donnant un bal chaque dimanche, et je vous assure qu'il y a parmi les belles Paviennoises des femmes dont la grâce et la distinction feraient envie à nos Parisiennes. »

Nous franchissons sans accident la route nocturne de Pavie à Milan; à deux heures du matin, je suis rendue à mon hôtel, bien lasse, mais ravie de cette bonne journée.

Je trouve, en rentrant, plusieurs cartes et plusieurs lettres de mes nouvelles connaissances milanaises; l'avocat Francia et l'historien Cantù sont venus me faire visite; ce dernier part pour Florence et m'écrit: « Au revoir! » dans une lettre scintillante de verve sur mon dernier roman[1]. Sa lettre, trop flatteuse pour être citée ici, est accompagnée d'un petit volume de vers délectables. La poé-

---

[1] *Lui*, quatrième édition. A la Librairie-Nouvelle.

sie est sœur de l'histoire. Je trouve aussi une lettre de M. et madame Sforni, qui sont venus m'engager à une soirée, à la Scala; une autre lettre de la comtesse Maffei [1], retenue chez elle par une indisposition, et m'exprimant d'une façon toute aimable son vif désir de me connaître.

Le lendemain de mon excursion à Pavie, je reprends mes courses à travers Milan. Comme je vais sortir, j'ai la visite de M. Susani [2] ami de la comtesse Maffei et qu'elle envoie demander de mes nouvelles. Nous causons de cette aimable personne, et je dis à M. Susani que j'irai la voir le jour suivant. Je monte en voiture; je me rends à la place d'armes, je fais le tour du vieux château fort que je n'ai vu qu'à distance du sommet du Dôme. C'est un donjon démantelé, entouré de décombres, mais d'un aspect encore imposant; il sert de caserne à une partie de la garnison française. Je me place en face de l'arc de triomphe de la Paix : il est superbe, mais je suis irritée de sa beauté même, et voudrais pouvoir métamorphoser d'un regard ces apothéoses d'Autrichiens en soldats français et italiens fraternisant après leurs victoires confondues.

J'entre dans le grand cirque moderne; une femme en garde les clefs, elle m'introduit et me sert de cicerone. Je m'assieds et regarde nos soldats faire des évolutions dans l'arène jonchée de canons. Je cause avec un artilleur provençal dans ce cher idiome arlésien, la première langue que j'aie bégayée enfant; il me dit en me montrant du geste la citadelle :

« J'ai vu déguerpir de là les Autrichiens comme une nichée de merles; si nous avions été à leur place et eux à la nôtre, ils en auraient avalé de dures; il ajoute, pour parfaire son jeu de mots : Quelle mangeaille de bombes et de balles ils auraient faite! »

La femme italienne qui me guide intervient dans la causerie.

« Je vous ai vus venir de là-haut, par une fenêtre, dit-elle au soldat, et elle désigne de la main un bâtiment attenant au cirque où se trouve une grande salle de concert pour l'hiver et, sous le toit, le logement du custode; les Autrichiens, poursuit-elle, tiraient en fuyant quelques coups de fusil; n'importe, j'ai dit à mon mari et à mon fils : « Nous pouvons crier vive l'Italie! voici nos amis « les Français qui viennent! »

---

[1] Femme du poète Maffei.
[2] Aujourd'hui député.

— Eh! la belle! vous auriez mieux fait de leur donner un sabre et un fusil et de leur dire de venir se battre avec nous, lui riposte le soldat.

— *Poverini! caro signore*, répond-elle, ils auraient été tués comme des mouches, nos enfants et nos maris n'avaient pas d'armes du temps des Autrichiens, on ne leur permettait de se battre que pour l'Autriche et loin de chez nous; mais à présent qu'ils sont libres, vous verrez qu'ils seront braves.

— J'en accepte l'augure, *mia cara*, répliqua le soldat français d'un air superbe et en faisant une pirouette; en attendant ils se promènent un peu trop au *Corso* dans leurs grosses redingotes, qui montent jusqu'aux oreilles, comme si leur visage allait geler. Le premier Napoléon en a vu bien d'autres de froids et de neiges à Moscou!

— Mon père y était, lui répondit l'Italienne avec simplicité, et il n'était pas seul, tous les soldats que commandait le vice-roi Eugène durant cette guerre étaient Italiens; laissez faire, mon fils se battra si la guerre recommence. »

Tandis que cette femme parlait, je me rappelais ces beaux vers de Leopardi :

« Tes fils combattent dans les contrées étrangères. O Italie! Italie! Je vois au loin un flot de fantassins et de cavaliers, de fumée et de poussière, où brillent des épées comme des éclairs à travers la nue. — Ne reprends-tu pas courage, Italie! Ne souffres-tu pas de baisser tes yeux tremblants devant les événements incertains? Pour qui la jeunesse italienne périt-elle dans ces champs lointains? ô dieux! ô dieux! les Italiens massacrés combattront pour une autre nation. Ah! malheureux celui qui, dans la guerre, ne meurt pas pour la défense de la patrie, pour sa femme aimée et pour ses chers enfants. Mais pour les ennemis d'autrui, pour un peuple étranger, il ne peut dire en mourant : « Terre « natale adorée, voici que je te rends la vie que tu éveillas en moi. »

Les paroles du soldat français me rappelèrent aussi un mot de Napoléon Ier, qui, à son entrée à Milan, voyant chaque jour une magnifique jeunesse se presser à la promenade et dans la rue du *Corso*, dit au gouverneur : « Faites-moi des soldats de tous ces gaillards-là! »

Moi-même, je l'avoue, en voyant flâner tous les jeunes et beaux Lombards devant les cafés, à la Scala, au Dôme et au

Corso, je me demandais : Pourquoi donc ne sont-ils pas à l'armée ? Mais la réponse de l'Italienne du peuple au soldat français était vraie : « Que la guerre recommence et vous verrez qu'ils seront des braves ! » Au premier cri de Garibaldi parti de la Sicile, la jeunesse lombarde et toute la jeunesse italienne a fait l'admiration du monde.

En quittant la place d'armes, j'allai, ce jour-là, visiter le musée Brera, où se trouve la galerie de tableaux. Au milieu de la grande cour, entourée d'un double étage de portiques, soutenus par des colonnes accouplées, est la belle statue en bronze de Napoléon 1er, par Canova. Cette statue, cachée dans une salle écartée durant la domination autrichienne, a été réintégrée depuis nos victoires de 1859. D'autres statues d'Italiens célèbres, en marbre blanc, entourent celle de l'Empereur et semblent lui faire cortège ; j'entre dans les salles de marbre du musée, qui ne sont jamais chauffées, et je me sens saisie par un froid mortel. Mais l'admiration me ranime, je vais de tableau en tableau ; le plaisir de l'esprit me fait oublier que le corps souffre. Dans la première salle, je trouve d'admirables fresques de Bernardino Luini, enlevées des églises avec le mur où elles furent peintes ou transportées sur panneau. Je m'arrête ravie devant un groupe représentant la Vierge et saint Joseph, qui s'acheminent au temple ; quelle transparence de chair, quel frissonnement dans les draperies, quelle légèreté et quelle vérité de couleurs ; quelle pureté dans ces figures mystiques ! quelle noblesse d'attitude dans ces corps divins ! Une sainte Catherine portée par trois anges est d'une grâce ineffable. Un sujet païen : la naissance d'Adonis est traitée avec une maestria antique. — Une Vierge et son fils sont entourés d'anges qui accordent un luth ; on dirait qu'ils bercent l'enfant divin avec la douceur de cette musique, qui semble s'exhaler sous leurs mains et qui fait rayonner leurs visages. Je quitte à regret ces fresques de Luini pour des tableaux plus renommés ; elles ont une suavité pénétrante comme la beauté de la jeunesse qui s'ignore et répand à son insu son charme autour d'elle.

Je regarde un *saint Jérôme* dans le désert, du Titien ; le saint vit et médite ; les arbres frissonnent sous le vent du ciel et semblent répondre aux invocations que ce grand solitaire adresse à Dieu. Je reste émerveillée devant un vaste tableau de Gentile Bellini, représentant la prédication de saint Marc, à Alexandrie. La figure du saint est superbe et toutes les figures qui l'entourent sont groupées avec une vérité d'attitude qui les fait paraître vivantes; on sent naître la foi dans tous ces cœurs qui battent, on la voit poindre dans ces visages expressifs. Le coloris de ce tableau est d'une perfection qui ne peut être surpassée; on n'en saurait dire autant du *Mariage de la Vierge* par Raphaël, dont la couleur, et j'oserai même dire le dessin, m'ont paru plus conventionnels que vrais. Les quatre têtes de femmes qui sont dans ce tableau se ressemblent toutes, elles n'ont ni la beauté antique ni la beauté naturelle, dont Raphaël devait s'inspirer plus tard. Elles reflètent une sorte d'idéal mystique et roide qui rappelle la peinture du moyen âge. Raphaël exécuta ce tableau à vingt et un ans, quand il cherchait encore sa voie.

Dans le voisinage d'un magnifique *saint Sébastien* du Giorgione, je trouve avec ravissement un petit tableau à l'huile de Bernardino Luini, la *Madonna e il Bambino*. Quelle pureté naïve et pénétrante, quelle grâce incomparable! Luini est un grand maître, aussi religieux, aussi inspiré que Giotto, plus correct et plus *grec*.

On voudrait se recueillir et oublier le monde dans ce paysage sauvage de Salvator Rosa où médite saint Paul, ermite. Je passe rapidement à travers tous ces chefs-d'œuvre, toussant et frissonnant; mais un tableau que j'ai négligé de voir en allant m'arrête au retour : c'est une ronde d'amours, par Albano. Oh! les beaux enfants frais, heureux, potelés; ce sont bien les fils multipliés d'Aphrodite, les jeunes frères de l'irrésistible Eros. — Après ma visite au musée, je monte à la bibliothèque moins considérable que l'Ambroisienne; j'entre au cabinet des médailles; elles sont au nombre de cinquante mille.

En sortant du palais Brera, je m'arrête, en face, au palais Castelbarco, appartenant au prince de Castelbarco Litta Albani[1]. Ce palais est un des plus beaux de Milan; il renferme une magnifique collection de tableaux, parmi lesquels se trouvent plusieurs Raphaël, des Salvator Rosa, des Pérugin, des Van Dyck. La galerie des fêtes est vraiment royale; elle est décorée d'une série de ces merveilleuses armoires de la Renaissance, en marbres rares ou en bois d'ébène incrusté d'ivoire, de nacre, de pierreries, avec figurines en argent, en ambre et en vermeil; puis ce sont des collections d'émaux et de miniatures des plus grands maîtres; des faïences de Florence, des

---

[1] Propriétaire actuel de la villa Albani à Rome.

bas-reliefs en bronze de Benvenuto Cellini. Un portrait de cet artiste, le représentant très-jeune avec sa mine fière et résolue, est dans une des chambres du palais. Je parcours à droite de la galerie des fêtes un ravissant appartement de nouveaux mariés; il est habité par la fille du prince de Castelbarca, beauté digne de ce cadre somptueux et qui m'apparut un soir, à la Scala, dans le double éclat de sa toilette de reine et de sa grâce naturelle. Les plus belles femmes de l'aristocratie italienne se trouvent parmi la noblesse de Milan; je les citerai quand je parlerai des fêtes données au roi, quelques mois plus tard. A Gênes, à Bologne, à Ravenne, à Venise, à Rome et à Palerme, la beauté est surtout dans le peuple; à Naples, elle n'existe que dans les habitants de Sorrente, de Pouzzoles et des îles. Dans Naples même la saleté, l'incurie de l'hygiène et de la santé publique ont rendu ce peuple le plus laid de l'Europe; il y a des exceptions dans la noblesse et la bourgeoisie qui sont dues aux croisements des races; beaucoup de nobles et beaucoup de commerçants napolitains se marient avec des Anglaises. Je termine ma visite au palais Castelbarco par la chambre d'honneur, dont l'ameublement rappelle les somptuosités des appartements de Versailles. Dans ce lit à balustres dorés, couvert d'un baldaquin de brocard, a couché dernièrement un général français, après la victoire de Magenta. Nous aimons ces haltes de la gloire dans ces demeures féeriques, que de pareils hôtels ennoblissent en passant; elles devraient aussi s'ouvrir pour les artistes et les poëtes en voyage. Les palais des ducs de Ferrare sont fiers d'avoir abrité l'Arioste et le Tasse; la Farnésine, d'avoir hébergé Titien, et le palais Mocenigo, lord Byron. Le génie a des priviléges immortels, il les transmet de siècle en siècle aux lieux où il a passé.

Les contrastes sont toute la vie ou plutôt toute l'humanité : après les demeures riantes, les demeures sombres. En quittant le palais Castelbarco, je me fais conduire au grand hôpital de Milan; la façade, toute couverte de médaillons et de bas-reliefs en terre cuite, est d'un trèsbel effet, quoique d'un goût contestable. De grands portiques, dont celui de droite est de Bramante, encadrent la vaste cour, au centre de laquelle s'élève une chapelle. Les salles peuvent contenir jusqu'à trois mille malades. Cet hôpital civil fut transformé en hôpital militaire au moment de la guerre de l'indépendance. Nos soldats blessés à Magenta et à Marignan y reçurent les soins les plus touchants des femmes de Milan, qui, toutes, sans distinction de rang, s'étaient faites sœurs de charité. Le gouvernement français a accordé à plusieurs, comme récompense, des médailles d'honneur. Quelques convalescents passaient sous les galeries au moment où je les parcourais ; les médecins qui sortaient des salles, s'arrêtaient pour leur dire : « Courage ! dans peu de jours vous pourrez reprendre votre service. »

Le temps me manque pour visiter l'intérieur de l'hospice : M. et madame Sforni doivent me conduire le soir à la Scala, j'attends le capitaine Yung à dîner et j'ai une toilette à faire; c'est plus qu'il n'en faut pour remplir la fin de la journée.

On donnait ce soir-là *les Huguenots*, au grand théâtre de la Scala. Cet ouvrage m'a toujours beaucoup frappée à l'Opéra, non-seulement par la beauté et la grandeur de la musique, mais aussi par le drame, le seul vrai, bien noué et profondément émouvant qu'ait su trouver Scribe. On connaît le soin, à la fois grandiose et minutieux, de la mise en scène française ; la vérité historique des costumes et des décors ajoute à l'effet de l'action ; ces détails scéniques qui importent si fort à l'ensemble, avaient été négligés ou plutôt métamorphosés au théâtre de Milan. Le château de Chenonceaux était devenu une villa italienne ; la scène du couvre-feu était grotesque ; la litière royale de Marguerite de Valois ressemblait à une litière d'hôpital ; le fameux ballet de la sarabande que dansent, au moment même du massacre, les dames de la cour de Charles IX, en robes traînantes et avec la haute fraise historique des Médicis, était dansé par des coryphées court vêtues et en corset rose ! — Les chanteurs me parurent, ce soir-là, médiocres ; les chanteurs italiens sont, d'ailleurs, toujours un peu déroutés par la musique allemande et par la musique française ; ils ne chantent très-bien que la musique de leurs maîtres. Peu captivés par le spectacle, nous tournâmes nos regards sur la salle étincelante de toilettes et d'uniformes ; l'état-major de notre armée y brillait presque en entier autour du maréchal Vaillant. C'était dans toutes les loges un va-et-vient de visiteurs, et, durant les entr'actes, le cliquetis des cuillers contre les verres des sorbets que des laquais en livrée apportaient sur des plateaux. M. et madame Sforni me présentèrent plusieurs Milanais de distinction et, entre autres, le peintre d'histoire Eleuterio Pagliano ; il s'était fait volontaire de Garibaldi durant la guerre ; il l'avait suivi dans cette mémorable campagne à travers les Alpes et aux bords du lac de Côme, si pleine d'incidents héroïques et romanesques ;

il connaissait la belle mademoiselle R., qui, dans ses élans d'aventures et de patriotisme, avait, une nuit, passé à cheval à travers l'ennemi, pour porter un ordre du général Garibaldi à un corps détaché de volontaires; elle venait, disait-on, d'être fiancée au héros italien, et le peintre Pagliano devait quitter Milan, dans quelques jours, pour aller faire son portrait. Je le questionnai sur ce grand prédestiné qu'il appelait son ami.

« On ne peut le connaitre sans l'aimer aveuglément, me dit-il, et sans ressentir pour lui la vénération qu'inspiraient les sages dans l'antiquité et les saints dans les premiers temps de l'ère chrétienne. »

Lorsque je connus plus tard Garibaldi, je compris la vérité de ces paroles. Malgré le prestige de la vertu et de l'héroïsme, que cette grande figure légendaire a toujours exercé sur moi, même avant de l'approcher, je ne pus m'empêcher de penser qu'il allait gâter sa vie en se remariant. Quelle compagne pouvait-il se donner, qui ne fût inférieure à cette sublime Anita, morte si douloureusement dans ses bras après le siége de Rome? Je la voyais toujours errante avec son mari, poursuivi par les sbires et les soldats du pape, se trainant à marche forcée; anxieuse du poids de la maternité et tout à coup tombant épuisée et mourant sur un rivage désert de l'Adriatique, où l'on ensevelit son corps dans le sable pour le dérober à l'ennemi qui approchait. J'avais fait des vers sur cette fière martyre, et je dis à M. Pagliano : « La place d'une telle femme devait rester éternellement vide dans le cœur et au foyer du héros. »

Avant de quitter ce soir-là madame Sforni, femme d'un rare esprit et d'une instruction étendue, nous convinmes ensemble d'aller voir la comtesse Maffei. Le lendemain matin, je commençai à faire mes malles et à tout disposer pour me rendre le jour suivant à Venise. Je souffrais beaucoup de l'hiver prématuré qu'il faisait à Milan, et il me semblait que Venise me serait plus clémente. Vers deux heures, j'allai chercher madame Sforni et nous allâmes dans le palais voisin du sien, qu'habite la comtesse Maffei. Nous gravimes jusqu'au second étage un escalier assez malpropre : observation critique applicable, du reste, à presque tous les escaliers de Turin et de Milan. Mais à peine entrée dans l'appartement de la comtesse, je fus frappée de son exquise élégance; la disposition en est toute parisienne; c'est une suite de petits salons et de boudoirs aboutissant dans la chambre à coucher, un sanctuaire tout en velours et en vieille guipure de Venise. La comtesse, toujours souffrante, nous reçut dans sa chambre ; je vis une gracieuse personne encore jeune, avec les yeux les plus beaux et les plus intelligents du monde ; sa tête exquise est couronnée de fins cheveux noirs nattés ; sa taille mignonne fait penser à la Fenella de Walter Scott, à qui elle devait à coup sûr ressembler à vingt ans. Sa mise est aussi élégante que le cadre qui l'entoure. Dans chaque salon, les livres, les tableaux, les gravures, les objets d'art et les albums révèlent l'esprit cultivé de celle qui habite ce nid charmant ; elle me reçut avec sa bonne grâce cordiale, délicate et empressée ; elle me rappela tout d'abord madame Récamier ; elle a plus d'un trait de ressemblance intellectuelle avec cette femme célèbre : elle a sa bonté active, son à-propos gracieux toujours en éveil, qui lui fait trouver pour chacun une particularité aimable et une parole flatteuse. A l'exemple de la mondaine recluse de l'Abbaye-aux-Bois, elle a su se faire un salon politique et littéraire qui, depuis plusieurs années, est le centre de tous les hommes célèbres que possède l'Italie. N'ayant qu'une fortune médiocre (autre point de ressemblance avec madame Récamier), elle sait, par sa position élevée et par l'estime qu'elle inspire aux personnes les plus importantes, être utile à ses amis ; elle a, de plus que madame Récamier, une foi politique inébranlable et un patriotisme éloquent dont j'aurai occasion de reparler plus tard. Dans le salon de l'Abbaye-aux-Bois, on faisait des académiciens ; dans celui de la comtesse Maffei se forment et se fortifient dans l'amour de l'Italie tous les esprits indépendants et distingués en contact avec ce noble et ferme esprit. C'est ainsi qu'elle se compose une grande famille de patriotes et d'écrivains libéraux. Je la trouvai un de mes livres à la main et un autre sur sa table à écrire.

« Je vous lis et vous aime déjà, me dit-elle, en m'embrassant avec cette aménité caressante particulière à l'Italie ; j'espère que vous allez nous rester longtemps.

— Hélas ! comtesse, je pars demain pour Venise.

— Impossible ! répliqua-t-elle, me voilà mieux et je veux vous réunir demain soir à quelques amis. Je ne sors jamais le soir, ajouta-t-elle, et ceux qui m'aiment s'en souviennent et me tiennent fidèle compagnie. A l'heure qu'il est, ajouta-t-elle, nous voyons dans tous les Français des frères qui nous ont délivrés des Autrichiens. Vous ne pouvez moins faire qu'Henri Martin, qui nous a donné deux semaines. Quel bel ouvrage il a écrit sur Manin! Comme j'ai été heureuse de lui serrer la main et de le remercier au nom de l'Italie. Il est son fils par l'intelligence, et c'est là la plus intime parenté. »

Elle s'exprimait dans le plus pur français.

« Je reviendrai, lui dis-je, et ce sera pour moi une fête de vous voir souvent. Vous entendez la toux sans trêve qui me coupe la parole, je vais chercher un peu de chaleur et essayer de guérir. »

Aussitôt elle sonna, commanda pour moi une boisson chaude, puis reprit, sans me donner le temps de la remercier: « L'Italie vous doit de vous guérir, puisque vous l'aimez, et notre chère et pauvre Venise vous gardera plus longtemps que vous ne pensez. Malgré son deuil elle a un charme qui enlace et captive tous ceux qui la voient. Y connaissez-vous quelqu'un?

— Personne, répliquai-je.

— Eh bien! je vous donnerai une lettre pour un de mes amis d'enfance, qui vous guidera dans vos excursions et vous tiendra compagnie quand vous souffrirez; mais je suis hors d'état d'écrire cette lettre aujourd'hui, ma volonté s'y refuse absolument, ajouta-t-elle, avec un sourire amical et en secouant sa tête charmante; il faut que je vous aie demain soir, dimanche vous vous reposerez, j'irai vous voir, et lundi vous partirez pour Venise; vous consentez, n'est-ce pas?

— Si j'étais homme, repartis-je, je vous dirais que votre voix est celle des sirènes, et que votre cœur est comme Venise, il enlace et retient.

— Je ne sais pas, reprit-elle, pourquoi les femmes ne mettraient pas dans l'amitié un peu de l'empressement qu'elles prodiguent en amour; l'amitié donne des satisfactions aussi douces et plus durables que celles de l'amour.

— Madame Récamier m'a souvent exprimé la même idée, lui dis-je, et vous avez avec elle tant de points de ressemblance, que je ne suis pas surprise que vos sentiments se fassent écho.

— Elle a été une de mes amitiés lointaines et inexprimées, reprit-elle; lorsqu'elle est morte, j'ai éprouvé une grande tristesse, comme si nos âmes s'étaient connues.

— C'est qu'elles étaient de la même essence, » repartis-je.

Nous causâmes longtemps de la France et de l'Italie. Quand je la quittai elle me dit : « Déjà! oh! j'espère bien que demain soir vous me resterez tard, très-tard, si vous avez des amis parmi nos *sauveurs*, amenez-les moi, ajouta-t-elle. »

Je lui nommai le capitaine Yung. — « Lui et d'autres, me dit-elle; ils nous ont fait libres, ces valeureux Français, et nous ne saurions trop leur payer, en hospitalité et en dévouement, leur sang versé pour nous. »

Je la quittai ravie de son accueil, et sentant naître déjà l'amitié qui devait nous lier plus tard.

Le soir de ce jour, on me conduisit, au petit théâtre *Fiando*, voir le spectacle des *Marionnettes*; ces acteurs en bois ont eu, de tout temps, le privilége de dire de grosses vérités aux despotes de la Lombardie; depuis l'indépendance ils s'en donnent à cœur joie, et frappent à coups redoublés sur le dos roide des Tudesques détestés; la farce que je vis représenter, mettait en scène un mari italien qu'un gros hussard autrichien tentait de ranger dans la catégorie des maris de Molière, mais l'époux et l'épouse s'entendaient pour rosser, à double charge d'épigrammes et de bastonnade, le galant à barbe rouge.

La gaieté était bruyante dans les galeries, les gamins de Milan, ainsi que ceux de Paris, applaudissaient du geste et de la voix aux bons mots bien salés. La musique du petit orchestre était, comme toujours en Italie, juste et mélodieuse; je remarquai parmi les exécutants un soldat français, à la mine joyeuse, qui jouait les solos de clarinette; il venait là, chaque soir, gagner gaiement un petit supplément à sa paye; il était en manche de chemise avec un laisser aller tout italien, doublé du sans-gêne qu'autorisait ce théâtre populaire; il s'était débarrassé de son habit et n'avait gardé que son pantalon d'ordonnance. A chaque variation qu'il faisait entendre, tous les spectateurs hommes et femmes, lui criaient: « Bravo! le Français! bravissimo! » — La figure du soldat exprimait le ravissement et l'orgueil de l'artiste triomphant. Je devais retrouver plus tard, à Rome, nos soldats jouant la comédie au profit des pauvres.

Je ne voulus pas quitter Milan sans faire visite à madame Francia, la femme du docte et excellent avocat qui, chaque jour, venait causer avec moi et dont l'érudition variée m'était d'une incessante utilité. Madame Francia, infirme et triste depuis la mort d'une fille adorée, ne sortait plus que pour aller à l'église; son intérieur patriarcal me rappela ceux si bien décrits par Balzac, et qu'abritait autrefois le Marais; l'appartement occupait le rez-de-chaussée d'une ancienne et calme maison *contrade Monforte*. Je fus introduite par un vieux serviteur dans le cabinet de l'avocat qui, surpris et charmé, s'écria en m'apercevant : « Oh ! *cara amica*, quelle fête de vous voir chez nous ! »

Il était entouré de dossiers et travaillait au milieu de tous les légistes du monde antique et des sociétés modernes, dont les ouvrages remplissaient les rayons de sa belle bibliothèque: « J'ai là vos Cujas et vos Montesquieu, » me dit-il. Dans les deux angles du cabinet, faisant face aux fenêtres qui s'ouvraient sur un jardin, étaient placés deux bustes superbes : l'un de Napoléon Ier, par Canova; l'autre, sculpté par Bartolini, était le portrait d'un vieil avocat à la mine austère, une des célébrités évanouies du barreau de Milan : « Celui-ci fut mon maître chéri, mon instituteur rigoureux dans la carrière, me dit M. Francia, en me désignant le second buste, l'autre est l'auteur de votre code immortel, ajouta-t-il, en me montrant l'Empereur; tant que ce code nous a régis, nous n'en avons pas assez apprécié la grandeur; mais quand l'inique législation autrichienne, qu'il avait renversée, nous fut imposée de nouveau, nous comprimes mieux ce que nous devions au héros législateur ; le jour où son neveu, après vos récentes victoires, a fait à Milan son entrée triomphale, je l'ai salué en m'écriant: Voici le code Napoléon qui nous revient !

— Transformé en code italien, m'écriai-je, ce qui vaudra mieux, car chaque peuple doit être l'auteur de ses propres lois, tout en s'aidant des lumières et de l'expérience de tous les légistes qui ont existé. »

Le bon avocat sourit, en m'entendant disserter de matières si graves, et, en causant de la sorte, il m'introduisit dans un grand salon orné de quelques beaux tableaux et de portraits de famille. Je trouvai là madame Francia, assise sur un grand fauteuil placé près d'une haute fenêtre qui s'ouvrait sur le jardin, où quelques vieux arbres s'élevaient parmi les plates-bandes abandonnées. Le vent glacial soufflait à travers les branches et faisait tourbillonner les feuilles jaunes sur la tête d'une statue de Flore, qui souriait en face du logis. Cette pâle figure semblait être la compagne silencieuse de cette vieille mère que je surpris dans sa solitude, partageant les heures du jour entre un ouvrage de tapisserie et un livre de prières ouvert sur une petite table placée auprès d'elle. Oh ! les lamentables et incessantes méditations des mères qui vieillissent, qui donc les dira jamais? Elles se sont résignées, au déclin, aux infirmités et même à la mort; mais leurs têtes blanches et vénérables se penchent sous le contre-coup des douleurs des enfants, des souffrances connues et éprouvées par elles et ressenties aujourd'hui par les filles que le mariage leur a prises; de la vie d'aventures et de dissipation des fils. Où sont-ils donc à présent, ces êtres adorés formés de leur sang, nourris de leur lait?

Je pressai avec émotion les mains de madame Francia, et en quelques paroles nous échangeâmes toutes les confidences que les mères peuvent se faire.

Je trouvai le soir, chez la comtesse Maffei, une aimable réunion. Parmi les hommes que je devais mieux connaître et apprécier plus tard, je citerai le chevalier Visconti Venosta, esprit vif et prompt, écrivain distingué et l'un des fondateurs du journal la *Persévérance*; M. Tenca, publiciste éminent, aujourd'hui député; le comte Stefano Médine un noble exilé vénitien, et plusieurs autres dont les noms m'échappent, quoique leur souvenir me soit resté. Parmi les femmes que je vis dans cette première soirée, et avec qui je devais me lier, se trouvaient la comtesse Polcastro, elle aussi avait été éloignée de Venise, où elle était née; esprit mordant, plein de traits et de hardiesses, prompt à la repartie et contant l'anecdote comme une femme du dix-huitième siècle; elle me rappela madame Sophie Gay; la comtesse Visconti, dont la beauté fut célèbre à Milan et à Turin, et qui a gardé en vieillissant la physionomie et la gaieté de la jeunesse; elle a donné son fils unique à l'armée de l'indépendance, et sa cousine, la duchesse Visconti, dont je parlerai plus tard, lui a donné ses trois fils. Les branches de cette illustre famille des Visconti sont très-nombreuses en Lombardie; leur parenté se perd dans la nuit des temps et n'est attestée que par la communauté de nom. Je viens de faire mention de trois familles différentes de Visconti. J'ai vu aussi, chez la comtesse Maffei, le marquis Visconti, qui s'était lié dans l'exil avec l'empereur Napoléon III et qui est aujourd'hui gouverneur du château d'Arenemberg. Ce dernier m'a paru plus Français qu'Italien. Le spirituel Visconti Venosta me dit un jour, en riant : « Nos pendards d'ancêtres ont fait bien des bâtards; il n'est pas sûr que nous soyons tous de souche légitime. »

Il y avait encore ce soir-là, chez la comtesse Maffei, une jeune femme, madame Scaccabarozzi, marquise d'Adda, qui fut une des grâces, des élégances et des séductions des fêtes de Milan, et, parmi les nobles étrangères, la comtesse Bathyani, femme du martyr hongrois, et la jeune comtesse Teleki, une blonde et belle Anglaise dont le mari, neveu du grand Teleki, fut plus tard colonel dans l'armée de Garibaldi; puis plusieurs officiers supérieurs de l'armée piémontaise qui tous s'empressèrent auprès du capitaine Yung, que je venais de présenter à la comtesse Maffei. Le jeune capitaine nous parla de la messe militaire française que le maréchal Vaillant et son état-major entendaient chaque dimanche au Dôme, et qui le lendemain, en l'honneur de je ne sais quel saint, serait accompagnée de la musique des orgues. Ces dames résolurent d'aller à cette messe, et je me laissai moi-même tenter par la curiosité de voir le spirituel maréchal en prières et par l'attrait de l'harmonie sacrée du vieux jeu d'orgues du Dôme.

Le lendemain matin, au froid des jours précédents avait succédé une pluie torrentielle qui changeait en fleuve boueux la longue rue du *Corso francese*. Je ne m'en rendis pas moins à la cathédrale; je trouvai sous le portail quelques officiers français qui attendaient le maréchal; d'autres étaient dans l'église, se promenant de long en large pour se réchauffer. La chapelle de la Vierge, à gauche auprès du chœur, était déjà disposée pour la messe du maréchal; un banc d'honneur en forme de gradin était recouvert d'un drap rouge; les cierges de l'autel étaient allumés; les bedeaux, vêtus de leur sale robe flottante, s'agitaient pour éloigner les assistants qui tentaient de prendre rang aux places réservées. L'orgue préludait, les officiers formaient des groupes au pied des colonnes de la grande nef.

Plusieurs messes se célébraient dans les chapelles latérales; des hommes et des femmes du peuple, des paysans venus des environs pour entendre la messe du Dôme, meilleure et plus sacrée, pensent-ils, que les autres messes, étaient tous prosternés sur les dalles mouillées, les mains croisées sur leur poitrine et roulant des chapelets entre leurs doigts; ils priaient avec un recueillement mystique; l'absorption de la foi rendait leurs visages immobiles comme ceux des statues des saints qu'ils regardaient avec fixité; par intervalles, leurs têtes s'abaissaient tout à coup et ils baisaient avec humilité les pierres des tombes. Les femmes de la bourgeoisie et de la noblesse milanaise étaient là confondues aux gens du peuple, agenouillées sur le pavé boueux; au lieu de chapelets, elles tenaient à la main un livre de prières dont elles se couvraient par moment le visage. On voyait que, pour tous ces Italiens, prier était une affaire sérieuse, un besoin impérieux de l'âme dégagée de tout souci extérieur. Le jour voilé des grands vitraux du chœur, en se projetant sur tous ces visages recueillis, leur prêtait la pâleur et les attitudes ascétiques des figures sculptées sur les tombeaux. Je les regardais, pensive, et les enviais presque ; je me disais : Ceux-là croient véritablement au Dieu crucifié ; le despotisme de l'Église n'a point tué leur foi ; ils dégagent les mystères divins de l'Évangile des ombres dont Rome les enveloppe. La Vierge dit aux femmes troublées : « Venez à moi. » Son fils dit aux affligés et aux travailleurs : « Je vous entends et vous aime ; je suis le Dieu des affligés, des humbles et des pauvres ! »

Pour la première fois, ce jour-là, je fus frappée dans cette grande nef du Dôme de la foi persistante du peuple italien ; il a peu d'estime pour son clergé ; son esprit le raille, sa justice et sa raison le combattent. Mais la madone et l'enfant divin, les saints et les anges, les reliques et les tabernacles, les chapelles mystiques rayonnantes à travers les vapeurs de l'encens, les chants des orgues et des enfants de chœur, tout cela compose à ses yeux une atmosphère céleste *native*, pour ainsi dire, inséparable de l'âme de ce peuple et qui est à son existence ce que l'idéal est au poëte et l'honneur militaire au soldat. Je fus arrachée à mes réflexions par un mouvement qui se fit dans l'église : les groupes d'officiers qui attendaient le maréchal se débandèrent tout à coup ; ils ne se dirigeaient point vers la chapelle de la Vierge, où la messe officielle devait être célébrée, et, à ma grande surprise, je les vis sortir du Dôme hâtivement. On venait de leur annoncer que le maréchal, malade ce jour-là, ne pourrait venir à la messe. Pas un seul ne resta dans l'église pour prier.

En quittant le Dôme, j'allai visiter le palais royal, autrefois habité par les vice-rois de l'Autriche. J'ai déjà dit qu'il fut bâti sur l'emplacement du vieux palais des Visconti, dont il ne reste plus à l'intérieur que la petite chapelle de Saint-Gothard. La galerie des fêtes est fort belle ; elle est décorée de cariatides or et blanc, soutenant une tribune circulaire où les curieux sont admis à voir la cour les jours de gala ; le plafond du grand salon représente Napoléon Ier sous la figure de Jupiter, porté par un aigle. Le statue colossale de l'Empereur, par Canova, ses bustes et ceux de sa famille ont été réintégrés dans les cours du palais et dans les salles.

Les Bonaparte ont été tellement liés dans ce dernier siècle aux destinées et à l'indépendance de l'Italie, qu'ils font désormais partie de ses fastes. Je regarde curieusement la chambre impériale, qui fut décorée pour l'impératrice Sophie d'Autriche; le meuble est en damas blanc et rose; les rideaux, de même étoffe, sont garnis de points d'Angleterre. Un précieux reliquaire est à la tête du lit. L'empereur Napoléon III, à son passage à Milan, a couché dans cette chambre. Je m'arrête un moment dans la salle des gardes pour admirer quelques belles fresques de Bernardino Luini, transportées là des cloîtres en ruine.

Je rentre à l'hôtel tellement lasse, que je ne songe plus qu'à me reposer jusqu'au lendemain, jour fixé pour mon départ. J'ai dans l'après-midi la visite de tous mes nouveaux amis de Milan. La comtesse Maffei m'apporte une lettre pour le baron Emilio Mulazzani di Cappadoca, qu'elle aime, me dit-elle, comme un frère. Fils d'une mère Grecque et d'un père Lombard-Vénitien, il a, ajoute-t-elle, l'imagination orientale, la pénétration italienne et toute la vivacité d'esprit d'un Français; il connaît le monde aristocratique et artiste de toute l'Italie et celui de Paris, où il a vécu et où il voudrait vivre.

X

Le lundi matin, 28 novembre (1859), je partis pour Venise, ou plutôt pour Vérone, où j'avais résolu de m'arrêter un jour. La pluie de la veille avait adouci l'atmosphère; un pâle soleil éclairait la campagne, plane d'abord comme celle que j'avais traversée pour aller à Pavie. Mais bientôt les montagnes de la Valteline s'échelonnent à gauche, couvertes de bois aux teintes variées de l'automne; des hameaux et des villas se groupent sur les versants; des courants d'eau descendent des hauteurs; de petits vallons, tapissés de mousses vertes, pleins d'ombre et de recueillement, se cachent dans les plis des collines. Quelles douces retraites on trouve là en été, quand le ciel brûle et déploie sa tente d'un azur vif sur des nids de fraîcheur et de verdure!

La configuration de l'Italie, si pittoresque, si belle, si variée, me frappe déjà d'admiration. Elle a tous les aspects de grandeur et de grâce, cette terre heureuse, élue et douée entre toutes par la nature! Elle a les chaines des monts, les lacs, les fleuves, les vallées fécondes, les golfes magnifiques, ceintures rayonnantes de deux mers; des volcans qui l'éclairent comme des phares gigantesques; des iles écloses dans les flots bleus qui sourient à ses rivages, tels que des enfants détachés du giron maternel. A ces dons splendides du ciel, la main de l'homme a ajouté ses merveilles: les temples, les cirques, les aqueducs antiques, les basiliques et les palais byzantins, les donjons, les tours et les églises du moyen âge, les villas, les portiques, les fontaines et les jardins féeriques de la Renaissance. Son peuple a la beauté et l'imagination; il sent l'amour et l'art comme aucun peuple moderne ne les a sentis; il parle une langue harmonieuse et vive qui fait paraitre barbares nos langues du Nord. Il a dans ses yeux le feu de son soleil; dans son sourire, la grâce de ses rivages; dans sa stature, la noblesse de ses monts; c'est le peuple le plus naturel du monde: il est expansif, exubérant, sans pose et sans recherche d'imitation étrangère (je parle du peuple), il s'identifie si bien avec la terre où il est né qu'on le sent fait pour elle et elle pour lui.

La vapeur court et nous entraine le long de la Valteline et des Alpes Rhétiques. — Voici d'abord Bergame, bâtie en amphithéâtre sur une colline; on dirait qu'elle fut expressément construite pour servir à la beauté de la perspective, comme une de ces décorations scéniques qui surgissent tout à coup; ses coupoles, ses campaniles et ses palais se groupent admirablement; au dernier plan, les châteaux et les parcs s'échelonnent sur les montagnes.

Je voyage en compagnie d'un officier piémontais, qui, après un congé de quelques jours, retourne à la petite ville de Lonato, voisine de la nouvelle frontière qui sépare les possessions autrichiennes du territoire italien. Il me dit son ennui profond dans ce grand bourg sans ressources pour l'esprit: la garnison souffre et s'exaspère du voisinage des soldats ennemis; elle est chaque jour tentée d'aller faire contre eux le coup de fusil; des paysans des terres laissées à l'Autriche viennent parfois jusqu'à Lonato pour respirer un peu d'air libre; ils prennent les mains des soldats italiens et leur disent: « Quand donc nous délivrerez-nous? »

Nous rencontrons à toutes les stations des détachements de

troupes françaises et italiennes. Enfin voici Brescia l'héroïque, groupée sur le penchant des Alpes Rhétiques et dominée au nord par sa forteresse vénitienne. Cette citadelle nous fut abandonnée avec armes et bagages par les Autrichiens à la dernière guerre. Brescia, avec son château fort, son *Duomo-Vecchio*, ses clochers, la pyramide de son Campo-Santo, forme un groupe plus vaste et tout aussi pittoresque que Bergame. Je ne visiterai cette courageuse et patriotique cité qu'à mon retour de Venise. Nous continuons à suivre à gauche le versant de la chaine des Alpes. Quels enlacements merveilleux de villas, de jardins, de bois, de villages, d'églises et de débris de vieux donjons! Mon compagnon de route me quitte, je lui souhaite un amour romanesque pour le distraire dans sa vie monotone de petite garnison et de nouvelles batailles pour l'affranchissement définitif de l'Italie. « Que Dieu vous entende et exauce ce double vœu! me dit-il; l'amour et le patriotisme sont les deux sentiments les plus nobles que l'homme puisse éprouver! »

Je reste seule dans le wagon; bientôt je vois apparaitre le rivage du lac de Garde, dont un léger voile de brume me dérobe en ce moment l'étendue. Dezanzano, dernière ville de la frontière italienne est dominée par une forteresse et s'échelonne à gauche du chemin de fer, sur le bord du lac; un quart d'heure après, voici Peschiera, dont les fortifications sont chaque jour augmentées. Les soldats autrichiens, avec leur uniforme gris à chevrons bleus et leur bonnet de police blanc liséré de rouge, gardent les remparts et nous apparaissent par groupes enveloppés dans leurs manteaux; quelques jeunes officiers minces, blonds, l'air distingué et morne, sont rangés le long de la gare et regardent arriver le convoi; l'ennui que leur inspire par ce jour froid cette ville, dont tous les habitants leur sont hostiles, gagne bientôt les voyageurs que le *visa* des passe-ports condamne à une heure d'attente dans le bureau et le couloir de la gare ouverts à toutes les intempéries des saisons; on s'entasse dans un petit café sale et fumeux, où les hommes boivent du vin et de l'eau-de-vie et les femmes du café chaud à la turque, où le marc boueux se mêle au liquide. Après m'être ranimée avec une tasse de ce breuvage trouble, je songe aux formalités d'usage; en quelques minutes mon passe-port est visé et mes bagages visités, grâce à l'excessive politesse de l'officier de service: débarrassée de ce soin, je m'accoude à une fenêtre du couloir qui s'ouvre sur le lac de Garde, et j'attends patiemment en contemplant l'admirable panorama que j'ai devant moi.

Le lac de Garde est le plus grand lac de l'Italie ; ses rives sont planes du côté de Peschiera ; en face, au nord, elles sont bornées par le mont Baldo et par la chaîne escarpée des Alpes tyroliennes ; une belle route avec des galeries voûtées circule sur le bord occidental. Quelques rayons du soleil couchant se projettent sur les eaux, calmes en ce moment, mais parfois très-orageuses en hiver. Virgile a parlé de leurs tempêtes. Je distingue à droite la longue presqu'île Sermione, avec ses villas et ses parcs. Catulle avait sa maison de plaisance à la pointe de cette presqu'île, on en trouve encore les vestiges ! Au nord, descend des Alpes le torrent de la Sarca, qui traverse le lac et en ressort à Peschiera, sous le nom de Mincio. Je pense, en considérant ce fleuve, aux triomphes récents de notre armée, et je crois revoir Peschiera assiégée par les Italiens et les Français confondus. La paix de Villafranca fit cesser le feu et tomber les armes des mains des combattants. Ce beau lac coupé en deux parts, l'une autrichienne et l'autre italienne, c'est le jugement de Salomon appliqué à une nation ; les membres violemment séparés demandent à se rejoindre ; les pâles Germains aux yeux bleus ont le mal du pays sur ce rivage, ils y prennent la fièvre par les étés brûlants ; le climat, comme les habitants, est leur ennemi ; les grâces même de ces bords merveilleux où les orangers s'échelonnent en terrasse ne les touchent point ; au suc rafraîchissant et exquis des fruits d'or ils préfèrent la forte bière allemande, et l'ombre des chênes de la Germanie à l'ombre embaumée des citronniers. Les poissons délicieux qui peuplent les eaux du lac et que les Romains avaient en si grande estime, leur paraissent moins délectables que le bœuf, le gros lard et la choucroute. Il faut à ces bords enchantés un peuple artiste et poëte ; des pêcheurs qui chantent en plein soleil ou à la clarté des étoiles ; de belles contadines qui font gaiement l'amour avec les hommes de leur race, mais refusent de se vendre à l'étranger détesté ! O Catulle, qu'aurais-tu dit si, dans les soirs voluptueux où tu baignais dans ces ondes tièdes ton corps parfumé, tu avais vu apparaître sur les grands rocs du nord qui t'envoyaient l'ombre et la fraîcheur, les Germains chevelus qu'on appelait alors les barbares ?

La nuit vient ; des teintes violettes se répandent à l'entour des monts et projettent des lignes noires sur la surface du lac ; quelques barques le sillonnent du côté de Peschiera et vont s'amarrer au rivage; au loin, deux bateaux à vapeur dessinent dans l'air leurs aigrettes de fumée blanche.

L'examen des passe-ports est terminé; les voyageurs irrités et impatients se précipitent dans les wagons, l'ombre enveloppe la route; tout à coup des chants sonores, des chants italiens se font entendre, ils montent dans l'air comme un bruit puissant qui domine le hennissement rauque de la vapeur; ils partent d'un convoi qui croise le nôtre et qui s'arrête en même temps à la station voisine de Peschiera; le refrain italien redouble d'énergie et semble narguer les sentinelles autrichiennes.

« *E viva l'Italia! e viva il nostro re!* » s'écrient en chœur tous ces hommes debout entassés dans les wagons. « *Siamo liberi! siamo Italiani!* » chantent-ils comme les soldats lombards délivrés, que j'ai entendus quelques jours auparavant dans la tour du Dôme de Milan. Penchée à la portière, je les salue du geste, je leur souhaite bon voyage et à mon tour je crie : « Vive l'Italie! — *E viva la Francia!* répliquent-ils; *sono i Francesi che ci fanno liberi!* » Ces paroles de reconnaissance mêlées à leur joie patriotique me causent une vive émotion; je pense à la gloire de notre armée; à la grandeur de la France; je bénis mon pays généreux de s'attirer à l'étranger ces élans de sympathie passionnée; une part en a rejailli sur moi et, seule et triste dans ce wagon que la nuit enveloppe, m'a fait un moment retrouver la patrie.

Des forts qui se perdent dans la brume, des portes éclairées flanquées de bastions et qui projettent quelques lignes de lumière sur les murs sombres des remparts où des canons sont braqués, me font deviner Vérone.

Le chemin de fer a deux stations à Vérone communiquant avec deux des portes de la ville; j'oublie l'indication qu'on m'a donnée et je ne descends pas à la première station, pour laquelle mes bagages ont été enregistrés. Arrivée à la seconde station, je réclame en vain mes malles; me voilà dans un grand émoi. Le chef de gare, auquel j'ai été obligeamment recommandée par un ingénieur français du chemin de fer Lombard-Vénitien, me rassure et me recommande à son tour à un employé nommé Angelino, celui-ci me fait monter en voiture et me dit que je n'ai qu'à lui envoyer un *facchino* de l'hôtel où je descendrai et que mon bagage me parviendra avant une heure. Je me fais conduire à l'*Hôtel des Deux Tours*; je traverse les faubourgs de Vérone, je passe un pont sur l'Adige, je parcours quelques rues sombres, silencieuses, aux maisons closes comme des prisons, quoiqu'il soit à peine sept heures. J'arrive sur la place monumentale de Saint-Anastase et je descends au palais de l'Aigle, transformé en auberge enfumée. C'est le sort de beaucoup de nobles palais en Italie ; je traverse une cour à arcades peintes à fresques ; je monte dans une galerie circulaire et m'installe dans une petite chambre glacée.

Le maître de l'hôtel est absent ; *il primo cameriere* me reçoit avec obséquiosité : c'est un vieillard napolitain maigre et crasseux, à nez de polichinelle ; mélange de Robert-Macaire et de Basile. Tandis qu'il me sert à souper, il m'adresse en français une foule de questions sur ce qui se passe à Milan ; il me demande s'il est vrai, comme on le dit de toutes parts, que les Français vont recommencer la guerre et délivrer enfin Vérone et Venise? « Malheureusement, ajoute-t-il en élevant la voix, les Autrichiens ont deux cent mille hommes à Vérone (ils n'en avaient que cinquante mille à cette époque) et ce sera dur à arracher. » Je soupçonne le drôle d'espionner les voyageurs et de les provoquer à parler pour faire ensuite son rapport au général et au colonel autrichiens qui ont leur logement à l'hôtel, et que je vois justement, à travers les vitres d'une fenêtre qui s'ouvre sur la galerie, souper en ce moment dans une salle voisine.

Je lui réponds que les Autrichiens fussent-ils six cent mille, les Français en auraient raison, s'ils le voulaient ; que la dernière guerre l'a bien prouvé, et que, depuis *Solferino*, le prestige de la France est tel, qu'il est une sauvegarde assurée à l'étranger pour tous les Français et même pour les Françaises. J'ai toujours tenu le même langage aux misérables de cette espèce, lie et fange des anciens despotismes, que j'ai rencontrés durant mon voyage, et toujours ce ton net et haut m'a réussi. A Rome, je devinais les mouchards rien qu'à leur regard, et je redoublais, en leur présence, d'audace italienne. Je racontais devant eux, avec admiration, les traits d'héroïsme du roi et de Garibaldi, et j'offrais aux assistants terrifiés de tenir ma gageure sur la prochaine entrée triomphale des deux héros au Capitole. Je ne sais si les espions, en m'entendant parler de la sorte, me prenaient pour un personnage important, initié aux arcanes de la politique française ; ce qu'il y a de certain, c'est qu'ils me laissaient vivre en paix. Mais la vue et le contact de ces êtres avilis m'ont toujours causé le dégoût et l'horreur que me causent les chenilles gluantes et rampantes. Pour me débarrasser au plus vite du premier *cameriere* de l'hôtel des Deux-Tours, je lui donnai ordre d'envoyer chercher mon bagage ; il me répondit par le *subito* sacramentel, ajoutant toutefois que ce serait cher, fort cher ! qu'à pareille heure tous les portefaix de Vérone dormaient, que la distance était très-longue, et qu'il faudrait donner au moins trois florins. Je me récriai d'abord, puis, pour ne plus voir la figure de cet homme, je lui dis d'agir comme il l'entendrait. Au bout de trois quarts d'heure, un commissionnaire arriva avec mes malles. Sa figure était honnête, et il parut ébahi, quand le vieux *cameriere* lui remit trois florins qu'il porta sur mon compte. Je les vis sortir ensemble et me doutai de quelque tromperie. A quoi bon l'éclaicir? en route, les querelles prennent du temps et troublent l'esprit.

Après avoir écrit mes notes de la journée, voulant me lever de grand matin, le lendemain, pour visiter Vérone, je me disposais à me mettre au lit, lorsqu'on frappa à ma porte. C'était il signor Angelino, l'excellent employé du chemin de fer, qui venait s'informer si mon bagage m'avait été fidèlement remis. Je lui répondis que oui et lui parlai des trois florins exigés par le *cameriere*.

« Le misérable ! répliqua-t-il, il en a gardé deux et demi pour lui. J'ai remis moi-même vos malles au *facchino*, il m'a dit que le prix convenu de la course était un demi-florin et qu'il avait souscrit à l'offre du *cameriere*, parce que l'ouvrage n'allait pas du tout. Je serais bien tenté, poursuivit l'honnête Angelino, de bâtonner ce fripon, mais, madame, je le connais, c'est l'espion du général, et il aurait assez de pouvoir pour me faire mettre en prison. Pour notre honneur, une pareille vermine n'est pas née en Vénétie. C'est un ancien cuisinier d'un ministre de police du roi de Naples ; tous les traîtres nous viennent de là-bas ; vous n'en trouverez pas un seul parmi nous ; nous aurons bien de la peine à faire descendre le cœur dans le ventre de l'Italie ; nous ne serons dignes d'avoir une patrie que lorsque nous serons tous soldats. Déjà trois de mes frères sont partis pour servir avec Garibaldi, et je les aurais suivi, si je n'avais une femme et quatre fils.

— Si jeune et déjà quatre enfants ? interrompis-je étonnée.

— Je me suis marié à dix-neuf ans, ma femme en avait dix-sept, nous sommes très-heureux ; mais ce n'est pas tout, il faut servir le pays et je ne puis plus me faire soldat.

— Vos fils le seront, et, du train dont vous y allez, ajoutai-je en riant, vous pourrez fournir à l'Italie un bataillon complet.

—·Avec ça qu'ils sont tous beaux, reprit-il naïvement, et qu'ils seront braves ; ils portent sur le cœur le portrait du roi et celui de Garibaldi ; tenez, madame, les voilà ces deux lions, » et entr'ouvrant un peu sa chemise, il en tira un cordon auquel pendaient deux petites médailles à l'effigie des deux héros.

J'écoutais avec intérêt ce jeune mari déjà père de quatre enfants, je me disais : « Ces mariages de la nature où le calcul n'est pour rien font la belle race italienne. » Angelino me parla ensuite du deuil de Vérone ; tous les théâtres et presque tous les cafés étaient clos. « Ce n'est pas le temps de se divertir, de chanter et de boire, poursuivit-il, nous ne nous mettrons en fête que le jour où nous serons libres. Oh ! quel grand espoir nous avons eu un moment, quand les Français étaient là si près de nous, à Solferino. Malgré les forts, les bombes, les remparts, la mitraille, nous étions prêts à nous battre corps à corps avec les Autrichiens pour les chasser de Vérone ! Nous d'un côté, les Français de l'autre, comment auraient-ils pu résister ! s'écria avec feu le brave Angelino.

— Espérez en vous, repris-je, espérez dans la justice de votre cause, l'Italie sera avant peu une libre et grande nation.

— Dieu vous entende et vous bénisse, signora ! s'écria-t-il en baisant ma main avec effusion.

— Tenez, lui dis-je, voici les journaux de Milan que j'ai achetés ce matin même ; ils vous feront plaisir à lire, puisque vous êtes un bon patriote.

— Moi et tout Vérone les liront, répliqua Angelino avec une joie vive ; si vous saviez, madame, quel bonheur c'est pour nous, esclaves de l'Autriche, d'avoir des nouvelles de la patrie libre ! A demain, madame, je serai à l'embarcadère au moment où vous partirez pour Venise. »

Il sortit, et je me hâtai de me mettre au lit pour dormir un peu. Le lendemain matin à huit heures, je visitai Vérone triste et sombre à travers le voile de brouillard qui l'enveloppait comme d'un crêpe de deuil. Avant de monter en voiture, je fis le tour de la jolie place monumentale où est située l'auberge des *Deux-Tours* ; en face, entre la chapelle de San-Gemigniano et l'église de Saint-Anastase, s'élève, au-dessus d'une porte cintrée dont il forme le singulier couronnement, le tombeau gothique du comte de Castelbarco (sans doute un aïeul du possesseur du beau palais de Milan). Ce monument svelte, aérien, se détachant sur le fond du ciel, est du plus heureux effet; j'entre dans l'église de Saint-Anastase, encombrée de bas-reliefs et de peintures. Je suis surtout frappée par les deux grands bénitiers, dont les coupes de marbre sont soutenues par des figures enlacées d'une remarquable beauté; celui de droite est l'œuvre du père de Paul Véronèse; le génie se transmet par le sang en Italie, et l'on trouve dans l'histoire de l'art des générations entières de peintres et de sculpteurs.

Je me fais conduire au Castel-Vecchio, qui dresse ses murs crénelés au bord de l'Adige; un vieux pont en pierre partant du château est jeté d'une rive à l'autre; le fleuve boueux roule ses eaux grossies par les pluies d'automne; du côté de la forteresse, il est encaissé par un mur à pilotis moussu et crevassé; sur l'autre bord, s'élèvent de misérables habitations. Des soldats autrichiens sont en faction sur les talus fangeux qui entourent le château; tout cet ensemble est couvert d'un voile de brouillard qui transforme le ciel en coupole de plomb; on en sent comme le poids et la tristesse. C'est à cette place et par un jour pareil que Dante dut imaginer quelques scènes de son *Enfer*.

Du Castel-Vecchio je me rends à l'amphithéâtre. Après le Colisée, c'est un des cirques romains les plus imposants. Un brocanteur juif, qui a sa boutique sous l'arceau d'un des vomitoires antiques, m'ouvre la grille qui conduit à l'arène; elle est intacte et peut contenir plus de cinquante mille spectateurs. Je monte une vingtaine des cinquante-cinq rangs de gradins qui décrivent l'énorme ellipse, et je considère, ravie, la grandeur de l'ensemble du monument: les pierres sont d'un beau ton doré; à chaque bout de l'immense ovale s'élèvent deux grandes portes couronnées d'une plate-forme à balustres. Malgré la brume glacée, je m'oublie là, rêvant à l'histoire de Vérone; je pense aux belles amours de Roméo et de Juliette, dont le génie de Shakespeare a fait pour nous des êtres historiques; à Pline le Jeune, à Catulle, ces esprits exquis du monde antique; à Dante, à Pétrarque recevant l'hospitalité à la cour de Vérone; à Chateaubriand, oubliant sa mesquine mission diplomatique pour promener ses songes de poëte dans l'arène où je suis, ou autour des tombeaux des Scaliger. Je sors de l'amphithéâtre, et je contemple un fragment magnifique de la haute enceinte circulaire qui lui formait extérieurement une galerie gigantesque.

Je continue mon excursion à travers Vérone, où je ne rencontre à cette heure matinale que des paysans apportant des fruits et des légumes au marché, et que des soldats tudesques se rendant à l'exercice. Dans une petite rue aboutissant à la place aux Herbes, on me montre le portail d'une maison qui fut, dit-on, le palais des Capulets. Deux étroites fenêtres cintrées semblent encore encadrer les têtes souriantes des deux beaux amoureux.

La place aux Herbes, autrefois le forum, est décorée de palais dont les façades sont peintes à fresque; le plus remarquable de ces palais est le palais *Maffei*; sur un des côtés de la place, s'élève le palais des marchands, orné d'une Vierge de *Campana*, et surmonté d'un élégant campanile. Le pilier qui attestait la conquête des Vénitiens est découronné de son lion ailé. Ce n'est plus aujourd'hui qu'une borne salie par les maraîchers qui encombrent la place. De vieilles marchandes vendant de la charcuterie, du fromage, du vin et du pain sont là accroupies auprès de fourneaux flambants; leur tête grisonnante est couverte de l'affreux tartan anglais en laine rousse qui a envahi le monde entier. Elles servent aux soldats autrichiens des écuelles de soupe ou de café au lait qu'elles remplissent à même les marmites qui bouillent sur les fourneaux. Les soldats déjeunent en plein air, tout en regardant les jeunes et pimpantes contadines qui vendent des fruits et balancent leur tête brune aux cheveux noirs bien peignés, sur lesquels flotte un voile en tulle noir. Celles-ci toisent les Autrichiens, et agacent du geste et de la voix les beaux paysans à culotte courte, qui déchargent de dessus leurs ânes et leurs mulets, des pyramides de légumes. Une foule compacte de pauvres acheteurs se presse sur le marché; il s'en exhale une puanteur d'odeurs mêlées, où l'horrible odeur du fromage domine; je m'éloigne de cet air empesté et je descends de voiture sur la belle place *dei Signori*. Je regarde, émerveillée, la façade peinte à fresque et surmontée de statues de ce vieux palais des Scaliger, bâti au quinzième siècle; c'est aujourd'hui le palais de la municipalité autrichienne. Je trouve à droite, dans une petite rue sale et étroite, les curieux tombeaux des Scaliger. Après la demeure de la vie, la demeure de la mort. Ces tombeaux, aux bas-reliefs et aux figurines noircies par le temps, sont resserrés dans une sorte de cour entourée d'une grille en rotonde d'un beau travail et divisée par des piliers sur lesquels se dressent six niches en ogive à colonnettes sculptées : dans chaque niche est un chevalier revêtu de sa cuirasse. Le sarcophage repose dans une sorte de clocher à jour, ceint de colonnes torses et dont la lanterne est surmontée de la statue équestre du Can Signorio, bardé de fer et la visière baissée. Les chapiteaux, les frises, les arceaux, les aiguilles, le fût des colonnes fourmillent de fleurs, de figurines, de bustes et d'emblèmes ; l'incurie du gouvernement et la marche du temps altèrent chaque jour cette merveille. Ce Can Signorio, qui veille comme un sombre gardien sur son monument funéraire, fut l'assassin de son prédécesseur Can Grande II, qu'il tua, un jour, publiquement sous une arcade. Ce titre de *chien* était le titre honorifique des souverains de Vérone. Pétrarque disait d'eux que Vérone était dévorée par ses propres chiens. O chiens barbares et guerroyants, secouez vos armures, descendez de vos piédestaux, courez sus aux Tudesques détestés, mordez et égorgez les tyrans qui retiennent encore des lambeaux de l'Italie esclave !

En quittant ce tombeau dégradé, je vais visiter quelques églises : d'abord San Fermo Maggiore, située sur la place *Bra*. Cette église renferme une crypte curieuse du onzième siècle, dont la voûte, en bois de noyer sculpté, a plusieurs étages superposés. Une pauvre mendiante est là, agenouillée, ayant devant elle un de ces paniers en poterie qui servent de chaufferettes aux Italiennes du peuple ; de moment en moment la vieille tend ses mains ridées et tremblantes, entre-croisées par la prière, sur les charbons embrasés. Cette femme demande à Dieu *les indulgences plénières* que je vois, en sortant, affichées sur la porte de l'église. Je me trouve près du pont *Navi*, et je regarde un moment le cours de l'Adige sombre ; on dirait un fleuve du Nord. Pas un quai ne l'enserre ; les maisons sont bâties à pilotis sur ses bords ; leur rez-de-chaussée, humide et au niveau des eaux, doit être souvent submergé en hiver.

Je me rends au Dôme, dont la fondation est attribuée à Charlemagne. Le vieux portail, en marbre rouge, repose sur deux griffons bizarres et formidables ; les statues des paladins Roland et Olivier décorent la façade ; partout la gloire et les souvenirs de la France.

L'église de Saint-Zénon, que je visite ensuite, est une des plus intéressantes de Vérone ; elle fut fondée par Pépin, fils de Charlemagne ; elle est dédiée à saint Zénon, évêque noir africain, qui

prêcha l'Évangile à Vérone, et y fut lapidé sous Julien l'Apostat.
La porte de l'église est encadrée de colonnes qui se détachent à
jour et auxquelles le dos de grands lions sert de base; la façade est
couverte de bas-reliefs de marbre; l'intérieur de l'église est d'un
aspect recueilli et grandiose. Je remarque en courant la statue de
saint Zénon, une immense coupe en porphyre et de très-belles
orgues. Je descends dans la crypte, au-dessous du chœur, où est
le sarcophage du saint. Les murs de cette chapelle sont peints de
fresques naïves; je les considère curieusement, tandis que le jeune
sacristain qui m'accompagne me raconte que son frère est allé
s'engager comme soldat pendant la guerre de l'indépendance, et
qu'à son tour il veut partir au premier jour pour rejoindre Garibaldi. « Ce n'est pas le temps, dit-il, d'être bedeau d'église. »
Le patriotisme de ce brave garçon me touche et je lui donne une
triple *buona mano*. En sortant de l'église, je regarde le beau
campanile du onzième siècle, puis j'entre dans le cloître, où sont
quelques vieux tombeaux, entre autres le tombeau apocryphe du
roi Pépin. Je passe sous la porte romaine *Borsari*, située au milieu
du Corso; je poursuis à l'aventure mes excursions à travers Vérone.
Je me fais conduire *via Pigna*, pour voir la *casa Miniscalchi*, un des
plus rares et des plus curieux monuments de la Renaissance; la
façade est entièrement couverte de figures peintes à fresque; la
porte et les fenêtres, cintrées, sont encadrées de colonnes de marbre
noir et de fines sculptures en terre cuite rouge. J'aperçois une
jolie cour intérieure avec des arbres. Oh! la belle et calme maison,
on la voudrait à soi. La rue où elle est située est propre et riante;
je traverse d'autres rues spacieuses et droites; je comprends que,
quand le soleil brille, quand l'Adige roule des flots clairs, quand
les collines qui dominent la ville sont verdoyantes et fleuries, que
les remparts et les forts se dessinent sur l'azur, Vérone doit être
une superbe cité; ainsi elle m'apparut, un soir d'été, en relief sur
la pourpre du soleil couchant!

Il me reste à voir le tombeau de Juliette et les fortifications redoutables qui font de Vérone une des places fortes du Quadrilatère.

La tradition place le tombeau de Juliette dans un ancien couvent
de franciscains transformé aujourd'hui en caserne; des soldats autrichiens fument et étrillent des chevaux devant un mur d'enceinte
où s'ouvre une porte cintrée; je passe cette porte et me voilà dans

un jardin potager. Un petit garçon de douze ans, fils du gardien, me précède et me guide. Nous marchons à travers choux et navets, à gauche, le long d'un mur; l'Adige coule au delà et sa fraîcheur redouble l'exubérance de tous ces légumes qui forment de vulgaires avenues à la tombe de Juliette. Nous tournons à droite, et, avant d'arriver à une chapelle en ruines, je trouve quelques petits cyprès dont je coupe une branche; sur une des parois brisées de la chapelle est encore un fragment de fresque où l'on distingue une figure d'évêque; au-dessous est un sarcophage vide en briques rouges, transformé en fosse à ordures. Voilà la tombe de Juliette! c'est avec des morceaux de la pierre rouge du couvercle du sarcophage que Marie-Louise se fit faire un collier et des bracelets; parure sentimentale que cette princesse au cœur sec se plaisait à porter. Le petit paysan qui me conduit m'offre des débris de ces briques. Je lui montre du geste la tombe pleine d'excréments fétides :

« Jette là, lui dis-je, quelques pelletées de terre et fais-y pousser des fleurs ou un peu de gazon.

— Qu'est-ce que cela nous rendra, signora? » me répond-il en riant.

O ineffable Juliette! qu'importe ta tombe détruite et profanée! n'as-tu pas pour monument indestructible le drame du poëte qui t'a rendue immortelle? C'est dans le génie de Shakespeare que tu fus inhumée! c'est par lui que tu ressuscites chaque soir, de siècle en siècle, sur toute la surface du monde, jeune, belle et aimée! Quelques vers inspirés sont plus durables que les mausolées et les pyramides. Il ne reste pas une pierre des temples de Lesbos, mais trois strophes de Sapho ont défié le temps!

Je me hâte d'aller parcourir une partie des remparts qui défendent Vérone; les Autrichiens y ont ajouté de récentes constructions réputées imprenables. Je me fais conduire à la porte *Stuppa* (murée); l'entrée (interdite au public) de son arche profonde est flanquée de canons; les fortifications, qui se déploient de chaque côté, se composent de grands talus voûtés, recouverts de gazon et percés par des portes de fer cintrées qui y donnent accès; des tours se dressent de distance en distance; les sentinelles autrichiennes, l'arme au bras, se promènent sur les remparts, geôliers silencieux et taciturnes de la cité prisonnière; leurs habits sont gris comme le brouillard qui couvre Vérone; ils se meuvent, à travers ce voile, tels que des ombres. Quand donc brillera le jour éclatant qui les fera s'évanouir enfin, ces spectres menaçants de l'Italie? Des bataillons de fantassins font l'exercice au pied des remparts; des détachements de cavalerie décrivent des évolutions dans un champ de Mars voisin. J'ai mis pied à terre et je circule à travers les rangs; quelques jeunes officiers me regardent étonnés; un vieux s'arrête en face de moi et me toise de la tête aux pieds; sans doute il se demande ce qu'une femme vient faire au milieu de tous ces appareils de guerre, et dans quel but elle brave le froid et la pluie qui commence à tomber. Je souris avec insouciance; l'officier murmure :

« C'est une Anglaise en voyage; ces Anglaises ont la manie de tout voir.

— Cela leur donne des sensations, » réplique un autre officier.

Cette double réflexion me rappelle une plaisante anecdote qui me fut contée par un témoin oculaire :

« Deux vieilles Anglaises, qui se trouvaient à Paris, firent visite au bourreau et lui demandèrent de leur montrer la guillotine; l'exécuteur, souriant et aimable, s'empressa de satisfaire à leur désir; il leur expliqua avec complaisance le mécanisme de la machine homicide; elles touchèrent au couperet tranchant, puis elles dirent à l'unisson : « Monsieur le bourreau, posez-le légèrement sur notre « cou et ayez la bonté de nous guillotiner un peu, pour que nous « comprenions bien la sensation. » Le Parisien qui les accompagnait me redit, le lendemain, cette excentricité anglomane.

Je remontai en voiture et je considérai, en face de la porte *Stuppa*, le vaste hôpital militaire qu'a fait construire l'Autriche; les convalescents, accoudés aux fenêtres, me regardaient passer; ils étaient pâles et tristes et rêvaient sans doute de leurs foyers lointains.

Il était midi lorsque je rentrai à l'hôtel, harassée de fatigue par ces quatre heures d'excursion à travers Vérone; il me restait à peine le temps de régler mon compte, de déjeuner et de me rendre à l'embarcadère, d'où je devais partir à une heure pour Venise. Tandis que je mangeais une côtelette à l'un des bouts d'une grande table, un Français déjeunait à l'autre : c'était le directeur de deux fonderies établies à Venise et à Mantoue; il se rendait dans cette dernière ville, encore plus frappée, me dit-il, de tristésse et de deuil que Vérone. « Là, comme dans tout le pays resté enchaîné à l'Autriche, les bras robustes et valides manquent aux travaux; toute la jeunesse émigre pour prendre du service dans l'armée italienne. Les pauvres familles sont dans les larmes et le dénûment; on écrase ces infortunés d'impôts et de vexations; vous jugerez à Venise, ajouta-t-il, à quel état désespéré ces populations sont réduites.

— Il leur reste, répliquai-je, le suprême moyen de la révolte. où femmes, enfants et vieillards combattraient.

— Je crois, reprit-il, la révolte et la délivrance impossibles, sans une forte armée qui appuie au dehors l'insurrection du pays. Vous venez de voir les fortifications et les canons qui gardent Vérone; les armements de Mantoue sont deux fois plus considérables. Dans ces repaires disposés pour le meurtre, toute tentative de soulèvement serait réprimée par la mort; les habitants s'y meuvent, comme des prisonniers dans une geôle, bien sûrs que tout essai de liberté leur est interdit et qu'au premier mouvement on ferait feu sur eux. Il faut, poursuivit-il, avoir habité une de ces malheureuses villes pour comprendre l'horreur de l'esclavage, le supplice d'un gouvernement étranger, la crainte permanente de l'espionnage et de la délation, et l'abattement des esprits dans un pays où toute vie active et publique est supprimée.

— Pourquoi, lui dis-je, ne retournez-vous pas en France?

— J'ai ici, répliqua-t-il, de grands intérêts engagés; je dois soutenir ou liquider les usines que j'ai fondées et pour lesquelles aussi les ouvriers manquent à Venise. On vient de fermer l'arsenal, faute de travailleurs. »

Il primo cameriere vient m'avertir avec force salutations que la voiture qui devait me conduire au chemin de fer m'attendait; je dus rompre une conversation qui m'intéressait. L'ingénieur français me fit promettre de visiter, à Venise, sa fonderie, et nous nous séparâmes.

Quand la voiture qui m'emportait eut traversé Vérone, avant de franchir le mur d'enceinte je jetai un long regard sur la noble cité ensevelie; je me sentis prise pour elle d'un attendrissement indicible; c'était comme un lien mélancolique et involontaire formé tout à coup. Ainsi on se prend d'attraction pour un visage sympathique qu'on a fixement regardé; les lieux nous attachent comme les êtres; il en sort parfois des effluves mystérieux qui s'emparent de nos âmes.

Je passai la porte gardée par les sentinelles autrichiennes, et

Vérone disparut pour moi derrière ses remparts sinistres, comme dans les murs d'un tombeau.

O pauvre Juliette, morte et ensevelie, m'écriais-je, espère ! espère ! il viendra, le Roméo guerrier qui déchirera ton suaire et te fera revivre belle et radieuse ! tu le reconnaîtras à ses yeux flamboyants, à son sourire où l'amour de l'humanité rayonne ; il t'apparaîtra, ton sauveur attendu, sous la figure symbolique de Garibaldi.

XI

Le bon Angelino m'attendait à l'embarcadère ; il m'offrit des fleurs et des fruits, en me disant : *Signora, siete sempre l'amica dell' Italia*; puis il m'installa dans un beau wagon réservé. Comme j'y montais, un monsieur d'une cinquantaine d'années, à l'air distingué et à la chevelure d'un blond pâle, me demanda la permission de s'y placer.

« Si vous êtes Italien, oui, répliquai-je ; mais vous m'avez l'air plutôt d'un Autrichien, et, en ce cas, nous ne nous entendrions guère ; je n'aime pas les Allemands en Italie. » Il se mit à rire et me dit en français :

« A cela ne tienne ; je suis un bon Italien. »

Son accent confirmait ses paroles. A peine fûmes-nous assis qu'il me présenta sa carte : c'était le colonel Joseph Lamasa, qui avait combattu en Sicile, en 1848, à la tête de l'insurrection ; proscrit et condamné à mort par Ferdinand II, il avait toujours vécu en exil, depuis cette époque, tantôt à Paris et tantôt en Piémont ; il était l'ami de Garibaldi et celui de M. et madame Mancini.

« Connaissez-vous aussi Carini, lui demandai-je ? je l'ai beaucoup vu à Paris, où il avait fondé un journal franco-italien.

— Si je le connais, répliqua-t-il ; nous nous aimons comme des frères.

— Et espérez-vous, repris-je, que Naples et Palerme suivront l'exemple du nord et du centre de l'Italie ?

— Oh ! j'en suis certain, s'écria-t-il, et c'est la foi qui me fait vivre ; au premier coup de feu, j'accours en Sicile me mettre à la tête de mes braves volontaires de 1848. »

Le colonel Lamasa devait exécuter ce noble dessein plus vite encore qu'il ne le pensait en ce moment; ainsi que Carini, il fut un de ceux qui, quelques mois plus tard, s'embarquèrent à Gênes avec Garibaldi pour la périlleuse et immortelle expédition de Marsala. Carini et Lamasa ont été faits généraux en Sicile par Garibaldi.

« Maintenant que je vous sais un bon patriote italien, dis-je en souriant à mon compagnon de route, à qui je m'étais nommée à mon tour, je soupçonne que la tournée que vous faites en ce moment en Vénétie se rattache à quelque insurrection prochaine?

— Que ne peut-il en être ainsi! me dit-il; mais malheureusement il n'y a rien à faire, à l'heure qu'il est, dans les provinces laissées à l'Autriche. Le seul acte par lequel les populations peuvent ici manifester leur patriotisme, c'est l'émigration, et vous savez que toute cette brave jeunesse vénitienne passe la frontière pour aller grossir l'armée de Victor-Emmanuel.

— C'est un beau mouvement, repartis-je, il sera comparé dans l'histoire à celui qu'eut, en 1793, la jeunesse française, lorsque les armées étrangères, qui envahissaient notre territoire, furent repoussées par nos jeunes recrues.

— Oh! les Français seront toujours les braves des braves, répliqua avec émotion le colonel Lamasa; ils sont nos maîtres en héroïsme; ils nous ont donné l'exemple, et nous les imiterons; ils ont commencé notre délivrance, nous devons l'achever ou mourir. C'est à mon cœur défendant, ajouta-t-il, que je traverse aujourd'hui les provinces encore rivées à l'Autriche, mais des affaires impérieuses m'y obligent. J'ai obtenu à grand'peine la permission de venir liquider la succession du duc de Bevilacqua, mon beau-frère.

— Je l'ai connu à Paris, repartis-je. N'est-ce pas lui qui avait épousé une cousine ou une nièce du duc de Bade?

— Lui-même, répliqua le colonel.

— J'ai annoncé son mariage dans un journal où j'écrivais, repris-je, et, le jour de ses noces, la duchesse m'envoya, en souvenir, un charmant coffret. Mais le duc est donc mort?

— Ils sont morts tous les deux, et leur enfant aussi, dans l'espace d'un an, répondit Lamasa. Ma femme, qui est la sœur du duc, hérite de cette succession, qui aurait pu être superbe et qui ne sera peut-être qu'onéreuse. Vous verrez à Venise, sur le grand canal, le palais Pesaro, un des plus somptueux. Il appartenait à mon beau-frère ; il en avait un autre à Vérone, puis des domaines entre cette ville et Brescia, puis des fiefs en Romagne.

— C'était un vrai marquis de Carabas, que votre beau-frère. Et vous héritez de tout cela ?

— J'hérite, pour le moment, de dettes énormes, reprit en riant le colonel ; les créanciers me pleuvent de toutes parts, comme des bombes ; j'aimerais mieux entendre siffler celles des Autrichiens. Jugez, par un détail, de quelle façon mon beau-frère et sa femme gaspillaient leur fortune : cent mille francs me sont réclamés, pour des châles de cachemire, par un de vos marchands de nouveautés de Paris ! Vous comprendrez, en entrant dans le palais Pesaro, avec quelles folies ruineuses se distrayait le jeune ménage ; ils luttaient tous deux d'extravagance à qui mieux mieux.

— Eh bien, repartis-je, cela a une sorte de poésie qui ne me déplaît point. Ce ne sont point nos ducs du faubourg Saint-Germain qui commettent de ces excès-là ; ils spéculent à la Bourse, s'associent à des banquiers improvisés et épousent, comme au temps de Louis XV, des filles de traitants dont ils mangent la dot avec des courtisanes.

— J'adore la poésie, reprit Lamasa ; j'ai fait des chants patriotiques sur ma chère Sicile, mais j'aurais préféré, je vous l'avoue, que mon beau-frère mît un peu moins de lyrisme échevelé dans ses affaires. »

La vapeur nous emportait, tandis que nous causions de la sorte et que j'étais frappée de la singularité de ces épisodes imprévus qui surgissent tout à coup en voyage, et qui, mêlés aux observations de mœurs, aux faits politiques, à l'aspect des paysages et des monuments, donnent tant de variété aux impressions.

Je fus distraite de la conversation du colonel Lamasa par l'apparition charmante de la petite ville de Montebello qui se dressa tout à coup à mes yeux, à gauche, sur le versant d'une colline dont le sommet était couronné d'une magnifique villa ceinte de terrasses et de jardins. A Montebello, succède un splendide horizon de vallées et de montagnes, ondulations d'un sol merveilleux, avec des accidents pittoresques de bois, de rocs, de sources et de prairies, de fleurs et de beaux nuages planant sur le tout. Des habitations s'abritent sous les arbres et aux bords des cours d'eau sans reliefs bien saillants ; mais tout à coup, sur le faîte de deux monticules parallèles séparés par un vallon, s'élèvent deux châteaux en ruines d'un saisissant effet. Ces tourelles et ces grands pans de murs crénelés sont placés là à souhait pour compléter la décoration de la campagne. Les deux vieux châteaux semblent se regarder mystérieux et songeurs. Quand la nuit les assombrit, on dirait qu'ils se défient comme deux ennemis: mais, lorsque les rayons du matin les éclairent, on croirait plutôt qu'ils se contemplent avec amour, ainsi que deux amants qu'un obstacle sépare; les noms de ces deux ruines m'inspirent sans doute ces rapprochements : l'une fut le manoir des Capulet, l'autre celui des Montaigu.

Nous allons! nous allons! et bientôt se présente à nous, toujours à gauche, le groupe merveilleux de dômes, de campaniles, de théâtres, de palais, d'arcades et de jardins qui forment la belle Vicence; les façades et les portiques de Palladio se déploient sur un fond de verdure. On voudrait placer là quelque scène chevaleresque et poétique du moyen âge ; on rêve, sous cette galerie au confluent ombreux de deux fleuves riants, Boccace ou l'Arioste lisant leurs gais récits aux jeunes femmes attentives. En face de Vicence, à droite, sur une montagne boisée, s'élève un beau couvent de religieuses; les cloîtres et les cours s'enchevêtrent aux arbres; le clocher de la chapelle perce le ciel de sa pointe ouvragée.

Après une courte halte à Vicence, la locomotive se précipite plus rapide, jetant dans l'air ses beuglements de bête fauve, comme un cheval ardent qui flaire le but de sa course. Elle semble humer l'air du rivage adriatique vers lequel nous courons. Au plus fort de cette marche effrénée, notre convoi se croise avec un autre convoi qui nous salue des cris mille fois répétés de : *Viva l'Italia!* C'est encore une cargaison de soldats lombards que l'Autriche est forcée de rendre à leurs foyers. Je leur réponds à pleins poumons : *Viva la patria!* Le colonel Lamasa a peine à contenir son émotion. Il me dit, les larmes aux yeux : « Ces cris sont d'un heureux présage pour la délivrance de Venise! Attention, madame, vous allez voir les premières lagunes apparaître. »

Je me suspendis à la portière et je regardai avidement; je passai de droite à gauche, pour embrasser l'horizon entier avec le mouvement véloce d'un animal enfermé dans sa cage; la terre était plane et marécageuse des deux côtés; tout à coup quelques grandes flaques d'eau bleuâtres se dessinèrent dans les méandres de terres noires où poussaient des joncs et des varechs; le ciel était blanc et voilé; il bornait la campagne, et ses nuages mouvants se confondaient aux Alpes du Tyrol que nous laissions derrière nous. Peu à peu les flaques d'eau se rapprochèrent et s'étendirent, submergeant le sol qui perçait encore çà et là à leur surface; puis elles envahirent l'espace et ne formèrent plus qu'une couche unie; toute trace de végétation avait disparu; nous venions d'entrer dans la grande lagune. La locomotive volait comme un oiseau aquatique sur la jetée qui relie maintenant Venise à la terre ferme; à droite et à gauche, plus rien que l'étendue des flots; devant moi, la cité fantastique, flottante sur la mer comme une divinité de la Grèce. Je croyais faire un rêve qui allait s'évanouir.

Aucune description ne m'avait donné l'idée de cette apparition étrange; les lagunes, avec leurs langues de terre dont parlent tous les voyageurs, déroutent l'esprit et ne présentent pas à l'imagination Venise, unique et miraculeuse, qui flotte sur la pleine mer! C'est pourtant ainsi qu'elle se montre aux regards émerveillés. Qu'importe que les eaux aient peu de profondeur, la terre a disparu sous elles; c'est leur immensité que l'œil embrasse; on est saisi de ravissement et de vertige, en voyant monter au-dessus des flots les forts, les dômes, les campaniles et les palais, et, pourtant, c'est par le côté le moins monumental et le moins grandiose qu'on arrive à Venise. C'est en venant de Trieste, c'est du côté du Lido qu'il faudrait y entrer. Ignorant encore les merveilles de cette partie cachée de la cité, j'étais éperdue d'admiration et de surprise; j'avais oublié mon compagnon de route; je criais comme un enfant joyeux en face d'un spectacle qui l'enivre : « Que c'est beau! mon Dieu que c'est beau! »

Le convoi s'arrêta brusquement; nous étions arrivés à la gare. Je fus arrachée à mon extase par l'irritante besogne de la remise des passe-ports et de la visite des bagages. Le colonel Lamasa en eut pour plus longtemps que moi; il me quitta en me disant : « Au revoir, dans la soirée, si vous le permettez. »

Il est près de six heures quand je monte en gondole et me fais conduire au grand hôtel royal Danieli. Je ne m'enferme point dans le *felze*[1] recouvert de drap noir, comme une bière d'un drap mortuaire. Je reste debout, pour mieux voir apparaître les files de palais qui bordent le grand canal. Deux gondoliers agiles

---

[1] Sorte de petite cabane où l'on s'assied commodément à deux, et fort gênés à quatre.

saisissent les avirons ; ils se courbent et se relèvent en cadence, lançant comme un trait la svelte pirogue : on dirait d'un grand poisson qui nage à fleur d'eau et que des harpons stimulent. Je considère avec un étonnement mélancolique les façades merveilleuses des palais que nous rasons. Le gondolier qui est devant moi me montre du geste et me nomme, en passant, quelques-uns des plus célèbres. A gauche, le palais Vendramin Callergi, appartenant à la duchesse de Berry ; puis celui de la Ca' d'Oro, où la danseuse Taglioni se repose de ses pirouettes ; puis le palais Cavalli, au balcon aérien, où le duc de Bordeaux passe les heures traînantes de l'exil. A droite, je suis éblouie par l'admirable ruine du palais turc, dont la colonnade byzantine se détache fauve et dorée sur la pâleur du jour mourant. Les palais debout sont mêlés aux palais qui tombent ; de pauvres masures trônent çà et là à côté des demeures patriciennes ; les plus belles façades sont dégradées : les balustres, les balcons, les chapiteaux des colonnades, les marches de marbre des portes qui s'ouvrent sur l'eau sont disjointes par la vétusté et par l'incurie des habitants. Pas une voix ne se fait entendre ; pas une lumière ne luit derrière les fenêtres closes. Nous croisons quelques gondoles qui passent silencieuses comme le convoi des pauvres. Je dis au gondolier :

« Venise est donc une ville morte ?

— *Cellenza si, Venezia la xe morta fin che no la sarà libera speremo*[1] *! speremo !* » Et, en prononçant ces paroles, il lance plus vivement son aviron.

Tout à coup m'apparaît, à droite, à l'endroit où le grand canal fait un coude, le palais inouï des Foscari : j'ai à peine le temps de l'entrevoir. Les gondoliers, pour abréger la route, entrent dans le dédale des petits canaux qui sillonnent Venise. Je m'y serais énergiquement opposée, si j'avais su le spectacle qu'ils me dérobaient, en ne me faisant pas descendre sur la rive des Esclavons. Nous passons, à travers des canaux étroits et sombres, sous les arches élégantes de petits ponts noirs, où les gondoliers se hèlent pour ne pas se heurter. J'arrive à l'hôtel Danieli par la porte d'eau percée dans un des murs latéraux ; je n'aperçois point la façade qui donne sur la rive des Esclavons. Elle était autrefois décorée de belles fresques, mais toutes traces de peinture ont disparu sous un badigeon vulgaire ; les fenêtres ogivales, qui s'épanouissaient en trèfles

[1] Idiome vénitien.

sculptés, ont été coupées par les travées de bois nécessaires à la division des chambres de cette auberge, qui fut autrefois le palais Bernardo. J'entre dans un magnifique vestibule ceint de portiques superposés jusqu'au second étage ; je suis reçue par il signor Danieli, un jovial vieillard aux manières empressées, propriétaire de l'hôtel, où il a succédé à son père, et qui a pu recueillir, depuis quarante ans, la chronique contemporaine de Venise. Je lui demande une petite chambre bien close, au midi, et pas trop haute de plafond, si c'est possible.

« J'ai votre affaire, me dit-il ; une bonne chambre d'entre-sol. »

Un entre-sol dans ce palais, dont je vois chaque rang d'arcades s'élancer au ciel, me semble un mythe. Je monte, précédée de l'hôtelier, un bel escalier à rampe de marbre, dont les balustres sont couronnés de jolis bustes de patriciennes. Elles vous regardent, en passant, coquettes et riantes, et semblent dire : « Nous nous survivons, belles encore. » Je traverse, au premier étage, une salle immense, autrefois salle des gardes, ou des serviteurs, et qui forme l'imposant vestibule où s'ouvrent des files de chambres ; au fond de cette salle monumentale, couverte de peintures, se dresse un petit escalier en bois. M. Danieli me le désigne du geste : « Les salles qui suivaient celles-ci, me dit-il, étaient tout aussi élevées de plafond ; j'en ai coupé la hauteur par un plancher et j'en ai fait deux entre-sols qui donnent au midi. »

Nous montons les marches de bois de l'escalier, nous passons un couloir, et me voilà dans une vaste chambre au plafond bas ; les petites fenêtres qui l'éclairent sont formées par les rosaces des trèfles sculptés ; de sorte qu'en se huchant à ces ouvertures, on a la tête encadrée par des fleurs de pierre. Je regarde, curieuse, et vois sur l'eau, en face de moi, les navires, les gondoles, l'îlot de San Giorgio ; plus loin, d'autres îles, et à l'horizon, une partie du Lido.

« Je serai très-bien ici, » dis-je à l'hôtelier, et je m'installe aussitôt.

Au fond de la chambre est une alcôve close de rideaux blancs ; dans un angle, l'exécrable poêle allemand qui a remplacé la vaste cheminée italienne, où le feu flambait clair et gai. C'est un de mes griefs contre le joug autrichien que ces boîtes en maçonnerie ou en fonte, sans élégance, d'où la chaleur s'exhale étouffante et cachée et se trahit par une odeur qui oppresse. Je dîne à la hâte, pour aller voir la place Saint-Marc et la Piazzetta à la lueur de la lune, que j'aperçois flotter dans des nuages blancs.

Le garçon qui me sert me demande si j'ai vu Garibaldi à Milan. « Garibaldi est notre Dieu, ajoute-t-il, et, quoique je sois marié, je partirai au premier jour pour aller le rejoindre. » Le vertige héroïque de l'amour de la patrie a gagné tous les esprits et tous les cœurs.

Je sors du palais, dont j'occupe la chambre la plus humble, par une porte bâtarde qui s'ouvre sur le quai des Esclavons et qui remplace aujourd'hui la grande porte monumentale de l'ancienne façade ; les Marionnettes jouent, devant l'hôtel, dans une petite baraque. Hélas! on leur a lié la langue; la politique leur est interdite aussi sévèrement qu'aux journaux. Les Marionnettes étaient autrefois la gazette populaire de Venise; leurs lazzi ne s'exercent plus, aujourd'hui, que sur les querelles d'amour, les malheurs des maris trompés et la fraude des marchands qui exploitent leurs pratiques.

Des enfants en guenilles, debout devant de petits établis, vendent des ronds de chocolat, des morceaux de nougat, des caramels et des caroubes ; ils convient les passants dans des phrases euphoniques et rhythmées qu'il me semble entendre encore. Les gondoliers et les bateliers des grandes barques chargées et amarrées, qui, au point du jour, doivent partir pour Chioggia, Maestro ou Fusine, sont étendus au bord de la jetée ; ils fument, soupent en plein air, et causent entre eux dans ce doux dialecte vénitien qui frappe pour la première fois mon oreille ; derrière eux se dressent les mâtures des grandes barques, et, plus loin, du côté de la Douane de mer, dont le phare brille, surmonté d'une statue dorée de la Fortune, se dessinent les vergues des grands vaisseaux. La nuit m'empêche de distinguer les îles que j'ai aperçues, en arrivant, par la lucarne de ma chambre. Je tourne mes regards vers le couchant, et j'aperçois la coupole de l'église de la *Salute*, qui se dresse à gauche comme une sentinelle à l'entrée du grand canal. Je marche à droite du quai, le long des trois ou quatre maisons qui séparent l'hôtel Danieli du bâtiment sombre des prisons dont les pierres grises contrastent avec le ton doré des murs du palais ducal. Je passe sur le pont de la *Paglia*, large rampe plane menant du quai des Esclavons au Môle; je m'appuye sur la balustrade de droite, je lève la tête et vois la grande arche du pont des Soupirs qui relie le palais ducal aux prisons : l'on dirait d'un sarcophage suspendu. C'est, en réalité, un passage couvert et non un pont, et je me dis, en le considérant, qu'il est impossible que lord Byron, ainsi qu'il le prétend dans *Child-Harold*, ait jamais contemplé le soleil couchant du haut de cet arc sur lequel on ne marche point ; tout au plus a-t-il pu entrevoir au midi le quai des Esclavons, une partie de la lagune et la pointe de la *Dogana* à travers les deux fenêtres grillées de trèfles en fer qui donnent un air de mystère au couloir du pont des Soupirs. Ce pont fameux se dessine en ce moment sur le fond de la nuit et produit, à la hauteur où il est jeté, un effet grandiose. Les souvenirs de l'histoire lui prêtent une teinte sinistre ; l'eau noire du canal *della Paglia* coule au-dessous.

Je descends la pente douce du pont de la *Paglia* et me rapproche à gauche des bords du quai, pour mieux voir se déployer la grande façade du palais ducal. Je reste un instant éblouie ; rien d'inattendu et de merveilleux comme ce monument, le plus beau, le plus rare de l'Italie entière ; depuis l'antiquité, rien d'aussi saisissant et d'aussi hardi n'a été imaginé. Est-ce Bagdad ou Delhi qui en ont fourni le modèle ? Ce palais est sans précédent dans tout ce qu'a produit l'art européen. La lune s'est dégagée des nuages et me permet de voir l'ensemble du palais magique. Sur deux rangs de sveltes arcades soutenues par des colonnes du plus beau travail et formant deux portiques superposés, trône un bâtiment oblong, massif et superbe, en plaques de marbres blanc et rose qui décrivent des mosaïques riantes et simples. Une légère galerie à jour découpant ses pointes dans l'air, comme un diadème de roi, ceint le monument et en dérobe la toiture plate ; le tranchant des angles de l'édifice est dissimulé par une mince colonnette qui monte en nervure et s'épanouit en clocheton ; j'ai en face de moi le grand balcon où le doge se montrait au peuple. La niche, encadrée de figures et de sculptures, est peinte sur fond d'azur, une statue lui sert de couronnement ; trois fenêtres en ogives sont percées de chaque côté du balcon, et trois autres plus petites, comme des yeux ouverts à l'aventure, sont plus haut, du côté gauche ; c'est là un caprice de l'architecte qui rompt la symétrie de la façade. J'ai remarqué les mêmes irrégularités dans le palais Vecchio de Florence et dans celui de Sienne. Au-dessus de ces fenêtres s'ouvrent encore de chaque côté quatre œils de bœuf en forme de rosaces. Les belles lignes de la masse qui est devant moi sont si nettes et si harmonieuses qu'on en distingue les détails du premier coup d'œil. Si je m'éloignais un peu en gondole sur la lagune, je verrais poindre sur la toiture du monument les cinq coupoles de Saint-Marc comme un bouquet de fruits gigantesques éclos sur une terrasse. Quoiqu'il ne soit pas huit heures et que le canon du port, signal de la retraite, n'ait pas encore tonné, je ne rencontre que quelques rares passants. Je puis contempler à l'aise et sans être distraite de mon admiration par la foule absente, le palais unique; les colonnes élancées des deux galeries se détachent en blanc sur le vide sombre des arceaux; elles soutiennent de leurs fûts légers le corps lourd du bâtiment comme des bras entrelacés de jeunes filles soutiendraient un géant. Ce fouillis d'architecture et de sculpture aériennes surgissant ainsi au bord de la mer et empruntant à la nuit des teintes pâles, fait aussi songer à ces cavernes fantastiques formées de parois de nacre et de rameaux de corail blanc qu'on rêve au fond de l'Océan, et qui tout à coup en seraient sorties pour décorer Venise!

Je marche vers la *Piazzetta* et m'arrête au pied des deux colonnes qui, sentinelles muettes et éternelles, semblent garder la cité morne. Ces deux colonnes sont les débris de temples grecs, dépouilles conquises en Orient par les Vénitiens; sur celle de droite est le lion ailé de Saint-Marc; sur celle de gauche, la statue de saint Théodore; je tourne le dos au rivage et j'embrasse un amas de monuments qui composent une décoration de théâtre éblouissante. J'ai à ma droite l'autre façade du palais ducal donnant sur la *Piazzetta*, et qui, à quelques détails près, est absolument semblable à celle que je viens de décrire; la porte monumentale *della Carta*, qui s'ouvre à l'angle nord du palais et le relie à l'église de Saint-Marc, que je vois de profil, et dont la grande coupole dresse sa tête dans le ciel au-dessus de quatre plus petites. Je n'aperçois qu'un seul de ses quatre fameux chevaux de bronze qui hennissent au-dessus du portail. En face de moi je découvre, à l'angle de la place Saint-Marc, la tour de l'horloge sur laquelle un lion, en bronze doré, brille sur un fond d'azur semé d'étoiles. Au sommet de la tour se détachent deux figures de bronze qui frappent les heures sur une cloche énorme, puis viennent les premières arcades des *Procuratie Vecchie*. A ma gauche, en retour de la *Libreria Vecchia*, est la promenade de la terrasse qui se déroule au bord de la lagune jusqu'à un pavillon de construction moderne; du même côté, plus en avant, tout près de moi, cette belle *Libreria Vecchia*, avec son double portique aux arceaux élégants, dont l'entablement est surmonté d'une balustrade divisée par de gros piliers portant chacun une statue qui découpe sa silhouette dans la transparence de l'air; toujours à gauche, au bout de la *Libreria Vecchia*, au point de jonction de la Piazzetta et de la place Saint-Marc, le *Campanile*, tour carrée et massive qui s'élance des sculptures de la *Logetta* et des ciselures de la grille du *Sansovino* comme d'une corbeille de fleurs, et qui perce le ciel de sa pointe aiguë ; le *Campanile* a près de cent mètres de hauteur. C'est à moitié de son élévation qu'était autrefois une cage suspendue à une poutre où l'on enfermait les mauvais prêtres. De nos jours, les prêtres indignes ont droit d'impunité; ils conspirent contre l'Italie, violent cette mère auguste et bénissent les poignards des fils avilis qui l'égorgent.

Je me précipite au pied du *Campanile* pour embrasser l'ensemble de la place Saint-Marc. La façade byzantine de l'église m'apparaît en entier avec ses mosaïques sur fond d'or, ses colonnes où tous les ordres sont mêlés, ses balustrades, ses statues, ses clochetons, exubérante floraison des marbres les plus rares assouplis à tous les caprices de l'art. Je reste béante devant cette basilique orientale dont les églises de la France, de l'Angleterre, de la Hollande et des bords du Rhin ne m'ont donné aucune idée. Après un moment d'extase, je fais volte-face, je m'appuie à l'un des trois mâts de bronze qui se dressent devant la façade et auxquels étaient autrefois suspendus les étendards de la république, triple symbole de ses victoires à Chypre, à Candie et en Morée; j'ai devant moi la place immense de Saint-Marc, sur laquelle la lumière du gaz projette son vif éclat: j'ai à ma droite les *Procuratie Vecchie*, à ma gauche les *Procuratie Nuove*, et, vis-à-vis de moi, l'aile nouvelle du palais royal élevée sur l'emplacement de la curieuse église de *San Geminiano*, qui faisait face à Saint-Marc: les souverains de la terre ont délogé le souverain du ciel pour agrandir leur demeure. Cette aile nouvelle du palais royal, les *Procuratie Nuove* et la *Libreria Vecchia* composent aujourd'hui la résidence du vice-roi de l'Autriche. L'accès de cette résidence immense est interdite au public, quoique le palais soit vide depuis longtemps de ses maîtres taciturnes qui n'osent pas affronter la haine de Venise.

Je marche en tous sens sur les dalles de marbre dans les galeries des Procuraties où s'ouvrent les boutiques et les cafés; je ne rencontre sous les portiques que quelques rares promeneurs, quelques soldats et quelques officiers autrichiens revêtus de leur capote grise; je n'aperçois pas une seule femme.

Les habitants de Venise cachent chez eux leur deuil et leur espérance. Près de la tour de l'Horloge, dont l'arche s'ouvre sur la *Merceria*, sont les marchands d'oranges et de chocolat. À peine leur voix qui sollicite les chalands rompt-elle par intervalle le silence de la place déserte et muette. Je m'arrête au milieu pour revoir à distance la façade de Saint-Marc. Ma surprise et mon éblouissement se renouvellent. Les chevaux de Corinthe hument l'air et l'espace et piaffent sur les sculptures du portail au-dessus des saints et des évêques; ils semblent leur dire: « En marche! en marche! éveillez-vous, montez en croupe, allez à travers le monde qui se précipite et appelle Dieu pour le guider! Ne restez plus endormis et inertes dans vos niches de pierre parmi les puissants et les rois; en marche! en marche! à travers le pauvre peuple qui vous invoque et vous attend, et dont, à l'exemple du Christ, vous devez être les pasteurs! »

Les saints béats et les princes de l'Église me regardent, penchés sur le fond d'or des mosaïques, et, du haut des clochetons à jour, ils semblent vaciller sous les rayons que projettent sur eux les fanaux de la place. Un coup de canon retentit et me fait tressaillir; est-ce Venise qui se réveille et court aux armes? Ce n'est que le signal d'un navire du port qui marque l'heure. Un coup de cloche du *Campanile* lui répond, et les deux hommes de la tour de l'Horloge font vibrer par huit fois le tympan sonore sous leur baguette qui se lève et retombe. Je me souviens que le colonel Lamasa doit me faire visite dans la soirée, et je m'arrache à regret à la contemplation de ce groupe de monuments uniques dans le monde. Les vignettes seules de quelque beau livre choral de la *Libreria* de Sienne ou de la bibliothèque du Vatican offrent en miniature quelque chose d'analogue. Temples, palais, dômes et tours, colonnes torses, portiques et perspectives, chatoyants d'or, de pourpre et d'azur se confondent ainsi dans les enluminures byzantines des missels et forment un ensemble inouï qui rappelle celui de la Piazzetta et de la place Saint-Marc.

Une brume blanche flotte dans l'air, la température s'est adoucie depuis que le soleil s'est couché derrière la *Salute*. Les nuits de Venise sont rarement froides et obscures; elles rayonnent presque toujours d'astres lumineux qui semblent regarder avec amour Venise endormie. Ainsi les étoiles de la Grèce devaient regarder Aphrodite bercée sur l'écume des flots.

Je suis à peine rentrée à l'hôtel que survient le colonel Lamasa : je lui dis mon ravissement de ce premier regard jeté à Venise ; il me ramène au terre à terre et aux vulgarités de la vie en me parlant de l'*imbroglio* de la succession de son beau-frère ; il a déjà présidé depuis son arrivée à une assemblée de créanciers, et, le lendemain, il part pour Trieste, où d'autres créanciers l'appellent. Il ne pourra, comme il en avait le désir, m'accompagner dans mes excursions à travers Venise, ni même me montrer le palais *Pesaro* ; mais son majordome est prévenu et le remplacera quand je voudrai. Le bon colonel se répand en lamentations sur cet héritage malencontreux et déploie devant moi un amas de paperasses judiciaires. Je lui dis, en bâillant un peu, que j'aime encore mieux la pauvreté que les soucis de la richesse qui obstruent la vie ; j'ajoute que, pour lui soldat de l'indépendance et poète, ce doit être un double supplice de n'avoir à poursuivre à Venise que des recouvrements d'immeubles et d'argent.

Pour me convaincre que son esprit plane au-dessus de ces préoccupations positives, il me déclame aussitôt un chant patriotique. Nous nous séparons en nous disant au revoir. Je ne devais le retrouver qu'à Naples, après la conquête des Deux-Siciles par Garibaldi.

Le lendemain, je me réveille tellement *courbaturée* que je crains un moment de ne pouvoir quitter mon lit ; mais la curiosité me galvanise et me met sur pied ; tant que le corps peut porter l'âme, il doit marcher comme un cheval obéissant que la volonté éperonne.

Je sors vers une heure, je passe sur le pont de la *Paglia*, je traverse la Piazzetta et la place Saint-Marc. Comme la veille au soir, Venise est couverte d'un voile de brume qui l'attriste ; il faut à Venise le soleil ou les rayonnements de la lune ; la lumière est à la beauté et aux contours des monuments ce que la circulation du sang est au corps humain, elle les colore et leur prête la vie.

La pluie commence à tomber ; la lagune est grise ; le ciel est gris ; les monuments sont gris, sous l'eau qui les mouille et sous la fange qui les éclabousse ; ils paraissent ternes et flétris ; on dirait que la mort les gagne. Les soldats autrichiens qui se promènent et fument sous la galerie inférieure du palais ducal sont aussi revêtus de capes d'un gris de plomb. Cette teinte uniforme et blafarde a remplacé le beau fond d'azur qui sied si bien à Venise. Je suis moi-même en proie à des pensées grises, sans clarté et sans chaleur, qui pèsent sur l'âme et la rendent inerte. Je me hâte d'entrer sous le péristyle de Saint-Marc pour me garantir de la pluie qui me fait frissonner. Comme la façade de Saint-Marc, ce péristyle est couvert de mosaïques sur fond d'or et fourmille de marbres sculptés et de colonnes de porphyre rapportées d'Orient. Trois portes en bronze et argent conduisent dans l'intérieur de l'église ; les ventaux de celle de droite ont été enlevés à Sainte-Sophie de Constantinople ; huit colonnes de marbre grec se dressent de chaque côté de la porte du milieu : leurs chapiteaux sont couverts de têtes de lions, de palmes, de feuillages, de croix grecques, d'oiseaux symboliques et de toutes sortes d'emblèmes mystiques. La tradition (appuyée par l'archéologie) assure qu'une de ces colonnes a appartenu au temple de Jérusalem. Avant d'entrer dans l'église, je parcours le péristyle, dont la magnificence égale celle de la nef ; à droite (en venant de la place Saint-Marc) est la chapelle à grille de fer dans laquelle se trouve le monument du cardinal Zeno ; elle communique avec le baptistère, qui à son tour communique avec le trésor. A gauche se déploie le vestibule aux voûtes couvertes de mosaïques comme le péristyle. Là sont quelques tombes de doges. Ce vestibule conduit à la sacristie et longe la jolie place des Lions, sur laquelle s'élève le palais patriarcal, monument sans caractère, et méritant à peine d'être mentionné. Je fais plusieurs fois le tour du péristyle et du vestibule déserts, considérant les belles figures sur fond d'or qui seules me regardent et me sourient : aucune voix ne se fait entendre au dehors ; il me semble que j'erre sous les voûtes somptueuses de quelque grande sépulture des empereurs d'Orient. Comme je tourne l'angle qui relie le vestibule au péristyle, je vois trois mendiantes couvertes de haillons ; deux, très-vieilles, sont accroupies de chaque côté de la porte du milieu qui mène à l'intérieur de l'église ; l'autre, jeune, belle, tenant à chaque main un enfant et un troisième qu'elle allaite attaché à son sein par une courroie, est debout au milieu du péristyle sur les trois dalles commémoratives, en porphyre, qui marquent la place où se rencontrèrent le pape Alexandre III et Frédéric Barberousse. Je fais l'aumône aux deux vieilles mendiantes, puis je demande à la plus jeune pourquoi elle mendie. N'a-t-elle personne qui pourvoie au sort des trois enfants qu'elle traine après elle? « Personne! » me répond-elle en secouant sa tête expressive où se hérissent d'épais cheveux noirs emmêlés. Elle me raconte que son mari, presque enfant en 1848, avait combattu avec Manin. « Je l'épousai, parce que c'était un *prode*, un *diavolo*, ajoute-t-elle, il y a quelques mois, quand le bruit courut que les Français approchaient pour délivrer Venise, malgré mes pleurs et les cris de nos trois enfants, il passa la frontière pour aller se battre et ramener les Français, disait-il; mais il n'est jamais revenu, et les Français, que nous attendions comme des sauveurs, n'ont point paru. Voilà pourquoi je mendie. »

Je considère avec attendrissement cette pauvre mère, qui m'apparaît en ce moment comme la personnification déchirante de Venise esclave. Elle pleure en recevant les petites pièces de monnaie que je pose dans la main de ses enfants, et devinant à mon accent que je suis Française: « Oh! dites-leur donc de venir aux Français, s'écrie-t-elle, et de me rendre mon Joseph, s'il n'est pas mort! »

J'entre dans la nef, et je n'en suis pas d'abord éblouie, comme je le serai plus tard en la revoyant aux clartés empourprées d'un beau soleil couchant; l'église de Saint-Marc est petite; avant de devenir basilique, elle ne fut destinée qu'à être la chapelle privée des doges; le vaisseau est en forme de croix grecque, la grande coupole s'élève au centre, et les quatre petites, au bout de chaque bras de la croix. Quatre grands piliers élancés en arcs soutiennent l'édifice et sont couronnés d'une galerie de marbre qui forme des tribunes à balustres. Les pendentifs et la voûte supérieure des coupoles sont revêtus de mosaïques sur fond d'or; des bas-reliefs de marbre et de bronze décorent la partie inférieure. Une profusion de colonnes en vert antique, en porphyre et en serpentine, dépouilles des temples de la Grèce, ornent les chapelles latérales et celles en retour du chœur.

Douze colonnes en albâtre oriental s'élèvent sur la balustrade du chœur et servent de piédestaux aux statues des douze apôtres. Le maître-autel somptueux, formé par la châsse qui renferme le corps de Saint-Marc, est placé sous la coupole qui s'élance du côté du levant; les quatre évangélistes se dressent démesurés dans cette partie orientale de la voûte; par un ciel pur, au jour naissant, ils sont inondés de rayons; l'or de l'aurore se répand, fluide et mouvant, sur l'or immobile de la mosaïque et soulève ces figures formidables de la vision d'Ézéchiel !

Je fais rapidement le tour du chœur, que je reverrai, le jour de Noël, resplendissant de la *pala d'oro* et de tous les ornements du trésor de l'église. J'entre dans la sacristie par une merveilleuse petite porte en bronze, pratiquée à gauche de l'autel et sur laquelle sourit avec malice le fin visage de l'Arétin ; on dirait d'une épigramme jetée intempestivement au milieu d'un drame sacré. De même que la nef, le péristyle et le vestibule, la sacristie resplendit de mosaïques, et les marbres les plus rares la décorent.

La pluie a cessé, un brouillard dense flotte dans l'air ; en sortant de Saint-Marc, je passe à droite sous le grand arceau de la tour de l'Horloge et je m'aventure dans le dédale de la *Merceria;* c'est le quartier le plus commerçant et le plus populeux de Venise, ses rues étroites et bordées de boutiques ressemblent à des couloirs ; on peut se donner la main d'un côté à l'autre, elles sont pavées de larges dalles ; une ligne du ciel, resserrée entre les toitures, y répand à peine le jour. Je marche au hasard au milieu de la foule, qui va en deux files, l'une qui monte et l'autre qui descend. Je m'arrête pour regarder les devantures, où j'aperçois des produits de Venise et de l'Orient. Rien de bien saillant, de rare et d'inattendu ; à peine une boutique de pipes et de tabacs turcs, une autre de verroteries de *Murano*, et deux ou trois confiseurs pâtissiers étalant sur des couches de papier d'or découpé la délectable *persicata*[1] en forme de fleurs ou de poissons ; les produits français et anglais trônent dans toutes les ruelles de la *Merceria*, comme ils trônent à Naples dans la rue de Tolède et à Rome le long du Corso. Bientôt je me trouve devant une large porte, ceinte d'une arche élégante, finement sculptée et ayant à droite une jolie madone dans sa niche de pierre en ogive. On me dit que cette porte est celle du palais *Polo*, dont on a fait le théâtre Malibran. Je crois voir heurter à cette porte Marco-Polo devenu vieux, et voulant se reposer dans sa chère Venise, après vingt-cinq ans d'aventures en Perse, en Tartarie et en Cochinchine. Oh ! les romanesques et fabuleux conteurs ! ils disparaissent aussi dans l'uniformité du monde moderne ! Des chemins de fer sillonnent l'Asie, et les trésors du Grand-Mogol remplissent les caisses anglaises de la Com-

[1] Pâte de pêches.

pagnie des Indes. Il est bon de mourir avant que ce siècle s'achève, car le siècle qui va suivre sera inauguré par le nivellement du globe entier en une contrée unique aux villes monotypes vulgaires et bourgeoises comme Paris et Londres ; amas de maisons-fabriques et de rues alignées, où le jour répand sa lumière irritante et bête comme un grand œil d'idiote qui s'ouvre sur tout et rit à tous.

Je traverse *il campo San Bartolomeo*, place entourée de boutiques et de cafés, qui aboutit par une rue montueuse au pont du *Rialto*, formé d'une arche unique ; sa solidité massive nuit à son élégance, il est noir et sale. Au-dessus se dresse une galerie en arcades où sont placés dans des vitrines les fines chaînes de Venise, les bagues, les épingles à cheveux, les pendants d'oreille et les croix d'or, fabriqués à Trévise ; nous voudrions rencontrer les filles du peuple, parées de ces joyaux. Mais, ce jour-là, je ne vois comme à Vérone, que des têtes encapuchonnées du tartan gris qui retombe sur les épaules et dont la pointe traine sur les dalles boueuses. C'est de cette façon disgracieuse que sont vêtues toutes les pauvres femmes que je rencontre sur un marché infect où elles vendent des fruits et des légumes. Je considère un moment leurs visages frissonnants et expressifs, puis, tournant à droite, je traverse le marché aux poissons. Quelques pêcheurs de Chioggia sont là debout, coiffés du bonnet phrygien. La tête d'un des plus jeunes me rappelle une des figures du tableau de Léopold Robert (auquel les pêcheurs de Chioggia ont servi de modèles). Ce beau pêcheur m'offre ses trilles[1] roses et ses dorades argentées qui frétillent encore sur une couche d'herbe marine ; un vieux au visage madré, voyant venir *una signora*, soulève de sa main robuste un énorme esturgeon : « *La veda, Cellenza*[2], me dit-il, *eco el re del mar!* » Le plus jeune, irrité de la concurrence, lui réplique : « *Un re tedesco ; el to sturione xe bigio come sti maledeti ; la crompa i me pessi rossi, principessa, son beli, e freschi comei marmi del palasso ducal.* » Le vieux secoue menaçant son monstre des mers

---

[1] Des rougets.
[2] Voici la traduction de ce petit dialogue en idiome vénitien : « *Voyez, Excellence*, me dit-il, *voilà le roi de la mer.* » Le plus jeune lui réplique : « *Un roi autrichien! ton esturgeon a la couleur grise de ces maudits ; achetez mes poissons, princesse, ils sont beaux, ils sont frais comme les marbres du palais ducal.* »

sur la tête du plus jeune : « *Busardo*, s'écrie-t-il, *el mio sturione no xe bigio che de pele; la reda, Cellenza, che carne rossa,* » et joignant la démonstration à ses paroles, il saisit un couteau et éventre l'esturgeon : « *Cosi la xe Venesia*, ajoute-t-il, *pele tedesca e core italian* [1]. »

Tout le peuple qui l'entoure applaudit à cette phrase. Son jeune compétiteur lui-même murmure en signe de paix : « *Bravo! Vecchio Bepo!* » J'écoute émue ce langage imagé, dans lequel se formule le patriotisme populaire de Venise. Je leur explique qu'étant étrangère et logeant à l'auberge, je ne puis, à regret, acheter leur poisson, mais que je fais des vœux pour la liberté de Venise. « *Una Francese!* » repart le vieux en clignant de l'œil, et comme la mendiante, il ajoute : « *Nous les attendons les Français!* »

A côté de la Poissonnerie et près du beau palais Camerlanghi (aujourd'hui palais des trésoriers), je trouve un des *traghetti* (station de gondoles) du grand canal; les gondoliers s'empressent autour de moi et me proposent le passage. Je choisis entre les gondoles celle qui me paraît la plus propre; un gondolier, plus voisin du rivage, veut empêcher celui que j'ai hélé d'approcher; alors ce dernier, jeune, à l'œil sombre et méchant, menace l'autre d'un couteau qu'il tire de sa chemise; en même temps il m'offre sa main, qui n'est pas armée, en me disant : « *Non aver timore, Eccellenza* (n'ayez pas peur, Excellence). » Sa mine est farouche et il est entièrement vêtu de drap noir, comme le *felze* de sa gondole. Je lui ordonne de se hâter et de me conduire à l'hôtel Danieli par le grand canal. Je crains quelque querelle sanglante, car tout en saisissant d'une main l'aviron, il continue à tenir de l'autre son poignard luisant.

J'ai noté cette dispute au couteau, parce qu'elle est la seule de ce genre que j'aie vue à Venise. Malgré son courage et son patriotisme, le peuple vénitien est très-doux, et l'aménité des gondoliers est surtout remarquable. Ils formaient autrefois deux confréries distinctes et ennemies, qui en venaient souvent aux mains. Aujourd'hui, ces luttes ont cessé; les grandes misères de Venise ont submergé les rivalités haineuses de ses enfants, toutes les inimitiés

---

[1] « *Menteur!* s'écrie l'autre, *mon esturgeon n'est gris que de peau. Voyez, Excellence, la chair est rouge! Ainsi est la belle Venise, elle a la peau autrichienne, mais le cœur italien.* »

se sont tournées et concentrées contre l'étranger. C'est l'illustre Manin qui a cimenté cette réconciliation et cette concorde entre les travailleurs et les opprimés. J'ai vu Garibaldi exercer la même influence sur les lazzaroni de Naples.

La pluie recommence avec violence et clapote dans l'eau, tandis que je traverse la partie du grand canal qui aboutit au quai des Esclavons. Étendue sur les coussins du *felze*, je n'aperçois plus les palais et les monuments qu'à travers le double voile des vitres et de l'eau qui tombe ; à peine débarquée, je me sens saisie par la fièvre ; les frissons me font claquer les dents ; je veux en vain résister, le corps est vaincu, je suis forcée de m'aliter, et d'achever inactive cette journée sombre ; ma tête est en feu, mes pieds glacés, toutes les visions de la solitude commencent à m'assaillir ; j'entends durant la nuit entière la pluie qui tombe sur la lagune, et au loin la tempête qui gronde sur l'Adriatique. Je m'endors au jour, et quand je m'éveille après quelques heures de sommeil, je me sens moins anéantie. La veille au soir, craignant une maladie grave, j'avais envoyé au baron Mulazzani de Capadocca la lettre de son amie, la comtesse Maffei ; il vient tandis que je suis au lit, et me fait dire qu'il repassera vers quatre heures. Je tente un suprême effort pour me lever ; j'y parviens enfin ; le ressort humain est remonté. Perdre vingt-quatre heures à se reposer en voyage, quel supplice pour une imagination de poëte !...

Me voilà debout, je m'enveloppe dans un manteau bien chaud, et je vais à travers la pluie visiter le palais ducal. J'entre par la porte qui s'ouvre du côté du quai ; je me trouve aussitôt dans la cour merveilleuse tant de fois décrite : elle est entourée d'arcades formant un double rang de galeries superposées ; mais les façades de la cour ne sont point régulières ; celle du côté du couchant, c'est-à-dire qui tourne le dos à la Piazzetta, est du moyen âge, c'est la plus élégante ; ses vastes arceaux, élancés en ogives, unissent la grandeur à la grâce ; on dirait la moitié de la nef d'une belle église gothique. La façade parallèle au quai et la façade orientale en ligne avec l'escalier des Géants, sont du style de la Renaissance ; enfin, la façade du nord est de styles mêlés ; elle se compose d'une horloge encadrée de colonnes et de figures, suivie d'une sorte de pavillon à riche décoration brodée de sculptures et de statues, et elle se termine à l'angle est par de légères arcades formant la cour dite des Sénateurs. C'est dans cet angle que s'élance l'escalier des Géants. Avant de le franchir, je fais le tour de deux belles citernes de bronze, où les jeunes et brunes *Pagote* puisent de l'eau dans des sceaux de cuivre. Ces porteuses d'eau de Venise sont vêtues d'un jupon court et d'un corset noir ou rouge adhérent à la taille; elles couvrent leur tête d'un chapeau d'homme en feutre noir, légèrement retroussé vers le bord, orné de petites chaînes d'argent ; leur nom de *Pagote* leur vient du district d'Alpago dans les montagnes du Cadore, qu'elles quittent enfants pour venir à Venise exercer leur rude métier. Agiles, elles portent l'eau sur leur tête jusqu'aux plus hauts étages de toutes les maisons; elles sont presque toutes jolies et savent rester sages ; elles s'amassent jour par jour une petite dot, et, après quelques années d'un pénible travail, elles s'en retournent dans leurs montagnes épouser les pâtres qu'elles ont connus enfants. J'en fais causer une aux traits délicats, et qui semble épuisée par le poids de deux sceaux qui pendent à ses bras amaigris; elle me dit : « Encore un an de peine, et je m'en retournerai dans ma montagne. » Les pays alpestres ont pour tous ceux qui y sont nés une attraction plus particulière que tous les autres berceaux de l'homme ; on dirait que l'air vivifiant des hauteurs épure les âmes et les rappelle à leur atmosphère.

Je monte l'escalier des Géants, d'un si grand effet dans cette cour du palais ducal. On dément sans cesse la tradition populaire qui veut que, sur ces marches de marbre blanc, ait roulé la tête coupée de Marino Faliero. L'escalier, répète-t-on, n'était pas construit à l'époque où le doge fut décapité. Ceux qui comptent les traditions populaires parmi les témoignages les plus plausibles de l'histoire répondront : Si ce n'est pas sur l'escalier même, c'est sur l'emplacement qu'il occupe aujourd'hui que le drame sanglant s'est passé. Quoi qu'il en soit, ce fantôme historique est évoqué par tous ceux qui franchissent l'escalier des Géants. Il marche à leur côté le long de la belle rampe à jour que couronnent la statue de Neptune, à la barbe ruisselante, et celle de Mars, coiffé du bonnet phrygien. Il leur crie par la voix de Byron : « Je ne parle pas à l'homme, mais au temps et à l'éternité dont je vais faire partie. » Une ombre plus douloureuse encore m'apparaît sur cet escalier mémorable, c'est celle du vieux Foscari, le Brutus de Venise qui, trois fois sans sourciller, assista à la torture appliquée à son fils, accusé d'avoir trahi la république. Malgré l'héroïsme barbare de son patriotisme, ce vieillard presque centenaire fut dépossédé de sa dignité de doge par le conseil des Dix et par vingt-cinq sénateurs. Lorédan, son ennemi, ourdit la trame et fit rendre l'arrêt. Foscari, infirme et mourant, voulut sortir en souverain du palais où il avait régné trente-cinq ans. « Je descendrai, dit-il, par où je suis monté ! » et, appuyé sur sa béquille, il franchit les marches de l'escalier des Géants, et sortit sur la place Saint-Marc par la porte *della Carta*; la foule qui s'y était assemblée s'ouvrit avec respect devant lui..

Le jour où la cloche de Saint-Marc proclama son successeur, frappé par cette vibration comme par la foudre, Foscari mourut subitement. Le sénat décida qu'on lui ferait les funérailles d'un doge; mais sa veuve, Marine Nani, une âme de Cornélie, s'écria, lorsqu'on voulut enlever son corps : « Puisque vous l'avez dépouillé de sa couronne, c'est à moi de pourvoir à sa sépulture. Ses biens ont été dispersés au service de la république, mais ma dot y suffira! » La résistance de la noble femme fut vaine; la volonté du sénat s'accomplit.

Tout en remuant ces souvenirs de l'histoire, je monte ce fameux escalier des Géants qui conduit dans la galerie orientale, où sont des inscriptions et quelques marbres; je laisse à gauche l'escalier d'or aboutissant aux appartements privés des doges; la porte de cet escalier est close, et l'on ne peut le voir que d'en haut. Un autre escalier, à l'angle sud de la galerie de l'ouest, me conduit au premier étage à la grande salle du conseil, transformée aujourd'hui en bibliothèque. J'entre d'abord dans les trois chambres d'étude qui la précèdent; j'y trouve deux lecteurs. A Venise, plus encore qu'à Milan, la jeunesse a déserté l'étude pour les armes. Cette salle immense et inouïe du grand conseil tient toute la façade du palais du côté de la lagune; au milieu s'ouvre le balcon monumental des doges; il est couronné d'une statue de la Justice, qui tient d'une main l'épée et de l'autre la balance. Je me penche sur la balustrade, et je vois en face l'île Saint-George sur les flots troublés par la pluie.

Les parois et les plafonds de cette salle du grand conseil ont été peints par Tintoret, Paul Véronèse, Palma Giovane, l'heureux père des trois plus belles filles de Venise, et par d'autres grands peintres de l'école vénitienne. Les fastes de la république se déroulent autour de moi; les figures de ces toiles immortelles se meuvent et s'animent. Un tableau parmi les plus vivants représente le doge prêt à monter sur le *Bucentaure* : les galeries du palais ducal regorgent d'assistants; les têtes, les bras s'agitent; les yeux pétillent, les costumes sont pittoresques et somptueux ; les gardes sonnent de la trompe, de grandes lanternes se balancent auprès des bannières déployées. Le *Bucentaure* est sur le premier plan avec ses galeries d'or, sa statue de Saint-Marc et son lion ailé. C'est la Venise d'autrefois, Venise en fête, Venise dans sa gloire!...

La solitude absolue qui m'entoure en ce moment dans le palais ducal contraste avec ce tableau qui le représente si peuplé et si joyeux. Comme les hôtes éternels de cette demeure abandonnée, tous les portraits des doges qui ont régné à Venise forment la frise de cette salle du grand conseil, et se continuent dans la salle attenante du scrutin; ils sont tous là dans leur camail d'hermine, fiers, augustes, mélancoliques ou menaçants; ils semblent se dire entre eux : « Quelle lignée de rois vaut notre lignée? » J'en compte plus de cent : dans la première salle, un cadre reste vide sur un fond noir, il porte cette sinistre inscription : Marino Faliero, décapité pour son crime. Le premier doge, Obelerio Antenoreo, ouvre le neuvième siècle; le dernier doge, Ludovico Manin, clôt le dix-huitième; celui-ci, amaigri et pâle comme un spectre, semble regarder les cadres vides qui l'avoisinent et demander au temps quel sera son successeur? Un jeune maçon qui traverse en ce moment la salle, portant sur son épaule une poutre énorme, se charge de la réponse; il siffle audacieusement l'hymne de la maison de Savoie, et défie, comme à plaisir, les sentinelles autrichiennes qui gardent le palais ducal. On n'empêchera jamais un Vénitien de chanter un horoscope à ses tyrans ni de leur décocher une épigramme.

Dans la salle du scrutin, je regarde avec sympathie une belle femme blonde repoussée du paradis par l'ange exterminateur; Palma Giovane, dans son tableau du Jugement dernier, a peint dans cette figure une jeune femme de Venise, qui le quitta pour un autre amour. Les poëtes et les artistes condamnaient, autrefois, aux feux éternels les femmes que la passion entraîne. Dante, plus rigoureux que le Christ, qui pardonna à Madeleine, plonge dans la flamme théologique Françoise de Rimini. — Ah! si de tels péchés doivent nous être comptés, à quels supplices ne seront pas eux-mêmes voués dans l'éternité tous nos justiciers masculins! — Cette salle du scrutin occupe la moitié de la façade de l'ouest qui donne sur la Piazzetta, et dont le grand balcon est couronné par la statue de la Sagesse (la Sapienza). Deux salles plus petites, dépouillées de leurs décorations, suivent la salle du scrutin; en revenant sur mes pas, j'entre dans les chambres d'étude; je me fais montrer le testament de Marco Polo, et un traité d'orfévrerie de Benvenuto Cellini; je me plais à considérer et à toucher l'écriture de ces deux hommes aventureux; je voudrais les ranimer, les entendre et me faire reconter par eux leur vie romanesque. Les cent vingt mille volumes et les dix mille manuscrits que renferme la bibliothèque ont occupé autrefois le palais de la *Libreria vecchia*; mais les vice-rois de l'Autriche délogèrent la science et l'étude, et prirent pour eux la belle enceinte qu'avait bâtie Sansovino. Les rayons de la bibliothèque envahirent alors une partie des salles du palais ducal et cachèrent aux regards les magnifiques peintures qui les décorent. Combien d'autres salles dégradées et fermées !

Je traverse rapidement la galerie du musée archéologique, qui ne renferme que quelques fragments de sculpture grecque et romaine. C'est à Florence, à Naples et à Rome que je dois admirer l'Antiquité. Cette galerie, qui était autrefois la salle des gardes, a été prise sur l'appartement privé des doges, dont il ne reste plus que deux chambres. Dans la première (l'ancienne chambre à coucher) se trouve une admirable cheminée en marbre de Paros, avec de merveilleuses têtes d'anges sculptées. Deux sveltes colonnes soutiennent le vaste entablement qui recouvre un large foyer; on pouvait s'asseoir à l'aise dans un fauteuil sous ce beau manteau de cheminée; je rêve ce siége commode, et la flamme pétillante à mes pieds glacés; j'appelle près de moi, autour de l'âtre, Benvenuto et Marco Polo; l'un me dit ses querelles avec la duchesse d'Étampes, l'autre ses fredaines en Cochinchine. Je n'entends plus le vent qui souffle sur l'Adriatique, je ne sens plus le froid des marbres du pavé. Hélas ! je n'ai entrevu que l'ombre d'un feu, l'ombre d'un siége et le mirage d'une compagnie attrayante; mes pieds s'engourdissent sur les dalles; pas une chaise ne m'offre une halte, pas une voix ne fait écho à mes pensées; je traverse rapidement la seconde chambre, où est la célèbre mappemonde de fra Mauro; Marco Polo seul pourrait m'expliquer cette vieille configuration du globe. Je monte un second étage, et, avant d'entrer dans la salle de la *Bussola*, je remarque un trou que recouvrait autrefois une tête de bronze; c'est dans sa gueule ouverte qu'on jetait les dénonciations secrètes. Oh! bouche ouverte à l'envie, au mensonge, à la bassesse, bien rarement à la vérité, reste fermée à jamais! Les sociétés modernes doivent vivre libres, en pleine lumière, sous la garde visible de la justice et de l'honneur. Les deux premières salles n'ont de remarquable que deux plafonds de Paul Véronèse; une porte de la seconde salle s'ouvre dans le couloir qui aboutissait *aux plombs* et *aux puits*; je visiterai ces cachots un autre jour; je passe dans la salle du conseil des Dix, où sont quatre portes superbes, et j'admire longtemps le beau tableau de la Foi par Titien; puis un tableau allégorique par Zelotti, représentant Venise sur un lion, Venise qui brise ses chaînes! L'heure viendra où ce tableau aura sa signification nouvelle et où ces chambres désertes se rempliront d'hôtes glorieux! Dans le petit salon des ambassadeurs, presque entièrement décoré par Paul Véronèse, je remarque une cheminée en marbre du plus beau travail, et des portes de cèdre prises à Sainte-Sophie de Constantinople; je traverse ensuite le cabinet du doge qui conduisait à sa chapelle privée. Dans la salle du sénat ou du collège sont encore trois cent dix stalles intactes qui semblent attendre les sénateurs. Les peintures qui décorent ces dernières salles sont les plus belles des maîtres vénitiens déjà cités. Le doge arrivait à ce second étage par l'escalier d'or qui partait de son appartement privé; je remarque en sortant quelques places vides sur les parois et les plafonds, elles attestent que Paris et Vienne n'ont pas rendu tous les chefs-d'œuvre qu'ils ont enlevés à Venise. Je m'en vais par l'escalier d'or; il emprunte son nom à l'or prodigué dans ses décorations, s'harmoniant avec les moulures en stuc et les peintures qui en recouvrent la voûte, ainsi que celle du petit vestibule qui le précède.

Je redescends l'escalier des Géants, passe à droite sous une des trois portes de l'Horloge, et sors de la cour par la porte de la *Carta*, couronnée de sculptures et de statues.

La pluie tombe encore, monotone et fine, sur les dalles de la piazzetta, j'entre par une porte latérale dans l'église de Saint-Marc, et je m'y assieds pour m'y reposer. Mon impression de la veille subsiste, la nef me paraît petite, mais quelle étrangeté et quelle magnificence! Je remarque que le pavé a été défoncé par la marche successive des générations. En ce moment, la solitude de l'église est complète; je n'aperçois pas même les vieilles mendiantes qui errent toujours éperdues auprès des portes. Je tombe dans une sorte de somnolence dont je suis tirée par une musique harmonieuse qui s'élève près de moi ; l'orgue n'a pas de ces notes vives et tranchées, d'où vient donc cette mélodie inattendue? Je quitte l'église par la grande porte qui s'ouvre sur la place Saint-Marc, et je vois des soldats autrichiens qui jouent des fanfares au milieu de la place ; ils jouent dans le désert, car, aussitôt que les premiers accords retentissent, les Vénitiens prennent la fuite. Cela se passe ainsi chaque jour, et les musiciens tudesques sont forcés de se donner à eux-mêmes une sérénade.

Je fais le tour des *Procuratie vecchie* et des *Procuratie nuove*, les cafés et les boutiques sont vides. Palais, églises, place publique, portent le deuil du passé! Une opaque mélancolie enveloppe ces grands vestiges de l'art et de l'histoire ; ainsi notre âme s'assombrit au déclin ; les ressorts de la jeunesse se brisent ; l'espérance se décolore et s'engourdit, on n'éprouve plus qu'un impérieux désir de repos, de chaleur et d'immobilité ; on en arrive à ce clair-obscur de la vie où tout s'efface et se confond. Je marche jusqu'au petit jardin public attenant au palais du gouvernement. La lagune est déserte comme la place ; je retourne à l'hôtel, et je fais faire un grand feu pour remplacer le soleil absent. Comme la pluie redouble et m'endort, on frappe à ma chambre : c'est le baron Emilio Mulazzani, l'ami de l'aimable comtesse Maffei ; une bouffée d'air vif et libre, qui semble un courant de l'atmosphère parisienne, circule aussitôt autour de moi ; je trouve dans le baron Émilio un esprit tout à fait français, dans la bonne acception du mot, au dix-huitième siècle ; il effleure avec grâce et élégance tous les sujets, ses manières sont pleines d'aménité et sa tournure est distinguée.

« Vous ne pouvez mourir d'ennui dans l'ennuyeuse Venise, rendue plus ennuyeuse encore par cette pluie obstinée, me dit-il avec aisance ; et puisque la promenade vous est interdite par cette double inondation de la lagune et du ciel, je vous propose d'aller ce soir au théâtre ; je voudrais vous offrir une bonne loge au théâtre de la *Fenice*, dont je suis à l'heure qu'il est le très-platonique directeur, mais la *Fenice* est fermée par suite d'abstention patriotique de la part de la noblesse, en attendant que le petit théâtre *San Benedetto* le soit à son tour, venez ce soir y entendre *il Barbiere*. L'Autriche nous permet encore *Basile* et l'air de la Calomnie ; peut-être dans huit jours nous les interdira-t-elle comme des allusions perverses.

— Mais, objectai-je, comment se rendre au théâtre par cette pluie furieuse ?

— Vous oubliez, répliqua le baron, que l'eau est l'élément de la gondole ; à tout monument et à toute maison de Venise aboutit un canal, je viendrai donc vous prendre en gondole à huit heures.

— Soit, je suis tentée par une course à travers la tempête encore plus que par le théâtre. »

A huit heures, le baron Mulazzani était en gondole à la porte d'eau de l'hôtel. Nous tournâmes sur le grand canal du côté de la promenade de la terrasse, puis nous traversâmes un nombre infini de petits canaux à travers lesquels les gondoliers lancent comme un trait leur frêle embarcation. Nous étions enfermés dans le *felze* bien clos, la pluie jaillissait en cascade au-dessus ; nous voguions entre deux eaux et dans les ténèbres. Cette course aquatique et nocturne me charmait comme une nouveauté fantastique, je riais sans savoir pourquoi, je pensais aux mascarades vénitiennes ; un peu de gaieté inattendue m'était montée au cœur. La gondole s'arrêta devant la façade du théâtre. La salle me parut petite, mais élégante ; le public y était clair-semé et ne se composait guère que d'Autrichiens. Au parterre étaient les lieutenants et les sous-lieutenants ; dans les loges, les officiers d'un grade plus élevé avec leurs femmes et leurs filles, bonnes et honnêtes Allemandes dépaysées et ahuries de la haine que les Italiens portent à leurs maris et à leurs pères. Ces têtes blondes, roses et placides auraient contrasté étrangement avec le type italien, mais pas une femme vénitienne n'était dans la salle. Dans deux loges d'avant-scène, quelques-unes de ces pauvres et folles Françaises que la misère fait courir dans toutes les villes où se trouve une garnison, étalaient leurs toilettes provoquantes et leurs visages expressifs. Elles étaient le point de mire des plus jeunes officiers, grands, sveltes, un peu roides, mais portant avec une extrême distinction leur bel uniforme blanc chevronné d'or et d'azur. La verve et l'esprit de cette étincelante musique du *Barbier* servait d'accompagnement à nos causeries sur Paris et sur Milan, commencées dans la gondole entre le baron et moi, et qui continuèrent au théâtre ; ces airs vifs et petillants nous mettaient en belle humeur. Cependant l'absence absolue d'auditeurs italiens me fit réfléchir.

« Je n'irai pas souvent au spectacle à Venise, dis-je à M. Mulazzani, il me semble que nous enfreignons ce soir une consigne patriotique et que nous manquons au deuil que porte Venise.

— Oui, répliqua-t-il; mais j'ai deux excuses, l'une du monde et l'autre d'humanité, ajouta-t-il en riant : vous êtes étrangère et je cherche à vous distraire, et notre présence ici aidera à souper ces pauvres acteurs qui meurent littéralement de faim; déjà trois théâtres sont fermés; les malheureuses troupes de comédiens ont dû partir et errent je ne sais où. »

La prima donna, robuste et joufflue, avait dans la voix la fraîcheur de son visage; elle fut fort applaudie par les officiers autrichiens. Quand nous sortîmes, nous la rencontrâmes dans le vestibule, accompagnée d'une jolie *cameriera* qui emportait dans un foulard une partie de son costume; la pluie redoublait de furie, il fallut relever nos jupes sur nos têtes pour franchir les dalles qui nous séparaient des gondoles. Un gamin de Venise cria pompeusement : « *Ecco i gondolieri della prima donna.* » La maîtresse et la suivante s'élancèrent d'un bond dans leur barque; notre gondole était derrière la leur, je les imitai de mon mieux et m'étendis, en entrant par le dos, sur le coussin élastique du *felze*. « Brava! me dit le baron, vous voilà à moitié Vénitienne. » Nos gondoliers précipitèrent leur course; je riais plus fort sans me douter qu'un peu de danger nous menaçait. Quand nous tournâmes sur le grand canal, la lagune était tellement grosse, que nous ne pouvions plus avancer, les gondoliers redoublaient d'efforts, et je voyais à travers les vitres les courbures réitérées que décrivaient leurs corps sur leurs avirons; j'étais ravie de leur agilité; je disais au baron que ces courses en gondoles me rendraient désormais odieux les fiacres parisiens. Au moment où nous abordâmes, la bourrasque mugissait sur le quai des Esclavons; il y avait une grande tempête sur la mer Adriatique.

M. Mulazzani renvoya la gondole : « Nous l'avons échappé belle, me dit-il, l'entrée du grand canal n'est plus praticable ce soir; je vais m'en retourner à pied par les rues que vous appelez des couloirs.

— Mais vous serez mouillé jusqu'aux os, lui dis-je.

— Bien pire serait d'être noyé, » répliqua-t-il gaiement.

Le lendemain la pluie tombait toujours et la rafale grondait sur mer; c'était à désespérer du soleil italien, que je poursuivais comme une fiction depuis Gênes. Je me mis à lire et à écrire des notes. Le spleen me gagnait. Vers trois heures, le baron Mulazzani parut, il portait des bottes à l'écuyère qui lui montaient jusqu'aux genoux.

« Vous avez la tournure d'*Antoni*, lui dis-je en riant

— A propos de ce héros de drame, répliqua-t-il, on m'écrit de Paris qu'Alexandre Dumas va venir à Venise, je serai charmé de le connaître.

— Et moi de le revoir, repartis-je; c'est une imagination inépuisable et un esprit cordial et bon, comme il y en a peu parmi nos littérateurs.

— Je suppose, reprit le baron, que votre rigueur contre le théâtre ne s'étend pas jusqu'à une salle vide, et, si vous le voulez, je vous ferai voir la *Fenice*; tenez, voilà justement une éclaircie qui se fait dans le ciel.

— J'accepte avec d'autant plus de plaisir, repartis-je, que j'ai parlé du théâtre de la Fenice dans un de mes romans [1], je tiens à savoir si je ne me suis pas trop écartée de la vérité. »

Nous partîmes aussitôt; nous passâmes sous les galeries du palais ducal, nous traversâmes celles des *Procuratie vecchie* et nous nous arrêtâmes au café Florian, célèbre à Venise depuis plus d'un siècle; il a vu, comme l'ancien café de la Régence à Paris, toute une série d'hommes célèbres s'asseoir sur les divans de ses deux petits salons peints à fresque, et s'accouder sur ses guéridons en marbre blanc, flânant et dégustant le *sabaion* doré [2], le sorbet neigeux, les glaces dures, le café turc et le chocolat vanillé. Le café Florian reste ouvert toute la nuit. Un vieux garçon, propre, alerte et très-pâle, qui y fait le service nocturne depuis trente-cinq ans, nous apporte du moka fumant dans de petites tasses de Chine. Chaque matin, à cinq heures, il va se coucher au coup du canon du port et se relève à trois heures pour reprendre sa besogne active et monotone. Il a vu bien des folles nuits du carnaval de Venise, alors que Venise avait encore un carnaval et que les masques mystérieux et rieurs se croisaient en s'appelant sous les galeries des procuraties. Il se souvient des rois et des princes exilés, des généraux vainqueurs et insolents et parmi eux de Marmont, infirme et taciturne, traînant à Venise le souvenir de sa trahison; il a vu dans leur tristesse sereine ou tourmentée les artistes et les poëtes immortels; Chateaubriand, suivi comme d'une ombre par son inexo-

---

[1] *Lui.*
[2] Mousse composée de jaunes d'œufs et de vin de Malaga.

rable ennui; Manzoni, aux jours de sa pure jeunesse; Byron, au temps de ses belles amours; Cimarosa, malgré l'hospitalité de la lagune qui le berça comme une mère, expirant avant l'heure des suites de la proscription cruelle dont le frappèrent le barbare cardinal Ruffo et l'infâme Caroline de Naples [1]. Canova, venant mourir doucement à Venise; Léopold Robert, désespéré, s'y donnant une mort sanglante; Alfred de Musset, mélancolique et railleur; Balzac, noyant dans les splendeurs de sa psychologie universelle les déceptions et les hideurs de la vie. Bien d'autres encore disparus de la foule des vivants et rayonnant dans la foule des esprits dont la terre se souvient.

En sortant du café Florian, nous traversons sous les arcades du palais royal (en face de l'église de Saint-Marc) le passage appelé *Bocca di Piazza*; nous laissons à droite l'église Saint-Moïse et franchissons plusieurs rues tranquilles bordées de boutiques comme celles de la *Merceria*; nous arrivons au *Campo san Fantino*, où est l'église de ce nom en face de laquelle se trouve le théâtre *la Fenice*. Un troisième monument, l'*Athénée vénitien*, s'élève à droite; le quatrième côté de la petite place est occupé par des maisons délabrées. La façade du théâtre, soutenue par quatre colonnes et ornée de figures d'assez mauvais goût, est insignifiante; le péristyle et l'escalier sont fort beaux; la salle me parut un peu plus petite que celle de l'Opéra de Paris; gracieuse et riante, elle est décorée de peintures sur fond d'or, les loges tendues de soie sont spacieuses et commodes, la grande loge impériale, couronnée de l'aigle à double front, est en face de la scène; un escalier à part et peint à fresque y conduit. La scène, large et profonde, doit être très-propice à la voix. Le baron Mulazzani me conduit dans les coulisses désertes; je me promène un moment sur ces planches où tant de cantatrices fameuses ont passionné le public. Je m'amuse à crier: *Evviva l'Italia!* je dis au baron: « Votre théâtre, fermé depuis deux ans, se rouvrira à ce cri, et quelque Malibran nouvelle l'inaugurera par un hymne sur la délivrance de Venise.

— Vous en parlez bien légèrement, réplique M. Mulazzani; une

---

[1] Le Ministre et la souveraine condamnèrent le grand maëstro à être pendu pour avoir composé un hymne à la Liberté à l'entrée du général français Championnet à Naples en 1799. Cimarosa ne dut la vie qu'aux instances de l'ambassadeur de Russie qui obtint que la peine de mort serait commuée en celle de l'exil.

artiste de ce génie est aussi difficile à trouver que la liberté de Venise sera ardue à conquérir! Oubliez-vous ce qu'était Maria Felicia?

— Je suis arrivée trop tard à Paris pour l'entendre, repartis-je, elle venait de mourir; mais Alfred de Musset m'a dit souvent qu'elle et Rachel étaient les seules femmes qui l'eussent vraiment ému au théâtre.

— Je l'ai aimée comme une sœur, reprit le baron; j'ai souvent voyagé avec elle. Elle avait tous les désirs et tous les caprices que le génie se permet et qu'on doit passer au génie, car ils font sans doute partie de l'atmosphère qui l'inspire. Durant son engagement au théâtre de la *Fenice*, elle exigea que nous lui fissions construire une gondole exprès pour elle; elle ne s'assiérait jamais, me dit-elle, sous un *felze* noir; bière hideuse recouverte d'un drap mortuaire, où elle s'imaginerait qu'on la porte en terre; elle voulut une gondole blanche et dorée, au *felze* recouvert de drap blanc bordé de pourpre, avec son chiffre en or; ses gondoliers portaient une livrée aux couleurs vives. Le jour où sa fantaisie fut réalisée, elle demanda qu'on fît relâche et se promena toute la journée et toute la nuit dans sa barque riante. Je me souviens que vers minuit, comme nous traversions le grand canal, elle nous chanta tout à coup une de ses mélodies les plus puissantes et les plus ineffables, qui fit tressaillir Venise endormie. Parfois, sortant du *felze* aux coussins de soie rouge, elle caressait de la main sa gondole comme elle eût fait d'un grand lévrier : « Oh! ma belle gondole, disait-elle, je t'aime parce que tu es unique!... — Mais, ma chère Maria, lui répondis-je, comment auriez-vous fait au temps de la république de Venise, où l'uniformité des gondoles était une loi que ne pouvait enfreindre même le doge? — Moi, répliqua-t-elle en riant, j'aurais refusé de chanter, et j'aurais envoyé au diable le conseil des Dix, le sénat et le doge lui-même. »

Tandis que le baron Mulazzani ranimait en parlant cette poétique figure évanouie, je regardais les portraits des grands *maestri* italiens, peints sur le pourtour des loges ; celui de Cimarosa me semblait refléter encore les douleurs de l'exil. Je fus aussi frappée par l'expression pensive et triste de la tête de Paësiello : le baron Mulazzani, à qui je le désignais du geste, me dit :

« C'est par un opéra de Paësiello *les Jeux d'Agrigente*, que le théâtre de la *Fenice* fut inauguré en 1791. En 1836, l'ancienne salle brûla, et mon père présida à la reconstruction de la salle que vous voyez aujourd'hui. »

Nous quittons les coulisses et montons dans le cabinet du baron; tandis qu'il donne quelques ordres aux employés oisifs du théâtre, je considère à travers une fenêtre un petit canal sur lequel est jeté le pont de la Fenice; des maisons lézardées, dont toutes les fenêtres sont closes et qui semblent prêtes à crouler, bordent l'eau dormante; ainsi à chaque pas apparaît quelque coin de Venise, que le silence, la solitude et la mort ont déjà envahi.

En sortant du théâtre, nous allons à travers le dédale des petites rues au palais *Grimani*, aujourd'hui palais de la poste. J'attends anxieuse des lettres de France, qui sont bien des jours avant d'être distribuées à Venise, où peu de lettres échappent au cabinet noir. La belle façade de ce palais donne sur le grand canal; nous entrons du côté opposé par une large galerie sous les arceaux de laquelle on fait la distribution des lettres; en sortant nous tournons à gauche sur le joli *campo S. Luca*, où, près de l'église du même nom, s'élève un petit palais en briques rouges, aux balcons sculptés qui me fait envie, je dis à M. Mulazzani : « Je vivrais là très-heureuse.

— Rêve de poëte, répliqua-t-il; au bout d'un mois, je vous entendrais crier : Paris! Paris!

— Oh! repartis-je, je n'ai plus de ces juvéniles ardeurs pour ce que le provincial français appelle les délices de la capitale. »

La pluie recommence et tombe si fort, qu'elle nous oblige à revenir bien vite au logis. Le soir, toujours la pluie accompagnée de rafales; impossible de sortir ; le bruit de la lagune m'endort. Le lendemain, Venise continue à flotter entre deux eaux, c'est à désespérer du soleil! à peine puis-je flâner durant une heure sous les galeries des procuraties et celles du palais royal, où est la librairie Munster. Ce libraire, qui a mes ouvrages, me laisse obligeamment feuilleter plusieurs albums de vues de Venise et des îles qui l'environnent; c'est toute ma distraction durant cette sombre journée interdite aux excursions.

Enfin, le lendemain dimanche, quatre décembre, le soleil perce le ciel encore gris! Je me lève bien vite et me hâte de sortir, pour réparer les heures perdues des jours précédents; avant de poursuivre l'exploration de Venise, je veux embrasser d'un coup d'œil la ville entière. Je fais plusieurs fois le tour de la *logetta*, j'admire les fines sculptures de marbre blanc, les statues qui la décorent et les sveltes colonnettes de marbre rose qui la soutiennent comme des bras de frais adolescents. Je reste un moment émerveillée devant la grille de *Sansovino*, bijou exquis de serrurerie dont la *logetta* se pare ainsi qu'une reine le fait de son écrin : j'entre dans le Campanile et je monte jusqu'au haut sans trop de fatigue. Une rampe douce, n'ayant qu'une marche à chaque angle tournant, conduit à l'attique de cette tour carrée, qui se termine en pointe. Je vais de place en place autour de la balustrade, pour voir l'ensemble de Venise et des îles ; puis, m'orientant, je contemple longtemps l'horizon qui se déploie sous les quatre faces du Campanile, correspondant aux quatre points cardinaux. J'ai au nord les Alpes tyroliennes bornant le tableau, ensuite la terre ferme, le rivage de Mestre, la jetée du chemin de fer dans la même direction; à gauche de la jetée, les petits îlots de *San Secondo*, de *San Giorgio in alega*, et de *Sant' Angelo della polvere*, dressant sur l'eau leurs forts et leurs tours. Tout près de Venise, l'îlot de *Santa Chiara*, posé comme un point sur le haut de l'S que décrit le grand canal; au nord-est de Venise, *Murano*, dont le Dôme et le Campanile se dessinent dans l'air; à l'ouest de Murano, la petite île de *San Michel*, où dort le campo-santo; à l'est, les îles de *Burano* et de *Torcello*; au sud de Burano, l'île de *San Francesco del deserto*, touchant à la plage aride et à la plus courte des trois langues du Lido; au sud se multiplient les petites îles, fleurs détachées du bouquet de Venise, et qui forment un archipel; j'ai à mes pieds, en face de moi, en regard du quai des Esclavons, *San Giorgio maggiore*, avec sa belle église et sa tour carrée; toujours au sud, à gauche les îlots de *Sant' Elena* et de la *Certosa*; à gauche, l'île du fort *Sant' Andrea*, et plus à l'est, celle des *Vignole*; en face encore, au delà de *San Giorgio Maggiore*, *San Servolo*, renfermant l'hospice des fous, puis *Sant' Eleazaro*, où s'élève le couvent des arméniens; puis les îlots du Lazaret de *San Spirito*, de *San Clemente et della Grazia*, disséminés à l'ouest jusqu'au croissant que forme la *Giudeca*. Enfin, bornant au sud cet archipel riant comme une ceinture flottante qui sépare la lagune de la mer Adriatique, le Lido déroule en trois parts ses rivages dévastés, qui dressent sur leur nudité, les trois églises de la *Madona di Marino*, de Sainte-Elisabeth et de Saint-Nicolas. Par delà le Lido, la mer Adriatique bleue, immense et calme au moment où je la contemple, après les orages des jours précédents; à l'ouest, je vois se dérouler la grande lagune de Venise jusqu'au rivage lointain où se jette le canal de la Brenta. Détachant mes regards du vaste horizon des flots, et les rapprochant de Venise, la ville me présente un groupe énorme qui se dessine en relief et élève vers moi ses monuments innombrables : sur le premier plan, j'ai au nord la place Saint-Marc ; à l'est, l'église et le palais ducal ; au sud, la piazzetta ; à l'ouest, la *dogana di mare* et la *Salute* qui termine l'S du grand canal que *Santa Chiara* commence ; puis, en tous sens l'enchevêtrement des canaux tortueux et des rues étroites, labyrinthes inextricables, au milieu desquels les places, les églises, les palais, servent à s'orienter. Aux extrémités de Venise, des terrains plus vastes, tels que le champ de Mars, à l'ouest, avec ses talus gazonnés et ses longues allées d'arbres dépouillés par l'hiver. Au midi, par delà le quai des Esclavons, formant la *punta della notta*, le jardin public, nid de verdure qui flotte sur l'eau ; à l'est, l'île de *San Pietro del Castello*, reliée à Venise par un pont ; au nord-est, les bassins de l'arsenal, sa tour, ses magasins qui dessinent comme des arcades sombres. Les nuages qui flottent au ciel abaissent sur la ville immense la lumière du soleil, lumière intermittente qui fouille et fait ressortir certaines parties et en laissent d'autres dans l'ombre ou dans le clair-obscur. C'est d'un effet inouï, fantastique, vertigineux ; je ne me lasse pas de ce spectacle. Je reste plus d'une heure accoudée tour à tour sur les quatre balustres de l'attique, contemplant avidement la cité aquatique et m'efforçant d'en fixer l'empreinte dans mon souvenir : après cette ascension du Campanile, j'entre dans l'église de Saint-Marc pour reprendre haleine. Un chanoine prêche sur la charité, dans la grande chaire à droite du chœur ; quelques femmes du peuple et un grand nombre de mariniers l'écoutent avec recueillement ; je regarde leurs têtes expressives, éclairées par la double lueur des cierges et d'une belle lampe byzantine en cuivre rouge, à chaînons de bronze, qui brûle suspendue au milieu de la nef. Elle a je ne sais quoi de la forme d'un minaret qui révèle son origine orientale. Après une halte, je sors de l'église par la petite porte latérale de droite, je traverse la cour du palais ducal ; je rentre un moment à l'hôtel, puis je monte dans une gondole et vais visiter quelques églises. Je commence par *San Giorgio Maggiore*, qui me sourit en face du rivage où je m'embarque ; en quelques minutes, j'aborde à la petite île. Au neuvième siècle elle renfermait un jardin, une vigne abritée par de grands cyprès, et un moulin, dépendances du palais ducal. Plus tard, le moulin devint un couvent où, après la mort de Pie VI, le conclave errant se réunit pour élire Pie VII; en attendant que l'Autriche offre cet asile au conclave, qui, dit-on, s'assemblera sous sa protection pour élire un successeur à Pie IX, elle a fait du couvent une caserne fortifiée. Je monte à la petite place qui s'étend devant l'église par des marches de marbre dont les premières se baignent dans la lagune. Sur les plus hautes sont groupés des soldats autrichiens qui jouent aux cartes. Le gondolier qui m'a amenée me les montre en serrant les poings et en me disant: « *Ecco i maladetti!* voilà les maudits! il ajoute tristement : Ils sont partout, on ne rencontre plus qu'eux dans Venise. » Je regarde un moment la haute façade de l'église, construite par les deux architectes Palladio et Scamozzi. Deux frontons superposés couronnent le portail, c'est d'un effet bizarre et lourd qui n'a rien d'imposant. J'entre dans la nef en forme de croix latine; elle est majestueuse et grandiose ; la porte intérieure, encadrée dans de belles colonnes de marbre grec, est surmontée du massif sarcophage du doge Léonard Donat. Dans la seconde chapelle à droite, je remarque le beau crucifix en bois de Michelozzo Michelozzi, artiste florentin, élève de Donatello : le Christ est superbe d'expression douloureuse. La chevelure et la couronne d'épines semblent frissonner. C'est d'un fini de ciselure qui défie la loupe. Dans le chœur, sont rangés en fer à cheval quarante-huit stalles en bois de chêne, d'un travail inouï, où se déroule la vie de Saint-Benoît; chaque figurine est un chef-d'œuvre. Un Flamand, Albert de Brule, a épuisé là des années de patience et de génie. Ces ouvrages exquis contrastent avec quelques grandes toiles du Tintoret, qui décorent l'église et sont empreintes de la *furia* qui caractérise l'artiste vénitien. Je jette en sortant un coup d'œil au campanile et au portique de l'ancien couvent; puis, remontant en gondole, je me fais conduire à la *Santa Maria della Salute*; cette église monumentale, à coupole énorme, rappelant le Panthéon de Paris et Saint-Paul de Londres, fut érigée à la Vierge, au dix-septième siècle, en action de grâces de la cessation de la peste. Elle s'élève à gauche, à l'entrée du grand canal. Avant de descendre de gondole, je regarde à droite sur l'autre rive, presque en face de la *Salute*, l'éblouissant petit palais *Contarini Fasan*, un bijou; un caprice de sculpture du quatorzième siècle, qui m'a fait envie durant tout mon séjour à Venise. L'aspect de ce palais mignon a je ne sais quoi de mystérieux et de romanesque; ses fenêtres seules s'ouvrent sur le grand canal; sa porte, cachée aux curieux, donne sur un étroit canal transversal. Cette gracieuse construction se divise en trois étages, y compris le rez-de-chaussée; les trois fenêtres d'en bas n'ont aucun ornement, mais le balcon du premier étage en fourmille; il repose sur quatre supports légers finement sculptés. Sur sa large et haute balustrade s'épanouissent, comme des fleurs, de belles rosaces de marbre blanc; derrière cette galerie montent trois ogives soutenues par de fluettes colonnes, qui font ressembler ce balcon à un petit portail suspendu de cathédrale gothique. Au-dessus des trois ogives s'en élèvent deux autres, encadrées par deux balcons du même style que le premier. Un grand blason sculpté sépare ces deux ogives qui forment les fenêtres du troisième étage; au-dessus du balcon est une toute petite fenêtre carrée, discrète, voilée, et qui semble abriter un œil qui attend et regarde venir. L'édifice se couronne d'une belle corniche; la toiture, invisible, est en terrasse plate; chaque division d'étage et chaque angle du palais est bordé d'un cordon de marbre, comme un manteau de reine d'une torsade. Les fenêtres d'en bas sont closes; les jalousies des balcons sont baissées; quelques fleurs dépassent l'appui des balustres.

Quel doux roman on imagine derrière ces murs dentelés! Si les pierres nous disaient leurs légendes, quels récits attrayants nous feraient les sculptures de ces balcons! Au temps des joies et des folies de Venise, que de couples jeunes et beaux doivent s'y être accoudés! La demeure est étroite et recueillie, construite pour deux, vrai nid pour s'aimer; elle se mire dans la lagune silencieuse, elle s'y baigne comme une nymphe qui rit. Le jour, rien d'elle ne se révèle; mais, durant les chaudes nuits étoilées, toujours! toujours! à travers les siècles, les heureux que l'amour enivre ont dû choisir ces balcons fantastiques comme un cadre exquis de leur bonheur. Les vêtements flottants s'harmonient à ces niches transparentes; les bras enlacés aux entre-croisements des nervures moresques; les rayons des yeux qui se cherchent aux reflets des astres dans les flots; les parfums des chevelures mêlés aux brises salubres qui soufflent du Lido; la quiétude d'une ivresse ineffable au grand silence de Venise endormie.

Je détourne à regret mon regard de cette maisonnette radieuse, fleur rare éclose sur la lagune comme une bouture de l'Alhambra :

elle raille de sa légèreté la lourde façade de la *Salute*; on dirait un colibri qui voltige vis-à-vis d'un condor qui s'ébat. Cependant, vue à distance, cette église de la *Salute* (et surtout sa coupole) est d'un grand effet; comme tous les monuments de la décadence elle a des allures décoratives qui frappent par leur puissance. Vers le soir, quand sa double coupole drape dans la pourpre du couchant la Vierge qui la couronne, la *Salute* est une des perspectives les plus splendides de Venise.

J'entre dans la nef massive, surchargée de statues détestables; je les donnerais toutes pour une des belles colonnes grecques qui décorent le maître-autel et qui furent enlevées à l'amphithéâtre de Pola. Cette colonie romaine sur l'Adriatique possède encore un cirque antique aussi majestueux que celui de Vérone. Dans le chœur de l'église de la *Salute* sont huit tableaux ovales par Titien, représentant les quatre évangélistes et les docteurs. On voudrait isoler ces belles peintures de l'entourage qui les obstrue.

J'entre dans la sacristie somptueuse, dont le plafond est du Titien; trois drames de la Bible s'y déroulent : la mort d'Abel, le sacrifice d'Abraham et David terrassant Goliath. Je regarde attentivement la tête d'Abraham, que le peintre a faite vénérable. Abraham, comme tous les vieillards que préconise l'histoire juive, a toujours révolté ma conscience et soulevé mon dégoût. Dans sa monstrueuse personnalité, il est durement impur et fanatiquement cruel; il chasse, comme on ferait d'un animal, la belle et touchante Agar, après avoir assouvi sur sa fraîche beauté sa caducité décrépite; il est prêt à tuer son fils pour obéir à l'ordre du ciel, c'est-à-dire pour se sauver lui-même. L'Ancien Testament a toujours projeté pour moi sur le Nouveau une ombre sanglante et perverse : c'est en s'appuyant sur les exemples de la Bible que le catholicisme a cherché à justifier tous ses crimes.

Je remets à un autre jour ma visite au *Séminaire patriarcal*, monument voisin de la *Salute* et du même style. Je traverse une partie du canal presque désert, malgré le beau temps et la solennité du dimanche, et je me fais conduire à *Santa-Maria dei Frari*, dont la façade en ogives du quatorzième siècle, restée intacte, vaut mieux que l'intérieur rajeuni et badigeonné. Sur le portail est la statue du Rédempteur; à droite, celle de saint François d'Assise, à gauche, celle de la Madone, tenant l'enfant Jésus dans ses bras. Cette église est en forme de croix latine; elle se divise en trois nefs;

dans les deux nefs latérales se déroulent les tombes et les monuments de personnages célèbres; Titien et Canova reposent là dans de somptueux mausolées, en compagnie de doges, de généraux et de princes. Un des mausolées le plus pompeux est celui du doge Jean Pesaro : des nègres en marbre noir, dont les corps se détachent sur des draperies en marbre blanc, forment des cariatides gigantesques qui supportent un entablement énorme, chargé de colonnes et de statues. C'est lourd, mais puissant et d'un aspect grandiose. Je m'arrête avec plus d'intérêt devant la belle tombe du vieux Foscari, mort du saisissement de sa déchéance. Je considère aussi curieusement un sarcophage du quatorzième siècle, d'une élégance inouïe. Un guerrier inconnu repose étendu sur le cercueil, décoré de figurines et qui s'élève sur une ogive à colonnes torses couronnée d'un blason; une fleur de lys est sculptée sur un des trois écus qui composent ces armoiries. Mais ni la noblesse de sa race, ni la grâce de son monument n'ont sauvé de l'oubli ce mort illustre dont on ignore le nom.

Je vais des vieilles tombes aux tombes modernes, des chapelles gothiques aux chapelles reconstruites et enluminées. C'est dans chaque chapelle, dans le chœur et dans la sacristie une profusion de tableaux, parmi lesquels se trouvent quelques beaux Titien ; un amas de sculptures et de statues en pierre, en marbre et en bois. On me montre une caisse en chêne sculpté, qui passe pour avoir renfermé les restes de *Carmagnola*, transportés depuis à Milan dans l'église de *San-Francesco Grande*, où est aussi la tombe d'Antonia Visconti, sa femme. Je pense au drame de Manzoni, je revois le héros enchaîné, et j'entends cette noble Antonia s'écrier au moment où on le mène au supplice ;

> O sposo
> De' miei bei di, tu che li festi ; il core
> Vedimi : io moio di dolor : ma pure
> Bramar non posso di non esser tua [1].

Quelques frères mineurs de l'ordre de Saint-François, reste des religieux qui peuplèrent autrefois l'immense couvent[2] attenant à

---

[1] O époux de mes beaux jours, toi qui les fis heureux, vois mon cœur! Je meurs de désespoir; mais pourtant je ne puis désirer de n'être pas à toi! (*Carmagnola*, acte V, scène v.)

[2] La plus grande partie des salles de ce couvent renferment les archives de Venise dont je parlerai plus tard.

l'église, traversent en ce moment la nef. L'un d'eux me montre les tombes; plusieurs se mettent en prière devant le maître-autel: ils sont crasseux de la tête aux pieds et prisent à outrance comme la plupart des moines d'Italie. J'en trouve un, dans la chapelle à gauche du chœur, qui fait réciter le catéchisme à quelques enfants déguenillés; il est armé d'une longue baguette qu'il fait siffler sur toutes ces jeunes têtes brunes et dont il leur applique (*con amore* et en criant : « *Birbanti!* ») plusieurs coups à chaque erreur de leur mémoire: j'interviens vainement auprès du moine pour le déterminer à un autre mode de correction: il me répond en se bourrant le nez de tabac: « *Signora, sono asini, bisogna menarli come bestie*[1]. » Les gamins rient de sa réponse; deux des plus hardis murmurent: « *Monaco maladetto!* » Cette familiarité de laïque à prêtre, quel que soit l'âge du premier, m'a partout frappée en Italie. Les Italiens révèrent la religion, mais presque jamais le sacerdoce.

A côté de l'église *dei Frari* est l'église *di San Rocco*, la *scuola*[2] *di San Rocco*, et une autre petite église; tous ces monuments se heurtent et ne forment, pour ainsi dire, qu'un groupe. J'entre dans *San Rocco* pour voir le *Christ traîné au Calvaire*, par Titien; c'est un des plus célèbres tableaux du grand maître. On lui attribuait autrefois des dons miraculeux, et on venait pour le voir en pèlerinage de toutes les parties de la Vénétie. Pauvre Venise! c'est elle aujourd'hui que l'Autriche traîne au Calvaire! Elle invoque un rédempteur terrestre lent à paraître, et, pour hâter sa venue, les enfants de Venise vont à lui. Le tableau du Titien est resté un chef-d'œuvre, mais il a cessé d'être un objet de vénération et de foi.

La *scuola di San Rocco* est un monument de la Renaissance. Sa façade se couronne d'une admirable corniche; j'entre par une porte superbe; mais façade et porte manquent d'air et d'espace. L'accumulation de tant d'édifices sur une place étroite nuit à leur effet. La grande salle du rez-de-chaussée de la *scuola* formerait le plus magnifique péristyle de palais qu'on puisse imaginer: elle est soutenue par deux rangs d'énormes colonnes d'ordre composite dont les chapiteaux sont ornés de figurines. Les parois sont couvertes de peintures sacrées, par Tintoret; au fond, sur un autel, est

---

[1] « Madame, ce sont des ânes, il faut les traiter comme des bêtes. »
[2] Les *scuole* étaient à Venise des établissements de laïques qui, sous la direction de l'Église, pratiquaient la charité.

la statue de saint Roch, par Campagna. Je monte à gauche le vaste escalier divisé en deux rampes parallèles; les peintures des grands maîtres vénitiens s'y déploient gigantesques. Je suis surtout frappée par un tableau de la *Peste de* 1630 d'Antonio Zanchi, c'est formidable d'angoisse et de terreur; la figure blême et bleuâtre d'un pestiféré qui lève au ciel ses bras suppliants me poursuit longtemps comme un fantôme. La *scuola di San Rocco* devrait s'appeler le musée de Tintoret, car les œuvres de ce maître y dominent. On le voit là tout entier avec ses qualités immenses et ses monstrueux défauts; fécond et mouvementé autant que Rubens, il en est l'antipode comme coloriste; sa palette noire et triste enlève la vie à ses plus belles compositions. Ce coloris sombre choque surtout dans les peintures de Tintoret qui décorent la grande salle supérieure où aboutit l'escalier monumental que je viens de franchir; les soubassements de cette salle en chêne sculpté représentent la vie de saint Roch, c'est un travail patient et exquis de Jean Marchiari.

Dans une salle, à côté, est le *Crucifiement*, de Tintoret. Ici ce même coloris sombre sied aux figures; en somme, toutes ces immenses toiles décoratives frappent d'admiration; ce sont des œuvres de verve et de foi dont l'exécution épouvanterait nos peintres modernes; l'ardeur et la persévérance manquent de nos jours aux artistes comme aux littérateurs; de là tant d'ouvrages mièvres et hâtifs auxquels le souffle et l'inspiration font défaut.

Je sors écrasée par la grandeur de ce monument abandonné qui fut une des gloires de Venise. Le temps commence à fraîchir comme toujours aux bords des lagunes quand le soleil décline. Il me reste une heure de jour, et je veux en profiter pour voir l'hôpital civil et *SS. Giovanni e Paolo*. Je fais mes excursions sans direction et à l'aventure. Cela rompt pour moi la monotonie des sensations et pour le lecteur, j'espère, celle de mes récits. La gondole m'emporte à travers le dédale des canaux sous les arches des ponts étroits; tout à coup surgit un palais, une église ou un petit *campo* avec sa belle citerne sculptée. Enfermée dans le *felze*, je regarde, attentive à travers les vitres, ces mailles emmêlées du réseau que décrit Venise. J'arrive sur la place de *SS. Giovanni e Paolo*, autrefois place *della scuola di San Marco*. C'est encore là un coin de Venise qui fourmille de monuments dont quelques-uns méritent d'être signalés: aussitôt qu'on débouche sur le petit canal qui longe la place, on découvre un énorme piédestal haut comme une tour, flanqué de douze colonnes de marbre blanc que relient entre elles des médaillons en bronze et dont la large corniche est couronnée par une superbe statue équestre en bronze. Ce guerrier, cambré dans son armure sur un beau cheval qui piaffe et semble vouloir s'élancer dans les nues, est Bartolomeo Calleoni de Bergame, qui servit la république de Venise sous le commandement de Carmagnola. Plus heureux que son général, et devenu lui-même général en chef des armées vénitiennes, il mourut comblé de richesses et d'honneurs et légua une somme immense à la république pour qu'une statue équestre lui fût érigée sur la place de Saint-Marc. Une loi défendait qu'aucun monument s'élevât sur cette place; détournant, sans l'enfreindre, la volonté du testateur, la république joua avec les mots et décida que cette orgueilleuse statue serait placée sur la place *della scuola di San Marco*. La place est trop petite pour le monument; n'importe! il est d'un bel effet, et peu de statues équestres se détachent aussi fières et aussi vivantes sur l'azur du ciel.

En face se dresse la merveilleuse façade en marbre de couleur de *la scuola di San Marco*, aujourd'hui l'hôpital civil, avec ses jolis piliers, ses bas-reliefs et ses statues. Cette façade rappelle en plus petit celle de la Chartreuse de Pavie. Deux beaux lions ailés couronnent la porte. J'entre dans un péristyle soutenu par plusieurs rangs de colonnes; à droite du péristyle s'ouvrait la chapelle de *Santa Maria della pace*, c'est là qu'était la sépulture de la famille Faliero. Lorsque cette chapelle servit à l'agrandissement de l'hospice, on ouvrit les tombes, et l'on trouva dans l'une d'elles un squelette tenant sa tête entre ses genoux, c'était le squelette de Marino Faliero, le doge décapité. Les os furent dispersés, les ornements et les inscriptions de la sépulture de sa famille jetés aux égouts !

Au-dessus du péristyle est une fort belle salle dont les corniches sont couvertes de fines sculptures du quinzième siècle. Le *custode* qui me conduit parle très-bien français. C'est un ancien soldat italien qui a fait toutes les campagnes du premier Empire: il aimait le prince Eugène comme son général et le souverain auquel il avait voué sa vie. Il me demande s'il n'a pas un fils qui pourrait régner à Venise. Ce vieillard ne comprend rien au grand mouvement de l'unité italienne qui passionne tous ses jeunes compatriotes; il vit de ses souvenirs ; la domination française lui a donné autrefois un peu de bien-être et de gloire, et nous sommes restés pour lui le peuple qui affranchit et qui fait vivre ; il me demande, ce qui du reste m'a été demandé par bien des voix à Venise : « Quand donc viendront-ils, les Français? » Je le suis à travers les cloîtres et les cours au milieu desquels sont ces belles citernes, un des ornements de Venise ; rien de gracieux comme les bas-reliefs de marbre blanc qui s'arrondissent autour de ces puits. Sur l'un, c'est une ronde d'amours ; sur l'autre, des feuillages d'acanthe ; sur un troisième, des fleurs et des fruits harmonieusement groupés. Nous entrons dans l'église de *San Lazzaro dei Mendicanti*, où s'élève le splendide mausolée d'un Mocenigo. Nous revenons sur nos pas par le péristyle, je me retrouve sur la place *SS. Giovanni e Paolo*. Je parcours rapidement la grande église de ce nom, une des plus renommées de Venise, elle est du treizième siècle ; les ogives du portail servent de niches à quelques tombes sculptées des anciens doges ; j'aime ces sépultures aériennes qui se mirent dans l'eau et regardent le ciel. C'est dans cette église que se célébraient les funérailles des doges. Chaque année, le 7 octobre, le doge régnant devait se rendre à *SS. Giovanni e Paolo* en commémoration d'une grande victoire des Vénitiens remportée sur les Turcs. Comme à *Santa Maria dei Frari*, la nef et les chapelles de cette église sont encombrées par les monuments des Vénitiens illustres. Plusieurs de ces somptueux mausolées sont surmontés de statues équestres, entre autres celui de Pompeo Guistiniani, gouverneur de Candie, hardi général de la république, surnommé *Bras de Fer*.

Parmi les doges, les sénateurs et les généraux, reposent les artistes qui ont honoré Venise. Palma Giovane et les deux frères Giovanni et Gentile Bellini ont leur sépulture dans cette église. Les tombes du moyen âge m'attirent particulièrement ; les vieux vitraux jettent un jour voilé sur les sculptures des sarcophages et sur les figures des guerriers couchés au-dessus. Les églises d'Italie sont autant de campo-santo, où les grands de ce monde cherchaient un refuge contre le néant ; leur orgueil s'abritait sous l'ombre de Dieu ; ils espéraient ainsi échapper à la destruction éternelle ; plusieurs mausolées sont dégradés, plusieurs chapelles tombent en ruines, et je suis forcée de franchir d'énormes échafaudages qui servent aux reconstructions de ces murs qui croulent ; l'église en sortira rajeunie, recrépite et gâtée.

La nuit me surprend à travers toutes ces sépultures, pages dernières et silencieuses des vies les plus retentissantes.

Je me sens affamée par l'air et la marche, je me fais servir à dîner dans ma chambre. Le premier jour de mon arrivée à Venise, il y avait encore quelques Anglais qui défrayaient la table d'hôte à l'hôtel Danieli, mais ils sont partis, et pas un voyageur ne les a remplacés. Venise en deuil n'attire plus que les rêveurs et les poëtes, c'est-à-dire la plus infime minorité des habitants du globe. Durant tout mon séjour à Venise, je reste l'unique habitante de cet immense palais Bernardo où quatre cents personnes tiendraient à l'aise.

Le baron Mulazzani me fait visite, ce soir-là, au moment où le canon du port retentit ; il est déjà venu par cette belle journée, tandis que je faisais mes excursions.

« La nuit, me dit-il, est encore plus douce et plus rayonnante que le jour, je vous propose une promenade.

— Je n'ai plus de jambes, répliquai-je, l'ascension au Campanile me les a brisées.

— Une gondole y suppléera.

— Soit, le grand canal doit être superbe à la lueur des étoiles. »

Nous sortons, la température est presque tiède par cette nuit de décembre, j'en ressens un grand bien-être ; depuis trois ans, c'est le premier jour où je ne tousse pas. Nous nous arrêtons au pavillon de la promenade de la terrasse ; nous y prenons de délicieux sorbets, puis nous montons en gondole, à l'entrée du grand canal, en face de l'église de la *Salute*.

La lagune unie et sombre ressemble à une de ces belles glaces de Venise qui furent la gloire des fabriques de Murano ; l'irradiation de la lune et des étoiles y projette des courants d'or. Les palais fuient derrière nous, se reflétant en masses noires dans l'eau scintillante. Je salue d'abord à gauche le beau palais Giustiniani, transformé en auberge [1]. Cette puissante famille de Venise avait trois palais [2] sur le grand canal, et un quatrième sur les *Zattere* ; je jette un regard d'envie à mon cher petit palais *Contarini Fasan* ; il semble se recueillir et rêver par cette riante nuit aux belles amours dont il doit avoir été le théâtre. A côté de la masse un peu lourde du palais *Corner*, le palais Cavalli [3] dresse son balcon à jour, sus-

---

[1] Hôtel de l'Europe.
[2] Le plus beau devint le palais Foscari.
[3] Appartenant au duc de Bordeaux.

pendu sur l'eau ; on dirait un fragment de la galerie du palais ducal, ou bien encore du cloître merveilleux de Saint-Paul à Rome ; demeure de souverain et de moine, on croit voir passer à travers ses arcades enlacées le dernier des Bourbons de France, sous la calme figure de la Résignation. Nous glissons sous la ligne sombre du pont de fer, jeté là tel qu'une chaîne qui étreint Venise. Un pont de fer sur le grand canal, c'est un stigmate à sa majesté ; c'est le bras noir du More, saisissant Desdémona par ses blancs vêtements aux plis libres et fiers. Ce pont est désert dessus et dessous, mais le pied de la sentinelle autrichienne qui le garde frappe sur nos têtes comme nous passons ; notre gondole lui répond par un frissonnement qui se perd sur l'eau silencieuse qu'elle ride en fuyant. Nous laissons derrière nous à gauche l'église de la Charité et l'Académie des beaux-arts ; du même côté, à l'endroit où le canal fait un coude, nous apparait soudain avec son triple rang de fenêtres aériennes le palais Foscari. Des soldats autrichiens secouent leurs habits à travers les dentelures des balustres de marbre, et j'aperçois entre les colonnettes des balcons les lits de caserne alignés dans la grande salle d'honneur. A droite, voici le palais Mocenigo, où l'ombre de Byron restera éternellement à travers les siècles ; puis le fier palais Lorédan, devenu à son tour une hôtellerie ; l'arche du Rialto se dessine plus belle et plus élégante dans la lueur de la nuit qu'à la clarté du jour ; avant de la franchir, nous laissons à droite le palais Manin avec son imposante façade par Sansovino : il a tressailli récemment du nom du dernier doge qui fut son maitre ; mais ce nom, c'était un enfant du peuple qui le relevait et le faisait flamboyer dans l'histoire ! Ce point du canal était autrefois le théâtre de la *Regata*, la grande fête des gondoliers de Venise ; joute sur l'eau alerte et riante qui faisait se grouper aux fenêtres des palais toute l'aristocratie vénitienne ; les jeunes patriciennes encourageaient du geste et de la voix les beaux gondoliers, suspendus, sveltes et pimpants sur leurs avirons ; ils formaient deux bandes séparées, s'élançant à la fois des deux extrémités du grand canal. Depuis plus de quinze ans la *Regata* n'a pas fait tressaillir ces eaux sombres et endormies. Le baron Mulazzani se souvient de la dernière qui eut lieu en 1847. A cette époque, me dit-il, Venise était encore animée, ou plutôt elle vivait dans la mort comme un cadavre galvanisé. Aujourd'hui elle reste inerte dans son suaire jusqu'à ce que la liberté la ressuscite.

Le Rialto a fui derrière nous. La *Ca' doro*, harmonieuse et légère, semble danser dans l'éther : c'est bien la demeure féerique faite pour la Taglioni aux jours gracieux de sa jeunesse, alors qu'elle décrivait comme un vol le pas de l'oiseau dans *Guillaume Tell*. Mais danseuse et palais ont subi la vétusté, et la *Ca' doro* est en vente. Le palais *Pesaro*, assis carrément à gauche du canal, m'apparaît dans sa pompe et sa majesté. Je le souhaite au colonel Lamasa pour prix de son patriotisme. Une belle ruine, blonde dorée [1], déploie du même côté son long portique ; une galerie au niveau de la lagune en soutient une autre qui se détache dans l'air, telles que de belles jeunes filles qui monteraient en se jouant sur les dos arrondis les unes des autres. Des tourelles protégeaient autrefois ces arceaux arabes ; des marbres d'Orient revêtaient les murs du palais détruit ; murs et tours sont tombés en poussière, et les fantastiques galeries sont devenues un grenier à fourrage.

La brise frissonne dans un bouquet d'arbres, sur la rive droite du grand canal. Ce murmure, si rare à Venise, répond au clapotement de notre gondole. Je vois des cimes vertes toucher aux étoiles dans la cour voisine du palais *Vendramin* : palais inouï d'une sérénité imposante, vrai palais de reine qui n'a plus pour couronne que sa volonté. La porte, sans gardes, n'est point assaillie, les balcons à jour sont sans étendards : mais l'azur et le soleil s'y jouent aux jours printaniers, et la lune y rayonne durant les tièdes nuits. Ombre lointaine et grise du lourd pavillon de Flore que la brume de Paris enveloppe, donjon infamant de Blaye, ce palais vous raille et vous défie ! Il semble vous dire : Je suis heureuse ! j'ai mieux qu'un royaume, j'ai la liberté !...

Un vent léger souffle vers nous, il vient de la grande lagune dont nous approchons ; la coupole de l'église de Saint-Siméon le Petit se dessine à gauche, c'est une mesquine imitation du Panthéon de Rome et de celui de Paris ; à droite, les deux églises *Degli Scalzi* et de *Santa-Lucia* encadrent la station du chemin de fer. Le dernier doge de Venise, Ludovico Manin, repose dans l'église *Degli Scalzi*. Je reconnais le point par lequel je suis entrée dans Venise. Nous tournons à gauche, et un nouveau frissonnement de feuilles d'arbres court sur nos têtes, cette fois plus prolongé ; c'est le jardin *Papadopoli* dont les tiges nous saluent ; il

---

[1] Fondaco de' turchi.

s'élève sur les ruines de la vieille église de la *Croce*, il en a gardé sous son ombre quelques débris. Des murs bas, en briques rouges, forment une ceinture de pourpre à des parterres fleuris où s'étale gaiement une villa, hardie et joyeuse parvenue, qui fait se redresser plus fières et plus hautaines les demeures patriciennes du grand canal.

Le souffle des arbres meurt derrière nous; nous touchons à une plage déserte, solitaire et désolée qui semble pleurer sur Venise: nous mettons pied à terre sur le sable où sont quelques masures; nous tournons un peu vers l'ouest et nous voilà dans la petite île de *Santa Chiara*, en face de l'hôpital militaire. Une seule fenêtre en est éclairée ; peut-être un soldat autrichien moribond expire là en ce moment, regrettant son foyer et maudissant le despotisme des Hapsbourg. Devant nous se déploie la grande lagune sur laquelle se projette la ligne noire de la jetée du chemin de fer. Pas une barque, pas une gondole ne la traverse. Venise dort; Venise, à cette heure et vue de cette plage, paraît morte à jamais. Des nuages blancs s'enroulent dans le ciel, ils passent sur la lune et la voilent par intervalle, alors tout devient blafard : l'eau, la plage, les monuments flottent indécis comme les nuages. On dirait qu'un vaste suaire nous enveloppe.

« Cet hôpital morne sur cette pointe isolée de Venise, me dit le baron Mulazzani, me rappelle un épisode de 1848 : Les blessés du siège avaient été entassés là dans les salles où vous voyez une lueur; on craignait que les Autrichiens, maîtres du littoral, ne fissent une descente à *Santa Chiara*. J'étais capitaine de la garde nationale, Manin m'ordonna de faire transporter les blessés à l'hôpital civil; je vins ici la nuit, suivi de quelques hommes; j'entends encore les cris et les gémissements de ceux qu'on portait à la hâte dans les gondoles que nous avions amenées; plusieurs expirèrent en route en murmurant : Vive Venise! vive Manin! vive l'Italie! le patriotisme est comme la foi, il aide à mourir. En débarquant sur la place SS. *Giovanni e Paolo*, nous trouvâmes devant l'hôpital civil les familles des blessés qui les attendaient; c'était un mélange de plaintes, de larmes et de paroles de pitié à fendre le cœur. Une pauvre mère qui était venue là pour recevoir son fils ne trouva plus qu'un cadavre. »

Tandis que le baron Mulazzani parlait, nous marchions en tous sens sur la plage défoncée; une brise plus fraîche gonflait la lagune:

onze heures sonnèrent à l'horloge de Santa Lucia. Nous remontâmes en gondole et redescendîmes le grand canal jusqu'au quai des Esclavons. Ma curiosité des palais et des monuments que nous rasions était apaisée, et, durant ce retour rapide à travers Venise immobile, j'interrogeai le baron sur Manin et sa famille. Manin était de race juive; son père se convertit au christianisme et eut pour parrain un des descendants du dernier doge, dont, suivant l'usage, il prit le nom. Le tribun Manin, qui a rajeuni et glorifié ce vieux nom patricien, a laissé trois sœurs artistes; elles vivent encore à Venise, donnant des leçons de dessin et de musique; l'une a été fort belle.

Minuit sonnait à la *Salute* comme nous abordions sur la *piazzetta* déserte, qui souriait dans sa beauté à cette nuit printanière; je voulus en faire le tour; je donnai un dernier regard au lion de Saint-Marc, juché sur sa colonne et dont les ailes semblaient frissonner dans l'éther; puis je me décidai à aller dormir.

Je fus saluée à mon réveil par un jour aussi splendide que celui de la veille. Un nouveau guide aimable et érudit, devait venir me chercher à midi pour me promener à travers Venise. Avant mon départ de Paris j'avais fait la connaissance de M. Armand Baschet, qui allait retourner à Venise, où il était chargé, par le ministre d'État, d'une mission littéraire; il fouillait, depuis plusieurs années, dans les innombrables archives de Venise pour y recueillir tous les documents diplomatiques historiques sur les rapports de la France avec l'ancienne république. Le jour de mon arrivée à Venise, M. Armand Baschet était en *villegiature* chez son ami le baron Galvagna, et marié à une Albrizzi, un des grands noms historiques de Venise. Le vieux père du baron se mourait: je note ce détail, parce que je devais assister à l'enterrement de ce vieillard, qui fut pour moi une scène de mœurs vénitiennes. De retour depuis la veille, M. Baschet s'empressa de se mettre à ma disposition.

Nous montâmes en gondole et allâmes visiter l'intérieur de quelques palais; nous commençâmes par le palais *Vendramin Calergi*, appartenant à la duchesse de Berry; elle y a réuni des trésors d'art et de magnificences royales : à l'angle droit du palais se trouve un petit jardin bordé de pilastres et d'une grille ouvragée qui se découpe entre les rameaux verts des arbres et les eaux du grand canal. C'est là que s'élèvent les deux belles statues d'*Adam* et d'*Ève*, par Tullio Lombardo. Elles décoraient autrefois le tombeau du doge André Vendramin dans l'église de SS. *Giovanni e Paolo*. Elles parurent au clergé trop nues et trop expressives, et furent enlevées du mausolée. Nous franchissons la porte monumentale du palais et traversons l'immense vestibule orné d'armures de chevaliers et de panoplies d'armes. Nous montons dans les vastes salles aux plafonds peints par les grands maîtres, aux corniches sculptées et dorées. Dans ces cadres dignes d'eux se déroule la série des portraits en pied des rois de France : Louis XIV, par Mignard, est là dans sa majesté. Roi sans couronne, le duc de Bordeaux à l'âge de vingt ans, clôt la longue lignée des glorieux ancêtres; sa tête bienveillante rappelle celle du duc d'Orléans. L'ameublement, en riches étoffes de l'ancienne Venise, s'harmonie avec cette belle décoration des parois; les portes sont en bois de cèdre ou d'ébène incrusté d'ivoire; partout la grandeur et la sévérité du goût se révèlent. Dans la chambre de la duchesse est une armoire de Boule vitrée renfermant les reliques de sa race. J'y remarque un soulier à très-haut talon qu'a porté Louis XIV; ce roi, comme on sait, était de taille moyenne et se plaisait à se grandir. Ce soulier est en satin blanc, avec des broderies d'argent et d'or représentant des lis et des soleils. Le talon est couvert de fines peintures. Des bijoux et des débris de toilette ayant appartenu à Marie Stuart et à Marie-Antoinette sont dans la même vitrine; ces vestiges font passer sous mes yeux ces deux belles ombres éplorées et sanglantes.

En sortant du palais *Vendramin*, nous allons au palais *Pesaro*. La vaste cour intérieure formant portique est superbe d'aspect; je conçois, en la traversant, que le duc de Bevilacqua se soit cru un potentat dans une pareille demeure et qu'il ait laissé flotter ses dépenses au gré de tant de grandeur. En parcourant la file des salons où le luxe moderne se marie au luxe ancien des plafonds et des lambris, je comprends aussi comment la fortune du duc a fait naufrage en quelques années. Il y a là un salon chinois qui a dû coûter un prix fou. Un autre entièrement couvert en velours blanc avec des médaillons de glace de Venise à nervures d'or, espacés sur les tentures; les médaillons du plafond reflètent les dessins d'un beau tapis turc. C'est d'un effet charmant. Le palais se divise en deux parts : dans l'une sont les appartements d'hiver, dans l'autre ceux d'été. Partout des tables et des étagères en porphyre, en mosaïque, en ivoire, en ébène, couvertes de ces *riens* ruineux où s'épuisent les revenus d'un fief. En somme, très-peu d'objets rares ; rien qui fixe le désir sérieux du poëte et de l'artiste. Je trouve dans un salon le portrait du colonel Lamasa et celui de sa femme, grasse et affable personne, blonde comme son mari.

Nous visitons ensuite, toujours sur le grand canal, le palais *Corner*, appartenant aujourd'hui au général autrichien Wimpfen. Je me demande si ce général est de la même famille que le général Wimpfen qui fut au service de la France sous la République, et que la Gironde accusa de trahison. Je suis émerveillée dans ce palais par un des plus beaux plafonds qui soient sortis de l'ardent pinceau de Tintoret. Les salons sont encombrés de meubles rares modernes et anciens, au milieu desquels de gros poêles en fonte choquent les yeux.

Très-lasse de mes longues courses de la veille, je rentre à l'hôtel pour me reposer, devant faire le soir, avec le baron Mulazzani, une nouvelle promenade à travers Venise. Venise est surtout belle et curieuse à voir la nuit.

Nous partons seulement à neuf heures et demie ; l'air est plus vif que la veille, le ciel plus limpide, la lune et les constellations plus rayonnantes. Nous traversons la piazzetta et la place Saint-Marc, que je ne me lasse pas d'admirer. Ce qui est beau comme ce qui est bon se goûte de plus en plus par le contact ; au chef-d'œuvre comme à l'être aimé, on découvre chaque jour une qualité nouvelle. Nous passons par la *Bocca di piazza*, traversons le *campo San-Moïse*, où est l'église de ce nom, et nous nous aventurons dans le labyrinthe des rues désertes ; les maisons dorment, les boutiques sont closes ; les becs de gaz, placés à distance, éclairent à peine ces couloirs sombres ; beaucoup n'ont d'autre lueur que les lampes des madones peintes ou sculptées, petites chapelles en plein air ornées de pots de fleurs et de cierges qui convient les passants à prier ; tout à coup à l'angle d'une place, sous un arceau ou au bout d'une impasse, une figure vous sourit : c'est la Vierge tenant son enfant dans ses bras ; quelques pauvres vieilles restent prosternées sur le pavé devant l'image éclairée ; quelques hommes s'y agenouillent en passant et font leur prière du soir. Une rue étroite aboutit soudain à une belle place bordée d'églises et de palais ; puis le dédale des ruelles recommence, entrecoupé de mille caprices charmants d'architecture : ici un pont à arche unique avec des armoiries et des balustres s'élance sur un étroit canal ; plus loin, c'est un passage sculpté jeté dans l'air d'une maison à l'autre ; ou bien un coin recueilli avec de vieilles maisons à balcons, précédées d'une petite cour où poussent quelques arbres qui abritent des bustes et des figurines brisés. Ce sont ensuite des *campi*, resserrés entre les canaux noirs et les maisons en ruine, au milieu desquels une citerne de marbre s'épanouit comme une grande fleur. Parfois une terrasse capricieuse se suspend près d'une tourelle, et y fait monter quelques fleurs grimpantes qui poussent amaigries dans des pots de terre rouge.

Les siècles en passant ont laissé leur griffe sur toutes ces pierres; le badigeon et la truelle modernes en ont respecté la vétusté; c'est étourdissant d'étrangeté et d'inattendu, on se prend à adorer cette vieille cité historique où chaque mur a sa légende, et à avoir en dégoût les rues alignées et monotones de Londres et de Paris.

J'exprime cette idée au baron Mulazzani, qui se récrie et s'irrite de ce qu'il appelle mon blasphème. Je crois pourtant que mon ravissement flatte en secret son cœur de Vénitien, car il se complaît à raviver ma surprise en me montrant ce soir-là les aspects les plus exquis de sa ville endormie.

Je ne sais par quelles rues et par quelles places nous avons passé (elles portent presque toutes un nom de saint), mais nous voilà dans la *Corte del Maltese*, d'où une tourelle vertigineuse s'élance: est-ce la tour de Pise, transportée là par magie? Non, la tour de Pise chancelle et s'incline comme un moine ivre, et celle-ci, droite et fière, dresse jusqu'au ciel ses six rangs d'arcades en spirale. Une rampe à jour se détache derrière les colonnes qui soutiennent ces galeries tournantes; la tour aérienne a ses pieds dans un bouquet d'arbres qui lui murmurent, en ce moment, je ne sais quoi de mystérieux; elle a son front dans l'éther limpide dont les étoiles lui composent un diadème éblouissant. Je m'appuie à la margelle de la citerne qui est au milieu de la *Corte del Maltese*, et je me mets à considérer avec amour l'adorable tourelle; je voudrais la placer sur le grand canal, auprès de mon cher petit palais, et me murer en eux jusqu'à la mort.

« Allons voir de plus grands aspects, me dit le baron Mulazzani, qui rit de mes songes romanesques. Je m'abandonne à sa direction intelligente. Nous poursuivons notre marche en zig-zag; nous passons un pont du quinzième siècle où saint Augustin, au milieu de ses disciples, se détache sur un bas-relief colorié, et nous nous trouvons dans un grand cloître soutenu par des colonnes ioniques. La lune se joue sur le préau et éclaire de ses rayons pâles les figures des murs peints à fresque; elles semblent sortir de la mort et de la ruine qui les envahit toutes, ces belles têtes énergiques que *Pordenone* créa dans un jour inspiré. Nous faisons le tour du cloître muet; la nuit lui donne des proportions immenses; çà et là, selon les courants de clarté que lui verse la lune, ses perspectives se déroulent et semblent se prolonger dans les lointains sans fin de l'obscurité.

Ce cloître est le cloître *San Stefano*, qui communique par une porte surmontée d'un tombeau avec l'église de ce nom. Nous sortons des galeries par une autre issue; nous passons devant le portail de *San Stefano*, et nous arrivons sur une grande place qui est une des plus attrayantes de Venise; la nef de l'église s'y déroule d'un côté, d'un autre le palais *Morosini*, en face le palais *Lorédan*[1]: une terrasse formant jardin suspendu rit dans un angle de ce beau *campo San Stefano*, et, dans un enfoncement, en retour du palais Morosini, s'élève le gigantesque palais *Pisani;* c'est un monument du dix-septième siècle, massif, d'un faux goût, mais formant là une décoration superbe qui semble évoquer les acteurs d'un drame par cette belle nuit. Les cours et les portes sont closes, plus de gardes, plus de serviteurs; les hautes fenêtres, où pas une lampe ne rayonne, attestent la solitude derrière leurs vitres sans rideaux; ce palais qui fêta Napoléon Ier n'a plus pour hôtes que quelques artistes venant faire des études à Venise. M. Mulazzani me désigne l'aile du palais occupée par les ateliers des peintres. « Là, me dit-il, dans une chambre du second étage, on trouva un matin Léopold Robert baigné dans son sang, il s'était coupé la gorge avec un rasoir.

— Voilà le drame trouvé, m'écriai-je, pour cet angle de place monumental, qui compose un décor si imposant; drame simple et navrant d'un amour qui ennoblit et qui tue; peu de personnages: une princesse jouant avec la bonté et la protection qui enflamment, un pauvre artiste que la passion désespère; son frère, tentant de le sauvegarder par l'amitié, oubliant qu'elle paraît inerte et froide aux cœurs dévorés par l'amour; des indifférents débitant des maximes morales; un viveur cosmopolite végétant dans les mollesses mystérieuses de Venise, prêchant à l'idéologue les consolations de la matière et hâtant par le dégoût son suicide altier. Le cadavre enfermé sanglant dans la bière repoussée de l'église, traversant la

---

[1] Autre que celui du même nom sur le grand canal.

nuit le cloître *San Stephano* et emporté de canal en canal sur une gondole jusqu'au *campo santo* de l'îlot Saint-Michel.

— Où il repose réellement, me dit le baron, dans la partie réservée aux protestants. Mais laissons ce drame d'un mort, ajouta-t-il; qu'est la fin d'un homme, quelque intéressant ou grand qu'il soit, près de l'agonie collective d'une ville qui meurt comme Venise? Puisque vous l'aimez, cette mélancolique cité qui se décompose, recueillez dans votre cœur de poëte ses suprêmes pulsations et ses derniers vestiges de beauté. »

Nous quittâmes la place San Stefano, et, tournant à gauche, nous rasâmes des maisons de briques rouges en démolition récemment achetées par le duc de Bordeaux, qui veut faire sur leur emplacement un jardin à son palais Cavalli. A l'angle de ce palais, nous trouvâmes le pont de fer jeté sur le grand canal et aboutissant à l'Académie des beaux-arts.

Je fis une halte au milieu du pont pour regarder dans le long courant d'eau sombre le reflet des étoiles et des palais. Nous remontâmes un peu le grand canal du côté de la *Salute*, puis, rentrant dans l'intérieur des ruelles, nous débouchâmes sur le *campo di San Gregorio*, où se trouve l'élégante église de ce nom, du onzième siècle; à côté s'élance le petit cloître de la même époque avec ses chapiteaux fleuris, où les têtes de saints s'épanouissent dans les corolles. Comme nous sortions de ce joli *cortile*, M. Mulazzani me dit : « Voulez-vous vous confier entièrement à moi quelques minutes les yeux fermés, mais littéralement fermés, ajouta-t-il, vous ne les rouvrirez qu'à l'instant précis où je vous avertirai ? — Soit, répliquai-je; je pressens quelque intéressante surprise, et je m'abandonne à vous; vous voilà le maître à cette heure, et par cette solitude, poursuivis-je en riant, de me précipiter dans quelque canal bien noir où personne ne viendra me repêcher; vous feriez, après tout, une bonne action, car vivre est une fatigue monotone dont je suis bien lasse.

— Attendez que la pluie recommence, reprit-il gaiement, pour avoir de ces idées-là. »

Je m'appuyai sur son bras, je fermai scrupuleusement les yeux, et, comme si un bandeau les avait couverts, je marchai dans les ténèbres : nous allâmes ainsi quelques moments; je sentais une brise fraîche me frapper au visage, je compris qu'un plus grand espace d'eau ou de terre s'ouvrait devant nous. Le baron Mulazzani s'arrêta tout à coup : « Maintenant il faut monter trois marches un peu hautes, » me dit-il en me soutenant au coude de sa main ouverte; je fis les trois pas indiqués; « bien, reprit le baron, il est temps, regardez! » J'ouvris les yeux, et je restai un moment éblouie par le tableau qui se déroulait devant nous. Nous étions adossés au portail de l'église de' Gesuati, dont les quatre colonnes colossales se dressaient derrière nous; nous avions devant nous un bras de mer transparent, lumineux et calme sous cette belle nuit, comme le ciel qui s'y reflétait; sur le rivage opposé des constructions inconnues se détachaient dans l'éther; la lune flottait entre deux coupoles, et projetait du ciel une cascade de paillettes qui se répandait sur le long et large canal, où des vaisseaux et des barques étaient rangés en lignes.

« Mais ceci n'est plus Venise! m'écriai-je; où sommes-nous donc?

— Nous sommes sur les *Zattere*[1], répliqua le baron; nous avons en face de nous la *Giudeca*, autrefois habitée par les juifs. Quand vous reviendrez du Lido, cette île longue vous apparaîtra, avec les beaux arbres qui l'égayent, flottante en regard de Venise, comme un bras tendu vers la cité.

— J'ai déjà vu la *Giudeca*, repartis-je, du haut du Campanile. Quel magnifique fond de décor elle nous compose en ce moment, avec ces deux coupoles, entre lesquelles la lune se balance!

— La plus grande, reprit le baron, est la coupole de l'église du Rédempteur; l'autre, de l'église *Santa Euphemia*.

— C'est ici le côté le plus imposant de Venise, il atteste encore sa splendeur et sa puissance, dis-je au baron Mulazzani. Ces navires à l'ancre sur ce bras de mer, ces barques amarrées en file, ces deux rivages aux constructions monumentales, c'est grandiose et beau!

— Hélas! répliqua le baron, ces navires sont d'humbles vaisseaux marchands; ces barques sont de pauvres barques de pêcheurs qu'on radoube tant bien que mal, sans jamais en construire de nouvelles. Au temps de sa gloire, Venise avait plus de trois mille navires montés par quarante mille matelots; seize mille ouvriers travaillaient dans ses arsenaux. Avançons sur les *Zattere* et

---

[1] Littéralement, *trains de bois*, radeaux flottants. Ces bois, qui entraient ainsi à Venise par les *Zattere*, servaient au chauffage et aux constructions.

vous verrez ce qu'est devenu le chantier de construction où se fabriquaient les barques de Venise; quand vous visiterez le grand arsenal vous jugerez dans quelle inaction sont tombés les chantiers où l'on construisait les gros navires. »

Nous suivons la rive tranquille sur laquelle se dressent çà et là quelques beaux palais; un seul est éclairé : c'est celui qu'habite la blonde princesse Clary, fille du duc de Fiquelmont. Elle aime Venise et l'habite depuis plusieurs années; elle s'y fait une société flottante des voyageurs qui passent, des Autrichiens résidents, des émigrés royalistes et conservateurs que Venise attire. Parfois le duc de Chambord et la duchesse de Berry assistent aux fêtes que donne la princesse Clary. Sa société habituelle pendant que j'étais à Venise se composait de M. de Hubner et de M. Pourtalès. Elle voulut, au jour de l'an, donner un bal à la petite colonie absolutiste allemande et russe qui savoure à Venise la quiétude du luxe et le mystère des faciles amours; mais le peuple protesta par ses murmures contre cette joie malsaine qui insultait au deuil de la patrie.

A mesure que nous avançons sur le rivage des *Zattere*, les maisons délabrées des pauvres succèdent aux palais; nous passons sur un pont étroit à fleur d'eau, et nous voilà dans de misérables chantiers de construction, encombrés de bois pourri, d'ordures et de loques suspendues en tous sens sur les planches, sur les barques renversées et aux fenêtres des masures; tous les indices de l'abandon, de la misère et du travail qui chôme. Après la gloire, c'est le commerce et l'industrie de Venise qui sont morts; après les cris du patriotisme désespéré viendront les cris de la faim implacable. — Nous marchons jusqu'à l'église de *Santa Marta*, patronne des pêcheurs vénitiens, dont les bateaux avariés jonchent le rivage et dont les filets sèchent sur le sable; nous sommes dans le quartier des plus pauvres mariniers; à l'extrémité sud-ouest de Venise, en montant en gondole, nous pourrions arriver en quelques minutes au champ de Mars, qui décrit son grand triangle au-dessus du petit cap *Santa Marta*, où nous nous arrêtons. Devant nous, la grande lagune se déploie immense à l'œil comme la pleine mer. Sous la lumière de la lune et des astres, elle est d'une blancheur dorée qui la fait sourire; on dirait que, glorieuse du passé, elle s'illumine et se transfigure au souvenir de ce que fut Venise. Je vois passer une escadre imaginaire sur ces flots radieux; une de ces escadres formidables qui furent la terreur de l'Orient! — Les marbres grecs, les tissus de Stamboul, l'or et les pierreries de l'Asie, les fruits et les parfums de l'Afrique, chargent ces navires qui butinent sur tous les rivages connus, la gloire, le luxe, le bien-être dont ils reviennent couronner la cité mère! Durant le moyen âge et la Renaissance, la civilisation de Venise devança de plusieurs siècles celle des autres États de l'Europe; elle fut véritablement la *Reine des mers*, quelque chose d'idéal et de fantastique, dont toutes les autres nations s'étonnèrent.

« Quoi! dis-je à M. Mulazzani en lui montrant d'une main la grande lagune déserte et de l'autre les chantiers de construction abandonnés; avec la découverte de la vapeur, l'essor de la science et de l'industrie moderne, Venise est-elle destinée à sombrer inactive en face de la mer ouverte qui la regarde! N'a-t-elle plus sa part d'utilité et de fortune dans le grand commerce du monde?

— Si l'isthme de Suez était percé, me répondit le baron, Venise pourrait revivre. »

Cette simple réponse, juste et technique, m'ouvrit comme un horizon dans l'avenir : oui, pensais-je, rien ne recommence, mais tout se renouvelle et s'agrandit; le jour est proche où les subdivisions arbitraires du monde feront place à son unité et à son harmonie. Les vieilles sociétés rivales, séparées par les lois religieuses et despotiques, se donneront la main dans la concorde humanitaire et dans la liberté; la grandeur de l'homme universel remplacera la grandeur de telle ou telle race. Le concours de tous fondera la force de chacun; plus d'antagonisme entre les États, les villes et les individus; mais la nécessité impérieuse, intéressée, raisonnée, flagrante, de la coopération de tout ce qui est créé au bien et à la sérénité générale; la concentration de tous les rayons en un seul foyer qui tour à tour recevra la lumière et la dispensera! Alors chaque chose aura sa place au soleil; chaque énergie instinctive son but évident; chaque moteur son résultat; chaque point de la terre sa mission à remplir dans l'étendue de la configuration du globe. Ceci n'est point un mirage, une vision d'idéologue; c'est le calcul irréfragable qui s'appuie sur la certitude de l'histoire et des événements contemporains: déjà les fragments divers de ce grand tout s'amalgament et se constituent; aucune contrée ne vit plus parquée dans l'isolement antique; toutes correspondent les unes aux autres par une nécessité matérielle d'où surgira l'attraction commune. Ce grand système de l'attraction, qui fait les astres se pondérer entre eux dans le ciel, en fera autant des nations sur la terre; alors toutes seront prospères, heureuses, vraiment vivantes; car la vie complète de chacune sera indispensable à la vie de toutes les autres. Ainsi je songeais tout bas, avec cette conviction assurée que nous donne par éclair la seconde vue de la pensée. Je n'exprimai pas à mon compagnon sceptique les idées qui passaient en moi; il est pour l'esprit des certitudes latentes qui ne souffrent point d'être contredites; je me contentai de lui répondre, toute souriante de mon espérance intérieure :

« Oui, l'isthme de Suez sera percé et Venise aura une seconde ère plus belle et plus florissante que sa première ère éclipsée. »

Nous étions revenus sur nos pas le long des *Zattere*; nous franchimes de nouveaux *campi*, des ponts et des ruelles jusqu'à la *Salute!* Là nous marchâmes pour atteindre la pointe de la *Dogana di mar*, sur le quai étroit, si l'on peut donner le nom de quai aux dalles et aux marches soutenues à *pilotis*, et servant à l'embarquement et au débarquement des gondoles au pied des monuments qui bordent le grand canal.

Je m'appuie un moment contre la haute lanterne en bronze qui se dresse sur la dernière langue de terre de la *Dogana di mar* : un énorme bec de gaz étincelle dans les vitres de cette lanterne qui éclaire à ma droite et dégage dans l'air les mâts, les agrès, les voiles et les pavillons des vaisseaux à l'ancre attendant la visite de la douane à l'entrée du canal de la *Guideca*. Sur l'autre rive la *Piazzetta*, la *Libreria vecchia* et le palais ducal m'apparaissent sous un aspect nouveau; je les vois retentissant des fêtes glorieuses que leur rendra un avenir prochain!

Le baron Mulazzani hèle une des gondoles qui stationnent à l'un des *traghetti* de l'autre bord; elle vient à nous et dans quelques secondes nous fait passer comme un bac sur la rive opposée. Un moment après je suis dans mon lit et m'endors avec cette volupté du repos que produit l'extrême fatigue.

Un troisième jour de soleil se leva sur Venise; j'en profitai pour faire une promenade au Lido avec M. Armand Baschet. Comme nous allions sortir survient le baron Mulazzani, qui nous proposa d'aller le soir au théâtre San Benedetto entendre l'*Elisir d'amore*; j'acceptai un peu légèrement; il y avait dans l'air ce jour-là quelque chose de funèbre et de douloureux qui devait nous interdire toute distraction de ce genre. On avait fusillé le matin, sur le champ de Mars, deux soldats hongrois accusés d'avoir laissé passer à la frontière de jeunes Vénitiens qui émigraient pour rejoindre l'armée de l'indépendance; on se parlait par groupe de cette exécution sur la place Saint-Marc. Le baron nous quitta, et nous remontâmes à pied avec M. Baschet la rive des Esclavons; le soleil dorait les maisons et scintillait sur l'azur de la lagune; si Venise avait encore des promeneurs, ils se seraient pressés en foule sur le quai et sur les flots tendus comme un tapis bleu; mais, excepté quelques mariniers de Chioggia et quelques petits commerçants traitant leurs affaires devant les cafés, personne ne se montrait; pas une robe de soie ne frôlait les dalles, pas un élégant Vénitien ne se faisait voir. Les femmes n'allant plus à la promenade, à quoi bon flâner, se dit la jeunesse; pour nous faire aimer désormais, il faut être fiers et vaillants. Ainsi se trempe cette génération de braves dans une vie d'abnégation et de virilité. Nous longeâmes le quai jusqu'au pont *della Veneta marina*, jeté sur un large canal qui aboutit à l'arsenal, dont les murs de briques rouges m'apparurent à gauche en perspective; puis nous tournâmes à droite dans la *via Eugenia*, à laquelle le prince Eugène a donné son nom. Nous passâmes sous un portail s'ouvrant sur des allées d'arbres et nous nous trouvâmes dans le jardin public, une des grâces de Venise due à Napoléon Ier; il décréta la démolition de plusieurs couvents et d'un vieil hôpital de marine, et couvrit d'arbres et de gazons cette langue de terre qui s'avance sur la grande lagune. A gauche de la promenade est un manège; au point extrême un belvédère, servant de café, s'élève sur un tertre qui domine le Lido et au delà l'Adriatique. Nous prenons une gondole sur la plage et voguons au large; Venise fuit derrière nous avec sa splendide décoration de la piazzetta qui sort de la mer. Nous avons à droite la petite île de San Giorgio, celle de San Servolo, où les fous se lamentent au soleil; plus loin Sant' Eleazaro, où rit le cloître des arméniens; à gauche, un peu en retour de la pointe du jardin public, la petite île Santa Elena avec son vieux couvent, son église et ses allées d'arbres, que le duc de Bordeaux a louée pour s'y promener à cheval. Nous abordons sur la plage du Lido, entre l'église de *San Nicolo*, située à gauche, près du fort et du port de ce nom, et la petite église de *Santa Elisabetta*, qui s'élève à droite. Nous suivons une route bordée de jardins potagers; elle conduit à l'établissement de bains que nous apercevons en face de nous sur les bords de l'Adriatique. Les arbres qui ombrageaient cette route ont été coupés; toutes les plantations, qui faisaient de cette partie du rivage un des jardins de Venise, sont bouleversées. On n'a pas même respecté le vieux cimetière des juifs, que nous laissons à notre droite et que je visiterai un autre jour; il y a quelques mois, lorsqu'au moment de nos victoires en Lombardie la flotte française parut dans l'Adriatique, les Vénitiens la saluèrent avec espoir du haut du Campanile, et, croyant à une attaque prochaine, les Autrichiens commencèrent des travaux de défense au Lido. Après la paix de Villafranca, les travaux ont été abandonnés; la dévastation seule est restée. Plus une fleur, plus un arbuste sur ce rivage autrefois si riant; l'établissement des bains et le Casino sont fermés. Lord Byron et Alfred de Musset ne reconnaîtraient plus cette longue plage, où ils se plaisaient à errer entre les deux solitudes de la lagune et de la mer. Souvent Byron lançait sur toute l'étendue de cette partie du Lido son fougueux cheval anglais, qui piaffait et se cabrait dans le sable; il dépassait l'église de la *Madona di marina*, poussait jusqu'à *Malamocco* et jusqu'au point extrême du littoral, où est le port de ce nom. Là, parfois même avide d'espace, de solitude et d'émotions, il faisait embarquer ses chevaux et reprenait sa course effrénée sur l'autre langue du Lido, où se trouvent *Palestrina*, *Coroman*, et que termine le port de *Chioggia*. Le vieux gondolier qui nous a conduits ce jour-là se souvient encore de la beauté de *Child-Harold*; il a tenu par le mors *il suo cavallo*, un *vero diavolo*. Lorsque bête et cavalier, nous dit-il, passaient rapides comme le sirocco sur le sable et que crinière et chevelure flottaient au vent, on eût dit l'archange Michel tombé du ciel. — Tout en causant avec M. Baschet du grand poète qui est devenu à Venise un personnage légendaire, nous arrivons sur le bord de l'Adriatique; elle soulève jusqu'à nos pieds ses ondes gonflées, murmurantes et bleues; on dirait la respiration de la poitrine du globe; au loin sa surface est plane, miroitée par zones de teintes d'un vert doré; à l'extrême horizon elle paraît blanche. Quelques voiles latines se dessinent sur son étendue, animant à peine son imposante solitude et son incommensurable tranquillité. Nous marchons sur le sable mouillé tout jonché de petites coquilles, j'en remplis mes poches et mon mouchoir. Je me souviens d'une autre plage sur la mer du Nord à Schevelingue, près de la Haye, où j'ai recueilli le même butin. Là-bas les vagues étaient jaunes et ternes: un ciel de plomb s'y reflétait; ici l'azur et les rayons se jouent sur les flots : ce n'est pas au pôle gris et glacé que cette mer conduit, c'est au rivage chaud et coloré de la Grèce. Oh! que ne peut-elle m'emporter d'où vient la lumière! aux sources de la vie, de la poésie et de la beauté! — Comme je rêvais de la sorte, je me mis à répéter tout haut ces vers d'Alfred de Musset :

> . . . : . . Où vais-je? et que m'importe !
> Quels que soient mes destins, je dis comme Byron :
> « L'Océan peut gronder, il faudra qu'il me porte;
> Si mon coursier s'abat, j'y mettrai l'éperon. »

« Oui, parlons de lui, me dit mon compagnon de promenade, notre souvenir est comme une prière pour les morts que nous avons aimés ; il est venu ici, il a passé des jours entiers à contempler cette mer que nous regardons, son souffle a couru dans la brise salubre qui court autour de nous; quelque chose de lui est resté dans l'atmosphère qui enveloppe Venise.

— Il m'a parlé souvent de ses courses au Lido et dans les îles, répondis-je; je voudrais y retrouver des vestiges de son passage, savoir dans quel palais il a logé à Venise, m'asseoir dans ces chambres et dans ce salon qu'il m'a décrits tant de fois; n'avez-vous recueilli aucune particularité sur lui?

— J'avoue à ma honte, répliqua M. Baschet, qu'entièrement absorbé par mes travaux d'archives, je n'ai point songé jusqu'ici à ces recherches romanesques, pourtant si pleines d'intérêt : mais vous arriverez facilement à la découverte qui vous intéresse, avec l'aide du baron Mulazzani; quoique jeune encore, il doit se souvenir d'avoir vu à Venise notre cher poëte; ce ne sont pas là de ces figures qu'on oublie. »

Le soleil déclinait; nous saluâmes la mer Adriatique, dont la grande voix semblait nous répondre; je lui dis mentalement au revoir! je sentais que le Lido m'attirerait désormais plus qu'aucun autre point de Venise.

Quand nous rentrâmes en gondole sur le rivage opposé de la lagune, nous poussâmes à la fois un cri involontaire d'admiration: Venise venait de nous apparaître dans toute sa beauté : elle était là immobile en face de nous et comme suspendue entre le double azur des flots et du ciel; ses monuments rayonnaient incendiés par la pourpre du couchant; les cinq coupoles de Saint-Marc, le Campanile, le palais ducal, les colonnes de la piazzetta et le dôme énorme de la *Salute*, formaient un groupe d'une splendeur foudroyante! Nous dîmes au gondolier de s'arrêter; il s'écria, comprenant notre admiration et la partageant en fils orgueilleux des lagunes : « *Si signori, Venezia e bella assai! la piu bella di ogni citta! vera regina del mar!* » Les îles riantes et lumineuses semblaient se mouvoir sur les flots, saluer leur mère et leur dire bonsoir! Quelques gondoliers fredonnaient un chant attristé. Nous demandâmes au nôtre, d'entonner une barcarolle; il secoua la tête et nous dit gravement : « *Bisogna aspetar che Venezia sia libera!* »

Quand nous débarquâmes sur la rive des Esclavons, la pâleur du crépuscule planait déjà sur Venise. Un régiment autrichien défilait se rendant à San Pietro del Castello; les fanaux blafards s'éclairaient devant les maisons désertes, la ville enchaînée avait repris son voile de tristesse.

Je me retrouvai le soir au théâtre San Benedetto, avec le baron Mulazzani et M. Armand Baschet; la salle avait le même aspect que la première fois; partout des uniformes autrichiens; peu de femmes; pas un seul habitant de Venise. Ces messieurs remarquèrent une variante imposée par la censure, dans un des vers que chantait le ténor : *O di patria il caldo affetto!* (Oh! brûlante tendresse de la patrie!) disait le libretto de l'*Elisir d'amor! O d'amore il caldo affetto!* (Oh! brûlant amour de l'amour), avaient stupidement substitué les censeurs! Voilà à quelles puérilités craintives s'abaisse de degré en degré la tyrannie!

Nous sortîmes du théâtre sans attendre la fin du spectacle. Le lendemain matin, nous reçûmes tous les trois une petite lettre imprimée renfermant ces paroles : « Si vous aimez l'Italie, ne vous montrez plus en public avec ses ennemis. » Le comité vénitien, secrètement organisé, adressait chaque jour des circulaires de ce genre à quiconque commettait une infraction au deuil que s'imposait Venise! Je fus à la fois émue et bouleversée de cet avis; j'éprouvais une sorte de remords de me l'être attiré. Le deuil d'une nation est celui qui inspire le plus de respect et d'attendrissement; il renferme d'ailleurs en lui tous les autres deuils; pour les nations esclaves, plus de prospérité publique, plus de sécurité privée; chaque individu est frappé dans sa fortune, ses affections, sa liberté, et même dans les nobles distractions de l'art et de la littérature.

La tyrannie ombrageuse ne voit dans un peuple asservi que des sujets taillables et corvéables; sous prétexte d'y greffer son esprit et sa volonté, elle tranche les rameaux, et, bientôt, les branches de l'arbre qui avait grandi fier et robuste dans l'indépendance; si bien que le tronc, privé de toute séve, finit par se dessécher et se déraciner.

Je voulus, comme tous les voyageurs qui vont à Venise, faire ma visite aux *puits* et aux *plombs*, illustrés par tant de mélodrames. J'entrai par la galerie du palais ducal qui donne sur le quai des Esclavons, et, tournant sous les arcades de droite au rez-de chaussée, je passai sous un couloir sombre et j'entrai dans de petits cachots pratiqués à fleur d'eau et non au-dessous, comme on l'a prétendu. Les cachots du château de Ferrare, du château des Papes à Avignon et tous les donjons féodaux que j'ai visités en France, étaient tout aussi noirs et beaucoup plus humides que les *puits* autrefois revêtus de bois. Ce qui rendait ces geôles étroites, lamentables, c'était la privation presque complète d'air et de jour; à peine un soupirail resserré y laissait-il pénétrer une ligne de lumière, et il fallait que le vent grondât bien fort sur la lagune, pour qu'un souffle pût se glisser à travers ces espèces de fissures. On me montra la lampe de fer qui éclairait les *puits* et les planches qui servaient de lit aux prisonniers. De combien de nuits d'insomnie et de douleurs ces objets insensibles furent les témoins! Dans la chambre de l'interrogatoire, je m'assis un moment sur la chaise de pierre où l'on asseyait le patient; s'il refusait de faire des aveux, on le conduisait dans le cabinet voisin, où étaient les instruments de torture; un masque et une sorte de demi-cuirasse, armés à l'intérieur de pointes de fer, saisissaient la tête et la poitrine, en perçaient les chairs, en faisaient jaillir le sang et forçaient les plus résolus à parler. Pourtant quelques-uns résistèrent à cet horrible supplice. Le fils du doge Foscari le subit trois fois sans faire un aveu. La barbare Question s'appliquait parfois à tous les membres. Le comte Carmagnola y fut condamné; on ne voulut pas l'infliger à son bras, qui avait glorieusement combattu pour la république; on lui brûla la plante des pieds; singulière distinction de casuistes qui sent le moyen âge, de même que tous ces instruments de torture, d'un usage général à cette époque. J'entre aussi dans la petite pièce où se faisaient les exécutions; elle communique par une porte basse donnant sur le canal transversal *della Paglia*, sur lequel se projette l'arc du *pont des Soupirs;* c'est dans ce canal qu'on plongeait les cadavres.

Les plombs, qui n'existent plus, occupaient les combles du palais ducal et donnaient sur le même canal. Il y faisait en été une chaleur torride, mais là du moins un peu de vie extérieure communiquait avec les prisonniers; ils pouvaient entendre les chants des gondoliers sur la lagune; les cris des marchands le long de la rive des Esclavons, et entrevoir par les lucarnes une échancrure du ciel bleu. Le passage à couvert du pont des Soupirs conduisait à l'édifice des prisons qui borde l'autre côté du canal *della Paglia;* il servait autrefois de logement aux magistrats, ou juges criminels de Venise, et ne renfermait aucun prisonnier, aujourd'hui il est réellement une geôle; l'Autriche y enferme les voleurs et les suspects politiques, beaucoup plus de ces derniers que des premiers.

En sortant des *puits,* je traverse la grande cour du palais ducal; le soleil se joue sous les arceaux des galeries et en fait ressortir l'élégance. J'entre ensuite dans l'église de Saint-Marc, qui semble agrandie par la splendeur de la lumière. Les saints, les archanges, les dragons ailés se meuvent sur le fond d'or des mosaïques; saint Michel flamboyant terrasse le démon; saint Ambroise et saint Augustin s'y détachent avec leurs têtes inspirées; la vision d'Ézéchiel y rayonne; la Vierge sourit aux prophètes qui ont présagé sa gloire; le Rédempteur radieux bénit les Évangélistes. Toutes ces figures semblent nager dans un fluide de clarté; c'est d'un effet prodigieux. On comprend le prestige du culte catholique dans cette nef, dont les parois resplendissent comme un grand nimbe. Quand les lampes et les cierges sont allumés, quand l'encens brûle et fume dans les encensoirs, quand la *Pala d'oro,* les candélabres et les vases sacrés décorent l'autel du chœur illuminé, le peuple en prière croit entrevoir un coin du paradis céleste. En ce moment l'église est déserte, elle s'éclaire et se transfigure pour moi seule, elle me fait rêver et non prier. Je pense à la marche de l'Église à travers les siècles; je la vois s'élançant de la lumière avec son cortége de saints et d'apôtres qui fourmillent sur ma tête; puis toucher à la terre, s'y enfoncer et s'engloutir dans les ténèbres. La gloire de ses doctrines et la beauté de ses monuments n'est plus que l'histoire du passé. Depuis des siècles elle n'a rien fondé; elle arrête la marche de l'esprit humain et produit dans l'art des œuvres vulgaires.

Très-lasse de mes longues excursions des jours précédents, je sors de Saint-Marc, et je cherche un bain à travers Venise ; on m'indique un établissement thermal à l'hôtel de la *Luna*. J'y trouve des baignoires de forme antique qui ont pour moi un charme de nouveauté. Je descends dans une grande piscine de marbre jaune où six baigneurs pourraient tenir à l'aise ; la grandeur de la vasque me fait frissonner, quoique l'eau soit tiède et fumante. Je sonne pour avoir du café ; un petit garçon se présente. Il est à mes ordres, me dit-il ; je lui demande de m'envoyer une *cameriera*, ajoutant qu'il est d'usage en France que les femmes aux bains soient servies par des femmes. Il paraît surpris de mon observation, et finit par me répondre qu'il va réveiller *la Mariana*. Au bout d'un quart d'heure arrive une belle fille de *Chioggia* avec ses noirs cheveux massés sur la nuque : « Vous dormiez, lui dis-je. — *Si, signora*; les officiers tudesques, ajoute-t-elle, se baignent le soir en sortant du café, et il faut être sur pied une partie de la nuit. — Vous les servez donc ? repartis-je. — Il le faut bien, répliqua-t-elle, il n'y a qu'eux à Venise qui viennent aux bains ; les Vénitiens se baignent l'été dans la lagune, mais en hiver ils ont peur de l'eau. »

Ces paroles confirment pour moi une observation que j'ai déjà faite ; il n'y a pas de peuple qui se baigne moins que le peuple italien ; il a désappris les thermes antiques que la Grèce avait importés à Rome et dans toute l'Italie. A Pérouse et à Ravenne, je n'ai pu trouver en été un seul établissement de bains.

Je dis à la belle *contadina* que je m'étonne un peu qu'elle serve les officiers autrichiens, et que ce ne soit pas plutôt le petit garçon qu'on vient de m'envoyer ; elle me répond avec un air superbe : « Il faut bien gagner sa vie ; pour les Vénitiennes, un Tudesque n'est pas un homme. »

Le lendemain, jour d'une fête à la madone, je me lève plus tôt que de coutume ; je monte en gondole à dix heures, et je me fais conduire au couvent des Arméniens. Le froid est très-vif, la lagune et le ciel sont d'un azur sombre. La petite île de *Sant' Eleazaro* se dessine en relief sur leur fond uni. Je rase en passant l'îlot de *San-Servolo*, où un ancien couvent de bénédictins, transformé aujourd'hui en hôpital des fous, dresse ses murs jaunes en face de Venise : toutes les fenêtres en sont grillées ; derrière l'hospice s'étend un jardin avec un belvédère ; plusieurs petits bâtiments peints à fresque longent une allée d'arbres. Je vois apparaître à travers les barreaux de fer quelques figures de fous ; l'un chante à tue-tête une barcarolle. Je me dis: « Ce pauvre être doit avoir été un gondolier; il lui reste la vue de sa chère lagune, la belle Venise flotte toujours devant ses yeux, peut-être il la rêve libre et triomphante; sa joie est douce, il ne souffre plus. Sa vie machinale est exempte du pain à gagner, de l'injure à subir et du contact odieux de l'étranger. »

J'approche de *Sant' Eleazaro*; je vois poindre ses terrasses, son couvent, sa chapelle et son campanile en briques rouges; çà et là de grands cyprès noirs se dressent dans le jardin comme des gardiens silencieux; les ceps de vigne, dépouillés de feuilles, étendent leurs linéaments gris sur les treillis des tonnelles; dans un angle est un petit pavillon auprès duquel s'élève un mât de navire, où flotte l'étendard turc. Les frères arméniens sont sujets du sultan et ont vécu de tout temps indépendants à Venise. J'aborde dans la petite île par la porte sur la lagune qui fait face au Lido. Je traverse un des côtés du cloître tranquille, riant, tout parsemé de fleurs en été; des touffes de roses de Bengale résistent au froid et se jouent entre les arbustes dépouillés. On me fait entrer dans un parloir où est le portrait du sultan en regard de celui de l'empereur d'Autriche. Un jeune religieux, d'une charmante figure, portant la barbe et les cheveux longs, couvert d'une dalmatique en drap noir, se présente pour me montrer la bibliothèque et l'imprimerie. Il se nomme Jacques Issaverdenz; il parle purement le français et est allé à Paris porter les livres arméniens sortis des presses du couvent. Nous visitons d'abord la bibliothèque, située à l'est au-dessus du cloître : ses fenêtres dominent la lagune; entre les rayons des livres alignés sont les portraits des évêques arméniens et des religieux les plus célèbres. Je regarde avec intérêt la tête fine et expressive du P. Pascal, qui donna des leçons d'arménien à lord Byron; j'entre ensuite dans la petite salle des manuscrits où *Child-Harold* aimait à se recueillir. Frère Jacques me montre dans un vieux registre la signature du grand poëte, tracée par deux fois, dont l'une en caractères arméniens. Je cherche en vain ce jour-là dans un registre plus récent la signature d'Alfred de Musset et de Balzac; ils n'ont fait que passer au couvent et n'ont pas laissé dans la mémoire des religieux un souvenir ineffaçable comme celui de Byron. Frère Jacques me fait voir, parmi les manuscrits les plus rares, une bible en langue arménienne du quatrième siècle, avec des miniatures exquises; de la bibliothèque nous allons au réfectoire, dont les murs sont peints à fresque. Le couvert des religieux est mis pour le repas de midi ; des nappes bien blanches se déploient sur des tables étroites, où sont symétriquement rangées des assiettes pleines de fruits. Nous rencontrons dans le cloître plusieurs frères ; tous portent la barbe longue et la robe flottante en drap noir ; ils ont le type oriental arabe ; le nez arqué, les grands yeux fendus, les dents blanches. Ce sont les seuls moines vraiment beaux et vêtus avec propreté et élégance que j'aie vus en Italie. On m'en montre un qui a cent cinq ans ; il marche droit et d'un pas ferme, sa belle tête est souriante, sa barbe blanche et soyeuse descend à flots sur sa poitrine. Nous passons dans l'imprimerie, où un frère à figure imposante est occupé à mettre en règle les comptes de la semaine ; à côté de l'imprimerie est la librairie, où l'on vend des livres. J'achète un volume de lord Byron avec le texte anglais et la traduction en regard en langue arménienne ; puis le *Polyeucte* de Corneille, *martyr arménien*. Plusieurs ouvrages sortis des presses du couvent ont obtenu la médaille d'or à l'exposition de l'industrie de Paris. La messe sonne à onze heures ; nous entrons dans l'église. Frère Jacques me fait placer à gauche, sur un banc ; il n'y a pas d'autre femme que moi dans la nef ; je la considère avec attention ; elle est fort simple : trois grandes colonnes en marbre la soutiennent de chaque côté ; elle n'a que deux chapelles latérales, celle de gauche est consacrée à la Vierge, celle de droite à saint Antoine. Le grand autel du chœur est dédié à saint Lazare ; deux anges de marbre blanc le décorent et se détachent sur une tenture de velours rouge. De chaque côté du chœur, un peu en avant du maître-autel, s'élèvent deux petits autels de la Sainte-Croix et de saint Grégoire *illuminateur*.

La grand'messe commence ; l'évêque des Arméniens y assiste sans officier. Il est d'une beauté remarquable ; sa dalmatique en drap noir est doublée de brocart violet. Le prêtre qui officie au maître-autel a une tête très-noble ; mais je suis surtout frappée par le visage expressif d'un jeune prêtre qui dit tout près de moi la messe basse à la chapelle de la Vierge. Ses grands yeux noirs ont une flamme qui peut être un reflet du feu divin, mais qui, à coup sûr, correspond avec plus d'un regard de ce monde ; les lignes de son profil, de sa barbe et de sa chevelure sombres se dessinent au dessus du damas rouge de sa chasuble ; c'eût été un superbe modèle pour Van Dyck.

La grand'messe est chantée en arménien ; quatre acolytes en dalmatique de soie jaune entonnent des psaumes d'une musique lente à mesures brisées qui sent l'Orient ; elle me fait penser à la

Marche dans le désert, de Félicien David. Ce sont peut-être là les chants primitifs de l'Église. Le prêtre qui officie au maître-autel est revêtu d'une dalmatique bleue brodée d'or avec le collet droit; derrière lui est un autre prêtre en dalmatique rouge, dont les ornements sont noir et or; de chaque côté de ce prêtre sont quatre néophytes, qui portent des dalmatiques jaunes avec des croix grecques en or sur le dos. Au lieu de mitres et de bonnets, tous ces prêtres portent une coiffure sillonnée de galons d'or, qui a la forme des anciennes couronnes royales. Les linges qui servent à l'ablution sont en mousseline de l'Inde, brodée de fils d'or et de soie; le saint ciboire est caché sous un voile de gaze bleue étincelant d'or; les livres du rituel ont des couvertures de velours à ciselures d'argent.

Un rideau en brocatelle verte, rayée d'argent, est tiré sur l'autel au moment de la consécration; un autre, en damas blanc et or, au moment de l'élévation. Les prêtres voisins de celui qui officie agitent, au lieu de sonnette, quand l'hostie s'élève, un bâton bleu terminé par une roue d'argent à grelots du même métal, et dont les tintements clairs rappellent les sons du chapeau-chinois.

J'ai dit que tous les frères arméniens laissaient croître leurs cheveux, leur barbe et leurs favoris; quelques-uns parmi les néophytes ont sur le sommet de la tête une toute petite tonsure de la grandeur d'une pièce de cinq francs.

Après la messe, je passe à la sacristie, où l'on me montre de magnifiques habits et ornements sacerdotaux venus de Constantinople; je remarque de merveilleuses plaques en émail rose et or, rehaussées d'émeraudes, et qui terminent une sorte d'étole en forme de baudrier. Le prêtre qui a dit la messe à la chapelle de la Vierge, et qui vient de déposer sa chasuble, s'approche de moi; il me parle de l'Orient, de Smyrne, où il est né et qu'il regrette! Frère Jacques, qui continue à me servir de *cicerone*, est aussi de Smyrne; il y a laissé une sœur qui lui donne parfois des nouvelles de la patrie absente.

Avant de quitter la petite île de *Sant' Eleazaro*, je fais le tour du jardin, je m'arrête sur la terrasse en face de Venise. Que ce doit être beau, durant les soirs d'été! Au loin, les Alpes du Tyrol forment le fond du tableau, puis vient le littoral, puis Venise et son cortége d'îles flottant sur la calme étendue de la lagune. Je remonte en gondole et repars pour Venise, en promettant à frère Jacques de revenir bientôt.

Je me rends dans la journée au palais *Cavalli*, où le duc de Bordeaux, qui comme sa mère aime les arts, a réuni de superbes tableaux : deux portraits de femmes, par Pâris Bordone, m'arrêtent longtemps avec leur regard profond, qui vous regarde fixement et vous interroge. Oh! les belles et fières Vénitiennes! Que de passion et de grâce dans ces figures toujours vivantes!

J'ai le soir la visite de M. Baschet et du baron Mulazzani; je leur raconte mon excursion à *Sant' Eleazaro;* ils me plaisantent beaucoup sur mon admiration pour le beau type oriental de tous ces religieux, qui ressemblent à des princes de l'Asie; ils me présagent en riant quelque aventure romanesque dans l'enceinte de ce cloître.

« Je ne suis plus l'âge des romans, leur dis-je; mais lorsqu'on cesse d'en faire en réalité, il est attrayant d'en écrire.

— Les frères y prêtent, reprend le baron, ils sont instruits, tolérants, et mènent une vie de bien-être et de liberté; leurs gondoles les amènent chaque jour à Venise où ils possèdent plusieurs palais.

— Et par les soirs d'été, ajoute M. Baschet, souvent les élégantes étrangères qui vivent ici vont visiter les beaux religieux, et causer avec eux sur leurs terrasses.

— Bien! le sujet de mon roman est trouvé, répliquai-je.

— N'allez pas vous brouiller avec les frères arméniens; ils sont riches et puissants, reprit M. Mulazzani.

— J'en ferai, je vous jure, des héros de pureté et de passions combattues; je payerai en admiration l'hospitalité qu'ils m'ont donnée. »

Le lendemain, le temps était gris; le froid plus humide et plus triste. Je me fis conduire au Lido pour parcourir le cimetière des juifs. La lagune était grosse, une brise assez forte gonflait ses eaux ternes; je descendis à côté d'une pauvre ferme, sur une plage boueuse, à l'est de celle où j'avais abordé avec M. Baschet. Une femme amaigrie, qui avait eu la fièvre durant tout l'été, me dit-elle, parut sur le seuil de la masure; elle était pieds nus, le corps couvert de vêtements en loques, ses cheveux bruns, mal retenus par un peigne ébréché, s'éparpillaient au gré du vent; elle tenait pendu à sa mamelle molle un nourrisson pâle et chétif. Une petite fille de huit ans, n'ayant sur son corps robuste et rougeâtre qu'une chemise écrue déchirée, tenait la pauvre femme par sa jupe. Cette enfant à mine sauvage, et dont les grands yeux noirs me regardaient étonnés, avait une épaisse chevelure rousse, courte et emmêlée, qui ressemblait à une crinière de lionceau; la santé et la vigueur éclataient par tous ses pores. Je dis à la mère :

« Voilà une forte fille qui n'a pas eu la fièvre.

— Ce n'est pas ma fille, me répondit-elle; tous ses parents sont morts il y a quatre ans, je l'ai prise dans la maison; vous voyez qu'elle a bien poussé. »

La pauvreté avait secouru la misère; c'est toujours ainsi : elles se comprennent, elles sont sœurs jumelles.

« Conduis la signora au Campo-Santo, » dit la femme épuisée à l'enfant sauvage, qui aussitôt se mit à gambader devant moi. Nous marchâmes sur un terrain où étaient autrefois de beaux arbres; ils avaient été coupés jusqu'à la racine; la circonférence des troncs apparaissait comme de grands pavés ronds; nous arrivâmes sur un monticule où étaient les traces d'un mur récemment rasé. C'était l'enceinte de l'ancien cimetière des juifs; les pierres brisées des sépultures étaient couvertes d'inscriptions hébraïques; les tombes du nouveau cimetière jonchaient aussi le sol irrégulièrement et comme à l'aventure. Deux fossoyeurs israélites, qui venaient de creuser une fosse, chantaient en attendant que le cadavre arrivât. Cette fosse était pour une vieille juive morte la veille, et qu'une gondole allait amener, disaient-ils. Je voulais attendre la morte, mais elle tardait à venir; la lagune, qui se dressait menaçante, me forçait à songer au retour. Un vent d'orage soufflait de l'Adriatique, et soulevait autour de nous la poussière des tombeaux; il nous apportait par intervalle les fragments d'une fanfare militaire, que jouaient des soldats autrichiens dans le fort voisin de Saint-Nicolas. Cette musique retentissait au milieu de l'atmosphère sinistre des cercueils renversés comme un ricanement odieux. Je me sentais attirée par la tempête; je ne voulus pas quitter le Lido sans parcourir la plage de la mer. Je pensais, en revenant, trouver la morte et la voir descendre dans son trou béant. Lorsque je parvins sur les bords de l'Adriatique, les vagues grondaient et se ruaient en mamelons formidables. C'étaient bien les vieux chevaux de Neptune hennissants et effarés. Quelques barques qui cinglaient vers Venise chancelaient sur les flots tumultueux; la tourmente qui gagnait le ciel assombri rétrécissait l'horizon; la mer, le rivage et le ciel n'avaient plus qu'une teinte uniforme de plomb. L'enfant qui m'avait suivie soulevait un pan de sa chemise qu'elle remplissait de coquillages, indifférente au vent qui la faisait tourbillonner et à l'eau qui mouillait ses pieds. Je ne sais quelle attraction me retenait sur le rivage funèbre, mais je m'y oubliais malgré ma résolution de partir. Je vis accourir le gondolier : « Signora, me dit-il, dans une heure la lagune ne sera plus navigable, il faut rentrer à Venise. » Nous retraversâmes le cimetière des juifs : les fossoyeurs attendaient toujours la morte. L'enfant courut près de sa mère adoptive lui porter le quart de florin que je lui avais donné. Elle avait regardé avec de grands yeux ébahis cette petite pièce d'argent; les bénédictions de la mère me firent comprendre à quelle misère cette famille était réduite. Oh ! la joie d'être riche ! comme on l'envie dans ces moments-là ! comme on déplore l'impuissance de secourir ceux qui souffrent avec tant de résignation et de vertu ! Je m'étendis dans le *felze*, et fortement bercée par la gondole qui se courbait de vague en vague, j'arrivai à Venise presque endormie.

Pour me réveiller et reprendre terre, j'allai à l'arsenal avec M. Baschet. Nous passâmes sur le pont de la *Veneta Marina*, nous longeâmes à droite le canal sur lequel ce pont est jeté, et nous nous trouvâmes sur le flanc des constructions de l'arsenal, dont les sombres murs sont couronnés d'une élégante corniche. Nous franchîmes ensuite le pont *Levatojo*, flanqué de chaque côté d'une tour carrée en briques rouges; celle de gauche supporte un cadran. Entre ces deux tours se dessinent en ce moment les mâts et les agrès d'un grand navire; près de la tour de gauche s'élève, entre deux lignes de créneaux, la porte monumentale de l'arsenal; un attique, surmonté d'une admirable corniche, repose au-dessus de l'arceau de la porte, qu'encadrent quatre grandes colonnes; au milieu est le lion de Saint-Marc : ailes frémissantes, queue enroulée en serpent. Sur la pointe de l'architrave qui couronne l'attique, se dresse une statue de sainte Justine, et, de chaque côté, une urne en marbre. La grille qui entoure la porte est divisée par quatre piliers où l'on a juché de mauvaises statues de la fin du dix-septième siècle; au pied de cette grille, reposent les deux lions gigantesques en marbre penthélique, qui furent enlevés au port du Pirée par le doge Morosini. On assure que ces lions sont l'œuvre des siècles barbares de la Grèce; c'est possible, mais leur allure mystérieuse, leur tête pensive et farouche, dont les yeux profonds vous regardent, leurs crinières et leurs babines frissonnantes, leurs griffes tendues comme pour saisir une proie, en font les deux sphinx les plus formidables qu'on puisse imaginer ! Ils semblent ruminer là l'arcane de la gloire et de la fortune de Venise. Deux lions plus petits et moins beaux sont au pied de la tour de l'horloge. Nous entrons dans une cour, et admirons en passant une belle statue de la Vierge, par Sansovino. Nous trouvons assemblés dans cette cour une foule d'ouvriers qui viennent d'être congédiés ; les travaux manquent à l'arsenal, ou plutôt l'argent manque à l'Autriche pour faire prospérer son despotisme abhorré ; il faut d'abord payer les geôliers d'un peuple qu'on incarcère. L'Autriche s'épuise à entretenir ses armées permanentes d'occupation ; elle voudrait en vain avoir une flotte imposante, ranimer le commerce et l'agriculture, ses caisses sont vides ; tous ses projets utiles ou bienfaisants sont frappés de mort, et le jour approche où la banqueroute humiliera son orgueil.

Tous ces malheureux ouvriers sortent de l'arsenal d'un air sinistre ; nous en entendons quelques-uns murmurer entre eux : « *E pur bisogna aver pane!* » (et cependant il faut avoir du pain !) C'est le cri de détresse éternel du pauvre peuple, quand le pain du travail lui est supprimé par ceux qui, de par Dieu ou de par la force, s'adjugent le droit de le gouverner.

Nous passâmes d'abord devant l'édifice à colonnes doriques où était autrefois déposé le Bucentaure. Hélas ! cet emblème poétique et majestueux de la puissante Venise, ce vaisseau célèbre qui, le jour de l'Assomption, depuis le dixième siècle, portait le doge aux épousailles de la mer, n'existe plus, et avant d'être détruit, il a subi tous les outrages. En 1797, il fut dépouillé de ses ornements merveilleux ; un an plus tard, ses galeries et ses figurines furent brûlées ; de cette nef magnifique, il ne resta que la carcasse telle que celle d'un de ces mastodontes antédiluviens retrouvés dans les glaces du pôle : on en fit successivement une canonnière et une prison maritime ; enfin le squelette du navire splendide fut lui-même brisé et anéanti en 1824. De telles profanations sont barbares ! Les institutions périssent, mais les monuments qui les constatent doivent être respectés par les générations ; l'histoire et l'archéologie protesteront toujours contre les démolisseurs. Nous trouvons dans la salle d'armes (la seule partie de l'arsenal dont l'accès soit aujourd'hui permis au public) un petit modèle du Bucentaure qui fait comprendre la richesse de ce vaisseau symbolique. La carène était revêtue de bas-reliefs en bois doré ; une superbe galerie, également dorée, entourait le pont sur lequel les sénateurs et le conseil des Dix se rangeaient à l'entour du doge; un parasol de drap d'or abritait ce fiancé de la mer, recouvert de sa robe d'hermine; à la proue se dressait la statue de saint Marc ombragée de l'étendard de Venise et ayant à ses pieds le lion ailé; l'or et les pierreries décoraient le vaisseau nuptial, qui resplendissait tel que le lit d'un roi; la mer était fière et radieuse de le porter; elle se gonflait souriante pour l'embrasser et l'étreindre.

Je remarque dans la salle d'armes une belle statue du quatorzième siècle; du général Victor Pisani, quelle mine martiale et hautaine! puis l'armure d'Henri IV, celle qu'il portait à la bataille d'Ivry et qu'il donna lui-même à la république de Venise; ensuite les cuirasses, les lances, les pistolets et les épées des anciens doges; les étendards turcs et génois conquis par Venise; plusieurs plans en relief des villes turques qui offrent un vif intérêt. Je regarde curieusement les instruments de torture et de mort, transportés là des cachots des *puits;* tous ont servi, tous ont ruisselé du sang humain et se sont repus de chairs déchirées. Plusieurs furent inventés par Carrera, tyran de Padoue, ingénieux tourmenteur, qui fit un supplice de la fidélité conjugale et en confia la garde à un cadenas meurtrier. Tout cela nous fait sourire de pitié et d'horreur. Nous inspirerons aux siècles à venir le même dédain pour ce que nos codes conservent encore de barbare.

En sortant de l'arsenal, nous allons à travers ruelles jusqu'au *Campo San Stefano;* nous passons sur le flanc droit du palais *Cavalli,* traversons le pont de fer et entrons à l'Académie des beaux-arts. Ce musée des peintres vénitiens fut fondé par Napoléon Ier dans l'ancien couvent *de Canonici,* attenant à l'église de Sainte-Marie de la Charité. Il ne reste de cette église que l'abside extérieure, très-élégante et qui s'élance à gauche de l'entrée du musée. Nous traversons plusieurs cœurs entourées d'arcades, où sont encore quelques bas-reliefs de tombes et quelques statues des moines de la Charité. Dans une de ces cours se déroule la magnifique colonnade en marbre jaune de Palladio; c'est un reste du somptueux couvent. Nous montons un escalier moderne, traversons une galerie ornée des bustes des peintres vénitiens, et nous nous trouvons dans la première salle à plafond d'or et d'azur, où sont réunis les tableaux primitifs de cette grande école de Venise. Ils décoraient tous autrefois les églises et les couvents de la cité et des îles : Vierges, Rédempteurs, Prophètes, anges et saints rayonnent là sur fond d'or, comme les figures des mosaïques de Saint-Marc; le coloris a bravé les siècles; le dessin est naïf et pur; il s'exhale de toutes ces compositions religieuses, créées par la foi, une atmosphère de paix et de recueillement. Les têtes de chérubins vous sourient; les madones douces et calmes vous regardent passer avec aménité. On s'éloigne à regret de ce sanctuaire pour entrer dans la grande salle imposante et sombre, où se trouve l'*Assomption de la Vierge* du Titien; c'est le premier tableau qui attire et devant lequel on se place. Le burin et la photographie l'ont répandu dans le monde entier. La partie inférieure du tableau me parut la plus belle; le groupe des apôtres désolés, qui tendent leurs têtes et leurs bras vers la mère de Dieu prête à disparaître dans le ciel, saisit et émeut. Quels mouvements! quelles expressions suppliantes et navrées! On entend ces âmes prier et crier; leurs regards, leurs bouches, leurs gestes, leurs muscles composent une suprême évocation! « Reste parmi nous, disent-ils à la madone; ton fils est parti en nous laissant sa doctrine et sa mère, mais l'esprit vacille au souffle de la terre. Oh! reste pour nous guider, toi créatrice visible et palpable du divin Rédempteur! »

La partie supérieure du tableau me frappe moins; la tête de la Vierge n'a pas cette beauté idéale que Raphaël, en s'inspirant de l'antique et en le copiant parfois, sut donner à ses madones.

Je suis ravie, dans cette salle, d'un tableau du Tintoret, dans lequel la Vierge présente son fils à trois sénateurs; une sorte de familiarité affectueuse entre la Divinité et les hommes respire dans cette composition. Je contemple longtemps l'*Ensevelissement du Christ*, dernier tableau du Titien. Le coloris est affaibli, et cela convient au sujet. Ici, la défaillance du vieillard a servi l'artiste. Quelle vérité de dessin! quel sentiment navrant et divin à la fois dans le corps du Christ, qui s'affaisse dans les bras des saintes femmes! Un tableau superbe du Giorgione est dans cette même salle. C'est une tempête en mer, apaisée par un miracle de saint Marc; le feu fulgurant des éclairs illumine et empourpre les corps nus des naufragés; quelle mêlée de vagues monstrueuses, de navires chancelants, d'hommes éperdus, et de nuages que la foudre déchire! quelle fougue! quelle imagination! quelle *maëstria* dans le pinceau du Giorgione!

Comme constraste, regardons la toile suave de la *Vierge à l'enfant contemplé par les saints*, de Giovanni Bellini. Le doux Jésus n'a jamais été rendu avec plus de suavité et d'innocence; quel ravissement il inspire à ce beau petit ange qui le regarde en jouant de la mandoline! Giovanni Bellini devait adorer la musique, elle frissonne dans tous ses tableaux sous la forme de quelque figure séraphique jouant d'un instrument.

La *Vision de l'Apocalypse* de Palma Giovane est une scène d'épouvantement, peinte avec une verve et une énergie sinistres qui font vivre une page de la Bible : il y a dans cette composition un cheval enfourché par la Mort, et qui se cabre sous la pression des fémurs du squelette, d'une allure terrible et fantastique. Ce coursier funèbre chevauche à jamais à travers le souvenir.

Le *Miracle de saint Marc*, délivrant un esclave du supplice, par le Tintoret, passe pour le chef-d'œuvre de ce maître. C'est réel comme la nature, mais d'une telle puissance, que chaque figure prend des proportions surhumaines. A la grandeur et au mouvement des formes, se joint, dans ce tableau, une beauté de coloris qui manque aux autres ouvrages du Tintoret.

On regarderait tout un jour sans se lasser les *Noces de Cana*, par le Padovanino; ces beaux convives ne sont pas de la Judée, mais bien la fleur de l'aristocratie vénitienne. Quels types élégants et hautains! ils forment l'entourage du Christ avec une aisance de grands seigneurs que rien n'embarrasse et ne contraint, pas même la présence d'un Dieu. Le sentiment religieux manque sans doute à ce tableau; mais quel sentiment de la beauté et de la distinction y respire! Ces corps cambrés, ces têtes fières, composent des êtres qui ont disparu du monde; il y a là deux adorables figures de femmes; l'une vers laquelle se penche un cavalier; l'autre qui se tient debout auprès de la table, laissant voir ses belles épaules charnues qui sortent des plis du brocart.

Je considère aussi quelques portraits de doges; l'un entre autres, par le Tintoret, qui semble prêt à descendre du cadre et à vous parler tant il est vivant.

Avant de quitter cette partie du musée nous nous faisons ouvrir la salle des cartons. Il y en a plusieurs de Raphaël, d'une grande beauté et qui révèlent une étude approfondie de l'antique. Les draperies et les nus de ces croquis puissants ont été évidemment copiés d'après les statues que nous retrouverons plus tard au Vatican.

Nous traversons assez rapidement la *Pinacothèque Contarini* et la *salle Palladio*; je m'arrête pourtant, dans cette dernière salle, devant un merveilleux portrait (un des plus admirables qu'ait faits Titien) du sénateur Antoine Capello, qui fut le père de la fameuse Bianca Capello. Nous passons dans la *Pinacothèque Rénier*, puis entrons dans les deux *salles nouvelles*, où sont les plus grands tableaux du musée. Dans la première salle est la *Présentation de la Vierge au temple*, par le Titien; l'on prétend qu'il s'est peint lui-même, dans cette composition, sous la figure d'un rabbin juif à la figure noble, et dont la longue barbe noire descend sur une robe flottante. Il aurait aussi, selon la tradition, représenté sa vieille mère sous l'humble figure de cette marchande d'œufs assise près des marches de l'escalier du temple. Les personnages se pressent mouvementés et vraiment vivants dans ce tableau. La Vierge, qui monte les degrés du temple, manque de noblesse; la tête est sans expression, et, si ce n'était l'auréole qui la couronne, elle n'aurait rien de divin. *Un pêcheur présentant au doge l'anneau ducal trouvé dans le ventre d'un poisson*, l'œuvre la plus grandiose de Pâris Bordone, se trouve dans cette salle : c'est un coin de la Venise d'autrefois avec ses personnages historiques et ses costumes pittoresques qui se raniment pour nous; quelle précision de dessin, quelle vérité de coloris! Dans la même salle, le *Saint Marc* et *Saint Matthieu*, de Paul Véronèse, sont deux figures qu'on ne saurait oublier. Le *Crucifiement* du même maître vous pénètre par sa tristesse. Titien a là deux portraits qui fascinent; celui du sénateur Jacopo Soranzo, face sévère et méditative d'un de ces politiques circonspects de la vieille république de Venise; l'autre est le portrait d'un éblouissant inconnu, grands yeux investigateurs, moustaches et cheveux noirs, regard qui vous attire et vous brûle, cuirasse d'or avec un col rabattu en dentelle de Venise.

Dans la seconde *salle nouvelle*, deux tableaux concentrent toute mon attention. Sur la paroi du fond de cette salle se déploie la grande toile du *Banquet dans la maison de Levy*, par Paul Véronèse; la table, dressée sous un portique superbe, est chargée de vaisselle précieuse; les figures se meuvent alentour et ressortent sur le fond d'azur du ciel; la vie, l'air et le soleil ruissellent de toutes parts. Je connaissais, et tout le monde connait, la gravure de cette vaste composition, mais elle n'est qu'un reflet mort; la couleur seule peut rendre les chairs, le sang, l'éclat des vêtements, les nuages, l'architecture et les vases merveilleux qui fourmillent sans se heurter dans cet immense tableau.

Gentile Bellini a dans la même salle une large toile qui représente la place Saint-Marc au temps de la grandeur de Venise. *Une procession à l'occasion d'un miracle* se déroule entre les deux rangs d'arcades des Procuraties, sous lesquelles se groupent les spectateurs. Les sénateurs en robes flottantes, dont la queue est portée par des pages, le doge abrité sous son parasol d'or, comme un dieu indien, défilent sous nos yeux; la façade de l'église de Saint-Marc resplendit; tous les clochetons en sont dorés, ainsi qu'il avait été projeté qu'ils le seraient un jour.

Je sortis de l'Académie des beaux-arts, me promettant d'y revenir souvent, sans toutefois y ramener mes lecteurs et les fatiguer par de sèches nomenclatures.

Je dînai, ce jour-là, avec M. Baschet au palais Lorédan, devenu une auberge, comme je l'ai dit. Rien de plus imposant et de plus triste que ces grandes demeures abandonnées; la façade du palais Lorédan, de style byzantin-lombard, est superbe; sur la porte et sur la belle fenêtre du milieu sont encore les armoiries de Pietro Lusignan, roi de Chypre, qui fut au quinzième siècle l'hôte du palais Lorédan. Le vestibule, large et monumental, garde des vestiges de sculpture; la rampe de l'escalier est ornée des bustes des Lorédan. Nous visitons les vastes salles du rez-de-chaussée et du premier étage, dont les grands maîtres de Venise ont peint les plafonds. Plusieurs salles ont été divisées en petites chambres pour les voyageurs. M. Baschet avait là un réduit charmant, décoré de meubles splendides, avec un balcon à ogives sur le grand canal. Plus d'une fois il regrettera dans nos bourgeoises maisons parisiennes cette exquise habitation tranquille, recueillie et toute parfumée de souvenirs historiques et romanesques.

Le jour suivant (dimanche 11 décembre 1859), quoique le temps fût très-sombre et la lagune houleuse, je retournai avec M. Baschet à l'île des Arméniens; les belles cérémonies religieuses de ces moines m'attiraient comme un spectacle poétique. On ne dit ce jour-là qu'une messe basse, et notre curiosité fut trompée. Je voulais compulser les registres et y découvrir les signatures qui m'intéressaient; mais la tempête grossissait sur l'Adriatique; nos gondoliers nous avertirent que dans une heure nous ne pourrions plus retourner à Venise. Il fallut partir. Frère Jacques me promit de faire pour moi les recherches que je lui désignai. En traversant le cloître, où le vent s'engouffrait, je rencontrai le frère qui, à ma première visite, avait dit la messe à la chapelle de la Vierge; il me salua et m'offrit un bouquet de roses qu'il venait de cueillir. La gondole nous secoua si fortement au retour que M. Baschet commençait à avoir le mal de mer. Nous n'en allâmes pas moins intrépidement dans le grand canal de la *Giudecca*, où nous abordâmes à l'église du Rédempteur: elle est attenante au couvent des capucins qui desservent l'église. La façade, la nef et la coupole de cette église de *Palladio* forment un groupe majestueux. Quelques beaux tableaux décorent les chapelles; je suis surtout très-captivée par la *flagellation* de Tintoret; l'expression de la douleur dans la figure du Christ, et celle de la cruauté dans ses bourreaux sont rendues avec une vérité qui fait frissonner. Ces sujets-là sont de l'essence même du génie énergique et tourmenté de ce peintre; c'est pourquoi il y excelle.

Un jeune capucin à robe crasseuse, et dont le cou et les mains sont encore plus sales que les habits, nous montre l'église; il prise sans cesse. C'est un mouvement perpétuel entre sa tabatière et son nez, à irriter les nerfs les plus robustes; il ignore complètement les noms des maîtres qui ont peint les tableaux que nous regardons. Il nous conduit dans la sacristie, où nous trouvons trois ineffables madones de Giovanni Bellini. Cette famille des Bellini est une des gloires de Venise. J'ai parlé plus haut de la grande toile historique de Gentile Bellini, représentant une procession sur la place Saint-Marc; Giovanni, lui, n'a presque peint que des madones, des saints et des anges; j'ai dit la naïveté et la grâce de ces petits chérubins que la musique semble ravir; il y en a un, dans le plus beau des trois tableaux de la sacristie du Rédempteur, qui surpasse tout ce que l'artiste a créé de plus suave. Jésus dort sur les genoux de sa mère, l'ange le regarde en extase et joue du théorbe comme pour le bercer; ses lèvres, ses yeux, ses fins cheveux blonds, tout son être semble vibrer sous la mélodie qui s'échappe de ses doigts, d'un modèle idéal. Dans la même sacristie sont deux beaux reliquaires en verre ancien de Murano. Le cristal de Bohême a moins de ténuité et ne crée pas des fantaisies aussi exquises. Au moment où nous repassons dans l'église, les capucins en prière dans le chœur chantent un psaume d'un très-grand effet. Je me souviens que lord Byron se plaisait à venir les entendre et à contempler le soleil couchant sur le canal de la *Giudecca*. Je demande à un vieux religieux, qui passe près de nous, s'il se rappelle le poëte, il secoue la tête et me répond:

« Je ne sais pas qui est cet homme-là. »

Je n'ai plus affaire ici à mes poétiques frères arméniens, qui ont gardé le souvenir de Child-Harold comme un titre de gloire.

Pour fuir la solitude de l'hôtel Danieli, toujours plus absolue, je vais dîner ce jour-là au restaurant avec le baron Mulazzani. Nous traversons vers six heures la place Saint-Marc; elle est déserte et rendue plus morne encore par un ciel gris et bas, qui surplombe sur elle comme une coupole d'étain; nous tournons sous un passage des *Procuratie vecchie*, et nous voilà dans le *Campo Rusolo* et *Canova*; sur cette place recueillie est une petite église, en face de laquelle se dresse la maison où mourut le célèbre sculpteur. Sur un autre côté de la place se trouve le restaurant *San Gallo*; les salons et les cabinets n'y ont pas le luxe et le confort parisiens, mais la chère y est excellente. Dans aucun pays du monde l'art culinaire, si prisé des aristocraties de tous les siècles, ne peut s'exercer avec plus d'ampleur et de variété qu'à Venise. L'Adriatique qui la berce lui fournit les poissons et les coquillages exquis; le littoral voisin, le gibier et la venaison; Fusine, Mestre, le Lido et l'île des *Vignole*, les légumes et les fruits; l'Orient, les parfums et les épices, et le café Florian, toutes les diversités de glaces et de sorbets. Ce qui m'a charmée dans les hôtels, et surtout dans les restaurants italiens, c'est que, selon l'expression populaire, on vous y sert toujours à la *buona fede*; demandez-vous un poisson, vous pouvez être assuré qu'il frétillait dans la mer ou dans les lacs il n'y a pas une heure; parfois, on vous le montre vivant pour que vous jugiez vous-même de sa fraîcheur; même certitude sur la qualité du gibier et des viandes; la mystification des potages réchauffés ou multipliés, des entrées recuites et délavées, n'a pas encore pénétré dans la cuisine italienne; les vins du crû n'y sont jamais falsifiés, c'est pourquoi il faut les boire de préférence aux vins problématiques qui viennent de l'étranger. Quant au service, il se fait un peu à la diable; les garçons sont causeurs et lents, mais ils s'enquièrent des mets que vous préférez, donnent des ordres au cuisinier qui, dans la plus humble *bettola*, met son orgueil à satisfaire les chalands; on finit toujours par dîner fort bien et pour un prix dont s'étonnent les Parisiens. Mon seul grief contre la cuisine italienne, c'est l'abus du fromage et du poulet; poulet étique qu'on sert chaque jour de l'année sur toutes les tables de la Péninsule. Je disais souvent en riant aux Italiens de l'Italie nouvelle : « A présent que vous formez une grande nation, apprenez donc de la Bresse et du Mans à engraisser les poulets; il est honteux pour votre pays qu'on ne puisse trouver une poularde, des Alpes au détroit de Messine! »

Que ceux qui liront ce paragraphe ne me fassent pas l'injure de s'imaginer que j'attache une importance quelconque à un dîner savoureux. Pour les garer, à ce sujet, d'une interprétation imméritée, je leur dirai que pendant deux mois que j'ai passés à Venise, j'ai dîné presque chaque jour avec un rouget et un sorbet. A ce joli poisson de l'Adriatique nous ajoutâmes, ce jour-là, une bécasse du Tyrol, puis après une longue causerie sur Paris, que le baron admirait trop et me reprochait de ne pas admirer assez, nous sortîmes du restaurant *San Gallo* pour aller flâner sous les *Procuratie*. A notre grande surprise, nous trouvâmes le petit Campo couvert de neige; le ciel s'était éclairci en se déchargeant, les étoiles y brillaient sereines, et l'atmosphère était redevenue assez douce. La place Saint-Marc et surtout la façade de l'église me parurent d'une magnificence fantastique sous cette couche d'albâtre; les chevaux de Corinthe s'étaient transformés en blancs coursiers des jeux Olympiques; les saints et les saintes se drapaient dans des robes virginales, la crinière du lion ailé de la *Piazzetta* ressemblait à la barbe vénérable du dernier doge. Le pont des Soupirs figurait une arche de Paros, jetée sur les rives de l'Illissus. Rien d'imposant et de tranquille comme la blancheur; elle dispose l'âme à la quiétude, elle cache un moment les souillures de la terre, et semble une armure contre celles du corps. Toutes les religions en ont fait un chaste emblème; le lin des linceuls purifie les morts; le premier des arts, la sculpture, a choisi, pour s'exercer, le marbre sans tache; les fleurs les plus rares et les plus parfumées ont des corolles d'ivoire et de nacre; l'enfant qui éclôt à la vie, avec une âme qui s'ignore encore, se nourrit de la suavité du lait; la beauté de la femme est incomplète, si l'éclat du lis ne la revêt point.

Venise était encore plus déserte et plus silencieuse que de coutume sous ce voile de frimas; elle apparaissait comme une Pompéïe immense, déblayée des flots qui l'auraient submergée et blanchie durant des siècles. L'absence de tout bruit berce mieux qu'un chant; je m'endormis ce soir-là d'un sommeil profond et morbide.

Le lendemain, la neige ne tombait plus, mais sa couche de la veille couvrait par places le pavé et les façades des monuments; le soleil y projetait des étincelles; on eût dit de grands blocs de marbre fraîchement brisés. Je m'embarquai pour aller à Murano.

La déchéance de Venise s'étend à tout ce qui fut sa gloire. Un astre dont le foyer de lumière est éteint cesse d'alimenter ses rayons. Il ne sort plus aujourd'hui des fabriques de Murano que des produits vulgaires : des perles, pour les broderies; des jais, pour les ornements de robes; des bouteilles, des verres et des vases sans beauté et sans valeur; je trouve là des ouvriers intelligents qui sentent bien qu'ils ne sont plus les premiers verriers du monde; ils n'ont que l'orgueil du souvenir, et l'espoir de la résurrection de Venise. Les plus jeunes sont partis pour la guerre, ceux qui restent attendent l'heure propice; ils m'entourent pour me demander si les Français viendront bientôt, si j'ai vu Garibaldi et le roi *honnête homme*; ils modèlent, pour moi, un petit flacon aux couleurs de l'Italie, qui pousse dans la flamme comme une fleur féerique; ils tournent au moyen de pinces la pâte embrasée; leurs visages bruns se meuvent sur la fournaise, où se forment, au gré de leur souffle, mille tubes déliés.

Le feu des forges et celui des verreries doit griser comme un vin chaud, car tous les forgerons et tous les verriers chantent avec furie en battant le fer ou en tordant le verre. Les ouvriers de Murano entonnent devant moi un vieux refrain de barcarolle, qu'ils changent en menace prophétique contre les *Tedeschi*; il s'agit d'un esturgeon qu'on harponne dans la lagune, où il a osé se montrer.

La fabrique des glaces est située à Murano de l'autre côté du canal, où est la fabrique des perles; on ne fait plus à Venise que des miroirs français : l'usine est dirigée par un Parisien, qui met l'industrie moderne bien au-dessus de l'ancienne, et se garderait de produire, ou plutôt de reproduire, ces glaces d'art et ces lustres splendides de Venise, si recherchés des connaisseurs.

Je visite les deux vieilles églises de Murano, celle de *San Pietro martire*, et celle *degli Angeli*; dans la première se trouve une Vierge de Giovanni Bellini et le *Saint Jérôme* de Paul Véronèse. La seconde église est du neuvième siècle, un bas-relief et une inscription attestent son ancienneté. Murano fut peuplée dès le cinquième siècle. Les fugitifs du littoral s'y réfugièrent pour échapper à l'invasion des Huns. L'île de Murano resta longtemps indépendante de Venise; au huitième siècle, un podestat vénitien la gouverna; tous ses habitants sont verriers ou marins; une grande misère règne aujourd'hui à Murano, comme dans toute la Vénétie. Les maisons et les monuments y tombent en ruine. Je regarde une belle façade, dont la longue galerie soutient une élégante terrasse. C'était autrefois un couvent de nonnes, célèbres dans les annales galantes de Venise; sous ces légères arcades, les vierges folles apparaissaient par les belles nuits d'été.

La petite île de Saint-Michel, où est le cimetière de Venise, est située à l'ouest de Murano. Elle abrita, durant six cents ans, un célèbre couvent de savants camaldules. En 1813, époque où l'île devint un *campo-santo*, les frères Réformés succédèrent aux camaldules; ils veillent désormais à la garde des morts. Je débarque devant l'église de Saint-Michel, édifice du quinzième siècle. La nef est précédée d'un portique, soutenu par d'élégantes colonnes; autour de la nef se déroule une belle corniche, couverte de sculptures: en ce moment, elle se couronne de feuillages verts. Des lauriers nains, dans des pots de terre, ont été placés là par les frères; ils forment une frise naturelle qui repose agréablement les yeux. Bernini, que nous retrouverons à Rome dans toute son exubérance, a, dans cette église, deux statues qui décorent le tombeau d'un cardinal.

Le jeune frère réformé qui me conduit porte la robe de bure des capucins; il me rappelle celui de l'église *du Rédempteur* par sa saleté, sa tabatière toujours active, et son ignorance complète sur les tableaux et les sculptures qu'il m'engage à admirer. Nous passons dans un cloître dont les arcades s'épanouissent sur de sveltes colonnes; il sépare l'église du Campo-santo; là s'élève la jolie chapelle Emilia; ses murs sont lézardés par les ravages du temps et les flots de la lagune. Les arcades qui entourent le Campo-santo s'effondrent aussi; je n'y remarque aucun monument digne d'être décrit. Ce cimetière, construit après la chute de Venise, ne renferme aucun mort illustre de la vieille république; ils dorment tous dans les églises, sous leurs mausolées orgueilleux; mais ici, sous cette terre que la neige recouvre en ce moment, reposent les glorieux soldats de Manin, morts en 1848, en défendant la patrie. Je trouve à grand' peine à travers la neige la tombe du frère de Poerio, et plus loin, au bout de l'île, dans le cimetière protestant, celle de Léopold Robert. Le patriotisme, l'art et l'amour ont droit à une prière; ils ont fait battre d'une pulsation immortelle ces deux jeunes et nobles cœurs.

Un grand mur en briques rouges, bâti sur *pilotis*, borde et défend ce vaste cimetière, qui surgit au-dessus de la lagune. C'est là qu'il faudrait jeter son corps inutile, flétri et dépouillé de sa beauté! Si quelque chose de sensible reste de sa poussière, le vent du ciel et les flots de la mer qui l'aspirent lui seront une fraîcheur et un apaisement.

Au moment où je remonte en gondole, la lagune est tellement houleuse, que mes gondoliers ont grand'peine à gagner le grand canal, par lequel je désire revenir pour visiter le palais *Foscari*. A mesure que la gondole s'éloigne de l'île funéraire je vois les vagues blanches, poussées par la tempête, monter en bordure dentelée sur l'enceinte rouge du Campo-santo. On dirait une large guipure de Venise bordant une robe de pourpre.

J'entre dans le grand canal, je salue en passant les palais déjà décrits. Le palais Foscari les domine tous; il appartenait à la famille Giustiniani, qui le vendit à la république pour le duc de Mantoue. Francesco Foscari le racheta et lui donna son nom, après l'avoir exhaussé d'un étage. Ce doge altier voulut que son palais, qui dominait la partie la plus large du grand canal, dominât aussi tous les palais voisins. On est ébloui par ce monument du quinzième siècle. Sur sa façade de marbre se dressent quatre rangs de fenêtres en ogives; au-dessus de la porte d'eau en bronze ciselé se déploie en saillie un double et vaste balcon à balustrades à jour; derrière les balustrades, de belles colonnes, qui s'épanouissent en trèfles, forment deux galeries, dont la seconde se couronne du blason des Foscari, sculpté en bas-relief. Les écus, où sont les armes, sont soutenus par quatre figures d'amours (ou d'anges) aux ailes déployées. On n'entre plus par la porte d'eau (qui donne sur le grand canal) dans cette demeure profanée. La gondole qui me conduit tourne sur le flanc gauche du palais, traverse un petit canal et s'arrête près d'un pont; je monte quelques marches, et me voilà devant la grande cour en briques rouges, surmontée de créneaux, qui enceint le palais Foscari du côté de la terre. Je franchis la porte, je remarque une belle citerne au milieu de la cour, je passe sous un vestibule poudreux et sale, et monte l'escalier grandiose mais sans détails d'architecture. L'enfant du portier me guide; il m'ouvre avec indifférence ces salles et ces chambres historiques qui eurent pour hôte un roi de France [1], et où le vieux Foscari mourut de douleur en entendant la cloche de Saint-Marc proclamer l'élection de son successeur. L'enfant me dit : « Signora, nous pouvons aller, les Tudesques sont à l'exercice. » Les lits de camp des soldats se déroulent par

---

[1] Henri III.

rangées vulgaires le long des parois magnifiques; il ne reste rien des peintures qu'on crut immortelles et dont Pàris Bordone avait décoré les plafonds. On voit encore sur les frises des vestiges de dorures et de sculptures; quelques portes et quelques larges cheminées de la Renaissance ont conservé des couronnements, où se groupent de belles figures. Dans une salle du fond, noircie par la fumée et jonchée d'ordures, je suis frappée par une grande statue de femme mouvementée, altière et vivante, à demi couchée sur l'architrave d'une cheminée. Ses seins blancs et sa bouche sérieuse ont été outrageusement percés par trois tuyaux de poêle. Voilà les jeux des soldats autrichiens! Je me félicite de trouver désertes ces chambres polluées; je ne sais quel cri d'imprécation me serait échappé si j'avais rencontré là quelques-uns de ces profanateurs.

Le soir, le ciel s'est éclairci; je fais, malgré le froid, une promenade sur la terrasse avec le baron Mulazzani: je contemple la *Salute*, reflétée dans le grand canal; les vaisseaux à l'ancre devant la *Dogana di mar* et un peu à gauche *San Giorgio*, forment un tableau qui me ravit. Je m'éprends de plus en plus de Venise; je voudrais être Dieu pour la faire revivre; un frisson me court dans le dos et me rappelle à mon pauvre néant. Nous prenons, dans un cabinet bien chaud du pavillon de la terrasse, des *zambaïon* fumants qui nous raniment.

Je recommence le lendemain mes promenades à travers Venise; le baron Mulazzani me guide jusqu'au *Campo Sant' Angelo*; avant d'y arriver, nous passons un pont étroit, jeté sur un petit canal et qui aboutit *al calle del Fruttarol*; le baron me montre à l'angle de ce canal une chétive maison portant le numéro 1831. « Regardez, me dit-il, ces quatre fenêtres au second étage, où pendent des stores enluminés; j'ai fait des recherches pour vous complaire, et je puis vous assurer que c'est là qu'a logé Alfred de Musset. »

Je lui réplique: *Nani, Nani!* jouant sur le mot de la vieille négation française et en même temps sur le nom des *Nani*, patriciens de Venise. « Notre cher poëte a dit dans ces vers, poursuivis-je:

> Mon pauvre cœur, l'as-tu trouvé?
> Sur le chemin, sous un pavé
>   Au fond d'un verre,
> Ou dans ce grand palais, Nani!
> Dont tant de soleils ont jauni
>   La noble pierre.

C'est donc dans le palais Nani qu'il demeurait, et non dans cette mesquine maison ; ce palais doit être à l'entrée du grand canal ; j'en suis certaine par la description qu'il m'en a faite.

— Je vous assure, repart le baron, que Musset a habité ces chambres dont vous voyez les fenêtres.

— En ce cas, allons les visiter, lui dis-je, peut-être y trouverons-nous quelque vestige de lui.

— Y pensez-vous ? reprit-il, ces chambres sont aujourd'hui occupées par une danseuse qui, ne comprenant rien à votre curiosité de poëte, l'interprétera je ne sais comment. »

Je n'insistai pas, car je gardais mon doute, et me disais tout bas : « Ce n'est pas là le palais Nani ! »

M. Mulazzani me quitta pour une affaire en me disant : « Vous voilà sur un campo, saurez-vous vous orienter et vous retrouver ?

— A merveille, repartis-je, je reconnais ma route jusqu'au grand canal ; et le grand canal est à Venise ce que *Dora-grossa* est à Turin et le *Corso* à Milan. ».

Je reste seule dans le *Campo Sant' Angelo*, au milieu duquel se trouve une belle citerne sculptée ; je traverse le cloître *San Stefano*, qui m'a paru si grandiose un soir ; j'entre dans l'église, du quatorzième siècle, divisée en trois nefs par de doubles colonnes qui soutiennent des arches hardies ; deux beaux bénitiers en forme de coupes, dont les pieds sont formés par des figurines, offrent au visiteur une eau bénite si crasseuse et si noire, qu'on ne saurait y tremper le bout du doigt sans être obligé de le laver après. Un grand nombre de mausolées décorent cette église : au milieu, en face du chœur, est la tombe du fameux doge Francesco Morosini, vainqueur de la Grèce et surnommé le Péloponésien ; dans l'église est sa sépulture, dans le campo voisin de San Stefano est son palais ; à côté de la demeure de la vie, la demeure de la mort.

En sortant de l'église San Stefano, je regarde attentivement le portail, couvert de sculptures ; je tourne sur le *Campo* ; je le traverse sans m'y arrêter et me dirige à gauche, dans la *corte* du palais *Pisani* ; je sonne à la porte du palais : un portier souriant vient m'ouvrir ; je lui demande de me montrer l'appartement où est mort Léopold Robert ; il me répond qu'il n'a jamais entendu parler de ce monsieur. Cette réponse me rappelle qu'un jour, à Paris, voulant visiter la chambre de l'hôtel des Vieux-Augustins, qu'avait habitée Charlotte Corday, dans la rue de ce nom, le portier auquel je m'adressai me répliqua : « Madame, nous n'avons pas cette femme-là chez nous. » Les Italiens du peuple, il faut leur rendre cette justice, se souviennent mieux que les Français de leurs hommes illustres; ils chantent les vers des poètes et retiennent au moins le nom des généraux et des princes qui ont défendu ou gouverné leur pays. Ils se plaisent à donner à tous des surnoms qui les qualifient; ils aiment cette familiarité avec la gloire.

Donc, le portier du palais Pisani, ignorait tout à fait le nom de Léopold Robert qui était un étranger pour lui; mais il reprend avec intelligence : « Signora, il y a ici plusieurs peintres qui vous renseigneront mieux que moi; » et il m'offre de me guider dans cet immense palais. Nous traversons d'abord une cour ayant une citerne au milieu et à l'entour une galerie ornée de tous les bustes des Pisani; jeunes femmes au regard coquet et à la mine souriante, guerriers et magistrats hautains et graves; puis une seconde cour ornée de statues médiocres, formant une grandiose décoration; enfin un péristyle à colonnes qui donne sur une ruelle aboutissant au grand canal. C'est par ce passage, tendu d'étoffes précieuses, que Napoléon Ier entra au palais Pisani pour assister à une fête dont Venise parle encore. Je monte, à gauche, un magnifique escalier où les statues foisonnent; quelques-unes ont perdu un bras, d'autres le nez; les amours qui folâtraient au mur ont leur tête ou leurs ailes brisées; toutes ces figures grises ou poudreuses semblent se regarder piteusement entre elles, humiliées de la destruction et du silence qui les entourent. J'arrive à une galerie suspendue, qui circule autour de l'immense salle de bal où s'assit Napoléon; je considère un moment les fresques mythologiques du plafond; puis je sonne à une petite porte au bout de la galerie à gauche : « Voilà, me dit le portier, le logement du photographe, » et il me quitta aussitôt.

Une jeune fille accorte, aux grands yeux noirs, vient m'ouvrir; je lui explique le but de ma visite : elle me répond que son oncle me donnera avec plaisir les renseignements que je désire. Nous traversons plusieurs grands salons à corniches dorées, dont l'un a été coupé en deux pour faire une cuisine et une salle à manger: j'entre dans l'atelier du photographe, un beau vieillard, qui me reçoit avec aménité et qui, au nom de Léopold Robert, me répond aussitôt : « C'est dans l'appartement qu'occupe M. Nerly, un peintre prussien, que Léopold Robert s'est tué ; je vais vous y conduire, nous n'avons qu'un étage à monter. »

Je le suis ; nous franchissons une seconde galerie, qui circule au-dessus de l'autre, autour de la même salle de bal ; nous trouvons au fond une jolie terrasse à couvert, ornée de fleurs et de rocailles. Nous passons par une porte à gauche, et sommes introduits auprès de M. Nerly, vrai type allemand, blond, affable et doux. Peintre d'un talent sérieux et recueilli, M. Nerly habite Venise depuis vingt ans ; il s'y est marié, et est devenu beaucoup plus Italien qu'Allemand ; il me reçoit dans son atelier, la palette à la main, et travaillant à une grande toile. C'est dans cet atelier que Léopold Robert s'est suicidé. On y arrivait alors par un couloir qui aboutit à un autre escalier. Le frère de Léopold Robert, averti un matin par une vieille femme italienne, qui servait le peintre, que Léopold Robert n'avait point appelé, selon sa coutume, et ne lui répondait point, se précipita dans le couloir, força la porte de l'atelier, et trouva son pauvre frère assis sur une malle, la gorge ouverte. Le sang ruisselait à flots autour de lui ; il avait eu le soin singulier d'essuyer ses rasoirs et de les remettre dans leur étui. Il fit un dernier signe à son frère, comme pour lui dire que tout secours était inutile, puis il expira. M. Nerly a placé la belle gravure des *Moissonneurs* à la place même où Léopold Robert s'est donné la mort. Idée touchante qui fait planer la gloire sur la destruction.

Parmi les tableaux de M. Nerly, j'en remarque deux vraiment beaux : l'un représente des paysans italiens dans leurs pittoresques costumes, groupés au pied de l'admirable cirque antique de Pola ; le ciel, la campagne, le monument, et ces beaux visages naïfs de pâtres et de cultivateurs, forment une harmonie pénétrante. On n'oublie pas cette toile après l'avoir vue. L'autre composition, un petit tableau de chevalet, représente une de ces porteuses d'eau que j'ai décrites ; elle est d'une beauté parfaite, un peu sauvage, et porte comme une amphore grecque son seau de cuivre sur sa tête pensive ; elle s'appuie au bord d'une des plus exquises citernes de Venise, celle du *Compo Tomazzi*, dont les sculptures de marbre blanc représentent des amours et des fleurs enlacés ; une vieille et jolie maison, avec un balcon où monte une vigne, compose le fond du tableau. Tout cela est traité de main de maître ; c'est une empreinte d'un coin de Venise qu'on voudrait emporter.

Je quitte M. Nerly ravie de son talent et de son urbanité.

Les jours suivants sont remplis par de nouvelles excursions; on découvre sans cesse à Venise des aspects inattendus et des monuments intéressants. Un matin, je traverse le *Campo del vin*, petite place recueillie voisine de mon hôtel. J'y trouve une belle peinture de la Madone, encadrée et sous verre; elle tient, souriante, son fils dans ses bras. Des colonnes de marbre blanc s'élèvent de chaque côté du tableau, et une architrave sculptée le couronne. Une lampe brûle nuit et jour aux pieds de la Vierge, qui a là sa chapelle en plein air. La citerne habituelle, ornée de bas-reliefs, est au milieu du Campo. Je tourne par une ruelle à droite, et j'arrive dans le *Campo di San Zacaria*, encore plus mélancolique et plus tranquille que le précédent; la façade de l'église du même nom, qui le domine, est de style lombard; elle est élégante et hardie; des marbres la décorent, et sur le portail s'élève la statue de saint Zacharie. A droite de l'église, on voit encore quelques arcades formant terrasse, qui sont les débris d'un couvent de bénédictins du neuvième siècle. Les arbres d'une cour intérieure dressent leurs rameaux au-dessus de cette belle ruine, qui vous convie à l'étude et à la méditation. Huit des premiers doges de la république de Venise avaient leurs sépultures dans la vieille église des bénédictins, sur l'emplacement de laquelle on construisit Saint-Zacharie, au quinzième siècle. J'entre dans la nef; elle surprend et charme par le singulier mélange des styles ogival et lombard; les colonnes droites et les corniches carrées se marient aux arceaux gothiques; les règles de l'architecture protestent, mais les yeux sont ravis comme on l'est de certains visages de femmes, en qui la physionomie remplace l'incorrection des lignes. Le chœur a quatre autels disposés en demi-cercle; sur le troisième est le beau tableau de la *Circoncision* de Giovanni Bellini. Une œuvre plus capitale de ce peintre adorable se trouve dans la même église: c'est le fameux tableau de la Vierge entourée de quatre saints. Quelle grandeur dans la tête de la Madone! quelle expression de respect et d'attendrissement dans ces adorateurs de son fils qui la contemplent!

A la neige et aux bourrasques avait succédé un froid très-vif. Le ciel limpide était redevenu d'un bleu profond; la lagune était calme; j'en profitai pour refaire en entier le tour du grand canal et du canal de la *Giudecca*. Maintenant tous les palais m'étaient connus; je les nommais en les regardant comme des amis dont on ne saurait oublier le nom. Selon l'usage, mes gondoliers me les désignaient tout en lançant leurs avirons et en faisant filer la gondole. Lorsqu'ils voyaient, en passant, les armes autrichiennes sur les belles portes cintrées, ou qu'ils apercevaient les sentinelles tudesques devant quelques monuments, ils leur jetaient des regards de flamme, qui exprimaient une telle haine de race, que je ne pus m'empêcher de leur dire en leur montrant quelques soldats qui traversaient le marché aux légumes du Rialto : « Vous les détestez donc bien? » Ils me firent tous deux à l'unisson cette belle réponse : *Che vuole, signora, siamo Italiani!* (Que voulez-vous, madame, nous sommes Italiens. C'est-à-dire nous sommes les fils de la Grèce, de la lumière, de l'art, de la poésie, de la nature et de la spontanéité dans l'amour comme dans la haine. Nous sommes Italiens! Ce simple mot disait tout ; il m'a depuis été répété par d'autres gondoliers de Venise, et quand je pense à la ville esclave, il me revient toujours comme le cri d'union et de douleur de ses habitants éperdus.

Il y avait ce jour-là sur la rive, près du Rialto, des montagnes de choux, de navets, de salades ; la halle aux fruits et celle aux poissons regorgeaient ; les marchands criaient, les acheteurs gesticulaient ; rien d'étrange comme ces scènes populaires s'étalant tout à coup entre deux palais féeriques. La dévastation de ces demeures patriciennes apparaissait plus triste et plus sombre sous le ciel éclatant ; les majestueuses façades semblaient humiliées de cette crudité du jour qui dévoilait leurs ravages. On eût dit des femmes au déclin, superbes encore le soir au crépuscule ou à l'éclat des lustres, mais dont la lumière hardie et implacable du soleil dévoile tout à coup les rides et la vétusté. Autre injure : les masures où pendent des haillons se pressent cyniques contre les murs de marbre ; ou bien une petite maison coloriée et badigeonnée, produit vulgaire de la truelle moderne, étale sa fraîcheur discordante à côté d'un monument séculaire. Nous glissons sous un second pont de fer, que je n'avais pas remarqué dans ma première promenade nocturne sur le grand canal, nous longeons l'église Saint-Siméon, puis le jardin Papadopoli ; nous tournons l'îlot de l'hôpital *Santa Chiara*; là se termine le grand canal, et la grande lagune se trouve devant moi. La locomotive du chemin de fer fume en ce moment, et se précipite en beuglant sur la jetée qui fend l'eau comme un bras tendu ; le convoi disparaît dans le lointain de la terre ferme ; la transparence de l'air est telle que je distingue la campagne du côté de Fusine.

Je côtoie le Champ de Mars, je passe la pointe de *Santa Marta*, me voilà dans le large canal de la *Giudecca*; à ma gauche, les barques de pêcheurs sont amarrées auprès des taudis misérables où naissent et meurent les mariniers de Venise; leur demeure flottante rejoint leur demeure sédentaire quand le pain de la journée leur est assuré. Je reconnais le rivage que j'ai parcouru un soir avec le baron Mulazzani; avant de poursuivre ma route le long des *Zattere*, je fais un détour dans le canal transversal de Sant' Angelo. Ma gondole s'arrête un moment devant la curieuse façade du palais *Cicogna*, du quatorzième siècle, où les trèfles, les ogives et les dentelures des balustres des balcons s'entrelacent; je donne un regard à la petite église *del Carmine*. Là, un soir, Litz jeune, inspiré, fit entendre sur l'orgue, pour une femme aimée, un chant passionné qui alla réveiller l'écho du palais voisin d'Othello. Il se dresse à l'angle d'un étroit canal et en regard de l'église, ce palais profané qui abrita Desdémona. Le guerrier debout sur sa façade n'a pu le garer des outrages du sort. On a fait une usine et des boutiques banales des chambres mystérieuses où le More cacha son amour. La légende prend ici la place de l'histoire, car rien n'est certain dans ce drame éperdu; mais la poésie, plus vraie que la réalité, a rendu ce drame immortel.

Je reviens dans le canal de la *Giudecca*, où se groupent des vaisseaux de commerce et d'énormes gondoles de bagages; les premiers vont partir pour les mers lointaines, les autres pour le littoral voisin. A ma droite est la *Giudecca*, avec ses fabriques modernes et ses deux églises du temps de la foi. A gauche, sur les *Zattere*, s'étale le palais Giustiniani; puis l'hôpital militaire, et bientôt la *Dogana di mar*. Nous touchons à la pointe de la *Salute*; j'aborde sur la promenade de la terrasse; je suis toute engourdie par le froid, je marche en tous sens pour me réchauffer. La solitude est telle autour de moi, que je pourrais courir et gambader à l'aise, si l'idée m'en prenait. C'est un des attraits les plus captivants de Venise que cet insouci de la foule, qui ne vous poursuit point de son contact et de son murmure. Pour ceux que le bruit fatigue et que le monde irrite je ne connais pas d'oasis préférable; il suffit pour s'y plaire et s'y délecter à jamais de deux ou trois esprits qui tiennent le nôtre en haleine par l'échange des pensées tristes ou gaies, l'érudition, l'anecdote ou la contradiction. Le soir, lorsqu'ils n'avaient pu m'accompagner dans mes promenades de la journée, le baron Mulazzani et M. Baschet venaient habituellement me voir

Ce soir-là, comme je leur parlais de la maison d'Othello, et que M. Mulazzani me raillait de ma persistance à découvrir le palais où avait logé Alfred de Musset, je lui répondis que, pour moi, les souvenirs romanesques et les vestiges poétiques laissés par l'amour ou le génie à travers les siècles avait plus d'importance que les fastes des souverains.

« On désapprendra les noms de vos doges et de vos sénateurs, ajoutai-je ; mais les noms de Byron, de Shakspeare et de Musset auront à Venise des échos éternels ! »

M. Baschet fut de mon avis ; et, comme je lui indiquais la petite maison *calle del Fruttarol*, où le baron croyait qu'Alfred de Musset avait logé, il s'écria : « Nani ! Nani ! » comme je l'avais fait moi-même l'autre jour, et se mit, pour exprimer son objection, à répéter la strophe du poëte. Je ne pus m'empêcher de sourire de cet écho de ma propre réponse. Je constatai en cette occasion cette espèce de franc-maçonnerie de l'esprit français, qui fait que les gens du même monde se comprennent à demi-mots et se servent des mêmes formules.

« Si ce n'est lui, c'est donc son frère, répliqua en riant le baron.
— Oh ! ceci est plus probable, repartit M. Baschet, et pour le propriétaire de la petite maison, à qui vous vous êtes sans doute renseigné, un Musset en vaut un autre.
— Enquérons-nous de Pierre Corneille et non de Thomas, dis-je à M. Baschet, il y va de notre double honneur d'archiviste et de poëte de ne pas laisser cette question indécise. Il n'y a pas un Anglais qui, en passant ici, ne visite le palais Mocenigo, où demeura Byron ; et nous, Français, nous ne saurions pas même dire dans quelle partie de Venise est situé ce palais Nani qu'habita le plus ineffable de nos poëtes. » Ceci dit, je recommençai de plus belle à chercher querelle au baron sur son indifférence en archéologie.

« Un cours d'histoire sur les Nani sera très-bref, me répliqua-t-il gaiement ; une Nani fut la femme héroïque du doge Foscari ; plus tard, un Nani a marqué dans les fastes de Venise : c'est Ermolao Nani qui fut, comme on dit, un bienfaiteur de l'humanité durant la fameuse peste de Venise au dix-septième siècle. Il y a eu plus récemment un comte Nani Mocenigo que mon père a connu ; mais j'étais à cette époque un *bambino*, et je ne me souviens pas où il demeurait ; il me faudrait, pour satisfaire votre curiosité, me vieillir d'une trentaine d'années.

— Vous venez de nommer un Nani Mocenigo, repartis-je ; l'association de ces deux noms me ravit, c'est un rapprochement de plus entre le poëte anglais et le poëte français. On m'a montré trois palais Mocenigo sur le grand canal, celui qu'habita Byron est au milieu ; je dois le visiter un de ces jours, et je m'informerai si l'un des deux autres n'a pas appartenu à ce Nani Mocenigo.

— Comme il vous plaira, répliqua le baron, je m'en lave les mains ; car, si vous commettez quelque erreur en si importante matière, je veux qu'elle retombe sur votre tête et sur celle de M. Baschet.

— Je vais me mettre en campagne pour vous seconder, me dit le savant archiviste.

— Très-bien, vous serez de moitié dans la gloire de la découverte, » repartis-je.

Les songes de la nuit sont presque toujours un reflet des impressions de la journée ; pour quelques esprits, ils sont aussi des pressentiments ou des communications entre les êtres séparés par l'absence ou par la mort. Qui donc oserait rien affirmer ou rien nier dans le domaine du surnaturel et de l'imagination ? Où trouver des preuves convaincantes ou contradictoires, quand il s'agit d'une sensation mystérieuse et individuelle ? Ce qu'il y a de certain, c'est que dans la nuit qui suivit la conversation que je viens de rapporter, et qui n'avait rien de funèbre, je crus entendre durant mon sommeil la voix bien connue du grand poëte que pleurait encore la France. Cette voix partait d'une chambre voisine de la mienne, traversait ma cloison et venait mourir à mon oreille ; elle était entrecoupée de gémissements et de paroles parmi lesquelles ces mots : « Je souffre et j'ai froid ! » m'arrivaient distinctement articulés. Cette sorte d'évocation étrange d'une phase douloureuse de la vie du poëte m'obséda jusqu'au matin, où le coup de canon du port m'éveilla subitement en sursaut. Le jour commençait à paraître. J'allai ouvrir mes rideaux pour échapper à mon songe. Je vis avec surprise une épaisse couche de neige qui couvrait le quai des Esclavons ; elle tombait en tourbillonnant et jetait sur la lagune des flocons d'écume, c'était d'une tristesse d'hiver du Nord que la bleue sérénité du ciel de la veille n'aurait pu faire présager. J'avais projeté une excursion dans quelque île pour remplir cette journée du dimanche (18 décembre 1859). Que faire pour échapper à l'engourdissement léthargique que me causaient tour à tour l'intensité du froid et la suffocation d'un poêle allemand ?

Vers midi, pendant qu'on faisait ma chambre, j'allai causer avec la fille du maître de l'hôtel, une douce et cordiale personne qui aimait à parler avec moi de la France. Je trouvai près d'elle son père, le vieux et intelligent Danieli. Poursuivie par la voix de mon songe, je lui dis tout à coup :

« Vous qui connaissez si bien Venise, vous devez savoir où est situé le palais Nani?

— Le palais Nani, répliqua-t-il étonné ; mais, madame, vous y êtes.

— Eh non! votre palais se nomme le palais Bernardo!

— Bernardo-Nani, repartit l'hôtelier; il appartenait, il y a vingt-cinq ans, au comte Nani-Mocenigo, qui lui avait donné son nom; j'en fis l'acquisition après la mort du comte, et il reprit alors sa vieille dénomination de palais Bernardo.

— En ce cas, repris-je avec vivacité, vous avez connu Alfred de Musset, il a logé ici?

— Alfred de Musset? répéta M. Danieli, comme cherchant à se ressouvenir.

— Oui, repartis-je, un poëte français.

— Ce qu'il y a de certain, poursuivit M. Danieli, c'est que j'ai eu chez moi un de vos auteurs célèbres, M. de Balzac; il m'a même donné un de ses romans. Mais l'autre, son nom ne me revient pas...

— Rappelez-vous, monsieur Danieli! C'était un jeune homme blond!

— Oh! oui, s'écria l'hôtelier, un jeune homme blond qui a été malade chez moi, bien malade. Mais veuillez bien m'attendre un moment, je vais vous répondre avec certitude. »

M. Danieli sortit, laissant en suspens ma curiosité; il reparut presque aussitôt, tenant dans ses mains un énorme registre.

« Cherchez dans l'année 1834, lui dis-je, ou à la fin de celle de 1833. »

M. Danieli tourna quelques feuilles : « M'y voilà, » dit-il, et il me désigna une signature qui me fit tressaillir.

Je lus :

« ALFRED DE MUSSET, de Paris, 7 décembre 1833. »

« Oh! je me souviens bien maintenant, dit l'hôtelier, en relisant à son tour ce nom et un autre qui le précédait: ce joli jeune homme blond fut gravement malade ici. C'est le vieux docteur Santini qui le soigna.

— Un vieux docteur, dites-vous?

— Toujours accompagné d'un aide, d'un jeune élève qui faisait les saignées et donnait les purgatifs, comme c'était alors l'usage à Venise, répliqua M. Danieli. Depuis, l'élève de Santini, ce bon Pietro Pagello, est devenu docteur à son tour; je puis vous en parler sciemment, car je suis le parrain de sa fille ainée, qui s'est mariée cette année à Trévise. Ce diable de Pagello a bien eu huit enfants, ma foi! de ses deux femmes. Il exerce à Bellune, où on vient le consulter de tous les environs, et il serait fort heureux, s'il n'était tombé dans une surdité complète; il n'entend pas même avec un cornet : il faut qu'on lui écrive ce qu'on lui demande, et il vous réplique lui-même de cette manière. Il n'a pas toujours été un médecin si renommé, ce cher Pagello; il avait fait un voyage à Paris d'où il revint très-content avec un peu d'argent et une boite d'instruments pour broyer la pierre [1]. Il fit d'abord quelques opérations désastreuses qui le discréditèrent à Venise; mais il a pris sa revanche à Bellune et dans tout le Tyrol italien. »

La biographie de ce pauvre docteur devenu sourd m'intéressait médiocrement; j'écoutais pourtant sans l'interrompre M. Danieli, qui paraissait charmé de me parler de son ami. Quand il eut fini, je lui demandai simplement :

« Était-il bien beau, ce Pietro Pagello?

— Un gros garçon un peu court, blond, ayant l'air d'un Prussien.

— Revenons à l'autre jeune homme blond, lui dis-je; l'appartement où il demeura existe-t-il encore dans votre hôtel?

— S'il existe! il est tout près de votre chambre... »

Je ne pus m'empêcher de frissonner.

« Il porte le numéro 15, continua M. Danieli; il est situé au fond de la grande galerie à gauche. »

Je me levai aussitôt.

« Conduisez-moi, m'écriai-je, je désire voir de suite cet appartement.

— Oh! c'est facile, il est vide comme tous les autres, hélas! »

M. Danieli se fit apporter une clef et marcha devant moi.

---

[1] Instruments de lithotritie.

Nous montâmes l'escalier de marbre orné de bustes, puis franchimes la grande salle d'honneur du palais Bernardo-Nani, devenue une galerie de passage ; le lecteur se souvient peut-être que j'en ai parlé en racontant à dessein mon installation à l'hôtel Danieli. Nous parvînmes au fond de la galerie, devant le petit escalier en bois qui conduisait à ma chambre, pratiquée, comme je l'ai dit, dans des pièces à plafonds élevés dont on avait partagé la hauteur pour en faire deux entre-sols. Nous tournâmes à l'angle gauche, où est une rampe à jour qui encadre et couronne le vestibule. Nous étions devant la porte du numéro 15 ; M. Danieli ouvrit ; nous fimes trois pas dans un petit passage, franchîmes une seconde porte, et nous nous trouvâmes dans la chambre où Alfred de Musset avait failli mourir à Venise. Elle communique avec une autre chambre à peu près d'égale grandeur et qui est suivie d'un grand salon dont les deux larges fenêtres s'ouvrent sur le quai des Esclavons. L'îlot de *San Giorgio* est en face avec son église et son campanile qui semble flotter sur la lagune ; à droite s'élèvent la *Dogana di mar* et la *Salute* ; à gauche, au loin, en retour du quai des Esclavons, le jardin public groupé sur les flots comme un bouquet gigantesque de fleurs aquatiques. Je m'accoude un moment à l'une des fenêtres, puis, considérant le salon, je m'enquiers des changements qui ont été faits à sa disposition et à son ameublement.

« Le salon était plus grand au temps du jeune homme blond, me dit M. Danieli (qui désigna toujours de la sorte l'auteur de *Rolla*) ; nous l'avons coupé en partie pour faire un couloir de dégagement. Il était à cette époque tendu en soie bleue foncée comme lorsque M. de Balzac l'occupa deux ans plus tard, car maintenant je me souviens des dates exactes, grâce à mon registre, ajouta l'hôtelier ; M. de Balzac avait aussi les deux chambres que vous venez de voir, poursuivit-il, rien n'a été changé à leur disposition ; les papiers seuls et les rideaux ont été renouvelés. »

Nous étions rentrés dans ces deux chambres mémorables. Je m'arrêtai dans celle qu'avait habitée Alfred de Musset, je regardai tour à tour avec attendrissement le lit où il avait tant souffert et cette glace penchée où son pâle et noble visage s'était reflété.

M. Danieli, surpris de mon examen et de mon émotion, me dit : « M. de Balzac et ce jeune homme blond étaient donc des personnages bien *importants* en France ?

— Assez *importants*, répliquai-je en souriant de son épithète, pour que je vous conseille de mettre leurs portraits à la place des enluminures qui décorent le grand salon, et d'inscrire sur le seuil de cet appartement le nom de ces hôtes glorieux.

— Vous croyez que cela plaira aux voyageurs et les attirera? répliqua l'hôtelier.

— Oui, répondis-je; bien des femmes viendront ici en pèlerinage; en attendant, voulez-vous m'y laisser quelques heures tandis que la neige tombe et que je ne puis sortir?

— Bien volontiers, répliqua M. Danieli; et il ajouta en se retirant : C'est une bonne idée; je vais écrire à mon correspondant de Paris qu'il m'envoie ces deux portraits. »

Quand je fus seule, je me pris à pleurer, en proie à cette angoisse de l'impuissance humaine qui évoque sans cesse, mais ne peut faire revivre ce qui n'est plus. J'allais de sa chambre à l'autre chambre, puis au salon; je touchais les murs, je m'appuyais aux fenêtres, il me semblait que ces meubles remuaient, qu'il était là prêt à m'apparaître vivant, jeune, beau, inspiré; n'avais-je pas entendu sa voix la nuit précédente, pourquoi donc le miracle ne s'accomplirait-il pas tout entier? La neige continuait à tomber du ciel plus sombre; pas une voix ne montait du dehors, pas une gondole ne fendait la lagune; Venise, autour de moi, paraissait morte; j'étais moi-même saisie de vertige; un froid funèbre me gagnait. « La mort fait voir dans la mort, pensai-je; si j'expirais ici, je le reverrais; nous nous parlerions avec la mansuétude des fantômes; ce serait bon et doux après tant d'orages. » Je m'étais assise dans un fauteuil de sa chambre; j'y restai longtemps à penser ainsi.

On vint m'arracher à l'hallucination heureuse en m'avertissant qu'une visite m'attendait.

Je trouvai le baron Mulazzani dans ma chambre; il était arrivé à travers la neige à l'aide de ses bottes à l'écuyère.

« J'ai pensé que vous mouriez d'ennui par ce temps du Groënland, me dit-il, et qu'un peu de compagnie ne vous déplairait point.

— La grande découverte est faite, repartis-je, et cette journée est la plus intéressante que j'aie passée à Venise.

— Êtes-vous romanesque! me reprit-il, lorsqu'il sut de quoi il s'agissait; êtes-vous jeune!...

— Cher baron, répondis-je, je suis en réalité plus vieille que vous, mais l'âme qui sait admirer et aimer reste entière quand le corps se détruit. »

Il me railla doucement sur ce qu'il appela mon spiritualisme, et finit par me conter des anecdotes vénitiennes.

XII

La neige tomba durant trois jours, entrecoupée de pluie et de bourrasques. Toute une nuit l'Adriatique hurla comme une bête fauve prête à mordre Venise. L'excès de la furie de la tempête finit par amener son apaisement. Un matin, à mon réveil, je retrouvai un ciel calme et bleu ; le froid était des plus vifs, quoique le soleil brillât. Une couche de neige épaisse et durcie restait sur le pavé et les monuments ; elle foisonnait de paillettes et rayonnait de toutes les couleurs du prisme. Je mis à profit cette belle journée d'hiver pour visiter Padoue ; je partis à dix heures du matin par le chemin de fer. Une dame âgée, à figure distinguée, que j'avais remarquée à l'embarcadère, où il n'y avait que des hommes, monta dans le même wagon que moi. Elle me dit en très-pur français qu'elle avait reconnu à ma mise que j'étais Française, qu'elle éprouvait un grand charme à se trouver en ma compagnie, parce qu'elle aimait Paris et était toujours heureuse d'en parler ; je lui demandai, à mon tour, si elle était Italienne.

« Oui, Vénitienne, répliqua-t-elle, sans se nommer. » Je gardai la même réserve sur mon nom. J'ajoutai que j'adorais Venise, et nous commençâmes par causer de ses monuments.

Elle me conseilla de visiter le palais Morosini, un des plus curieux de Venise, ajouta-t-elle, et qui garde intacts la grandeur et le luxe des siècles passés.

« Venise n'a plus, repartis-je, que ce prestige des souvenirs ; elle est triste et morne à faire pitié, il est bien temps que les Autrichiens s'en aillent de votre ville en deuil ; ils ressemblent, à travers les palais et les monuments, à des croquemorts assis sur des tombes. »

La dame ne me répondit point et se pinça les lèvres.

Je continuai : « Plus une fête publique, plus un théâtre ouvert, rien qui exprime la joie et la vie d'un peuple civilisé.

— Je vous assure qu'il y a encore à Venise, reprit-elle, des salons où l'on peut se distraire; » et elle me nomma celui de la princesse Clary qu'elle appela son amie.

« La gaieté de quelques-uns est mauvaise au milieu du désespoir de tous, et, puisque vous êtes Vénitienne, madame, vous devez sentir un peu de la grande pitié que moi étrangère j'éprouve pour votre patrie.

— Venise est une ville d'aristocratie, repartit l'inconnue, elle ne peut renoncer à son histoire et se confondre au reste de l'Italie.

— Ce qu'elle ne peut pas et ne veut point, répliquai-je, c'est de s'unir à l'Autriche; le temps et la force n'y feront rien : les deux races resteront éternellement ennemies. »

La dame demeura silencieuse.

Je me mis à considérer la route et la campagne, qui s'étendait alentour entièrement blanche et diamantée; la lagune seule, grise et terne fuyait et disparaissait derrière nous. Nous avions dépassé Mestre; les Alpes du Tyrol, couvertes de neige, s'élevaient à droite comme des masses gigantesques de marbre de Paros; à gauche, à l'horizon, les mamelons boisés et cultivés des monts Euganéens ressemblaient, en ce moment, à d'immenses coupoles de marbre. Dans la même direction se cachaient Abano et Arquà, où mourut Pétrarque; puis les bords riants de la Brenta, où se reflètent encore les somptueuses villas des patriciens de Venise.

Les arbres du chemin dressaient dans l'éther leurs branches cristallisées, où le verglas suspendait des pendeloques d'opale; les fermes, les champs et les monticules portaient une robe de nacre uniforme qui les confondait. Cela rappelait l'effet d'un dessin au crayon blanc dont toute couleur est absente. On se lassait de cette étendue imposante, monotone et immobile; les yeux demandaient un peu de variété et de mouvement; l'esprit quelque aventure.

La dame inconnue ne disait mot et semblait dormir; elle restait pour moi un mythe irritant. Parfois quelques moutons et quelques vaches noires traversaient la neige, traçant derrière eux des sillons bruns. Un petit pâtre couvert d'un manteau de laine et d'un chapeau à mentonnières les poussait en sifflant un air populaire; je leur savais gré de se montrer et de vivre, d'animer les champs, où tout paraissait mort.

Enfin, nous arrivâmes à Padoue. A peine sortie de l'embarcadère, je m'arrête émerveillée en voyant devant moi planer au-dessus des maisons, et se déployer dans l'azur les églises de Saint-Antoine et de Sainte-Justine. Leurs coupoles amoncelées les font ressembler à des mosquées d'Orient, elles forment en ce moment un groupe admirable; l'intensité de la lumière permet de distinguer à distance les sculptures dentelées et les statues.

Je n'ai que cinq heures à passer à Padoue; je monte en voiture et me fais conduire au café *Pedrocchi*, qui est un des monuments de Padoue. Une enceinte bastionnée, percée de sept portes, entoure la ville; nous entrons par une de ces portes qui a perdu de son caractère sous une couche de badigeon; nous franchissons des rues tortueuses dont quelques-unes sont bordées de belles arcades; j'aperçois çà et là des façades de palais peintes à fresque. J'arrive devant ce fameux café *Pedrocchi* où les officiers autrichiens savourent le *framboas* et le vin de Chypre. Je me dispose à envoyer chercher M. Lebreton; un ami de M. Baschet, marié à une belle Vénitienne, directeur de l'usine du gaz de Padoue, et qui m'a été présenté les jours précédents; je l'aperçois tout à coup qui traverse la place; il est très-surpris de s'entendre appeler en français; il vient à moi, et, sans tarder, nous allons visiter les monuments les plus curieux. Nous nous rendons d'abord au palais *della Ragione*, qui renferme le célèbre Salon, auquel on arrive par un bel escalier délabré et poudreux; une partie du vestibule est en ruine, plusieurs pièces du premier étage peintes à fresques, et dans lesquelles je m'aventure malgré le custode qui proteste, sont envahies par des bureaux militaires; les armes autrichiennes enluminées sur des écussons de fer-blanc recouvrent au-dessus des portes le blason des podestats de Padoue et de la république de Venise.

Nous entrons dans l'immense *Salone*, la plus grande salle de l'Europe, et dont les Anglais s'inspirèrent pour élever à Hyde-Park la grande nef de leur palais de Cristal. Ce *Salone*, qui a trois cents pieds de long sur cent pieds de large, fut construit au douzième siècle. Le plafond est en forme de voûte tout recouvert de plomb à l'extérieur. A l'intérieur, les parois sont entièrement revêtues de fresques formant quatre cents compositions; une des plus curieuses est celle sur l'influence des saisons où les planètes flottent dans l'azur. La fresque du fond représente saint Marc sur son trône, symbole de la puissance de Venise au quinzième siècle. Ce salon incommensurable a vu défiler les doges et les magistrats de la république; il fut rempli par les cérémonies et les fêtes de la grandeur de Venise; il est devenu aujourd'hui un musée clair-semé de curiosités historiques dont quelques-unes méritent un souvenir : c'est d'abord le monument élevé à Tite Live, qui naquit et mourut à Padoue ; un squelette fut découvert au quinzième siècle dans les fondations du couvent de Sainte-Justine, près d'une inscription funéraire de Livia, fille de Tite Live. On pensa que ce squelette était celui de son père, et la république de Venise décréta une fête superbe pour la translation des os de l'historien de la république romaine, dans l'enceinte du *Salone*. Alphonse d'Aragon, alors roi de Naples, envoya un ambassadeur pour obtenir du doge un doigt de l'auteur des annales de l'antique Rome. Le roi Bomba ni son fils n'auraient jamais eu de ces idées-là ; les reliques de l'histoire leur importaient peu, ils n'aimaient que celles de *San Gennaro* sous la protection desquelles ils mettaient leurs exécutions barbares ; le sang du saint absolvait le sang répandu par leurs vengeances royales ; ils avaient fait de ce martyr le compère de leurs cruautés. Je regarde un moment, pensive, le cercueil peut-être apocryphe de Tite Live et quelques mausolées de Padouans illustres du seizième et du dix-septième siècle. Au fond de la salle piaffe, gigantesque comme le cheval de Troie, le modèle en bois de la belle statue équestre de *Donatello*, que nous retrouverons devant l'église de Saint-Antoine.

Tandis que nous considérons ces vestiges du passé, M. Lebreton me raconte qu'il y a à peine cinq mois le *Salone* fut encombré de morts et de mourants Français et Autrichiens transportés là après les batailles.

« Je venais chaque jour, me dit-il, visiter nos compatriotes blessés et prisonniers ; un matin, là, dans cet angle, au-dessous de cette fresque des apôtres, j'en vis expirer un qui n'avait pas vingt-cinq ans ; il mourut en criant : « Vive la France ! »

Avant de quitter le palais *della Ragione*, nous parcourons sa curieuse galerie en terrasse donnant sur la place du marché aux herbes. Cette galerie est jonchée de débris de sculptures, pierres tumulaires, bustes brisés et fragments de statues de tous les siècles. Les monuments deviennent aussi squelettes, puis poussière, et à son tour le globe se dissoudra.

Au-dessous de nous la place fourmille de vendeurs et d'acheteurs ; ils pataugent dans la neige fondue transformée en mare boueuse et noire. Sous les arcades grouillent et crient les petits marchands. Dans une heure, la besogne nécessiteuse sera finie, la place et les rues voisines se videront, et Padoue redeviendra déserte et morne comme toutes les villes de la Vénétie.

Nous traversons la place *dei Signori*; là est le palais *del Capitano*, ancien palais des Carrera, tyrans de Padoue. Je regarde à l'entrée une fresque colossale; je pense au drame romanesque d'Hugo et à madame Dorval, si belle, lorsqu'elle criait : « Je ne veux pas mourir! » Les salles et les corridors secrets sont transformés aujourd'hui en une imprimerie banale où l'on n'imprime pas les grands poëtes.

Nous donnons un regard charmé au beau portique de *Biaggio ferrarese*, et nous allons visiter l'université. Elle fut fondée au treizième siècle. Sa façade et sa cour à colonnes, par *Sansovino*, forment un splendide péristyle à ce temple de la science. Quel deuil et quelle solitude nous trouvons dans cette enceinte où la vie et l'esprit bouillonnèrent à flots précipités! Où sont les six mille étudiants qui, au seizième et au dix-septième siècles franchissaient les portes *del Bo*[1], demandant ardemment à des maîtres illustres la pâture de l'intelligence, puis, quand les heures de l'étude étaient accomplies, se répandaient dans la ville en bandes joyeuses? Aventures galantes, chants, musique, bals et mascarades, vous vous êtes évanouis avec l'indépendance de l'Italie! Les étudiants de Padoue sont à la guerre, « avant la science, la patrie, » disent-ils. L'université est fermée, et toutes ses salles sont muettes.

Un custode les ouvre pour nous, en me disant: *Signora, il Bo è più mesto oggi che il Campo Santo.*

Nous passons d'abord sous les arcades du Sansovino; sur les murs parallèles sont sculptés en relief les noms et les armoiries des étudiants de toutes les nations dont les thèses furent couronnées par l'université. Nous montons un escalier à droite où nous trouvons la statue d'Helena Lucrezia Cornaro : elle est belle, gracieuse et souriante, et porte en se jouant le poids du savoir; ses cheveux soyeux, bouclés et superbes, se sont coiffés un jour du bonnet carré des docteurs. Sa taille flexible a revêtu la toge et l'hermine, mais tout son être est resté féminin; ses lèvres roses ont parlé l'hébreu, le grec, le latin, le français, l'espagnol; sa voix de sirène a chanté

---

[1] Nom de l'édifice de l'université de Padoue.

les vers qu'elle improvisait sur la viole d'amour! Elle savait les noms et la marche des astres; elle eût dérouté Pie IX en théologie et mon ami Babinet en mathématiques; elle mourut [1], comme il faut mourir, dans le ravissement de la jeunesse, de la beauté et de la gloire. L'intelligence est alors radieuse, le cœur fêté croit encore à l'amour.

J'aime à trouver dans la vie et dans l'histoire ces ineffables figures de femmes qui eurent la double beauté de l'esprit et du corps; leur royauté est incontestable, indépendante des hommes et du sort. L'Italie couronne ces souveraines que le génie a sacrées; elle les adore comme faisait la Grèce, sa mère; la France seule les raille et les outrage. Je sais un chevalier de vieilles ruelles qui, parlant un jour de l'île de Lesbos, appela Sapho le *bas-bleu* de l'antiquité!

Nous arrivons dans la salle d'examen vaste et magnifique, mais malencontreusement mise à neuf; on a repeint et redoré les blasons, et les noms des docteurs qui revêtent en relief les murs de la salle; une fresque moderne décore le plafond; les derniers examinateurs ne s'asseyaient plus sur les vieilles stalles de chêne sculpté, mais sur de moelleux fauteuils en velours rouge et à bois doré; les candidats avaient en face d'eux, pour les inspirer, le portrait en pied de l'empereur d'Autriche qui, couronne en tête, écoutait leurs thèses d'un air rogue. A présent, le Habsbourg regarde dans le vide en attendant qu'on fasse un feu de joie de son image détestée.

Nous passons dans le cabinet de physique où, parmi les fœtus nombreux et les cous à deux têtes conservés dans l'esprit de vin, on montre aux curieux une *vertèbre dorsale de Galilée*. Oh! sécheresse et profanation de la science! La poésie n'eût pas eu cette idée-là! Le dos du génie s'est courbé dix-huit ans dans cette enceinte sous la méditation et l'étude, et pour l'honorer vous l'enfermez dans un bocal! Laissons à la terre le cadavre de l'homme; elle du moins, dérobe aux vivants l'aspect hideux de ce qu'elle détruit.

Un escalier parallèle à celui par lequel nous sommes montés, nous ramène dans la cour du Sansovino, nous regagnons notre voiture, et, avant de visiter les basiliques de Padoue, nous nous faisons conduire hors les murs à la petite église de *Santa Maria dell' Annunziata*, vulgairement appelée la *Madona dell' Arena*. Elle est située sur l'emplacement d'un cirque antique; nous laissons à

---

[1] A trente-huit ans, en 1684.

gauche, avant d'arriver, la belle porte *Contarini*, murée aujourd'hui, et qui garde encore sur son architrave les armes de Padoue, sculptées et peintes à fresque. Nous franchissons le mur d'un enclos inculte, et traversons des sentiers défoncés et couverts de neige ; nous arrivons à la chapelle que Giotto et Dante ont rendue immortelle ; le poète qui était à Padoue l'hôte du peintre lui inspira ces fresques divines, les plus belles sorties du pinceau de Giotto. Quelques-unes devraient être gravées en tête des chants de la *divine Comédie*, tant elles semblent écloses des vers mêmes du poëte.

A peine entré dans l'enceinte harmonieuse, on respire comme une atmosphère de foi et de recueillement ; la voûte de la nef est revêtue d'azur et semée d'étoiles d'or ; ce fond de firmament attire la prière. C'est aussi sur un fond bleu, que Giotto détache les figures des scènes naïves et sacrées que nous contemplons avec ravissement ; c'est la simplicité et la grâce de l'art antique avec ses mouvements toujours vrais : moins de beauté dans les lignes des visages, autant de naturel dans l'expression et autant de grandeur dans les attitudes. La plus magistrale de ces fresques est l'*Ensevelissement du Christ* ; chaque personnage contribue à l'effet de ce drame inouï du Dieu mort sous la figure de l'homme. On vient de détacher le Christ de la croix ; sa mère, navrée, soulève sa tête morbide avec amour ; du bras droit, elle étreint le cou qui retombe, de la main gauche elle presse le sein glacé. La tête du Christ est d'une beauté grecque, calme et sereine dans la mort ; celle de la Vierge l'effleure presque ; on dirait qu'elle veut le ranimer de son souffle, ou bien qu'elle espère encore qu'il n'est qu'endormi ; tout ce que les mères sentiront jamais d'angoisse et de tendresse éclate dans ce visage penché. Une sainte femme accroupie soutient le corps du Christ ; on devine, au mouvement de la draperie qui l'enveloppe, la douleur de cette figure voilée ; une autre sainte femme, agenouillée, relève les bras et les mains du Christ d'une pureté de formes ineffable ; derrière elle, saint Jean, effaré, veut se précipiter vers son maître bien-aimé ; deux apôtres, plus fermes et plus tranquilles dans leur foi, restent debout derrière saint Jean. Mais la figure la plus adorable, le charme éternel de ce tableau, c'est Madeleine assise aux pieds du Christ ; elle tient avec respect dans sa main délicate le pied percé du Rédempteur ; elle n'ose toucher au stigmate sanglant et le regarde avec une douleur sombre. Le profil éblouissant de la pécheresse est encadré par ses cheveux d'or; son cou penché, d'une blancheur d'ivoire, sort de sa robe flottante aux plis de statue ; elle est belle, grande et triste comme l'amour. Sitôt qu'on a regardé cette figure, toutes les autres figures de ce tableau s'éclipsent. Je dois pourtant parler d'un groupe nombreux de femmes dont les têtes s'inclinent sur celle du crucifié; elles personnifient la pitié : on dirait le chœur antique faisant écho à la douleur de la mère éperdue. Une nuée d'anges voltige dans l'azur avec toutes sortes d'ailes capricieuses; ce sont les spectateurs de la scène émouvante; tous ont la tête courbée vers leur Dieu immobile; ils semblent lui dire : « Viens avec nous! viens ! c'est assez de la terre où l'on t'a méconnu! » Un seul, le visage tendu vers le ciel et les yeux plongés dans ses profondeurs, paraît voir là-haut celui que les autres contemplent en bas.

Entre les grandes fresques, dont Giotto a couvert les murs de la nef et du chœur et qui sont au nombre de plus de quarante, il a placé des figures peintes en grisaille représentant les *Vices* et les *Vertus*; elles sont d'un effet merveilleux; on dirait que le profond artiste du moyen âge a deviné les peintures murales encore ensevelies sous la lave du Vésuve. O ailée et suave *Spes!* fille idéale de Giotto! j'ai trouvé ta sœur parmi les muses de Pompéi !

Le temps passe, je dois m'arracher à mon admiration et me hâter d'aller visiter l'église de Saint-Antoine de Padoue; elle n'a aucun tableau qui soit comparable à cette admirable fresque du Giotto. Mais quel ensemble merveilleux. quelle apparition de l'Orient offre tout à coup au regard cette vieille église byzantine couronnée de ses six coupoles et de ses cinq clochetons! A mesure que nous avançons, nous voyons se dresser sur la neige sa belle façade dont la porte est surmontée d'une statue de saint Antoine du quatorzième siècle; le fond de la niche est peint à fresque, le nom de Jésus se détache au milieu, et, de chaque côté, sont les deux figures de saint Bernardin et de saint Antoine, par *Mantegna*; cette porte est encadrée par deux ogives qui la dépassent et atteignent jusqu'au couronnement formé par la niche; dans ces quatre ogives sont percées des portes plus petites et des fenêtres; au-dessus court une aérienne galerie à colonnes légères sur laquelle s'élève l'architrave terminée en pointe et ayant au centre, comme une fleur colossale épanouie, une belle rosace en vitrail. A gauche de cette merveilleuse façade plane sur son haut piédestal la statue équestre du condottiere *Gatta Melata*. C'est le chef-d'œuvre de Donatello ; hardi, inspiré, l'artiste improvisa pour ainsi dire sa création, car ce bronze est le premier qui ait été fondu en Italie. Ce guerrier hautain, bardé de fer, semble le gardien de la vieille basilique. Nous entrons dans la nef *del Santo*, nom populaire donné à cette église ; en effet, ce bon saint Antoine était le saint particulier, et pour ainsi dire familier de cette antique cité de Padoue fondée, selon Virgile, par Anténor après la prise de Troie.

Au commencement de l'ère chrétienne, Padoue fut illustrée par un grand nombre de martyrs ; parmi les femmes qui bravèrent tous les supplices pour confesser le Christ, sainte Justine fut la plus célèbre. Saint Antoine, qui vécut au commencement du treizième siècle, était né en Portugal ; il vint à Padoue enseigner la théologie ; il prêchait dans les églises et souvent en plein air. Non-seulement il prêchait les hommes, mais il prêchait aussi les bêtes, et la légende prétend que les poissons l'écoutaient attentifs. Je trouve dans une des chapelles de l'église une fresque de Mantegna, contemporain du saint, où le bon Antoine est représenté entouré de poissons et de crabes qui, queues frétillantes et pattes tendues, sortent de la mer et de la lagune pour l'entendre.

A peine saint Antoine fut-il mort à Padoue (1231) qu'on lui éleva cette église où l'on enferma son corps dans un tombeau magnifique. Au moment où nous traversons la nef, le jour colorié des vitraux projette tous les rayonnements du prisme sur les statues, les tableaux et les bas-reliefs, qui fourmillent de tous côtés. Je remarque un buste expressif et charmant de la belle Helena Lucrezia Cornaro. L'Italie ne ferme pas ses temples à celles qui honorent Dieu par l'intelligence ; elle comprend que le génie est le don le plus haut et le plus saint, et qu'il n'échoit qu'aux élus du ciel.

Du même côté est la chapelle éblouissante qui renferme le corps de saint Antoine ; des lampes l'éclairent nuit et jour. L'architecture du monument est de Sansovino. Les sculptures de marbres les plus rares, les candélabres et les figurines d'argent, les grilles de bronze ouvragé entourent la chapelle et la décorent sans confusion. Les bas-reliefs qui couvrent les murs sont autant de pages de la vie du saint. Un des plus frappants nous le montre ouvrant le cadavre d'un avare et y trouvant une pierre à la place du cœur. D'humbles croyants arrivent encore chaque jour de la campagne pour prier dans la chapelle du saint. Ils tiennent leurs mains jointes appuyées contre la plaque de bronze qui recouvre le cercueil. Je vois là une pauvre mère qui est venue des bords de la Brenta supplier le saint de lui laisser son enfant; ses larmes roulent sur son visage bistré, tandis qu'elle murmure son invocation fervente. Sa prière achevée, elle se lève, rabat sur ses yeux un fichu blanc qui lui sert de voile, reprend un panier qu'elle a posé près d'elle pour dire son oraison et se dispose à sortir. Je lui demande pourquoi elle pleure : « *Povero bambino!* » soupire-t-elle, et elle ajoute que son fils a six ans, que le médecin de son village l'a condamné, et qu'elle n'espère plus que dans le grand saint Antoine, plus savant et plus puissant que tous les docteurs.

Je l'écoute attendrie, et je me dis qu'on n'oserait ravir à ces êtres naïfs la foi qui leur donne de telles espérances. Je veux savoir si son curé lui a conseillé ce pèlerinage; à cette seconde question, elle répond que le curé est un *birbante*; puis, me désignant du doigt le bas-relief de l'avare dont j'ai parlé : « *Un core di pietra simile a questo.* » Cet apologue me confirme dans l'observation faite précédemment, que le peuple italien sépare la religion de ses ministres; il vénère l'une et juge les autres avec beaucoup de sans-façon.

Du même côté de la nef où est le tombeau du saint, se trouve la curieuse chapelle *della madona Mora*. Une statue de la Vierge, en marbre noir, est assise au-dessus de l'autel; on l'a revêtue d'oripeaux et de clinquant pour la rendre moins sombre; on dirait une divinité indienne. Le chœur est séparé du reste de l'église par une grille d'un superbe travail, couverte d'allégories et surmontée des deux statues en bronze de saint Antoine et de saint Prosdocimus. L'orgue est encadré dans des ornements de bronze de Donatello. Cet artiste a prodigué son génie dans cette imposante décoration du chœur. Un crucifix en bronze, avec la Vierge et quatre apôtres à ses pieds, est aussi de Donatello, ainsi qu'un beau bas-relief du Christ au tombeau placé au fond du chœur. L'autel, les candélabres, les statues, tout est en bronze dans ce sanctuaire recueilli; c'est d'un aspect sévère plein de grandeur; toutes les chapelles du côté droit de la nef sont peintes à fresque; celle de la chapelle de Saint-Félix m'attire et me captive; c'est une suite de peintures naïves sur les miracles les plus dramatiques et les plus touchants;

le nombre des figures, le mouvement, la hardiesse, font de ces compositions des œuvres vraiment magistrales. Il y a là de grands bœufs sauvages traînant le corps mort d'un apôtre, que j'ai retrouvés avec leur allure fière et leurs naseaux fumants dans la campagne de Rome. Au fond de cette même chapelle, à droite, est un ange, debout dans une barque, d'une grâce ineffable; ses ailes déployées semblent servir de voile à la nef qui glisse sur l'eau comme poussée par leur frémissement. Cette figure, ainsi que la fresque des bœufs, sont de *Jacopo d'Avanzo*, qui mérite une place à part parmi les maîtres vénitiens pour son coloris et sa vigueur. Je quitte l'église de Saint-Antoine avec le regret très-vif de n'avoir vu qu'en courant toutes ces merveilles de l'art religieux dont la phase de grandeur s'est produite au quatorzième siècle; plus tard, l'art pur, l'art croyant, s'amoindrit, décline, et en arrive, d'éclipse en éclipse, à produire les églises de Rome et les anges mythologiques de Bernini. Nous ne pouvons donner qu'un coup d'œil rapide à la chapelle grandiose de Saint-George, qui s'élève en retour de la basilique de Saint-Antoine et communique avec elle. C'est une sépulture somptueuse que se bâtit, au quatorzième siècle, le marquis de Loragna; le mausolée splendide, entouré d'un cortége de statues, de saints et de saintes, s'élevait au milieu de cette chapelle dont tous les murs sont encore couverts de belles fresques de Jacopo d'Avanzo. Quelle fière attitude a ce saint George luttant contre un dragon! La pose du même saint, buvant la coupe empoisonnée par l'ordre de Dioclétien, est d'un effet dramatique, dont la tranquillité et la grandeur seraient frénétiquement applaudies au théâtre. C'est l'acceptation de la mort avec la certitude de l'immortalité.

Mais je dois me hâter et traverser en courant la *scuola del Santo* (confrérie de Saint-Antoine). Pourtant Titien a là plusieurs fresques qui sont des chefs-d'œuvre : dans l'une, il nous montre saint Antoine faisant parler un tout petit enfant qui atteste l'innocence de sa mère; dans une autre, c'est un mari furieux tuant sa femme sur un soupçon d'adultère. Antoine intervient comme un justicier, ressuscite la belle créature, qui revit dans sa pureté et sa jeunesse et bénit le saint de sa mansuétude.

Pour nous rendre à l'église de Sainte-Justine, nous traversons la promenade *del Prato della Valle*. Elle offre l'aspect du plus beau décor de théâtre qu'on puisse imaginer. Un large courant d'eau vive décrivant une immense ellipse, est bordé par un double mur de marbre dont la corniche est surmontée de quatre-vingt-huit statues sur leurs hauts piédestaux ; ce sont les figures pensives d'Italiens célèbres. Quatre ponts d'une seule arche s'élancent sur l'eau limpide, qui les reflète ainsi que les figures debout sur ses bords ; ces ponts conduisent au centre de l'ellipse plantée d'arbres et de fleurs. Oh ! la riante arène des fêtes nocturnes au temps où Padoue vivait encore ! Quand les étudiants fougueux la remplissaient de jeunesse et d'orgueil, par les soirs d'été et les claires étoiles, quand les parfums montaient et que les flots murmuraient, ces statues discrètes et mystérieuses ont dû voir passer de belles amours ! Maintenant toutes ces figures frissonnent devant nous comme des fantômes sous le linceul de neige qui les revêt ; les arbres, dépouillés de leurs feuilles vertes, dressent dans le ciel bleu leurs rameaux de givre cristallisé ; les gazons sont couverts d'un voile de blancheur ; l'eau seule court et gazouille ainsi que l'oiseau qui s'ébat dans les rigueurs de l'hiver.

Il Prato della Valle fut autrefois un cirque antique dans lequel on joua les premiers mystères représentés au treizième siècle. Auprès de l'arène était le temple de la *Concorde* ; il fut transformé en une église dédiée à Sainte-Justine ; cette église, plusieurs fois détruite et toujours relevée, déploie dans les airs, à gauche de la promenade, ses quatre coupoles et son campanile élégant. Comme nous avançons, je vois sur le seuil de la porte, au-dessus du perron, un soldat autrichien qui en garde l'entrée.

« Il faudra parlementer pour être admis, me dit M. Lebreton.

— Je m'en charge, et nous passerons, répliquai-je ; je vais plaisanter les récalcitrants sur leur tyrannie » A droite de l'église était un poste militaire où quelques soldats fumaient et buvaient. Nous montâmes d'abord le perron de l'église où était de faction un petit Autrichien à la face blafarde et aux cheveux de filasse ; je lui fis mon plus aimable sourire ; mais d'un air rogue il étendit son fusil à travers la porte et me répondit en mauvais italien : « On ne passe pas ! »

Je lui riposte que je passerai, que je ne suis pas venue à Padoue pour ne point y voir la *Sainte Justine* de Paul Véronèse ; le fusil reste posé transversalement comme une barre de fer ; la chétive sentinelle frissonne de froid et de colère et prend des airs de chat-tigre ; les deux lions sauvages du porche (reste de la primitive église) le regardent étonnés.

M. Lebreton me dit : « Il ne cédera pas.

— Adressons-nous au poste, repartis-je. » — Nous trouvons là un grand diable de sergent, rouge, roux, et qui paraît très-glorieux de sa taille de tambour-major. Je lui présente très-doucement ma requête ; il se redresse et se cambre comme s'il voulait se grandir encore :

« Attendez un moment, me dit-il, ce petit drôle ne comprend pas ce qu'on doit aux dames. » — Il marche droit devant nous et tente de convaincre la sentinelle, qui remet de plus belle son fusil en travers ; ses petits yeux gris lancent des éclairs, ses jambes trépignent de colère, et, de sa voix la plus aigre, il déclare qu'à son poste il n'a aucun ordre à recevoir du sergent et qu'il ne connaît que sa consigne.

En ce moment passe leur chef à tous deux, un jeune officier en tenue irréprochable, comme le sont par tous les temps les officiers autrichiens. Je le prie d'intervenir pour moi, j'ai à la main un petit album sur lequel j'écris des notes.

« Madame est sans doute une artiste, me dit-il, et veut prendre un croquis de quelque tableau ? » Je fais à tout hasard un signe de tête affirmatif. « Laissez entrer, » dit-il à la sentinelle, qui blêmit de rage d'être forcée d'obéir.

Je remercie l'officier et me hâte de profiter de sa permission. Je comprends, aussitôt que j'ai pénétré dans l'église, pourquoi l'accès en est rigoureusement interdit. Cette belle basilique de Sainte-Justine avait été transformée en hôpital durant la guerre, et, comme au *Salone*, on y avait entassé les blessés autrichiens et français. Depuis la paix, l'église n'a pas été rendue au culte ; on en a fait un grenier où sont amoncelés et alignés six mille sacs d'avoine. Un custode, que M. Lebreton a fait appeler, nous guide dans ce labyrinthe de nouvelle espèce.

Avant cette récente injure, cette nef immense en subit une autre qui la dégrada et détruisit l'effet de sa magnifique architecture ; les murs avaient été blanchis, les colonnes et les chapiteaux peints en gris, les arcs et les caissons des voûtes recouverts d'une couche jaune.

Nous nous arrêtons dans le chœur où sont rangées en fer-à-cheval des stalles de bois de chêne sculpté d'un merveilleux effet ; la vie de sainte Justine s'y déroule. Au-dessus du maître-autel est placé le fameux tableau du martyre de la sainte, par Paul Véronèse ; les figures se détachent sur un ciel d'un bleu trop vif peut-être (résultat d'une restauration moderne); mais la sainte est si belle, si croyante, si résignée, et les figures qui l'entourent composent un groupe si harmonieux, qu'on oublie cette crudité du fond. D'ailleurs, le ciel d'Italie est souvent de cet azur implacable qui met en pleine lumière les défauts et les beautés d'une œuvre d'art. Le tableau de Paul Véronèse ne perd rien à cet éclat. La lumière rayonne dans les yeux des personnages, et passe pour ainsi dire à travers les chairs comme le sang qui circule. Il en est de même de la beauté, de la jeunesse : elle est plus belle et plus vivante en plein soleil.

Dans une des chapelles latérales, je suis frappée par une fresque étrange de *Giusto Padovani*. Le Christ, en croix, y est représenté vieux comme le Père Éternel et couvert d'une tunique. J'ai trouvé plus tard dans une armoire du Vatican des Christs grecs également revêtus de tuniques; mais cette vétusté de visage, empruntée à la première personne de la Trinité, je ne l'ai jamais vue que dans ce Christ de Giusto Padovani. Serait-ce parce que les trois personnes, qui ne forment qu'un seul Dieu dans le dogme de la Trinité, étaient tellement confondues dans la foi de l'artiste, qu'il crut pouvoir sans hérésie prêter au Christ la figure du Père Éternel?

Nous passons dans la sacristie où sont de belles sculptures du moyen âge ; puis nous visitons le cachot souterrain où la sainte fut enchaînée avant de subir le martyre. Nous trouvons, dans une galerie que nous traversons en sortant, un puits couvert d'une grille de fer où l'on jeta, confondus, les ossements de tous les martyrs de Padoue faits par Dioclétien: vertèbres, crânes et fémurs regorgent jusqu'au bord.

Comme nous franchissons le portail de l'église, la sentinelle me jette un dernier regard courroucé; je lui riposte en riant :

« *Andate tutti via.*

— Mais prenez donc garde qu'on ne vous arrête, » me dit sérieusement M. Lebreton. Et il se hâta de me faire remonter en voiture.

On ne saurait aller à Padoue sans faire une visite de rigueur au beau palais de *Pappa Fava*. Il faut y voir, pour l'acquit de sa conscience, le groupe en marbre blanc par *Augustin Fasalato*; soixante damnés, soixante pauvres pécheurs, amaigris et éperdus, que saint Michel, inexorable, repousse avec son épée. Je préfère à ce tour de force, qui a coûté à l'artiste douze ans de travail anxieux, la belle salle à manger circulaire du même palais; elle est éclairée par un dôme à vitraux et ceinte d'une galerie suspendue où les musiciens se placent pour jouer des symphonies. Des statues copiées d'après l'antique, auxquelles des caisses de fleurs naturelles servent de piédestaux, lui composent une décoration riante et sévère à la fois.

Le jour baisse, il faut partir; j'arrive à l'embarcadère au moment même où le soleil, en se couchant, projette une tenture de pourpre derrière les coupoles amoncelées de Saint-Antoine et de Sainte-Justine; c'est une perspective fantastique qui fait flotter devant moi comme un fragment de l'Orient. Le deuil de Padoue disparaît sous cet aspect éclatant. Ainsi la nature donne parfois à notre âme des fêtes qui dissipent notre douleur.

Je dis à M. Lebreton, en lui montrant ce tableau, ineffaçable dans mon souvenir : « Padoue revivra par la liberté comme dans ce feu du jour revivent et se transfigurent les vieux monuments des siècles éteints. »

Un premier coup de sifflet m'avertit qu'il faut partir. Je me sépare de mon aimable compagnon d'excursion, à qui je répète : « Au revoir, à Paris! » J'entre dans la salle d'attente, j'y suis seule durant une minute et me mets à fredonner, sur un air triste, cette strophe de de Musset, qui me revient en mémoire :

> Padoue est un fort bel endroit
> Où de très-grands docteurs en droit
>   Ont fait merveille;
> Mais j'aime mieux la polenta
> Qu'on mange aux bords de la Brenta
>   Sous une treille.

Surviennent deux jeunes Vénitiens, et, au moment où nous allons partir, paraît la dame mystérieuse avec qui j'ai fait route le matin. Les Vénitiens se placent dans le même wagon que moi, et la dame y monte à son tour. Nous nous saluons et échangeons quelques paroles. Un des jeunes Vénitiens, devinant que je suis Française, me demande si je viens de Milan :

« J'y étais il y a un mois, repartis-je.

— Oh! madame, ils sont heureux là-bas, reprend-il; ils n'ont plus l'étranger.

— Un jour aussi Venise en sera délivrée, répondis-je.

— Le croyez-vous? reprit-il tristement. Dieu nous devrait bien ce miracle.

— Vous autres Italiens, lui dis-je, vous voyez en tout l'intervention du ciel. Eh bien, soit! Dieu vous a suscité deux archanges terribles et armés qui seront vainqueurs du démon. »

Les deux Vénitiens se regardèrent en murmurant : « *È vero, il RE e Garibaldi!* »

La dame se mit à rire d'un mauvais rire.

« Vous n'espérez donc pas dans cette intervention? lui dis-je.

— Moi, répliqua-t-elle, je ne me permets pas de parler politique.

— Vous êtes Vénitienne et forcée au silence; moi, je suis Française, et la France a partout son franc parler.

— *La straniera è migliore della Veneziana,* » se dirent entre eux nos compagnons de route.

La dame leur jeta un regard des plus aigres, et, jusqu'à Venise, elle cessa d'intervenir dans notre causerie.

Le lendemain, comme je venais de me lever, encore lasse de ma promenade à Padoue, entrèrent chez moi, presque au même instant, le baron Mulazzani et M. Baschet.

« Vous voulez donc vous faire renvoyer de Venise? me dit le baron.

— Oh! vous en faites de belles, ajouta M. Baschet. Hier soir, chez la princesse Clary, on ne parlait que de vos invectives contre l'Autriche.

— Je devine; la dame que j'ai rencontrée en route, aller et retour, et qui semblait veiller sur moi, a fait son rapport.

— Mais vous ne saviez donc pas qui c'était? me demanda le baron.

— Il a été question de vous faire partir à l'instant de Venise, reprit M. Baschet; sans mon intervention, c'était chose faite.

— Quelle est cette puissance occulte que j'ai irritée, repartis-je en riant, quelle est cette Vénitienne que mon amour pour Venise indigne?

— C'est, dirent en même temps ces deux messieurs, madame de Montecuccoli, femme d'un général autrichien. »

XIII

Venise m'inspirait un attrait si grand, que l'idée d'être forcée d'en partir subitement par un ordre de la police me serra le cœur. Je voulais voir encore quelques îles, quelques quartiers populeux, quelques monuments et quelques musées. Malgré l'extrême lassitude que j'éprouvais ce jour-là, je me hâtai de sortir pour recommencer mes excursions. Ainsi, au moment des séparations passagères ou éternelles, on précipite la parole et l'action et l'on essaye de doubler les heures qui nous sont comptées ; les voyageurs et les mourants sentent distinctement derrière eux les pas du temps et voudraient en un instant étreindre l'espace et l'infini.

Le froid était de plus en plus vif ; le ciel, clair et d'un azur uniforme, projetait un soleil radieux qui resplendissait sur la neige. J'entrai dans Saint-Marc pour visiter le trésor : en ce moment, le soleil frappait d'aplomb sur la belle mosaïque de l'arbre généalogique de la Vierge. La longue lignée des prophètes et des saintes femmes se mouvaient sur l'or fluide. Je me mis à les considérer tous, depuis Abraham jusqu'à la Vierge, dont les yeux triomphants et doux répondaient à mes regards et semblaient me dire : « Pourquoi ne crois-tu pas en moi ? tu vois bien que je suis vivante. » Ma pensée lui répondait : « Rome t'a entourée de tant de bandelettes mondaines, elle a tiré de ton pur symbole tant d'interprétations, qu'elle t'a changée en idole, ô Consolatrice des affligés ! C'est en ton nom et en celui de ton fils, le Dieu de paix et d'amour, que Rome prononce ses arrêts de proscription et de mort ; elle enveloppe de sa haine ce groupe divin de la mère et de l'enfant, que Raphaël a peint si placide et si beau. Si tu es vivante, arme ton fils dans le ciel et fais-le tonner contre ceux qui versent le sang des justes, insultent à votre mansuétude et détournent de vous le respect du monde. »

Tandis que je marchais à travers l'église, les sacristains allaient et venaient dans la nef, ornant les autels de vases et de candélabres pour la solennité de Noël. Je m'arrêtai dans le chœur, en face du maître-autel, et regardai les quatre colonnes d'albâtre oriental enlevées à Sainte-Sophie de Constantinople. Un bedeau alluma un petit cierge jaune et en fit vaciller la clarté à travers leur transparence. Je demandai à cet homme de me conduire au trésor. Nous passâmes par une petite porte de bronze (à gauche, en descendant du chœur dans la nef), surmontée d'un délicieux couronnement formé par une mosaïque représentant deux anges qui tiennent les Évangiles ; une bordure en marbre sculpté, de forme ogivale, encadre cette mosaïque.

Le trésor de Saint-Marc, formé au douzième siècle, était le plus riche et surtout le plus rare de toutes les églises du monde. Les Vénitiens, après avoir conquis Constantinople, rapportèrent au trésor de Saint-Marc la fameuse *Pala d'Oro*, des vases sacrés et de saintes reliques métamorphosées en joyaux d'un travail exquis par les orfèvres byzantins. Tant que dura la république de Venise, un procurateur veilla sur ces merveilles si précieuses pour l'art, la foi et l'archéologie. Elles furent en grande partie dispersées en 1797. La France et l'Autriche se les partagèrent, dit-on. Parmi les objets les plus regrettables enlevés au trésor de Saint-Marc, il faut citer la splendide corne d'or dont le doge se coiffait les jours de cérémonie ; douze corselets d'or, rehaussés de pierres fines ; douze couronnes de même métal, qui servaient à la fête des douze Maries ; trois gros diamants, dont l'un avait été donné à Venise par Henri III, roi de France, et les deux autres par François de Médicis, duc de Toscane.

Malgré ces déprédations, la sacristie et la chambre du trésor renferment encore les restes les plus importants qui existent de l'orfèvrerie byzantine. On me montre, dans la sacristie, un vase qui a contenu le sang du Christ ; il est en cristal de roche, orné d'émail et de jaspe ; un morceau de la vraie croix est enfermé dans un reliquaire d'or couvert d'inscriptions grecques. Ce reliquaire (du douzième siècle) fut donné à Sainte-Sophie de Constantinople par Irène, veuve d'Alexis Comnène. Une autre relique de la vraie croix est enserrée dans un double cristal clos d'une bordure en or, rehaussée de perles ; sur les angles supérieurs du cadre sont les deux figurines d'or des archanges Michel et Gabriel ; sur les angles inférieurs, celles de l'empereur Constantin et de sainte Hélène, sa mère. Ce reliquaire repose sur un pied d'un travail merveilleux. Je remarque une colonne d'argent ciselé faite à Venise en 1375, qui renferme un fragment de la colonne de la Passion ; puis un magnifique calice formé mi-partie en agate et mi-partie avec le crâne de saint Jean-Baptiste serti de fines ciselures d'or; c'est une œuvre byzantine, qui porte une inscription grecque. A côté, sont des bras et des jambes de saints et de saintes enfermés dans des bras et des jambes d'or et d'argent. Je regarde curieusement un petit modèle de l'église de Sainte-Sophie avec ses minarets d'or et d'argent, puis quelques missels grecs aux couvertures rehaussées de pierreries. Parmi les dons des souverains, qui restent encore dans le trésor de Saint-Marc, on me montre une cassette d'argent à figurines maniérées, qui contient une relique envoyée par Louis XV à la république de Venise; puis une croix de saphirs et de diamants donnée récemment au patriarche de Venise par l'empereur d'Autriche.

L'autel de la sacristie du trésor est orné de deux bas-reliefs : l'un, ouvrage grec du quatrième siècle, représente la *mission des Apôtres*; l'autre, du onzième siècle, *la Vierge au milieu de deux anges et les quatre fleuves de l'Eden*. Je passe dans la chambre du Trésor, où se trouve la fameuse *cattedra*, ou siège d'évêque, en pierre sculptée, du septième siècle, qui, selon la tradition, serait la chaise épiscopale où s'asseyait saint Marc. Le dossier est couronné d'une croix grecque; sur les côtés est une figurine de saint Marc entouré de six ailes de chérubins. C'est un don de l'empereur Héraclius. Tout près est une amphore de granit portant cette inscription, en caractères cunéiformes : *Artaxercès, grand roi*. Là sont encore deux émaux byzantins représentant saint Michel, où l'or, l'argent, les perles et les pierres fines se marient en bordures exquises.

Je passe dans la chapelle du baptistère qui communique avec le trésor. Les fonts baptismaux sont formés par une grande coupe en bronze, dont le couvercle, décoré de bas-reliefs, représente diverses scènes de l'Évangile et se couronne d'une belle statue de saint Jean-Baptiste. L'autel est d'un seul bloc de granit apporté de Tyr, au douzième siècle, par le doge *Domenico Michiel*. C'est sur ce bloc, dit-on, que Jésus-Christ prêcha aux Tyriens la foi nouvelle. Les parois de la chapelle sont couvertes de mosaïques très-anciennes représentant des faits de la vie de saint Jean-Baptiste. Cette chapelle renferme aussi deux tombeaux de doges : celui de Giovanni Lorenzo qui, au commencement du quatorzième siècle, fut excommunié par le pape pour avoir commandé la guerre contre Ferrare; il n'en mourut pas moins béni et honoré par les Vénitiens et fut enseveli dans la chapelle du baptistère. Son successeur, l'illustre Andrea Dandolo, repose auprès de lui. Sa tombe, en marbre grec, est ornée de sa statue qu'entourent la Vierge, saint Léonard, saint Jean et saint André ; c'est un beau monument du quatorzième siècle, sur lequel on regrette de ne pas lire l'épitaphe composée par Pétrarque. Andrea Dandolo est le dernier doge qui ait eu sa sépulture dans l'église de Saint-Marc. Tandis que je considère sa tombe, je pense à deux de ses descendants, Henri Dandolo tué à la défense de Rome en 1849, et son frère Emilio Dandolo, que je rencontrai aux Eaux-Bonnes dans l'été de 1858. Il se mourait de la poitrine et aussi de la tristesse incurable de ses espérances patriotiques trahies à Milan. En 1848, il s'était battu pour la liberté. Quand Milan rentra sous le joug de l'Autriche, Emilio voyagea en Orient et aggrava par la fatigue le mal qui le minait. Il m'apparut un jour, dans les Pyrénées, pâle et frêle comme un spectre. Il avait la beauté immobile, lugubre et inerte de la statue de marbre que je retrouvais aujourd'hui sur la tombe de son aïeul. Je me souviens d'une jeune comtesse française fort coquette qui chercha à lui plaire, durant cette saison des eaux. Il lui dit un jour, avec une naïveté italienne qui, en cette circonstance, avait sa grandeur : « Je n'ai plus de force que pour aimer mon pays ; je ne désire vivre que pour mourir en le délivrant. » La dame, légitimiste et dévote, quoique très-éprise du bel Emilio, le railla de son patriotisme. Lorsqu'il partit, il était si chancelant et si faible, qu'il fallut le porter dans sa voiture ; il mourut quelques mois après à Milan. On sait que ses funérailles furent l'occasion d'une démonstration patriotique ; toute la ville l'accompagna au cimetière. La garnison autrichienne était sous les armes et s'opposa aux discours qu'on voulait prononcer sur la fosse du dernier descendant d'Andrea Dandolo. Trois mois après, notre armée triomphante entrait dans Milan. Pauvre Emilio ! il ne lui fut pas donné de voir ce jour qui l'aurait fait revivre ! Sa pâle et belle figure m'escorte comme une ombre à travers les chapelles de Saint-Marc.

Du baptistère je passe dans la chapelle qui s'ouvre sur le péristyle et où se trouve le tombeau du cardinal Zeno qui, en mourant, légua ses biens à la république de Venise. La statue en bronze du cardinal est couchée sur le sarcophage entouré des figures des Vertus théologales. L'autel de cette chapelle est tout en bronze, orné de statues de saints et d'apôtres. La tombe et l'autel sont deux beaux monuments du seizième siècle. Je remarque, dans la même chapelle, un bas-relief en marbre grec représentant la mère et l'enfant, et un autre, un bel ange, ouvrage des premiers temps de l'empire d'Orient ; ce sont encore là deux dépouilles enlevées à Constantinople par les Vénitiens. Toute l'église de Saint-Marc fourmille de ces vestiges de l'art byzantin, art composite et de transition, où le paganisme palpite encore à travers le christianisme qui cherche à se manifester.

En sortant de Saint-Marc, je m'arrête au pied du Campanile et regarde longtemps la belle porte de la grille de la *Logetta*, par Sansovino ; on ne se lasse pas de cette élégance aérienne à laquelle la vigueur s'allie. Ces anges et ces lions ont des allures si nobles et si fières qu'on s'oublie volontiers en leur compagnie.

La place Saint-Marc est couverte de neige ; les Procuraties dressent alentour leurs arcades sombres ; je me dis que Venise, vue à vol d'oiseau, doit être superbe sous ce voile laiteux ; malgré ma fatigue, je me détermine à monter au haut du Campanile ; je tousse beaucoup durant cette ascension ; le froid s'est engouffré dans la tour, on dirait un puits de glace ; enfin le soleil et l'azur m'apparaissent au sommet et me voilà embrassant Venise flottante sur la lagune. C'est d'un aspect tout nouveau. Une couche de neige revêt les toitures et les dômes, on les dirait faits d'hier et en marbre éclatant. Au nord, les Alpes tyroliennes ont des teintes d'opale ; au sud-ouest, du côté de Padoue, les pourpres du couchant incendient la lagune qui, partout ailleurs, est d'un gris de plomb sombre et terne ; quelques monuments de Venise se dressent dans l'air ou se détachent en saillie ; à l'est, le jardin public se masse en noir, puis vient en retour San Pietro del Castello avec son campanile, puis l'arsenal, dont les constructions décrivent des arceaux profonds que la tour carrée domine ; plus près de moi, Saint-Marc avec ses cinq coupoles ; sa façade est çà et là maculée de blanc. Les chevaux de bronze enfoncent leurs sabots dans la neige ; les Procuraties, les tours, les dômes sont d'une sérénité imposante ; ils ont repris comme un voile de pureté et de jeunesse. La jetée du chemin de fer s'allonge sur l'eau, ainsi qu'un serpent rugueux ; les îles sont blafardes et décolorées sur la lagune de plus en plus obscure. Une bise glacée souffle du côté des Alpes ; elle me fait frissonner et me force à descendre en claquant des dents. Je m'arrête chez le custode pour reprendre haleine ; il a là trois petites chambres propres et riantes, dans l'intérieur de cette jolie *Logetta* qui est au dehors un bijou d'architecture. J'envie cet appartement d'artiste et de poëte, comme j'ai toujours envié les loges fleuries des portiers dans les jardins royaux. Ils ont la vue des parcs, des lacs, des cascades et des parterres, sans en avoir le souci. Je trouve la vieille mère du custode occupée à bercer, en chantant, un nouveau-né, tandis que sa bru repasse le linge de la famille pour les fêtes de Noël. Je réchauffe mes pieds sur un fer chaud et je tends mes mains sur un de ces paniers en faïence grossière qui servent de chaufferette par toute l'Italie. Une petite fille brune de six ans, fille aînée du custode, s'incline devant moi et souffle sur le panier pour attiser les charbons. Son épaisse et noire chevelure nattée lui forme déjà une couronne naturelle; ses grands yeux ont l'éclat de deux diamants. Je pose dans ses deux jolies mains potelées quelques petites monnaies et la voilà qui s'élance sur la place Saint-Marc pour aller chercher des caramels. Elle revient presque aussitôt me dire : « Si la signora Française veut acheter des coquillages, le marchand est là devant la porte. » J'accepte la proposition, pour prolonger ma halte et me reposer un peu au milieu de cette pauvre famille vénitienne. J'ai toujours aimé ces humbles intérieurs qui révèlent l'activité, la résignation et la placidité : vertus et bonheur du peuple qui nous sont un enseignement. Tandis que la petite fille ressort et va querir le marchand, je fais causer sa mère, une belle jeune femme de vingt-cinq ans; elle me dit :

« Quelles tristes fêtes de Noël nous aurons cette année! Le froid ajoute encore aux misères de Venise. Quand le soleil brille, on se console de tout; on met la table au soleil et l'on mange ce qu'on peut. Mais, cette année, bien des pauvres trembleront de froid, en faisant le repas de Noël, et beaucoup mangeront du pain sec. C'est bien le moins pourtant qu'on fête la nativité du Rédempteur par un beau rôti, un poisson de l'Adriatique et quelque sucrerie; il y en a beaucoup qui engageront leur anneau de mariage pour le pouvoir.

— Venise est donc bien misérable? lui dis-je.

— *Troppo miserabile!* » répond-elle. Et elle ajoute : « *Povera Venezia!* »

Ces deux mots sont sans cesse dans la bouche des Vénitiens. Ils expriment pour eux la déchéance, la détresse et l'esclavage de Venise.

« Mais vous, repartis-je, vous ne paraissez pas dans le dénûment?

— Nous avons le logement et quelques petites *buone mani;* c'est beaucoup, reprit-elle, auprès de ceux qui n'ont rien. Jésus fera peut-être un miracle pour eux, à la messe de minuit. Nous prierons tous la Madone de nous envoyer les Français pour que Venise soit heureuse. Il y a quelques mois, je les ai vus sur leurs grands vaisseaux, du haut du Campanile; s'ils étaient venus, nous étions sauvés. »

Tandis que la mère parle de la sorte, en faisant courir le fer fumant sur le linge qu'elle a blanchi, sa petite fille arrive, suivie d'un jeune marchand qui porte, d'une main, dans une corbeille, de gros coquillages étincelants des vives couleurs du prisme, et, de l'autre, dans un carton ouvert, un amas de bracelets et de colliers en toutes petites coquilles nacrées liées ensemble et comme serties avec des perles blanches de Murano, si frêles et si ténues, qu'on dirait des fils de la Vierge. Les colliers sont charmants; ils décrivent des pointes comme des cols de belle guipure de Venise. C'est d'un travail patient et artistique qui charme et étonne. En changeant le fermoir formé par une plaque argentée, la plus élégante jeune fille parisienne pourrait porter au bal ce bijou vénitien qui coûte un demi-florin. Le petit marchand, à qui j'achète quatre de ces colliers, m'escorte jusqu'à l'hôtel en me bénissant. Je mesure à sa joie la pauvreté de Venise.

« Grâce à ces deux florins, me dit-il, nous aurons chez nous, demain, une friture, et, après-demain, saint jour de Noël, un beau canard. »

Le lendemain, 24 décembre (1859, veille de Noël), je sors vers midi, résolue de parcourir à pied un des quartiers les plus populeux de Venise. Le dégel a commencé, je glisse sur la neige et la glace fondues et marche à pas comptés au bord de la rive des Esclavons; je m'arrête, en passant, au magasin de Ponti, opticien-photographe, que je recommande à tous ceux qui iront à Venise. Ponti est un véritable artiste : c'est un Suisse devenu Italien qui adore Venise et a fait de tous ses monuments une magnifique collection de photographies. Celles pour stéréoscopes dépassent tout ce que j'ai vu en ce genre, et les stéréoscopes eux-mêmes sont des instruments perfectionnés. Les verres des lunettes, des lorgnons et des lorgnettes de théâtre de Ponti, ont une portée merveilleuse et joignent la précision à l'étendue. Les Anglais et les Russes ont répandu au loin la renommée de Ponti. Je choisis chez lui quelques vues de Venise, puis je continue à marcher le long du quai des

Esclavons; je salue, en passant, la maison de Pétrarque, ancien palais Molin, du quatorzième siècle, qui fut offert à Pétrarque par la république en reconnaissance du don que le poëte avait fait à Venise d'une partie de sa bibliothèque. La façade est décorée d'un balcon au-dessous duquel est une plaque de marbre qui porte le nom de Pétrarque.

Je laisse à gauche le pont qui mène à l'Arsenal et je m'aventure dans l'un des quartiers les plus populaires. A Venise, comme dans presque toutes les capitales, le peuple habite les extrémités de la cité; j'ai déjà parlé de *Santa Marta*, quartier des pêcheurs, situé au bout des *Zattere*, près du champ de Mars; à l'autre extrémité de Venise, du côté du jardin public et de *San Pietro del Castello*, le peuple fourmille. Avant de pénétrer dans les ruelles étroites, aux maisons délabrées, je passe devant la grille du jardin et m'arrête un instant pour regarder le superbe tableau de paysage et de marine que forment les grands arbres verts dressés sur la neige et que dépassent au fond les mâts des navires. Je suis la *Via Larga*, une des rues les plus larges de Venise; elle est bordée, ce jour-là, par l'encombrement des petits marchands de fromages, de légumes, de poissons, de charcuteries, de fruits, de nougats et de bâtons de chocolat, tous les aliments de la ripaille populaire que fera le lendemain, jour de Noël, le peuple vénitien. Je tourne à gauche, et me voilà dans ces couloirs étroits dont, avec les bras en croix, on pourrait toucher les maisons parallèles; une nuée d'enfants en guenilles, de vieilles femmes couvertes de haillons et de belles jeunes filles aux vêtements déchirés, circule affairée; chacun fait sa provision pour le repas du lendemain; presque toutes les femmes, jusqu'aux petites filles, ont la tête enveloppée de l'affreux tartan anglais gris et sale comme la boue, qu'il balaye de sa pointe. Ce tartan descend de la tête au talon; par-dessous, une jupe d'indienne adhérente au corps, emmaillote les pauvres créatures; c'est très-disgracieux.

Autrefois, les Vénitiennes du peuple et les bourgeoises portaient un voile de dentelle noire qui enveloppait leur visage et leur taille comme le *pezzoto* génois. Aujourd'hui, les plus jolies Vénitiennes, celles qui sont un peu coquettes, sortent tête nue par tous les temps : leurs beaux cheveux noirs sont nattés et lissés avec soin; elles portent autour du cou les fines chaînes de Venise, et aux oreilles les pendeloques à plaques fabriquées à Trévise; leurs robes (sans crinoline) descendent comme une tunique jusqu'à la cheville, laissant à découvert leurs petits pieds. J'en rencontre deux ainsi vêtues, d'une beauté frappante, à l'angle d'une ruelle où brûle une lampe devant une image de la madone; elles font le signe de la croix en passant et sourient à la Vierge comme à une amie; un grand soldat autrichien à barbe rousse, qui passe en ce moment, prend sans doute ce sourire pour une agacerie; il s'approche d'elles et leur fait tout bas je ne sais quelle proposition. Aussitôt le visage des deux jeunes filles devient sévère, presque sinistre, et elles jettent au soldat des paroles de haine et de mépris. Devant elles, et aussi belle qu'elles, marche pieds nus, dans la neige fondue, une pauvre enfant de quatorze à quinze ans, exténuée, pâle, aux grands yeux noirs démesurés, frissonnante sous son tartan troué; le soldat repoussé s'adresse à elle; elle l'écoute d'un air égaré et lui répond d'une voix qui crie la faim : « *Si andiamo, al caffé?* » A ces mots, les deux autres jeunes filles se précipitent vers elle comme deux Euménides et lui disent en l'arrachant au soldat : « *Miserabile! per un caffé andar con un Tedesco!* Viens avec nous, ajoutent-elles avec compassion. Si tu as faim, nous te ferons manger. » Et elles l'entraînent dans une ruelle latérale. Le soldat veut en vain les poursuivre; elles franchissent une petite porte lézardée qui se referme sur elles. Je reste émue jusqu'aux larmes de cette scène populaire où la haine de race s'est produite avec tant d'énergie. Cette fierté dans la misère est un des signes caractéristiques du peuple de Venise. Le soir, je mets en vers ce petit drame poignant, et je le gâte peut-être en le rimant. Je donne ici ces strophes [1], qui ne sont

---

[1]
LES PAUVRES FILLES DE VENISE

A LA COMTESSE MAFFEI

Venise est en deuil, mais Venise est fière,
Fière du passé, fière de l'espoir
De revoir bientôt sa noble bannière
Flotter sur Saint-Marc aux brises du soir.

Dans la pauvreté conservant son âme,
Quels que soient les maux dont elle ait gémi,
La grande cité n'a pas une femme
Qui pactiserait avec l'ennemi.

Un jour j'aperçus au bord des lagunes
Deux filles du peuple à l'œil vif et doux;

qu'un écho de ce que je viens de raconter, parce qu'elles obtinrent l'honneur d'être traduites à Florence par le poëte Dall'Ongaro, dont la belle et harmonieuse version les a rendues populaires en Italie.

Je traverse, en sortant des ruelles, un joli *campo* ayant au milieu sa citerne de marbre; au nord de la petite place s'élève un palais mignon aux fenêtres ogivales, qui est devenu une habitation plébéienne. Le rez-de-chaussée, transformé en boutiques, regorge de légumes et de pâtes d'Italie. Des groupes de soldats autrichiens traversent le *campo* en ce moment; ils se rendent à leur quartier, dans l'ancien cloître de *San Pietro del Castello*; je passe en même temps qu'eux un pont en bois large et long jeté sur un vaste canal, et j'arrive dans l'île de *San Pietro*, qui est le point extrême de Venise au nord-est. A gauche, Murano se déploie sur la lagune, et, un peu au-dessous, l'îlot de Saint-Michel où est le Campo-Santo.

Je me trouve sur une grande place déserte couverte de neige; j'ai en face de moi la façade de l'église reconstruite au seizième siècle par un élève de Palladio; à droite, la tour carrée du campanile, monument du quinzième siècle, puis le palais patriarcal dont

<blockquote>
Un voile flottait sur leurs nattes brunes,
Et des chaînes d'or brillaient à leurs cous.

Près d'elles marchait, humble en sa détresse,
Une belle enfant au regard profond;
Un haillon pendait de sa noire tresse,
Laissant presqu'à nu son sein chaste et rond.

Survint un soldat sous sa cape grise
Qui leur dit tout bas quelques mots d'amour;
Les deux qui portaient l'orgueil de Venise
D'un air méprisant firent un détour.

Mais la pauvre fille, en qui la misère
Comme un poids trop lourd abattait le cœur,
Pensant que de faim mourait son vieux père,
Tremblante écouta le propos flatteur.

Au Tudesque, hélas! sa main s'abandonne,
La tête baissée elle suit ses pas....
Les autres alors d'un bond de lionne,
S'élancent vers elle en criant : Non pas!....

Tiens, prends nos bijoux venus de Trévise!
Vends-les, pauvre sœur, pour avoir du pain;
Mais plutôt mourir fille de Venise
Que subir l'amour d'un soldat germain!
</blockquote>

le cloître a encore à l'intérieur quelques arcades du treizième siècle. Des soldats, qui fument sur la porte, m'empêchent d'y pénétrer. J'entre dans la vaste nef, sans caractère, soutenue par de grosses colonnes de marbre qu'on recouvre en ce moment de vieilles tentures de damas rouge pour la solennité de Noël. Je remarque, dans la seconde chapelle de droite, un antique siége en marbre, qui, selon la tradition, fut le siége de saint Pierre à Antioche. C'est, en réalité, un débris de tombe arabe ; le côté du dossier qui s'appuie au mur de la chapelle porte encore un verset du Coran. Ainsi les religions se heurtent et se confondent, et le peuple abusé prodigue ses respects à des vestiges incertains. Un beau tableau de Paul Véronèse, représentant *saint Pierre et saint Paul*, se trouve dans cette église ; puis deux grandes toiles où revivent des scènes de la vie de *san Lorenzo Giustiniani*, patriarche de Venise, dont le buste en marbre est placé derrière le maître-autel.

Cette famille Giustiniani a donné à Venise des doges, des généraux, des sénateurs, des patriarches, et voire même des saints. De nos jours, elle a donné des défenseurs à l'Italie. Je rencontrerai plus tard à Gênes le comte Giustiniani, jeune officier de marine, d'une haute distinction, aide de camp de l'amiral Sera.

L'île de San Pietro del Castello fut, jusqu'au neuvième siècle, indépendante de Venise ; elle se nommait alors *Olivolo*, soit à cause de sa forme oblongue ressemblant à une olive, ou à cause des oliviers qui y croissaient à cette époque. A ce nom, elle joignait celui *del Castello*, qui venait des anciennes fortifications dont elle était entourée. Dans les premiers siècles de la république démocratique de Venise, c'est dans cette île que le peuple faisait l'élection des doges. Au septième siècle, elle avait une église dédiée *ai santi Sergio e Bacco*, qui, trois siècles plus tard, fut consacrée à saint Pierre et plusieurs fois réédifiée. C'est dans cette église qu'on mariait chaque année les douze jeunes Vénitiennes du peuple dotées par la république. Une vieille chronique raconte que, le 2 février 944, d'audacieux pirates de Trieste envahirent tout à coup la petite île au moment de la cérémonie et enlevèrent les mariées parées de leurs joyaux, et qui portaient chacune leur dot dans un petit coffret ; poursuivis par les Vénitiens, les pirates furent châtiés et les jeunes filles ramenées en triomphe à Venise. Au huitième siècle, San Pietro del Castello avait un évêque qui reconnaissait la suprématie du patriarche de

Venise. Vers le milieu du quinzième siècle, le pape Nicolas V réunit les deux dignités d'évêque et de patriarche sur la tête du vieux Lorenzo Giustiniani, canonisé après sa mort et enseveli dans l'église de San Pietro ; chaque année, le 8 septembre, le doge venait solennellement honorer la dépouille du saint. L'église de *San Pietro del Castello* fut la cathédrale de Venise jusqu'en 1807 ; à côté de l'église, comme je l'ai dit, étaient le palais et le cloître (transformés aujourd'hui en casernes) habités par les patriarches.

Désormais, l'île est déserte, l'église est vide ; sous les arcades du cloître, où se déployait la pompe archiépiscopale, errent les soldats autrichiens à la mine ennuyée et farouche.

Je repasse le pont de cette île abandonnée et reviens à l'hôtel par les mêmes ruelles que j'ai suivies en allant. En arrivant, je trouve M. Armand Baschet, qui vient me chercher pour parcourir les marchés du côté du *Rialto*. Nous traversons la *Merceria*, nous y rencontrons une foule compacte ; les boutiques de confiseries et d'épices regorgent de modestes acheteurs. Chacun veut avoir pour la collation du soir quelque régal inaccoutumé. Cela me rappelle la Provence, où les trois fêtes de Noël sont aussi célébrées par des agapes de famille. Nous traversons, en approchant du Rialto, une place encombrée de marchands de Fusine et de Mestre ; ils se tiennent debout, conviant les passants, du geste et de la voix, à se pourvoir des canards sauvages, des bécasses grasses, des dindons et des poulets maigres et jaunes, entassés devant eux dans des corbeilles. Vendeurs et acheteurs pataugent dans la neige sale. Nous fendons à grand'peine un flot de peuple qui se presse devant un établi de boutardelles et de jambons. Nous passons le pont du Rialto, et nous voilà à la poissonnerie ; elle resplendit des plus beaux poissons de l'Adriatique : ce sont des pyramides d'esturgeons et de turbots, des remparts de trilles, et de dorades, des bastions d'huîtres exquises, d'oursins et de *frutti di mare*. Le vieux pêcheur de Chioggia dont j'ai parlé me salue et me sourit ; il dit à ses compagnons : « *Ecco la Francesa che ama Venezia.* » Je fais remarquer à M. Baschet que la confraternité des idées peuple la solitude des voyageurs ; je ne me sens plus seule et étrangère à Venise ; ces bonnes gens me connaissent sans savoir mon nom et me protégeraient au besoin.

Nous longeons quelques palais sur le grand canal, puis, très-lasse de toutes ces excursions pédestres de la journée, je prends une gondole et rentre à l'hôtel. Vers cinq heures, le baron Mulazzani vient me chercher pour me conduire à la messe de Saint-Marc. Devenu cathédrale de Venise, Saint-Marc dit à cinq heures sa messe de minuit; les autres églises, suivant leur importance, la célèbrent après d'heure en heure jusqu'à minuit; de cette façon, les dévots peuvent entendre une série de messes. Nous trouvons la nef de Saint-Marc absolument déserte. Les Vénitiens protestent, par leur abstention, contre la messe officielle à laquelle assistent les autorités autrichiennes; elles arrivent sans pompe et prennent place dans les tribunes du chœur (anciennes tribunes du doge et des sénateurs) et sur les bancs disposés devant le maître-autel. Je suis frappée par l'effet que produit cette sombre croix grecque qui forme l'intérieur de Saint-Marc; la lueur des cierges juchés çà et là entre les figures de bronze et de marbre, et les deux étranges lampes byzantines suspendues à la voûte centrale et ruisselantes de lampions dans des verres de couleurs, projettent des clartés indécises; on dirait les déchirements de la nue sur l'agonie du Christ. Ce n'est point la fête joyeuse de la Nativité que l'église lugubre semble fêter, mais plutôt celle de la Passion.

Nous prenons place dans le chœur; nous avons à droite la tribune des anciens doges tendue de damas rouge. Le gouverneur et le général autrichiens l'occupent avec quelques personnes de leur suite. Ces têtes blondes et blafardes contrastent avec les têtes brunes et vives de quelques Vénitiens desservants, marguilliers ou bedeaux de Saint-Marc et de quelques paysans de la terre ferme qui sont venus pour fêter le divin *Bambino* et pour voir la *Pala d'Oro* et les vases précieux qu'on n'exhume qu'à de rares intervalles. Sur une table recouverte d'une nappe en guipure placée près du maître-autel, du même côté que la tribune des doges, sont alignés les mitres d'or et d'argent, les ciboires et les burettes à ciselures byzantines et à fleurs d'émail. En face, sous un dais de damas blanc à fleurs d'or, est assis le patriarche de Venise, monseigneur Ramazzotti[1]; c'est un ancien avocat lombard, très-médiocre, qui, ne faisant pas fortune au barreau, la chercha dans les ordres; il me paraît avoir de cinquante à cinquante-cinq ans. Ses cheveux sont noirs et son visage est vulgaire; il officie sans onction et sans dignité; il semble accablé du poids de sa mitre somptueuse et de sa splendide chasuble. Il est de retour seule-

---

[1] Il vient de mourir au moment même où il était promu au cardinalat.

ment depuis quelques jours de Rome et de Vienne, où il est allé chercher ses instructions ; certes, il n'y a pas dans ce pauvre évêque la moindre étoffe d'un saint Ambroise, et il ne chasserait pas du seuil du temple le plus misérable des empereurs.

On exécute une messe inédite, en musique, du maître de chapelle de Saint-Marc. Ce sont des mélodies sans caractère, pleines de réminiscences, mais l'exécution en est excellente. Aussitôt que cette messe est chantée, le patriarche officie, entouré de ses diacres. Alors le plain-chant commence et les orgues l'accompagnent ; c'est d'un effet sublime qui écrase les harmonies à fioritures du pauvre maître de chapelle. Le chœur resplendit de lumières diverses projetant leurs rayons ardents sur la fameuse *Pala d'Oro* qui recouvre tout le devant de l'autel. J'ai dit qu'elle fut apportée au dixième siècle de Constantinople, où elle avait été exécutée sur la demande du doge Pietro Orseolo par les plus célèbres artistes de l'époque. Plus tard, elle fut agrandie et plusieurs fois restaurée. Elle représente des faits de la vie du Christ ; des anges, des chérubins, l'archange Michel, les apôtres, les saints, la Vierge, l'impératrice Irène et le doge Ordelafo Falieri. Alentour serpentent des inscriptions grecques et latines. Cette œuvre immense d'orfèvrerie byzantine est toute en or et argent ciselés et rehaussés d'émail ; elle scintille de diamants et de pierreries.

Les missels, les calices, les reliquaires, les chandeliers d'or et la statuette resplendissante de saint Marc, également en or, brillent sur l'autel. La coupole qui le domine et qui couronne le tabernacle flamboyant est comme éclairée par tous ces points lumineux : la grande figure de saint Marc, en mosaïque, se détache sur son fond d'or. Sa tête est sévère, presque menaçante ; il semble tonner contre tous ces prêtres inertes qui ont perdu la direction des peuples ; sa main droite est appuyée sur le livre de l'Évangile qu'il va prêcher au monde. Je pense aux origines du christianisme, à sa marche à travers les siècles, à son déclin et au vide qui remplit aujourd'hui les âmes. Le patriarche et les dignitaires autrichiens se retirent ; il ne reste dans le chœur que les chanoines qui psalmodient. Je tourne la tête du côté de la nef déserte et sombre où pas un Vénitien n'a voulu être béni par l'évêque courtisan.

Le même jour, à minuit, je vais entendre une autre messe à Saint-Moïse ; l'église est remplie d'une foule serrée qui se tient debout et semble assister à un spectacle. Au moment de l'élévation, quelques hommes et quelques femmes du peuple et de la campagne se prosternent à terre ; les orgues jouent des airs de vieux noëls d'une naïveté ravissante, ils me rappellent ceux que ma nourrice provençale me chantait quand j'étais enfant. Les murs des chapelles et les colonnes de la nef sont tendus de fané damas rouge à franges d'or noirci; les autels sont parés de clinquant. Du reste, toute cette église de Saint-Moïse (du dix-septième siècle) est d'un goût détestable. En m'inclinant au moment de l'élévation, j'aperçois sur le pavé le nom du fameux banquier Jean Law, baron de Lauriston, qui, après sa chute, se retira à Venise. Il y vécut et y mourut dans l'indigence; l'ancien contrôleur des finances du régent fut réduit à une toute petite pension que lui faisait la France. Les industriels de nos jours ne tombent pas avec ce stoïcisme; ils couchent et pavanent leur honte sur des sacs d'argent mis à l'abri par leur prudence, et sur lesquels ils se relèvent et s'intronisent de nouveau.

Le lendemain, jour de Noël, j'assiste à une troisième messe au couvent des Arméniens. Je pars à huit heures pour la petite île, malgré la pluie glacée qui tombe sur la lagune et me dérobe l'horizon ; je fais mettre une boule d'eau bouillante dans la gondole et me tiens comme accroupie sous le *felze* bien clos; les gondoliers lancent la barque à toute vitesse; il me semble que cette rapidité me ranime. Le mouvement communique au corps et à l'esprit un courant vivifiant.

Au moment où j'arrive à *Sant' Eleazaro*, la messe va commencer; j'entre dans la chapelle, l'autel est paré des plus riches ornements : vases sacrés et candélabres byzantins. Le vieux religieux qui officie est un poëte inspiré qui a composé un poëme épique en langue arménienne avec la traduction en vers italiens en regard. Il se nomme Arsenio Bottor Bagratuni; sur son noble visage expressif et recueilli la foi et l'idéal se confondent ; il est revêtu de somptueux habits en damas blanc à fleurs d'or rehaussées de pierreries ; sa mitre est également or et blanc, tout éclatante de joyaux; ses acolytes ont des vêtements de la même richesse sur lesquels se jouent des étoles vert et or brodées de perles. Neuf néophytes sont couverts de dalmatiques roses avec des broderies vert et or; le prêtre qui m'a offert un bouquet de roses à ma dernière visite distribue le pain béni ; il passe devant moi et me tend la corbeille où sont les fragments du gâteau symbolique; j'en prends un morceau en souriant; un autre prêtre, debout, derrière la grille du chœur, fait baiser une patène d'argent ciselé aux assistants qui vont successivement s'agenouiller devant la grille du chœur ; je reste immobile à mon banc ; un religieux vient m'engager par deux fois d'approcher ; j'hésite d'abord ; ne croyant pas à ces emblèmes, il me semble presque sacrilège de m'incliner devant eux ; je ne m'y décide qu'en voyant l'étonnement du moine arménien qui insiste pour me déterminer ; je m'agenouille devant l'autel et j'appuie avec répugnance mes lèvres sur cette plaque d'argent que tant d'autres lèvres viennent de toucher.

Après la messe, frère Jacques me conduit à la bibliothèque ; il me montre le registre où il a découvert la signature d'Alfred de Musset ; je la regarde et la touche attendrie; l'auteur de *Rolla* est venu là, seul, par un jour d'hiver, il y a vingt-six ans, le 10 janvier 1834. Frère Jacques me remet le fac-similé qu'il a fait pour moi de cette signature aimée ; a en vain cherché celle de Balzac; mais il a trouvé celle d'un de nos romanciers illustres, George Sand, venu au couvent des Arméniens par un beau jour d'été, le 15 juillet 1834; cette signature est suivie de celle de Pietro Pagello, le docteur de Bellune, dont le bon signor Danieli m'a fait une si plaisante biographie.

Le poëte Arsenio Bottor Bagratuni, débarrassé de ses habits sacerdotaux, nous rejoint dans la bibliothèque et m'offre son poëme imprimé dans l'imprimerie de la communauté. Je prends congé des frères arméniens qui me demandent de leur envoyer mon livre sur l'Italie quand il aura paru. Je n'y manquerai pas, dussent mes réflexions philosophiques les scandaliser un peu.

Le soir j'ai la visite de M. Armand Baschet, et du baron Mulazzani, qui m'apprennent que la fameuse brochure *le Pape et le Congrés* est arrivée à Venise, qu'elle circule dans toutes les mains et fait grand bruit. Quelques jours après, le patriarche de Venise tonne dans un mandement contre cet écrit qui a sonné le glas du pouvoir temporel de l'Église.

Durant les trois jours qui suivent la fête de Noël, la bourrasque et la pluie sont si violentes que toute sortie est impossible, je dois rester enfermée dans ma chambre; j'écris, je lis, je tue le temps en rêvant et en causant avec mes deux amis; je reçois plusieurs lettres de Paris, et dans le nombre une de la marquise de Boissy (comtesse Guiccioli) qui me recommande d'aller voir le marquis Guiccioli (fils d'un premier lit du comte Guiccioli) marié à la princesse Capranica ; ils habitent un magnifique palais (l'ancien palais *Contarini delle figure*) sur le grand canal, presque en face du palais Foscari ; je profite de la première lueur de soleil pour faire cette visite et pour voir le musée *Correr*, situé à gauche à l'extrémité du grand canal. Je commence par aller au musée, legs fait à Venise par un noble Vénitien. Ce qui frappe et attire tout d'abord, dans ces petites salles, c'est le portrait de César Borgia, par Léonard de Vinci : la physionomie est pensive, l'œil gris, le nez droit et mince, la bouche serrée ; la barbe et les cheveux sont roux ; l'ensemble est d'une distinction rare ; je retrouverai plus tard à Rome dans la galerie Borghèse cet être séduisant et pervers, peint par Raphaël, plus fier et plus beau. De toutes les flatteries que lui fit la fortune, la plus grande a été d'être offert à la postérité par le pinceau inspiré de ces deux peintres de génie ; ils l'ont ennobli et pour ainsi dire déifié. Une Madeleine de *Guido Reni* brille entre les plus belles toiles du musée Correr. Oh ! l'immortelle pécheresse comme elle attire, comme elle séduit encore dans ce désert lugubre où elle se souvient des images vivantes du passé en face d'une tête de mort !

Je regarde curieusement et avec un sourire charmé les mascarades de Venise au dix-huitième siècle par *Pierre Longhi*. C'est du Watteau spirituel et historique qui ravit l'imagination ; quelles jolies scènes de carnaval ! Voici un intérieur de couvent qui n'a rien de rigide : les nonnes sont au parloir, riant sous leur voile, d'un côté de la grille ; de l'autre, de joyeux masques leur font visite ; ils agacent les recluses et leur offrent des fleurs et des bonbons. C'est bien là Venise au dix-huitième siècle, à la veille de la chute de la république. D'autres scènes d'amour et de fêtes, où marquis et marquises poudrés s'évertuent, passent gaiement sous mes yeux. Toutes ces jolies toiles de Longhi sont d'une correction de dessin, d'une vivacité de coloris et d'un fini de détails qui en font autant de petits chefs-d'œuvre. Il y a là, du même peintre, un très-vivant portrait de Goldoni ; puis des vues fort-belles de Venise, par le *Canaletto*. Je remarque un magnifique portrait du doge Jean Mocenigo. Le tableau le plus magistral de la galerie Correr est la *Transfiguration sur le Thabor*, par Mantegna ; je regarde longtemps dans un cabinet du fond une immense carte de l'ancienne Venise et une grande esquisse de Paul Véronèse, improvisation pleine de verve et de grandeur, supérieure peut-être aux tableaux plus finis de ce maître. Dans une autre salle, je trouve une porte en bois doré, fragment sauvé du Bucentaure détruit; la figure de saint Marc y est sculptée en relief avec le lion ailé à ses pieds; puis un joli dessin représentant la *dogaressa* Morosini en costume d'apparat: enfin, le dossier du fauteuil des doges en bois de marqueterie, représentant une figure de la Justice, assise sur deux lions. De la main gauche, la Justice tient l'épée; de la main droite, la balance.

Je remonte en gondole transie par le froid, je salue en passant à l'angle du grand canal les trois nobles façades des palais Foscari, Giustiniani et Rezzonico; je descends au palais du duc de Bordeaux dont je traverse le vestibule et une petite cour recueillie, ornée d'une citerne, qui me conduit en quelques pas à la place San-Stefano; la marche me réchauffe, j'arrive à travers le dédale des ruelles à la porte de terre du palais Guiccioli; je franchis le vestibule monumental, monte l'escalier et suis introduite dans un beau salon qui donne sur le grand canal. La marquise est sortie. Je suis reçue par le marquis, qui me fait l'accueil le plus cordial; il aime et estime sa jeune belle-mère, la marquise de Boissy, et tous ceux qui se présentent en son nom deviennent ses hôtes. Il me présente ses deux fils, dont l'aîné est déjà un jeune homme d'une extrême distinction. Ces deux héritiers, d'un beau nom, sont élevés par un professeur suisse, esprit philosophique et libéral qui répand en eux ses lumières. Une seule interdiction est faite à son enseignement, c'est celle de l'étude de la langue allemande interdite aux jeunes patriotes italiens en haine de l'Autriche. Tandis que nous causons des événements récents de l'Italie, on m'apporte sur un plateau, suivant le vieil usage aristocratique de Venise, du café fumant dans de petites tasses du Japon. — Je prends congé du marquis, qui me fait reconduire à l'hôtel dans sa gondole et me dit que la marquise viendra me voir le lendemain.

Le jour suivant, 30 décembre, le soleil brille, je vais revoir quelques tableaux du musée des Beaux-Arts. Je trouve devant l'*Assunta* du Titien un monsieur qui m'adresse la parole dans le plus pur parisien. J'apprends que c'est un lieutenant d'infanterie de l'armée française, ami du capitaine Yung et qui a fait comme lui la guerre d'Italie; rentré en France, il a profité d'un congé pour venir voir Venise où il a un moment espéré que la victoire le conduirait. Il se nomme M. de Metz. La connaissance est faite aussitôt; nous parcourons le musée et nous en sortons ensemble; le ciel est resplendissant; l'orage a cessé de gronder sur l'Adriatique. M. de

Metz me propose d'aller visiter le fort Sant' Andrea à l'est de Venise, dans le voisinage du Lido ; j'accepte, nous montons en gondole et nous arrivons en moins d'un quart d'heure dans la grande lagune tranquille. Bientôt nous voyons apparaître, sur les flots bleus, le môle majestueux construit au seizième siècle, en blanches pierres d'Istria, éclatantes comme le marbre. Ce donjon se compose de cinq redoutes armées de quarante caronades. Au centre du bastion s'ouvre une vaste et élégante porte à deux battants à trois arches divisées par des colonnes d'ordre corinthien ; le lion de Saint-Marc fier, hardi, couronne cette entrée monumentale ; de belles têtes de lions sculptées ornent le mur d'enceinte. C'est d'un aspect superbe. Ainsi dans la vieille Venise l'art se mêlait toujours aux travaux utiles. Ce fort battu par la lagune forme une merveilleuse décoration ; il atteste encore la puissance de l'ancienne république. Les soldats autrichiens debout sur les remparts nous crient de nous tenir au large. Nous faisons en gondole le tour de la forteresse ; je m'en éloigne à regret et tourne longtemps la tête pour la contempler, tandis que la gondole nous emporte à *San Nicolo del Lido*, situé au nord-est de cette langue de terre qui flotte devant Venise comme une ceinture dénouée. Les Autrichiens ont élevé de fortes redoutes dans le voisinage de l'église San Nicolo et près du port de ce nom. Nous trouvons des canons braqués sur ces redoutes ; nous gravissons jusqu'au sommet de l'une d'elles, sans être vus par les sentinelles qui se promènent en bas, nous dominons toute l'étendue de la lagune et je découvre au levant des îles que je n'ai point encore visitées. Bientôt nous sommes aperçus par les soldats qui nous ordonnent brutalement de descendre au plus vite. Au pied des redoutes sont de magnifiques allées d'arbres qui ont été respectés. Nous nous promenons quelques instants sous leurs branches dépouillées par l'hiver, puis nous suivons le rivage, où de grandes barques sont amarrées, jusqu'à l'église San Nicolo reconstruite au dix-septième siècle. C'est un monument sans caractère ; nous entrons dans la nef ; je n'y remarque qu'un beau Christ en marbre blanc et les stalles du chœur en chêne sculpté où se déroule la vie de saint Nicolas. C'est dans le cloître primitif de *San Nicolo del Lido* que Nicolo Giustiniani fut moine au douzième siècle. Il vivait là en odeur de sainteté, peu soucieux des fastes de ce monde et des grandeurs de son illustre famille. Mais tous les héritiers mâles de sa maison étant morts dans la guerre contre Emmanuel

Comnène, la république décréta que le moine Giustiniani, délié de son vœu de chasteté, sortirait du couvent et épouserait la fille du doge Vitale Michiel II. Le moine se soumit à cet ordre de sa patrie, mais à peine lui eut-il assuré une lignée de futurs défenseurs qu'il retourna au cloître pour y passer la fin de sa vie. De nos jours, ce ne sont plus les puissants de la terre qui se font religieux, mais les religieux qui se font princes du monde.

Comme nous regagnons Venise elle nous apparaît resplendissante sur la pourpre du couchant et l'azur vif de l'éther. Quoique je l'aie déjà vue plusieurs fois de la sorte, je suis saisie d'une admiration toujours nouvelle en contemplant ce tableau unique. Le retour du beau temps m'inspire des projets d'excursion plus lointaine, et en me séparant de ma nouvelle connaissance, M. de Metz, je conviens avec lui que nous irons le lendemain à l'île de Torcello qui fut le berceau primitif de Venise.

On me remet en rentrant la carte de la marquise Guiccioli, qui a exprimé son regret de ne pas m'avoir rencontrée, je vais moi-même lui faire visite après mon dîner. Je trouve une femme charmante d'un esprit fin, éclairé, plein de grâce. La marquise Guiccioli est la sœur du marquis Capranica del Grillo, mari de la tragédienne Ristori. Un autre de ses frères, poëte inspiré et libéral, vit auprès d'elle à Venise, intelligence passionnée qu'exalte l'amour des lettres et les espérances de la patrie. L'aimable marquise m'invite à dîner pour le 1ᵉʳ janvier de l'année 1860.

Le 31 décembre, M. de Metz vient me chercher dans la matinée pour aller à Torcello; nous montons en gondole découverte et traversons la lagune à l'est de Venise; nous mettons deux heures à franchir l'étendue de la lagune qui sépare Venise de Torcello. Avant de nous engager dans les méandres marécageux de cette île, nous rasons l'île de Burano (où nous ne devons nous arrêter qu'au retour) et quelques îlots armés de petits forts; bientôt nous franchissons des canaux à l'aspect désolé, sur lesquels sont jetés des ponts disjoints. Les rives sont planes et çà et là submergées par l'eau; le ciel a blanchi, il s'affaisse sur nos têtes comme un ciel du nord; des vapeurs montent des marécages; on croit traverser un paysage hollandais. Deux ou trois enfants en guenilles, quelques femmes au teint fiévreux et quelques pauvres bateliers nous regardent passer. Torcello, la vieille république du cinquième siècle, siège d'un évêque et dont la belle cathédrale (du huitième siècle) est un des plus rares monuments de l'art chrétien, n'est plus peuplée que d'une vingtaine d'habitants. Le livre de la noblesse *Torcellana* a été transporté à Burano. Nous traversons une place en ruine où s'élève la façade brisée de l'ancien palais communal. Là, sur le sol défoncé, gît, entouré d'ordures, un siége de marbre appelé la chaise d'Attila; les tribuns de la république de Torcello s'y asseyaient pour rendre la justice. La cloche du campanile qui sonnait pour convoquer les magistrats ne tinte plus qu'à de rares intervalles, lorsqu'un prêtre de Burano vient dire la messe aux pauvres habitants de Torcello; la vieille église dresse sa façade devant nous; elle fourmille d'arcs, de pilastres et de colonnes aux chapiteaux variés; sur la porte qui conduit au baptistère est un fragment d'inscription du deuxième siècle. Le portail, reste de la primitive église, a des encadrements de feuillages sculptés d'un travail bizarre, et se couronne d'un curieux bas-relief représentant saint Marc. L'intérieur de l'église se divise en trois nefs séparées par deux lignes de colonnes d'ordre corinthien, plusieurs de ces colonnes sont en beau marbre grec. Au fond de la nef centrale, au-dessus de plusieurs gradins, le chœur se déploie en demi-cercle; derrière le chœur, et le dominant, se dresse un grand siège épiscopal sculpté, auquel conduit un escalier de marbre; les murs de l'église sont encore recouverts de belles mosaïques sur fond d'or du même style que celles de Saint-Marc; l'enfant qui nous guide nous vend des petits carrés de ces mosaïques, qui se dégradent tous les jours. Ainsi qu'à Saint-Marc, on trouve dans la basilique de Torcello des bas-reliefs et des colonnes rapportés de l'Orient qui vous regardent passer comme autant de sphinx archéologiques. Sur un de ces bas-reliefs sont deux lions farouches à la tête menaçante, encadrés de feuillages et d'oiseaux symboliques. Un étrange bénitier, coupe de pierre qui servait aux ablutions dans la primitive Église, est soutenu par des figures barbares; le pavé de marbre est couvert d'inscriptions. Dans la crypte souterraine sont encore des niches où se dressaient autrefois des saints qui ont disparu. Nous entrons dans la sacristie ouverte à tous les vents, et où gisent çà et là les vêtements sacerdotaux, les petits linges et les hosties qui servent au sacrifice de la messe. On dirait que l'eau de la lagune a surgi tout à coup dans cette salle délabrée et y a dispersé les vestiges d'un culte détruit; on sent là la tristesse de ce qui tombe et s'anéantit. Nous montons en haut du campanile, et nous voyons tout autour de nous se déployer la lagune qu'éclaire en ce moment un ciel blafard. Au premier plan s'étend le labyrinthe des canaux abandonnés de Torcello ; une végétation grêle et quelques hautes herbes se dressent sur ce sol marécageux d'où la fièvre s'exhale. A l'est, se déploient comme des lacs les *paludi della Rozza*, plus au nord celles *di Cono*, puis le rivage de la terre ferme d'*Altino*, d'où les habitants s'enfuirent un jour pour échapper à l'invasion des Barbares et vinrent peupler Torcello. Aujourd'hui Torcello est morte, les migrations des hommes vont et viennent sur la terre, n'y laissant que des traces éphémères qui disparaissent à leur tour. Quelques lueurs perçant les nuages éclairent par moment la lagune et y projettent des teintes livides et cuivrées ; c'est d'un aspect funèbre qui sied à ce cadavre d'île qui flotte autour de nous et semble prêt à sombrer dans les flots ternes qui l'étreignent comme un linceul.

Nous remontons en gondole et regagnons Burano. A peine sommes-nous sortis des marais de Torcello, que le ciel s'éclaircit comme dégagé des vapeurs qui montaient de ces rivages morts. A Burano nous retrouvons le mouvement et la vie ; cette île était autrefois célèbre par la fabrication des belles dentelles appelées points de Venise ; cette fabrication continue mais inférieure. La tradition s'en est perdue comme celle des glaces à Murano. Burano est habité par des mariniers bruyants, joyeux, vivant en plein air et semblant porter plus légèrement le joug autrichien que ceux de Venise ; les bords des canaux où notre gondole s'engage se peuplent aussitôt de curieux. Nous nous arrêtons près d'un pont en face d'une petite place ; tandis que nos gondoliers vont nous chercher du café trouble et fumant, nous sommes assaillis par une foule de mendiants en guenilles qui se penchent vers nous du haut du pont. Je remarque sur une espèce de jetée qui s'avance au travers du canal une femme à figure superbe ; ses cheveux noirs épars, en désordre, couronnent sa tête fière de Médée ; les manches de sa robe sont retroussées jusqu'au haut de ses deux bras de statue, qui répandent comme d'une urne l'eau sale qu'elle porte dans un grand baquet. Quelle figure ! quelle pose ! quelle noblesse native ! Je montre cette femme à M. de Metz, qui reste ébahi devant ce chef-d'œuvre inattendu de la nature, comme on l'est devant une merveille de l'art. Au moment où nous sortons de Burano, deux porcs énormes jettent des beuglements désespérés et se débattent entre les mains de bouchers qui veulent les égorger ; les bêtes furieuses semblent décidées à lutter contre l'homme et à lui disputer leur vie ; l'instinct les éclaire ; on dirait que quelque chose qui vient d'une âme est dans leurs cris formidables.

Nous retournons à Venise, en traversant Murano, dont les vastes canaux et les beaux palais semblent détachés de la cité mère.

Le lendemain, veille du jour de l'an, je fais encore avec M. de Metz quelques excursions dans Venise. Nous cherchons parmi les *campi* et les ruelles le *ponte Storto*, auprès duquel s'élève sur un petit canal silencieux et désert ce qui reste du palais de la fameuse Bianca Capello. Au balcon des jolies fenêtres de la façade on croit voir se pencher encore la figure passionnée de la jeune patricienne, alors qu'elle attendait la nuit son amant plébéien, le jeune et beau Florentin Bonaventuri. Un matin, le sénateur Capello ne retrouva plus sa fille dans son palais profané ; elle avait pris la fuite avec Pietro. — Venise la déclara déchue de sa noblesse, et sa famille porta son deuil comme si elle était morte. Les fugitifs se rendirent à Florence, où ils se marièrent. La beauté de Bianca, forte, charnue, et dont je retrouverai bientôt le portrait à Venise, frappa le grand duc Francesco de Médicis ; il fit assassiner son mari, le pauvre Pietro ; il prit d'abord Bianca pour maîtresse et l'épousa quatre ans plus tard, s'étant débarrassé lui-même par le poison de sa femme Jeanne d'Autriche. A peine grande-duchesse, Bianca fut déclarée fille de Venise par la république repentante d'avoir flétri celle qui avait su atteindre un rang si haut. Bianca fit acheter à Venise le grand palais *Trevisani*, plus somptueux que le petit palais paternel d'où frémissante et éperdue d'amour elle s'était enfuie une nuit d'été. Après quelques années de grandeur, Bianca et Francesco de Médicis, son mari, en dînant un jour avec le cardinal de Médicis, frère du grand-duc, et qui devait lui succéder, furent pris de convulsions soudaines ; ils croyaient voir se dresser dans la salle du festin les deux spectres de Pierre Bonaventure et de Jeanne d'Autriche ; ils pâlirent, chancelèrent et s'affaissèrent tout à coup roidis par la mort ; un poison subtil avait été versé dans les vins où ils cherchaient la vie, la joie et l'oubli de leurs crimes.

Tout en nous rappelant ce drame, nous allons visiter avec M. de Metz le palais *Albrizzi*, voisin du palais de Bianca Capello ; il renferme trois beaux salons dont l'un, surtout, est célèbre par un plafond inouï de grâce et d'élégance. De riants amours en marbre blanc y forment une ronde et des groupes qui se détachent suspendus, enlacés et couchés dans un cadre de bordures dorées. C'est tout ce qui reste de la magnificence du palais des Albrizzi. L'ameublement et les tentures sont fanés et tombent en lambeaux; le froid vous saisit dans ces salles abandonnées et poudreuses, brûlantes autrefois de tant d'intrigues politiques et amoureuses.

Curieux de plus mémorables vestiges du passé de Venise, nous nous rendons aux grandes archives de la cité, situées dans l'ancien couvent *dei Frari*. M. Armand Baschet m'a écrit qu'il nous y attendrait; nous arrivons trop tard et nous ne le rencontrons plus dans ces galeries à perte de vue où il fait chaque jour ses recherches savantes. Nous traversons d'abord deux grands cloîtres déserts à colonnes de marbre blanc, puis nous montons dans le cabinet de M. Mutinelli, directeur des archives, érudit et éloquent auteur de '*Histoire secrète et anecdotique de l'Italie écrite par les ambassadeurs vénitiens*. M. Mutinelli me reçoit avec le plus aimable empressement, et me guide à travers le dédale des salles et des longues galeries où sont rangés quatorze milliers de volumes ou cahiers. Ces documents commencent en l'année 883 et se continuent jusqu'à nos jours. Si l'on alignait les rayons où ils reposent, ils formeraient plus de cinq lieues d'étendue.

Dans la vitrine des autographes je remarque une lettre de Palladio, qui me rappelle l'écriture de Pradier. Je parcours une lettre de Paul Véronèse; je regarde, curieuse, la signature royale et pompeuse d'Élisabeth d'Angleterre, enjolivée et comme dessinée. A côté est une lettre de Salisbury et une autre de Pierre le Grand; mais ce qui attire le plus mon attention c'est une dépêche de Francesco Cornero, ambassadeur de Venise à Londres, portant la date de Kensington, premier juin 1708. Cette dépêche renferme une caricature gravée sur bois, représentant Louis XIV, le Pape, Madame de Maintenon et le P. Lachaise; au bas de la gravure sont des vers satiriques anglais. John Bull s'évertue; il flagelle et flétrit la révocation de l'édit de Nantes.

Tout en parcourant le labyrinthe incommensurable des archives je cause avec leur savant conservateur de l'histoire et des chroniques de Venise. M. Mutinelli parle le français le plus correct; il me dit qu'il a appris notre langue dans son enfance d'un chevalier de Malte, le baron de Meyronnet de Saint-Marc, émigré français. Quelle n'est pas ma surprise de retrouver dans ce professeur de l'érudit archiviste un parent de ma mère! Il émigra à Venise sous la Terreur et il y vécut noblement du produit des leçons qu'il donnait.

Adopté par l'aristocratie vénitienne, aimé du vieux doge Manin, il assista aux dernières fêtes de la république expirante et fut témoin de sa chute. Les familles patriciennes qui l'accueillaient comme un des leurs l'attachaient tellement, que, le jour où il put rentrer en France, il n'en eut plus le désir; les lagunes de Venise berçaient sa vie, son ciel la réchauffait, ses intrigues amoureuses et son carnaval y répandaient un reflet de jeunesse. Beau et consommé joueur, dans les jeux de cartes et d'échecs, toutes les réunions aristocratiques se le disputaient. La mère du baron Mulazzani se souvient encore de l'avoir eu pour partener. Il mourut souriant et heureux dans une extrême vieillesse, tandis que Napoléon portait la gloire de la France dans le monde entier. Il n'avait connu et servi que Louis XVI, à qui il avait été présenté à Versailles. Il parlait avec émotion aux belles Vénitiennes de la beauté de Marie-Antoinette; il leur disait : « Elle avait la chevelure blonde et l'incarnat des femmes du Titien, et, quand je songe que cette tête divine est tombée sous le couteau, j'éprouve une telle horreur de la France et de Paris, que je sentirais, si j'y rentrais, toutes les tortures de l'exil. » Qu'opposer à cette politique de caste et de sentiments? Elle a son côté touchant et respectable, pourvu qu'elle ne cherche pas à troubler la patrie.

En sortant des archives, nous traversons la belle place *San Polo*, une des plus grandes de Venise; nous en faisons le tour et admirons deux élégantes façades de palais. M. de Metz me ramène à l'hôtel. A peine arrivée, j'ai la visite de la marquise Guiccioli, qui me propose d'aller visiter avec elle l'atelier du peintre Schiavoni et sa galerie de tableaux anciens. Le peintre Schiavoni est le propriétaire du beau palais Giustiniani, situé sur le grand canal à côté du palais Foscari. Nous prenons heure pour le lendemain, premier de l'an. Ce premier jour de l'année 1860 se lève sur Venise, radieux et pur tel qu'un jour d'été; je dis à M. Armand Baschet, au baron Mulazzani et à M. de Metz, qui viennent m'offrir leurs vœux dans la matinée, que ce beau soleil me paraît d'un heureux augure pour la liberté de Venise; cette fête de la nature est comme une promesse que la nouvelle année ne s'écoulera pas sans que les chaînes de Venise soient brisées; sa population semble partager mon espérance, elle se presse, affairée, presque joyeuse, dans les boutiques de confiseurs et de bijoutiers, pour y choisir des objets d'étrennes. Je parcours avec ces messieurs la *Merceria* et la place Saint-Marc; mais à peine les premiers accords de la musique militaire ont-ils retenti, que le vide se fait sur la place et aux alentours; la foule s'évanouit comme par enchantement. Nous faisons comme la foule, nous nous éloignons, malgré l'attrait de ces fanfares mélodieuses exécutées avec a plus rare précision.

La marquise Guiccioli vient me chercher dans sa gondole, qui vole sur le grand canal lancée comme une flèche par deux gondoliers en livrée. Nous nous arrêtons à la porte d'eau du palais Giustiniani; nous traversons le large vestibule dépouillé de ses armures et de ses panoplies; le peintre Schiavoni vient à nous et nous introduit aussitôt dans sa galerie de tableaux des maîtres vénitiens: il y a là des chefs-d'œuvre: entre autres une *Vénus* du Titien d'une grâce ineffable, plus frêle, plus délicate que toutes celles que j'aie vues du même maître. C'est Aphrodite adolescente et surprise, pour ainsi dire, à travers la transparence des flots dont elle doit sortir un jour. Cette nudité divine et décente écarte l'idée d'un voile, elle est comme enveloppée de sa propre candeur. Eh bien! le peintre Schiavoni l'a outrageusement revêtue d'une draperie opaque qui dérobe au regard toute une partie du corps pudique; il fit cette prouesse pour complaire à l'empereur et à l'impératrice d'Autriche, à qui il voulait vendre sa galerie et qui la visitèrent un jour. Plus tard, je trouverai à Naples une autre *Vénus* du Titien d'une beauté splendide reléguée dans le *Musée secret* par ordre du roi François II. On ne peut s'empêcher de sourire de cette pudeur chatouilleuse des deux jeunes souverains; on leur voudrait un peu moins d'horreur de la chair et un peu plus d'horreur du sang de leurs sujets, qu'ils répandent avec une sereine désinvolture.

Je ne sais si cette draperie hypocrite me disposa mal en faveur des tableaux et des portraits de M. Schiavoni, mais je trouvai sa peinture molle et incolore; c'est comme un reflet détrempé de Dubuffe; même recherche maniérée de la reproduction des étoffes et des dentelles; les chairs sont flasques comme la mousseline qui les recouvre, les yeux ont moins d'éclat que les bijoux dont ses élégants modèles sont parés. Aucune étude du grand *faire* des maîtres vénitiens, aucune entente de la nature. Cependant ses portraits de femmes ne manquent pas d'une certaine grâce étiolée et vaporeuse qui séduit les princesses russes et allemandes et entraîne, à leur exemple, les nobles Vénitiennes; c'est le peintre à la mode de Venise. Je trouve dans son atelier un joli portrait de la marquise Guiccioli, qui rend bien la distinction et la douce physionomie de la jeune mère; puis un autre portrait de la fiancée du comte Wimpfen, fille du banquier Sina, dont le palais somptueux (moderne) s'élève en face de celui que nous parcourons. La blonde jeune fille est drapée d'un peignoir gracieux et flottant sorti des mains de madame Payan; le peintre, luttant d'habileté avec la célèbre lingère parisienne, est parvenu à rendre tous les détails du vêtement virginal. En remontant en gondole, je regarde avec admiration la belle façade ouvragée aux fenêtres encadrées de colonnettes de ce palais Giustiniani, aujourd'hui propriété d'un artiste à qui ses pâles peintures ont permis d'acquérir cette demeure aristocratique. Nous traversons le canal et entrons au palais Guiccioli, que l'aimable marquise me fait visiter en attendant l'heure du dîner.

Ce palais, autrefois *Contarini delle figure*, fut vendu par le comte Marco Contarini au marquis Ignace Guiccioli, *gonfaloniere* de Ravenne et père du propriétaire actuel. L'arc de la porte, surmonté d'un fronton, est soutenu par des colonnes cannelées. Nous traversons le large et long vestibule couvert de tapis et chauffé par des calorifères. La marquise Guiccioli a su unir dans son palais le confort parisien moderne à l'ancien luxe de l'aristocratie vénitienne. Nous passons plusieurs antichambres et plusieurs salons. Je m'arrête dans une des premières pièces, pour admirer une vaste cheminée soutenue par des cariatides en marbre de Carrare du plus beau travail; je regarde ensuite plusieurs plafonds d'un très-grand effet, peints à fresque par *Cedini* et par *Malombre*. Nous nous reposons un moment dans un ravissant salon tendu de damas bleu et meublé à la parisienne. Nous buvons du café fumant dans de merveilleuses petites tasses de porcelaine de Chine d'un azur tendre; puis la marquise fait ouvrir pour moi le grand salon de réception ou galerie de fêtes. Je suis éblouie de la magnificence du plafond, peint à l'huile par Palma le Jeune. Tous les dieux de l'Olympe sont là rayonnants de beauté et d'éternelle jeunesse. Des scènes diverses de la mythologie sont divisées en autant de tableaux encadrés par des solives et des frises sculptées et dorées. Une cheminée colossale, en marbre veiné de Sardaigne, se dresse au milieu du salon, surmontée de figures et d'ornementations en stuc. Sur les tentures en lampas rouge éclatent comme autant d'immenses diamants les plus rares miroirs de Venise; les meubles les plus exquis de la Renaissance, bahuts, armoires, dressoirs en ivoire, en argent, en ébène, en marqueterie de marbres sont réunis là pour le charme des yeux; de magnifiques lustres anciens des fameuses fabriques de Murano s'échappent comme de gros bouquets des solives du plafond.

« Quand ces lustres s'éclairent, quand les candélabres et les torchères sont allumés et qu'un grand feu flambe dans cette cheminée monumentale, ce salon doit être d'une beauté féerique, dis-je à la marquise Guiccioli.

— Il est resté vide, fermé et dans l'obscurité depuis que nous habitons ce palais, me répliqua la marquise; il ne s'ouvrira et ne s'illuminera pour une fête que le jour où Venise sera libre. »

Nous retournons nous asseoir dans le petit salon bleu, où bientôt viennent nous rejoindre le marquis Guiccioli, ses fils et leur intelligent précepteur, M. Clavel; puis arrivent les conviés : le comte Morosini, un des arrière-petits-neveux du grand doge Morosini, dit le Péloponésien; M. Polidori, un dessinateur des plus rares, auteur de caricatures politiques pleines de mordant et de verve; puis le jeune prince Louis Capranica, frère de la marquise; ce dernier m'offre un recueil de ses poésies, les *Veillées de l'Amour*, et son beau roman historique, *Giovanni delle bande nere*. La tournure du jeune prince Capranica est des plus distinguées, ses cheveux d'un blond vénitien ombragent sa tête inspirée. J'exprime à ce sujet la surprise que m'ont causée en Italie ces belles chevelures blondes dorées que l'on remarque souvent dans les familles aristocratiques (principalement dans celles de Venise). Titien les a peintes d'après nature comme une rareté et une beauté tranchant sur le type brun plus vulgaire et presque universel en Italie.

« Parmi ces chevelures blondes, celle de ma jeune belle-mère, la marquise de Boissy, me dit le marquis Guiccioli, est une des plus splendides qu'on puisse imaginer; aussi a-t-elle une renommée poétique connue du monde entier.

— Oui, c'est bien là le vrai blond vénitien, répliquai-je, celui que Titien, Paul Véronèse et Giorgione ont immortalisé dans leurs tableaux.

— Ce que vous ne savez peut-être pas, madame, reprit M. Polidori, c'est que les femmes de l'aristocratie vénitienne attachaient autrefois un si grand prix à cette nuance de cheveux, qui les distinguait des femmes du peuple, presque toutes brunes, qu'elles l'obtenaient par des moyens artificiels.

— Couvraient-elles donc leurs têtes de cheveux d'emprunt, repartis-je en riant, comme les patriciennes de l'antique Rome, qui faisaient couper, pour s'en parer, les cheveux des esclaves gauloises?

— Non, reprit M. Polidori; elles métamorphosaient la nature à l'aide de procédés plus lents, plus savants, et dont la réussite est irrécusable, s'il faut en croire une vieille chronique du quinzième siècle conservée à la bibliothèque Saint-Marc et dont l'auteur est un Cesare Vecelli, propre cousin du Titien[1]. Parmi les papiers manuscrits de la patricienne Nani, qui vécut à la même époque, on a trouvé la fameuse recette qui transformait les brunes en blondes lumineuses.

[1] « Il y a ordinairement à Venise, dit-il, sur les toits des maisons de petites constructions en bois qui ont la forme de loges découvertes. Sur la terre ferme, on les fait en maçonnerie et on les dalle comme celles qu'à Florence et à Naples on appelle *terrazi*, en les recouvrant de chaux et de sable pour empêcher la pluie de pénétrer au travers.

« Mais, pour en venir à notre sujet, bien que toutes les femmes désirent augmenter leur beauté naturelle, et que dans ce but elles aient recours à l'art, les Vénitiennes savent les surpasser toutes. En cela elles se font beaucoup de tort, parce qu'elles ont moins besoin que d'autres d'avoir recours à ces moyens, et aussi parce que le soin qu'elles prennent de recourir à tant de procédés étant bien connu, leur beauté naturelle ne trouve plus qui la croie et passe pour artificielle. Entre beaucoup de moyens qu'elles emploient dans ce but, elles en possèdent un pour se rendre blondes, et c'est la raison qui fait qu'elles se tiennent fréquemment sur les terrasses dont nous venons de parler.

« On les voit là autant et même plus que dans leurs chambres, tenant leurs têtes exposées à l'ardeur du soleil pendant des journées entières. C'est aux heures, en effet, où le soleil est le plus cuisant (*cocente*) que, devant se servir elles-mêmes, elles restent, pour cet apprêt, sur ces terrasses de bois. Assises, elles baignent et rebaignent souvent leurs cheveux avec une petite éponge imbibée d'une eau qu'elles font elles-mêmes ou qu'elles achètent. Laissant au soleil le soin de les sécher, elles les rebaignent de nouveau pour recommencer toujours de cette façon. C'est ainsi qu'elles se rendent les cheveux blonds comme on les leur voit. Lorsqu'elles se livrent à cette occupation, fort grande pour elles, elles jettent par-dessus leurs autres vêtements un peignoir de soie très-blanche d'une grande finesse et légèreté, qu'elles appellent *schiavonetto*, et elles couvrent leur tête d'un chapeau de paille sans fond, par l'ouverture duquel passent tous les cheveux qui s'étalent sur les bords exposés au soleil pendant qu'ils se blondissent. Ce chapeau, qui protége ainsi leur figure contre l'ardeur des rayons, porte le nom de *solana*. »

— Je voudrais bien connaître cette recette[1], repris-je: savez-vous qu'elle serait achetée fort cher par notre fameux parfumeur-chimiste parisien, Faguer-Laboullée.

— M. Armand Baschet vous la donnera, repartit le prince Capranica; il a fait là-dessus d'intéressantes recherches[2]; mais je vous avertis que la réussite de cette recette implique le concours du soleil vénitien.

— A si peu ne tienne! répondis-je; ce serait là un délicieux prétexte de voyage à Venise, pour toute brune Parisienne désireuse de

---

[1] Cette recette est formulée comme il suit:

1° Pour obtenir une eau à rendre les cheveux blonds:

> Soufre noir, 6 onces.
> Alun *di feccia* et gras, 2 livres.
> Bon miel, 4 onces.

Et toutes lesdites choses, mêle-les bien ensemble et distille-les au moyen d'un alambic; il en sortira une eau excellente. Tu te baigneras ensuite le chef avec une éponge, le tenant au soleil après l'avoir ainsi mouillé, et mettant dessus un peu de soufre. Tu rendras, de cette sorte, tes cheveux blonds et beaux. — Et cela est parfait.

2° Autre recette pour rendre tes cheveux blonds en peu de fois:

Coquilles d'œufs calcinées; mets des blancs d'œufs battus avec du soufre noir, à quantité égale à discrétion, mêle-les bien ensemble de manière qu'il en résulte une pâte, et, quand tu vas au lit, teins-toi les cheveux avec. Le matin, lave-toi la tête et sèche-toi. En peu de fois, tes cheveux seront blonds et beaux.

3° Autre recette pour se rendre les cheveux tels qu'ils semblent des fils d'or:

Centaurée. . . . . 3 onces.	Alun *di feccia* . . . . . . 1 livre.
Seppia [*]. 1	Soufre en poudre. . . . 6 onces.
Diagrante [**] 1	Eau extraite de la vigne. 9 livres.
Gomme arabique. . . . 1	Gingembre. . . . . 1/2 livre.

Mêle bien le tout et laisse reposer huit jours, et fais bouillir assez pour en réduire la quantité au tiers. Après t'être lavé la tête, bassine-toi la tête comme on fait pour *blondir* les cheveux, et tiens-toi au soleil. Répète cela plusieurs fois, et c'est fait [***].

[2] Voir le curieux travail de M. Armand Baschet publié dans la *Gazette des Beaux-Arts*, 1859.

[*] Sorte de poisson. On appelle le mâle encrier (*calamajo*), en raison de la couleur de son sang, qui pourrait servir d'encre.

[**] Sorte de gomme.

[***] *Ricettario della contessa Nani*. Biblioth. Marciana. Cl. III. Cod. 9, pages 21 et 55. Le texte original est en dialecte vénitien.

devenir blonde; mais, ajoutai-je, ce qui me paraît tout à fait merveilleux, c'est que ces chevelures blondes, obtenues par ce curieux procédé, se soient ensuite transmises naturellement de génération en génération; car vous, monsieur, dis-je en regardant le prince Capranica, vous devez sans doute, de même que la marquise de Boissy, à quelque chevelure artificielle d'une aïeule éloignée, d'être né avec des cheveux d'or, qui se sont passés de la miraculeuse recette?

— Quoi d'étonnant? observa M. Clavel; l'art a des mystères trop dédaignés des modernes. L'application de l'art et les soins de la beauté, adaptés aux perfections de la race humaine, amèneraient sans doute dans sa reproduction des résultats qui nous étonneraient, si, à l'exemple de la civilisation grecque, nous donnions à l'élément du beau l'importance qu'il devrait avoir dans le monde. »

Tout en devisant de la sorte, nous passons dans la salle à manger et prenons place autour d'une table somptueusement servie. Un beau portrait du roi Victor-Emmanuel décore cette pièce du palais; il semble écouter nos vœux pour l'affranchissement de l'Italie et pour sa grande unité. Nous portons un toast au roi *honnête homme*. Ce surnom est le plus glorieux qu'ait jamais obtenu un souverain. Si peu l'ont mérité! rien de si touchant que cette image d'un roi adoré par tous. Elle est, comme un dieu pénate, dans toutes les maisons vénitiennes. On la porte aussi dans un petit médaillon clos et flottant à la chaîne de montre; les gondoliers et les pêcheurs la suspendent à leur cou, empreinte sur une médaille de cuivre; elle a remplacé, pour eux, les saints et la Madone; elle est devenue le symbole de la résurrection de Venise. La soirée s'écoule en causeries animées. Quand je prends congé de mes hôtes, la marquise me dit d'une façon toute amicale : « Vous dînerez encore avec nous le jour des Rois; il serait trop triste pour vous de vous trouver seule en pays étranger par ces fêtes que l'on passe ordinairement en famille. Demain je vous enverrai mes enfants et leur précepteur pour faire une promenade à travers Venise. »

Le jour suivant le brouillard couvre la ville entière d'un voile opaque; on dirait que la lagune l'a submergée; impossible de sortir. Le lendemain, un peu d'éclaircie se fait dans le ciel; je vais visiter sur le canal du pont des Soupirs, le palais Trevisan Capello, que Bianca Capello acheta lorsqu'elle fut devenue grande-duchesse de Toscane; il est aujourd'hui habité par une modiste française. Rien de lugubre comme ce vestibule et ces cours en ruine, où les marbres brisés se fendent et s'effondrent. Je traverse un pont, en face de ce palais, et me trouve bientôt sur la place Saint-Marc. J'entre dans l'église; toutes les chapelles en sont éclairées pour fêter les premiers jours de l'année. Touchante coutume qui était comme un appel à Dieu de la bénédiction d'un nouvel an ajouté à la vie de l'homme. Je fais visite à la marquise Guiccioli; je trouve chez elle la belle comtesse Pisani, une jeune Anglaise, peintre, que l'héritier des Pisani a épousée par amour. J'aime à rencontrer dans la vie la réalité de ces douces fictions des romanciers.

En rentrant, je lis dans la *Gazette de Venise* un article sur mon roman *Lui*; j'ai la visite du comte Morosini, qui me propose de me conduire au palais Morosini, habité par la dernière descendante du Péloponésien, qui vieillit là, infirme et seule, entourée de toutes les reliques des glorieux ancêtres. Le lendemain, le comte vient me chercher en gondole, par une pluie battante; nous suivons le grand canal jusqu'au palais Cavalli, tournons à droite dans un petit canal transversal et descendons au palais Morosini par la porte d'eau. La principale façade de ce palais, où naquit et vécut le Péloponésien, donne sur le *Campo San Stefano*. Nous traversons le grand corridor où se dressent les cuirasses et où se groupent les armes de tous les héros de cette illustre famille qui a fourni quatre doges à la république : Michel, Dominique, Marino, et, enfin, le plus célèbre de tous, Francesco Morosini, dit le Péloponésien. Nous trouvons leurs portraits animés, vivants, dans la galerie des Batailles, que nous traversons au premier étage du palais. Celui du Péloponésien est superbe, hardi, héroïque; l'expression de son visage rappelle le grand Condé; c'est le même éclat des yeux. Deux femmes, deux reines de la famille des Morosini, sont là, jeunes et souriantes, en compagnie des quatre doges : Constance Morosini reine de Servie, et Tomasine, reine de Hongrie. Tous les autres tableaux de cette imposante galerie représentent les batailles et les siéges dans lesquels le Péloponésien fut vainqueur. Voici la prise d'Athènes, où, au-dessus de la mêlée des combattants et de la fumée des batailles, s'élèvent l'Acropole, les Propylées et le Parthénon. La figure du guerrier rayonne comme celle d'un dieu sur ce fond immortel des marbres grecs. Nous passons, à gauche, dans la salle des Portraits; là revit toute l'auguste lignée des Morosini : doges, sénateurs, généraux, patriarches et cardinaux; au-dessous de chaque portrait sont, dans des cadres, les lettres d'honneur et les diplômes sur parchemins accordés à tous ces hommes illustres par la république de Venise et par divers papes. Un magnifique buste en bronze, à mi-corps (plus grand que nature), du Péloponésien se trouve dans ce salon ; on dirait qu'il veille sur ses ancêtres et sur ses descendants. Il tient ses armes de sa main superbe ; sa tête, hautaine, semble encore commander les batailles. Ce buste est un chef-d'œuvre de maestria et de force ; le héros y revit. Il ornait autrefois une des salles du palais ducal ; à la chute de la république, il fut relégué dans une cave. La famille le réclama, et Napoléon Ier l'accorda à la descendante du dernier doge. Nous passons, à droite, dans la salle des Armes, où sont conservés en faisceaux les lances, les armures, les épées, les pistolets du guerrier. Un buste en marbre blanc, tout semblable à celui que je viens de décrire, se trouve là parmi les marbres grecs rapportés d'Athènes par le Péloponésien. Le premier buste avait été fait pour la république, le second pour la famille. Une tête de femme antique me frappe d'admiration ; c'est un marbre du plus beau temps de la sculpture grecque. Je regarde ensuite curieusement les reliques intimes du doge soldat : le verre où il buvait, le squelette du chat familier, qui ne le quittait jamais ; le livre de prières latines qu'il portait toujours sur lui. Dans la couverture de ce livre est enfermé, comme dans un étui, un petit pistolet. C'était le temps *tuant et priant*. Des vases de marbre, où poussent des arbustes verts, se mêlent aux faisceaux de mousquets et de pertuisanes dans cette salle d'armes qui a jour sur une jolie terrasse à balustres, en retour du palais Pisani, et formant décoration sur le Campo San Stefano[1]. Au moment de nos victoires en Italie, le gouverneur autrichien de Venise fit réclamer à la dernière descendante de Francesco Morosini les trophées d'armes anciennes dont je viens de parler. « Ces armes, disait-il, peuvent servir encore. » La noble fille, infirme et souffrante, fit prier le gouverneur de venir s'assurer par lui-même de la rouille et de la vétusté qui couvraient ces vieux fers tordus et bosselés dans tant de batailles, et elle obtint, à force de prières, que ces témoins inoffensifs du patriotisme et de la gloire de ses pères ne lui seraient point enlevés.

Nous passons dans les appartements plus intimes, qui sont d'une magnificence inouïe ; nous traversons d'abord un salon or et bleu, au plafond frais et riant comme une aurore de mai, puis un

---

[1] J'ai dit précédemment que le tombeau du grand Morosini était dans l'église San Stefano.

second salon décoré de toute une série des plus fins et des plus rares tableaux de *Longhi*. Oh! l'aimable compagnie musquée de marquis poudrés, de mignonnes marquises, flamme à l'œil, rose à l'oreille et mouche au coin de la lèvre! Oh! les jolies nonnes au regard provocant, au sein gonflé sous la bure! les joyeux abbés au rabat de dentelle, sur lequel leur menton fleuri repose comme un bouquet de cerises sur du papier découpé! les soyeux épagneuls, les câlines chattes à pelage de velours blanc, les gentilles perruches au plumage de velours vert, les bruns et véloces écureuils faisant la roue et la grimace comme de petits nègres qui s'ébattent! Oh! les masques hardis, grands diseurs d'amours! les alertes et malins gondoliers, raillant les jaloux et les importuns, et faisant glisser et disparaître dans la nuit les mystères du plaisir! Tout cela sourit, chatoie, se heurte, se groupe, s'éparpille, éclate, rayonne et ravit, ainsi que faisaient la Piazzetta, la place Saint-Marc et le grand canal, aux jours des folles fêtes de Venise!

Comme contraste à ce riant salon exclusivement décoré de tableaux de Longhi, nous traversons après une autre pièce qui forme une magnifique galerie remplie des plus belles toiles des grands maîtres vénitiens; ils sont tous là représentés par quelque chef-d'œuvre, ces créateurs hardis du mouvement et du coloris. Cette belle galerie mériterait non-seulement d'être décrite, mais d'être gravée; elle est à peine connue, étant peu accessible aux étrangers. Nous entrons ensuite dans la vaste chambre qui fut celle du Péloponésien; elle est tendue de velours ancien rouge et jaune; le plancher est couvert d'un tapis turc épais, moelleux, aux vives couleurs; il y a dans cette chambre une grande glace de Venise, à bordure splendide, la plus belle qui soit sortie des fabriques de Murano; puis des consoles en albâtre oriental, au-dessus desquelles les portraits en pied des quatre doges Morosini, se regardant éternellement entre eux. On dirait qu'ils s'interrogent sur les destinées futures de Venise.

Une étroite porte pratiquée dans cette chambre conduit dans deux cabinets où la collection des tableaux de maîtres se continue. Dans le second cabinet s'ouvre la petite chapelle où priait le grand Morosini. Le prie-Dieu qu'il avait sur sa frégate est posé devant l'autel; il est en bois rouge, dur et poli comme de la laque, avec des dessins en relief en bois doré; des anges sculptés, également dorés, s'en détachent par devant. Au-dessus du prie-Dieu et comme l'ombrageant flotte la bannière de combat, avec Saint-Marc et le lion ailé brodés d'or et de soie; c'est la même bannière qui frissonna sur corps du Péloponésien quand il mourut (le 6 janvier 1694) sur son vaisseau de commandement, les yeux tournés vers Salamine, qu'il venait de conquérir. Sur le mur de droite est le reliquaire du doge, rapporté d'Orient; sur celui de gauche, une magnifique esquisse de Paul Véronèse. Au-dessus de l'autel brille une croix en cristal de roche, dont le Christ est en or. Deux anges en argent, avec des ailes d'or, sont agenouillés au pied de cette croix d'un travail précieux et d'une valeur énorme. Nous retraversons la galerie des Batailles et pénétrons dans un dernier salon tout rempli des plus éblouissants portraits des Morosini. Leur vie semble se perpétuer à travers les siècles. Ils se meuvent, ils vont descendre de leurs cadres pour nous parler et nous faire compagnie; un, surtout, paraît vivant entre tous les autres : c'est celui du doge Grimani di Servi, allié à la famille Morosini; le corps s'agite sous l'hermine, les yeux ont un éclat qui flamboie!

Nous ne pouvons pénétrer dans les appartements privés de la comtesse Morosini, dernière héritière de tant de magnificences; elle languit dans les infirmités et dans une dévotion rigoureuse; sa seule attache à la terre est encore celle des souvenirs et des vestiges de la gloire de ses ancêtres. Au temps de sa jeunesse, elle se parait parfois de ses bijoux héréditaires qui sont d'une grande magnificence; elle possède, plus belles que celles des reines, des parures de perles, de saphirs et de rubis; elle avait aussi une somptueuse argenterie historique qu'elle donna à Manin pour la patrie, et qui fut fondue en 1848. La fortune territoriale de cette dernière descendante du Péloponésien est énorme; les prêtres la convoitent et disposent, dit-on, la mourante à toutes sortes de fondations pieuses; il est à souhaiter que la comtesse Morosini ait, avant d'expirer, une inspiration digne de sa race, et lègue à Venise ce beau palais, sorte de musée où l'on verrait réunis les restes les plus rares du luxe et de la grandeur de l'ancienne république. J'exprime cette idée au jeune comte Morosini, tandis que la gondole qui nous emporte glisse entre les flots tombant du ciel et les flots montant de la lagune.

« Quant au reste de la fortune, je vous l'abandonne, ajoutai-je en riant, et votre cousine ferait bien mieux de vous la laisser, à vous qui portez son grand nom et qui aimez l'Italie, que d'en enrichir ce clergé corrupteur qui entravera toujours la délivrance de votre patrie.

— Je n'ai aucun droit à la fortune de ma cousine, me répond avec simplicité le comte Morosini; qu'elle la lègue tout entière à l'Italie, et je serai content.

— Il suffit à l'Italie, repris-je, que ce palais lui appartienne et qu'il soit à jamais ouvert aux artistes et aux poëtes, qui, de génération en génération, viendront le visiter comme je l'ai fait aujourd'hui. »

Quand nous arrivons à l'hôtel, la pluie continue à inonder le quai et tombe en cascades dans la lagune.

Ces grands orages ont dissipé les brouillards, et les jours suivants (hélas! les derniers que je dois passer à Venise) resplendissent d'un soleil printanier. La marquise Guiccioli, que j'ai trouvée un peu souffrante à ma dernière visite, m'envoie ses fils et leur précepteur pour m'accompagner dans quelques excursions qui me restent à faire à travers Venise. Nous allons d'abord au séminaire patriarcal, situé entre la *Dogana di mare* et la *Salute*, somptueux monastère du dix-septième siècle, transformé en collége (en 1817) et dirigé par des prêtres; de même que dans nos séminaires français, presque tous les élèves sont laïques et destinés à l'être toute leur vie : étrange anomalie! on confie la direction de futurs pères de famille et de futurs citoyens au clergé, qui vit ausein des États presque toujours ennemi de la famille et de la patrie.

L'édifice du séminaire patriarcal est imposant, quoiqu'il soit du plus faux goût de la décadence. Nous traversons un vaste cloître dont les galeries sont décorées de bustes, d'inscriptions et d'anciens tombeaux transportés là après la démolition des églises ou des cloîtres où ils furent primitivement érigés. Nous donnons un regard hâtif à tous ces marbres; nous entrons dans la chapelle qui renferme le tombeau de *Sansovino;* un buste à l'expression vive ranime dans la mort le grand architecte.

La sacristie renferme quelques grandes toiles des maîtres vénitiens, peintes avec fougue et où la vie fourmille.

Nous parcourons un petit musée de sculpture où nous trouvons deux marbres antiques : un torse d'Apollon et un buste en marbre grec d'un très-beau caractère. Nous montons un large et majestueux escalier qui donne à ce monastère un air de palais; dans un des vastes corridors se trouve la Pinacothèque, qui renferme trois chefs-d'œuvre : la *Décollation de saint Jean-Baptiste*, par Albert Durer; une *Sainte Famille* de Léonard de Vinci, et un merveilleux portrait de l'Arétin, par Titien. A côté est la bibliothèque, où s'abrite, à l'ombre des pères de l'Église, un des manuscrits du *Décameron* de Boccace. Le séminaire possède aussi une collection d'estampes et de médailles; parmi ces dernières se trouve toute la série des monnaies de la république de Venise; il en est une appelée la *Giustina*, qui fut frappée en l'honneur de sainte Justine de Padoue, très-vénérée dans toute la Vénétie. Comme nous nous disposons à descendre les marches de marbre de l'escalier, je vois monter, accompagnée de sa mère, une jeune fille d'une beauté saisissante. Ses yeux flamboient sous de longs cils bruns; sa chevelure touffue encadre ses joues roses, sa bouche sourit et s'entr'ouvre comme une fleur, toute sa tête vive et gaie s'épanouit sous un voile de dentelle noire; elle porte avec grâce dans ses deux mains gantées des paquets de *dolci* [1], enveloppés de papiers blancs et noués de faveurs roses. C'est un jeudi, l'heure de la récréation des écoliers, l'heure du parloir. Puisque je note les beaux marbres et les beaux tableaux qui me frappent, pourquoi ne pas noter cette œuvre plus belle de la nature, cette éblouissante jeune fille que l'art voudrait reproduire et que la poésie se plairait à chanter? Elle me salue en passant avec cette cordialité toute italienne que nos jeunes Parisiennes se gardent bien d'imiter; elles préfèrent la roideur anglaise et les airs de poupées à ressorts. « Fi donc! sourire, regarder qui que ce soit ou quoi que ce soit avec émotion et plaisir, c'est presque impudique! » disent nos échappées du Sacré-Cœur. Ce sentiment se développe avec l'âge dans le choix d'un mari : ce n'est jamais la sympathie et l'attrait qui les déterminent, mais la fortune, qui produit à coup sûr la *considération* et l'*importance*. Je souligne ces mots, je leur trouve comme une couleur funèbre, une consonnance métallique et un souffle glacé. La langue qu'on parle est l'écho du cœur; oh! gardez bien votre divin naturel, belles et naïves Italiennes, derniers modèles des artistes inspirés; laissez aux Dubuffe et aux Wintheralter les automates aux robes ruineuses, aux lèvres prudentes et aux regards froids. Raphaël eût brisé de son appuie-main, changé en verge, les oripeaux de la mode qui les couvrent; et Titien les eût déchirés sans pudeur pour voir si la chair palpitait au-dessous!

[1] Bonbons, petits gâteaux, sucreries.

En sortant du séminaire nous franchissons en gondole presque toute l'étendue du grand canal, puis, tournant à droite dans le canal dit *Cannaregio*, nous laissons à l'angle le grand palais Galvagna, vendu récemment au duc de Modène par le vieux baron Galvagna, qui meurt à Venise le jour même où m'apparaît dans sa vétusté la demeure majestueuse de ses ancêtres, devenue l'asile d'un des petits tyrans chassés de l'Italie libre. Un des plus vastes jardins de Venise se déroule derrière ce palais, la façade se dresse sur un quai sale et boueux qui mène aux quartiers populeux, où l'incurie des habitants et les petits négoces en plein air expectorent au dehors les crasses et les ordures séculaires; non loin de là est le *Ghetto*, que nous visiterons tantôt.

Nous rasons à gauche le Cannaregio et descendons devant le palais Manfrini (à quelques pas du palais Galvagna), célèbre par sa galerie de tableaux: qui se dépouille de jour en jour de ses chefs-d'œuvre; la Russie a déjà acheté les plus rares et les autres sont, dit-on, en vente. Nous traversons le vestibule humide et délabré du palais Manfrini; les marbres et les fresques y sont couverts d'une couche verdâtre; au fond se déploie, formant perspective, un de ces merveilleux jardins de la Renaissance dont les Médicis implantèrent la mode en France: jets d'eau aux groupes de nymphes et de Tritons; divinités nues, frissonnantes sous les arbres; grottes en rocailles; cyprès taillés en pyramides et en coupoles; salles de verdure, quinconces d'arbustes, plates-bandes, fleurs, tout cela, livré à l'abandon, lugubre comme ce qui périt lentement, s'altère et se détruit avant de disparaître. Les plantes poussent à l'aventure, elles envahissent les sentiers; les eaux croupissent dans les vasques qui ne jouent plus; les déesses ont les mains et les nez brisés; les cyprès dressent dans l'air leurs pousses noires révoltées. Les coquillages des grottes s'effondrent en poussière; les branches mortes des arbres se heurtent avec des bruits de squelettes se battant entre eux; c'est comme un gémissement du passé qui dit à ce beau jour vivifiant et chaud : « J'ai cessé d'être! »

Nous montons dans la galerie de peintures; elle se déroule dans des chambres successives aussi délabrées que le corridor. J'examine longtemps un portrait de Bianca Capello, peint par Pàris Bordone, ce peintre qu'Alfred de Musset aimait tant; la galante duchesse est d'une beauté sensuelle et sans charme. Les yeux noirs éclatants ont un regard impérieux et dur; les cheveux d'un blond clair ombragent voluptueusement la tête massive. Comme contraste, voici une Madone de Giotto, d'une suavité ineffable; l'une a l'empreinte des passions charnelles, l'autre a le souffle des passions divines. J'admire un beau carton de Raphaël représentant l'arche de Noé : la barque monte allègrement au-dessus des flots qui s'amoncellent, hommes et animaux se réjouissent d'échapper à l'élément qui les étreint; je me dis, en regardant la nef fatidique qui porte en elle la perpétuité du genre humain : « Pourquoi n'a-t-elle pas sombré dans le déluge? Que de crimes, que de douleurs, que de passions, que de larmes, elle aurait épargnés au gouffre de l'éternité, où tout se perd un jour ! »

Je vois là un portrait très-ancien de la *Laure* de Pétrarque, c'est toujours la Laure d'un blond fade, au corsage guindé, au petit nez mince, aux yeux demi-clos, au teint blême, à la physionomie mystique. Vivante, la muse des sonnets harmonieux était peut-être charmante, mais en peinture elle ne dit rien au cœur. Les trois perles de la collection Manfrini sont : un petit Raphaël, un petit Corrége et un petit Carrache; ils sont estimés à des prix fabuleux. Le Corrége représente une adorable Madeleine blonde, modelée, toujours vivante; chaque artiste voudrait l'enlever et l'animer à force d'amour sous ces arbres qui frissonnent autour d'elle.

Nous sortons du palais Manfrini, traversons un pont sur le Cannaregio, passons une rue et nous nous trouvons sur une place où est la Synagogue. Nous voilà dans le *Ghetto*. Le temple des juifs est sans caractère; on l'a lavé et badigeonné. Tout ce quartier s'est aéré et a perdu de son originalité, depuis que l'oppression religieuse a fait place à la tolérance. Ce n'est pas à dire que le *Ghetto* soit propre, mais il n'est guère plus sale que les rues qui avoisinent *San Pietro del Castello* et que l'entassement des masures de *Santa Marta*. Sur la place de la Synagogue sont les maisons de quelques riches brocanteurs juifs. Nous entrons chez le plus renommé; nous parcourons d'abord, au rez-de-chaussée, de petites chambres encombrées de toutes les dépouilles des palais patriciens. Oh ! les jolis coffrets de nacre, d'ivoire, d'argent, d'ambre et d'ébène ! les riants émaux éclatants de fleurs, de figures, d'oiseaux et d'emblèmes ! les beaux colliers d'anciennes perles de Murano ! les fines aiguières, les légères coupes, les plats exquis en verre transparent, aux dessins mats, décrivant des figures et des fleurs qui nagent, blanches, sur un fond d'eau ! les riches armes orientales ravies aux empereurs de Constantinople, aux Persans, et aux Barbaresques! les belles étoffes chatoyantes et cossues! Velours épais, mystérieuses courtines d'alcôves; damas aux plis aristocratiques, où les ceintures de perles et de pierreries s'enroulaient comme des ruisseaux sur des fleurs!

Le brocanteur nous conduit, par un escalier roide, aux salles du premier étage, où sont les anciens meubles.

« Si vous étiez venus un quart d'heure plus tôt, nous dit-il avec une sorte d'orgueil, vous auriez rencontré le duc de Bordeaux; il sort d'ici; il m'a acheté mes deux plus beaux lustres. » Et, du geste, il nous désigne deux gros lustres anciens, de Murano, aux bouquets aériens rose, vert et bleu. Quand l'éclat des bougies y rayonne, ces fleurs de verres sont d'un effet inouï. Je tombe dans une rêverie souriante, en pensant que le dernier de cette grande race des Bourbons de France aurait pu m'apparaître au milieu des défroques d'un marchand juif. Ce sont là de ces distractions et de ces familiarités de l'exil qui font aimer le duc de Bordeaux à Venise. Il plaît par sa générosité cordiale, par son aménité douce. J'éprouve un assez vif regret de ne pas l'avoir vu dans ce dédale de bahuts, de divans, de tapis turcs, de clavecins en laque, de torchères aux figures de bronze et d'or. Dans la salle des glaces, je suis éblouie par toute une série de miroirs où se jouent des dessins exquis. Ce sont des figures de déesses et de dieux flottant sur un fond clair, aussi sveltes, aussi déliées et aussi correctes que les figures légères des vases étrusques.

« Ces trente glaces à cadres dorés contournés, me dit le brocanteur juif, m'ont été demandées par le docteur Véron; il les attend à Paris pour en orner une galerie. » J'envie à mon célèbre compatriote cette précieuse et intelligente décoration; mais un pauvre poëte en voyage doit se contenter de voir et d'admirer. J'achète une petite glace de trois écus qui charme mes yeux et qui, au moment où j'écris ces lignes, reflète encore pour moi, en face de ma table de travail, le somptueux capharnaüm du Ghetto de Venise.

Nous retournons à l'hôtel, à travers *campi* et *calle*[1]. J'arrive tellement crottée par la boue juive, que je dois changer de vêtements de la tête aux pieds.

Le soir, j'ai la visite du comte Morosini, du prince Capranica et de

---

[1] Places et petites rues.

M. de Metz qui part le lendemain pour Milan. Le baron Mulazzani et M. Armand Baschet surviennent; ils ont vu mourir dans la journée, après une lente décomposition, le vieux baron Galvagna, dont le fils est leur ami. Ils m'engagent à assister à son enterrement, qui aura lieu le surlendemain.

« Vous verrez là, me dit le baron, une cérémonie funèbre toute différente de celles de Paris. »

Le lendemain, jour des Rois (1860), la marquise Guiccioli vient me chercher à trois heures pour visiter le palais Mocenigo (voisin du sien), qu'a habité lord Byron. Je suis ravie d'être conduite par une Guiccioli, nom si cher au poëte, dans ces murs où quelque chose de lui palpite encore. Il y a, sur le grand canal, trois palais Mocenigo qui se touchent et devaient primitivement n'en former qu'un. Nous entrons dans celui où demeura lord Byron; nous passons la porte d'eau, puis franchissons, à droite du corridor, une haute porte cintrée; nous montons un escalier de marbre assez large, mais roide, et que je ne crois pas être l'escalier primitif; nous arrivons au second étage, où se déploie le grand balcon. Le premier étage des palais de Venise ne renferme jamais les appartements d'honneur. Nous traversons un salon suivi de deux autres, qui formaient, au temps de Byron, une galerie; elle s'ouvrait, au nord, sur le balcon qui domine le grand canal. Nous tournons d'abord à droite, pour voir au midi la chambre d'hiver du poëte; elle a jour sur une cour recueillie, où sont des plates-bandes, des arbustes et une citerne de marbre rouge au milieu. Le plafond de cette chambre, dit à la *Sansovino*, est à poutres dorées. La tenture en soie est couronnée de tous les portraits des Mocenigo et des Memmo, formant une magnifique frise. De deux en deux, ces portraits sont séparés par des cariatides en bois doré qui soutiennent le plafond. Je remarque, entre toutes ces figures patriciennes, la magnifique tête d'un Memmo, premier tribun de la république de Venise au neuvième siècle, qui, n'ayant pu réprimer les discordes civiles, se retira dans un cloître. Ce Memmo est d'une beauté que celle de Child-Harold ne surpassait point. Sa tête, découverte, laisse voir ondoyants ses cheveux de ce blond vénitien si cher aux patriciens. A côté de cette chambre est le cabinet de travail du poëte; les fenêtres s'ouvrent sur la cour dont j'ai parlé. La cheminée est en marbre blanc sculpté; sur le plafond ovale se joue une *Victoire*. C'est dans ce cabinet qu'était le bureau très-simple, à coulisse, en bois de marqueterie, sur lequel écrivai lord Byron. Ce bureau ainsi que l'écritoire du poëte est à présent dans l'appartement privé de la comtesse Mocenigo. A la suite du cabinet vient la salle à manger, à trois fenêtres, donnant toujours sur la même cour; cette salle est ornée de fresques mythologiques. A côté est un tout petit cabinet, un réduit à une fenêtre, nid bien clos et où Byron se plaisait à s'asseoir au soleil. De légères figures à la manière de Pompeï se détachent sur le fond blanc des murs. Nous traversons ensuite deux cabinets de dégagement et nous nous retrouvons dans la galerie, aujourd'hui divisée en trois salons. Elle avait autrefois un plafond à poutres dorées et peintes. Je m'accoude un moment sur le balustre du balcon où Byron s'est accoudé si souvent durant les belles nuits. Là-bas, à gauche, au détour du grand canal, se dresse la façade du palais Foscari; je songe que c'est sans doute en la considérant que la première idée de son beau drame des *Deux Foscari* est venue à lord Byron.

A droite de l'ancienne galerie est le salon de réception de Byron; il est tendu d'un brocart jaune à dessins de velours rouge; le meuble en bois doré est recouvert de la même étoffe; le pavé en mosaïque est superbe; au milieu rayonnent les armes de Mocenigo formant un large blason; la frise se compose des portraits des Mocenigo et de tableaux représentant les faits illustres de leurs vies; des nègres et des chiens noirs sculptés alternent avec ces peintures et forment les cariatides du plafond; les deux fenêtres de ce salon ont jour sur le grand canal. De l'autre côté de la galerie, à gauche, et parallèle au salon, est la chambre d'été du poëte. Le pavé est en mosaïque, le plafond représente une Junon et une Vénus jouant avec un paon; la tenture et le meuble sont en soie bleue; dans l'angle de cette chambre est une petite porte s'ouvrant sur un couloir qui mène à la salle à manger d'été, coquette, riante, gris camaïeu, avec des fresques délicates et de jolies glaces de Venise aux cadres contournés.

J'erre avec recueillement dans toutes ces chambres vides, que le génie peuple encore de son ombre; à chaque pas les vers du poëte s'éveillent dans mon souvenir et me montent à la lèvre; les images des femmes qu'il a aimées glissent dans ces chambres désertes; au-dessus de toutes plane la blonde patricienne de Ravenne à qui il dédia les *Lamentations du Tasse*.

En sortant du palais Mocenigo, nous allons jusqu'au bout du

grand canal, je ne me lasse pas de cette promenade à travers Venise, rendue ce jour-là plus attrayante encore par la douce causerie de la marquise. Nous revenons au palais Guiccioli, où je dois dîner : au nombre des convives est le poëte Piave, auteur de plusieurs libretti de Verdi, entre autres de *Rigoletto* et d'*Ernani* ; nous buvons de nouveau à l'unité de l'Italie et à son roi chevaleresque.

Je presse les Guiccioli de venir tous à Milan et d'assister aux fêtes qu'on y prépare, pour célébrer la prochaine annexion de la Toscane, des Romagnes et de l'Émilie : la marquise est tentée ; son fils aîné sourit de plaisir et aussi de patriotisme à l'espérance de cette distraction ; mais le marquis réplique tristement :

« Vous oubliez que, lorsqu'on sort de Venise, on n'est pas sûr d'y rentrer et que, de voyageur, on devient presque toujours exilé. »

Le prince Capranica me dit : « Buvons à notre réunion à Venise, le jour où Venise sera libre. Vous savez que les souhaits de poëtes sont fatidiques ; c'était l'idée de l'antiquité. » En prononçant ces mots il choqua mon verre, puis celui de M. Piave, puis celui du marquis Guiccioli en ajoutant : « Et vous aussi, vous êtes poëte, madame l'ignore peut-être, mais vous avez fait des vers autrefois.....

— Je les ai lus, m'écriai-je, le marquis m'a envoyé lui-même à Paris un de ses drames plein de fougue, de jeunesse et de patriotisme.

— Soyez sûre, reprit le prince Capranica, qu'il n'a pas guéri de cette heureuse et persistante passion de la poésie, et qu'il parle encore cette langue immortelle

Dont les sots d'aucun temps ne peuvent faire cas. »

Aussitôt tous les verres se touchèrent dans un toast unanime, et une douce gaieté remplit les dernières heures de la cordiale hospitalité que m'offrait le palais Guiccioli.

Le lendemain je fus sur pied dès que l'aube blanchit. On voudrait agrandir les derniers jours qu'on passe dans des lieux aimés ; on craint de ne pas les avoir assez connus ; on désire les parcourir de nouveau, en embrasser encore l'ensemble et en saisir les détails.

« Avez-vous vu le quartier des Grecs ? m'avait demandé la veille le précepteur des fils Guiccioli.

— Hélas ! non, avais-je répliqué.

— Eh bien, madame, si vous le permettez, je vous y conduirai. »

J'acceptai avec empressement l'offre de M. Clavel, et, le lendemain, dès neuf heures, par une éclatante matinée de printemps (janvier), nous remontâmes la rive des Esclavons; nous tournâmes bientôt à gauche, passâmes le pont San Lorenzo, puis celui des Grecs, et nous nous trouvâmes devant la façade du collége grec Flangini, où sont élevés les enfants des familles grecques établies à Venise. A côté se dresse l'église dans une place close et fort belle: près de l'église est le campanile et le presbytère. Quelques arbres poussent dans un angle de la place, des maisons élégantes l'entourent; tout ce quartier est propre comme un square anglais, et, vu du pont des Grecs, il a un aspect tranquille, monumental et décoratif qui charme le regard. Ce jour-là les Grecs célébraient leur fête de Noël : ils se rendaient à leur église pour entendre la messe ; ils s'inclinèrent en passant devant la porte extérieure, où sont les pierres tumulaires de leurs ancêtres toutes couvertes d'inscriptions, de blasons et de dessins symboliques. L'église de S. Georgio de' Greci est un monument de la Renaissance (1539) d'un caractère imposant. La coupole fut construite quelques années plus tard (1571) par *Palladio*, et le campanile par un de ses élèves. Dès la fin du quinzième siècle (1498), les Grecs établis à Venise pour leur commerce et ceux qui y cherchèrent un asile contre la tyrannie des Turcs obtinrent l'autorisation d'y fonder *una scuola* ou congrégation, puis l'église grecque s'éleva ; elle avait pour pasteur l'archevêque de Philadelphie, qui dépendait du patriarche de Constantinople.

Nous pénétrons dans la nef; à droite, au-dessus de la porte latérale, est le mausolée de Gabriel Sévère, archevêque de Philadelphie, mort à Venise en 1616. Les murs de la nef et l'intérieur de la coupole sont presque entièrement revêtus de peintures et de mosaïques sur fond d'or, exécutées par des artistes grecs. Les têtes des douze apôtres, sévères et nobles, vous regardent comme du fond d'une nuée éclatante. Quelle richesse et quelle grandeur dans les ornements d'église! Pas de clinquant, pas d'images, pas de fleurs de papier, pas d'ex-voto ni de cœurs saignants, rien de ces mièvreries dévotes qui profanent trop souvent les églises catholiques. Dans le chœur s'élève une magnifique croix de nacre et d'ébène, où le Christ se détache en noir sur le fond blanc. C'est d'un effet funèbre qui saisit. De chaque côté est une porte en drap d'or; au milieu, un superbe rideau en étoffe éclatante. Un archevêque grec officie; le chant de la liturgie rappelle celui des Arméniens. Des femmes grecques voilées et quelques hommes à l'expressive physionomie orientale prient dans de hautes stalles sculptées rangées autour de l'église.

Comme contraste à ce temple qui me ravit, M. Clavel me propose d'aller visiter l'église des jésuites, ce chef-d'œuvre du mauvais goût. La nef est entièrement revêtue de draperies formées par les marbres les plus rares, qui s'étendent en tapis devant le maître-autel et se suspendent en rideaux sur la chaire massive. Une belle *Assomption*, du Tintoret, s'élève sur l'autel, et, derrière, dans l'ombre, une autre *Assomption*, du Titien. L'éclat des marbres aux vives couleurs nuit à l'effet de ces deux tableaux.

Nous montons en gondole et rasons la lagune au nord de Venise. Nous laissons derrière nous Murano et l'îlot Saint-Michel, où est le Campo-Santo. Nous courons à toute vitesse sur le grand canal pour aller assister, à San Stefano, aux obsèques du baron Galvagna. La cérémonie mortuaire est commencée quand nous arrivons. Le défunt a été un haut fonctionnaire de l'Autriche. Nous trouvons dans l'église le gouverneur de Venise, blême, impatient et comme irrité d'avoir à rendre hommage à un Vénitien ; il est entouré d'un détachement de la garnison. La noblesse vénitienne s'est abstenue; même devant la mort il lui répugne de se rencontrer avec ceux qui l'ont asservie ; il n'y a là que quelques parents et quelques amis de la famille, parmi lesquels j'aperçois le baron Mulazzani et M. Baschet. Les prêtres, revêtus de surplis sales, officient machinalement; la bière est recouverte de velours rouge bordé de crépines d'or. Les décorations tudesques du défunt sont placées au-dessus. On l'emporte bientôt dans la sacristie, puis dans le cloître San Stefano, dont le convoi fait le tour; les cierges, que portent les desservants, projettent leurs lueurs vacillantes sous les arcades sombres. Une grande gondole tendue d'un drap rouge attend à la porte d'eau du cloître ; on y dépose le cercueil ; deux prêtres et un bedeau, tenant des cierges, se placent derrière le mort; deux gondoles, où sont les parents et les amis, suivent la gondole funéraire. Le convoi franchit le dédale des petits canaux ; il entre dans le grand canal, où aussitôt quarante gondoles l'entourent; elles sont montées par des gondoliers en livrée et escortent le mort jusqu'à l'îlot du Campo-Santo. Les nobles Vénitiens qui n'ont pas voulu paraître à l'enterrement s'y sont fait représenter par leurs serviteurs ; ils y ont envoyé leurs gondoles, comme en France on envoie, pour faire cortége aux morts, des voitures de parade.

J'arrive à l'hôtel Danieli, vers deux heures, au moment même où des nuées de pigeons s'abattent tout à coup du ciel sur la rive des Esclavons, sur la Piazzetta et sur la place Saint-Marc. Je ne sais pourquoi je n'ai point encore parlé de ces visiteurs ailés et familiers qui, depuis des siècles, viennent à la même heure recevoir leur pâture des mains des Vénitiens ; c'était pourtant une de mes plus attrayantes récréations, depuis deux mois que j'habitais Venise, d'accourir aux battements de leurs ailes et de les voir becqueter, joyeux, le grain qu'on leur jetait de toutes parts. Ces pigeons étaient autrefois nourris aux frais de la république. Il était défendu d'y toucher et de les tuer. Leur nombre et leur multiplication paraissaient d'un heureux augure pour la prospérité de Venise.

Ce jour-là leur troupe serrée dans l'air, qui forme comme une ellipse sombre et mouvante du haut du Campanile à la rive, me sembla plus épaisse et plus gaie qu'à l'ordinaire; plusieurs pigeons tout à fait apprivoisés venaient jusque dans ma main saisir le blé que le *cameriere* de l'hôtel m'apportait pour eux. Comme j'en caressais un qui gonflait en roucoulant sa gorge au plumage lilas, deux promeneurs passèrent et me regardèrent. Le *cameriere* me dit : « Voilà le duc de Bordeaux et le duc de Lévis. » Aussitôt je me levai, laissant là les pigeons effarés du mouvement de ma robe, et je marchai derrière l'héritier des Bourbons pour le considérer; il boitait d'une façon saillante, ce qui, joint à l'épaisseur de sa taille, lui enlevait toute élégance, mais son pas était rapide et vif. S'arrêtant tout à coup au milieu d'un groupe de petits mendiants qui s'était formé sur le quai pour lui demander l'aumône tandis que le duc de Lévis distribuait aux enfants des quarts de florins, le prince tourna de mon côté sa tête bienveillante, et je fus frappée jusqu'à l'émotion de sa franche et honnête physionomie, où tant de sérénité de cœur éclate. Ce n'était point la beauté jeune du portrait que j'avais vu dans le palais de sa mère; le visage était plus mûr, moins fin de contours: mais j'y cherchai l'âme et je l'y trouvai; âme droite et bonne se révélant dans la douceur du regard des yeux bleus limpides et dans le sourire plein de mansuétude et de paix. Je me disais : « Devant l'équité de l'histoire et de la philosophie, cette âme apparaîtra un jour une des meilleures et des plus enviables entre les âmes royales. » Sans ambition, sans duplicité, sans crime, elle n'a pas tenté l'aventure sanglante des conjurations et des guerres civiles ; elle attend, résignée, la décision de la France, sentant instinctivement que le vouloir d'un seul n'est rien contre celui de tous. » Je l'entourais des ombres de ses ancêtres : je voyais le fougueux François Ier et l'orgueilleux Louis XIV s'indigner de son inaction et de sa placidité ; mais Louis XVI le bénissait. Cet esprit de paix et de renoncement, cette vraie royauté des choses éternelles, cette grandeur impérissable, étaient reconnus du roi décapité. A l'heure de la mort, quand les âmes des souverains chargées de violences et de ténèbres s'agitent effarées devant l'Inconnu redoutable qui les attend, la sienne ira légère et rayonnante dans l'éternité. Il laissera sa page dans l'histoire des hommes, sa page unique et attrayante comme l'innocence ; il sera *celui qui n'a pas régné*, celui qui n'a rien commis et qui, ceint de l'auréole des temps évanouis, ne l'a pas souillée dans les agitations perverses des rois.

Tout en pensant ainsi, je suivais l'héritier des Bourbons de France sur la rive des Esclavons où, chaque jour, lorsqu'il est à Venise, il vient se promener au soleil, accompagné de son fidèle ami le duc de Lévis. Ils s'arrêtèrent quelques instants devant la maison de Pétrarque, rendirent aux passants qui s'inclinaient des saluts bienveillants, puis montèrent dans une belle gondole aux armoiries de nos anciens rois.

Je visite une dernière fois le palais des doges, j'erre longtemps dans la salle du grand conseil, je me dis : « Quand donc remplira-t-elle sa solitude de tous les fils glorieux de l'Italie moderne réunis autour du roi Victor ? » *Vittorio ! Victoria !* disent les gondoliers de Venise en jouant sur le nom de ce prince adoré. Je m'accoude sur le balcon des doges encadré par les sculptures et par les peintures sur fond d'or et d'azur ; j'ai à mes pieds le *Canal Grande ;* à gauche la rive des Esclavons ; à droite la *Salute,* du même côté, sur le premier plan, la Piazzetta, les deux énormes colonnes portant dans l'air la statue de saint Théodore et le lion ailé de saint Marc. Autrefois deux gros diamants formaient ses yeux ; il soutenait entre ses griffes les évangiles d'or où scintillaient les pierreries. Les orbites sont restées vides et fauves ; un livre de pierre remplace le livre éblouissant ; des spoliateurs inconnus possèdent les dépouilles du lion détrôné.

Le même jour, les Guiccioli, le prince Capranica, le comte Morosini, M. Baschet et le baron Mulazzani viennent me dire adieu. Ces deux derniers passent la soirée chez moi et me pressent amicalement de rester encore un jour à Venise. « Voyez cette nuit, me disent-ils en me montrant les rayons de la lune qui se jouent à travers les sculptures de ma fenêtre, elle présage un soleil d'été ; c'est demain dimanche, la nature sera en fête et fera sortir de chez eux tous les habitants de Venise ; il est bon que vous voyiez une fois la ville en deuil un peu ranimée et joyeuse, afin qu'elle vous laisse un regret et le désir de la revoir, » ajoutent-ils affectueusement. Je cède aux instances de mes deux compagnons d'excursions les plus assidus. Je remets au jour suivant la triste besogne des malles à faire. Le reste de la soirée se passe en causeries variées.

La splendeur du soleil me réveille le lendemain ; j'ouvre ma fenêtre : le ciel est d'un bleu profond, la lagune le reflète comme un miroir immense encadré par la rive des Esclavons, la Terrasse, la Salute, la Giudecca, la langue lointaine du Lido et la promenade du jardin public. Je me sens attirée dehors par la bienfaisante chaleur d'un air caressant qui vivifie ; je sors et parcours encore tout ce grand côté de Venise, dont j'ai tant parlé ; je monte une dernière fois au haut du Campanile : je salue les îles, je leur parle comme faisaient les Grecs aux lieux qu'ils chérissaient ; il me semble que S. Eleazaro m'entend et me garde un souvenir ; je descends de la tour, le cœur encore ému de mes adieux à la cité bien-aimée. La foule sort des églises et se dirige vers la Terrasse et sur le quai ; elle sourit au soleil comme à la seule joie que lui laisse l'esclavage. Je m'arrête sur le pont de la *Paglia*, et, tandis que je lève la tête pour regarder le pont des Soupirs changé en pont d'albâtre et en pont de lumière, par le soleil qui l'éclaire d'aplomb, je m'entends appeler par mon nom : c'est le baron Mulazzani qui me cherche pour m'accompagner une dernière fois à travers Venise. Nous allons au jardin public, nous montons dans le belvédère d'où l'œil embrasse la lagune jusqu'au Lido, qui, au delà de ses terres étroites, laisse entrevoir l'Adriatique. Tout est azur et rayons dans l'espace que nous dominons ; les eaux unies et planes sont d'un bleu si intense, qu'il semble qu'en s'y plongeant on s'empreindrait des teintes et de l'éclat du saphir. J'ai toujours adoré le bleu : il m'enivre en ce moment de son immensité qui envahit tout l'horizon. Je voudrais flotter dans l'étendue sereine comme les îles qui se groupent en relief devant nous.

Nous revenons sous les grands arbres du jardin public, où de jeunes mères jouent avec leurs enfants, tandis que des couples d'amoureux marchent à l'écart dans une allée qui longe la lagune du côté de l'île Sant'Elena. Nous entrons au manége, où je rencontre les fils de la marquise Guiccioli ; ils montent deux jolis poneys auxquels ils font décrire des cercles rapides. Je pense à Byron qui partait de cette enceinte et lançait en tous sens son fougueux cheval anglais dans la promenade que nous venons de parcourir et l'éperonnait pour lui faire gravir le tertre d'où nous avons contemplé la lagune ; là, la terre leur manquant, cheval et cavalier se précipitaient dans une gondole et allaient au Lido poursuivre jusqu'au soir leur course fantastique.

Je quitte les enfants de la marquise pour aller dire adieu à leur mère ; nous montons dans une gondole découverte qui nous fait traverser toute l'étendue du grand canal jusqu'au palais Guiccioli ; l'eau rit et gazouille sous les coups pressés des longs avirons ; quelques gondoliers chantent autour de nous. Venise est si belle, en ce moment, qu'ils la rêvent libre et reine encore.

M. Mulazzani me laisse au palais Guiccioli et va voir son ami Galvagna, fils du vieux comte qui vient de mourir ; il me propose de me rejoindre dans une heure au *Traghetto* voisin pour continuer le tour du grand canal et revenir par les *Zattere*. J'accepte ; je sens un amour invincible pour ces rivages que je vais quitter ; ce sont comme des enlacements de sirène qui m'enveloppent et me retiennent ; comme des chants alternés de l'histoire et de la nature qui glorifient Venise l'enchanteresse et qui en font la patrie des poëtes.

La marquise Guiccioli n'est pas chez elle ; je retourne au *Traghetto*, où je dois attendre le baron ; je me trouve en face de l'Académie des Beaux-Arts ; il est plus de trois heures et le musée vient de se fermer ; ma gondole stationne à côté du palais du duc de Bordeaux ; l'envie me prend de le visiter encore une fois ; je demande, en entrant, le docteur Carrière (médecin du prince), que j'ai connu à Paris. Un serviteur français me dit que le docteur n'est pas à Venise, mais que M. le duc de Lévis sera très-empressé de me recevoir. Le duc survient et m'accompagne avec bonté dans la belle galerie de tableaux du premier étage. Tandis que nous la parcourons, il me quitte un moment pour rejoindre le prince, qui le fait demander. Il revient aussitôt me dire que Son Altesse désire me voir, et il m'introduit dans un petit salon où je trouve le duc de Bordeaux et la duchesse. Le duc me tend la main avec affabilité et me dit :

« Je vous ai vue hier sur le quai des Esclavons ; il y a, en ce moment, si peu d'étrangers à Venise, que j'ai su bien vite qui vous étiez. »

La duchesse ajoute quelques paroles bienveillantes dans le plus pur français. Elle est grande, svelte, et sa taille très-noble se dessine avec grâce dans une robe traînante gris-perle ; ses cheveux sont superbes, ses grands yeux noirs pleins d'éclat, et elle serait très-belle, sans sa bouche, qu'un accident a rendue sinistre. Le duc me parle aussitôt de la France et de l'alliance des chefs du parti orléaniste avec ceux du parti légitimiste dont il attend un puissant appui pour l'avenir de son droit. Il me les nomme tous, il ajoute : « Ils sont revenus de leurs erreurs de 1830 ; ils sont désormais dessillés. »

Je lui réponds que cette récente alliance me semble un de ces mariages forcés où le raisonnement remplace la sympathie mutuelle, et qu'il doit savoir, d'ailleurs, que les individualités ne sont rien, si elles ne sont pas l'expression des sentiments du peuple.

« Mais, réplique-t-il, le peuple français aime la liberté, et il doit bien comprendre aujourd'hui que la Restauration lui en a plus accordé que l'Empire. »

Ce que le prince paraît oublier, c'est que la France aime aussi la gloire et laisse le sceptre à ceux qui la lui donnent.

Car il ajoute aussitôt :

« N'est-ce pas que la guerre d'Italie a été impopulaire en France ? »

J'ose lui répondre :

« Non, monseigneur, c'est plutôt la paix de Villafranca qui l'a été. »

Cessant de m'entretenir de la politique générale, il me parle alors de quelques légitimistes de ma connaissance, qui sont restés ses fidèles ; de M. Béchard, ancien député du Gard ; du vicomte de Fraysinet et de plusieurs vieux parents de ma mère appartenant à la noblesse provençale et qui demeurèrent les croyants du culte circonscrit d'une dynastie, tandis que mon grand-père, disciple de Mirabeau et député suppléant de Thibaudeau, embrassa la foi du peuple et voua sa vie à la Révolution.

La duchesse me demande si je dois séjourner à Venise. Je lui dis que je pars le lendemain.

« Nous le regrettons, me dit le prince; vous partez quand nous arrivons. Nous aurions été heureux de vous voir souvent. » Puis il me tend de nouveau la main et me nomme encore quelques personnes auxquelles il désire que je parle de lui. Son langage est plein de modération; sa voix a la douceur calme de sa physionomie. Je le quitte, en gardant de sa personne et de sa destinée l'impression que j'avais ressentie en le voyant m'apparaître, la veille, pour la première fois.

Je remonte en gondole; le baron Mulazzani me rejoint presque aussitôt. Nous parcourons le grand canal jusqu'à l'hôpital Santa Chiara, où nous allâmes un soir; mais, quand nous voulons dépasser la petite île, les flots de la lagune, qui se sont abaissés en se tranquillisant, se refusent à porter la gondole. Les avirons touchent et soulèvent la vase; les gondoliers redoublent en vain d'efforts; nous ne pouvons tourner le champ de Mars ni revenir par les *Zattere*. Nous sommes forcés de remonter le grand canal. Le jour meurt; les palais se revêtent d'une teinte nacrée; la pleine lune se lève énorme et plane dans le ciel qui s'étoile; elle se double dans l'eau en s'y reflétant; parfois elle disparaît derrière les monuments, puis, tout à coup, se montre telle qu'un globe fantastique suspendu au-dessus de l'arche du Rialto, sous laquelle elle engouffre une cascade de rayons. Son sillage phosphorescent nous éclaire et nous gagnons la rive des Esclavons à travers cette traînée lumineuse.

Je reste seule quelques heures; j'écris mes notes du jour et de la veille, puis je ressors avec M. Baschet et le baron Mulazzani pour revoir encore par cette nuit ineffable tous les grands palais de Venise; ils sont comme enveloppés d'une lueur bleue. Vers une heure du matin, nous faisons une halte à la promenade de la terrasse; nous prenons des sorbets au bord de la balustrade; je m'y appuie longtemps sans parler.

Mes amis me disent : « Est-il bien vrai que vous partiez? »

Je leur réponds par le *chi lo sa* italien, molle parole d'incertitude, qu'on se plaît à appliquer aux choses qui attristent. Nous repassons lentement par la Piazzetta et le pont de la Paglia; je serre un peu plus fort qu'à l'ordinaire la main que ces messieurs me tendent, et, sans leur indiquer l'heure à laquelle je partirai le lendemain, je leur dis adieu.

Rentrée chez moi, je regarde encore, à travers les trèfles sculptés de ma fenêtre, l'îlot de Saint-Georges détachant son église et son campanile sous les rayons de la lune. Je ne me couche qu'à trois heures du matin ; je suis réveillée, à cinq heures, par le canon du port, et, à huit heures, je me promène sur le quai des Esclavons. Le jour est aussi splendide que l'a été la nuit. Je fais une halte chez le photographe Ponti pour y choisir encore quelques vues de Venise, afin de mieux fixer dans mon souvenir la ville bien-aimée que j'embrasse, en ce moment, du regard et de l'âme, comme on fait d'un ami au moment des adieux.

Je traverse rapidement la Piazzetta et la place Saint-Marc, j'entre dans l'église, elle est resplendissante de l'éclat de ce beau jour ; les figures en mosaïques se soulèvent sur leur courtine d'or. En traversant le chœur, je m'arrête à gauche pour considérer sur le pavé un splendide lion couché, en mosaïque, que je n'avais jamais remarqué. On dirait que ses yeux farouches et irrités s'animent, qu'il va soulever sa crinière, que sa gueule entr'ouverte est près de rugir, il semble me dire : « J'aurai pour proie l'étranger, je l'étranglerai et l'étoufferai sous mes ongles recourbés ; je ne suis pas mort, pas plus que Venise. »

A guisa di leon quando si posa.

Je reviens sur le bord du *Canal Grande*, en passant par la cour du palais ducal ; je fais le tour des deux citernes de bronze et monte une dernière fois l'escalier des Géants. Je parcours la Terrasse, je m'y assieds et j'y déjeune en plein air. Les mâts et les agrès des navires s'entre-croisent sur le bleu du ciel ; les barques et les gondoles sont amoncelées au rivage ; le dôme de la *Salute* et toutes les statues de sa façade, et, plus près de moi, les figures de la corniche de la *Libreria* se dressent dans la transparence de l'air ; tous les détails des sculptures saillissent en relief : la Renommée en bronze de la *Dogana di mare*, pied élancé, ailes tendues, se précipite de sa boule d'or dans l'éther ! Quelle matinée caressante et bonne ! comme elle me pénètre, m'enlace, me retient et me crie jusqu'au fond du cœur : « Ne pars pas ! » Jamais Venise ne me parut si belle !

Je reste accoudée sur la balustrade de la Terrasse, à la même place où je me suis accoudée la nuit précédente, jusqu'au moment où l'on vient m'appeler pour partir ; alors, assise dans la grande barque qui emporte les voyageurs, je vois disparaître Venise comme une vision qu'on n'espère plus ressaisir.

La barque glisse rapide, je dis des adieux muets à tous ces palais bien connus désormais. Arrivée au pont de fer de l'embarcadère, je reste un instant attachée au rivage comme par un lien impérieux et doux ; mes pieds sont pour ainsi dire cloués sur la dalle du bord ; j'ai en face la coupole de Saint-Siméon le Petit, couronnée de son saint en bronze. Une brise tiède frissonnant dans les arbres du jardin Papadopoli vient vers moi de l'autre rive et semble me donner le baiser d'adieu. Aux heures où les sympathies humaines sommeillent ou nous oublient, la nature est bonne, elle se souvient de nous.

Je regarde en tous sens les monuments, les palais, les masures, les ouvriers qui vont pensifs et tristes à leurs travaux et les gondoliers silencieux. Peu de mouvement, pas un chant, pas un cri et pas un sourire, malgré ce beau jour ; je constate une fois de plus la morne tristesse de Venise, et je sens que cette tristesse est l'attraction même qui m'enchaîne à elle et me la fait adorer. J'ai vécu dans la ville morte plus de deux mois, et il me semble que c'est hier que j'y suis arrivée.

Comme le temps se précipite pour nous, les choses nous quittent et nous les quittons. L'être flotte un moment au sein du monde, cherchant des appuis aussitôt brisés ; les liens du cœur se tordent et crient ; les câbles rompus manquent au navire. Tombez, tombez, restes de nous ! allez où sont allées les sensations mortes ! Deux flammes qui meurent aussi donnent à notre vie d'un jour l'apparence du rayonnement et de la durée, et nous arrachent parfois à l'horreur du néant : puis on sourit de pitié d'avoir cru à la gloire et l'on s'indigne, orgueilleux, d'avoir cru à l'amour.

Les voyageurs qui s'élancent des gondoles à l'embarcadère me heurtent en passant comme une chose inerte, la cloche m'avertit qu'il faut partir.

...Il pie va innanzi e l'occhio indietro[1]

Je monte dans un wagon réservé ; et je suis ravie qu'on m'y laisse seule ; je puis à l'aise regarder et me mouvoir, parler à Venise et la caresser. Debout, la tête penchée vers son lit mouvant, je lui tends les bras et je crois l'étreindre ; la lagune sourit, bleue et pailletée, et gonfle ses flots comme des coussins de turquoises et

---

[1] Monti.

d'or; le ciel se drape au-dessus en zones lumineuses versant des rayons sur le corps de la cité dont chaque beauté s'étale et monte sur la couche souple des eaux ; ses dômes s'arrondissent en seins palpitants; les rameaux des arbres du Champ de Mars se massent en chevelure brune, le campanile de Saint-Marc se dresse comme un bras qui me salue et ses cinq coupoles se meuvent dans l'air telles qu'une main géante qui cherche la mienne. Adieu, adieu, belle Venise ! mélancolique amie qui comprend les pleurs!

Le vol de la vapeur se précipite, la terre noire envahit déjà les eaux. Adieu, sœur éternelle de la poésie et de la douleur! je t'ai aimée et comprise plus qu'aucune âme au monde ne l'avait fait avant moi. — C'est un humble orgueil que j'exprime là ; c'est l'orgueil des affligés et des solitaires, à qui tout ce qui tombe est sacré. D'autres villes de l'Italie m'ont captivée et éblouie, mais aucune n'a exercé sur mon cœur l'attrait tout-puissant et mystérieux de Venise. C'était entre nous comme une douloureuse affinité de déchirements et de deuils secrets; d'élans glorieux toujours comprimés; de courage fier sans cesse abattu. Après l'avoir bien vue, je voulais la voir toujours; après l'avoir connue je voulais mieux la connaître.

Est-ce que les heureux inspirent ce charme-là? il n'y a que les abandonnés et les mourants qu'on aime de la sorte, ils semblent nous dire : « Ne nous quittez pas, prenez de notre vie ce qu'il en reste encore, bientôt hélas! nous aurons disparu, et vous voudrez en vain nous aimer, nous entendre et nous regarder. »

Venise avait fui derrière moi, mais mon esprit restait avec elle. Les Alpes rhétiennes se dressaient à ma droite, souriantes dans le soleil et je croyais les voir encore des bords du Lido. Jusqu'à Vérone le fantôme de Venise s'assit sur mon cœur; je l'y enlaçais en le berçant d'un chant, et sur un air monotone et vague qui toujours aida pour moi au rhythme des vers, je fis en route les strophes qu'on va lire.

UNE PAROLE DES GONDOLIERS DE VENISE.

A MADAME LA COMTESSE POLCASTRO.

Venise, en arrivant du côté du Lido,
Apparaît tout à coup, merveilleuse, ineffable,
Souriante et flottant sur l'eau,
Comme la Vénus de la Fable.

Qu'elle est belle! s'écrie, en lui tendant les bras,
Le voyageur qui la contemple ;

De la sérénité cette ville est le temple,
Sous ce ciel radieux elle ne souffre pas.

Son aspect aux regards déroule une féerie;
Son blond palais ducal, aux moresques balcons,
Découpe dans les airs sa svelte galerie,
Et son lion ailé fuit dans les airs profonds !

Les dômes de Saint-Marc et les Procuraties
Étalent au soleil l'azur, le marbre et l'or;
 Cent églises, des flots sorties,
Sonnent leur carillon... Venise vit encor!...

 N'approchez pas ! Venise est morte,
 Son dernier glas a retenti,
 Chaque palais a clos sa porte,
 Comme quand le maître est parti;

 Les gondoles gisent en files
 Dans chaque lagune qui dort,
 Comme des bières immobiles,
 Sous le noir linceul de la mort.

 Les gondoliers au vol rapide
 Ne jettent plus leurs joyeux cris;
 A l'entour de la cité vide,
 Rôdent les uniformes gris.

Pourtant on veut la voir, la cité douloureuse..
Ainsi, durant deux mois, j'ai parcouru, rêveuse,
Ces grands palais déserts que l'Autriche ferma,
Où Musset a souffert, où lord Byron aima !

Le palais Foscari debout étale encore
Sa fine colonnade au soleil qui la dore;
La façade est intacte et fière; mais, hélas!
La profanation remplit les vastes salles,
Des soldats ennemis les lits pressés et sales
Insultent ces lambris où rayonnait l'atlas.

 Ils ont souillé les grandes toiles
 Des maîtres de l'art respectés;
 Et percé de tuyaux de poêles
 Les marbres blancs des déités.

 Aux sculptures des galeries,
 Aux architraves, aux balcons,
 S'agitent les buffleteries
 De ces despotes aux crins blonds.

Mais de Morosini, conquérant de la Grèce,
Le palais a gardé, comme une forteresse,
Les armes de combat et l'étendard noirci;
Le grand doge, vainqueur, de victoire en victoire,
Avec sa mine altière où resplendit la gloire,
 Semble revivre ici !

 Saluons sa chambre historique,
 Son oratoire au jour mystique,

Son bénitier, son chapelet,
Son éblouissant reliquaire.
Et son vieux livre de prière,
Armé d'un petit pistolet.

Puis vient la salle des Armures,
Et les héroïques statures
Des aïeux qui l'ont inspiré,
Près de la salle des Batailles,
Où, brisant donjons et murailles,
Il apparaît transfiguré.

Puis la galerie où Venise,
Après chaque ville conquise,
Lui portait des lettres d'honneur ;
Vivante et sublime chronique,
Que la main de la République
Traçait de son doge vainqueur.

Parmi les dépouilles lointaines
Conquises au bruit du canon,
Voici quelques marbres d'Athènes
Qui font rêver du Parthénon.

Ainsi chaque palais recèle
Des vestiges prestigieux,
Attestant la gloire immortelle
D'une race de demi-dieux !

Ces souvenirs, dont elle est fière,
De Venise doublent le deuil ;
Elle maudit dans son suaire
Les oppresseurs de son orgueil.

Un jour, j'interrogeais un des gondoliers sombres
Qui parcourent sans bruit cette ville des ombres ;
Lui montrant un soldat germain, blond, calme et doux,
Je lui disais : « Pourquoi tant de haine entre vous ? »
« Che vuola, signora, siamo Italiani ! ... » Pâle,
Il dit ces mots, puis, tel qu'une arme qui fait feu,
L'éclair de son œil noir frappa, comme une balle,
    Le soldat à l'œil bleu !...

Ce cri de l'âme disait presque :
Nous sommes la vie ; eux la mort,
L'Italien hait le Tudesque,
Comme le soleil hait le nord.

Nous sommes ce qui vivifie,
La foi, l'amour, l'art, triple feu ;
Eux, l'opaque philosophie,
Dont la brume enveloppe Dieu !

Nous sommes le cœur qui devine,
Nous sommes l'élan et l'ardeur ;
Eux, le calcul, la discipline,
Nous écrasant de leur lourdeur.

Nous formons la haine éternelle,
La vengeance au grief profond;
Deux éléments que rien ne mêle,
Deux races que rien ne confond.

Brisons ce lien de la force,
Brisons cet hymen insoumis;
Rendons frères, par le divorce,
Ceux que le joug rend ennemis.

XIV

La nature a des jours de fête qui dissipent passagèrement pour nous toutes les tristesses. Je crois les habitants du Nord moins accessibles à l'influence de la beauté du soleil, de l'éclat du ciel et de la douceur de l'air. Mais les enfants heureux du Midi, vivant sans cesse au dehors et en contact avec l'atmosphère, en subissent toutes les variations. Ils sont comme une émanation même de la terre qu'ils habitent. Ils souffrent, si elle est en deuil; s'égayent et s'épanouissent, quand elle fleurit et rayonne. Cette splendide journée, où je quittai Venise, avait commencé dans les larmes; mais tant de lueurs phosphorescentes jaillissaient sur la route; une brise si tiède et si vivifiante était soulevée par la rapidité de la vapeur; les cieux étaient d'un bleu si profond et si pur, que je me sentis bientôt gagnée par la sérénité de ce temps radieux. Les paysans qui travaillaient aux champs, au bord du chemin, ne montraient plus les visages mornes que je leur avais vus un jour de neige; quelques contadines passaient en chantant; les petits pâtres sifflaient gaiement et les oiseaux gazouillaient çà et là, ainsi que par une matinée de printemps. Les villes et les villages que nous traversions se réjouissaient dans la lumière, comme si la liberté leur était venue. Les Alpes tyroliennes, revêtues de toutes les teintes du prisme, s'élevaient, à droite, telles que des remparts lumineux. Enfermée derrière ses bastions épais et son impénétrable porte *Stuppa*, ainsi que dans une tombe, Vérone, cette Juliette des cités, attendant le Roméo guerrier qui doit la ranimer, m'apparut tout à coup resplendissante de toutes les flammes de ce beau jour. Vue ainsi de la voie ferrée, Vérone est une des plus belles villes qu'on puisse imaginer; elle échelonne ses redoutables fortifications, ses monuments, ses églises, ses dômes, ses campaniles, sur de riantes collines que couronne un donjon formidable à son tour couronné par les Alpes du Tyrol. Sous le poudroiement du soleil, redoutes et murs d'enceinte se fondaient, pour ainsi dire, en masses de clarté. C'était comme une illumination de la nature présageant le grand *Luminare*[1] des fêtes de l'indépendance. Le château fort ne semblait plus armé de canons à bouches sombres; mais, tel qu'un des palais féeriques de l'Arioste, il se dressait resplendissant dans l'éther; on eût cru ses murailles et ses tours en albâtre oriental. Cette parure et cette joie, que le soleil répand jusque sur les pierres, me faisait comprendre l'adoration des Grecs pour *Hélios*, dieu du jour; j'allais plus loin, en ce moment, je me sentais devenir Guèbre : je voyais dans le soleil l'âme du monde.

A Peschiera, j'oubliai l'ennui de la douane et du visa des passeports, en contemplant le lac de Garde; bleu, riant et tranquille, il ressemblait à un incommensurable saphir serti dans la bordure d'argent des blanches montagnes.

A peine avions-nous dépassé Dezanzano, que le wagon, où j'étais restée seule jusqu'alors, fut envahi par des officiers piémontais en grande tenue; deux stations plus loin, des officiers français, également en grande tenue, montèrent aussi dans le convoi qui nous emportait; ils venaient de Crémone et d'autres villes voisines, où ils tenaient garnison. L'un d'eux se plaça près de moi : c'était justement un ami du capitaine Yung, que j'avais vu au théâtre, à Milan; il m'engagea à m'arrêter à Brescia pour assister à la fête qui devait avoir lieu le soir même.

« Les officiers piémontais offrent un bal aux officiers français et à tout notre état-major. Vous trouverez là le colonel Valazé, » me dit le jeune capitaine qui me parlait. J'objectai ma fatigue extrême, une nuit précédente sans sommeil et mon désir d'arriver le plus tôt possible à Milan pour m'y reposer.

« Vous dormirez demain, me dit un vieux et excellent major génois, à la mine chevaleresque de Don Quichotte, avec qui j'avais déjà causé depuis Dezanzano; il faut absolument, madame, que vous soyez de cette fête que l'Italie donne à la France.

— Mais vous voyez bien, major, que déjà mes yeux se ferment et qu'après une heure passée à ce bal je dormirai debout. Où m'abriterai-je, alors? Les auberges de Brescia doivent être encombrées, et vous ne pourrez m'y obtenir d'assaut une petite chambre.

[1] Illumination. Celle de Pise est la plus célèbre. Nous assisterons plus tard au grand *Luminare* qui éclaira un soir la vieille cité visitée par le roi d'Italie.

— Si, parole de militaire, répliqua le bon major, je vous promets un logement magnifique au *Gambaro*.

— Quoi, vous voulez me loger dans une écrevisse? » repartis-je en riant. Le vieux major, un peu dérouté, comme le sont beaucoup d'étrangers, par la plaisanterie française, reprit avec gravité :

« L'hôtel du *Gambaro* est excellent ; j'y suis connu depuis bien des années, et je vous y ferai donner de force, par autorité militaire s'il le faut, la chambre d'honneur. Vous y trouverez, madame, un lit brescian dont vous me direz des nouvelles. Vous autres, Français, vous croyez trop qu'on n'a ses aises que chez vous.

— Il ne vous reste plus une objection valable, me dit le capitaine, à moins que vous n'ayez pas dans vos malles une toilette de bal.

— J'en ai une, répliquai-je, au fond d'une grande caisse, d'où elle n'est pas sortie à Venise. Hélas! Venise n'a plus de fêtes.

— Voilà donc, madame, qui est une chose décidée, reprit le major de l'armée italienne, et, si vous me le permettez, je me fais, dès à présent, votre chevalier; je vous installe au *Gambaro*, où je viendrai vous prendre pour vous conduire au bal. »

En disant ces mots, il me remit sa carte. Il se nommait Panario. Son noble et maigre visage avait une expression triste et exaltée.

« Vous êtes un de nos hôtes, lui dit gaiement le capitaine français ; c'est pourquoi je ne vous dispute pas l'honneur de donner le bras à madame dans cette fête. C'était pourtant mon droit, comme son compatriote.

— Je vous ferai observer, répondit très-sérieusement le major, que j'ai offert le premier mes services à Madame.

— Certainement, major, et c'est vous que j'accepte pour chevalier, repartis-je; monsieur doit se garder pour les jeunes et belles danseuses ; nous, major, nous causerons et nous ferons tapisserie. »

Ce dernier mot surprit le major.

« Je ne vous comprends pas bien, murmura-t-il.

— Cela veut dire, major, que nous resterons, assis, à regarder les autres.

— Et à souper, répliqua le major.

— Vous nous offrez donc à souper? s'écria le capitaine français. Bravo! Brescia fait bien les choses.

— Brescia vous traite comme des Bayards[1], reprit le major; notre roi a fourni les vins et la venaison. »

Tout en causant cordialement de la sorte, nous étions arrivés à la station de Brescia, la nuit tombait, la ville s'illuminait déjà pour la fête; il y avait au débarcadère un véritable encombrement. Le major me pria de m'asseoir quelques minutes dans une salle d'attente en compagnie du capitaine français.

« Je vais me procurer une voiture et je reviens, » me dit-il.

Je n'eus pas le temps d'exprimer à mon compatriote le doute que m'inspiraient les flatteuses promesses du major, car il reparut aussitôt et s'écria triomphant :

« La voiture est là, madame, j'y ai fait charger votre bagage et elle va nous conduire au *Gambaro*.

— Un de mes amis m'attend, reprit l'officier français, et puisque la France vous est inutile, je vous abandonne à l'Italie. Nous nous retrouverons au bal.

— Je me confie entièrement à l'hospitalité du major, » repartis-je, et je m'élançai dans la voiture. Mon parfait chevalier se plaça près de moi; le cocher fit claquer son fouet et les chevaux franchirent à toute vitesse les rues montueuses et étroites de Brescia; bientôt nous arrivâmes dans des rues plus larges, bordées de galeries en arcades sous lesquelles les lampions commençaient à décrire des festons de lumière. Nous tournâmes sur une place et nous nous trouvâmes devant la porte de l'hôtel du *Gambaro*. L'hôtelier salua le major comme une vieille connaissance et répondit par des gestes d'assentiment à toutes ses demandes.

« *La camera d'onore per questa signora che ama molto Italia; bisogna accomodarla da regina; subito pranzo, fuoco e cameriera per la signora*[2].

---

[1] On sait que Bayard, blessé grièvement à l'assaut de Brescia, fut porté dans la maison d'un gentilhomme qui venait de prendre la fuite, laissant sa femme et ses deux filles exposées à la brutalité des soldats. La mère éplorée reçut le guerrier mourant et le conjura de sauver la vie et l'honneur de ses filles. Bayard la rassura et mit sa maison à l'abri de toute insulte; tandis que des ruisseaux de sang inondaient la ville et que des soldats féroces se livraient à tous les excès, Bayard sauvegarda la maison dont il était l'hôte. Guéri de sa blessure et prêt à rejoindre l'armée, il refusa deux mille cinq cents ducats que cette famille reconnaissante lui offrait pour rançon, et il partagea cette somme entre les deux jeunes filles qu'il avait protégées.

[2] Il faut la chambre d'honneur pour cette dame qui aime bien l'Italie; il faut

— *Si signore, siete sicuro* [1], » repartit l'hôtelier en nous ouvrant une porte de chêne au rez-de-chaussée à gauche de l'auberge.

Nous pénétrâmes dans une immense chambre dont l'aspect me glaça d'abord; mais deux *camerieri* entrèrent aussitôt, l'un tenant quatre chandeliers aux bougies allumées, l'autre une énorme brassée de sarments qu'il jeta dans la vaste cheminée et qui, s'embrasant instantanément, projetèrent une ardente lueur dans toute la chambre. Les fresques du plafond semblèrent se mouvoir à cette clarté soudaine, les vieux meubles à formes solennelles prirent un air de fête. Mais ce qui me ravit, ce fut le lit brescian : couche patriarcale immense et carrée, trônant sous un baldaquin de brocatelle rouge. Les draps fins et blancs comme de la neige étaient rabattus sur les couvertures de soie; les longs oreillers garnis de mousseline gaufrée invitaient au repos. Je les regardai d'un œil de convoitise et je dis au major, avec un léger bâillement :

« Savez-vous qu'il me prend envie de dormir au lieu d'aller au bal !

— Impossible, répliqua le major, vous l'avez promis, il faut tenir votre parole; un bal pour une femme, c'est comme une bataille pour nous; mettez-vous sous les armes, il est six heures; à neuf heures et demie, heure militaire, je reviens vous chercher avec une invitation en règle de notre général. Nous resterons à la fête jusqu'à une heure du matin pour assister au souper qui se sert à minuit; c'est donc sept heures encore à vous tenir debout, à combattre le sommeil; voici qui va ranimer vos forces. »

Et il me montra du geste deux *camerieri* qui entraient, l'un portant une table qu'il déposa devant le feu flambant, l'autre un plateau où fumait un bon dîner.

« Eh quoi ! major, vous ne dînez pas avec moi ?

— J'ai dîné à mon heure, à quatre heures, répliqua-t-il, et je veux souper ce soir. Je vous laisse à votre toilette, j'ai entendu dire dans ma jeunesse que c'était aussi long et aussi compliqué que les travaux de siège d'une place forte. Vous aurez deux femmes pour vous aider, j'ai donné des ordres. » Il sortit en me répétant : « N'oubliez pas, à neuf heures et demie, heure militaire. »

---

la traiter en reine; il faut de suite un dîner, du feu et une femme de chambre pour madame.

[1] Oui, monsieur, soyez certain.

Me voilà donc dans cet hôtel inconnu, entourée comme par enchantement de tout le confort qu'on peut trouver en voyage, et, ce qui vaut mieux, ce qu'on ne peut payer à prix d'or, de soins empressés et presque affectueux qu'un mot de l'excellent major a suffi pour attirer sur moi. A peine mon dîner est-il desservi, que deux femmes entrent dans ma chambre : la mère et la fille. La fille est belle à éblouir avec ses yeux noirs pleins de feu, où l'amour se devine, et ses cheveux abondants réunis en nattes contournées vers les tempes. Elle rit d'un bon rire sympathique et joyeux, tandis que sa mère retire une robe de soirée de ma grande caisse :

« *Bellissima!* » s'écrie-t-elle en voyant cette très-simple robe de poëte en voyage. « *Stupenda,* » reprend-elle en touchant avec une délicatesse admirative une couronne où des grappes d'or se marient au feuillage vert.

Puis elle s'empresse attentive à tous mes mouvements, m'aide à me chausser, à me coiffer, à me vêtir, à poser ma berthe et mes bijoux avec une dextérité, une adresse et une câlinerie caressante dont aucune femme de chambre française n'est capable. Dans les Italiennes de toutes les classes, le naturel et l'imagination suppléent au défaut d'étude; ce qu'on ne leur a pas enseigné, elles le devinent; elles ont l'intuition du beau et l'amour de l'élégance; pour ne point parler ici des arts, mais seulement des métiers, je dirai que j'ai trouvé en Italie des brodeuses inimitables, des repasseuses qui en remontreraient à celles de Paris, des ouvrières en linge aux doigts de fées, des coiffeuses qu'on peut apprécier en regardant les coiffures variées, et pour ainsi dire sculptées, des Génoises et des Vénitiennes.

Ma toilette était finie à neuf heures, et quand le chevaleresque major entra j'étais assise en face de l'âtre embrasé; j'en aspirais la flamme et commençais à m'endormir.

« *Vedete, signore,* dit la cameriera au major en plaçant deux flambeaux devant moi, *la signora è bella assai; somigila alla madona.* »

C'est à toi, chère enfant, pensais-je, que cette toilette de bal irait bien; cette couronne siérait à ta jeunesse et à ta merveilleuse beauté bien mieux qu'à un front pâli par la pensée et le chagrin.

Le major étirait ses gants d'une blancheur irréprochable; quand il eut mis le dernier bouton :

« Madame, me dit-il en m'offrant son bras, il faut partir ; la file des voitures est déjà longue, et il sera plus de dix heures quand nous entrerons au bal.

— Bien, major, en avant; plus d'hésitation, mon sommeil est vaincu. »

Nous trouvâmes dans le vestibule les domestiques rangés en ligne pour nous voir passer. Le major, dont la bonté songeait à tout, dit au *primo cameriere* :

« Entretenez un grand feu dans la chambre de madame, la nuit sera froide. »

Elle fut en effet d'une limpidité glacée, cette belle nuit de fête de Brescia ; les étoiles ruisselaient à travers le firmament comme une cascade d'or sur les glaciers. Un air vif et pénétrant, venait des Alpes voisines : il courait insaisissable à l'ouïe, mais frappant la peau tel que le contact froid d'une lame. Les Brescians faisaient des feux clairs, des feux de joie, devant leurs maisons illuminées, ils chantaient des chants patriotiques, et la garde nationale, dont la musique jouait des fanfares, formait la haie le long des rues.

A mesure que nous approchions du palais *Martinengo*, où se donnait la fête, la foule devenait plus compacte. Il y avait là de belles filles de Brescia et de jolies contadines venues tout exprès de la campagne *per vedere un poco le belle signore in vestito di festa* (pour voir un peu les belles dames en habits de fête). C'étaient des exclamations enthousiastes à chaque coiffure de fleurs, de plumes ou de pierreries qu'elles entrevoyaient à travers les glaces : des *Gesu Maria!* et des *Corpo di Bacco!* admiratifs ; pas un mot, pas un regard qui trahit l'envie. Le peuple italien est si instinctivement et naturellement artiste, qu'il ne lui vient jamais en pensée de jalouser ce qui charme ses yeux. Le luxe des riches est un spectacle dont il jouit sans faire un retour sur son dénûment qui lui interdit de le partager. Involontairement je comparais cette foule joyeuse et approbative à la foule hargneuse et agressive du peuple de Paris qui borde la rue de Rivoli pour voir la file des voitures se traînant lentement à l'hôtel de ville les soirs de bal. Je me souvins qu'un jour où je me rendais à une de ces fêtes, comme j'abaissais le store et penchais la tête à la portière dans un un moment de halte, une mégère au visage menaçant (qui ne se doutait pas qu'elle avait affaire à une âme compatissante à toutes les souffrances de ce monde) se pencha vers moi du trottoir, et me heurtant presque me dit d'une voix rauque : « Tu iras tout de même comme nous pourrir au cimetière! » Cri de la détresse éperdue qui souffre de la faim, du froid, de toutes les fatigues d'un travail sans trêve; de la fièvre qui court dans le sang appauvri, des atteintes de l'atmosphère, de la boue qui éclabousse, de la pluie qui perce les haillons, du froid qui fait claquer les os d'un corps chétif qui se sent par anticipation devenir squelette et voué à la fosse commune, cette grande terreur du peuple de Paris.

Les pauvres d'Italie ont du moins leur soleil !

ai-je dit dans des vers sur les misères de Londres et de Paris; ils ont aussi une nourriture facile à prix modiques, une constitution saine, une santé robuste (excepté à Naples); ils ont leurs heures de paresse possible qui leur permettent de goûter la douceur de leurs jours radieux et la beauté de leurs nuits étoilées, sans avoir à redouter que les instants de *farniente* donnés à l'imagination soient rachetés par les déchirements de la faim et les angoisses de la maladie.

Nous étions arrivés au palais *Martinengo*, éclairé *a giorno*. Un côté de la cour bordée d'arcades avait été transformé en galerie servant de vestiaire. Les murs étaient recouverts de massifs de fleurs et d'arbustes verts d'où surgissaient des trophées d'armes et des faisceaux de drapeaux aux couleurs de l'Italie; au bout de cette galerie riante, d'un très-bel aspect, se dressait le buste de Victor-Emmanuel, ombragé de la noble bannière de Savoie. Sa franche et martiale figure semblait dire : « En avant! Je ne m'arrêterai point dans la lutte, j'accomplirai le vœu d'un peuple entier qui a mis en moi son espérance! »

Le major Panario fit le salut militaire en passant devant l'image de son roi, puis nous franchîmes rapidement le vaste escalier, décoré comme la galerie, et nous arrivâmes dans les salons où se pressaient déjà les conviés; les officiers des deux armées alliées, française et italienne, valsaient dans une grande salle toute tendue de mousseline blanche encadrée dans des bordures de fleurs. Aux quatre angles de la vaste salle flottaient les drapeaux confondus des deux nations amies. Deux bouquets gigantesques de roses et de camellias étaient suspendus en face de l'orchestre; l'un

portait cette inscription : *A Victor-Emmanuel notre roi.* l'autre :
Les dames de Venise aux dames de Brescia. Ces belles fleurs
étaient arrivées le matin même de Venise, accompagnées des
vers suivants, qu'on distribuait aux assistants sur des carrés de
vélin :

A VICTOR-EMMANUEL.

Venise, en ses jours de gloire et d'audace,
   Du haut de son vaisseau d'or,
  Confiait son anneau à l'Océan,
  Le plus infidèle des époux.
Aujourd'hui seule, pauvre et frémissante,
Depuis dix ans pleine d'amour pour lui,
   Elle envoie secrètement
Au plus loyal des rois son bouquet d'épouse.

AUX DAMES DE BRESCIA.

Les mères désolées de Venise, pleines de foi
Dans celui qui doit ressusciter la patrie, offrent
Ces camellias et ces roses aux dames de Brescia,
   Nouvelles Machabées.

Vous fûtes des anges au chevet des blessés,
Des Jeanne d'Arc au jour de la bataille,
Ennemies constante de toutes tyrannies,
Quelle est la race qui vous égale ici-bas?

Dans une autre salle était un troisième bouquet, offert également par les Vénitiennes au général Cialdini. Ce général, qui devait s'illustrer plus tard par tant de victoires, assistait à la fête; je l'aperçus au fond d'une galerie, mais je ne pus le rejoindre ce soir-là ni causer avec lui; je ne devais le connaître que quelques mois après, à Bologne.

Tandis que je lisais ces vers envoyés par Venise en deuil à Brescia en fête, et qu'il m'apportait comme un souffle de la grande lagune que j'avais quittée le matin, mes oreilles étaient frappées par la voix glapissante du *maestro di ballo* (maître de cérémonies et de danse), gourmandant les valseurs et leur prescrivant d'une voix solennelle et retentissante le nombre de tours de valse que chacun d'eux devait décrire; ce nombre *voulu* accompli, malheur au couple enivré par la musique et le mouvement qui tentait de tourbillonner encore, le *maestro di ballo* tendait aussitôt son bras comme une férule et obligeait le couple indiscipliné à passer dans la salle voisine. Je n'ai jamais vu un *impresario* de théâtre aussi affairé un jour de première représentation que l'était cet important maître de ballet de Brescia, réglant et ordonnant les figures ; la sueur lui ruisselait du front sur les joues et trempait sa chevelure submergée comme celle d'un dieu marin ; il essuyait par intervalle son visage maigre et empourpré avec l'écharpe de soie blanche, à franges d'argent, insigne de sa dignité, qu'il portait au bras droit ; il était aidé par quatre *sotto-maestri di ballo* qui s'efforçaient de former un cercle au moyen d'une grosse corde en laine, aux couleurs italiennes, tendue dans leurs poings fermés ; les danseurs étaient emprisonnés dans ce cercle, qu'ils ne pouvaient franchir sous aucun prétexte durant le quadrille ou la valse. Les spectateurs maintenus en dehors de la corde despotique n'avaient pas la liberté de se mouvoir et de circuler ; les officiers français s'impatientaient de cette barrière qui les entravait ; le *maestro di ballo*, inflexible, frappait ses mains l'une contre l'autre et jetait plus sonores les formules *del codice dei ballerini* (du code des danseurs). Appuyée sur le bras de mon fidèle major, je faisais tapisserie en deçà de la corde inexorable ; je pouffais de rire en voyant se démener le pauvre *maestro di ballo* ; l'idée me vint de parlementer avec lui et d'obtenir qu'il nous laissât passer dans une salle voisine. Il secoua sa tête, inondée par les flots de ses cheveux mouillés, et avec l'expression indignée d'un général d'armée à qui on proposerait un jour de bataille une infraction aux règles stratégiques, il s'écria : *Primo il dovere, signora ! niente che il dovere !* (d'abord le devoir, madame, rien que le devoir), et sa voix aigre et irritée fit tonner ces mots sur un diapason qui couvrit les notes les plus hautes de l'orchestre ; il est vrai que l'orchestre jouait une musique molle et presque voilée qui n'avait rien du vacarme et du brio de celle des orchestres français et allemands. A tous les grands bals auxquels j'ai assisté en Italie, j'ai été frappée de cette modération, on pourrait dire de cette faiblesse de l'orchestre ; il se compose d'instrumentistes peu nombreux, pas de grosse caisse ni d'ophicléide, rien qui enlève les danseurs et les enivre ; les danses y perdent beaucoup de leur entrain, sinon de leur précision.

Tandis que j'interpellais le *maestro di ballo* et riais de sa résistance, le bon major me disait gravement : « Mais cet homme est dans son droit, il a raison de vous résister, il exécute sa consigne : que penseriez-vous de lui s'il vous cédait? — Je penserais, repartis-je gaiement, qu'il a plus d'esprit que son métier. »

Enfin le quadrille finit; la corde tyrannique se détendit et tomba à nos pieds, attendant pour se relever de nouveau le signal d'une autre figure. Nous nous hâtâmes de sortir de la salle de bal pour aller dans une longue galerie de peintures où le buffet était dressé ; il me semblait que la corde tenace nous poursuivait, prête à s'enrouler à nos pieds comme un serpent. Je devais la retrouver aux fêtes de la cour à Milan, à Florence et à Palerme, disgracieuse et choquante comme une maxime pédante dans une strophe lyrique.

L'aimable comtesse Maffei me disait un jour en voyant mon enthousiasme pour l'Italie et ma sympathie naturelle pour les Italiens, leurs mœurs, leurs usages, leur façon de vivre si douce et si facile :

« Mais enfin nous avons bien quelques petits défauts, et vous ferez sur nous, j'en suis certaine, plusieurs critiques mordantes et justes.

— Oui, sans doute, je ne m'en cache pas, j'en ai déjà noté quatre que je formulerai de la sorte :

1° La danse en Italie est garrottée par une corde à laquelle je voudrais qu'on pendît tous les *maestri di ballo*, personnages supprimés depuis plus d'un siècle de toutes les fêtes parisiennes et relégués dans les pensionnats de jeunes filles.

2° Les plus beaux palais de Milan et de Turin ont des escaliers qui sont balayés une fois l'an.

3° Tous les prêtres et tous les vieillards d'Italie prisent, et presque tous les jeunes gens élégants font comme les prêtres et les vieillards.

4° La terre des vins exquis, des fruits savoureux, des fleurs et des parfums est empestée par la puanteur du fromage, exhalant des vapeurs fétides dans toutes les salles à manger et dans toutes les cuisines, à tel point qu'il me semble toujours que les oranges embaumées en sont empreintes et que les tubéreuses en ont une arrière odeur.

— Est-ce tout ? me dit avec enjouement la comtesse.

— Mais c'est assez grave, repartis-je en riant.

— Bah ! répliqua-t-elle, un peuple n'est pas perdu pour si peu.

— Non, lui dis-je, mais ce peu lui fait perdre de son attrait, et l'attrait est une des forces vives de ce monde. »

La galerie où le buffet se déroulait d'un bout à l'autre sur une longue estrade n'avait pas, je dois l'avouer, la moindre odeur de fromage. Les parfums des sorbets, des sirops, des vins doux, du café fumant, des corbeilles de mandarines, des dressoirs de bonbons, de gâteaux et de fruits confits alternés avec des vases de fleurs naturelles, composaient une atmosphère de serre embaumée. Le major, toujours attentif, emplissait pour moi ses poches de sucreries, il me présentait aux jeunes femmes et aux jeunes filles de sa connaissance qui se trouvaient à la fête comme une *poetessa francese* visitant l'Italie pour la chanter plus tard; les jeunes filles me demandaient en fixant sur moi leurs grands yeux lumineux et interrogateurs : « Aimez-vous notre Pétrarque et notre Tasse? » Les mères m'interrogeaient sur ma fille qui devait bientôt me rejoindre ; elles voulaient savoir si elle était belle et *gentile*, mot qui revient à tout propos en Italie et équivaut au mot *charmant* parisien.

Des officiers français que j'avais vus à Milan me saluaient en passant, tout en vidant des verres de marsala et de champagne, qu'ils heurtaient fraternellement aux verres des officiers italiens.

Dans un petit salon où l'on jouait, je rencontrai le colonel Valazé causant avec un général piémontais ; il était venu à Brescia pour faire l'inspection de nos bataillons qui y tenaient garnison, et par la même occasion il assistait à ce bal. Je m'assis près de lui et regardai défiler les jolies Brescianes et les belles Milanaises ; parmi ces dernières la jeune comtesse Litta, vêtue d'une robe vaporeuse en tulle blanc et couronnée de légers bluets, passa comme l'élue de la fête ; son cou mignon était éclairé par une rivière de gros diamants irradiant de doux rayons sur sa blancheur. Ses beaux yeux luttaient d'éclat avec ce collier de reine. Les toilettes des Milanaises défiaient par leur goût l'œil d'une Parisienne ; celles des Brescianes étaient moins correctes ; les unes naïvement outrées aux couleurs trop vives surchargées de fleurs et de plumes ; les autres, d'une mode arriérée qui s'ignore et s'étale confiante comme la mode du jour. Les jeunes filles avaient des robes courtes qui laissaient à découvert leurs jolis pieds. Tandis que je passais mon inspection plus amusante, observa le colonel Valazé, que celle qu'il devait passer le lendemain, le major se tenait debout derrière moi. Bientôt il tira sa montre et me dit :

« Madame, il est minuit, les salons du souper vont s'ouvrir, hâtons-nous pour être des premiers, à moins que vous ne vouliez rester au bal jusqu'au jour.

— Je commençais à sommeiller, repartis-je, mais vos paroles me réveillent ; allons bien vite, major, je sens mes yeux se fermer invinciblement. »

Le major, avec sa haute taille mince, fendit comme une baliste la foule qu'il dominait, et parvint, en me soutenant à son bras, jusqu'aux portes de la salle du souper; elles s'ouvrirent presque aussitôt comme celles d'une écluse poussées par les flots. Le coup d'œil d'une grande pyramide à étages chargés de plats et couronnée par un cerf à grandes ramures, était fort attrayant. Ce beau cerf qui semblait courir encore était flanqué de deux chevreuils dont nous allions manger les filets, mais dont la peau empaillée simulait des bêtes vivantes. Ces trois animaux à cornes, ainsi que les faisans et les perdreaux truffés, venaient du parc de Monza et avaient été offerts à Brescia par le roi. Les vins sortaient des caves royales; ils défrayèrent toute la nuit les toasts portés au souverain populaire. Le major surchargeait mon assiette de venaison; soins inutiles; je ne me sentais d'autre appétit que celui du sommeil; j'étouffais dans cette salle envahie par des mangeurs plus robustes.

« Partons, dis-je à mon chevalier, je n'ai bu que de l'eau et j'y vois trouble; la bête humaine demande à dormir! C'est humiliant, major. Ainsi la moitié de notre vie se perd dans l'oubli de l'autre moitié. »

Le sommeil me gagna si fort dans la voiture, qu'arrivée à l'hôtel je pus à peine dire au major :

« Bonne nuit, revenez demain, je vous remercierai mieux.

— Demain à midi je serai à vos ordres pour visiter la ville, » me répliqua le plus courtois des hommes à travers la porte de ma chambre déjà refermée sur moi.

La belle *cameriera* veillait en m'attendant; elle se récria en me voyant jeter pêle-mêle robe, fleurs et bijoux, tandis qu'elle bassinait mon grand lit brescian avec de la braise saupoudrée de sucre; elle en entr'ouvrit ensuite les draps fins et chauds, et je m'y engloutis avec volupté, bénissant Dieu de cet anéantissement qui apaise par intervalles tout ce qui souffre et s'agite en nous.

Ce ne fut pas sans effort que je quittai le lendemain à dix heures ce lit délectable. Le major Panario ne devait venir me chercher qu'à midi. Mais avant son arrivée j'avais à cœur de faire mes malles, de déjeûner et de régler mon compte à l'auberge, afin d'éviter à l'excellent homme tout nouveau dérangement; la fraîche *cameriera* m'aida à remettre en ordre mon bagage, l'hôtelier me servit lui-même un poulet sauté, de petites huîtres de Venise et du café exquis. Quand je lui demandai ma note il me dit : « *Prima, sarei felice di sapere se la signora è stata bene in casa mia? — Si molto bene,* » lui répondis-je. (Avant je serais heureux de savoir si madame s'est trouvée bien dans ma maison? — Oui, très-bien.) Il sortit en répétant : *Troppo onore* (trop d'honneur). Aussitôt je me demandai si le major m'avait fait passer pour une princesse, et je commençais à redouter que la note qu'allait m'apporter l'hôtelier ne se ressentît de ce *trop d'honneur.* Je n'en revins pas de surprise lorsque, jetant les yeux sur un papier enjolivé qu'il m'envoya par la souriante *cameriera,* je vis un total de *due scudi* (à peu près dix francs). Quoi! deux repas, un feu à incendier la chambre, quatre bougies, un lit sans pareil et le service pour ce prix! « O bonne ville de Brescia! m'écriai-je, honnête hôtel du *Gambaro,* je jure de déverser sur votre hospitalité le peu de renommée qui entoure mon nom! » Je remis les *due scudi* à la *cameriera,* et je lui en donnai un troisième pour elle. Elle eut l'air si ébahie de cette *buona mano* et me remercia avec tant de lyrisme, que je regrettai de ne pouvoir tripler sa joie en triplant mon étrenne. Comme elle sortait, je l'entendis dire aux autres domestiques : « *È veramente una principessa!* » (c'est vraiment une princesse). Hélas! l'heureuse fille ne se doutait guère de la viduité de la bourse du poëte.

Midi sonnait son dernier coup au *campanile* voisin, quand le major, drapé dans son manteau, entra, armé d'un bouquet et d'un cornet de bonbons qu'il m'offrit en rougissant un peu.

« Major, vous êtes adorable, lui dis-je, tandis qu'il baisait ma main ; je veux vous revoir à Paris et vous rendre chez moi toutes ces aimables gâteries.

— Quand l'Italie sera faite et que mon roi me permettra de prendre un congé, je vous jure bien, madame, que vous me verrez à Paris ; j'y ai demeuré, et j'en ai gardé comme un éblouissement dans ma mémoire.

— Eh bien, moi, cher major, je n'en garde qu'un *assombrissement ;* pluie, boue, brouillard ; foule affairée, crottée, indifférente : voilà Paris.

— Et l'Opéra, madame ; et le Palais-Royal, et les boulevards !

— Major, vous n'êtes pas artiste ; vous me vantez là les choses qu'aucun vrai poëte ne pourrait chanter et qu'aucun grand peintre ne saurait reproduire. Allons voir la *Victoire antique*, le *Campo Santo*, le fort vénitien et les belles collines qui dominent la ville. Le ciel est bleu comme en été; le soleil nous sollicite.

— Je vous avertis qu'il fait très-froid, répliqua le major, et qu'il serait imprudent de sortir à jeun. Permettez-moi de vous offrir un déjeuner à l'italienne.

— Mais la chose est faite, major; le magique hôtelier du *Gambaro* y a pourvu.

— Oh! c'est un mauvais tour que vous me jouez là, reprit-il tout contristé; vous ne voulez donc pas rompre le pain avec moi? Je n'irai dîner chez vous, à Paris, que si vous dînez avec moi à Brescia.

— Je pars à quatre heures et demie pour Milan, major.

— Mais il y a ce soir au théâtre de Brescia une prima donna qui fait grand bruit, madame; il faut l'entendre.

— Pour cela, non, major; vous viendrez à Milan, et nous irons à la Scala; plus tard, à Paris, nous irons à l'Opéra, que vous adorez.

— Pour que je vous pardonne d'avoir déjeuné sans moi, reprit-il, vous allez me promettre que nous dînerons ensemble à trois heures, avant votre départ.

— A trois heures, répliquai-je en riant, voilà une heure étrangère à toutes mes habitudes; je n'aurai pas faim.

— Vous aurez, s'écria-t-il, une faim de garnison réduite à capituler, après toutes les excursions que je vais vous faire faire.

— Eh bien, alors, nous verrons; mais partons vite, major, une telle promenade me tente plus qu'un dîner succulent. »

Il sortit quelques minutes, puis revint m'avertir qu'une voiture découverte nous attendait. Elle traversa rapidement plusieurs rues à l'ouest de la ville. Je remarquai quelques façades grandioses de palais que le major me nommait en passant; parfois, il faisait arrêter les chevaux devant les portes voûtées de ces anciennes demeures patriciennes, en me disant : « Regardez ces cours et ces galeries; ne croirait-on pas voir les jardins d'Armide? » J'apercevais alors autour d'une fontaine jaillissante des orangers et des lauriers-roses, puis au fond, se déroulant à perte de vue, des massifs de fleurs, des cerisiers chargés de fruits, des bosquets, des allées d'arbres, des rochers et des cascades.

« Qu'est-ce donc? m'écriai-je, la première fois qu'un de ces paysages féeriques m'apparut; par quel miracle ces arbres ont-ils des rameaux verts, et ces touffes de roses s'épanouissent-elles au mois de janvier?

— Ah! ah! fit le major, joyeux de ma surprise d'enfant; vous ne savez donc pas que, comme Sorrente, Brescia a le privilège d'une perpétuelle végétation d'été?

— C'est impossible, repartis-je; le froid est trop vif; il me fait déjà frissonner de la tête aux pieds.

— Tant mieux, ce sont les premiers indices d'une faim de loup. Vous plairait-il, pour le moment, manger quelques cerises? Vous les voyez là-bas qui tendent vers vous leurs belles grappes. »

Il me fit descendre de voiture et entrer dans une de ces cours magiques des palais brescians; à peine fûmes-nous au bord de la vasque qui jaillissait au milieu, que je devinai la perspective peinte avec un tel art, qu'elle produisait une illusion complète.

Le bon major était radieux.

« Voilà, j'espère, me dit-il, une admirable curiosité que vous n'aviez jamais vue.

— C'est d'un goût détestable, major, m'écriai-je, un peu irritée de m'être laissé prendre à cette nature de décors; lorsque autour de vous la nature réelle est si belle, au lieu de la montrer à découvert et d'y ménager des perspectives, vous la simulez sur un mur. Fi donc! fi donc! »

Il riait aux éclats, en me disant : « Vous êtes comme les enfants qui ne pardonnent pas d'avoir mordu sur un fruit de marbre ou de carton. »

Nous passâmes la porte Saint-Jean et traversâmes un long faubourg, puis nous trouvâmes à gauche une grande avenue de cyprès qui conduisait à la porte monumentale du *Campo Santo*. Nous entrâmes dans la vaste enceinte formée par des arcades comme au cimetière de Gênes; au milieu s'élèvent une chapelle et une haute pyramide : c'est la sépulture orgueilleuse d'un prêtre. Sous une galerie, au sud, reposent les corps de nos soldats tombés à Solferino. Une inscription française rappelle leur bravoure, leur âge et la date de la bataille glorieuse où ils ont péri. Le major se découvre, en passant devant ces restes de héros. « Ils furent nos libérateurs et nos frères d'armes, » me dit-il. Je considère avec émotion ces tombes amoncelées où nos soldats dorment confondus; ils ont couru de la mêlée passagère des batailles, dans la mêlée éternelle de la mort. A côté de leurs sépultures est un bas-relief funéraire, saisissant de vérité : il représente une jeune veuve debout, entr'ouvrant la porte d'un tombeau! Elle se penche, écoute, semble murmurer une évocation et attendre qu'on lui réponde. Celui qu'elle adora dans la vie, l'oublie-t-il dans la mort? Pourquoi donc ne l'appelle-t-il pas à lui? pourquoi reste-t-il immobile et muet derrière cette pierre insensible où elle voudrait se précipiter? Cette figure paraît vivante. Elle est sans nom de sculpteur; mais c'est à coup sûr une œuvre d'art très-belle. J'en atteste le souvenir qu'elle laisse au cœur.

Tout en la considérant, je pense aux pauvres mères des soldats français dont les os sont là près de moi. Elles aussi elles attendent, elles espèrent, elles appellent leurs fils; elles ne veulent pas croire qu'ils soient vraiment morts et à jamais perdus pour elles. Le soir, dans la campagne, si quelque bruit de charrette qui passe, ou de chien qui aboie au carrefour du village, retentit tout à coup, elles tressaillent et se lèvent; elles disent : « Oh! qui sait! c'est peut-être lui qui revient! » et, tremblantes, elles entr'ouvrent la porte, comme cette pauvre veuve de la tombe de Brescia; elles écoutent; elles crient dans la nuit le nom de leur enfant! mais rien ne répond, rien n'arrive! Oh! ils sont bien morts!

Le major s'était éloigné de moi, et tandis que je rêvais à tous les deuils inconnus produits par la grande tuerie de la guerre, il semblait chercher une sépulture sous les arcades à droite de l'entrée du *Campo Santo*. Sans doute il l'avait trouvée, car je le vis faire le signe de la croix, s'agenouiller et prier; cette prière d'un vieux soldat m'émut de respect; pour qui priait-il? Craignant de le troubler et de l'embarrasser, je fis le tour des arcades et ne le rejoignis que quand il fut debout; il n'avait pas quitté la tombe sur laquelle il venait de s'agenouiller. « Vous me pardonnez, me dit-il, de vous avoir laissée un moment, j'avais un devoir à remplir : ici repose une sainte et une héroïne, la duchesse Bevillacqua; elle a reçu dans son palais les blessés français et les blessés italiens durant toute la guerre; aidée de sa fille[1], elle les a pansés de ses mains, veillés, consolés; elle a pourvu à la convalescence de ceux qui ont survécu et à la sépulture de ceux qui sont morts; elle-même est morte de tant de fatigues et d'émotions. Sa

---

[1] Madame Lamasa.

famille, et à défaut Brescia, lui devait un monument, et vous le voyez, son nom est à peine écrit sur cette pierre. C'est un devoir pour tout soldat français ou italien, qui visite ce *Campo Santo*, de chercher cette fosse ignorée et de prier pour cette bonne duchesse qui fut notre sœur de charité. — Oh ! c'est bien, ce que vous avez fait là, lui dis-je en lui prenant la main ; elle a dû vous voir et vous entendre, la sainte duchesse, et être heureuse, dans la mort, de votre sympathie. »

En sortant du *Campo Santo*, nous nous faisons conduire à la chapelle *di Santa Maria delle grazie* ; nous traversons un petit cloître en marbre, recueilli et sombre, qui serait d'un bel effet si une profusion d'*ex voto* enluminés suspendus aux murs des galeries et sur les autels, qui s'élèvent dans les angles, ne les dégradaient. De pauvres femmes sont agenouillées sur les dalles, elles roulent des chapelets dans leurs doigts roidis par le froid ; des paniers de faïence, pleins de cendres chaudes, sont placés à côté d'elles ; sitôt que leur oraison est finie, elles s'en saisissent et les approchent de leurs mains et de leurs visages pour les ranimer. J'ai si froid, que je fais comme ces pauvres femmes ; j'incline tour à tour mes deux joues sur un de leur paniers brûlants, et j'y réchauffe mon mouchoir que je pose après sur ma bouche. Le major rit en répétant : « L'appétit vient ! » Nous entrons dans la petite chapelle *delle grazie* couverte d'*ex voto* comme le cloître. A côté est l'église des jésuites, surchargée d'ornements ; elle révolte par son mauvais goût, elle éblouit par sa richesse.

Je dis au major : « Nous perdons notre temps, allons voir les monuments antiques et les monuments vénitiens. »

Nous remontons en voiture et arrivons sur la place du *Municipio* où s'élève la *Loggia* (palais municipal) et le *Broletto*, ancien palais de la république. La *Loggia* est toute en marbre ; sa façade se dresse sur trois grands arceaux formant galerie d'un imposant effet. Cette partie de la façade, ornée de fines sculptures et couronnée d'une balustrade à jour, est la plus remarquable ; elle est de la fin du quinzième siècle. Elle fut bâtie par Tormantone. Au-dessus se dressent les constructions plus modernes et moins rares de Sansovino et de Palladio ; l'ensemble frapperait d'admiration si l'on ne venait de voir à Venise la merveilleuse architecture du palais ducal.

Le *Broletto* est un monument beaucoup plus ancien (douzième siècle) ; il est en brique rouge et garde encore des restes très-curieux d'ornementations en terre cuite. L'intérieur du *Broletto* a été dévasté. Une des salles renfermait d'anciennes peintures intéressantes pour l'art et l'histoire. Je regrette surtout la destruction d'un portrait de Brigitte Avogadro, cette héroïne bresciane qui, à la tête des femmes de la ville, armées de toutes pièces comme des chevaliers, défendit bravement Brescia (en 1258) au temps de Carmagnola, et repoussa l'assaut commandé par le Piccinino, capitaine des ducs de Milan. Il y a des villes qui ont le privilége du courage et de l'honneur, et où le souffle de l'héroïsme passe jusque dans le sein des femmes. Brescia est une de ces villes élues; de siècle en siècle, jusqu'à nos jours, elle a eu la fermeté civile et l'ardeur guerrière. Elle méritait, entre toutes, d'avoir pour patronne cette admirable Victoire en bronze antique qui dormit longtemps ensevelie dans son sein, mais que nous allons retrouver debout comme l'Italie entière, dont elle est un des plus beaux symboles.

De la place du *Municipio*, nous nous rendons au *Duomo vecchio* ou rotonde, l'une des deux cathédrales de Brescia. Sa construction remonte au neuvième siècle et la crypte souterraine est du septième; on assure que la rotonde fut bâtie sur l'emplacement d'un temple païen.

La cathédrale nouvelle, en marbre blanc, s'élève auprès de l'ancienne; sa coupole est la plus grande de l'Italie après celle de Saint-Pierre de Rome; elle est d'un heureux effet à distance, dominant le groupe que forme la ville au pied des Alpes rhétiennes. Nous entrons dans la nef, très-vaste et d'un aspect tout moderne; elle fut transformée en hôpital, il y a à peine quelques mois, après la bataille de Solferino; les lits de nos blessés étaient alignés dans les chapelles, et toutes les femmes de Brescia allaient de rang en rang distribuant des soins et des consolations.

Nous traversons encore quelques larges rues; nous en montons à gauche une plus étroite, et nous arrivons au musée qui fut l'ancien temple de Vespasien; il s'élève sur le versant d'une colline, et sa belle ruine est entourée d'arbustes, de végétation et de décombres antiques. Le monument était en marbre blanc; les colonnes brisées d'ordre corinthien qui formaient le péristyle, sont du plus beau style ainsi que les fragments des frises et du fronton. Les marches qui conduisent au temple et les trois chambres intérieures sont intactes. C'est dans ces trois *cellas* qu'on a placé les objets les plus rares trouvés dans les fouilles; quelques bustes d'empereurs, des bas-reliefs et des inscriptions en marbre. A ces débris antiques on a mêlé des sculptures du moyen âge, mais ce qui éblouit et concentre aussitôt l'admiration, c'est la grande statue [1] en bronze de la *Victoire ailée* placée dans la chambre du milieu ; elle est du plus beau temps de la sculpture grecque ; la tête rappelle celle de la Vénus de Milo ; les pieds sont d'une pureté idéale ; le mouvement du pied gauche légèrement appuyé sur un casque renversé, posé sur le socle, fait incliner le genou qui saillit un peu à travers la draperie ; cette draperie groupée au milieu du corps y ondule sur toutes les parties en plis souples et harmonieux. On devine au-dessous la perfection des formes ; le cou flexible et élégant est découvert ainsi que les deux bras d'une beauté achevée ; la draperie s'affaisse sur les seins, dont les fermes contours se trahissent à travers. Les belles mains (la droite à demi fermée, la gauche déployée) tiennent un bouclier (restauration moderne) sur lequel la Victoire écrit le nom de ses élus ; le visage est pensif et fier ; la chevelure surmontée d'une couronne de lauriers, argentée, ondoie et se masse sur la nuque. Des épaules imperceptiblement courbées sortent deux longues ailes altières, sveltes, d'un mouvement superbe ; on dirait que leurs plumes de bronze s'agitent et vont planer. Les sculpteurs et les peintres modernes n'ont que faire d'inventer des ailes pour leurs anges et leurs séraphins, qu'ils tentent seulement d'imiter, même à distance, les ailes de la Victoire de Brescia et celles d'une muse peinte à fresque à Pompéï ; ce sont les ailes les plus frémissantes et les plus nobles qui existent. On voudrait les emprunter pour quitter la terre et s'élever au-dessus de tout ce qui nous y fait ramper [2].

A défaut de ces poétiques ailes, je pris le bras du major pour monter jusqu'à la plate-forme du château. Nous avions renvoyé la voiture, espérant de nous réchauffer par la marche. Le froid était vif, malgré la limpidité de l'air, l'éclat du soleil et la transparence profonde du ciel bleu. Nous franchîmes quelques rues étroites aboutissant à la route qui mène à la forteresse bâtie par les Vénitiens. A mesure que nous marchions, Brescia et ses monuments

---

[1] Deux mètres de haut.
[2] Deux copies en plâtre de cette statue de la Victoire ont été offertes par la ville de Brescia à l'empereur des Français et au prince Napoléon. Celle du prince a été placée dans un cadre digne d'elle ; elle décore l'atrium de la belle villa antique de l'avenue Montaigne.

se groupaient à nos pieds; les mamelons des collines, couverts de villas et de bois dépouillés par l'hiver, s'arrondissaient en vagues énormes jusqu'au versant lointain des Alpes; la petite rivière Mella et le canal de la Chiese flottaient autour de la cité comme une ceinture d'argent.

Charmée par cette belle vue, j'oubliais l'essoufflement qui me gagnait.

« Bravo! me disait le major, vous volez à ce donjon comme s'il s'agissait de le prendre d'assaut; vous y gagnerez pour récompense un robuste appétit, et vous verrez que vous ne dédaignerez plus mon dîner.

— Je me sens la poitrine creuse et l'estomac tiraillé.

— Premiers symptômes de la faim, s'écria le major.

— Arrêtons-nous un moment pour prendre haleine, lui dis-je, et pour regarder cette jolie forteresse avec ses créneaux qui se dessinent si bien sur le fond du ciel.

— Allons! courage! nous y voilà, » reprit le major.

Nous étions arrivés sur le pont-levis; nous passâmes une porte voûtée encore couronnée du blason vénitien; sous la voûte était une madone et quelques peintures de saints accomplissant des miracles. Nous trouvâmes dans une cour deux guérites autrichienne, peintes de noir et de jaune, dont on avait oublié de faire un feu de joie après nos victoires. La garnison française était sous les armes et en grande tenue. Le commandant du fort nous dit qu'on attendait le colonel Valazé, qui venait passer l'inspection de la petite troupe; il nous conduisit sur la plate-forme où étaient braqués quelques canons; çà et là gisaient des monceaux de boulets; je fis le tour du parapet, et, en me penchant au travers d'une meurtrière, j'aperçus sur la route le colonel Valazé qui arrivait en voiture; presque aussitôt le tambour battit aux champs, tous les officiers allèrent à la rencontre de leur chef, les soldats se formèrent en carré long sur la place gazonnée. Le colonel arriva, me donna une poignée de main en passant, un peu surpris de me trouver là; puis il se hâta de commencer sa besogne. — Le major, tout à l'esprit de son métier, ne détachait pas ses yeux du bataillon français qui se mouvait avec précision à chaque appel de commandement.

« Belle tenue! s'écriait le major, tenue irréprochable, première armée du monde! coup d'œil, vivacité, intelligence! »

A chaque ligne qui défilait devant lui, le colonel Valazé faisait des observations de détail; il regardait homme par homme à l'état de l'habillement, à la propreté des mains, du visage et des cheveux; il gourmanda un soldat mal lavé, et le major de s'écrier de nouveau :

« Très-bien! très-bien! c'est ainsi qu'on obtient des régiments irréprochables; il est bon d'introduire dans l'armée italienne cette discipline rigoureuse qui s'étend à tout. »

Je souriais de l'enthousiasme du major; moins captivée que lui par le spectacle de cette inspection militaire, je m'étais assise sur un talus regardant le paysage autour de moi, rêvant à l'histoire de Brescia, à Bayard convalescent qui s'était sans doute promené sur cette même plate-forme où trois siècles et demi plus tard des soldats français faisaient l'exercice. Je songeais à la gloire de nos armes à travers le temps, à la cause des guerres justes ou injustes; et je me disais, émue de la page récente de notre histoire : « Jamais guerre ne fut plus généreuse et plus sainte que celle qui vient de s'accomplir, et qui me rend fière et joyeuse en ce moment de rencontrer mes compatriotes belliqueux dans cette ville étrangère dont ils sont les gardiens amis, et non les ravisseurs. »

Chaque ligne inspectée par le colonel venait se masser au pied du tertre où j'étais assise; le soldat qui avait été réprimandé, au sujet de ses cheveux mal peigné, en interpella un autre en riant :

« As-tu vu cette blague? lui dit-il de l'accent parisien le plus prononcé; farceur de colonel des menus détails, va!... fallait donc regarder si je n'avais pas de puce à l'oreille et de cors aux pieds! »

Je ne pus m'empêcher de rire de ces paroles qui trahissaient l'enfant de Paris; l'ex-gamin de nos boulevards et de nos faubourgs.

« Vous êtes à coup sûr de Paris, lui demandai-je.

— Si j'en suis, répliqua-t-il, je voudrais bien voir qu'on me dit que non! Faut pourtant supporter toute cette argutie, madame, ou bien aller à la salle de police. »

Le major, qui nous écoutait, me dit :

« Vous avez tort de rire d'une irrévérence à la discipline; si j'étais un officier français au lieu d'être un officier italien, j'aurais répondu à ce drôle par une semonce.

— Vous oubliez, major, que je ne porte pas l'uniforme et que je ne suis qu'un poëte en voyage, s'attristant ou s'égayant des impressions diverses qu'il reçoit.

— Les femmes, murmura le bon major, ne comprennent jamais le sérieux du devoir.

— Allez-vous me faire un sermon comme hier soir à propos du *maestro di ballo?* ò le plus grave et le meilleur des hommes, lui dis-je en riant plus fort; pour couper court à votre morale, je vous dirai que j'ai grand'faim, qu'il est deux heures et demie et que je vois flamber d'ici, comme un signal, le feu de la cuisine du *Gambaro*.

—Je suis ravi de votre belle humeur et encore plus de votre appétit, » me dit le major en m'offrant son bras.

Le colonel Valazé avait fini d'inspecter la petite garnison du fort; il causait avec le commandant. Me voyant prête à partir, il vint à moi et me demanda si je retournais à Milan.

« Oui, dans deux heures.

— En ce cas, au revoir, ajouta-t-il en me tendant la main.

— Je la presse deux fois, lui dis-je : pour votre part de gloire à la dernière guerre et pour l'illustration du martyr girondin dont le sang bout en vous. »

Je descendis la colline, que le fort couronne, à pas précipités, entraînant le major dans ma course.

« Mais vous allez vous tuer de fatigue, me disait-il.

— Non, je me réchauffe; une fois en bas, nous prendrons une voiture.

— J'y pensais, répliqua-t-il, car il vous reste à voir la promenade appelée le jardin public de Brescia.

— Je vous demande grâce, major; c'est assez d'excursions pour aujourd'hui. Songez que le dîner nous attendra.

— Seulement à trois heures, répliqua-t-il; nous avons encore vingt minutes devant nous. Vous savez la maxime française : Un dîner doit être cuit à point.

— Je vous engage à la répéter souvent à vos cuisiniers italiens, major ; ils ont pour coutume de faire calciner les viandes et brûler le rôti. Si vous voulez avoir de forts soldats, faites-leur manger désormais du rosbeef saignant à l'anglaise.

— Erreur! repartit le major, vous en feriez des tortues; au soldat italien, il faut le café, au lieu du vin français et de la bière britannique, et une nourriture qui fouette le sang, au lieu d'une alimentation qui l'épaissit.

— Soit, major. Voilà une voiture vide qui passe ; appelez le cocher, je n'ai plus de jambes. »

Nous traversâmes au grand trot plusieurs rues à l'est de la ville, puis nous débouchâmes sur une belle place bordée d'arcades et d'arbres et au milieu de laquelle est une fontaine souterraine, où les femmes de Brescia lavent leur linge.

« Voilà ce qu'on appelle le jardin public, me dit le major ; c'était autrefois le *camp des tournois*. Vos chevaliers Gaston de Foix et Bayard se sont montrés sur cette place armés de toutes pièces ; mais ils sont venus ici comme nos ennemis, tandis que les Français d'aujourd'hui sont nos libérateurs. »

Nous fîmes le tour de la place, sans descendre de voiture, puis nous sortîmes de la ville, toujours du côté de l'est ; nous traversâmes un faubourg et nous nous trouvâmes dans la campagne.

« Nous ne rentrons donc pas au *Gambaro*, major ?

— Encore dix minutes, répondit-il, en tirant de nouveau sa montre ; j'ai voulu les mettre à profit pour vous faire voir une échancrure de la campagne de Brescia.

— Ce doit être superbe en été, repartis-je ; toutes ces maisons disséminées sur les collines, entourées d'arbres et de parterres, sont autant de retraites qui me font envie.

— Ces habitations sont, la plupart, des usines, répliqua le major ; les unes sont des filatures de soie, les autres des fabriques de drap, de meules et de marteaux ; dans les plus grandes usines se font les armes à feu. Les armes fabriquées à Brescia avaient autrefois une renommée universelle. Elles étaient les premières d'Europe. Aujourd'hui la France et l'Angleterre l'emportent sur nous ; mais patience, patience, nous nous mettrons au niveau.

— Facilement, répliquai-je ; quand le cœur d'un peuple se ranime et se relève, le bras, qui n'est que l'instrument du cœur, suit bien vite.

— *Ora prestissimo al Gambaro*, dit le major au cocher.

— *Subito, signore*, répondit celui-ci en lançant ses chevaux.

— Major, j'oubliais... Je veux emporter la Victoire de Brescia, m'écriai-je tout à coup.

— En photographie, répliqua le major.

— Hélas! oui, il n'y a que les princes qui peuvent avoir chez eux le moulage de cette divine figure.

— Arrête! cria-t-il au cocher ; nous voici justement devant un libraire. »

Il s'élança de la voiture, et au bout de quelques secondes il revint avec quatre exemplaires de la Victoire vue de face et de profil.

« J'offrirai une de ces belles images à votre grand poëte Alexandre Manzoni, dis-je au major.

— Que vous êtes heureuse de le connaître, me répondit-il avec émotion; moi, je ne le connais que par ses livres, que je relis sans cesse dans mes loisirs des garnisons. »

Nous étions arrivés au *Gambaro*, trois heures sonnaient à la vieille horloge voisine.

L'hôtelier accourut sur sa porte.

« *La signora è servita* (madame est servie), me dit-il d'une façon toute galante.

— *Benissimo*, » repartit le major; et, m'offrant la main, il me conduisit, au premier étage, dans la salle à manger du *Gambaro*; elle était peinte à fresque et déroulait sur ses murs des paysages aux couleurs un peu criantes. Au bord d'une source bleue jouaient, sur les herbes vertes, des écrevisses rouges comme si elles avaient été cuites toutes vives par l'eau de la source. Le major me dit : « Le peintre les a faites ainsi à cause de l'enseigne de l'auberge; si ces écrevisses n'étaient pas rouges, on les prendrait pour des grenouilles. »

Nous nous assimes à une petite table, dans un angle de la salle ; en face de nous, un peu à distance, était dressée une autre table plus vaste, à laquelle prirent place une douzaine d'officiers italiens.

Je les écoutais causer avec intérêt ; ils parlèrent des espérances de l'Italie; de l'annexion prochaine des provinces du centre, de Venise, de Rome; de Naples et de Palerme encore ensevelies dans les limbes du despotisme. Un capitaine d'infanterie disait :

« Nous devons beaucoup aux Français; moi, je les aime et je les connais bien depuis la guerre de Crimée. J'ai fait avec eux le siége de Sébastopol; c'étaient de joyeux camarades, avec qui, nous Italiens, nous nous sentions frères; tandis que les Anglais, ne m'en parlez pas, ils étaient roides comme s'ils avaient avalé les mâts de leurs vaisseaux. Ils vivaient de l'air du temps plutôt que de mettre la main à la cuisine. Je me souviens d'un sous-lieutenant anglais qui, me voyant faire griller des tranches de bœuf, me dit en se redressant : « Oh ! fi donc ! capitaine : vous n'êtes donc pas gent-« leman ? » Son œil convoitait pourtant la viande fumante, et il en aurait bien accepté sa part, si je la lui avais offerte ; mais pas de risque, *corpo di Diana !* » Et voilà mon capitaine italien contrefaisant le sous-lieutenant anglais dans une longue scène de bivouac. L'hilarité de ses auditeurs était au comble ; la plaisanterie se prolongea sans les lasser jusqu'à la fin du dîner ; mais, au dessert, lorsqu'on apporta le vin de Champagne, l'un d'eux se leva :

« C'est assez rire comme cela, dit-il ; buvons, messieurs, à la santé de notre roi. — Oui, de notre *Vittorio !* reprit un autre. — De notre *galantuomo !* ajouta un troisième. — De notre futur libérateur ! exclama un quatrième, un Vénitien.

—*Viva il re !*—*Benedetto il re !* » — s'écrièrent-ils tous en chœur.

Le major se leva, me quitta un moment, et choquant son verre à ceux de ses camarades, il répéta à l'unisson : « *Viva il re ! benedetto il re !* »

Je les considérais et les écoutais gagnée par leur émotion chaleureuse, je me disais : Quel est le souverain dans le monde entier qui, comme ce roi populaire et soldat, peut se dire : — « Dans une auberge de petite ville loin de moi, loin de mes flatteurs qui pourraient suggérer leurs paroles ou leur faire écho ; sans souci que je les entende et que je paye en faveurs leur enthousiasme, chaque officier et chaque soldat de mon armée glorifie mon nom et le bénit ! »

Le toast des autres souverains n'est jamais porté que dans des banquets officiels, en leur présence ou devant leurs créatures, mais ici ce n'était plus un cri adulateur et intéressé, c'était un cri à la patrie même acclamant, par la voix de ces braves, un roi qui personnifie la patrie.

Le major, se rasseyant en face de moi, me fit mille excuses d'avoir manqué à la politesse en me quittant un instant.

« Me croyez-vous donc une poupée parisienne, repartis-je, et pensez-vous que je sois insensible à ce bel élan qui vous transporte ? moi aussi je bois à votre roi, ajoutai-je, en heurtant son verre contre le mien.

— Mais vous buvez de l'eau, s'écria-t-il, cela ne se peut pas.

— Cela se doit, major, après toutes les délicieuses salaisons que vous me faites avaler depuis une demi-heure; votre dîner à l'italienne est exquis; mais enfin ces anchois, cette mortadelle aux pistaches, ces truffes marinées, ces piments et ces condiments veulent des flots d'eau qui les neutralisent.

— Légers entremets pour aiguiser l'appétit, me répliqua-t-il: voici le potage, il emportera leur saveur mordante.

— Un potage au milieu du dîner, y pensez-vous?

— Vrai dîner à l'italienne, je vous l'ai dit; abandonnez-vous à ce repas indigène. »

Le potage était succulent; il fut suivi de plusieurs entrées aux sauces condensées; d'un petit turbot de l'Adriatique, d'un perdreau rouge flanqué de grives et de cailles.

« Major, vous êtes un Lucullus; le chef des fourneaux du *Gambaro* descend à coup sûr de quelque cuisinier de l'antique Rome. Mais l'heure presse, ma faim est apaisée, et cette crème dorée à la cannelle saupoudrée d'une devise galante en non-pareilles ne saurait m'allécher et me retenir. »

L'hôtelier intervint: « Madame, goûtez-y de grâce, » me dit-il.

Il fallut le satisfaire.

« Et le dessert, le dessert! s'écria le major.

— Impossible! il faut partir. »

Et je me levai tandis que le *cameriere* posait symétriquement sur la table toute une série d'assiettes pleines de fruits et de sucreries.

Le major en bourra ma poche; puis il me dit avec un soupir de résignation :

« Partons, puisque vous le voulez; il faut obéir à la *furia* française. Je ne l'avais connue que sur les champs de bataille, mais je vois qu'elle n'est pas moindre chez les dames de votre nation que dans vos soldats.

— Voilà une phrase, major, que je n'oublierai pas. »

A la porte du *Gambaro* je trouvai la jolie *cameriera*, qui me souhaita bon voyage et prompt retour; l'hôtelier me salua par trois fois; puis la voiture chargée de ma grande malle vola comme un trait à l'embarcadère; en y arrivant, je m'aperçus que mon sac de nuit avait été oublié à l'hôtel. Le train allait partir dans dix minutes.

« Soyez tranquille, me dit le major, fallût-il crever les chevaux, je serai revenu à temps avec votre sac.

— Mais, major, c'est impossible! »

Il ne m'entendit pas, il avait disparu.

Tous les voyageurs prirent place dans les wagons, et j'y étais déjà montée moi-même lorsque je vis revenir le major; il accourait tout essoufflé, tenant dans ses mains le sac oublié. Je me confondis en excuses et en remercîments:

« Madame, me dit-il, je n'ai fait que mon devoir; je suis corps et âme votre chevalier. Et il ajouta, en me baisant la main : Je me sens tout exalté pour votre service. »

Je secouai cordialement cette main loyale.

« Vous viendrez me voir à Paris, major?

— A moins que je ne meure, j'irai. »

Le coup de sifflet de la locomotive partit dans l'air, le major se recula de la portière. Je vis durant quelques secondes cette honnête tête blanchie par l'âge et les fatigues de la guerre, se pencher vers moi, attendrie en me saluant, puis elle disparut. Encore une amitié rompue! pensais-je; encore un être sympathique rencontré un moment dans les hasards d'une vie errante, et que sans doute je ne reverrai plus.

Jusqu'à la station après Brescia je restai seule dans un wagon réservé; là il fut ouvert par un chef de gare, qui y fit placer un employé du chemin de fer; c'était un inspecteur du télégraphe, M. Fontana de Milan. Il se nomma, et ayant appris qui j'étais, il me dit d'une façon aimable :

« Je suis vraiment très-heureux d'avoir voyagé aujourd'hui avec deux littérateurs français; ce matin, en partant de Milan, j'étais dans le même wagon que votre célèbre romancier Alexandre Dumas qui allait à Venise.

— Mes amis l'y attendent depuis un mois, et j'espérais l'y rencontrer, repartis-je.

— Quel esprit! quelle verve! reprit M. Fontana, et comme il aime l'Italie.

— Il l'aime en fils, en poëte qui se souvient qu'elle est l'éternelle inspiratrice du beau et la grande nourricière de l'imagination. »

J'étais au regret de n'avoir pu serrer la main de mon illustre compatriote, et ce regret, comme on le verra, s'est reproduit plusieurs fois durant mon voyage en Italie, où le hasard nous a souvent rapprochés sans jamais nous réunir.

J'arrivai dans la soirée à Milan, lasse, glacée et éprouvant déjà un grand malaise du froid très-vif que j'y retrouvais; une couche de neige couvrait les rues et s'étendait jusque dans la cour de l'*Hôtel de la Ville*. Je sentis une morne tristesse en entrant dans ma petite chambre sans horizon. Ce n'était plus Venise; son air tiède et bienfaisant, sa lagune qui me berçait la nuit et m'emportait le jour aux rivages attrayants des îles dont ses flots sont diaprés.

XV

Ce qu'il y a d'enivrant et de bienfaisant en voyage, ce qui est vraiment salutaire à la santé de l'âme et du corps, c'est la distraction incessante et pour ainsi dire forcée que chaque jour et chaque heure nous apportent. Le lendemain de mon arrivée à Milan, je revis les connaissances et les amis qui m'avaient témoigné tant d'empressement deux mois auparavant, madame Sforni, la comtesse Maffei, qui s'écria en m'apercevant :

« Je vous l'avais bien dit, que cette belle et malheureuse Venise vous garderait longtemps. »

Fille exilée de cette mère en deuil, je revis aussi la comtesse Polcastro ; nous causâmes, elle attendrie, moi enthousiaste, de sa chère lagune, de la place Saint-Marc, de tout ce qu'elle regrettait. Je lui dédiai *une Parole des gondoliers de Venise;* je retrouvai aussi l'aimable comtesse Visconti avec son esprit cordial et toujours jeune; l'excellent avocat Francia, qui devint pour moi un précieux conseil dans une affaire dont je parlerai bientôt; le maréchal Vaillant, dont je reçus des preuves nouvelles de bienveillance; le capitaine Yung, le cœur rempli d'un doux sentiment, qui a fini par un heureux mariage avec une des plus jolies personnes de la société milanaise; l'illustre Manzoni, qui m'honora d'une amitié glorieuse; enfin, parmi mes compagnons de table à l'*Hôtel de la Ville*, les deux ingénieurs français des chemins de fer lombards-vénitiens, dont l'un, M. Diday, me permettra de le nommer ici avec gratitude : je lui dus les plus gracieuses facilités pour circuler sur toutes les voies italiennes qu'il a contribué à fonder et qu'il dirige avec tant d'habileté; quant à l'autre ingénieur, son ami, cœur excellent, esprit bizarre, il m'a répété si souvent qu'il serait désespéré de voir son nom imprimé dans un journal ou dans un livre, que je me bornerai à mentionner ici sa parfaite obligeance et les soins dont il m'entoura durant mon séjour à Milan. A cette terreur de la publicité il en joignait une autre sur laquelle je le plaisantais sans cesse : c'était l'effroi permanent d'un rhume possible; jamais ténor ne se préoccupa à ce point d'un courant d'air ou d'un changement de température; une porte ouverte le faisait tressaillir; un orage le plongeait dans l'humeur la plus noire. Aussi je fus agréablement surprise et touchée lorsque, quelques jours après mon retour à Milan, il vint me proposer de faire l'excursion du lac de Côme: le froid était des plus vifs; le ciel d'un bleu éclatant et le soleil radieux; la couche de neige s'était changée en couche de glace sur les monuments et dans la campagne. Je lui objectai la rigueur de la température, une grippe en perspective, peut-être pire; il me répondit bravement qu'il n'avait jamais eu peur d'un froid sec, qu'il serait charmé de voir en ma compagnie, et par cet admirable temps d'hiver, ce beau lac et ses rives merveilleuses qu'il n'avait parcourues qu'en été :

« Pensez, ajouta-t-il, à l'effet des montagnes couvertes de neige sur l'azur du ciel, et à la beauté du soleil versant toutes les couleurs du prisme sur la glace !

— Je suis toujours tentée, repartis-je, par le charme du mouvement et l'attrait des lieux inconnus, donc je n'hésite pas, dût un rhume éternel en être la conséquence.

— Nous nous envelopperons de fourrures, reprit-il, et je vous réponds que notre ennemi sera vaincu. »

L'aimable ingénieur m'avait présenté le jour même, à dîner, le commandant Protche, un des officiers d'artillerie les plus distingués de l'armée française, et c'est devant lui, tandis que nous buvions le café chez moi, que fut prise cette hardie décision. Nous le pressâmes d'être des nôtres.

« Vous pouvez bien croire que ce n'est pas la gelée qui m'arrête, nous répondit le commandant, plus de vingt campagnes m'ont aguerri à toutes les températures, mais je suis demain de service; c'est un obstacle insurmontable.

— Moi, repartit l'ingénieur, je ne suis libre que demain dimanche; il faut donc vous résigner, madame, à n'avoir qu'un chevalier au lieu de deux.

— Je me dédommagerai, me dit le commandant, et si vous le permettez, madame, je mettrai mon bras à votre disposition pour le premier bal de la cour. On parle de l'arrivée du roi à Milan et des grandes fêtes qui lui seront données.

— J'accepte, commandant, et je vous donnerai cette corvée si je suis encore ici quand le roi y viendra. »

Bonc, le lendemain dimanche (14 janvier 1860) nous partîmes dans la matinée pour Côme; le ciel était d'une limpidité trompeuse, le soleil versait des flammes éblouissantes qui ne réchauffaient point; il pailletait et colorait la glace, mais n'en détachait pas la moindre goutte d'eau. C'était superbe à voir et poignant à sentir; la nature était ce jour-là comme ces créatures magnifiques en qui semblent s'être épuisés les dons de la beauté et dont le cœur inerte, dur, implacable, nous torture et nous épouvante.

Nous traversâmes des terres immenses dont la fertilité se dissimulait sous les frimas, mais que je devais revoir un jour d'août couvertes de moissons blondes, de prairies diaprées, de jardins en fleurs, de vergers, de mûriers aux feuilles soyeuses, de grands parcs aux arceaux verts, de belles avenues projetant l'ombre des grands arbres au bord de ces mêmes routes où se dressent aujourd'hui leurs branches sèches et dépouillées. Même en hiver, on devine la magnificence de ces grandes plaines de la Lombardie, bordées au nord par les Alpes que la neige recouvrait entièrement ce jour-là, mais dont elle ne couronne en été que le sommet ainsi que de grands panaches blancs flottants sur des têtes royales. A mesure que le convoi approchait de Monza, nous apercevions de chaque côté du chemin les plus élégantes villas. Je ne fis qu'entrevoir cette petite ville, célèbre par son église, où, depuis le quatorzième siècle, avait été enfermée la fameuse couronne de fer. Les Autrichiens l'ont emportée, dit-on, en fuyant de Milan après leur défaite de Magenta. Qu'importe! elle eût pesé au noble front du roi d'Italie; une couronne populaire et guerrière a été posée par la nation entière sur la tête du monarque élu, couronne bien autrement glorieuse que ce vieux diadème du moyen âge qui a ceint le chef de tant de tyrans. Tandis que la locomotive nous emporte, j'aperçois, frissonnant sous les frimas, le grand parc royal de Monza, que je verrai par une chaude soirée tout gazouillant d'oiseaux et tout embaumé de senteurs suaves.

De Monza à Côme, de beaux arbres bordent la route qui contourne une montagne surmontée d'une haute tour carrée, débris du vieux château Baradello. C'est dans cette tour qu'au seizième siècle Napoleon della Torre (on aime à trouver ce nom de Napoléon dans les chroniques italiennes), seigneur de Milan, vaincu par les Visconti, languit durant plusieurs années, enfermé dans une cage de fer. Un jour, désespéré de sa lente torture, il se donna la mort en se brisant la tête contre les barreaux de son horrible prison. Nous entrons à Côme par une belle porte à trois étages d'arceaux superposés; nous nous rendons sur la place où s'élève la cathédrale, le campanile et le *Broletto* (palais municipal). La cathédrale de Côme est une des plus belles églises d'Italie; elle fut construite à la fin du quatorzième siècle, ainsi que le campanile; la nef est vaste, imposante et recueillie; j'y retrouve avec bonheur quelques fresques de Bernardino Luini. Je contemple longtemps une *Adoration des mages* de ce maître illustre où, parmi les animaux de la crèche, est représentée une girafe qui tend son long cou vers l'enfant divin. La façade de l'église est d'un siècle et demi postérieure au vaisseau; elle est décorée de statues de saints, parmi lesquels l'art chrétien n'a pas dédaigné de placer les statues de Pline l'Ancien et de Pline le Jeune, tous deux nés à Côme. La coupole de l'église ne fut achevée qu'au commencement du dix-huitième siècle. Malgré ces styles disparates, la cathédrale de Côme remplit d'admiration. La façade du *Broletto* est adorable, elle est en marbre rouge, blanc et noir, et s'élève dans l'air comme une mosaïque.

Nous traversons une rue bordée d'arcades et arrivons sur la place Volta, où s'élève la statue en marbre du grand physicien; la tête est belle, pensive, inspirée, tout le corps semble fléchir sous la méditation. C'est une œuvre d'art remarquable du sculpteur *Marchesi*.

Mon frileux compagnon de route me fait observer que le froid est dangereux sur cette place, où je m'oublie le visage en l'air. « On s'enrhume, me dit-il, par la bouche, par les yeux et par les narines.

— Vous êtes emmitouflé d'un immense cache-nez qui doit rendre tous ces organes inexpugnables, lui répliquai-je en riant.

— C'est pour vous que j'ai peur, reprend-il; hâtons-nous d'aller parcourir le lac, la température est toujours moins froide sur l'eau que sur terre. »

En quelques pas nous sommes au rivage sans parapet, défoncé, boueux, et sillonné de flaques de neige fondue; nous montons dans une barque découverte; deux forts rameurs la font voler sur l'eau limpide et bleue. Mon compagnon s'enveloppe dans son manteau et s'étend immobile sur un banc. Je reste debout pour mieux embrasser le panorama merveilleux qui m'entoure ; je regarde d'abord Côme qui fuit derrière nous; ses maisons et ses monuments se groupent pittoresquement au pied de la montagne qui les abrite; des arbres, et en été une verdoyante végétation, revêtent cette montagne dont le sommet se couronne des débris et de la tour du vieux château fort. Vue du lac, cette cité en saillie sur le fond du ciel est d'un effet superbe.

« Faites volte-face, me dit l'ingénieur, frissonnant sous sa carapace de laine, et votre admiration redoublera. »

Je me retourne vers le lac azuré, et je vois se déployer ses rives couvertes des plus riantes villas; au premier plan des collines, plus loin les masses gigantesques des Alpes Leponthiennes et Rhétiques qui se dressent blanches et éclatantes dans le ciel d'un bleu vif. Les rayons du soleil ruissellent de leurs sommets sur leurs croupes comme des cascades d'or. En sortant de Côme, s'élève sur le rivage nord la monumentale villa *Raimondi* avec une façade à colonnes, un péristyle et des belvédères. Le plus jeune de nos bateliers nous la désigne en nous disant : « Elle appartient au père de la belle jeune fille qu'épouse dans huit jours *nostro Garibaldi*. »

Avant d'être un héros pour toute l'Italie, Garibaldi était pour Côme un rédempteur. Tandis que le canon autrichien grondait encore en Lombardie, un jour le guerrier triomphant se précipita du haut des Alpes et apporta à la cité, surprise et heureuse, la liberté. Il n'y avait pas un an de cela quand je visitai Côme ; aussi le nom de son hardi libérateur était-il dans toutes les bouches.

« *Che Dio lo renda felice, il grand' uomo !* » (que Dieu le fasse heureux, le grand homme), ajouta l'autre batelier.

Nous tournons un promontoire et traversons la première partie du lac qui s'encaisse entre deux rives entièrement revêtues de villages bâtis en gradins, de terrasses, d'églises, de cascades et de villas qui forment d'éblouissantes décorations.

Nous faisons une halte, à gauche, à la villa de l'archiduc Régnier; nous mettons pied à terre, franchissons une avenue de lauriers et nous réchauffons un moment à l'abri du vitrage d'une longue serre où s'exhalent les pénétrants parfums des fleurs exotiques. Appuyés contre les balustres d'une terrasse de marbre, nous voyons se grouper de l'autre côté du lac les villas de la danseuse Taglioni, plus loin celle de la cantatrice Pasta entourée d'orangers et ayant un faux aspect de temple grec. Elle aurait eu droit d'asile dans un vrai temple athénien, cette superbe tragédienne lyrique qui, seule avec Talma et Rachel, a ranimé un moment sur la scène la beauté plastique, l'émotion profonde, le geste naturel et noble, le mouvement inspiré et la grande allure harmonieuse du drame antique. Au delà de la villa Pasta se groupe le bourg de *Torno*, et dans l'anse du promontoire où il est situé, la magnifique villa *Pliniana*, à laquelle Pline a donné son nom. Elle fut la propriété de ce brillant prince Belgiojoso, beau et joyeux comme son nom; ténor incomparable, tous les salons de Paris ont gardé l'écho de sa voix divine; ce *prince charmant* n'avait accepté de la vie que les plaisirs et les joies faciles; il est mort récemment à Milan, dans le dégoût de toutes les voluptés et en proie à une sorte d'imbécillité sombre.

La villa Pliniana est célèbre par ses eaux jaillissantes, qui tombent en cascades écumeuses dans le lac. Leur source intermittente est tantôt abondante et tantôt réduite à un mince filet argenté. Pline vit un phénomène dans cette décroissance périodique, que la science moderne explique, et il se livra à une foule de conjectures pour en résoudre le problème.

L'air devient de plus en plus froid; nous remontons dans notre barque, et je supplie en vain mon compagnon, qui a repris son immobilité, d'aller jusqu'à la villa Visconti, d'où l'on domine les trois bassins que décrit le lac de Côme.

« Impossible, me dit-il; la nuit nous surprendrait sur l'eau et avec la nuit une gelée plus forte. »

Les bateliers consultés sont de son avis; une brise glacée souffle tout à coup du nord, et je sens moi-même, malgré mon avidité d'excursion et le mouvement que je me donne en me promenant de long en large dans la barque, qu'une sorte d'engourdissement me gagne; nous traversons le lac pour longer l'autre rive; nous voyons de près les villas Taglioni et la villa Pasta; nous rasons les jardins et les terrasses où ces deux femmes de théâtre rêvent de leurs triomphes passagers et du bruit évanoui de leur renommée. Les poëtes n'ont pas de villas au bord des lacs enchantés, ils meurent pour la plupart pauvres et méconnus. Mais l'écho des siècles les réveille dans leur tombe.

J'exprime le désir de m'arrêter un moment au petit village de *Blevio* et d'y demander du café bouillant.

« Voilà bien un sybaritisme de femme, » me dit mon compagnon, qui me raille d'être vaincue par le froid. En m'exprimant ce stoïcisme, ses dents claquent et sa pâleur est effrayante.

J'insiste; les bateliers, qui ne sont pas fâchés de boire un coup de vin, répètent à l'unisson que ce que je demande est *facilissimo*; ils lancent la barque vers le rivage, et s'arrêtent dans une petite anse, où se dresse une *bettola*[1]; ils hèlent un garçon; une belle jeune fille apparaît; je lui demande deux tasses de café bien chaud.

« Une seule, réplique l'ingénieur obstiné.

— *Subito,* » dit la belle enfant aux yeux noirs, au frais sourire et toute rose sous ses noirs cheveux que soulève l'air glacé; le *subito* met un quart d'heure à se réaliser. Les bateliers vont boire un *fiasco di vino del paese* (une bouteille de vin du pays). Mon compagnon trépigne d'impatience; je ris et le lutine, tout en considérant la rive où le village et les maisons de plaisance s'échelonnent gracieusement. Au-dessus d'une terrasse se dresse la villa Bocarmé, appartenant à la mère du mystérieux empoisonné; à côté est la petite chapelle de style gothique que la pauvre solitaire s'est fait construire pour y être ensevelie quand la mort finira sa vie douloureuse, éclaboussée par les siens de sang et de honte.

Le café fumant arrive enfin, servi dans une tasse écornée; je le bois avec délice et souhaite à la belle fille, qui me regarde souriante, un mari aussi beau qu'elle, *uno dei prodi di Garibaldi* (un des vaillants de Garibaldi). « *Si signora,* » me répond-elle joyeusement.

La barque prend le large; nous tournons le promontoire et nous voilà en face de Côme, tout illuminée par les feux du soleil couchant. Ses maisons, qui commencent à s'éclairer, projettent comme des points lumineux sur ce fond de pourpre; je suis ravie de ce tableau et j'oublie le malaise qui me gagne. Mon compagnon, silencieux et inerte, s'est voilé le visage sous son cache-nez. Enfin nous abordons; mes jambes se refusent à me porter; elles vacillent sur

[1] Petite auberge.

mes pieds morts de froid. Je marche, chancelante, vers la première boutique ouverte, espérant y trouver un feu flambant, qui me ranimera. Je suis entrée, sans m'en douter, dans une immonde échoppe de fromages, dont l'odeur infecte me saisit à la gorge. J'y reste résolûment, surmontant mon dégoût, tandis que l'ingénieur paye les bateliers. La marchande, une vieille énorme, qui a la tournure d'un fromage de Hollande, se tient accroupie sur un panier en faïence rempli de braise rouge. Je lui demande de m'y laisser réchauffer un peu; elle y consent, moyennant une *buona mano*. Je m'entends appeler, et je quitte à regret mon abri empesté.

La voiture qui conduit au chemin de fer va partir; les voyageurs s'y entassent serrés à s'étouffer; personne ne s'en plaint; chacun y gagne d'être moins glacé. Les hommes tiennent leur manteau sur leur bouche et les femmes y appuient leur manchon; on n'ose parler, de peur de humer l'air. Je tombe dans une rêverie somnolente, et, à présent que je suis à couvert, j'éprouve un regret immense de n'avoir pu parcourir les trois bassins du lac, saluer en passant la villa de Massimo d'Azeglio, m'arrêter sur le rivage ombreux et solitaire de Lecco, et, *i Promessi sposi* en main, chercher le village où Lucia est née, le château de don Rodrigo, le couvent du bon père Christoforo; puis m'aventurer dans la *Brianza*, cette contrée heureuse, surnommée *il Paradiso*; jardin de la Lombardie, où les petits lacs, les coteaux verts, les sentiers fleuris, les sources limpides, les bois sinueux, les hameaux et les villas s'entre-croisent et se sourient avec aménité; où la température, même en hiver, a parfois la douceur de celle de Sorrente, *terra felice* qui s'étend des bords du lac de Côme jusqu'à Monza. La *Brianza* a vu naître Parini, Manzoni, Cantù, et le peintre Appiani.

Nous arrivons à la station du chemin de fer; nous montons bien vite dans un wagon réservé, dont nous closons hermétiquement les glaces et les rideaux. A Monza, le wagon est envahi par des officiers français qui se rendent à Milan pour assister au bal masqué *della Scala*; ils commencent par ouvrir les vitres, prétendant qu'on étouffe dans cette boite, et, malgré mes protestations, ils persistent à se donner de l'air; ils sont tentés, disent-ils, de couper avec leur sabre les stores en soie rouge pour s'en faire des cravates et tiraillent en tous sens ces pauvres rideaux qui commencent à craquer. L'ingénieur taciturne, irrité, est tenté de se nommer; son horreur de la publicité le retient.

Ces jeunes lieutenants en belle humeur se racontent mutuellement des aventures fictives dans lesquelles ils font figurer avec aplomb les plus grandes dames de Milan, dont sans doute ils n'ont jamais vu le visage ; ils les nomment en estropiant leurs noms, font des quolibets sur l'amour facile des Italiennes et se promettent pour la nuit suivante toutes les délices du paradis de Mahomet.

Nous haussons les épaules en les écoutant et constatons une fois de plus le mauvais goût et la faconde de ces petits Lovelaces en uniforme qui ont hérité du langage et des vanteries des commis-voyageurs français.

Nous rentrons à Milan à l'état de fossiles du pôle Nord. Mon compagnon fait forte contenance et soupe d'assez bon appétit ; je tousse violemment et ne puis manger ; l'ingénieur, triomphant, prend la revanche de mes railleries.

« Ah ! c'est vous qui vous êtes enrhumée, s'écrie-t-il ; je l'avais bien prévu ; on ne se tient pas impunément debout dans une barque, humant l'air des quatre points cardinaux. »

XVI

La faiblesse et l'incertitude de nos facultés et de nos organes nous sont incessamment rappelées par les douleurs morales et les souffrances physiques. C'est là le plus humiliant dissolvant de l'orgueil humain. C'est l'implacable avertissement de notre néant. Nous avons beau résister par ce qu'il y a d'immortel en nous, les passions broient notre âme et la précipitent parfois dans la démence ; les maladies frappent notre corps et le garrottent inerte sur un lit de supplice, comme sur le chevalet de l'ancienne torture. Chaque joie est rachetée par une angoisse ; chaque sensation délectable a son contre-coup poignant ; l'insuffisance de notre nature peut se mesurer par nos aspirations sans cesse trahies et ne s'exerçant, pour ainsi dire, que par soubresauts et par intervalles ; le fond de notre vie est rempli par l'impuissance ; à la surface, quelques éclairs rayonnants ; au-dessous, une nuit morne ; comme certaine étoffe dont la soie et l'or forment l'apparence et dont la trame est tissue d'un fil vulgaire et terne.

Ces réflexions sont vieilles comme le monde; on les trouverait sans doute dans l'*Ecclésiaste*; je n'ai pas la prétention de les rajeunir en les exprimant, et c'est là encore une des misères de notre nature bornée; l'intelligence de l'homme (même celle des plus grands génies) n'est jamais qu'un écho de la pensée de ceux qui l'ont précédé dans la vie; reflet d'un rayon antérieur, répercussion d'un son déjà produit. Les sciences positives s'agrandissent; les découvertes matérielles s'étendent; celles de la philosophie ne font pas un pas; l'âme tourne éternellement dans le cercle douloureux où la tient enfermée un principe inconnu.

Cette conviction des entraves qui circonscrivent et enchaînent nos efforts nous frappe surtout dans la solitude et la maladie.

La nuit qui suivit mon attrayante et malencontreuse excursion au lac de Côme, je me sentis prise par une forte fièvre; la toux, dont je m'étais cru guérie à Venise, me revint si violente que je ne pus me lever qu'à la fin du jour suivant. Je fus très-surprise que mon compagnon de route se fût peu informé de ma santé. Vers cinq heures, je fis un effort pour m'habiller; je voulus tenter de dîner et d'aller le soir chez la comtesse Maffei; elle m'avait dit que je rencontrerais chez elle une improvisatrice italienne déjà célèbre dans le Midi de l'Italie et dont tout Milan parlait. Lorsque je descendis pour me mettre à table, je m'enquis de l'ingénieur devenu invisible.

« Il est là, me dit un *cameriere*, dans le petit salon de lecture. » J'entrai et je le trouvai les deux pieds appuyés sur l'ouverture du poêle et la tête couverte d'un bonnet fourré. Je l'appelai et lui demandai de ses nouvelles; il ne tourna pas la tête. Je m'approchai et lui dis : « Mais qu'est-ce donc, ne me reconnaissez-vous plus? »

Il murmura, sans me regarder, d'une voix rauque et tellement caverneuse qu'elle en était funèbre : « Madame, vous m'avez fait faire une équipée qui sera ma mort.

— Eh quoi! répliquai-je, vous étiez si vaillant hier soir, vous me railliez de ma toux, et maintenant...

— Maintenant, interrompit-il, je suis terrassé. »

Tandis qu'il se dolentait de la sorte, je me mis à tousser si fort, que je tombai sur un fauteuil.

« Vous voyez bien, repris-je quand je pus parler, que je ne suis pas sur des roses; mais je saurai mourir debout; ô le plus quinteux de tous les chevaliers ! je vais dîner, puis j'irai en soirée, dût la mort s'en suivre.

— Vous êtes forte et jeune, répliqua-t-il.

— Jeune! voilà une hyperbole ! un mot galant qui me prouve enfin que vous vivez encore. »

Je voulus prendre son bras et l'entraîner à la table, il me résista par un grognement sourd.

Il était en effet plus atteint que moi; le lendemain une fluxion de poitrine se déclara, et, après un mois de maladie, durant lequel je m'efforçai de lui donner courage, il dut partir pour Cannes, puis pour l'Espagne. Je crois qu'il ne m'a jamais pardonné d'avoir été la cause accidentelle de ce long dérangement dans sa vie et ses habitudes casanières (je devrais dire calfeutrées), car il regarde l'air, en toute saison, comme son ennemi acharné et mortel. Quant à moi, j'en fus quitte pour une grippe qui me tint prisonnière durant dix jours. Je ne voulus lui céder que lorsque je me sentis vaincue et anéantie.

J'allai ce soir-là chez la comtesse Maffei; j'y trouvai une réunion nombreuse. La comtesse me dit d'une façon charmante :

« Vous allez entendre une de vos sœurs en poésie, notre grand Manzoni la met au-dessus de tous les improvisateurs et improvisatrices de l'Italie qui l'ont précédée. Ses vers improvisés défient l'examen, ils sont superbes à la lecture. Tenez, vous en jugerez par ces strophes sur Venise, qui ont fait éclater, il y a huit jours, les applaudissements de la salle entière du théâtre philharmonique. Elle m'a promis d'improviser ce soir quelques sonnets : la voici qui arrive, je vais vous la présenter. »

Je vis entrer, suivie de sa vieille mère, une jeune personne de vingt-cinq ans dont la mise était d'une extrême simplicité ; ses cheveux bruns luisaient en bandeaux sur son front intelligent; ses yeux noirs pleins de feu avaient des éclairs d'inspiration, son sourire d'une douceur adorable laissait voir les dents les plus belles du monde. Sitôt qu'elle parlait avec cette animation propre aux femmes du Midi, sa physionomie devenait si vive, si étincelante d'âme et d'esprit, qu'elle paraissait presque belle : elle vint à moi conduite par la comtesse Maffei.

« Je vous présente, me dit la comtesse, mademoiselle Giannina Milli, notre chère muse patriotique. »

Nos mains se serrèrent cordialement; elle s'assit près de moi, et nous commençâmes à causer ; elle m'apprit qu'elle était de Naples, que, tout enfant, elle bégayait des vers, que le rhythme lui était venu avec la parole, et qu'en regardant le Vésuve elle avait senti dans son cœur la flamme de la poésie. Dès que la pensée et la réflexion s'éveillèrent en elle, les chaînes qui pesaient sur son beau pays lui inspirèrent une grande haine contre les rois despotes. Cette haine n'avait fait que s'accroître d'année en année : la mort des frères Bandiera, les longues tortures infligées à Poerio et à ses compagnons de bagne avaient fait éclater son génie en dithyrambes vengeurs. Au premier cri de l'Italie libre elle avait fui Naples encore esclave et le joug détesté du fils du roi Bomba, qui, à l'âge où tous les instincts généreux doivent remplir l'âme humaine, ne s'était pas détourné avec horreur de la voie sanglante de son père. Depuis plusieurs mois la jeune muse italienne avait séjourné à Florence, à Bologne, à Modène, à Turin, à Milan. « Partout j'ai recueilli des sympathies et des applaudissements, ajouta-t-elle avec candeur, moins pour la valeur de mes vers que pour les sentiments qu'ils expriment ; je sens l'insuffisance de mon talent pour célébrer un événement aussi grand que celui du réveil de l'Italie, mais l'âme de la patrie parle en moi, elle me crie de chanter ; et je chante.

— Vous êtes, j'en suis sûre, répliquai-je, une fille glorieuse de cette Italie qui, depuis l'antiquité, n'a jamais cessé de produire des femmes de cœur et de génie. Ici on vous admire, on vous respecte ; en France, toute femme qui tenterait ce que vous faites serait accueillie par la raillerie, le dédain et l'outrage du public.

— *Poverina me!* répliqua-t-elle avec naïveté ; et pourquoi donc ce blasphème contre un don naturel de Dieu ? Est-ce qu'il n'est pas permis aux fleurs d'éclore, aux oiseaux de chanter et au soleil de répandre ses rayons ? Est-ce que l'inspiration ne nous est pas donnée pour s'épancher aussi, soit en musique, soit en poésie, soit en actions bienfaisantes ?

— Chez nous, repris-je en riant, la loi salique s'étend à l'intelligence ; on nous refuse en matière d'art le sens créateur ; on l'étouffe et on l'annihile aussitôt qu'il tente d'éclater ; les applaudissements de la foule, les succès et la fortune ne sont départis qu'aux danseuses et aux cantatrices ; elles ont droit de pirouette et de roulade.

— Légèreté française ! reprit-elle en riant ; c'est injuste et inintelligent cela : les virtuoses, quels qu'ils soient, doivent céder le pas aux poëtes. Est-ce qu'on se souvient seulement du nom des baladins et des chanteurs du temps de Dante et de Tasse? »

Tandis que nous causions de la sorte, ma toux, de plus en plus bruyante et continue, accompagnait fastidieusement nos paroles.

« Comme vous souffrez, me dit Giannina Milli.

— J'en suis furieuse, repartis-je; je suis venue pour vous entendre et vous applaudir, et cette toux importune va s'élever comme un aboiement à travers la musique de vos beaux vers. »

En effet, tandis que la jeune inspirée ravissait l'assemblée par des strophes dans lesquelles l'ombre d'Alfieri apparaissait une nuit à Victor-Emmanuel et lui disait : « Arme-toi! marche! délivre l'Italie! » je fus prise d'une quinte si violente, que je dus m'enfuir du salon en courant. J'aurais voulu briser mon mal, le terrasser et l'étouffer sous mes pieds; mais je sentis l'humiliation d'être vaincue par lui.

« Ne luttez pas, me dit la comtesse Maffei, qui m'avait suivie, allez-vous coucher, gardez la chambre, j'irai vous voir et vous soigner.

— J'irai aussi, » ajouta Giannina Milli qui s'était dérobée un moment à l'admiration qu'elle inspirait pour venir me serrer la main.

La comtesse Polcastro me fit ramener à l'hôtel dans sa voiture. J'eus une nouvelle nuit d'insomnie, je la passai en partie à lire et à traduire les belles strophes de la jeune muse napolitaine que la comtesse Maffei m'avait données. En voici la version littérale, pâle reflet en prose d'une poésie mâle et touchante:

DANIEL MANIN.

Quand la malheureuse Venise, trahie, apprit tout à coup
Le honteux traité de Campo-Formio,
Incrédule d'abord devant ce grand forfait,
Elle resta muette;
Puis, d'une voix formidable elle cria : Le doge! le doge!
Éperdu, pâle et chancelant de douleur,
Un vieillard parut au balcon ducal;
Il en dit assez par son regard désespéré!...

C'était un Manin, ce vieillard auguste!
Dernier souverain de Venise, qui, lançant l'anneau de pierreries
Dans la mer azurée,
Avait épousé l'Adriatique.
Pendant dix lustres, l'aigle d'Autriche
Déchira le lion ailé de son bec barbare;

Mais un jour le lion se souleva avec un rugissement terrible,
Brisa ses entraves et chassa l'aigle du rivage sacré.

Ce jour-là, parmi les applaudissements et le souffle
De mille bannières patriotiques, au balcon ducal
Apparut un homme qui fit entendre d'ineffables paroles
Entrecoupées par des larmes d'une joie plus qu'humaine.
Et tandis que sur lui se fixaient tous les regards anxieux,
Un long et unanime cri de triomphe,
Fit explosion du fond de tous les cœurs :
Vive, vive Manin ! vive saint Marc !

C'était un Manin ! Mais non pas
Un noble rejeton de la race altière de ce Manin
Qui le dernier monta sur le trône et en descendit ;
Celui-ci naquit du peuple et s'illustra
Par son ardent amour de la patrie.
Son esprit, son cœur et ses méditations,
Tendirent à inspirer la haine inextinguible
Du joug étranger et de son infamant outrage.

Oh ! qu'il fut de peu de durée, mais qu'il fut radieux et beau,
Ce temps de gloire qui resplendit alors sur toi, pauvre Venise,
Quand ton peuple héroïque et souverain
Confia à cet homme ses destinées ;
Comme cette main fidèle et pure
Combattit noblement pour toi
Et soutint les derniers efforts de ton courage,
O touchante martyre de la lagune !

Mais un jour des nuages néfastes
Couvrirent d'un voile noir l'éclat du ciel italien.
Le mal du Gange et l'horrible famine moissonnèrent
Tes héros plus que le fer ennemi.
Et semblables à des spectres, tes pâles enfants tournèrent
Encore leurs yeux éteints vers le balcon ducal :
Manin y apparut une dernière fois,
Combien, hélas ! il était changé !

La foule pleurait, et lui pleurant comme elle,
Dit un dernier adieu au rivage de ses pères ;
La France l'accueillit ; il fut forcé d'apprendre
Combien est amer le pain de l'étranger,
Et combien il est dur de descendre et de monter,
L'escalier d'autrui [1]. Bientôt
Ce qu'il aimait le plus au monde,
Fut percé de la flèche de l'exil.

Pauvre Émilia [2], pauvre fleur languissante,
Arrachée au doux sol de la patrie,

---

[1] Vers du Dante.
[2] Fille de Daniel Manin, morte en France.

Près du chevet de ta mère mourante,
Tu enviais son vol vers le ciel;
Et pour te retenir, ô ange de mansuétude,
L'amour et la douleur de ton père ne suffirent point.
Il te ferma les yeux et t'entendit murmurer,
Dans ton dernier soupir : Venise, adieu!

La cause de ta mort était dans cette parole;
Il le comprit bien et dit : « Je te pardonne! »
Toi déjà heureuse dans ta sérénité divine,
Pur esprit, tu obtins pour lui un don sublime,
Son âme put lire dans l'avenir et entrevoir les événements,
Qui maintenant sont accomplis.
Près de son heure dernière, comme il frémissait
En pensant au destin de l'Italie!

Il vit la France glorieuse et belle
Descendre des Alpes l'épée à sa ceinture.
Il vit l'Italie, elle aussi, debout et armée,
Abattre l'aigle détestée de l'Autriche;
Il entendit l'hymne des victoires...
Mais Venise esclave, Venise encore abaissée
Par l'étranger, il ne la vit point, car l'ange divin
Qui recueillit son âme lui en déroba la vue.

O généreux! ô martyr impliable!
Dors encore quelques jours sur la terre de France,
Les destins de l'Italie ne sont pas accomplis,
La guerre sainte n'est pas terminée;
Mais quand les chaînes du lion ailé
Seront brisées, nous enlèverons ta dépouille,
Au sol hospitalier qui la garde, et nous la rapporterons
A l'ombre triomphale de ton Saint-Marc.

Le jour suivant (17 janvier 1860), je réussis encore à me tenir debout quelques heures; je sentais que mon mal empirait, je me disais: « Demain il ne sera plus temps, » et je voulais revoir Manzoni à qui j'avais annoncé mon retour et ma prochaine visite; il me reçut comme la première fois dans ce cabinet de travail simple et recueilli que j'ai décrit.

« Oh! j'ai cru que vous ne reviendriez pas, » me dit-il avec bonté en me prenant les mains.

Je lui parlai du vif et long attrait que m'avait inspiré Venise.

« En retour, elle aurait bien dû vous guérir, reprit-il en me revoyant la poitrine brisée.

— Venise a été pour moi clémente et douce, répliquai-je, mais vos sublimes et âpres glaciers du lac de Côme m'ont traitée plus durement.

— Voilà bien un courage de poëte, reprit Manzoni, aller visiter par une pareille température ce lac adorable en été, c'est vouloir qu'un plaisir nous tue.

— Tant de femmes jouent leur vie pour la distraction puérile d'un bal ou d'une soirée d'Opéra, repartis-je ; ne trouvez-vous pas plus sensé de l'exposer pour un de ces spectacles admirables auquel la nature nous convie en toutes saisons?

— Je comprends, reprit l'illustre Manzoni, que vous ayez cédé à cette tentation : le poëte recueille partout des images, la campagne en tout temps lui offre des fêtes secrètes.

— Oui, répondis-je, celle que m'a donnée le lac de Côme était sublime; qu'importe qu'elle soit rachetée par la souffrance, je n'ai qu'un regret : c'est de n'avoir pu parcourir les lieux que vous avez décrits dans les *Fiancés* et cette belle contrée de la *Brianza* où vous êtes né.

— C'est en été qu'il faudra visiter ces terres heureuses et pittoresques, dont aucune description ne peut rendre la beauté et la variété, répliqua le grand poëte. J'ai là-bas une maisonnette, et je serais heureux de vous y recevoir. Vous sentez profondément la nature, ajouta-t-il avec indulgence; j'ai trouvé, dans votre poëme de la femme et particulièrement dans la *Pysanne*, des passages qui me l'ont prouvé. Vous avez dans ce récit une comparaison entre les âmes, dont les vertus demeurent inconnues, et certains paysages des montagnes, dont les beautés ne sont vues que de Dieu, qui m'a singulièrement frappé [1], car j'ai fait moi-même un rapprochement du même genre dans un poëme que je n'ai jamais publié.

— Ne daignerez-vous pas me montrer ces vers? lui demandai-je avec insistance.

---

[1] Voici le passage auquel Manzoni voulait bien faire allusion :

> Pour le désert la nature a des fêtes,
> Des lieux choisis que l'homme n'a point vus,
> Sur les hauts monts des floraisons secrètes,
> De gais sentiers, des lacs, des bois touffus.
> Fraîcheur des eaux, aménité des mousses,
> Senteurs montant de la terre au ciel bleu,
> Combien ainsi vous devez être douces,
> Vous dévoilant, vierges, à l'œil de Dieu!
> Dans vos splendeurs la cité vous ignore;
> Le voyageur ne parle pas de vous.
> Mais Dieu vous voit; votre beauté l'adore,
> Et vous plaisez à son regard jaloux.
> Il est aussi des âmes inconnues.

— Je tâcherai de les retrouver pour vous, » répliqua-t-il avec sa bonté et sa simplicité accoutumées.

Nous parlâmes ensuite de Venise, et quand je lui répétai la touchante exclamation des gondoliers de Venise (*Che vuole, signora, siamo Italiani*), il me répondit : « Ce mot, sorti de l'âme du peuple, est d'une sublimité naïve! Aucun écrivain faisant à froid du patriotisme ne l'aurait trouvé; le sublime est un jet naturel; il découle de toutes les âmes qu'inspirent la vérité et la foi. »

Au récit de mon entrevue avec le duc de Bordeaux, il me dit:

« Je comprends le respect que vous a inspiré la résignation calme et sereine de ce dernier des Bourbons. Rien de plus difficile et de plus grand dans un prince né pour régner, et que les tentations de la puissance et de la fortune sollicitent, que cette résignation. Elle serait impossible si elle ne s'appuyait sur Dieu.

— L'âme du duc de Bordeaux est de la trempe de celle de Louis XVI, » repartis-je.

Manzoni inclina sa tête vénérable.

« Il n'y a pas de figures dans l'histoire qui m'inspire plus de respect et d'émotion que celle de ce roi véritablement chrétien, reprit-il; il est mort mieux qu'un héros, sans parole, sans autre souci que celui de son âme. Ce calme, devant la mort, vient de ce sublime naturel dont nous parlions tantôt; l'homme qui peut y atteindre le porte en soi; rien en dehors de lui ne saurait le produire; il en puise la force dans sa conscience même. Je relis sans cesse, ajouta-t-il, le récit des dernières heures de Louis XVI. Quelles scènes à rendre pour les poëtes de l'avenir! La grande poésie, ne doit s'inspirer que des sentiments simples et éternels. »

Tandis qu'il me parlait, sa noble tête rayonnait plus expressive

> Dont les vertus fleurissent en secret;
> Tout le parfum de ces urnes élues
> Se perd en Dieu comme un encens discret :
> Leur sacrifice est offert en silence ;
> Leur dévouement découle calme et fort,
> Leur héroïsme attend sa récompense,
> Du saint repos que leur promet la mort.
> Souffrir l'affront sans qu'aucun bras nous venge,
> Subir la faim avec sérénité,
> Être martyr sans espoir de louange,
> Et s'ignorer dans sa sublimité!
> Ames du pauvre, incessantes offrandes,
> Versant en Dieu vos naïves douceurs,
> C'est là, c'est là ce qui vous fait si grandes,
> Vous que le Christ doit élire pour sœurs !

et plus inspirée qu'à l'ordinaire; elle évoqua de nouveau pour moi l'image vivante de Chateaubriand à qui je lui avais dit qu'il ressemblait, dans notre première entrevue. Quand je le lui dis encore, il répliqua avec franchise :

« Si les sentiments, comme je le crois, s'empreignent sur le visage et finissent par le modeler, je ne devrais avoir aucune ressemblance avec Chateaubriand. Son génie n'est pas de ceux qui me captivent et me touchent; sa science de style est grande, mais il vise à l'effet et il y vise toujours. Son *Génie du Christianisme* est une œuvre de rhétorique et non de conviction; dans tout ce que Chateaubriand a écrit sur la politique et la religion, on sent le doute et non la foi. Ce sont des œuvres de parti pris où la conscience n'est pour rien. Le drapeau qu'il arbore est porté par sa volonté; il revêt tour à tour avec éclat l'armure des preux et les habits du sacerdoce, sans être vraiment ému en parlant de son roi ni vraiment croyant en proclamant son Dieu. Je reproche à quelques-uns de vos écrivains, ajouta Manzoni, cette soif d'effet et de réputation qui les pousse à s'inspirer des circonstances et des événements passagers; peut-être faudrait-il oser dire, de leur intérêt de fortune et de position, plus que de la vérité; la vérité doit toujours parler en nous lorsque nous prenons la plume; si elle se voile dans notre conscience, par de fausses considérations, restons muets. »

Je l'écoutais attentive; il poursuivit :

« Ce manque de sincérité dans l'inspiration, je le reproche surtout à vos écrivains doctrinaires; je viens de lire une brochure de Villemain sur le pouvoir temporel du Pape ; j'ai été révolté de son absurdité; c'est toujours le parti pris qui argumente et jamais la vérité qui s'atteste; la vérité éternelle qui découle de Dieu dont il met l'empreinte dans la conscience et qui éclate tôt ou tard dans sa splendeur, quelles que soient les ténèbres dont les hommes et les sociétés l'enveloppent.

— Un écrivain sincère a été Lamennais, repartis-je, croyant, lorsqu'il a défendu l'Église et, plus tard aussi, véritablement convaincu lorsqu'il l'a ébranlée en en attaquant les abus.

— Trop d'orgueil! orgueil du doute, répliqua le chrétien Manzoni; je le plains d'avoir abandonné la foi de Jésus-Christ ; en le faisant il s'enlevait le droit de censurer ses ministres. Pour oser toucher aux abus de l'Église, il faut toujours se retrancher derrière son divin fondateur et être prêt à confesser l'Évangile. L'orgueil de Lamennais l'a précipité dans l'incrédulité, il n'est pas mort en chrétien.

— Il est mort, repris-je, avec une stoïque fermeté, un détachement des choses de ce monde et une simplicité tranquille qui l'égalent aux plus grands des sages de l'antiquité. Il a voulu se trouver seul en face de la mort, sans intermédiaire, sans appui pour aller à Dieu. Rien de ce qui restait de lui sur la terre ne l'a préoccupé, ni l'écho de la gloire, ni le néant d'orgueilleuses funérailles ; il a demandé à dormir dans la fosse du pauvre, dans la fosse commune du peuple.

— Cela a sa grandeur, repartit Manzoni ; mais le paganisme, vous l'avez dit, offre des exemples de cette grandeur-là. Le stoïcisme n'est pas la foi. Il faut mourir en chrétien.

— Heureux qui peut garder votre foi religieuse, répondis-je, au milieu de toutes les tempêtes que soulèvent dans les âmes la résistance de l'Église à la justice.

— Touchons au pouvoir temporel d'une main ferme, reprit le croyant Manzoni, mais tremblons de toucher à la doctrine de l'Église ; l'un est aussi distinct de l'autre que l'âme immortelle l'est du corps périssable. Soutenir qu'on attaque l'Église en lui enlevant ses possessions terrestres est une véritable hérésie pour tout vrai chrétien. Dans les premiers siècles du christianisme, l'Église n'avait pas de patrimoine et ce fut le temps de sa grandeur ; elle marchait alors lumineuse à travers le monde sans les chaînes qui l'entravent aujourd'hui ; la doctrine de l'Église doit rester immuable, car elle découle de Dieu même. Mais, pour ce qui touche aux institutions humaines, il faut qu'elle se transforme ; c'est justice et partant nécessité ; car ce qui est justice dans les autres nations ne peut cesser d'être justice dans les États de l'Église. »

Ce furent ses propres paroles ; je les écrivis une heure plus tard en rentrant chez moi.

Lorsque je lui dis que le portrait de Victor-Emmanuel était porté par tous les Vénitiens, il me répliqua :

« Je vois dans le caractère du roi, l'intervention même de la Providence ; il est bien le souverain que nécessitaient les circonstances et qu'il fallait pour accomplir la résurrection de l'Italie. Il a la droiture, le courage, l'honnêteté incorruptible ; désintéressé pour lui-même de la fortune et de la gloire, il n'y vise que pour la grandeur de la patrie ; il est inébranlable avec simplicité sans se soucier de paraître grand ; il déroute l'admiration de ceux qui cherchent dans les princes et dans les héros des actions théâtrales et des paroles pompeuses ; il est naturel parce qu'il est vrai ; ce qui fait dire à ses ennemis qu'il manque de majesté royale. La majesté, il la veut pour l'Italie et elle rejaillit sur lui. Pour fonder la grandeur de notre pays il a joué, sans hésiter, son trône et sa vie. Vos lettrés doctrinaires iront peut-être jusqu'à vous dire qu'il ne sait pas la langue du peuple qu'il prétend gouverner ? Eh bien ! n'en croyez rien ; s'il se plaît parfois à parler le patois piémontais avec ses familiers, il parle à son gré le plus pur toscan. Je fus frappé de cette correction de langage la première fois qu'il me fit l'honneur de m'appeler près de lui.

— Il vous devait bien cette coquetterie, lui dis-je, parler avec vous une langue barbare eût été impossible.

— Et impossible encore plus, reprit Manzoni, d'apprendre pour la circonstance une langue qu'il eût ignorée.

— Votre chère et belle langue italienne vous préoccupe tellement, répliquai-je en souriant, que c'est pour vous une des grandeurs de votre roi de savoir la parler.

— Grandeur secondaire, d'accord, poursuivit-il en souriant à son tour, mais je ne veux pas qu'on la lui refuse, car dans son insouciance de briller, ce roi unique entre tous ceux qui ont passé sur la scène du monde ne songerait pas à protester.

— La meilleure protestation est qu'il s'abstienne de parler piémontais, répliquai-je.

— Et c'est ce qu'il fera, me dit-il, le jour où l'annexion l'aura proclamé roi d'Italie. »

Notre conversation fut interrompue si souvent, ce jour-là, par ma toux importune, que je dus l'abréger et quitter le poëte bien-aimé dont la parole me ravissait.

« Si je ne suis pas retenue prisonnière par la grippe, lui dis-je en me levant, je reviendrai dans trois jours ; je compte quitter bientôt Milan, et je veux emporter de votre esprit et de votre âme le plus que je pourrai.

— Et moi, répliqua-t-il avec bonté, je vous prie de ne pas partir et de revenir souvent me voir, j'ai pensé à vous pendant que vous étiez à Venise ; en voici la preuve, » ajouta-t-il ; il prit sur son bureau deux magnifiques volumes de ses œuvres complètes illustrées de gravures ; j'entrouvris ces beaux livres avec ravissement et je lus sur la première page les plus affectueuses dédicaces.

« J'emporte mon trésor, lui dis-je en soulevant les deux énormes volumes.

— Mais vous n'en avez pas la force, » reprit le bon et illustre Manzoni, et prenant les livres dans ses bras, malgré ma résistance, il m'accompagna comme la première fois, tête nue, jusqu'à la rue, là il me baisa au front en me disant amicalement : « Revenez vite. »

Je rentrai l'âme relevée et joyeuse, mais le corps tellement abattu et malade, que je dus m'aliter à l'instant même et garder la chambre durant dix jours.

Dans les nuits d'insomnie qui suivirent cette visite à Manzoni, les paroles qu'il m'avait dites sur l'Italie et sur le pouvoir temporel du Pape, s'agitèrent dans mon cerveau; elles frappaient mes tempes à petits coups redoublés, tantôt sous la forme même que leur avait donnée Manzoni, tantôt en phrases rhythmées et poétiques, et c'est ainsi qu'assaillie par la fièvre j'écrivis en caractères illisibles les strophes suivantes :

A ALEXANDRE MANZONI

Grand est l'océan populaire,
Qui, plein d'une juste colère,
Se dresse fier, terrible, armé !
Brisant sous ses flots implacables,
Comme des navires sans câbles,
Les tyrans qui l'ont comprimé.

Mais un peuple est plus grand encore
Quand tout radieux de l'aurore
De sa naissante liberté,
Sans crime, sans haine inféconde,
Il donne pour exemple au monde,
Sa sublime tranquillité !

Italie, ô terre immortelle !
Voilà ce qui te rend si belle
Aux yeux du penseur attendri.
Domptant tout conflit qui ravage,
Des fers brisés de l'esclavage,
Tu sors calme, le corps meurtri,

Mais l'âme altière et décidée
A faire triompher l'idée
D'où naquit le monde romain ;
Toutes filles de même race,
Sœurs par la force et par la grâce,
Tes cités se donnent la main.

> Elles n'ont qu'un vœu : la patrie !
> Honteuses de la barbarie
> De leur vieille rivalité,
> Elles sentent que leur fortune
> N'est que dans la mère commune,
> Et leur grandeur dans l'unité.
>
> Par un vieillard, par un poëte,
> Voix d'apôtre, âme de prophète,
> Ce réveil d'un peuple est béni :
> Et la patriotique joie,
> Comme une auréole flamboie
> Au noble front de Manzoni.
>
> De tes destins vivant présage,
> Lui, le croyant, le doux, le sage,
> L'homme qui n'a jamais failli,
> Il livre son cœur magnanime
> Au souffle nouveau qui l'anime
> Et qui de Dieu même a jailli.
>
> Il sent dans ton long sacrifice,
> Et dans ta paisible justice,
> Comme un esprit révélateur :
> Il voudrait que cette lumière,
> Dans le royaume de saint Pierre,
> Changeât le monarque en pasteur.
>
> En voyant la terre qu'il aime,
> Sans sacrilége et sans blasphème,
> S'affranchir devant l'Éternel,
> Il voudrait que tout ce qui prie
> Formât l'âme de la patrie,
> Et lui conquît l'appui du ciel.
>
> Unie à la sainte entreprise
> Il voudrait que toute l'Église
> Aux biens d'ici-bas dît adieu ;
> Et comprît que l'appel sublime
> Qui sort de ce peuple unanime,
> Est désormais la voix de Dieu !

Je restai plusieurs jours sans avoir la force de transcrire ces vers et de les adresser à Manzoni : lui, toujours bienveillant, inquiet de ne pas me revoir, envoya chercher de mes nouvelles, et chaque matin, tant que dura mon mal, son domestique vint chez moi chargé de quelque message affectueux.

Garder le lit dans une chambre d'auberge, quel supplice ! La comtesse Maffei, la comtesse Polcastro, la comtesse Visconti, madame Scacabarozzi d'Adda, Giannina Milli, la muse inspirée de Naples (qui m'avait tenu parole et était accourue m'exprimer sa sympathie), et le comte Stefano Medin, de Venise, ami du baron Mulazzani, dont j'ai déjà parlé, me faisaient tour à tour aimable compagnie.

Tandis que je passais les nuits à souffrir et à tousser, on donna, le 25 janvier, à Milan, un grand bal au profit de l'émigration vénitienne; quelques femmes y parurent vêtues de noir et couvertes d'un voile de crêpe; c'étaient de nobles exilées de Venise qui portaient le deuil de la patrie : elles furent acclamées et entourées avec respect. Alexandre Dumas, de retour de Venise, assistait à cette fête, il y fut aussi l'objet d'une chaleureuse ovation. On savait que depuis quelques jours il écrivait des notes sous la dictée de Garibaldi, pour servir à la vie du héros, qu'il publia plus tard.

Une page nouvelle de cette vie sublime et sans tache se déroulait à cette heure même sur le rivage du lac de Côme ; cette page fut la préoccupation de tous les esprits ; elle appartient à l'histoire et palpite, selon nous, d'une émotion déchirante et fière qui, loin de nuire à la grande figure du prédestiné, la fait paraître plus noble et plus pure. Ne pas croire à la trahison et à la déchéance d'un cœur ; se fier à la main qui se tend, au sourire qui attire, à la douce voix qui parle de respect et d'amour, quoi de plus simple pour ce héros ? Il y a dans toutes les âmes de sa trempe un coin de candeur immuable, facile à tromper. Le parjure a beau jeu contre celui qui n'a jamais trahi ; les trames perverses n'ont pas de proie plus sûre que la loyauté ; le Christ reçut confiant le baiser de Judas. La grandeur d'un Dieu ne put comprendre la bassesse de l'homme.

Le 25 janvier, tous les journaux de Milan annoncèrent que la veille (mercredi 24 janvier 1860) Garibaldi avait épousé à Fino (village dans le voisinage de Côme) mademoiselle Joséphine R... Le témoin de la jeune femme fut le comte Porro Lambertenghi, cousin de Silvio Pellico ; celui du mari, Lorenzo Valerio.

Le héros sans peur et sans reproche avait reçu un premier avertissement mystérieux et anonyme ; on le trompait ! La fiancée jouait l'amour et la vertu ; elle n'était plus qu'une vierge profanée. Il interrogea la femme égarée ; elle resta impénétrable et sereine, et lui dit : « Je vous aime ! » avec un sourire. Il alla confiant devant Dieu, lui tendant sa main pour la défendre, lui donnant son nom, que la fille d'un roi eût été fière de porter. Comme il sortait de l'église du village, souriant au bonheur qui marchait près de lui, un paysan accourut et lui remit une lettre ; il crut à quelque supplique d'un pauvre ; secourir en ce jour lui était une joie : il ouvrit la lettre, devint très-pâle ; son œil flamboya comme devant l'ennemi ; ce fut l'éclair d'une épée qui menace. La femme, à son tour, pâlit et chancela. Cette fois, l'avis était une évidence, une affirmation où les preuves abondaient ; une sentence sans appel. La coupable se sentit perdue ; son tribunal était l'honneur du héros ; elle s'affaissa sous la honte et renonça à l'infamie du mensonge.

Il prit par la main les enfants de sa radieuse Anita, sa seule compagne dans la vie et dans la mort. Ils étaient venus là joyeux de la joie de leur père ; ils comprirent qu'un grand étonnement le frappait, et marchèrent silencieux à ses côtés. Lui s'éloigna la tête altière, sans se détourner et sans fléchir ; il suivit la route de Gênes [1] et s'embarqua pour Caprera. Six mois après il en partit pour émerveiller le monde ! L'écho incommensurable de son nom fut répercuté sur le globe entier ; sa gloire plana dans les nuées.

Est-ce qu'il se souvient d'une vision malsaine, d'un jour ténébreux submergé dans les jours éclatants de ses victoires ! — Celle qui se souvient et se lamente, c'est elle ; elle, éperdue, errante et chassée de tous les foyers ; elle, châtiée par l'éclat des triomphes de ce juste trahi ; elle, à jamais décourronnée de sa gloire inouïe ; elle, sans nom et voyant flamboyer comme un feu vengeur ce nom démesuré !... On dit qu'elle est morte un soir dans la campagne, après les huées d'une ville indignée.

Toute l'Italie parla de ce drame et pas un mot railleur ne fut prononcé ; cent soldats du héros jurèrent la mort du banal corrupteur de la femme, qui vivait joyeux, se jouant du méfait ; il fut tué dans un duel, ivre encore de vulgaires voluptés. Les justiciers vainqueurs souffletèrent du pied son cadavre, puis ils allèrent combattre pour la patrie en s'écriant : « Notre père est vengé ! »

XVII

La fièvre m'avait quittée, mais il me restait une toux opiniâtre, et le froid était tellement rigoureux que je dus me condamner

---

[1] Une personne qui se trouvait dans le même wagon que Garibaldi et ses enfants lorsqu'ils s'en retournèrent à Gênes, raconta devant moi, à Milan, que tout le temps du voyage le général tint un livre ouvert, dans lequel il paraissait lire, mais dont il ne tournait pas les feuillets.

encore à quelques jours de réclusion. Je voulais guérir et partir au plus vite de Milan ; dans une des visites assidues que me fit la comtesse Maffei, je lui lus mes vers à Manzoni ; elle me conseilla de les publier dans la *Perseveranza*, journal quotidien fondé à Milan depuis quelques mois et qui est devenu un des plus importants de l'Italie. Mes strophes parurent dans cette feuille le 2 février, précédées d'un éloge sympathique et charmant que je dus sans doute à la plume élégante de M. Visconti Venosta. Ce descendant des anciens princes de Milan écrit tous les huit jours une piquante chronique dans la *Perseveranza*.

J'envoyai à Manzoni mes vers imprimés, en lui annonçant mon prochain départ ; il m'écrivit aussitôt la lettre suivante, elle m'apporta comme un rayonnement. Ce sont là de nos fêtes à nous autres poètes, déshérités de la fortune et de tant de joies du cœur :

« Madame,

« Des vers comme ceux que vous avez eu la bonté de m'envoyer, et la bonté encore plus grande de m'adresser, m'auraient, dans un autre temps, donné l'envie irrésistible, quoique audacieuse, d'y répondre par d'autres vers ; mais à présent il ne me reste plus pour la poésie que la faculté de la goûter : je dis cette poésie qui, sortant du cœur, passe par une imagination brillante et féconde. Et puisque, sur ce sujet, vous pourriez ne pas entendre à demi-mot, je suis forcé d'ajouter que c'est de votre poésie que j'entends parler. Je dois encore ajouter que j'aurais peut-être exprimé ce sentiment d'un cœur plus libre, avant de connaître les louanges qu'une indulgence excessive vous a dictées, et contre lesquelles je proteste du fond de ma conscience.

« Vous trouverez pourtant des vers, madame, en tournant la page ; car je ne puis résister à la tentation de vous transcrire ceux dont j'ai eu l'honneur de vous parler et dans lesquels j'ai eu le bonheur de me rencontrer avec vous.

« C'était dans un hymne commencé trop tard, et que j'ai laissé inachevé sitôt que je me suis aperçu que ce n'était plus la poésie qui venait me chercher, mais moi qui m'essoufflais à courir après elle. J'y voulais répondre à ceux qui demandent quel mérite on peut trouver aux vertus stériles pour la société, des pieux solitaires. Ce n'est que dans les deux dernières strophes que vous trouverez, je l'espère, madame, quelques-unes de vos pensées et de vos images, quoique moins vives; je transcris aussi les deux premières, pour l'intelligence de l'ensemble.

> A lui che nell' erba del campo
> La spiga vitale nascose,
> Il fil di tue vesti compose,
> De' farmachi il sacco temprò,
>
> Che il pino inflessibile agli austri,
> Che docile il salcio alla mano,
> Che il larice ai verni, e l'ontano
> Durevole all' acque creò;
>
> A quello domanda, o sdegnoso,
> Perché sull' inospite piagge,
> Al tremito d'aure selvagge,
> Fa sorgere il tacito fior,
>
> Che spiega davanti a lui solo
> La pompa del pinto suo velo;
> Che spande ai deserti del cielo
> Gli olezzi del calice, e muor [1].

« Vous voulez bien, madame, me faire espérer une visite d'adieu. Je n'ai jamais senti comme dans cette occasion ce qu'il y a de pénible dans l'état de ma santé qui m'empêche d'aller moi-même vous présenter mes hommages. Les rôles sont bien renversés; mais je ne me sens pas le courage de m'opposer aux effets d'une bonté qui me touche encore plus qu'elle ne me confond.

« Veuillez, madame, agréer les sentiments de mon admiration et de mon profond, et j'ose ajouter affectueux respect,

« ALEXANDRE MANZONI. »

> [1] A celui qui dans l'herbe des champs
> A caché l'épi qui nourrit ta vie,
> Le fil qui compose tes vêtements,
> Et le suc qui te guérit;
>
> A celui qui fit le sapin impliable aux orages,
> Et le saule flexible à la main,
> A celui qui créa pour les hivers les mélèzes,
> Et l'aune qui résiste aux eaux;
>
> A celui-là demande, ô homme dédaigneux,
> Pourquoi sur les plages désertes,
> Aux frémissements des vents sauvages,
> Il fait pousser la fleur ignorée
>
> Qui déploie devant lui seul
> L'éclat de ses vives couleurs,
> Répand dans les solitudes du ciel
> Les parfums de son calice, et meurt.

Je voulais aller à l'heure même remercier l'illustre poëte; mes forces me trahirent, et je dus attendre au lendemain. Pour essayer de marcher je descendis dîner à table d'hôte, où je n'avais pas paru depuis trois semaines. J'y trouvai de nouveaux visages, et parmi les femmes deux très-belles personnes, la mère et la fille, qui attiraient tous les regards. C'étaient madame et mademoiselle Wise. La fille avait une taille élancée et une tête sculpturale dont les lignes nettes et correctes défiaient la perfection grecque. La blancheur éblouissante de ce profil de Diane s'encadrait dans de beaux cheveux blonds; les yeux, pleins d'éclat, étaient fiers et doux. Elle a épousé depuis le général Türr, un des glorieux compagnons d'armes de Garibaldi.

Le lendemain je suivis à pied jusqu'au Dôme le *Corso francese*, je tournai à droite, traversai quelques rues et une belle place ornée de palais, et me trouvai dans cette *contrada del Morone*, où est la maison de l'illustre Manzoni. Je commençais à en connaître la route, et elle devait plus tard me devenir tout à fait familière; cependant ce jour-là je croyais franchir la cour silencieuse et m'asseoir dans le cabinet du poète pour la dernière fois. Je comptais partir pour Turin les jours suivants. Je remerciai Manzoni avec effusion de sa lettre admirable et des beaux vers inédits qu'elle renfermait.

« En quittant Milan, lui dis-je, vous êtes mon regret le plus vif, mon souvenir le meilleur.

— Si ce que vous dites est vrai, me répondit-il, ne nous quittez donc pas si tôt. Milan va célébrer une double fête, la solennité de l'annexion et l'arrivée du roi; c'est un spectacle que vous devez voir, vous qui aimez l'Italie.

— C'est une grande tentation pour mon esprit, répliquai-je, mais mon cœur me crie qu'il faut partir; j'ai laissé en France la moitié de mon cœur, c'est-à-dire ma fille; elle doit me rejoindre à Turin, d'où nous irons à Florence chercher enfin le soleil et un air tiède sans lequel je ne puis plus vivre. »

Lorsqu'il sut que ma fille s'appelait Henriette, il me dit :

« Ce nom était celui de ma femme bien-aimée, de la compagne inséparable de ma vie, de la mère de mes enfants; elle ne m'a jamais donné qu'un chagrin, celui de mourir avant moi. Elle s'était tellement identifiée avec mon âme qu'elle pensait pour ainsi dire avec mes idées et croyait avec ma foi. Née protestante d'une famille génevoise, elle se fit catholique pour qu'aucune dissemblance de doctrine ne nous séparât : confondus par les sentiments, elle voulait aussi que nous le fussions par la religion. C'était une âme angélique, mélange de douceur et de fermeté qu'aucune souffrance n'altéra jamais. A chaque crise de l'enfantement elle devenait plus aimante; elle s'oubliait en tout, ne prenant souci que de ma satisfaction et de mes joies dont elle se composait son propre bonheur. Quand elle sentit venir la mort, elle eut une force sereine dont je n'oublierai jamais l'exemple ; son corps souffrait, et parfois son cœur était plein d'angoisses. Me quitter et quitter ses enfants lui était un profond déchirement. Mais son entière confiance en Dieu lui inspirait une résignation tranquille. Elle me souriait toujours quand je m'approchais d'elle : « Il faut mourir en chrétienne, « me disait-elle, et franchir cette heure si grande avec le calme qui « convient à l'éternité. » J'aime à parler d'elle à ceux que j'aime, poursuivit-il affectueusement, je sais qu'elle m'entend et me voit, et que son âme m'aidera à mourir. Mes deux filles ont eu le cœur de leur mère, l'aînée est morte aussi (madame la marquise d'Azeglio), l'autre (madame Giorgini), vous la connaîtrez si vous allez à Pise, je vous donnerai une lettre pour elle. »

Tandis qu'il ranimait pour moi la figure sacrée de la compagne de sa vie, deux enfants entrèrent ; il les attira sur ses genoux et les embrassa. C'étaient son petit-fils et sa petite-fille, conduits par leur père, un fils du grand Manzoni. Il me le présenta :

« Si vous nous restiez, ajouta-t-il, vous verriez bientôt chez moi mes deux gendres, Maxime d'Azeglio et Giorgini. Voilà d'Azeglio gouverneur de Milan, je m'en félicite parce que cela nous rapproche. Giorgini arrivera pour les fêtes de l'annexion, tous deux seront heureux de vous connaître.

— Ah ! vous êtes un tentateur irrésistible ! repartis-je, je voudrais demeurer, mais...

— Je comprends, interrompit-il, la plus forte tentation est l'amour maternel. Eh bien ! allez à Turin chercher votre fille et revenez à Milan nous l'amener.

— Me promettez-vous un peu de soleil? lui dis-je en me levant.

— Je vous promets le soleil de l'âme, l'élan chaleureux et la joie patriotique de tout un peuple affranchi. Ces grands événements qui font l'Italie libre et forte après tant de siècles de décomposition réchauffent et raniment ma vieillesse ; je remercie Dieu de m'avoir fait vivre assez pour voir cette heure inespérée. »

Je ne lui dis pas adieu, mais au revoir, et en le quittant je me sentis, comme chaque fois que je l'approchais, plus de sérénité et plus d'élévation d'âme. Telle une atmosphère saine et fortifiante infuse aux malades des effluves salubres.

J'aurais quitté Milan malgré la séduction des fêtes qui se préparaient, si j'avais reçu des lettres de France qui n'arrivaient pas, et l'argent nécessaire au départ, qu'un libraire n'avait annoncé et me faisait toujours attendre. Ces entraves, que les riches ignorent, me rivaient à une incertitude que je croyais voir cesser à chaque courrier et qui dura plus d'un mois. J'en ressentis une irritation qui gâtait tous les plaisirs qu'on venait m'offrir et suspendait même l'attrait de curiosité et d'observation qui m'avait soutenue jusque-là.

J'étais dans cette disposition d'esprit lorsque je vis paraître un matin un ancien éditeur de Paris, que des affaires assez troubles avaient forcé à s'exiler; sa débâcle était arrivée au moment même où je partais pour l'Italie, de sorte que j'en ignorais les détails. Je n'avais aucun grief personnel contre lui. Je me souvenais seulement de ses allures de Mondor et de sa faconde; il était un de ceux (désignés par moi à Manzoni lors de notre première conversation) qui recevaient toujours les auteurs d'un air affairé et protecteur, les pouces dans les poches de son gilet et jouant avec les breloques de sa montre. Tout cela m'avait paru plus ridicule que méchant, aussi lui fis-je, en le voyant paraître, un assez cordial accueil. Un compatriote a toujours le privilége d'être vu avec plaisir en pays étranger ; il avait d'ailleurs rabattu de sa superbe, il se faisait modeste et insinuant.

« J'ai une idée, me dit-il, que je viens vous soumettre et pour laquelle j'espère tout votre concours. »

Je l'écoutais, émerveillée de l'exorde; ce n'était plus son ton magistral d'autrefois.

« Je veux fonder un journal français à Milan ; il sera l'organe de notre armée et par conséquent patronné par elle; il défendra en même temps la cause italienne à l'étranger.

— La seconde partie de votre programme est meilleure que la première, répliquai-je; nos officiers et nos soldats aimeront toujours mieux les journaux parisiens qu'un journal français publié ici, mais les Italiens pourraient s'intéresser à une feuille qui appuierait leur cause en Europe et deviendrait l'*Indépendance Belge* de l'Italie. Cependant ils tiennent à leur langue, leurs propres journaux leur suffisent et je crains qu'ils ne se montrent peu empressés d'en fonder un écrit en français.

— Ce n'est pas, m'objecta-t-il, sur le public italien que je compte, mais sur le public européen, à qui mon journal fera connaître l'Italie.

— Avez-vous des fonds? lui demandai-je.

— Non, mais vous m'accorderez, j'espère, votre aide, et... »

Je ris aux éclats : « Oh! mon cher éditeur, quelle chimère! l'aide d'un poëte dont la bourse est vide! vous n'auriez pas eu à Paris de ces idées-là.

— Je vous ai toujours prisée très-haut, dit-il en s'inclinant tout confit en admiration; votre plume est une fortune pour un éditeur.

— Elle ne battra jamais monnaie, interrompis-je, car mes idées tranchantes ne s'insinuent point.

— J'aime les talents hardis, reprit mon homme, il les faut de cette trempe aux événements qui vont surgir, puis en dehors de vous, comme vous avez une autre puissance.

— Laquelle, bon Dieu, je ne m'en doute point?

— L'Italie vous fête de ville en ville, vous connaissez à Milan des gens très-haut placés.

— J'ai quelques amis auxquels je ne demande rien.

— Je sais votre fierté et je l'honore, mais ce n'est pas l'enfreindre que de faire patroner un journal qui servira une cause que vous aimez.

— Je quitterai Milan demain peut-être, lui répondis-je, si un de vos confrères se décide à m'envoyer l'argent qu'il me doit.

— Oh! pour celui-là je le connais, reprit-il, il vous fera longtemps attendre.

— Cette conjecture me désespère.

— Elle me fait espérer, à moi, que vous m'accorderez votre appui. »

Une visite survint, le libraire se leva, discret. « A demain, madame, me dit-il en sortant, vous me permettrez de venir vous soumettre mes plans. »

Je le revis tous les jours qui suivirent; mon séjour à Milan se prolongeait malgré moi, je ne recevais pas de Paris ce que j'attendais. Je parlai de ce projet de journal à l'avocat Francia et à quelques écrivains que je rencontrais chez la comtesse Maffei; ils me dirent tous que l'idée n'était pas mauvaise et pourrait réussir si le futur directeur avait une forte mise de fonds à aventurer. Je souris malgré moi de cette hypothèse : « Il compte sur des actionnaires, repartis-je, ou sur quelque banquier milanais, patriote de bonne volonté. — Tous les actionnaires trouvables se sont dévoués pour fonder la *Perseveranza*, me répondit-on, et quant aux banquiers, ils s'intéressent de préférence aux lignes de chemins de fer et aux créations d'usines; ils voient toujours dans une entreprise de presse une éventualité chimérique où le gain est douteux et la perte probable. »

Ces objections me paraissaient irréfutables, et je les transmis au libraire, qui ne se découragea point. Certaines positions donnent beaucoup d'audace; quand on n'a rien à perdre on a tout à gagner.

« Il faut leur lancer un prospectus qui les éblouisse, me dit-il un matin; j'y pense depuis quelques jours, les idées me viennent, mais j'éprouve une grande difficulté à les écrire; je n'entends rien au style; ce n'est pas mon métier. Vous m'accorderez bien de revoir mon *monstre* et de l'asperger d'un peu de poudre d'or.

— A cela ne tienne, répliquai-je, mais avez-vous un titre?

— Non, c'est là la difficulté; un titre qui frappe! pour un journal comme pour un roman, c'est la moitié du succès; je cherche ce titre, j'y rêve la nuit, mais jusqu'à présent je n'ai rien trouvé.

— Ce titre doit naître des événements mêmes, repartis-je, et tenez, l'*Annexion* me semblerait un excellent titre de journal à l'heure qu'il est; c'est le mot de ralliement de l'Italie entière. Après les provinces du centre et la Toscane, Venise murmure ce mot-là, et Naples à son tour le bégaye en secret.

— Oh! très-bien, s'écria-t-il, oui, l'*Annexion*! c'est parfait! c'est entraînant! ce titre me ravit; il transportera les Italiens. Que ne vous dois-je pas pour ce titre! oh! oui, c'est bien cela, l'*Annexion*! Vous avez trouvé ce titre d'inspiration, et moi je vais m'en inspirer à l'instant pour écrire mon prospectus. »

Il revint trois jours après, tenant à la main l'œuvre de ses veilles; c'était un programme en style boursouflé et vulgaire, vrai style d'annonces industrielles; il appelait l'Italie *la belle Ausonie*, et promettait à ses lecteurs les œuvres des *sommités hors ligne* de la littérature française; il me faisait l'insigne honneur de me classer au premier rang de ces renommées bruyantes et s'engageait à donner à ses lecteurs mes jugements sur l'Italie et ses hommes célèbres. — Je gardai ce projet de prospectus et m'amusai à le récrire; je le réduisis de moitié et lui donnai une forme plus simple.

Le libraire emporta un matin mon brouillon, et quelques heures après reparut triomphant avec le prospectus imprimé. Mon nom y figurait en caractères énormes :

« Ce papier, madame, c'est la fortune en perspective pour vous et pour moi, me dit-il.

— En perspective lointaine et voilée, repris-je; les banquiers, les actionnaires et les abonnés sont encore dans les brouillards du Tessin.

— Consentez à remettre ce prospectus aux personnes que vous rencontrez dans le monde: au maréchal Vaillant, à Manzoni, à Cantù, et vous verrez que les abonnés viendront d'eux-mêmes. J'ai fait imprimer aussi des bons d'action en même temps que le prospectus. C'est de cette manière que j'ai fondé, à Paris, une grande feuille hebdomadaire, et vous savez si elle prospère.

— Je sais que vous avez eu un autre concours, repartis-je, celui d'un collaborateur-capitaliste, qui est entré sous un pseudonyme dans la feuille dont vous parlez et qui y règne aujourd'hui en maître; il vous faudrait ici un concours de la même importance, sinon du même genre, et, je vous le répète, sans l'appui d'un banquier de Milan ou de Turin, je regarde la création de ce journal comme un rêve.

— Mais ce banquier, il dépend de vous de me le trouver sur l'heure, » répliqua-t-il.

Je me mis à rire très-fort de ce nouveau pouvoir qu'il me supposait.

« Vous pouvez m'introduire, poursuivit-il avec assurance, auprès du banquier des chemins de fer lombards-vénitiens, dont vous connaissez tous les ingénieurs.

— Oh! ceci demande réflexion, repris-je; j'en parlerai à ces messieurs et vous dirai leur réponse. Mais supposons que cette affaire prenne une tournure sérieuse, je voudrais savoir dès aujourd'hui comment vous comptez rétribuer ma collaboration, ainsi que le concours actif, étranger à toutes mes habitudes, que vous me demandez?

— Réglez les conditions, reprit-il; vous êtes en tout ceci ma providence; sans vous, j'ai les mains liées; je ne connais personne à Milan; si vous m'abandonnez, mes plans et mes espérances échouent. Vous êtes donc en droit de tout exiger, et d'avance je souscris à tout.

— Oh! je ne me ferai pas la part du lion dans une proie incertaine, répliquai-je, et, dès à présent, je puis vous dire ce que je vous demanderai : cinq cents francs par mois pour ma collaboration de trois articles par semaine, tirés de mon livre sur l'Italie que vous annoncez dans le prospectus; de plus, une prime de deux mille francs quand paraîtra le journal que je vous aurai aidé à fonder.

— C'est trop peu, s'écria-t-il, je comptais vous offrir beaucoup plus.

— Les offres brillantes sont faciles et illusoires, repris-je, une modeste réalité me convient mieux; êtes-vous prêt à signer les conditions dont j'ai parlé?

— A l'heure même, répliqua-t-il.

— C'est bien, je parlerai de notre projet à mon docte ami, l'avocat Francia, et je lui remettrai un projet de nos conventions que vous signerez.

— C'est cela même, repartit le libraire, l'avocat Francia me sera de plus un conseil indispensable; il me fixera sur les lois de la presse italienne, que je ne connais qu'imparfaitement; c'est une reconnaissance de plus que je vous devrai.

— Vous irez voir, lui dis-je, dans quelques jours, l'avocat Francia, je le préviendrai de votre visite. »

Ce projet ainsi arrêté, je m'en occupai accidentellement pendant mon séjour forcé à Milan. Il était convenu entre le libraire et moi que, tandis que j'irais visiter le midi de l'Italie, il préparerait le matériel de l'affaire, et que je reviendrais lui prêter le concours de ma plume lorsque le journal serait prêt à paraître.

Je remis le fameux prospectus aux littérateurs que je rencontrai chez la comtesse Maffei : ils furent enchantés du titre du journal, tout en persistant à regarder comme bien difficile le concours *sine qua non* d'un banquier ou celui de souscripteurs d'actions. Le banquier de la compagnie des chemins de fer lombards-vénitiens consentit à recevoir le futur directeur de l'*Annexion*, mais il refusa d'entrer dans l'affaire.

Je vis le maréchal Vaillant, à qui je devais des remerciments personnels pour l'intérêt qu'il m'avait témoigné. Le prospectus lui avait été envoyé par le libraire. Le maréchal me dit qu'il désapprouvait le titre du journal et les déductions que nous en tirions dans notre prospectus. Nous promettions à l'Italie Venise et les autres États qui manquaient encore à son unité.

« C'est comme un appel à l'insurrection! et dans quel moment, bon Dieu! à l'heure même où l'armée française va quitter Milan!

— Je ne saurais croire au rappel de nos troupes, répondis-je au maréchal.

— C'est pourtant une nouvelle certaine, et vous pouvez la donner comme telle à vos amis de Milan. »

Je me souviens que lorsque je répétai le soir même les paroles du maréchal chez la comtesse Maffei, elles produisirent dans tous les esprits une grande émotion.

Depuis quelques jours, le bruit du départ de notre armée s'était répandu; toute la ville en était inquiète, l'Italie entière s'en préoccupait. Ce n'était pas la peur personnelle qui gagnait les âmes, mais le noble effroi du danger de la patrie; serait-on en force de résister à l'Autriche si, nos soldats partis, elle attaquait Milan?

« On est toujours en force de mourir! s'écria ce soir-là la comtesse Maffei avec un feu patriotique dont je n'oublierai jamais l'altière explosion; sans doute, disait-elle à tous ces hommes, publicistes et officiers italiens réunis chez elle, le départ des Français sera un grand malheur, mais c'est dans les circonstances difficiles que les nobles cœurs font leurs preuves; que chacun songe à son devoir et soit prêt à tous les sacrifices ; Dieu sera avec nous et l'Italie sera sauvée ! »

Elle était superbe en parlant de la sorte, sa petite taille se haussait de toute l'élévation de son âme; elle rappelait Fenella armant un clan écossais.

Je l'embrassai avec émotion :

« Dans cet élan si fier, lui dis-je, vous venez de personnifier l'Italie.

— Toutes les femmes de Milan pensent comme moi, répliqua-t-elle; toutes mourraient plutôt que de souffrir de nouveau l'étranger! »

Cependant la Toscane et les provinces du centre procédaient au vote de l'annexion, et l'on faisait à Milan de grands préparatifs pour recevoir le roi. On était en plein carnaval, les soirées de spectacle et les bals masqués de la Scala réunissaient toute la société de Milan. Pour les peuples d'imagination, tels que le peuple français et le peuple italien, les plaisirs ne sont suspendus ni par les dangers ni par les devoirs du patriotisme! Dans la fête de la veille on puise le courage du lendemain; dans l'amour, l'essor de l'héroïsme. Tout en s'inquiétant du prochain départ de l'armée française, les Milanais se préoccupaient du ténor Giuglini, dont la voix pure, expressive et pénétrante, jointe à une grande perfection de méthode, les ravissait. Madame Sforni me le fit entendre un soir dans la *Favorite*; je fus, comme le public, enchantée de sa voix; son jeu manquait parfois de vérité et de puissance; il restait inerte dans les moments de passion, mais les mélodies qui s'échappaient de sa bouche étaient d'une beauté ineffable et remuaient les cœurs. Giuglini était né dans la campagne de Rome. La liberté de l'Italie l'enflammait, et quand il chantait un air patriotique, il trouvait des notes vibrantes d'une énergie qui le transfigurait. J'assistai aussi à plusieurs bals masqués dans la loge de madame Sforni. Ces fêtes de nuit diffèrent entièrement de celles de l'Opéra de Paris. Les femmes de l'aristocratie y assistaient en grande toilette dans leur loge. Elles y venaient à l'issue d'une soirée du monde ou, quand le bal masqué avait lieu après le spectacle, elles restaient au théâtre et attendaient que la fête commençât. L'opéra fini, tous les rideaux de soie des loges se fermaient et l'on recevait des visites pendant les préparatifs qui se faisaient pour réunir le parterre à la scène en un plan uniforme. Vers minuit, les masques arrivaient; alors toutes les loges rouvraient leurs rideaux et tous les regards s'abaissaient vers l'hémicycle; un très-petit nombre de masques prenaient part à la danse et aucun n'entrait dans les loges que les femmes occupaient. L'orchestre n'avait rien de l'étourdissement et de la fougue de l'orchestre Musard; le galop infernal eût épouvanté l'assemblée tranquille; les musiciens jouaient des valses mélodieuses, tirées des partitions des grands *maestri*. Au premier bal auquel j'assistai, je fus horriblement choquée de voir valser entre eux, en se donnant des grâces et en faisant des mines langoureuses, tous les jeunes boutiquiers de Milan en habits noirs, gantés et frisés; ils se pâmaient parfois dans le tournoiement de la valse et semblaient dire aux spectateurs : « Nous sommes charmants! — Vous êtes efféminés et ridicules, » murmura l'assistance française, qui bientôt les salua par des huées. Une loge remplie d'officiers protesta même par d'énergiques paroles : « Qu'on nous envoie tous ces gaillards-là à l'armée, disait-on, et, s'il en reste, qu'ils dansent avec des femmes. »

La leçon fut écoutée, car aux bals suivants ce spectacle singulier ne se reproduisit plus.

Le roi Victor-Emmanuel devait arriver à Milan le 15 février (1860), entouré de ses ministres, de son état-major et de sa cour. Tous les appartements du grand hôtel de la Ville (où j'occupais toujours une petite chambre) avaient été retenus à l'avance par le corps diplomatique qu'on attendait de Turin et par les députations de toutes les villes environnantes; l'ordre, l'activité et la propreté suisses régnaient dans l'hôtel, où les soins généraux et particuliers ne furent pas interrompus un seul jour par cet énorme va-et-vient de voyageurs. Je disais souvent en riant, aux nobles Milanaises : « Je ne connais dans votre ville que l'escalier de mon hôtel, où les robes traînantes peuvent se dérouler avec confiance. » Cet escalier de marbre était lavé chaque matin et recouvert de nattes en sparterie sans cesse renouvelées; les garçons et les femmes de chambre affairés et empressés étaient prompts au service. Les maîtres veillaient à tout avec une intelligence silencieuse et une distinction de manières que je n'ai rencontrée que là et à l'hôtel d'Angleterre, à Rome. De pareilles raretés sont bonnes à noter.

L'aspect de la table d'hôte de l'hôtel de la Ville fut véritablement curieux durant deux semaines, à dater du jour qui précéda l'arrivée du roi. Cette table immense, toujours au complet, se déroulait dans toute l'étendue d'une vaste salle peinte à fresque et à plafond sculpté soutenu par des cariatides. A l'un des bouts de la table était placé le corps diplomatique, composé du baron de Talleyrand, ambassadeur de France, en compagnie des attachés de l'ambassade; de M. Tourte, ministre suisse, de sir James, ambassadeur d'Angleterre, de l'ambassadeur de Turquie, de l'ambassadeur d'Espagne et de sa femme. L'Espagne n'avait pas encore eu le bouffon rigorisme de se brouiller avec l'Italie; elle dansait alors aux bals du roi élu. Les deux milieux de la table étaient occupés par les convives habituels de l'hôtel, par quelques officiers supérieurs de notre armée française, par des fonctionnaires publics et des femmes élégantes accourues des provinces pour assister aux fêtes.

Giuglini, le ténor aimé du public, logeait aussi à l'hôtel de la Ville; il paraissait rarement à table d'hôte, mais, lorsqu'il s'y montrait, sa distinction et ses manières parfaites tranchaient avantageusement avec la tenue de quelques officiers français, qui avaient, il faut oser le dire, un laisser-aller insupportable; leur voix éclatait comme la mitraille, et ils faisaient à brûle-pourpoint confidence au public de leurs bonnes fortunes réelles ou supposées. Je n'oublierai jamais un capitaine d'un blond fade, assez peu séduisant, qui, s'adressant un jour à un de mes voisins de table, homme grave et réservé, lui dit, d'un ton délibéré :

« Eh bien, vous savez? nous quittons décidément Milan.

— Est-ce certain? repartit l'autre; on a annoncé si souvent et si prématurément le départ de l'armée française, que je commence à croire à son occupation permanente.

— Si vous doutez de la nouvelle, voyez les grandes dames de Milan, répondit l'officier; leurs larmes et leur tristesse vous confirmeront notre départ. Que voulez-vous qu'elles deviennent, réduites à ces pauvres Italiens? »

Je ne pus m'empêcher d'intervenir et de dire au fat : « Êtes-vous bien sûr, monsieur, de n'être pas la dupe d'une illusion, et n'auriez-vous pas transformé la reconnaissance qu'ont ressentie toutes ces nobles femmes en un sentiment plus intime et plus tendre? le même patriotisme qui les a poussées à vous traiter en libérateurs, fait qu'elles vous préféreront toujours leurs compatriotes, plus beaux et plus discrets...

— Ah! ah! interrompit l'officier en éclatant de rire, vous trouvez donc les Italiens plus beaux que nous?

— Mais, sans doute, répondis-je avec simplicité; de même que je trouve les Italiennes plus belles que les Françaises. »

Comme mon interlocuteur était fort laid, les rieurs ne furent pas de son côté, et sa fatuité fut contrainte au mutisme.

J'avais eu l'occasion de causer avec Giuglini; il me fit visite et me parla avec effusion de la grande joie qu'il allait avoir de chanter devant *son roi* un hymne patriotique composé pour la circonstance.

« Vous savez, ajouta-t-il, si un ténor tient à sa voix : c'est toute sa gloire et toute sa fortune. Eh bien, madame, je consentirais à voir se briser sans retour cet instrument, qui est ma vie, plutôt que de renoncer à l'espérance que l'Italie sera libre. »

Il me raconta qu'il s'était fait entendre, l'hiver précédent, au théâtre de Madrid, et que la reine, prise un soir d'un subit et très-vif engouement pour... sa voix, lui avait envoyé la décoration de Sainte-Élisabeth.

« Elle ne se doutait pas que vous fussiez aussi bon Italien, repartis-je ; cette gracieuse souveraine a beaucoup moins d'aménité pour votre roi, et le traite fort mal dans un récent manifeste à propos de la question de Rome.

— On m'a dit cela, répliqua le ténor, et, puisque vous me le confirmez, je vous jure bien que je ne porterai jamais sa croix et que je suis très-disposé à la lui renvoyer. »

XVIII

Depuis que j'étais en Italie, je n'avais assisté à aucune fête patriotique ; je ne me doutais pas encore de ce qu'était l'enthousiasme du peuple pour ses libertés nouvelles et de son amour pour ce roi courageux et fier, qui s'était mis si résolûment à la tête des destinées glorieuses de la nation. La journée du mercredi 15 février 1860 me donna une idée de cette émotion sublime de toute une grande cité, n'ayant qu'un seul cœur pour bénir son souverain et qu'une seule voix pour l'applaudir. Dès le matin toutes les rues de Milan se remplirent d'une foule compacte, qui se déployait et s'entassait dans la longue et large voie *del Corso*, où devait passer le cortège. Chaque fenêtre était pavoisée de drapeaux ; sur les balcons on pendait des courtines de soie, sur les terrasses et sur les toitures se groupaient et s'amoncelaient les habitants de la ville et des campagnes. Des milliers de bras et des milliers de têtes expressives s'agitaient ; l'air retentissait des cris anticipés de : *Viva il nostro re!* Des bandes, portant des couronnes de fleurs et des bannières, faisaient entendre de toutes parts des fanfares de triomphe et de joie. L'âme de l'Italie était en fête. Cette immense et profonde émotion collective gagnait tous les cœurs. Ce jour-là, les étrangers se sentaient Italiens et mêlaient leurs acclamations à celles de la foule. Le maréchal Vaillant et son état-major allèrent à la rencontre du roi ; la garde nationale de Milan et les régiments français et italiens étaient rangés en haie jusqu'au débarcadère de Turin. Vers midi, je m'aventurai dans la grande rue *del Corso* pour me rendre au palais de l'administration des chemins de fer, situé près de la *porte Orientale*, par laquelle le roi devait faire son entrée. M. Diday, ingénieur en chef, avait eu l'obligeance de m'offrir une place au balcon de son cabinet. Je mis plus d'une heure à franchir la courte distance qui sépare l'hôtel de la Ville de la porte Orientale; les flots serrés du peuple se mouvaient sans brusquerie et sans encombre, avec une lenteur qui me faisait douter d'arriver jamais au bout de ma course. J'étais poussée en avant par un mouvement incessant, mais insensible, qui me portait plus que mes jambes. Enfin je parvins à l'entrée triomphale, où se groupaient des faisceaux d'armes et de drapeaux. Je montai en courant l'escalier du palais de l'administration, et je me suspendis au balcon pour voir venir le cortége. Après une demi-heure d'attente, les tambours battirent aux champs, la musique des régiments joua l'hymne de la maison de Savoie; mais clairons et tambours furent couverts par la grande voix du peuple, et un incommensurable *vivat* nous annonça l'approche du souverain adoré. Il passa dans une calèche découverte, ayant à ses côtés M. de Cavour; dans plusieurs voitures de suite étaient les officiers de la maison du roi. C'était la première fois que je voyais le glorieux ministre de l'Italie; tandis qu'il se découvrait pour saluer la foule, je fus frappée de la beauté de son front large et puissant; le grand politique m'apparut en ce moment tout radieux des triomphes récents de sa patrie, dont chacun de ses actes assurait la renaissance. J'avais déjà vu le roi à Paris aux fêtes qui lui furent données lorsqu'il y vint en 1855; je lui trouvai ce jour-là une allure plus martiale et quelque chose de plus fier dans la physionomie. Victor-Emmanuel est bien la personnification d'un roi soldat; dans le geste de son bras on sent s'agiter l'épée plus que le sceptre; dans sa démarche, le pas militaire plus que la majesté. Sa tête caractérisée et guerrière porte l'empreinte encore chaude des batailles, quelque chose de farouche et de sincère à épouvanter la couardise et la déloyauté; sa moustache un peu sauvage voile la bonté de son franc sourire, qui éclate à plaisir sur ses blanches dents. Son regard est direct, audacieux comme sa fortune, tempéré par la pureté et le calme de son front; toute sa forte tête, à la large encolure, rayonne de santé et d'héroïsme. L'ayant considéré longtemps et de très-près les jours suivants, aux fêtes de la cour, je disais à quelques nobles Milanais qui m'entouraient : « Il évoque pour moi la figure d'un de ces rois francs de la première race que le peuple portait sur un pavois. »

Toute cette journée de l'arrivée du monarque élu fut remplie pa la fête publique; le soir, les fêtes privées commencèrent. La belle duchesse Visconti célébra la joie patriotique par un bal superbe qu'elle nous donna dans son palais; cette noble veuve avait envoyé ses trois fils à la guerre de l'Indépendance. Les femmes de Milan sont héroïques; aucun sacrifice ne leur a coûté pour se dégager à jamais du joug de l'Autriche. Les mères de l'aristocratie ont donné l'exemple aux mères du peuple. Ce jour-là le cœur de la duchesse était en fête; elle avait auprès d'elle ses fils, revêtus de l'uniforme italien, qui lui aidaient à faire les honneurs de ses salons éclatants de fleurs et de lumière. J'allais à cette fête avec la charmante marquise Scacabarozzi d'Adda, dont la mise, de la plus exquise élégance parisienne, défiait toute rivalité. Les ministres du roi, le corps diplomatique, le baron de Talleyrand, ambassadeur de France en tête, le maréchal Vaillant, ainsi que les états-majors et les officiers des deux armées alliées, assistaient à ce bal. Quand M. de Cavour arriva, tous les regards se portèrent sur lui, et chacun se pressa dans le salon où la duchesse Visconti l'avait conduit; un heureux hasard m'avait fait asseoir dans ce salon, de sorte que je pus examiner à l'aise cet homme illustre, qui causait debout devant moi avec la duchesse. M. de Cavour n'était pas grand, ce qui faisait paraître sa taille un peu trop forte; le haut de son visage était très-beau; le front vaste et imposant. Le feu de ses yeux perçants éclatait à travers le verre de ses lunettes. Sa physionomie était ouverte et bienveillante; mais, lorsque sa bouche trop large souriait, elle avait presque toujours une expression sardonique ou fine qui embarrassait. Sa main de race était fort belle. Au premier aspect, M. de Cavour rappelait involontairement M. Thiers; mais c'était M. Thiers agrandi avec beaucoup plus de noblesse et de développement dans les traits. Il y avait comme proportion, dans leurs personnes, la même différence que dans leur carrière politique : l'un n'a jamais été qu'un chef de ministère, on ne pourrait pas même dire le représentant d'une dynastie; l'autre a été l'initiateur et la personnification de tout un grand peuple.

Après avoir longtemps causé avec le comte de Cavour, la duchesse Visconti s'approcha de moi et me proposa de me présenter au ministre; j'acceptai avec empressement. M. de Cavour avait passé dans un salon voisin, où il s'entretenait avec l'ambassadeur de France; quand la duchesse et moi voulûmes le rejoindre, il avait déjà quitté le bal.

J'eus à cette fête une rencontre moins mémorable et moins attrayante que celle de ce grand homme d'État. Tandis que je causais avec l'ambassadeur de Turquie et un général italien dont le nom m'échappe, je vis apparaître comme un fantôme une princesse que sa grande fortune et ses aventures avaient rendue célèbre à Paris, il y avait trente ans. En ce temps-là elle passait pour être belle, d'une beauté étrange et maladive, dont Phidias se fût détourné avec dédain. Mais la littérature romantique de la Restauration avait mis à la mode les beautés osseuses et exténuées, les grands yeux caves, les teints verdâtres, les évocations de spectres, de larves et de vampires; charmes de pécheresses visant à l'ascétisme et parlant de Dieu en faisant l'amour. Tout ce qui tenait à la Grèce et à sa plastique radieuse était, en ce temps, traité d'impie, de suranné et de vulgaire; il fallait des femmes moyen âge s'enveloppant, et pour cause, d'un vêtement à plis droits et rigides, en guise de suaire. Les statues de tombes gothiques étaient mises au-dessus des Vénus antiques. La splendeur charnelle des femmes du règne de Louis XIV et la grâce enivrante de celles de la Régence, du règne de Louis XV, de la Révolution et du Directoire, étaient repoussées comme trop matérielles. Avoir du sang sous la peau, de l'incarnat aux joues et aux lèvres, du feu dans le regard et tout l'éclat de la vie, fi donc! Parlez-nous des femmes que la mort convoite et qui semblent déjà leur sœur. Dans les doigts décharnés des nouvelles héroïnes, les têtes de mort d'ivoire et les petits crucifix d'ébène avaient remplacé l'éventail profane et le miroir satanique. Donc, la princesse plut à cette époque de religiosité malsaine, par la raison même qu'elle aurait déplu en des temps où le goût et la sérénité dans l'art auraient fait loi; puis elle drapait si bien ses os saillants de tissus splendides et souples, elle ceignait avec tant de recherche, de bandelettes d'or ou d'une couronne druidique en chêne ses cheveux rares et mous, lissés en bandeaux plats; ses salons étaient si pieusement disposés en tombes ogivales et si lugubrement éclairés par le jour sépulcral des vitraux, la chaise longue d'où elle tendait ses doigts pointus à ses fidèles avait si bien l'allure d'un cercueil, les parfums qu'elle brûlait exhalaient une telle odeur de tabernacle, que tout cela formait un amalgame quintessencié qui captivait les âmes inquiètes et oisives.

Les poëtes disaient : « Cette femme est unique; c'est un mythe insaisissable et fascinateur! » Un rimailleur gagé, à qui elle donnait asile, la célébra dans un poëme mystique sur Psyché, transformée en vierge chrétienne. Les peintres s'écriaient : « Voilà bien le sublime modèle de nos corps sans lignes, sans contours et sans chair ; l'angle aigu pénétrant a remplacé l'exhubérante rondeur des femmes colorées et vivantes, dont l'indécence est flagrante. Anathème au chaud et robuste Rubens! Rubens n'était qu'un libertin! Sommes-nous des païens pour idolâtrer la forme? Les vapeurs d'Ossian, l'indécision des nuages, la maigreur sainte et la pâleur cadavérique sont les attributs de l'art chrétien ; Raphaël a erré! La princesse est plus que belle, elle est surnaturelle ; c'est une beauté d'outre-tombe qu'on rêve ici-bas sans l'y rencontrer. »

Les diplomates, arrachés à leur positivisme, murmuraient : « Cette femme est un arcane qui nous ensorcelle ; elle est profonde et sait nous dérober sa profondeur. » Les dévots, alléchés, répétaient en chœur : « Elle est théologique ; elle entend le dogme et les mystères à dérouter un saint Augustin. »

Les musiciens roucoulaient : « Elle est ineffable ; c'est une erreur de la croire Italienne, elle flotte aérienne dans la brume allemande. Sa voix a des accents creux qui vont à nos rhythmes brisés et à nos instruments criards ; elle est l'harmonie des discordances. » — Les philosophes, indécis comme leurs systèmes, murmuraient d'un air docte et convaincu : « Elle est la preuve que la foi naît du doute ; elle est le *criterium* des négations. »

Ces encens mêlés montèrent autour d'elle tant qu'elle fut jeune et qu'elle eut une cour ; mais le grand souffle de février abattit les favoris de la précieuse et chassa son fantôme dans le désert. Un vent plus sain agita les âmes et les précipita vers l'amour du vrai ; plus de fictions possibles dans la vie comme dans la politique. Partout dans le patriotisme, dans l'esprit, dans la force et dans la beauté, on voulut l'évidence et la sincérité ; le corps chassa l'ombre derrière lui et ne lui permit plus de régner en maître.

Que devenir en pleine lumière, dans ce jour éclatant qui dévoilait tout ; dans cette mêlée rude et énergique où la lutte avait des combattants vrais? Les salons étaient submergés par la place publique ; leurs spectacles mesquins passaient ignorés et n'intéressaient plus même leurs acteurs d'autrefois ; la curiosité du monde se tournait vers des arènes plus vastes ; les nations s'agitaient comme les grandes mers ; l'Italie poussait son cri de réveil sublime. La princesse se dit : « Essayons du patriotisme ; c'est un bruit nouveau que je dois tenter. » De Turin à Milan, de Rome à Naples, elle alla criant : « Je suis Jeanne d'Arc ! » On la regardait, cherchant la Pucelle naïve et ne trouvant qu'une aventurière décrépite que les camps attiraient comme un oiseau de proie. Gioberti la vit passer, sourit, la divulgua et lui conseilla le foyer et la retraite [1]. Elle se

[1] Voici en quels termes Gioberti, un des plus grands philosophes et des plus profonds penseurs de l'Italie, a jugé cette femme : « A l'exemple d'un ancien qui disait : *Je ne glorifie pas ma vie avec les paroles d'autrui, mais avec mes œuvres*; et qui dédaignait ainsi de répondre aux attaques dont il avait été l'objet, je n'entre pas en discussion avec tout le monde, je n'accepte pas tous les défis et je ne réponds pas à toutes les interrogations. J'ai pour habitude de distinguer parmi mes adversaires et de choisir entre ceux qui se présentent; si je fais ici une exception à cette règle, on me la pardonnera. Il y a longtemps que la princesse s'enquiert de ma personne avec une persistance qui, si elle n'est courtoise, est certainement singulière dans une femme comme il faut; j'ai donné, je l'avoue, à la princesse un prétexte à sa première rancune, en refusant de louer un de ses ouvrages et en ne consentant pas à faire partie de sa société; je me suis efforcé de justifier ce double refus avec toutes les formes de la politesse prescrite.

« Quand je suis revenu plus tard en Italie et que j'ai été accueilli par mes concitoyens avec cet affectueux empressement que tout le monde connaît; cet accueil a d'autant plus irrité la princesse qu'elle avait elle-même cherché à Naples une ovation de ce genre sans pouvoir l'obtenir, *inde iræ*, de là sa colère contre moi en particulier et contre les Napolitains en général. Elle a cherché récemment à se venger de tout ceci dans un article publié par un journal parisien : pour ce qui me touche, je ne répondrai pas aux inventions, aux critiques et à l'ineptie qui fourmillent dans cet article; l'autorité de la princesse en politique est aussi nulle qu'en philosophie et en religion ; les louanges qu'elle donne ne sont pas plus enviables que son mépris n'est dangereux; elle a loué successivement l'empereur d'Autriche, Pie IX, Charles-Albert, César Balbo et Joseph Mazzini; élevé aux nues la domination allemande, la monarchie civile et la république; elle peut compter ses années d'après le nombre de ses opinions, comme cette dame romaine qui comptait ses maris d'après le nombre des consulats.

« J'aurais donc continué volontiers à garder envers elle le silence que j'ai gardé longtemps, si la princesse n'avait cette fois associé à mon nom celui d'un homme que j'aime et estime hautement pour les rares qualités de son génie et de son âme; en parlant de mon ami dans des termes aussi bas et aussi méprisants qu'elle le fait, la princesse me force à penser que la théologie et les voyages lui ont fait oublier l'éducation de son rang et le décorum de son sexe.

« Cet homme loyal n'a pas eu le tort, que lui impute la princesse, de venir avec moi à Florence, où il n'a jamais mis le pied pendant que j'y étais, ni par conséquent de répondre à une députation de moines qui n'a jamais eu lieu; mais il a eu le tort impardonnable de ne pas avoir adulé la princesse et admiré tous ses ouvrages, le tort plus grand encore de lui donner de bons conseils, et d'essayer respectueusement de corriger sa vanité puérile et incessante, qui l'entraîne à des intrigues et à des préoccupations peu honorables pour une femme, et la pousse à écrire sur des matières qu'elle ne comprend redressa sous la morsure : « Abdiquer, moi ! Abdiquer, jamais ! Vous rêvez, saint homme ! Disparaître dans la foule quand on a régné, non, non ! J'en ai encore pour de longues années d'éclat et d'aventures ; changer de théâtre renouvelle l'acteur. Je me transfigurerai sur une scène nouvelle ; je répandrai au loin un éblouissement qui me vengera de mon ingrate patrie.

« Paris et l'Europe ont perdu l'aveugle adoration des princesses. Les mythes s'en vont dans l'Occident positif, mais l'Orient est toujours le berceau des rêves. Ce vieux peuple enfant se plaît aux fictions. L'Arabe, beau et vénal, a des charmes délectables ; les femmes riches et voilées le domptent sans souffrir l'examen. J'ai su par Bou-Maza les secrets de sa race ; d'une tente au désert je me ferai un palais. Là je serai femme jusqu'au dernier souffle ; puis, un beau jour, j'en reviendrai Sibylle chargée de pages symboliques qui forceront l'Occident à m'écouter. »

Elle partit, nerveuse et résolue ; elle produisit là-bas, par intervalles, quelques rumeurs qui moururent sans écho. Son odyssée peu retentissante eut pour dénouement un coup de yatagan. Un procès à la turque s'ensuivit ; l'assassin s'y métamorphosa en héros de roman et révéla des secrets qui firent grand bruit. Pour la première fois de sa vie la princesse eut peur de la renommée, implora le silence et quitta l'Orient.

Elle en revenait depuis peu quand nous la vîmes apparaître dans cette fête où des femmes d'une beauté incomparable défiaient l'éclat des lumières par l'éclat plus radieux de leur jeunesse et de leur

pas et à lutter de pédantisme avec ses deux fameux homonymes de Venise et de Suède, sans qu'elle ait comme eux l'excuse d'une intelligence extraordinaire et du temps où ils vivaient. Si, à toutes les raisons que je viens de dire, on ajoute que celui qui a été critiqué par la princesse est Napolitain et qu'il est mon ami intime, chacun comprendra les motifs de fureur de la princesse.

« Il m'est pénible d'avoir été forcé d'écrire ces paroles ; mais je ne pouvais plus me taire avec honneur, puisque être mon ami est devenu un crime et suffit pour être insulté par une personne à qui le droit même de représentation est interdit. Les femmes ne sont pas plus inviolables que les princes constitutionnels, et comme ceux-ci perdent leurs privilèges s'ils déchirent la constitution, les femmes perdent aussi les égards qui leur sont accordés en oubliant la réserve et la pudeur. Si la princesse me permet de lui donner un conseil, je l'engagerai à moins s'enquérir des actions d'autrui et à prendre garde de s'amuser à les travestir pour les rendre odieuses et ridicules, car si quelqu'un voulait fouiller dans les actions de la vie de la princesse, il pourrait, sans en altérer les traits et sans indiscrétion trop grande, exciter un rire qui surpasserait de beaucoup celui de l'Olympe homérique. » (Vincenzo Gioberti, *Discours préliminaire du renouvellement civil de l'Italie.*)

-fraîcheur. La blanche comtesse d'Alemagna glissait telle qu'une Hébé, avec ses blonds cheveux ondulés comme une vapeur d'or sur son cou mignon; puis c'était l'incomparable comtesse Martini, au profil grec, à la taille de Psyché; la comtesse Litta, plus séduisante qu'au bal de Brescia; la princesse Castelbarco, dont la beauté fière acquérait une transparence radieuse sous l'éclat des diamants dont elle était couverte; les deux filles, d'une grâce ineffable, de la marquise Rescalli, sœur de la duchesse Visconti, et cent autres qu'il faudrait nommer, composaient, pour les artistes et les poëtes, comme une fête de la beauté vivante, qui produisait le même éblouissement que les galeries de sculpture du Vatican éclairées aux flambeaux. Retrouver la forme idéalisée par l'art dans la nature est un ravissement qui ne se goûte à ce point qu'en Italie. Quel assemblage d'êtres adorables! Quel défilé rayonnant de déesses en robes de bal! C'est au milieu de cette foule divine que la princesse apparut aux yeux étonnés; tandis qu'elle s'approchait courbée et chancelante, l'ambassadeur de Turquie nous disait : « Je puis vous apprendre le mystère du coup de yatagan de l'Asie Mineure.

— De grâce, épargnez-la, repartit un collaborateur de la *Perseveranza*, qui se trouvait là; les spectres ont droit au silence, si ce n'est au respect. Elle a cessé de prétendre à l'amour, elle ne veut plus qu'être écoutée; mais elle le veut trop. Elle est revenue du pays du mutisme avec des flots de paroles à tout inonder; elle les épanche en systèmes et en *speeches* politiques d'une banalité facile, qu'elle prend pour de l'inspiration. Sa fortune lui donne accès partout; elle a mis le pied dans notre journal en y devenant actionnaire, et chaque jour elle nous envoie des pages sans fin qui vont grossir nos cartons. Il faut une digue à ce flux nouveau qui déborde d'elle; le conseil de rédaction s'est assemblé pour protester. Elle est furieuse de cette atteinte portée à sa gloire. Cachez-moi, ajouta-t-il en se glissant derrière l'ambassadeur turc, car je crains son regard; on assure qu'elle est *jettatore*[1]. »

Tandis que ces messieurs parlaient de la sorte, la princesse en ruines passa devant nous. Sous les plis flasques de sa robe blanche son corps se penchait, horrible à entrevoir; à travers le cou perçaient les vertèbres. L'épine dorsale se voûtait saillante sous la peau parcheminée; les bras de squelette sortaient en verges de ses

---

[1] Qui jette un sort.

manches flottantes. La tête était ravagée plus outrageusement que le corps ; la bouche, sans dents, souriait, envieuse et sinistre. Les yeux, fixes, caves et hagards, flamboyaient d'avidité ; les cheveux, clair-semés, manquaient par places sur le crâne dénudé, où des diamants répandaient d'ironiques lueurs.

Ce fut dans tous les assistants comme un frissonnement d'épouvante et de pitié. Pourquoi donc étaler son spectre anticipé ? Pourquoi ne pas cacher tout ce qu'elle pouvait cacher d'elle sous les plis épais du brocard ou du velours ? Pourquoi même ne pas se dérober tout entière dans la solitude et l'oubli ?

Le bal était attristé par cette apparition funèbre ; les belles et les jeunes se disaient : « Deviendrons-nous ainsi ?

— Non, répliqua un superbe vieillard à une femme charmante ; est-ce que je vous fais peur, moi qui ai presque deux fois son âge ? Et tenez, regardez la comtesse ***, ma contemporaine, elle est séduisante encore sous la neige de ses boucles ; les jolies femmes qui ont bien vécu font les belles vieilles. »

Elle quitta le bal, que sa présence avait un moment assombri, et l'on se dit gaiement : « Le fantôme est parti. » Le lecteur se demandera sans doute pourquoi j'ai insisté sur cette figure malsaine et déversé sur elle un jour implacable ; qu'il patiente un peu, et il en sentira la nécessité et la justice.

Les danses continuèrent dans plusieurs salons embaumés comme des serres par la profusion des fleurs ; les jasmins d'Espagne, les œillets et les tubéreuses formaient des rosaces dans de grandes coupes de porcelaine de Chine ; les camellias décrivaient des sphères et des pyramides au-dessus des vases étrusques et des cônes en cristal de Bohême.

Sur les tentures de soie souriaient dans leurs cadres d'or les portraits des illustres ancêtres, dont plusieurs toiles de maîtres retraçaient les actions guerrières ; les bustes et les statues de marbre se dressaient dans les angles dorés des soubassements et des corniches, et les figures des plafonds peints à fresque semblaient regarder, animées, les groupes charmants, doublés par les glaces, qui tourbillonnaient sur les mosaïques des parquets. J'ai dit la beauté et l'élégance des femmes ; les hommes, presque tous vêtus de brillants uniformes, complétaient le coup d'œil éclatant de l'assemblée. Tous les jeunes officiers de l'armée française et de l'armée italienne se pressaient à cette fête, portant sur leurs poitrines les nobles décorations conquises à *Magenta*, à *San Martino* et à *Solferino*. A côté des salons de danse était la galerie du buffet, buffet splendide sans cesse renouvelé ; Gênes y avait envoyé ses fleurs, ses fruits confits et ses ananas ; Sorrente, ses exquises mandarines ; la Sicile, ses vins les plus renommés ; Turin, ses bonbons et ses sucreries célèbres ; Milan avait fourni les sirops, les glaces et les sorbets, le disputant aux *gelati*[1] de Naples en variété et en parfum.

A quatre heures du matin fut dressée une immense table resplendissante du feu des girandoles, de l'éclat des cristaux et de la précieuse vaisselle héréditaire en argent et en vermeil, où brillaient les armes des Visconti. La belle marquise Rescalli, mère des deux adorables personnes dont j'ai parlé et sœur de la duchesse Visconti, me fit placer une des premières à cette table féerique où les danseuses un peu lasses formèrent bientôt un cordon éblouissant. Les officiers français penchés derrière les chaises, causaient bruyamment avec toutes ces belles personnes de l'aristocratie milanaise, dont la grâce et la parure les enivraient ; ils formaient une seconde ligne impénétrable que les jeunes et superbes officiers italiens, fleur de la noblesse, n'essayaient pas de franchir. Je crois qu'ils eussent été mal venus à déranger un seul de ces vainqueurs imperturbables. Les Italiens disaient avec un tact exquis : « Ils sont nos hôtes ; ils se sont jetés avec nous dans la mêlée sanglante ; ils ont été nos libérateurs, nous devons leur céder la puérile préséance d'un souper de bal, puisqu'ils le désirent. » Et, par cette modération courtoise, ils évitaient les querelles qui, sans leur retenue hospitalière, auraient inévitablement éclaté.

Je restai longtemps à cette fête, distraite par le double plaisir de l'observation et de la causerie. Les Italiennes de toutes les classes ont une cordialité douce, qui attire, et une bonté dans l'esprit qui les distingue de toutes les femmes des autres nations. La marquise Scacabarozzi d'Adda, qui m'avait accompagnée au bal, était une des danseuses les plus recherchées ; je ne voulus pas l'enlever à l'attrait qu'elle inspirait et je ne sortis avec elle que lorsque le *cotillon* fut dansé. Quand la marquise me ramena chez moi, l'aube jetait sa blancheur lointaine sur la blancheur du pavé couvert de neige.

[1] Glaces de tout genre.

Cependant le futur directeur du journal l'*Annexion* me faisait régulièrement visite chaque matin pour me parler de ses espérances. A l'arrivée du roi et de ses ministres, il redoubla d'empressement et d'obséquiosités. Quand il sut que j'avais failli être présentée à M. de Cavour, à la fête de la duchesse Visconti, et que je le serais probablement au prochain bal de la Cour, il ne se tint plus d'enthousiasme pour ce qu'il appelait *ma puissance*; il se faisait souple et serviable, et se mettait à mes ordres à tout propos. Je disais parfois à mes amis : « Je crois que, s'il était femme, il m'offrirait de me donner les soins d'une *cameriera*. » Il me demanda avec instance de remettre le fameux prospectus à M. de Cavour, aussitôt que je pourrais l'approcher.

Dans l'intervalle d'une fête à l'autre, j'allais voir Manzoni et je passais mes soirées chez la comtesse Maffei, chez qui je rencontrais toujours l'élite de la société milanaise. Parmi les femmes avec qui je me liai dans les derniers jours, je dois citer l'aimable comtesse Mancini Trivulce et l'excellente madame Bianchini; je connus aussi, vers cette époque, madame Capelli, née de Filippi, belle et intelligente personne, femme du savant docteur Capelli et sœur d'un de mes amis [1].

Un jour, je trouvai Manzoni souffrant; il n'avait pu descendre dans son cabinet de travail; il me reçut dans un grand salon bleu du premier étage attenant à sa chambre. « J'ai fait comme vous, me dit-il, j'ai eu la grippe, mais je l'ai tuée par une saignée. » Je me récriai sur ce moyen héroïque; j'ai toujours eu la terreur de la lancette. Mais, en Italie, les saignées et les purgatifs s'appliquent à tous les maux. On n'y comprend pas nos railleries contre la médecine du temps de Molière. « Je voulais guérir vite pour aller voir le roi qui a bien voulu demander de mes nouvelles, reprit Manzoni; M. de Cavour m'a fait visite, ajouta-t-il, et j'ai été de plus en plus frappé de sa haute sagesse en politique et de sa fermeté inébranlable. »

C'est durant cette entrevue, dont il me parlait, que Manzoni avait dit au grand ministre ce mot charmant : « Vous avez toutes les qualités qui font l'homme d'État; vous avez ordinairement la prudence, mais au besoin l'imprudence! » Ce mot, qui caractéri-

---

[1] M. Joseph de Filippi, auteur d'un beau livre sur les théâtres modernes de l'Europe. De concert avec mon ami Antoni Deschamps, M. de Filippi m'a aidé de ses conseils assidus dans les traductions italiennes que je donne dans ce livre.

sait si bien le comte de Cavour, se répandit aussitôt dans tous les salons de Milan. Et, en effet, M. de Cavour avait tenu, depuis la guerre de Crimée, une conduite patiente et réfléchie dans la direction des affaires de l'Italie ; mais, à cette heure même, il montrait une décision hardie dans l'aventureuse affaire de l'annexion qui s'accomplissait en Toscane et dans les provinces du centre avec enthousiasme, tandis que Milan fêtait son roi.

Le salon, où je causais ce jour-là avec le grand poëte, était décoré de portraits de famille. Le premier qui me frappa, en entrant, fut celui de Maxime d'Azeglio ; sa belle tête semblait se mouvoir, dans le cadre, fière et souriante ; son front inspiré d'artiste et de poëte, ombragé d'épais cheveux noirs ; sa physionomie, résolue et romanesque à la fois ; sa taille haute, élégante et cambrée, le faisaient ressembler à un héros de la Renaissance. C'était bien là, tel que je l'avais rêvé, le chevaleresque auteur d'*Ettore Fieramosca* et de *Nicolo de' Lapi*[1]. Auprès du sien était le portrait de sa femme, la fille adorée de Manzoni, d'une beauté noble et pensive, que ses grands yeux éclairaient. Le regard de ces yeux magnifiques s'arrêtait éternellement sur la jeune tête de son mari ; elle semblait dire : « Voilà l'orgueil de ma vie. »

« Ils m'ont donné ces deux portraits le jour de leur mariage, reprit tristement Manzoni ; j'ai survécu à l'enfant qui devait me survivre. Ce salon évoque pour moi bien des souvenirs divers, poursuivit-il en s'efforçant de contenir une sensation douloureuse ; c'est ici que j'ai reçu, il y a quarante ans, plusieurs de vos célèbres libéraux français. Quelle passion ! quelle fougue ! j'oserai dire, quelle exagération même n'avaient-ils pas alors dans leurs paroles ! En philosophie comme en politique, ils outre-passaient les doctrines de la liberté qu'ils voulaient faire triompher en France et en Italie. Ils portaient avec fanfaronnade le drapeau qui s'est abaissé depuis dans leurs mains et qu'ils ont enfin déserté sans vergogne en nous traitant de révolutionnaires. Je n'ai jamais pu voir sans une profonde tristesse les convictions de l'esprit s'obscurcir et vaciller avec l'âge. Il faut, à mesure que nous vieillissons, monter plus éclairés et plus fermes vers la vérité. »

Les paroles qui sortaient de cette bouche sacrée, ignorante du mensonge et du parjure, me causait de plus en plus une vénération

---

[1] Deux romans célèbres de Maxime d'Azeglio.

religieuse; je restais désormais auprès de lui le plus longtemps que je pouvais, enchaînée par cet invincible attrait du beau et du bien qui prend notre âme; domination divine que si peu d'hommes savent exercer sur la terre.

Je ne me décidais à le quitter que lorsque je voyais approcher l'heure du dîner, et j'étais heureuse de sentir qu'il commençait à m'aimer un peu. Dans mes dernières visites, il me retenait lui-même en me disant : « Causons encore; il n'est pas temps de partir. »

Le samedi suivant (18 février 1860), eut lieu, au palais royal, le premier bal de la Cour. Le commandant Protche me tint parole avec une exactitude toute militaire et vint me chercher pour me conduire à la fête; notre voiture suivait la longue file des équipages qui se déroulait dans toute l'étendue de la rue du Corso jusqu'au Dôme. La foule des curieux, joyeuse, affable et charmée comme à la fête de Brescia, se pressait sur la place, agitant des drapeaux et des torches et criant sous les fenêtres éclairées : *Viva il nostro re!* A neuf heures, nous arrivions sous le vestibule du palais. Nous franchîmes le large escalier, où une profusion des fleurs les plus rares répandaient un souffle embaumé. Dans le premier salon, les saints et les saintes des fresques de *Bernardino Luini* semblaient s'animer sous l'éclat des lustres et sourire avec aménité à tous ces heureux mondains qui allaient fêter un roi italien. Je pensais aux princes et aux princesses d'Autriche, qui, si longtemps, avaient été les maîtres de ce palais dont les ornements mêmes leur étaient étrangers : tableaux, statues, meubles et tentures étaient les œuvres d'artistes italiens. Aujourd'hui, du moins, cette magnificence se déployait pour un souverain national. Nous traversâmes les salons que j'ai précédemment décrits. Dans celui d'honneur, on eût dit que la grande figure de Napoléon portée par un aigle s'agitait sur le plafond, et qu'incliné radieux vers les héros français l'immortel empereur leur disait : « Je suis content de vous! »

Fendant les flots des uniformes et des robes de gaze, nous arrivâmes enfin dans la vaste galerie où le bal allait s'ouvrir : le roi venait d'y faire son entrée. Il se tenait debout à une des extrémités, entouré du corps diplomatique, de ses ministres, des officiers de sa maison et des plus nobles dames de Milan, qui formaient le cercle de la cour; la foule était tellement compacte dans cette galerie, qu'on pouvait à peine s'y mouvoir; y former des quadrilles paraissait un problème insoluble ; on n'apercevait que les têtes expressives des femmes souriantes et parées ; dans leurs beaux cheveux blonds ou noirs éclataient les diamants et les pierreries. Les nobles Milanaises possèdent des écrins héréditaires qui ajoutent la somptuosité à une élégance toute française. On nageait, pour ainsi dire, dans des vagues d'étoffes et d'ornements froissés sans pitié par la curiosité universelle. La préoccupation de chacun était de voir le roi et d'approcher le plus possible du cercle de la cour. Sur la haute galerie circulaire qui domine cette salle de bal, se groupaient des spectateurs joyeux, hommes en redingote et femmes en bonnet : le peuple avait sa part de la fête royale et regardait émerveillée la foule brillante qui se pressait en bas. L'orchestre, huché dans une tribune à balustres dorés, jouait en vain ses valses les plus entraînantes et ses quadrilles les plus mouvementés, le vide nécessaire aux pas des danseurs ne se faisait pas ; les appels réitérés du *maestro di ballo* se perdaient dans des milliers de voix comme un cri de cormoran emporté par la tempête ; tous les efforts de ses acolytes agitant dans leurs doigts crispés la fameuse corde, ne parvenaient point à disjoindre la foule d'une ligne.

« Avez-vous toujours l'intention de danser ? dis-je en riant au commandant Protche.

— Plus que jamais, me répliqua-t-il, car l'impossible me tente, j'ai une valse promise depuis hier par la comtesse Cagnola.

— Je n'y mettrai pas d'obstacle, repartis-je, en vous retenant de corvée ; voici justement près de nous M. Susani, ami de la comtesse Maffei, qui vous libérera. »

Le futur député de Milan m'avait entendue, il vint à moi.

« Je serai charmé, me dit-il, de vous guider à travers cette foule qui grossit toujours, le désir de voir le roi en arrive à un étouffement général.

— Dites à un embrassement universel, répliqua un journaliste, je sens déjà derrière moi l'étreinte involontaire de vingt jolis bras.

— Rapprochons-nous de M. de Cavour, si c'est possible, repartis-je.

— Le voilà justement qui cause avec un général de mes amis, me dit M. Susani, voulez-vous lui être présentée ?

— Je ne demande pas mieux. »

Nous nous mêlâmes au groupe qui entourait le grand ministre.

M. Susani dit quelques mots au général qu'il m'avait désigné et que j'avais déjà rencontré chez la comtesse Maffei : aussitôt, celui-ci m'offrit son bras, et, avec l'aménité italienne, il me nomma et me présenta au comte de Cavour.

« Je suis charmé, me dit le ministre, de voir à cette fête des Français, et surtout des Françaises.

— Et moi, monsieur le comte, repartis-je, je suis enchantée d'y saluer le régénérateur de l'Italie, un Richelieu, moins le sang.

— Et moins la soutane que je déteste, répliqua-t-il en riant.

— Je le conçois, car, sous cette soutane, Rome est encore ensevelie ; comme Venise, ajoutai-je, dont je viens de voir le deuil profond durant deux mois.

— Peut-être dans un an, s'écria-t-il, danserons-nous dans le palais ducal. Mais, poursuivit-il, puisque vous venez de Venise, vous me direz franchement ce qui est vrai dans les scènes de votre roman [1], qui m'a beaucoup diverti.

— Quoi, monsieur le comte, vous lisez des romans ! Pensez-vous me faire croire à une flatterie ? les affaires de l'État vous laissent tout au plus le temps d'en lire les titres dans les journaux.

— Du tout, du tout, reprit-il en insistant, je me lève chaque jour à cinq heures, quelques heures de sommeil me suffisent, je puis même les supprimer au besoin ; lire des romans m'amuse, et je vous assure que j'ai passé une nuit à lire le vôtre ; je désire même en causer en détail avec vous, venez me voir après demain.

— J'en serai charmée, monsieur le comte, d'autant plus que j'ai à vous parler d'un journal français qui va se fonder à Milan, et dans lequel on me propose d'écrire.

— C'est une bonne idée, me dit-il, la France et l'Italie ne font qu'un et marchent désormais dans la même voie. »

Je lui répondis en parlant plus bas (car on faisait cercle autour de nous et l'on nous écoutait) qu'il avait su prouver à la paix de Villafranca que, lorsque les intérêts de l'Italie l'exigeaient, la voie confondue dont il parlait pouvait se bifurquer : j'ajoutai : « Votre premier guide, à vous, c'est la liberté ; à nous, Français, c'est la gloire.

— Patience ! répliqua-t-il en souriant, nous aurons tant de li-

[1] Lui.

berté en Italie, que nous vous en enverrons un peu au delà des Alpes ! » Puis, s'éloignant en me tendant de nouveau la main, il me répéta : « Au revoir, après-demain à midi. »

Telle fut ma première conversation avec le comte de Cavour, je la copie, ainsi que je ferai plus tard des autres, sur mon journal de voyage sans y rien ajouter, ni en rien retrancher. On ne ment pas à la face des morts !

Le futur directeur de l'*Annexion* ne se tint pas d'aise, quand je lui appris le lendemain que, dans cette première entrevue avec le ministre, je lui avais parlé de notre journal. Lorsque j'ajoutai que j'avais pour le jour suivant rendez-vous dans le cabinet de M. de Cavour et que je pourrais l'entretenir plus amplement de cette affaire, son exaltation prit les proportions d'un lyrisme presque fanatique : il m'appela sa providence, la source d'où découleraient pour lui toutes les grâces; je crus qu'il allait réciter les litanies de la Vierge.

« Seulement, lui dis-je, le ramenant brusquement au terre à terre de la question, avant de me décider à parler sérieusement de cette affaire à un homme de l'importance du comte de Cavour, il faut que vous me disiez si vous n'avez rien à redouter des informations qu'on pourra prendre à Paris sur votre situation financière.

— Rien, absolument rien, répliqua-t-il d'un air dégagé, et il ajouta : Si vous le permettez, je vais envoyer de suite notre prospectus au ministre pour qu'il l'ait lu quand vous le verrez.

— Faites, » repartis-je.

Notre conversation fut interrompue par une visite. Le libraire me dit en sortant : « Demain à midi, je viendrai vous chercher en voiture pour vous conduire au palais; j'attendrai dans la cour pour savoir plus tôt le résultat de votre audience. »

Le lendemain lundi (21 février), je me rendis chez M. de Cavour à l'heure indiquée. Je montai un escalier à droite dans la seconde cour du palais, et fus introduite dans un beau salon attenant au cabinet du ministre. Je trouvai là le jeune baron Perrone de San Martino, secrétaire particulier de M. de Cavour, fils du noble général de ce nom, mort à Novare, et frère d'un des officiers les plus distingués de l'armée d'Italie. M. Perrone me dit que M. de Cavour était en ce moment auprès du roi, mais qu'il ne tarderait pas à venir. J'attendis en compagnie de M. Diday, ingénieur en chef des chemins de fer lombards-vénitiens, et de M. le comte Oldofredi, une des plus rares intelligences de l'Italie du Nord, ami intime de M. de Cavour, député et directeur des chemins de fer Victor-Emmanuel. Après quelques instants, le ministre revint dans son cabinet. Ces messieurs furent successivement introduits. M. Perrone me dit que M. de Cavour me demandait la permission de me recevoir la dernière, afin de causer plus longtemps avec moi. Mon tour arriva. Je m'assis sur un fauteuil en face du ministre; sa petite table de travail (où je vis déployé le prospectus de l'*Annexion*), était entre nous; sa main jouait sur le bord de la table avec un bâton de cire.

« Parlons d'abord de votre fameux roman, me dit-il, avez-vous retrouvé à Venise les chambres que vous avez décrites?

— Oui, répliquai-je, les chambres et le salon, les tentures seules sont changées; mais j'ai commis une grande erreur en croyant qu'on pouvait apercevoir le pont du Rialto des fenêtres du salon qui donne sur le quai des Esclavons; le pont du Rialto est dans l'intérieur du grand canal.

— Je verrai cela, reprit-il, quand nous irons à Venise. Avez-vous découvert aussi des particularités sur vos personnages?

— Oui, des souvenirs et des restes vivants; des signatures authentiques entre les mains du maître de l'hôtel qui vit encore, et, au couvent des Arméniens, dans ces mêmes registres où les étrangers célèbres inscrivent leur nom, et où lord Byron a tracé le sien. Voyez, ajoutai-je, un frère lazariste a fait pour moi des fac-simile de toutes ces signatures célèbres. »

Il se mit à examiner curieusement les noms tracés sur les petits carrés de papier diaphane dont frère Jacques avait pris pour moi l'empreinte et que je lui présentai : « Un jour, poursuivis-je, votre signature aussi sera sur ces registres des frères Arméniens, et ce jour-là, Venise sera libre!

— Ainsi donc, reprit-il, vous n'avez rien inventé dans votre récit?

— Rien; pas plus que je n'inventerai dans notre conversation d'aujourd'hui si je la rapporte un jour dans un livre, et pourtant je suis bien certaine, monsieur le comte, qu'on criera à la vanité d'auteur, à la réclame personnelle!

— Comme correctif à cette accusation, ayez la sincérité de dire que j'ai trouvé une de vos héroïnes fort ridicule.

— Je le dirai, monsieur le comte, mais pourrais-je au moins vous demander pourquoi vous la qualifiez de la sorte?

— Parce qu'elle est impossible et invraisemblable; une femme ne saurait attendre durant deux mois un amant glacé qui l'aime fort peu.

— Niez-vous donc dans le cœur de la femme, repris-je, l'élément qu'en Italie on appellerait religieux et en France idéal? Et d'ailleurs, l'amour vrai ne suffit-il pas pour supporter dans l'attente la souffrance et le sacrifice?

— Non, c'est là un paradoxe romanesque en dehors de la nature, reprit le ministre en riant; pour ne pas vous blesser, je veux bien vous accorder qu'on peut trouver en France quelques femmes de cette fidélité expectative, mais on n'en trouverait pas une en Italie.

— Monsieur le comte, vous calomniez vos compatriotes, lui dis-je; à l'heure qu'il est, elles aiment mieux que les Françaises, qui n'ont de passion que pour un luxe ruineux et ne s'occupent guère qu'à parer leur corps. Il est vrai que les hommes à qui elles désirent plaire ne parlant qu'argent, elles doivent, pour se modeler sur eux, ne parler que toilette et n'aimer que la vanité.

— A votre tour, vous calomniez la France, reprit le ministre; la France est encore aujourd'hui la plus grande des nations, ajouta-t-il d'un ton convaincu; sans elle, nous ne serions point à Milan.

— Ce que vous me dites là, monsieur le comte, me fait espérer que vous protégerez le journal français qu'il est question de fonder à Milan et dont vous avez reçu le prospectus.

— Je l'ai lu, répliqua-t-il; le titre est excellent, mais qu'entendez-vous par ma protection? elle vous est acquise, ajouta-t-il nettement, s'il s'agit d'une approbation politique à donner à une feuille qui préconisera l'unité italienne; mais je ne puis aller au delà et promettre à votre directeur futur une subvention comme cela se pratique en France; je n'ai jamais donné d'argent à aucun journal, ce serait d'ailleurs entièrement superflu. Un ministre italien n'a pas, à l'heure qu'il est, à acheter l'opinion; cette opinion, dans notre pays, est unanime sur les questions générales, et pour ce qui touche aux questions personnelles, nous n'avons ni le temps ni la faiblesse de nous inquiéter et de nous alarmer des attaques qu'on peut diriger contre nous.

— Voilà bien, lui répondis-je, le vrai langage d'un ministre constitutionnel, c'est une rareté si inouïe que celle de la pratique d'une pareille politique, que je suis plus heureuse de vous la voir professer, que je ne le serais de la fortune du journal auquel on veut m'attacher.

— Je n'en fais pas moins des vœux platoniques pour le succès de ce journal, reprit-il; je prierai d'Azeglio [1] de trouver un banquier à votre directeur. » — Je le remerciai et me levai pour prendre congé. — « Ne viendrez-vous pas à Turin pour l'ouverture des Chambres? me demanda-t-il, ce sera une belle assemblée, un véritable parlement italien.

— J'irai certainement, » répliquai-je, et pendant qu'il prononçait ces dernières paroles, je vis passer sur son front large et poli comme un rayonnement patriotique.

Le libraire, qui m'attendait patiemment depuis une heure dans la cour du palais, fut un peu désappointé quand je lui dis qu'il ne fallait pas compter sur une subvention ministérielle; mais ses espérances se ranimèrent en apprenant que M. de Cavour m'avait promis d'intéresser le gouverneur de Milan au journal.

« Vous verrez bientôt le marquis d'Azeglio? me dit-il.

— Oui, repartis-je, j'espère le rencontrer chez Manzoni, et si M. de Cavour me tient parole, le marquis me parlera tout naturellement de cette affaire.

— Tout est sauvé! s'écria le libraire, avec un mot de recommandation du gouverneur, il n'est pas un banquier de Milan qui ne m'ouvre sa caisse. »

Les fêtes se succédèrent sans interruption durant cette semaine, les joies bruyantes du carnaval étaient doublées par la présence du roi.

Le mercredi (23 février), j'assistai à la réjouissance étrange et barbare des *coriandoli* [2]. M. Tourte, ministre plénipotentiaire de la Suisse, qui logeait, comme je l'ai dit, à l'*Hôtel de la Ville*, voulut bien me donner une place aux fenêtres de son appartement qui s'ouvraient sur la rue du *Corso francese*; cette rue était justement le théâtre le plus animé du singulier spectacle des *coriandoli*, que le deuil patriotique des Milanais avait interrompu depuis 1848. Cette réjouissance consiste dans un long défilé de masques habillés en pierrots, en polichinelles, en arlequins ou revêtus de costumes historiques de tous les temps; ils sont rangés par groupes debout, dans des voitures découvertes ou dans des chars, et puisent d'une

---

[1] Alors gouverneur de Milan.
[2] Petites dragées en plâtre.

main, avec d'énormes cuillers de bois, dans des sacs ouverts remplis de *coriandoli* qu'ils lancent à la foule des curieux penchés aux balcons et aux fenêtres ; les spectateurs, masqués ou voilés, armés de la même façon, font pleuvoir à leur tour une grêle de *coriandoli* sur le dos des masques. La mitraille inoffensive se croise dans l'air et y répand un épais nuage de poussière. Toutes les fois qu'une décharge a porté juste, les cris joyeux, les applaudissements et les éclats de rire retentissent. A chaque mascarade nouvelle qui défile, la grêle des *coriondoli* tombe plus serrée. Des fleurs et des dragées formaient primitivement les projectiles de la fête des *coriandoli*. Ce galant usage, très-coûteux, dégénéra, et le plâtre fut substitué aux bouquets et aux bonbons ; tels qu'ils sont aujourd'hui, les *coriandoli* coûtent encore aux jouteurs acharnés des sommes folles. On nous assura ce jour-là qu'un seul palais de Milan en avait jeté pour plusieurs mille francs. Quelques mascarades furent fort belles ; on applaudit surtout un immense char monté par des jeunes gens de la noblesse vêtus en chevaliers milanais du temps de la domination des Sforza et des Visconti ; le drapeau italien avec la croix de Savoie flottait sur toutes les voitures. On avait espéré que le roi assisterait à cette parade de carnaval, qui eut pour acteurs les jeunes Milanais de toutes les classes. L'attente fut déçue, le roi était allé chasser ce jour-là dans le grand parc de Monza.

Victor-Emmanuel a la passion de la chasse ; elle remplit pour lui les intervalles de la guerre ; il y va en toutes saisons, et quand les affaires de l'État l'en empêchent, il se sent alourdi et mécontent. Il disait la veille en riant à Manzoni : « Je suis enchaîné à la volonté de mes ministres, je ne puis faire un pas sans leur permission ; enfin, aujourd'hui, j'ai tant prié mes *tyrans*, qu'ils m'ont accordé d'aller chasser demain. »

Le spectacle des *coriandoli* se renouvela avec la même furie le samedi suivant. J'avais eu de tels accès de toux en assistant à la première représentation, que je m'abstins de la seconde.

Le soir de ce mercredi 23 février, le ville de Milan offrit un bal au roi dans le magnifique palais du cercle du *Casino*. Il y a dans ce palais une galerie et une immense salle peintes à fresque, décorées de glaces et de statues dignes d'une demeure souveraine. Les fleurs et les drapeaux formaient de toutes parts des massifs et des faisceaux ; les lustres et les girandoles répandaient sur la foule riante des femmes un jour étincelant que la plupart pouvaient défier par leur beauté et leurs toilettes exquises. Le roi et ses ministres parcoururent tous les salons, puis s'arrêtèrent dans la grande salle de bal. Aussitôt, le signal d'une valse fut donné, et les plus belles femmes de Milan tourbillonnèrent devant le souverain. Tout à coup on vit s'élancer au milieu d'elles une valseuse en robe de gaze blanche qui laissait le buste presque entièrement à nu ; les femmes qui se plaisent encore de nos jours à ces allures de modèles d'ateliers, sont souvent forcément contraintes par la mode des cerceaux et des jupes flottantes, à dérober la partie inférieure de leur corps dans une enceinte impénétrable, mais elles s'en dédommagent largement à partir de la ceinture, où soudain la chair éclate et se déploie comme des flots qui brisent une écluse. Ces flots neigeux tournoyaient en cadence et se heurtaient mollement contre le brillant uniforme d'un sous-lieutenant de dragons qui emportait la dame dans le cercle de la valse rapide ; la tête pâmée de la valseuse était couronnée d'un diadème d'émeraudes tellement énormes que l'émeraude unique du roi de Delhi eût paru à côté lilliputienne. Les assistants surpris se disaient: « Quelle est donc cette reine de théâtre qui étale sur son front une telle profusion de verroteries ? » Elle, défiant les regards, s'arrêtait à chaque tour pour reprendre haleine, évidemment gênée par la masse de sa jupe qui s'enchevêtrait au ceinturon de son cavalier. On sentait qu'elle eût déchiré de grand cœur ce qui lui restait de vêtements et revêtu hardiment la robe du Directoire :

> Lorsque la Tallien, secouant sa tunique,
> Faisait de ses pieds nus craquer les anneaux d'or.

Mais subitement, comme si les valseuses auxquelles elle s'était un instant confondue s'étaient dit un mot d'ordre électrique, le vide se fit autour d'elle; toutes les danseuses avaient disparu dans la foule, et seule elle acheva la valse sous les six mille yeux de l'assemblée ébahie.

Victor-Emmanuel fut salué, à cette fête du Casino, par des vivats encore plus vifs et plus chaleureux que ceux qui l'avaient accueilli au bal de la cour. La ville entière de Milan fêtait son souverain et l'entourait pour ainsi dire de toutes les somptuosités de la Lombardie. Le roi était ému de cet hommage qui semblait lui dire : « Chacun de nous est prêt à donner sa fortune comme sa vie à celui qui a su nous rendre une patrie. » Quelques jours après, la grande souscription nationale qui s'ouvrit spontanément pour aider aux éventualités de la guerre, attesta que la générosité et le dévouement des Italiens ne se bornaient pas à des magnificences d'apparat.

J'avais fait engager à ce bal le futur directeur de l'*Annexion*; il y parut resplendissant de breloques et ayant, ma foi, un diamant à sa cravate! Je le présentai au comte ***, directeur du Casino, priant celui-ci de l'admettre à son cercle. Le président répliqua galamment : « Recommandé par vous, madame, cela suffit et dispense de toute autre garantie; je vous enverrai demain la carte d'admission de monsieur. »

A cette promesse, le libraire monta au septième ciel, et quand le président se fut éloigné, il me dit, la larme à l'œil : « Ah! c'est trop! c'est trop! je sens bien à cette heure que je ne pourrai jamais m'acquitter envers vous; le cercle de la noblesse de Milan m'est ouvert par votre main, c'est la fortune que vous m'ouvrez, avant huit jours tous mes bons d'actions seront souscrits!

— Puisque vos espérances sont si vives, repartis-je, pourquoi donc ne signez-vous pas nos petites conventions, que j'ai remises à l'avocat Francia?

— Je les signerai demain si vous voulez, reprit-il, mais je souhaitais faire plus qu'elles ne contiennent; voyez le gouverneur, trouvons un banquier, et vous verrez si je suis ingrat.

— Milan est trop joyeux en ce moment pour s'occuper d'affaire, répliquai-je, il faut attendre que le roi soit parti. »

Le samedi suivant (26 février) le palais royal s'illumina de nouveau pour le second bal que le roi offrait aux Milanais. La duchesse de Gênes, rentrée en grâce à la cour, était arrivée pour en faire les honneurs; sa présence ajouta un nouvel attrait à la fête. La duchesse est frêle et blonde; l'élégance et la distinction de sa tournure me rappelèrent la duchesse d'Orléans. Elle portait une robe en point d'Angleterre et des aigrettes de diamants dans les cheveux. Elle ouvrit le bal avec l'ambassadeur de France et dansa successivement avec plusieurs nobles Milanais; son mari se tenait derrière elle, un peu à l'écart de la cour, et semblait remplir l'office de chambellan.

Le roi Victor-Emmanuel ne danse jamais, et dispense ainsi ses ministres de la corvée et du ridicule de figurer dans un quadrille; M. de Cavour, sautant en cadence, aurait, j'avoue ma faiblesse, perdu à mes yeux quelque chose de sa grandeur et de sa gravité. J'ai vu en France des quadrilles où figuraient des vieillards chamarrés de croix, qui faisaient songer aux danses Macabres; la plume et l'épée siéent à tous les âges. Les entrechats ne vont qu'aux jambes fines, aux lèvres en fleur et aux cheveux noirs. Parmi les intrépides et élégants valseurs, on remarqua à ce bal le baron Perrone de San Martino, le jeune marquis Arconati et un officier français, fils du maréchal Magnan.

Les dames de Milan les plus belles et les plus titrées faisaient cercle autour de la duchesse de Gênes; tout à côté de la princesse se tenait la duchesse Visconti, dans une toilette vraiment royale; son diadème et son collier de rubis brûlés et de diamants, projetaient des lueurs roses sur la blancheur de son noble visage et sur l'albâtre de ses épaules de Junon; près d'elle, penchée vers la duchesse de Gênes, qui lui parlait en ce moment, je remarquai une superbe jeune femme, à la taille élancée, aux cheveux noirs splendides, à la bouche purpurine, aux yeux vifs et doux. Sa coiffure rappelait celle des châtelaines du moyen âge; de longues barbes flottantes en tulle diaphane, parsemé d'étoiles d'or, s'échappaient du chignon. Je m'étais approchée pour saluer la comtesse Visconti, qui me dit aussitôt, avec un sourire aimable : « Je voulais vous présenter ce soir au comte de Cavour, mais il vient de m'apprendre que la chose était faite. »

Tandis que nous causions, M. de Cavour vint à nous et me dit, de sa parole rapide : « J'ai parlé à d'Azéglio de votre journal; quand vous viendrez à Turin, pour l'ouverture des Chambres, vous m'en donnerez des nouvelles. » — Je remerciai le ministre, qui ajouta : « Me permettez-vous de vous présenter la comtesse della Rocca, qui me parlait de vous à l'instant même? » — Je m'inclinai : M. de Cavour se dirigea vers la belle personne aux barbes étoilées; il lui offrit le bras et l'amena aussitôt près de moi. Elle me dit avec une grâce aimable qu'elle désirait depuis longtemps me connaître; elle me parla de la littérature française, de son amour pour la poésie, de tout ce qui pouvait me plaire et m'intéresser. La comtesse della Rocca est la femme du premier aide de camp du roi, un des héros de Novare et de Solferino, et qui fut plus tard l'heureux vainqueur de Capoue. La comtesse a un esprit très-cultivé, et je la soupçonne d'être l'auteur d'un roman et d'un recueil de charmantes nouvelles qui ont fait grand bruit en Italie. Elle me témoigna, dès cette première entrevue, une affectueuse sympathie, et nous nous séparâmes, ce soir-là, en nous disant au revoir à Turin.

Le lendemain (dimanche 27 février) fut le dernier jour que le roi passa à Milan: il devait partir à minuit, après l'Opéra; toutes les rues étaient illuminées; la ville entière affluait vers l'immense théâtre *Della Scala*; ceux qui n'avaient pu y pénétrer en encombraient les abords. La salle, éclairée à *giorno*, offrait un coup d'œil qui ravissait le cœur autant que les yeux; l'allégresse publique éclatait sur tous les fronts, la beauté des femmes était doublée par le rayonnement des regards et des sourires. Lorsque le roi parut, accompagné de la duchesse de Gênes, toutes les femmes se levèrent, agitant en dehors des loges leurs bouquets, leurs mouchoirs et leurs éventails; toutes poussèrent à la fois un long cri de : « Vive le roi ! » Les hommes firent écho, et la tempête des vivats couvrit un moment l'harmonie de l'orchestre. Le silence se fit enfin, lorsque la toile se leva et que Giugliani, le patriotique ténor, entonna, d'une voix puissante, l'hymne en l'honneur du roi ; il dit chaque couplet d'un accent plein d'âme ; la foule reprenait en chœur le refrain sonore, et les voix du dehors le répétaient aux alentours du théâtre; plus loin il volait de rue en rue dans les groupes populaires, et montait infini dans le calme de la nuit. J'ai vu des ovations en France, des triomphes de tribuns et de princes, mais je n'ai rien vu de comparable à cette unanimité d'enthousiasme et d'émotion. Parmi nous, ce n'est jamais qu'une partie du peuple qui acclame un héros, un citoyen illustre ou un souverain; beaucoup font leurs réserves et restent froids observateurs. Les rancunes ou les aspirations diverses fractionnent la foule. La nation ne se retrouve tout entière et sublime d'ensemble que devant l'ennemi. En Italie, c'est l'âme de la patrie que j'ai vu éclater en une seule voix pour saluer le roi, symbole unique de ralliement, en face duquel les autres prétendants ne sont que des fantômes qui représentent plus ou moins l'intérêt privé et restreint de leur dynastie. Victor-Emmanuel concentre en lui la grandeur et la vitalité même du pays. J'ai vu plus tard un autre homme salué avec un égal accord et une égale force ; mais cet homme n'était point un rival de la royauté; c'était son associé, son complément, son lieutenant glorieux, Garibaldi ! c'était l'élément généreux du peuple, incarné dans un être inspiré ; les acclamations qui tombaient sur lui, il les faisait remonter vers son roi. Abnégation héroïque, harmonie sublime, concorde unique sans précédent dans les annales de tous les peuples, et qui suffit à marquer d'un sceau de grandeur l'Italie contemporaine.

Après le départ du roi, Milan reprit une sorte de calme apparent, sous lequel frémissaient les grandes émotions patriotiques inspirées par les nouvelles qui arrivaient chaque jour des provinces du centre. Le vote de la Toscane, des Légations et de l'Émilie n'était plus douteux ; chaque dépêche en faisait pressentir l'unanimité.

Les premiers jours de mars j'allai revoir Manzoni, il me dit :

« Si vous étiez arrivée quelques instants plus tôt, vous auriez rencontré d'Azeglio; il m'a donné d'excellentes nouvelles sur le vote de l'annexion; jusqu'ici les voix dissidentes sont introuvables. Nous avons parlé de vous, ajouta-t-il avec sa bonté ordinaire; d'Azeglio désire vous connaître, il va ouvrir ses salons tous les lundis ; vous recevrez une invitation pour sa première réunion, qui sera choisie et peu nombreuse, et pour les autres soirées qui suivront.

— Je vous dois encore cela, répondis-je au grand poëte; je vous dois tant désormais, que je cherche en quels termes vous répéter : merci ! Vous savez si j'aime l'Italie, eh bien ! laissez-moi vous dire que je vous aime comme une de ses émanations les plus belles, c'est-à-dire immensément. »

Je lui racontai mes entrevues avec le comte de Cavour, et lui parlai de ce projet de journal, que le ministre m'avait promis de recommander au gouverneur de Milan.

« Il l'a fait, reprit Manzoni, d'Azeglio en causera avec vous quand il vous verra. »

Survint l'abbé Ratti, curé de Sainte-Élisabeth. Manzoni me le présenta en me disant : « Voilà un prêtre patriote, heureux de la grandeur de l'Italie et qui ne croit pas que celle de l'Église soit liée au pouvoir temporel. »

L'abbé Ratti est une des intelligences les plus fermes et les plus éclairées du clergé de Milan ; sa noble et franche physionomie m'inspira tout d'abord la confiance ; nous causâmes longuement ce jour-là du clergé français et italien. L'abbé faisait ressortir, avec une rare sagacité, tous les éléments étrangers à la religion qui se mêlaient à l'ardente opposition de nos évêques ultramontains ; il ajoutait avec équité qu'ils étaient moins coupables peut-être que les évêques italiens professant les mêmes doctrines : « Eux du moins, disait-il, ne commettent pas un crime de lèse-patrie.»

« Je fus charmée de la hardiesse et de la vivacité de son esprit. Il me fit visite les jours suivants. Je lui dis en lui pressant la main avec effusion :

« Voilà bien longtemps que je n'avais serré la main d'un prêtre. »

Tandis que cet ecclésiastique éminent nous exprimait ses pures doctrines, un nouveau visiteur entra dans le cabinet de Manzoni; c'était son gendre Giorgini, le savant professeur de l'université de Pise; la connaissance fut faite aussitôt. Giorgini, esprit universel et brillant, connaît à fond la littérature française; il aime nos poëtes et les cite avec le plus pur accent parisien; sa physionomie vive et pensive où l'esprit et l'éloquence éclatent tour à tour, est une des plus sympathiques que je connaisse. Il y a dans son œil clair comme un attendrissement continu de tout ce qui est grand et beau. Manzoni le chérit comme un fils, il se plaît à sa causerie si profonde, si incisive et si variée; des journées entières et parfois bien avant dans la nuit, le père et le gendre s'entretiennent encore.

« A présent que je te tiens, lui dit ce jour-là le poëte, j'espère bien te garder longtemps à Milan.

— Hélas! non, reprit Giorgini avec la même familiarité affectueuse, il faudra que je te quitte bientôt, je reçois une triste nouvelle de Florence.

— Et laquelle? demanda Manzoni inquiet.

— Gino Capponi a perdu son gendre; tu sais qu'il l'aimait comme un fils; c'était la vie de sa vieillesse; une seconde vue dans sa cécité; je dois aller le consoler et le distraire un peu de sa profonde douleur; à son âge, de semblables coups peuvent être mortels.

— Oui, tu feras bien, reprit Manzoni, c'est ton devoir de partir et de ne pas le laisser seul.

— Madame, continua Giorgini en se tournant vers moi avec aménité, quand vous irez à Florence, il faudra voir Gino Capponi. C'est une des plus belles intelligences de l'Italie; vous savez que M. Thiers a dit de lui qu'il ressemblait à un de ces illustres Florentins du moyen âge qui furent la gloire de la Toscane. — Grand citoyen sans ostentation, érudit profond sans pédantisme, chrétien convaincu sans intolérance, il a conservé malgré l'infirmité qui l'a frappé avant l'âge, une étendue et une sérénité d'esprit qui vous surprendront. Devenu aveugle depuis plus de quinze ans, poursuivit Giorgini, il a accepté ce malheur avec un stoïcisme et une sorte de gaieté aimable qui touchent tous ceux qui l'approchent.

— Je me souviens, dit Manzoni, que, par une belle soirée d'été, nous nous promenions dans le grand parc de sa villa ; la nature était en fête ; les étoiles commençaient à briller à travers les branches des arbres qu'éclairaient encore les dernières teintes du soleil couchant. Pénétré de l'enchantement de ces longues avenues qui se déroulaient devant nous, je m'écriai involontairement : — « Quel beau soir ! quelle harmonie dans ces perspectives de bois et de ciel ! » Gino Capponi me dit tristement : — « Depuis longtemps, je ne vois plus rien de tout cela. » Je serrai sa main avec émotion, me repentant de mon exclamation ; il reprit alors avec un sourire résigné : — « Dieu aurait pu me frapper plus sévèrement encore ; si j'avais été atteint de mutisme et de surdité, c'eût été un bien autre malheur ; pensez donc, mon ami, ajouta-t-il avec une inflexion de voix dont je n'oublierai jamais la douceur, je n'aurais pu ni vous entendre ni vous parler. »

— Depuis les glorieux événements qui ont fait renaître l'Italie, dit à son tour Giorgini, il avait semblé renaître lui-même. Je ne l'avais jamais connu tel qu'il m'est apparu dans ces derniers temps ; actif, joyeux, rajeuni par l'émotion publique, heureux de vivre pour voir enfin revivre sa patrie. Si ce dernier chagrin ne l'a pas trop brisé, vous verrez en lui, madame, un beau vieillard droit, portant la tête haute et marchant sans embarras dans les ténèbres.

— Il a été si beau dans sa jeunesse ; continua Manzoni, Dieu lui avait prodigué tous les dons ; il est né avec un nom illustre et une immense fortune dont il était digne. »

Tandis qu'ils parlaient ainsi de leur ami, je les écoutais charmée ; je voyais apparaître une nouvelle et grande figure sur la scène de l'Italie contemporaine ; je goûtai à l'avance la joie de connaître ce noble vieillard.

« Aussitôt que vous serez arrivée à Florence, je vous mettrai en rapport, » me dit Giorgini.

Nous causâmes ensuite de questions générales, et à propos de l'annexion, cette grande préoccupation du moment, je parlai à Giorgini du journal français qui devait se fonder sous ce nom et je lui remis le prospectus, ainsi qu'à l'abbé Ratti.

« Titre excellent, me dirent-ils tous deux ; l'*Annexion*, ce mot de ralliement de l'Italie, vous attirera une foule d'abonnés, j'en parlerai à mes amis de Florence et de Pise, » ajouta Giorgini.

Giannina Milli, l'improvisatrice inspirée, entra en ce moment, et la conversation devint littéraire. Manzoni lui dit : « Vous avez été pour moi la cause d'un grand chagrin ! — Moi, s'écria-t-elle, et comment? *carissimo poeta e Duce*. — Je suis, vous le savez, dans l'impossibilité de sortir le soir, et je n'ai pu aller vous entendre, mais je vous ai lue, cela m'a consolé. Pas un seul improvisateur d'aucun temps n'aurait pu m'offrir ce dédommagement ; mais en vous, il n'y a pas seulement le souffle, il y a la forme, il y a la pensée qui survit à la surprise de l'audition. »

Cet éloge d'un maître en poésie était comme la consécration du talent de la jeune muse ; elle écoutait modeste et ravie.

« Je vous ferai connaître à la France, lui dis-je, la France est devenue, hélas ! presque indifférente à l'harmonie des vers, mais il s'y trouve encore, Dieu merci, quelques esprits que vos strophes sur Manin feront tressaillir.

Je reçus deux jours après une invitation du marquis d'Azeglio pour sa première soirée. Le lundi (13 mars 1860), je me rendis à ce beau palais des gouverneurs de Milan, que l'Autriche avait récemment fait décorer avec un grand luxe et une exquise élégance; l'escalier était bordé d'arbustes en fleur ; les conviés le montaient joyeux. Milan avait enfin un gouverneur italien portant un des noms les plus glorieux. Illustre dans la guerre, dans la politique, dans les lettres, dans les arts, à tous les dons personnels, le marquis Massimo d'Azeglio joint une distinction de race qui charme et attire ; l'âge a blanchi ses cheveux, les nobles passions qui remuent l'âme et l'inspirent, ont altéré ses traits ; mais les grandes lignes subsistent ; l'expression de la physionomie est restée jeune ; la taille élégante et droite n'a rien perdu de sa grâce première ; personne ne revêt, avec une aisance plus aristocratique, l'uniforme et le manteau court dont il rejette un pan sur son épaule gauche ; il a adopté ce manteau pour les jours froids et proteste, en le portant, contre le paletot bourgeois en drap poilu. Ce vêtement lui donne des allures de comte Almaviva, ainsi que je le disais à Manzoni, un jour où j'avais vu passer le marquis dans la rue du Corso ; le poëte me répondit : « Il est né séduisant. » Ce mot bref et juste caractérise le marquis d'Azeglio, il séduit tout d'abord.

Il m'accueillit ce soir-là avec l'amabilité la plus empressée et me présenta à la gracieuse marquise Visconti d'Aragona, qui faisait les honneurs de ses réceptions ; puis il m'offrit son bras pour faire le tour de ses beaux salons, dont j'admirai les riches plafonds peints à fresque. Ces décorations sont une des magnificences des palais italiens; même médiocres, elles concourent à l'harmonie générale de l'ameublement et des tentures. Les plafonds blanc et or de nos maisons françaises m'ont paru bien tristes et bien nus depuis mon retour à Paris.

Le gouverneur de Milan m'entretint de la question vive du moment, c'est-à-dire de l'annexion de la Toscane et des provinces du centre; il recevait plusieurs fois par jour des dépêches télégraphiques qui lui annonçaient de toutes parts l'enthousiasme et l'unanimité des votes. Faisant allusion au traité de Zurich, si subitement déchiré sans bruit par la ferme tenue politique et l'entente immuable des populations, le marquis d'Azeglio me dit en souriant ce mot charmant et profond : « Eh bien, madame, que pensez-vous de tout un peuple qui joue au plus fin et qui gagne la partie? »

La cordialité qu'il me témoignait et le sujet même de notre causerie sur l'annexion, m'amenèrent tout naturellement à l'entretenir du projet de journal français qui porterait ce titre.

« Cavour m'en a parlé, répliqua le marquis, le titre est d'un à-propos qui ne peut manquer de produire son effet; j'irai vous voir ces jours-ci et en causer avec vous. »

Cette première réception, peu nombreuse, se passa en conversations; les lundis suivants, les salons du gouverneur s'ouvrirent à toute la haute société de Milan. On y fit d'excellente musique et l'on y dansa au piano, quoiqu'on fût en carême. Le marquis d'Azeglio disait avec sa grâce accoutumée aux belles Milanaises : « Puisque le Pape nous excommunie et nous met hors des lois de l'Église, nous pouvons bien les enfreindre un peu et danser en silence à huis-clos. »

Je voulus prévenir sa visite et aller lui parler chez lui du projet de journal. Il m'écrivit un billet plein de courtoisie : « Il ne souffrirait pas, me disait-il, qu'une muse s'égarât dans les paperasses poudreuses de ses bureaux. »

Il vint me surprendre un après-midi, trois jours après sa première soirée, je m'excusai de le recevoir dans une toute petite chambre d'auberge.

« Vous oubliez, me répliqua-t-il, que je suis artiste, et vous ne savez donc pas que je préfère les joies de l'art à tout ce qu'on appelle les honneurs de la vie. Sans les circonstances, qui font un devoir impérieux à tout bon Italien de servir son pays, je n'aurais jamais accepté de fonctions publiques. »

Il me parla du bonheur qu'il éprouvait à parcourir en été la campagne italienne aux aspects si grandioses et si variés, à y choisir quelque coin de paysage qui le captivait; à en étudier les beautés d'ensemble et de détail; à les savourer longtemps du regard, comme on fait des charmes d'un être qu'on aime, puis à les reproduire dans ses tableaux. C'est ainsi que de son imagination et de son cœur sont écloses ces belles toiles admirées dans les musées de Turin et de Milan.

Nous causâmes ensuite des littératures française et italienne. Il avait pour le pur toscan la même prédilection que Manzoni, et il l'a prouvé dans ses romans, dont la pureté de style égale l'attrait et l'invention. Captivée par ses aperçus sur l'art, je ne songeais plus à lui parler du fameux journal; je lui en dis pourtant quelques mots à la fin de sa visite.

« Comme je ne veux pas vous donner de l'eau bénite de cour, répliqua le marquis, je ne vous promettrai point de m'occuper personnellement de cette affaire ; hélas! ajouta-t-il en souriant, j'ai bien assez des affaires de mon gouvernement! mais je la confierai à mon secrétaire général Torelli, il s'entend au journalisme, il en a même fait un peu à Paris; il vous sera d'un utile conseil, et je le chargerai de vous trouver un banquier de bonne volonté. Si votre futur directeur est solvable, la chose est facile. »

Je le remerciai de sa bienveillante promesse.

« A lundi soir, répliqua-t-il, je vous présenterai Torelli, et vous vous concerterez ensemble. »

Le lendemain (vendredi 16 mars 1860), Milan sentit à son réveil une immense palpitation patriotique; la nouvelle de l'accomplissement de l'annexion était arrivée ; elle courut de groupe en groupe. La fête officielle fut remise au dimanche suivant, mais le peuple n'attendit pas, il voulut se donner sa fête instantanée; il s'élança sur les coupoles et sur les tours; en un clin d'œil, toutes les églises et tous les monuments furent pavoisés. Je sortis pour prendre ma part de cette noble joie nationale. Quand je fus au bout du *Corso francese*, le Dôme m'apparut couronné de mille bannières aux vives couleurs et aux blasons rehaussés d'or; chaque clocheton portait le pavillon particulier d'une des villes italiennes nouvellement annexées et, au-dessus de ces étendards, qui montaient vers lui comme un hommage, s'élevait, sur la grande aiguille du milieu, le drapeau italien où brillait la croix de Savoie, lien et centre du faisceau commun, signe de ralliement désormais unique de l'Italie entière.

La brise frissonnait dans les bannières flottantes et les inclinait sur les fronts de marbre des anges, des saints et des saintes ; ils paraissaient s'animer et sourire à la fête de la patrie. Comme j'arrivais devant la façade du Dôme, la foule venait de se précipiter dans l'intérieur de la nef et sonnait à toutes volées les cloches de la tour. L'archevêque de Milan et le curé du Dôme avaient refusé de donner l'ordre du grand signal de la joie publique ; le curé s'était enfui et l'archevêque était parti pour sa villa ; le peuple leur cria sévèrement, sans commettre aucun excès : « Oui, allez vous cacher, c'est mieux, puisque le bonheur de l'Italie vous attriste, c'est nous qui ferons votre besogne ; » et aussitôt des milliers de bras se suspendirent aux cordes et firent retentir tous les battants énormes sur l'airain formidable. Ce fut un tocsin d'allégresse qui frappait dans l'air comme la foudre. Quelques prêtres couraient effarés dans l'église ; l'un d'eux se confondit au peuple et lui dit : « Je suis des vôtres ! » Aussitôt, il fut porté en triomphe sur les marches du portail ; la foule qui se pressait sur la place l'applaudit. C'était un bon vieillard à figure vénérable ; il avait été aumônier des chasseurs des Alpes de Garibaldi. Des voix innombrables lui crièrent de parler ; un silence immense se fit pour l'écouter ; il prononça un discours évangélique et patriotique qui passionna les milliers d'assistants : *Bravo ! bravissimo il bravo frate !* s'écriait-on de toutes parts. Les gamins de Milan applaudissaient à se rompre les mains ; quelques-uns montèrent sur les épaules du prêtre et l'embrassèrent à l'étouffer.

J'allai raconter à Manzoni, qui ne sortait jamais, cette scène émouvante.

« Un, du moins, a fait son devoir, me dit-il à propos de la conduite du bon prêtre, que Dieu éclaire les autres, car ils ne savent ce qu'ils font.

— Que le diable les emporte, s'écria énergiquement le marquis d'Azeglio qui venait d'entrer, oublies-tu donc qu'ils conspirent contre notre roi et qu'ils l'ont excommunié ! »

J'abrégeai ma visite, sachant la douceur qu'éprouvait Manzoni à causer avec son gendre, auquel les affaires publiques ne laissaient que de courts instants de loisir.

Le dimanche suivant fut rempli par la grande fête nationale.

Fanfares, concerts, illumination de tous les monuments, députations des villes de la Lombardie, célébrèrent l'annexion. Les étudiants de Pavie arrivèrent bannière en tête; on s'embrassait dans les rues, c'étaient partout des cris et des chants patriotiques où l'âme de l'Italie éclatait.

Le lundi eut lieu la seconde réception du gouverneur, elle fut des plus brillantes : Milan était dans la joie de l'heureuse nouvelle de l'annexion, et toutes les femmes eurent à cœur de lutter de beauté et de parures ; elles étaient pour ainsi dire en coquetterie avec la patrie. L'Italie, en s'agrandissant, leur inspirait le noble orgueil d'être de plus en plus une de ses splendeurs. Je revis là toutes les adorables personnes qui m'avaient ravie au bal de la duchesse Visconti, et parmi elles la comtesse Alemagna, dont l'apparition me causait toujours un tressaillement ; avec ses longues boucles blondes et son air presque enfantin, elle me rappelait ma fille que je devais aller chercher dans quelques jours à Turin ; la soirée commença par un concert auquel la danse succéda. Tandis que les belles et élégantes Milanaises formaient des quadrilles, le marquis d'Azeglio s'approcha de moi et me présenta M. Torelli :

« Voilà votre homme, me dit-il en riant, il vous aidera à mettre à flot votre *Annexion*, pour laquelle le triomphe de la nôtre me paraît être d'un bon augure. »

M. Torelli m'offrit son bras et me conduisit dans un joli salon de lecture, où les livres nouveaux et les journaux étaient étalés sur une large table. Là, nous pûmes causer longuement, sans être dérangés, du plan de la feuille française, dont il connaissait déjà le prospectus.

« Le projet me paraît excellent, me dit M. Torelli après m'avoir écoutée, envoyez-moi demain matin votre futur directeur, et je m'entendrai avec lui pour le seconder. »

On pense la joie du libraire, quand je lui fis savoir le soir même ce que j'avais fait ; il ne perdit pas un instant ; il se rendit le jour suivant près de M. Torelli et en obtint sur l'heure une lettre d'assentiment (au nom du gouverneur) à sa future publication. Armé de cette lettre il recueillit bien vite quelques souscriptions qui furent signées par les riches et intelligents propriétaires de l'*Hôtel de la Ville*, où je logeais depuis trois mois :

« M. Torelli, me dit le libraire enivré, m'a promis de voir aujourd'hui même plusieurs banquiers ; demain je les verrai moi-même ; j'aurai, j'en suis certain, la promesse du capital nécessaire, et j'irai signer, le soir, nos conventions chez l'avocat Francia.

— Vaut mieux tard que jamais, » repartis-je en riant.

Je revis le libraire les jours suivants ; il avait fait visite à tous les banquiers de Milan, qui lui promirent d'examiner l'affaire et d'avoir égard à la haute recommandation du secrétaire général du gouverneur. Mais quand il y retourna pour savoir leur décision, tous refusèrent d'entrer en association avec lui ; le télégraphe est un prompt conseiller ; sans doute les banquiers s'étaient renseignés à Paris, et en avaient reçu l'avis de s'abstenir de l'opération. Même insuccès auprès des banquiers de Turin, à qui j'avais fait recommander le libraire. Il commençait, malgré sa faconde, à paraître moins sûr de sa réussite ; j'en doutais, pour ma part tout à fait, et me lassais de m'intéresser à cette affaire. Le rusé libraire n'avait pas signé ses engagements avec moi ; je pressentais qu'il s'en délierait sans scrupule, si quelque autre appui lui était assuré.

Cependant, un matin l'idée me vint de lui trouver moi-même une divinité propice qui remplacerait le banquier insaisissable ; je pensai tout à coup, et ce ne fut pas sans rire de ma pensée, à la princesse fantôme, apparition effroyable du bal de la duchesse Visconti. Je la savais très-courroucée contre le journal la *Perseveranza*, où l'on opposait d'infranchissables écluses aux flots débordants de son éloquence ; toujours en quête de célébrité et de bruit ; s'imaginant qu'elle écrit le français parce qu'un abbé célèbre a fait pour son compte de lourdes pages sur la théologie, et que ses secrétaires ont refondu quelques élucubrations qu'elle leur avait dictées sur la politique courante, j'étais bien certaine qu'elle saisirait aux cheveux toute occasion de parler en public et qu'elle y mettrait l'ardeur hâtive qu'elle apportait autrefois dans ses aventures galantes. La tentative de ce projet me divertissait et il me semblait fort comique d'en être l'intermédiaire. Comme je ressassais gaiement cette idée tout en me coiffant, le libraire entra dans ma chambre. Il venait ainsi chaque matin me rendre compte de ses démarches et prendre mes conseils et mes *ordres*, ajoutait-il. Il s'efforçait de racheter par mille petits soins obséquieux, son ambiguïté au sujet de la signature de nos conventions qu'il remettait de jour en jour ; donc, tandis que je lissais mes cheveux et qu'empressé il s'était saisi d'une brosse qu'il faisait courir, malgré mes protestations, sur le manteau de velours que j'allais mettre pour sortir, je lui dis tout à coup :

« Mon cher monsieur, j'ai pour vous une idée superbe, je vous ai trouvé un banquier féminin plus facile à entraîner que les récalcitrants et trop avisés banquiers de votre sexe ; je suis certaine que la dame, qui est fort riche et qui a la malheureuse passion d'écrire, vous accordera son concours ; elle ne mettra qu'une condition à la munificence de ses écus et de sa prose incolore, cette condition, vous la subirez, mon cher, je le prévois et m'en divertis à l'avance !

— Expliquez-vous mieux, s'écria le libraire ; j'écoute, anxieux, et ne vous comprends point.

— La dame, qui est une princesse, repris-je en nouant mon chapeau, a pour coutume en tout, même dans les matières les plus légères, d'imposer sa volonté et de la faire triompher à prix d'or ; elle a horreur des femmes ; celles qui ont de la beauté ou de l'esprit lui ont inspiré en tout temps une violente répulsion. Aux femmes même les plus vulgaires, il est interdit d'approcher d'elle, si bien qu'on assure qu'elle n'a jamais voulu pour femmes de chambre que de petits nègres en jupons et en cornettes. Donc, quand la princesse saura que je suis du journal, elle vous posera pour première condition de m'en exclure et vous serez contraint à la douleur de me sacrifier. »

Le libraire eut un geste d'indignation superbe qui lui fit tomber des mains la brosse qu'il continuait à passer sur mon manteau avec un soin scrupuleux.

« Madame, s'écria-t-il, vous m'offensez, vous me déchirez le cœur par un pareil soupçon ! oh ! dites-moi bien vite, de grâce, que vous ne me jugez pas capable d'une pareille indignité ! Moi, oublier jamais ce que vous avez fait pour moi, que serais-je donc, mon Dieu !

— Vous seriez un homme mâté par le dilemme de la nécessité et qui se sentira absous par elle.

— Mais la reconnaissance, mais l'honneur, madame, croyez-vous que j'en fasse si bon marché ?

— Ne prodiguons pas les grands mots ; si vous vous croyez à ce point mon obligé, rien n'est plus simple et plus facile que de vous lier irrévocablement en signant ce soir même nos conventions ; les actes ont plus de solidité que les paroles. Votre signature apposée chez l'avocat Francia, vous mettra à l'abri de toute tentation de me trahir, ou plutôt vous en ôtera la possibilité.

— Oh! vous doutez de moi, c'est bien mal! reprit-il avec un second geste très-imposant.

— J'en doute si peu, ou plutôt cette expérimentation amuse si fort ma curiosité, que ce soir même je vous aurai une lettre d'introduction auprès de la princesse de *** (et je la lui nommai); une de mes meilleures amies de Milan la connaît, je vais de ce pas lui demander sa protection pour vous. »

Il répéta le nom de la princesse en ajoutant : « Et vous dites que cette dame écrit?...

— Oui, repartis-je, gardez-vous d'avoir l'air d'ignorer sa gloire. Je me rappelle les titres de deux de ses livres, notez-les bien vite pour les retenir. »

Il tira son carnet, et imperturbablement il y traça les titres que je lui dictai.

« Voilà qui est bien, repris-je; demain matin venez chercher la lettre pour la princesse ; je ne vous demande en retour que de me dire la grimace qu'elle fera en lisant mon nom en gros caractères sur votre prospectus.

— Oh! je vous dirai tout, répliqua-t-il, car vous êtes l'âme de ce projet, et si la princesse le seconde, c'est à vous encore, toujours à vous, que je devrai cet appui inespéré. »

On vint m'avertir qu'une voiture que j'avais demandée pour sortir m'attendait; je quittai le libraire en lui disant gaiement : « Vous n'oublierez pas, j'espère, que je vous ai fourni l'arme pour m'assassiner. »

Il eut comme une larme à l'œil de fier attendrissement, et il murmura ce mot badin : « Méchante ! »

Le soir je demandai la lettre en question, et je la transmis sur l'heure à l'heureux libraire. Le lendemain, il fit visite à la princesse, et vint ensuite m'apprendre triomphant sa réussite complète.

« Le projet l'a ravie, s'écria-t-il, elle veut que le journal paraisse d'ici à un mois ; elle m'a promis des lettres pour toute la noblesse de Milan. Mes bons d'actions seront remplis avant huit jours, m'a-t-elle assuré; elle veut aussi me trouver u nbanquier, « et si je n'y parviens pas, a-t-elle ajouté, je ferai les fonds. » Elle s'est engagée sans marchander.

— Sans marchander, même sur ma collaboration? repartis-je.

— Je ne l'aurais pas souffert, reprit le libraire; elle a lu le prospectus d'un bout à l'autre, et elle a dit en voyant que le feuilleton vous était réservé :

« — C'est bien, je ne veux, moi, que les articles politiques et philosophiques, les grands articles sur la question italienne.

— Parfait, répliquai-je, elle y suffira; la question italienne repose aujourd'hui sur des arguments connus, irréfutables et qui, à force de justice et d'évidence, sont tombés dans le domaine de la banalité, mais qui ont, comme toute vérité proclamée, le pouvoir de passionner le public. L'esprit de la princesse convient à ces sujets ressassés, et les Italiens, qui ne sont pas plus difficiles à l'endroit de la langue française que nous ne saurions l'être à l'endroit de la langue italienne, applaudiront à la maigreur de son style et à la pauvreté de ses idées !

— Je me réserve *in petto* la révision de ses articles, reprit le libraire d'un air entendu qui sentait déjà son directeur responsable.

— N'y manquez pas, repartis-je en riant, surtout si elle traitait jamais de la question de Rome; elle serait capable de vous faire sur certains cardinaux et sur certains *monsegnori*, les mêmes phrases sentimentales néo-chrétiennes et peu décentes qu'elle a commises sur les pachas de l'Asie Mineure. Pour flageller certaines turpitudes, il faut le fouet des Euménides, et non la main hésitante d'une princesse galante.

— Je la surveillerai sur ces points délicats, répliqua le libraire en belle humeur, et je compte sur vous pour me seconder; les scènes et les études de mœurs seront sous votre dépendance; vous restez la reine du feuilleton. Oh! je comprends trop la distance des deux talents, ajouta-t-il avec une jovialité résolue, pour ne pas poser à la princesse des limites qu'elle ne franchira jamais.

— Eh! mon cher, repartis-je impatientée de son assurance, et devinant la tromperie sous l'obséquiosité, entre elle et moi la question de talent ne sera rien pour vous, la question de personne sera tout. Je suis un pauvre poëte à qui votre journal doit compter de l'argent; elle est une sibylle millionnaire qui vous achète à beaux deniers comptant l'ivresse de parler en public et de faire parler d'elle. Avant un mois vous trouverez sa prose sublime, et le public sera peut-être de votre avis; il n'y regarde pas de si près. Les écrivains, quelle que soit leur force ou leur impuissance, sont toujours jugés avec une grande légèreté par leurs contemporains. Le beau comme le vrai ne se dégage que de la tombe. Donc, cher directeur, les oracles que rendra la princesse sous forme de *premiers-Milan* finiront par vous paraître admirables. Pourquoi ne lui accorderiez-vous pas du génie ? il s'est bien trouvé des hommes pour la proclamer belle ! Est-ce que les poules aux œufs d'or ont jamais un vilain plumage ? Je vous vois d'ici la traitant en divinité et lui offrant une hécatombe dont je serai l'Iphigénie souriante et résignée, car je suis préparée d'avance à mon sacrifice, et je tends moi-même ma tête au couteau. » A ces dernières paroles, je vis des larmes, de vraies larmes de crocodile jaillir des yeux du libraire.

« Vous abusez de ma reconnaissance pour me torturer; l'heure viendra où vous saurez qui je suis ! »

Il sortit après ce beau mouvement dramatique, et je dois dire que tous les jours suivants il revint me rendre un compte, très fidèle en apparence, de ses entrevues avec la princesse. Elle lui avait trouvé quelques actionnaires et donné des lettres qu'il me montra, pour plusieurs banquiers.

« Vous voyez si je joue franc-jeu ; me disait-il ; partez tranquille pour Turin, assistez aux fêtes qui s'y préparent; vous m'écrirez un feuilleton animé et pittoresque sur l'ouverture du parlement, il sera publié dans notre premier numéro.

— Êtes-vous donc prêt à paraître d'ici à huit jours?

— Oui, je le serai ; à défaut d'un banquier, la princesse m'a dit comme Médée : *Moi seule, et ça suffit.* »

Je me disposai à quitter Milan le 31 mars ; le libraire de Paris, contre lequel son confrère avait essayé de me mettre en suspicion, m'envoya l'argent qu'il me devait ; depuis huit jours Turin était en fête; de toutes parts, les défenseurs illustres, civils et guerriers, de l'Italie y affluaient. Ricasoli et Farini, ces deux grands citoyens que je devais bientôt connaître, venaient d'offrir à leur roi les provinces annexées sous l'impulsion de leur patriotisme. Le roi donna à cette occasion un dîner d'apparat, et, contre son habitude, qui est de dîner toujours seul à midi et de ne jamais prendre qu'un sorbet à ces banquets officiels, il mangea ce jour-là. Un des convives étonné dit : « Le roi mange aujourd'hui. — Je crois bien, repartit gaiement M. de Cavour, l'appétit vient en mangeant, le roi vient d'avaler trois provinces. »

Le marquis d'Azeglio était allé à Turin assister à cette solennité de l'annexion; il devait y retourner pour l'ouverture des Chambres. Les députés de la Lombardie, parmi lesquels plusieurs étaient devenus mes amis, se disposaient à partir; dans le nombre était Giorgini, qui avait différé de quelques jours son retour à Florence. Je l'avais revu chez Manzoni et chez moi; son noble esprit m'était devenu de plus en plus sympathique. Je fis des visites d'adieu à tous mes amis; j'étais triste de les quitter, malgré la certitude apparente d'un prompt retour à Milan, qui devait être suivi d'une sorte d'installation rendue nécessaire par ma collaboration au journal. Tous me répétaient : Nous nous reverrons.

« Dans huit jours, me dit Manzoni, je vous attends avec votre fille. »

Notre dernière entrevue fut plus longue, plus douce et plus amicale encore que les précédentes; en l'embrassant, comme un père et comme un maitre révéré, mes larmes étouffèrent ma voix.

J'assistai à une dernière soirée chez le gouverneur; l'avocat Francia vint me chercher pour m'y conduire; au moment où nous allions partir survint le libraire qui, en apercevant l'avocat, fut tout décontenancé.

« Je voulais me présenter chez vous, lui dit-il, les affaires m'ont submergé; j'ai dû ce matin encore revoir le banquier et faire un dernier effort pour le décider, mais il hésite encore; il sera ce soir, m'a-t-il dit, chez le gouverneur. Parlez-lui pour moi avec madame; priez aussi le marquis d'Azeglio d'intervenir, et nous l'emporterons.

— Mais à défaut du banquier, la princesse vous reste, repris-je en riant.

— A vous parler franc, je voudrais pouvoir m'en passer; je voudrais vous voir régner en souveraine dans ce journal que vous avez créé.

— Bah! répliquai-je, le partage d'un royaume *in partibus* ne m'effraye point. Mais elle, vous aurait-elle imposé mon abdication?

— Croyez-vous que j'y aurais consenti, balbutia-t-il, » et il nous accompagna jusqu'à la voiture qui nous attendait.

Quand nous fûmes seuls, je dis à l'avocat :

« Il se passe quelque chose dans la conscience de cet homme; est-ce un combat? ou la honte d'une basse décision déjà prise?

— Je vous le dirai demain, s'il tient parole et vient me voir, répliqua M. Francia, je le forcerai bien à s'expliquer et à conclure. »

A peine entrés dans les salons du gouverneur, nous aperçûmes le banquier que le libraire était allé solliciter le jour même; il vint à nous comme j'échangeais quelques paroles avec le marquis d'Azeglio, qui lui dit aussitôt d'une façon aimable :

« Laissez-vous séduire par madame. »

Le banquier répliqua :

« L'affaire est douteuse » et il ajouta, en se tournant vers moi : « J'ai vu ce matin votre protégé, j'ai là le prospectus qu'il m'a apporté, » et il le tira de sa poche. « Voyez, monsieur l'avocat, poursuivit-il, si les chiffres de la mise de fonds ne sont pas effrayants.

— Ah! si vous parlez chiffres, je m'enfuis, » dit gaiement le marquis d'Azeglio, et il alla causer dans un groupe voisin.

Je saisis machinalement le prospectus que le banquier tendait à M. Francia, et je le parcourus des yeux. Je fis aussitôt un mouvement de surprise qui n'échappa point à l'avocat.

« Qu'est-ce donc? me dit-il.

— Oh! rien, répliquai-je en riant, je suis frappée de l'énormité des chiffres de débours, et, ajoutai-je en désignant le banquier, je suis comme monsieur, un peu perplexe sur l'éventualité des chiffres de revient.

— C'est à examiner, repartit l'avocat étonné de mes paroles, qui semblaient abandonner la partie. »

Le banquier reprit :

« Je ne crois pas que ce soit là une bonne affaire.

— Il se pourrait bien que vous eussiez raison, lui répondis-je, et, en ce cas, je serais désolée de vous y entraîner. » A ces mots je pris le bras de l'avocat en lui disant : « Voulez-vous que nous allions entendre ce beau chant de Verdi qui commence? » et nous passâmes dans la salle de concert.

« Je ne vous comprends pas, » me dit M. Francia.

Je tenais encore le prospectus à la main.

« Lisez, » repartis-je en éclatant de rire.

Le prospectus, remis au banquier le matin, était en tout pareil à celui qui avait été publié il y avait un mois; le journal annoncé y portait le même titre, seulement mon nom et la promesse de ma collaboration, proclamés avec éloge, y avaient été supprimés. Le libraire avait fait imprimer secrètement ce nouveau prospectus pour désarmer la princesse qui, en lisant le premier, était entrée dans une fureur menaçante.

« Cet homme est un drôle de la pire espèce, dis-je à l'avocat ébahi, il pouvait s'épargner les dernières scènes de sa comédie, car j'en avais à l'avance prévu le dénoûment et le lui avais en quelque sorte indiqué moi-même, en lui procurant une lettre d'introduction près de la princesse.

— Ne vous hâtez pas de le condamner, me répondit le bon et prudent Francia, il pourra peut-être se justifier; une affaire ne se conduit pas toujours comme un sentiment; il faut louvoyer, ménager les parties...

— Et finir par sacrifier le faible au fort, interrompis-je; c'est la logique éternelle du mal, ô mon cher avocat, et la moralité très-peu nouvelle des succès acquis par l'avilissement. Cette moralité de la nécessité, en vue du but qui justifie les moyens, est passée en proverbe depuis le déluge; elle a défrayé maint apologue satirique que vous avez pu lire dans Ésope, vous qui savez le grec, et que j'ai lu, moi, dans notre la Fontaine : *Les marrons tirés du feu pour autrui*, et le renard emportant la proie du corbeau, sont autant de leçons comiques qui divertissent l'esprit. Les indifférents rient volontiers du bout des lèvres des pauvres dupes que font les fripons et les intrigants, mais ils ne serreraient pas la main de ces derniers. Qu'une action perverse éclate devant la foule, aussitôt elle court sus au malfaiteur ou au traître, qu'elle lapide ou bafoue; ce qu'on appelle le monde y met plus de ménagement, cependant il n'oserait pas pactiser avec le crime ou la fraude dévoilés. De là l'hypocrisie endémique des êtres corrompus; ils déguisent invariablement leur scélératesse en habileté; or l'habileté a son côté séduisant; mais qu'une main courageuse leur arrache le masque du visage, aussitôt les huées les poursuivent de toutes parts; le monde reprend alors avec rigidité l'allure brutale de la foule, et justice se fait. C'est ce qui, de siècle en siècle, a soutenu la conscience humaine et transmis son instinct immuable et lumineux de peuple en peuple. Nous sommes entourés en ce moment, mon cher avocat, d'êtres brillants et légers qui, au premier mot des réflexions graves dont je vous fatigue, auraient un léger bâillement d'ennui; mais si le drôle et l'intrigante passaient au milieu d'eux et que quelqu'un, avec un cri indigné, racontât tout à coup leur alliance occulte, l'intrus, malgré son audace, et la princesse, malgré son rang, s'esquiveraient devant le mépris. — L'un vole et trompe en secret, avec sécurité, le poëte fier et dépouillé qui plane en pleine lumière; l'autre l'écrase dans sa pauvreté de la même main insensible et hardie dont, pour cacher ses hontes nocturnes, elle refermait violemment sa fenêtre sur un amant en fuite qui l'avait enivrée, au risque de le faire tomber, sanglant, sur les dalles de marbre du seuil de son palais. Tant que le mystère entoure le fripon, tant que le doute du monde protége la grande dame, ils marchent, insolents et sereins, dans leurs actes ténébreux; mais l'heure arrive où la vérité se dresse, vengeresse, et fouette les charlatans épouvantés. Le poëte, lui, va, de tristesse en tristesse, le cœur déchiré par de lâches vautours; il tend à la trahison sa main loyale; il ouvre son cœur confiant aux cœurs gangrenés; son regard habitué aux splendeurs du beau se détourne des fanges humaines; il ne les sent pas grouiller et monter autour de ses pas; son front domine les ténèbres envahissantes; il suit une lueur qu'il porte en lui. Son jour se lève enfin; la mort change sa couronne d'épines en auréole et son bâton d'indigent en rameau d'or! »

Tandis que je prononçais ces paroles, la voix puissante du ténor Giugliani répandait de salon en salon un de ces chants inspirés de Verdi qui font palpiter les âmes du fier enthousiasme du bien et de l'honneur; j'étais toute souriante de cette harmonie qui vivifiait.

Le bon avocat me voyant si calme, crut le moment venu de me donner un conseil : « Refusez, me dit-il, de revoir cet homme et laissez-moi débattre avec lui vos intérêts. — Les débats sont clos, cher conseiller, la sentence est rendue, repartis-je, elle est contre moi, je suis dupe et partant condamnée : mais comptez sur une représaille indélébile qui tôt ou tard châtiera les grotesques triomphateurs. »

Le lendemain, comme je faisais mes malles, le libraire arriva d'un air sémillant : « Eh bien, avez-vous conquis le banquier, » me dit-il. — Je lui indiquai du regard son nouveau prospectus étalé sur une table, puis, du geste, je lui ordonnai de sortir.

« Votre colère est injuste, s'écria-t-il, je veux lui laisser le temps de se calmer; avant deux jours je serai à Turin; là, vous m'écouterez, et vous verrez que je suis honnête homme. » — Je partis d'un grand éclat de rire ; puis, lui tournant le dos, je continuai à ranger mon linge dans ma caisse ouverte. Il s'éloigna en balbutiant quelques paroles. Pour en finir avec cette étude de mœurs malsaine et irritante et ne plus distraire mon attention et celle du lecteur des grandes scènes que va m'offrir l'Italie triomphante, je dirai ici en peu de mots ce qu'il advint du libraire, de son journal et de la princesse.

Soit qu'il eut la pensée, bien digne de lui, que je chercherais à lui nuire et à entraver sa publication, l'*honnête homme*, deux jours après, se présenta chez moi à Turin; je le reçus sans me lever de ma chaise et je l'écoutai sans lui répondre.

« Madame, me dit-il avec beaucoup d'aplomb, je vous offre encore une place dans mon journal, ne la dédaignez pas, vous la regretteriez. » Comme je continuais à garder le silence, il s'écria : « Vous voulez donc m'abandonner? ma démarche vous prouve une dernière fois la pureté de mes intentions...

— Assez! » lui dis-je, dégoûtée par sa présence, dont un visiteur qui survint me délivra. J'appris une heure après qu'il était venu à Turin pour y recruter un petit journaliste ex-républicain, qui ne se tint pas d'orgueil à l'idée d'un mariage littéraire avec la princesse; mais des scènes conjugales s'en suivirent; elle le traita trop en reine d'Espagne; au bout d'un mois d'union, le divorce éclata. Toutes les gazettes d'Italie en retentirent; la princesse resta souveraine absolue du royaume qu'elle avait acheté à beaux deniers comptants; elle y règne en paix, lançant chaque jour un nouveau manifeste. Cinq mois plus tard (vers la fin d'août), quand je revis M. de Cavour avant de partir pour Naples, il me dit en riant, sitôt qu'il m'aperçut : « Eh bien! la princesse vous a *soufflé* votre journal? » Lorsque je lui racontai que j'avais moi-même servi d'intermédiaire au libraire auprès d'elle, il me persifla sur mon enfantillage. « Comment avez-vous pu croire qu'elle vous laisserait une place à côté d'elle? n'aviez-vous pas lu les pages de Gioberti où il châtie si vertement sa vanité maladive?

— J'avais lu ces pages, et je n'ai pas cru un seul instant à une association possible avec la princesse; mais poursuivis-je, ne comprenez-vous pas, monsieur le comte, la joie secrète qu'ont les gens d'imagination à faire jouer sous leurs yeux les marionnettes humaines; l'observation apaise nos plus justes colères et l'ironie nous console de nos défaites. — En affaire, ces expérimentations psychologiques sont de la folie, répliqua avec son rare bon sens M. de Cavour; que diriez-vous si pour procurer à mon orgueil la jouissance de l'abjection des traîtres qui conspirent contre l'Italie, je leur facilitais moi-même les moyens de la trahir?

— La réussite des machinations de la princesse et de son acolyte sont de moins d'importance, repartis-je en souriant, et après tout, c'est un journal de plus, bon ou mauvais, qui défendra votre cause.

— Il n'est encore qu'à l'état d'embryon, répliqua le ministre.

— Il croîtra et multipliera, monsieur le comte; la médiocrité est vivace et retentissante, elle a pour l'alimenter et lui faire écho la banalité humaine, c'est-à-dire la majeure partie de notre espèce. »

Vers le même temps, la princesse ayant rencontré Giorgini à Turin, le pria de s'intéresser à son journal et de le répandre à Pise.

« Le journal dont vous me parlez est bien le même qu'une dame française fondait à Milan, il y a quelques mois? lui dit Giorgini en me nommant.

— Je n'ai jamais entendu parler de cette femme, repartit la princesse; ce que vous me dites là est pour moi l'inconnu, » et elle lança quelques bouffées de la vapeur du narguilé qu'elle fume toujours, comme pour évoquer le mirage de ses nuits d'Orient.

Je ne sais si mon orgueil m'abuse, mais je crois que mon nom percera désormais les nuages de sa sublimité.

Parfois le chat-tigre mord par derrière la lionne tranquille : celle-ci bondit, se redresse et écrase en se jouant le maigre animal.

FIN DU PREMIER VOLUME.

TABLE DES MATIÈRES

I

État des esprits en France au commencement de 1859. — Un mot d'Alexandre Manzoni. — Paroles de Jules Favre. — L'armée française passe les Alpes. — Réveil de la France. — Magenta et Solferino. — Paix de Villafranca. — Retour de l'armée française. — Défilé sur la place Vendôme. — Dîner de généraux et d'officiers français chez madame Ernestine Panckoucke. 1

II

Je quitte Paris. — La route. — Souvenir de l'auberge de Tonnerre. — Dijon. — Fête de l'Immaculée Conception à Avignon. — Beaucaire et Tarascon. — Un fantôme. — Arles. — M. Honoré Clair. — Le poëte Frédéric Mistral. — Les arènes d'Arles et le satyre de la *Légende des siècles*. — Marseille. — Ma vieille nourrice. — Le Prado. — Le *Roucas blanc* ou château Talabot.. 10

III

Toulon. — M. de Vallavieille. — Départ de Toulon pour Draguignan. — La route. — Un roman de jeunesse. — Arrivée à Draguignan. — Mes hôtes. — M. de Musset. — Une Vénus en robe de serge bleue. — Départ de Draguignan. — Mes compagnons de route. — L'auberge des Adrets. — Fréjus. — Un saint évêque ami de ma mère. — Une abbesse carmélite. — Château de lord Brougham. — Cannes. — Saint-Laurent du Var. — La frontière. — Arrivée à Nice. 25

IV

Nice. — M. Léon Pillet. — La *Gazette de Nice*. — La Villa Arson. — Importance d'un mot de M. de Talleyrand sur Nice. — Ruines de Cimier. — Le vieux château. — Le port. — Une fille qui a fait un vœu à la madone. — Le Ghetto. — Le château Saint-André. — Rencontre de l'impératrice-mère de Russie. — Villefranche. — Retour en France jusqu'à Saint-Laurent du Var. 36

V

Départ de Nice pour Gênes. — Route de la Corniche. — Turbie. — Monaco. — Souvenir du dernier duc adorateur fanatique de la tragédie classique. — Vers inédits de madame Desbordes-Valmore. — Roquebrune. — Mantone. — Dîner à l'italienne à San Remo. — Enchantement de la route. — Flânerie des conducteurs. — *Furia* des postillons. — Les femmes de la campagne de Gênes un dimanche. — Le *Pezzoto*. — Arrivée à Gênes. — Hôtel Feder. — Souvenir de Balzac. — Vue du port. — Situation de l'Italie au moment où j'y arrive. — Premier aspect de Gênes. — Le café de la *Concordia*. . . . 47

VI

Madame Irène Capecelatro. — Son frère le comte Ricciardi. — Le professeur Botto du *Corriere mercantile*. — L'*Aqua sola*. — L'*Annunziata*. — Sérénade patriotique au capitaine Verdura.—Églises et palais de Gênes.—Villa Doria. — Un soldat français lisant les drames de Victor Hugo. — Soirée littéraire chez le comte Ricciardi. — Les poëtes Mercantini, Desta et Pennachi. — M. Sterbini. — La marquise Balbi, le palais de son père. — Représentation de l'*Oreste* d'Alfieri.— La villa Pallavicini. — Pegli. — M. Frédéric Filippi. — Idylle.. 57

VII

Départ de Gênes pour Turin. — Alexandrie. — Récit de la mort d'un sergent français. — Arrivée à Turin, aspect de la ville. — M. et madame Mancini. — M. Pierre Leopardi. — M. Machi-Mauro. — Le prince de la Tour d'Auvergne, ambassadeur de France à Turin, ce qu'il me dit sur l'esprit des Romagnes. — Garibaldi à l'hôtel Feder. — Représentation de la *Norma*. — Charles Poërio. — Turin couvert de neige. — Le palais Madame, le palais du roi. — Appartement du duc et de la duchesse de Gênes. — Statue de la reine. — Mansuétude de la mort. —Le Campo-Santo, tombeau de Silvio Pellico. — Une rose. — Mot de Mancini sur l'historien Cantù. 74

VIII

Départ de Turin pour Milan. — Magenta. — Reliques des soldats français. — Arrivée à Milan. — Premier aspect de la ville. — Le Dôme le soir. — Visite au maréchal Vaillant à la villa Bonaparte. —Soldat français berçant l'enfant d'un portier milanais. — L'historien Cantù, son entrevue au camp avec l'empereur Napoléon III. — Le capitaine Yung. — Théâtre de la Scala. — Visite du Dôme. — Récit du capitaine Yung sur l'entrée des Français à Milan. —

TABLE DES MATIÈRES.

Rencontre des soldats lombards rendus par l'Autriche. — L'avocat Francia, le Code autrichien. — La bibliothèque ambroisienne, le buste de lord Byron par Thorwaldsen, légué à la bibliothèque par un cordonnier milanais. — La *Cène* de Léonard de Vinci. — Saint Ambroise. — Visite à Alexandre Manzoni, sa maison, son cabinet de travail. — Ce qu'il me dit sur l'empereur Napoléon III, sur les doctrinaires, sur le pouvoir temporel du Pape, sur Lamartine. — Longue conversation sur la littérature française contemporaine. — M. Broglio, directeur de la *Lombardia*. — Détails sur Manzoni. — Son vœu de ne jamais porter une décoration. — Sa douleur à la paix de Villafranca. 91

IX

Je vais à Pavie. — La Chartreuse. — Pavie. — Le colonel Lebellier-Valazé, causeries, esprit de l'armée française au moment de la paix de Villafranca. — Retour à Milan. — Arc de triomphe de la paix. — Grand cirque moderne. La femme du gardien et le soldat français. — Le musée Brera, statue de Napoléon Ier par Canova réintégrée dans la cour. — Le palais Castelbarco. — Le grand hôpital de Milan, soldats français convalescents. — M. et madame Sforni, soirée à la Scala. — Le peintre Pagliano et Garibaldi. — La comtesse Maffei, son salon. — Elle me rappelle madame Récamier. — Le théâtre Fiando (les Marionnettes), un soldat français, première clarinette. — Le cabinet de l'avocat Francia, son mot à l'entrée de Napoléon III à Milan. — Soirée chez la comtesse Maffei. Messe militaire au Dôme. — Différence de la piété italienne et de la piété française. — Je visite le palais royal; les bustes et les statues des Bonaparte réintégrés. — Préparatifs de départ pour Venise. — La comtesse Maffei m'apporte une lettre pour son ami le baron Malazomi. 122

X

Je pars de Milan. — Les montagnes de la Valteline. — Beauté de la configuration de l'Italie. — Bergame. — Brescia, vue de la route. — Desenzano, frontière autrichienne. — Le jugement de Salomon appliqué à une nation. — Le lac de Garde. — Peschiera, attente dans un café enfumé. — Repartie à la nuit. — Rencontre d'un convoi de soldats lombards rendus à leur patrie; leur cri de *vive la France*. — Arrivée à Vérone. — Le signor Angiolino. — Bagage égaré. — Deuil lugubre de la ville. — L'hôtel des Deux-Tours et son camerière. — Visite du signor Angiolino. — Excursion à travers Vérone. — Monuments. — Souvenir de Chateaubriand. — Le tombeau de Juliette. — Soldats autrichiens. — Mot de l'enfant qui me guide. — Visite des remparts. — La porte Stuppa. — Deux officiers autrichiens. — Un Français me parle de Mantoue. — Je pars de Vérone, la Juliette des cités attend son Roméo guerrier pour se ranimer. 145

XI

Rencontre du colonel Lamasa, comment il hérite de son beau-frère le duc Devilafusa. — Aspect de la route. — Montebello. — Vicence. — Nouvelle rencontre d'un convoi de soldats lombards. — *Viva la patria!* — Les premières lagunes. Mon saisissement. — Venise flottante sur la mer. — Formalités de la douane. — Entrée à Venise par le Grand-Canal. — Ville morte. — Mot du

37

gondolier. — Je descends à l'hôtel Danieli. — Premier coup d'œil sur Venise. Il fait nuit. — Les marionnettes du quai des Esclavons. — Le palais ducal, la Piazzetta. — Le Campanile. — La tour de l'Horloge. — La place Saint-Marc. — Le portail de l'église. — Les figures des saints. Réflexions. — Visite du colonel Lamasa. — Le lendemain Venise couverte d'un voile de brume. — Péristyle de Saint-Marc. — Trois mendiantes. — Ce que me raconte la plus jeune. — Intérieur de l'église. — La *Merceria*. — Fragment du palais Polo. — Souvenir de Marco-Polo. — *Campo San Bartolomeo*. — Poissonnerie. — Les pêcheurs de Chioggia. — L'esturgeon, roi tudesque. — Un gondolier à mine farouche, plus de querelles depuis Daniel Manin. — Pluie et tempête. — Cour du palais ducal, les *pagotes*. — L'escalier des Géants. — Intérieur du palais. — Air de l'hymne de la maison de Savoie sifflé par un jeune maçon. — Je m'assieds dans l'église Saint-Marc. — La place est vide. — Aspect des *Procuratie Vecchie* et des *Procuratie Nuove*. — Le baron Mulazzani. — Représentation au théâtre *San Benedetto*. — Bourrasque sur la lagune. — Alexandre Dumas attendu à Venise. — Le café Florian peuplé de grandes ombres. — Le théâtre de la *Fenice* en plein jour. — Madame Malibran, anecdote. — Ascension du Campanile. — Vue de Venise à vol d'oiseau. — *San Giorgio Maggiore*; la *Salute*. — Le petit palais Contarini Fasan. — Doux roman. — *Santa Maria dei Frari*. — *Scuola di San Rocco*. — SS. *Giovanni e Paolo*. — *Scuola di San Marco*. — Parcours du Grand-Canal aux étoiles. — L'îlot et l'hôpital *Santa Chiara*. — Épisode de la guerre de 1848. — Daniel Manin. — Ses sœurs. — — M. Armand Baschet. — Palais. — Visite du palais Vendramin appartenant à la duchesse de Berry. — Magnifiques portraits des rois de France. — Courses à travers Venise, la nuit. — Venise étrange, inouïe. — *Corte del Maltese*. *Campo San Stefano*. — Léopold Robert. — Drame du palais Pisani. — Les *Zattere*. — Éblouissement. — La princesse Clary à Venise. — Son entourage. — Percement de l'isthme de Suez. — Venise renaîtra. — Soldats hongrois fusillés sur le champ de Mars. — Le Lido. — Dévastation. — La mer Adriatique. — Souvenirs de lord Byron et d'Alfred de Musset. — Retour du Lido, apparition splendide de Venise. — L'*Elisir d'Amore* au théâtre *San Benedetto*. — Avis du comité patriotique de Venise. — Puits et *Plombs*. — Pont des Soupirs. — Un bain à Venise. — Mot d'une fille du peuple. — L'île des Arméniens. — Seconde promenade au Lido. — Dévastation du cimetière des Juifs, tempête. — Visite de l'Arsenal. — Les ouvriers sans travail. — Ce qu'était le Bucentaure et ce qu'il est devenu. — L'Académie des beaux-arts. — Le palais Lorédan. — Je retourne à l'île des Arméniens avec M. Armand Baschet. — La *Giudecca*. — L'église du Rédempteur, ignorance et saleté des capucins. — Bonne chère à Venise. — Beauté de Venise couverte de neige. — L'île de Murano. — Les verreries. — Les ouvriers me parlent de Victor-Emmanuel et de Garibaldi. — L'île de Saint-Michel ou *Campo Santo*. — Visite du palais Foscari. Profanation. — Recherche du palais Nani où demeura Alfred de Musset. — Atelier de Léopold Robert au palais Pisani. — M. Nerly. — *San Zaccaria*. — Encore le Grand-Canal et le canal *della Giudecca*. — Détour à l'église *del Carmine*, Litz touchant de l'orgue pour une femme aimée. — Causerie du soir sur lord Byron et Alfred de Musset. — Grande découverte par un jour de neige 158

XII

Je vais à Padoue. — Rencontre d'une dame mystérieuse qui aime les Autrichiens. — Neige durcie sur toute l'étendue de la campagne. — Les Alpes du Tyrol. — Les Monts *Euganéens*. — Arrivée à Padoue. — M. Lebreton. — Visite des monuments. — Le *Salone* transformé en ambulance après Solferino. — Mort d'un soldat français. — Helena Lucrezia Cornaro. — Sublimité d'une fresque de Giotto. — *Il Santo*. — Ce que me dit de son curé une pauvre mère, en prière. — *Il Prato*. — Sainte-Justine transformée en grenier à avoine. — Une sentinelle rogue. — Un officier intervient. — Je quitte Padoue. — Je retrouve à l'embarcadère la dame mystérieuse. — Nous montons dans le même wagon. — Deux jeunes Vénitiens patriotes. — Madame de Montecuccoli. 251

XIII

Tristesse à l'idée d'être forcée de quitter Venise. — Encore Saint-Marc. Le trésor. — Chapelle du Baptistère. — Souvenir d'Emilio Dandolo aux Eaux-Bonnes. — Mot du mourant à une comtesse légitimiste. — La famille du gardien du Campanile. — Le marchand de coquillages. — La veille de Noël à Venise. — Je vais à *San Pietro del Castello*. — Rencontre de deux belles filles du peuple. — Le soldat autrichien. — Une belle et pauvre mendiante. — Scène émouvante. — L'église de San Pietro del Castello. — Le cloître transformé en caserne. — Les douze filles de Venise dotées par la République. — Je parcours la *Merceria* et la poissonnerie, pyramides de poissons. — Je suis reconnue par le pêcheur de Chioggia. — Messe de Noël à Saint-Marc. — Splendeur de l'autel. — La *pala d'or*. — Le gouverneur autrichien. — La nef est vide. — Le patriarche courtisan Mgr Ramazotti. — La figure de saint Marc flamboyante sur le fond d'or des mosaïques. — La messe de minuit à Saint-Moïse. — La tombe de Law dans cette église. — Le jour de Noël. — Je vais à l'île des Arméniens. — Le poète arménien Arsenio Bottor Bagratuni. — La Bibliothèque. — Frère Jacques me donne le fac-simile de la signature d'Alfred de Musset. — Effet de la fameuse brochure *le Pape et le Congrès* à Venise. — Le patriarche tonne contre elle dans un mandement. — Le musée Correr. — Le marquis et la marquise Guiccioli. — Leur palais sur le Grand-Canal. — M. de Metz. — Le fort Saint-Andréa. — Le fort San Nicolo del Lido. — Le moine Nicolo Giustiniani. — L'Ile de Torcello. — Son église. — Siège d'Attila. — Ile cadavre. — Burano. — Une Médée vivante. — Le *ponte Storto*, palais de Bianca Capello. — Chronique. — Visite des archives de Venise. — Le directeur M. Mutinelli. — Un parent de ma mère émigré à Venise. — Place San Polo. — Je vais avec la marquise Guiccioli visiter la galerie du peintre Schiavoni. — La Vénus voilée. — Horreur de la chair de l'empereur d'Autriche et de François II ex-roi de Naples. — Mieux vaudrait l'horreur du sang. — Je dîne au palais Guiccioli. — Magnificence d'un salon peint par Palma le jeune. — Le prince Louis Capranica poëte et romancier. — Le comte Morosini. — M. Polidori. — M. Clavel. — Les femmes de Venise se faisant *blond r*. — Recette. — Toast au roi Victor-Emmanuel. — Son portrait partout à Venise. — Le palais Trevisan-Capello, habité par une modiste française. — La belle comtesse Pisani. — Je visite le palais Morosini avec le comte Morosini. — Dernière descendante du doge dit le Péloponésien. — Les jésuites convoitent son héritage. — Magnificence du palais. — Salle d'armes. — Marbres grecs. — Galerie des batailles. — Galerie des portraits. — Galerie de tableaux des grands maîtres. — Chapelle. — Le gouverneur de Venise veut s'emparer des vieilles armes. — Vaisselle héréditaire donnée à Daniel Manin en 1848. — Mon vœu. — Orage sur le Grand-Canal. — Le séminaire patriarcal. — Une admirable fille de Venise. — Le palais Manfrini. — Jardin en ruine. — Le Ghetto. — Le brocanteur juif. — Vieux lustres de Murano achetés par le duc de Bordeaux. — Miroirs de Venise destinés au docteur Véron. — La marquise Guiccioli me conduit au palais Mocenigo qu'a habité Byron. — Je dîne au palais Guiccioli. — Le poëte Piave. — Le marquis Guiccioli poëte. — Le quartier des Grecs à Venise. — Église de San Giorgio dei Greci. — Église des jésuites. — Cérémonie funéraire à San Stefano. — Convoi du baron Galvagna. — Gondole mortuaire. — Les pigeons de Venise. — Je vois passer le duc de Bordeaux et le duc de Levis. — Portrait du dernier des Bourbons de France. — Adieu au palais ducal. — Adieu de mes amis de Venise. — Adieu à Venise du haut du Campanile. — Promenade au jardin public. — Le manége. — Mon entrevue avec le duc de Bordeaux. — Dernière promenade sur le Grand-Canal. — Jour du départ. — Le photographe Ponti. — Le lion qui dort. — J'embrasse Venise comme une amie. — Elle fuit. — Une parole des gondoliers de Venise.. 267

XIV

Fête de la nature. — Splendeur du paysage. — Vérone transfigurée par l'éclat du soleil. — Rencontre d'officiers français et d'officiers piémontais se rendant à la fête de Brescia donnée par l'armée italienne à l'armée française. On m'y entraîne. — Le major Panario. — L'hôtel du Gambaro. — Le bal. — Fleurs et vers envoyés par les dames de Venise. — Le *Maestro di ballo*. — Code tyrannique. — Quatre épigrammes contre les Italiens. — Rencontre du colonel Valazé. — La comtesse Litta. — Le souper. — Le lit brescian. — Monuments de Brescia. — Campo Santo. — La sépulture des soldats français morts à Solferino. — Douleur des mères. — Humble tombe de la sainte duchesse Bevilacqua. — Le temple de Vespasien et la Victoire de Brescia. — Le fort vénitien, garnison française inspectée par le colonel Valazé. — Admiration du major Panario pour la tenue de nos soldats. — Un loustic parisien. — Souvenir de Bayard. — Regard sur la campagne. — Le camp des tournois. — Dîner à l'italienne. — Toast des officiers piémontais à leur roi. — Départ pour Milan. — Adieu du major. — Alexandre Dumas se rendant ce jour-là à Venise. — Arrivée à Milan. 325

XV

Je retrouve mes connaissances milanaises. — M. Diday ingénieur français. — Un de ses confrères. — Le commandant d'artillerie Protche. — Froid glacial. — Excursion au lac de Côme. — Monza. — La couronne de fer. — Mieux vaut celle de l'Italie unie. — Château Baradello. — Chronique de Napoléon della Torre. — Aspect de Côme, ses monuments. — Statue de Volta. — Le lac, beauté des Alpes Lépontiennes et Rhétiques. — La villa Reimondi. — La fiancée de Garibaldi. — Vœu des bateliers pour le héros. — La villa de l'archiduc Régnier. — Tour du premier bassin du lac. — Souvenir de madame Pasta. — Villa Pliniana appartenant au duc Belgiojoso. — Mort de ce prince charmant. — Intensité du froid. — Taciturnité de mon compagnon d'excursion. — Café bouillant servi par une belle fille d'auberge. — Retour à Côme. — Engourdissement. — Je me réchauffe dans une échoppe de fromages. — Départ de Côme. — Rencontre à Monza d'officiers français en belle humeur.. 351

XVI

Pauvre machine humaine, un rien la brise. — Ma grippe. — Fluxion de poitrine de M. *** — Je vais malade en soirée chez la comtesse Maffei. — L'improvisatrice napolitaine Giannina Milli. — Son chant sur Daniel Manin. — Visite à Manzoni. — Ce qu'il me dit sur Louis XVI, sur Chateaubriand, sur la dernière brochure de M. Villemain, sur Lamennais. — Son jugement sur le pouvoir temporel du Pape. — Son appréciation de Victor-Emmanuel. — Le roi parle quand il le veut l'italien le plus pur. — Mes vers à Manzoni. — La fièvre me retient prisonnière. — Alexandre Dumas à Milan. — Il assiste au bal donné au profit des Vénitiens. — Ses entrevues avec Garibaldi. — Mariage du héros. — Page douloureuse. — Il sort plus grand de l'épreuve. 359

XVII

Le journal la *Perseveranza*. — Lettre et vers de Manzoni. — Beauté de mademoiselle Wise. — Visite à Manzoni. — Détails sur sa première femme. — Ses deux filles. — Ses deux gendres, Maxime d'Azeglio et Giorgini. — Sa joie de la renaissance de l'Italie. — Je reste forcément à Milan. — Visite d'un ancien libraire français. — Sa proposition de fonder un journal à Milan. — Difficultés. — Prospectus du journal l'*Annexion*. — Le maréchal Vaillant m'annonce que l'armée française va quitter Milan. — Beau mouvement de la comtesse Maffei. — Soirées de la Scala. — Le ténor Giuglini. — Les bals masqués. — Les hommes dansant entre eux. — Attente de l'arrivée du roi. — Aspect de la table d'hôte à l'*hôtel de la ville*. — Le corps diplomatique. — Fatuité d'un officier français. — Visite du ténor Giuglini. — Son patriotisme. — La décoration de la reine d'Espagne........ 374

XVIII

Arrivée du roi. Joie, enthousiasme de la foule. — Portrait de Victor-Emmanuel. — Bal chez la duchesse Visconti. — M. de Cavour. — Apparition d'une princesse fantôme, jugée par Gioberti. — Les beautés de Milan. — Leur défilé radieux. — Visite à Manzoni. — Il a vu le roi et M. de Cavour. — Son mot au grand ministre. — Le salon bleu. — Portrait du marquis et de la marquise d'Azeglio. — Souvenirs politiques que ce salon rappelle à Manzoni. — Affection et respect qu'il m'inspire de plus en plus. — Premier bal de la cour. — Je suis présentée à M. de Cavour. — Ce qu'il me dit de l'alliance française et italienne. — Il me donne rendez-vous pour le surlendemain. — Joie du futur directeur du journal français en apprenant mon entrevue avec le ministre. — Je vais voir M. de Cavour au palais Royal. — Le baron Perrone de San Martino. — Le comte Oldofredi. — Causerie avec M. de Cavour sur Venise et sur la fondation du journal. — Spectacle des Coriandoli. — M. Tourte, ministre plénipotentiaire de la Suisse. — Passion du roi pour la chasse. — Bal du Casino. — Une dame peu vêtue. — Second bal à la cour. — La duchesse de Gênes. — La duchesse Visconti. — Le comte de Cavour me présente à la comtesse della Rocca. — Sa beauté. — Le roi et la duchesse de Gênes à la Scala. — Enthousiasme de la salle répercuté dans la ville entière. — Départ du roi pour Turin. — Je vais voir Manzoni. — Je trouve chez lui l'abbé Ratti. — Un prêtre patriote. — Giorgini survient. — Son esprit. — Ce que lui et Manzoni me disent de Gino Capponi. — Sa cécité. — Parole touchante qu'il dit à Manzoni. — Mot de M. Thiers sur Gino Capponi. — Giannina Milli chez Manzoni. — Première soirée chez le marquis d'Azeglio gouverneur de Milan. — Le vote de l'annexion. — Mot charmant et profond que me dit à ce sujet le marquis. — On danse en carême au palais du gouverneur. — Je reçois la visite du marquis d'Azeglio. — Causerie sur l'art et la littérature. — Je lui parle du projet du journal qui doit se fonder à Milan. — Il s'y intéresse. —

Fêtes patriotiques à Milan pour célébrer le vote de l'annexion. — Le Dôme pavoisé. — Les prêtres refusent de faire sonner les cloches. — Le peuple les sonne à leur place. — L'archevêque prend la fuite. — Un chapelain de Garibaldi. — Les gamins de Milan. — Parole de Manzoni. — Réponse de d'Azeglio. — Seconde soirée au palais du gouverneur. — M. Torelli secrétaire du gouverneur. — Il s'intéresse au projet de journal. — Joie et démarches du futur directeur. — Pas d'actionnaires. — Banquier introuvable. — J'introduis le libraire auprès de la princesse fantôme. — Leur association occulte. — Je me dispose à partir pour Turin pour assister à l'ouverture du Parlement. — Mes adieux à Manzoni. — Troisième soirée au palais du gouverneur. — Découverte. — Les marrons tirés du feu. — Le poëte pris au traquenard de intrigants. — Chant de Verdi. — Je pars pour Turin. — Aplomb de l'associé de la princesse fantôme. — Jugement de M. Cavour sur cette affaire. Mot de la princesse à Giorgini. — Morsure du chat-tigre.......... 588

FIN DE LA TABLE DU DEUXIÈME VOLUME.

PARIS. — IMP. SIMON RAÇON ET COMP., RUE D'ERFURTH, 1.

LIBRAIRIE DE E. DENTU

Collection in-18 à 3 fr. le volume

Abécédaire du salon de 1861. . . . . Th. Gautier.
L'Amour d'une Blanche. Ch. Jobey.
L'Amour jugé par les grands écrivains. . . ***
Les Amours de village. Vict. Rostand.
Un Amour vrai. . . . Louise Vallory.
L'Ancien Figaro. . . . Em. Gaboriau.
Les Anglais, Londres et l'Angleterre. . . L. J. Larcher.
L'Année anecdotique. . F. Mornand.
L'Année comique. . . . Pierre Véron.
Les Autrichiens et l'Italie. . . . . De la Varenne.
Les Aventures de Karl Brunner. . . . . . Alf. Assolant.
Ballades et chants de la Roumanie. . . . . Alexandri.
Le Batelier de Clarens. 2 vol. . . . . . . J. Olivier
Bévues parisiennes. . G. de Flotte.
Blanche Mortimer. . . Adrien Paul.
La Bûche de Noël. . . Ed. Plouvier.
Les Cantatrices célèbres. Escudier.
Catherine d'Overmeire. 2 vol. . . . . . . E. Feydeau.
Le Charnier des Innocents. . . . . Julien Lemer.
Le Cheval. . . . . . . H. Cluseret.
Chrétienne et Musulman ***
Les Comédies parisiennes. . . . . E. Greeves.
Les Comédiennes adorées. . . . . Em. Gaboriau.
Comment aiment les hommes. . . . . . . O. Audouard.
Contes kosaks . . . . M. Czatkowski.
Contes et profils normands. . . . . Marc Bayeux.
Les Cours galantes. 2 v. Desnoiresterres.
Les Cotillons célèbres. 2 vol. . . . . . . Em. Gaboriau.
Le Curé du Pecq. . . G. Chadeuil.
Une Dette de jeu. . . Adrien Paul.
Dictionnaire des ordres de chevalerie. . . Gourdon de Genouillac.
Les Dogmes nouveaux. E. Nus.
Le Drame de la jeunesse. . . . . Paul Féval.
Une Drôlesse. . . . . La C*** Dash.
Encyclopédie de l'Amour. . . . . L. J. Larcher.
Encyclopédie hygiénique. 9 vol. . . . . A. Debay.
Enigme des rues de Paris. . . . . . .
Escapades d'un homme sérieux. . . . . Armengaud.

Paris. . . . . Ed. Fournier.
L'Esprit dans l'histoire. Ed. Fournier.
L'Esprit des autres. . Ed. Fournier.
Le Faubourg mystérieux. 2 vol. . . . Léon Gozlan.
La Femme en blanc. 2 v. Wilkie Collins.
Une Femme de cœur. Marc Bayeux.
La Fin d'un Monde. . . J. Janin.
La Fire-Fly. . . . . . De Pont-Jest.
Les Frais de la guerre. Léon Walras.
Francis Sauveur. . . .
Les Gens de théâtre. . Pierre Véron.
Grammaire héraldique. G. de Genouillac.
Les Grands Corps politiques de l'Etat. . . ***
Guide du Joueur à la roulette. . . . . . Le C*** de X***.
Un Hermaphrodite. . . L. Jourdan.
Histoire de l'Industrie française. . . . . E. d'Auriac.
Histoire d'une bouchée de pain. . . . . . Jean Macé.
Hist. du Pont-Neuf. 2 v. Ed. Fournier.
Les Hommes d'Etat de l'Angleterre au XIX° siècle. . . . . . A. de la Guéronnière.
Les Hommes de lettres. De Goncourt.
Le 13° hussards. . . . Em. Gaboriau.
Jacqueline Voisin. . . Paul Deltuf.
Jessie. 2 vol. . . . . Mocquard.
Journal du siège de Gaëte. . . . . . . Ch. Garnier.
Lettres d'amour de Mirabeau. . . . . . . Mario Proth.
Lettres de Mademoiselle Aïssé. . . . . Ravenel.
La Loi de Dieu. . . . Ch. Deslys.
Madame Claude. . . . Eug. Muller.
Madame Gil Blas. 2 vol. Paul Féval.
Manuel du Chasseur au chien d'arrêt. . . L. de Curel.
Les Marionnettes de Paris. . . . . Pierre Véron.
Les Massacres de Galicie. . . . . L. Chodzko.
Mémoires d'un homme du monde. . . . . A. Ronbelet.
Le Monde spirituel. . . Cauderberg.
Mœurs et coutumes de la vieille France. . Mary-Lafon.
Une Nichée de gentilshommes. . . . . . I. Tourguenef.
Nouvelles espagnoles. C. Haberneck.
Paris au gaz. . . . . Julien Lemer.
Paris mystérieux. . . Mane.
Paris s'amuse. . . . Pierre Véron.
Pasquin et Marforio. . Mary-Lafon.

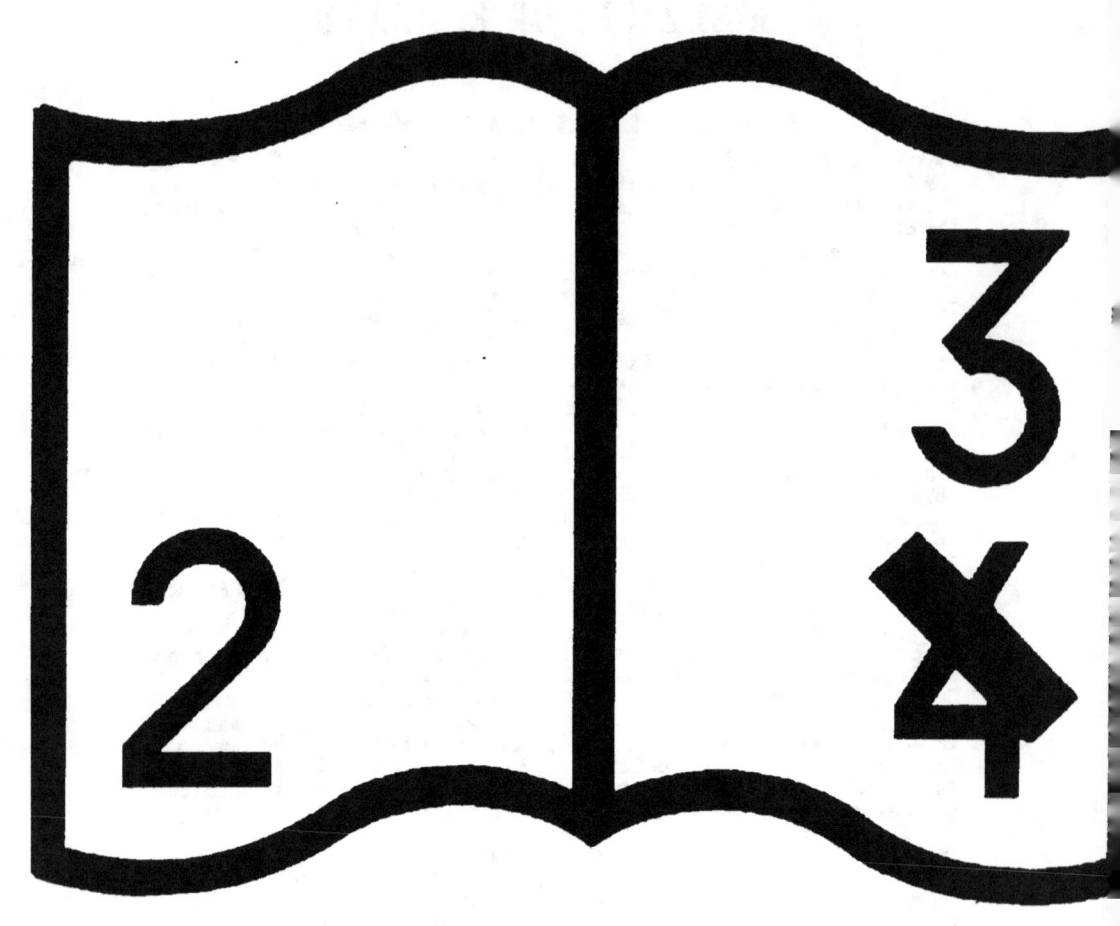

Pagination incorrecte — date incorrecte

NF Z 43-120-12

Pauvre Mathieu	A. DE BERNARD.	Romans irlandais	W. CARLETON.
Les Paysans russes	A. LESTBELIN.	Souvenirs des Campagnes d'Italie et de Hongrie	D. PINODAN.
Petits Romans	A. DE BRÉHAT.		
Un philosophe au coin du feu	L. JOURDAN.	Les Stations d'un touriste	A. DE BERNARD.
Philosophie magnétique	A. MORIN.	Les Strauss français	M. DE PLASMAN.
Poëmes	L. MÉNARD.	Sylvie	E. FEYDEAU.
Poésies populaires serbes	A. DOZON.	La Syrie, la Palestine et la Judée	LAORTI-HADJI.
Portraits du XVIIIᵉ siècle	DE GONCOURT.	Valdieu	M. L. DUVAL.
Quelques vérités utiles	***	Les Valets de grande maison	A. DE KÉRANIOC.
Raymond	C. DE MOUY.		
Récits de la vie réelle	C. VIGNON.	La Vénerie contemporaine	DE FOUDRAS.
La Régence galante	A. CHALLAMEL.		
Le Roman d'une actrice	P. NIBOYET.	Une Voiture de masques	DE GONCOURT.

Collection in-18 à 3 fr. 50 le volume

Adam Bede. 2 vol	GEORGE ELIOT.	Portrait intime de Balzac	ED. WERDET.
L'Amour	C.-P.-M. HAAS.		
L'Angleterre et la vie anglaise	A. ESQUIROS.	Rimes légères, chansons et odelettes	AUG. BARBIER.
		Romans et Nouvelles	A. BIGNAN.
Les Beautés de la Pharsale	A. BIGNAN.	La Scandinavie	G. LALLERSTEDT.
Le Comte de Raousset-Boulbon	DE LACHAPELLE.	Sonnets, Iambes et Ballades	E. DE SARS.
Les Épaves	A. LACAUSSADE.	Souvenirs du marquis de Valfons	DE VALFONS.
La Femme	C.-P.-M. HAAS.		
Guide pratique du fermier et de la fermière	MADAME MILLET-ROBINET.	Théorie de l'impôt	J. PROUDHON.
		Variétés en prose	A. BIGNAN.
La Guerre et la Paix. 2 vol	J. PROUDHON.	Voyage aux Alpes	M. DARGAUD.
		L'Afrique du Nord	JULES GÉRARD.
Iambes et Poëmes	AUG. BARBIER.	Le Chemin de l'Épaulette	AUG. LECOMTE.
L'Immortalité	A. DUBERNIL.		
Le Jardin d'amour	P. DE L'ISLE.	La Gerbée	MICHEL MASSON.
Jules César	AUG. BARBIER.	Le Mangeur d'hommes	JULES GÉRARD.
Hist. des classes privilégiées. 2 vol	L. DE GIVODAN.	Nouveaux Souvenirs de chasse et de pêche	LOUIS DE DAX.
Magie du XIXᵉ siècle, Ténèbres	A. MORIN.	Les Princesses russes prisonnières au Caucase	ED. MERLIEUX.
Mémoires d'un Bibliophile	TENANT DE LA TOUR.		
		Quatre mois de l'expédition de Garibaldi en Sicile et en Italie	DURAND-BRAGER.
Les Mystères du désert. 2 vol	DU COURET.		
		Scènes populaires	H. MONNIER.
Pétersbourg et Moscou	LÉON GODARD.	Souvenirs d'un vieux chasseur d'Afrique	ANT. GANDON.
Pie IX	A. DE ST-ALBIN.		
Poèmes et Paysages	A. LACAUSSADE.		
Poésies	C. MIGNAUX.		

Collection in-18 à 4 fr. le volume

Chiromancie nouvelle	DESBARROLLES.	La Peinture en France	O. MERSON.
Guide botanique de la santé	A. COFFIN.	Récits d'un chasseur (illustré)	L. TOURGUENEF.
Histoire de la musique en France	CH. POISOT.	Souvenirs de France et d'Italie	J. D'ESTOURMEL.
Lettres de Sylvio Pellico	A. DE LATOUR.	Des Tables tournantes. 2 vol	A. DE GASPARIN.
Les Maîtresses du Régent	M. DE LESCURE.		
Poèmes et Chants marins	G. DE LA LANDELLE.	La vie et la mort de Charles-Albert	LOUIS CIBRARIO.

PARIS. — IMP. SIMON RAÇON ET COMP., RUE D'ERFURTH, 1.

NOTE SUR LE MARIAGE DE GARIBALDI

Les insulteurs de Garibaldi se sont abaissés jusqu'à le railler sur son second mariage; ce fut, comme on a pu le voir (t. 1ᵉʳ, p. 133, 333 et 373), la page la plus douloureuse et la plus fière de sa vie. Quelques amis du héros, à qui je lus le récit manuscrit de ce drame secret, me dirent, émus de respect : « Ne vaudrait-il pas mieux laisser dans le mystère le déchirement d'un grand cœur ? » Je leur répondis : « Le silence ne peut se faire sur rien de ce qui concerne un tel homme. Tôt ou tard ses ennemis raconteront cette histoire à leur manière, et ne craindront pas de rouvrir cette blessure cicatrisée par la gloire. Alors la vérité de mon récit sera une consolation et un hommage pour celui que vous aimez. »

ERRATA DU TOME PREMIER

Page 55, ligne 16, l'expression, *lisez* : l'expansion.
— 75, — 30, j'étais promis, *lisez* : c'était promis.
— 130, — 28, combattront, *lisez* : combattent.
— 133, — 25, hôtels, *lisez* : hôtes.
— 205, — 27, et marié à une Albrizzi, *lisez* : (marié à une Albrizzi).
— 225, — 12, plus l'âge, *lisez* : plus à l'âge.
— 250, — 37, me reprit-il, *lisez* : reprit-il.
— 267, — 21, elle a tiré de ton pur symbole, *lisez* : elle a donné à ton pur symbole.
— 275, — 37, jour, *lisez* : Un jour.
— 278, — 27, boutardelles, *lisez* : mortadelles.
— 282, — 15, a en vain, *lisez* : il a en vain.
— 411, — 16, Giugliani, *lisez* : Giuglini.
— 428, — 21, Giugliani, *lisez* : Giuglini.

www.ingramcontent.com/pod-product-compliance
Lightning Source LLC
Chambersburg PA
CBHW051821230426
43671CB00008B/788